KANU

MATTHIAS BREUEL

KAJAKPARADIES NORDALPEN

DIE 90 SCHÖNSTEN WILDWASSERTOUREN ZWISCHEN GRAUBÜNDEN UND DEM SALZKAMMERGUT

Deutscher Kanu-Verband

DKV-Wirtschafts- und Verlags-GmbH
Postfach 100315 - 47003 Duisburg

Impressum:

© 2021 DKV-Wirtschafts- und Verlags-GmbH
Postfach 10 03 15
D-47003 Duisburg
Tel.: +49 (203) 99759-0
Fax: +49 (203) 99759-61
info@dkvgmbh.de
www.kanu-verlag.de

1. Auflage 2021

Text: Matthias Breuel
Titelbild: Matthias Breuel
Seite 3: Christian Paffenholz
Fotos: Matthias Breuel, Christian Paffenholz, Markus Beuder, Ursula Breuel, Christine Richter, Salome Fritz, Amelie Arbinger, Daniel Bauer, Robert Machacek, Christoph Scheuermann, SOURCE TO SEA
Gestaltung: www.publicdesign.de

Druck: Akontext s.r.o., Prag

Der Deutscher Kanu-Verband aber auch die Kanu-Zeitschriften bieten aktuelle Informationen über ihre jeweilige Homepage. Anregungen zu diesem Buch werden in der nächsten Auflage berücksichtigt.
Der Autor ist für alle Hinweise dankbar und erreichbar unter:
matthias.breuel@t-online.de

Sonstige Adressen und diverse Infos:
Deutscher Kanu-Verband e.V.
Bertaallee 8, 47055 Duisburg
Tel. 0203/99759-0, Fax -60
Internet: *www.kanu.de*

MATTHIAS BREUEL

KAJAKPARADIES NORDALPEN

DIE 90 SCHÖNSTEN WILDWASSERTOUREN ZWISCHEN GRAUBÜNDEN UND DEM SALZKAMMERGUT

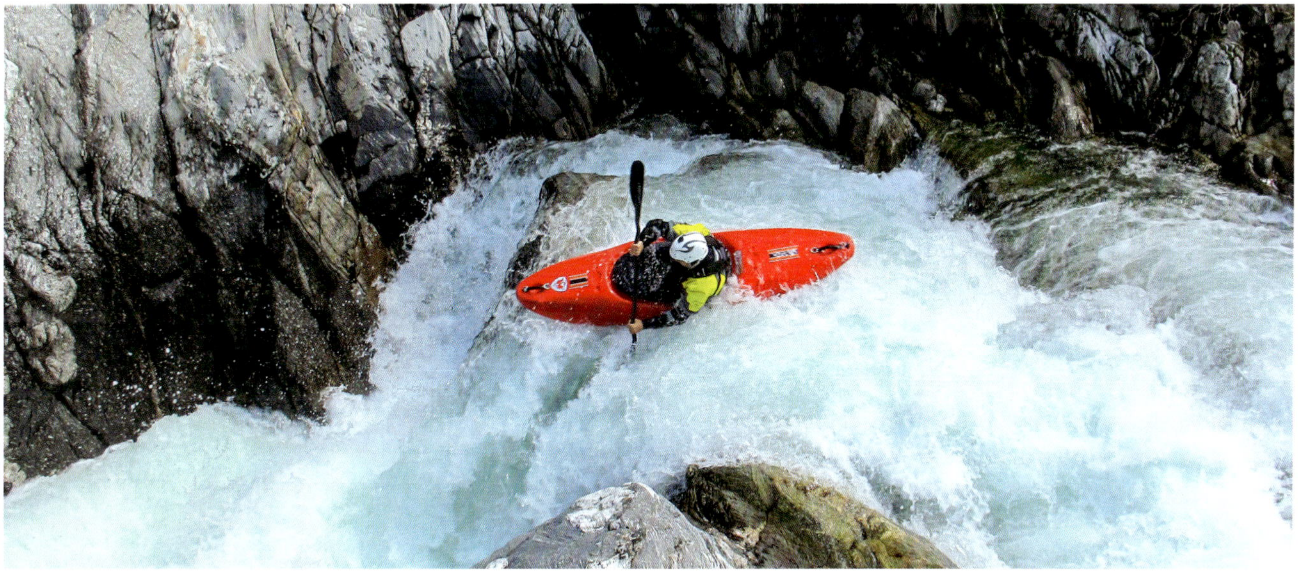

Deutscher Kanu-Verband

DKV-Wirtschafts- und Verlags-GmbH
Postfach 100315 - 47003 Duisburg

Vorwort 06
Von der Surselva bis ins Salzkammergut – Regionen und Flüsse 08
Zum Gebrauch des Flussführers 10
Die Schwierigkeit mit den Schwierigkeiten 14
Tourenplanung und Sicherheit 17
Mit der Umwelt im Reinen oder: Knigge für Paddler 19
Saubere Energie, zerstörte Natur? Gedanken und Hintergründe zur Wasserkraft 21

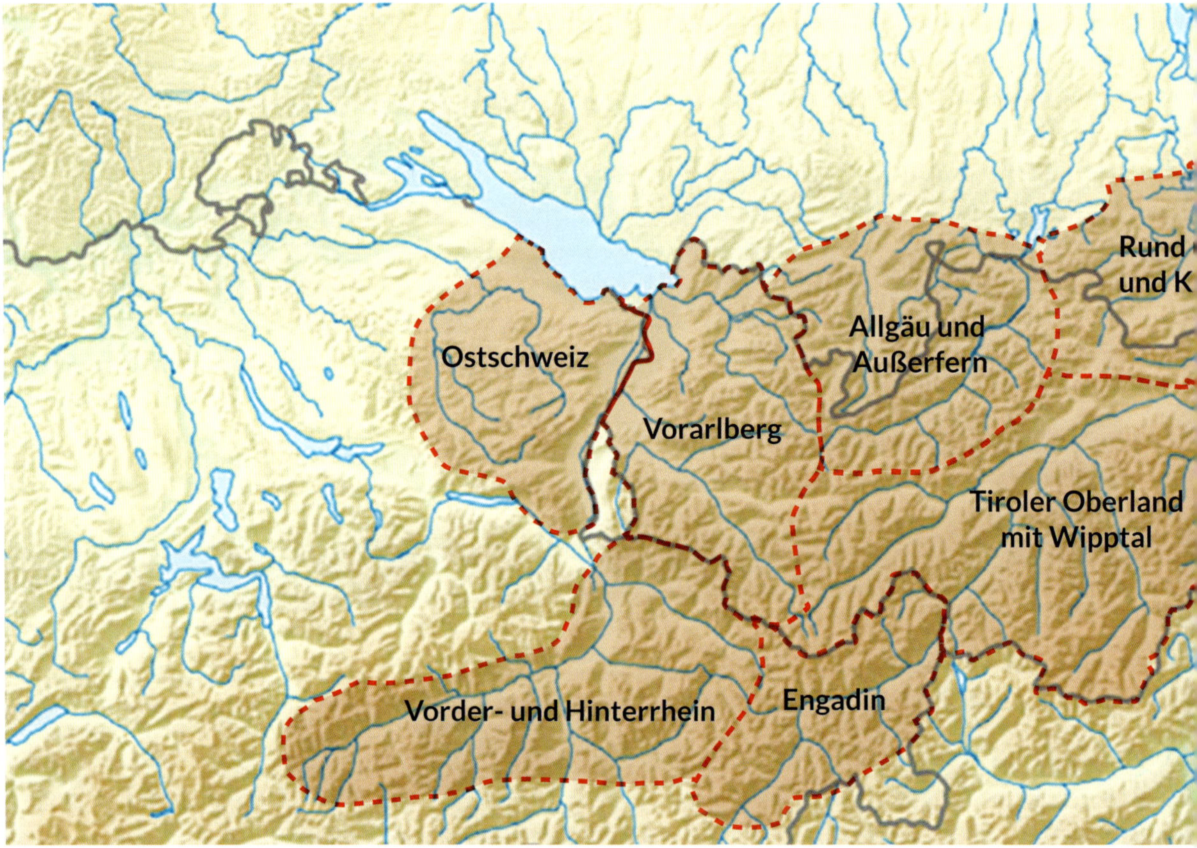

Region 1	An Vorder- und Hinterrhein	25
	Ostschweiz und Vorarlberg	64
Region 2	Engadin	75
Region 3	Allgäu und Außerfern	105
Region 4	Tiroler Oberland (mit Wipptal)	147
Region 5	Rund um Wetterstein und Karwendel	203
Region6	Tiroler Unterland	251
	Zillertal	286
Region 7	Rund um Lofer	289
Region 8	Salzkammergut, Salzachtal und Lammertal	327
	Ennstal	360

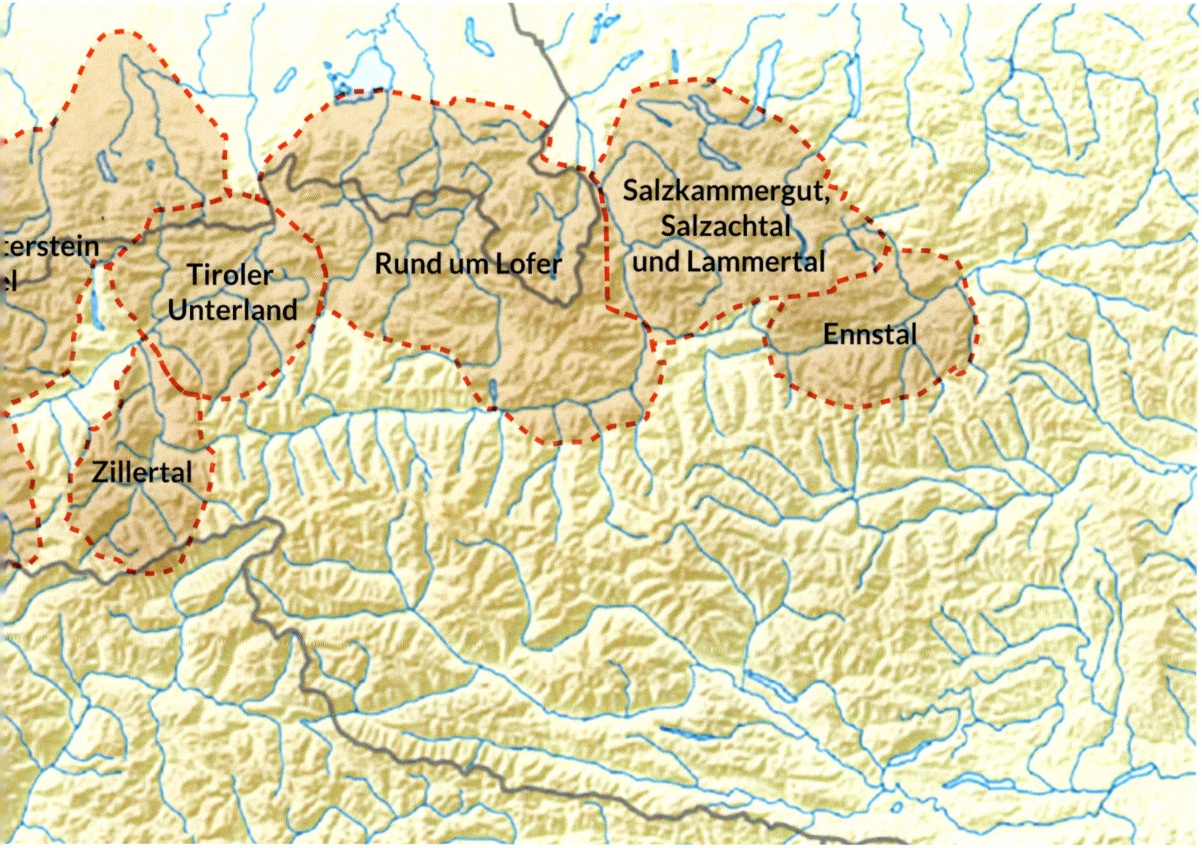

HINWEIS

Wildflüsse verändern sich laufend. Neue schwierige oder gefährliche Stellen können entstehen und auch bekannte Passagen können sich verändern. Auch die Werte von Pegeln verschieben sich immer wieder. Trotz gründlicher Recherchen darf Beschreibungen, Schwierigkeitsangaben und Pegelwerten daher nie blind vertraut werden!
Schriftliche und bildliche Darstellungen dieses Werks erfolgten nach bestem Wissen und Gewissen des Autors. Eine Haftung durch den Verlag und den Autor kann nicht übernommen werden.

VORWORT

Brandenberger Ache, Kaiserklamm. Entspanntes Auspaddeln nach der letzten Stufe.

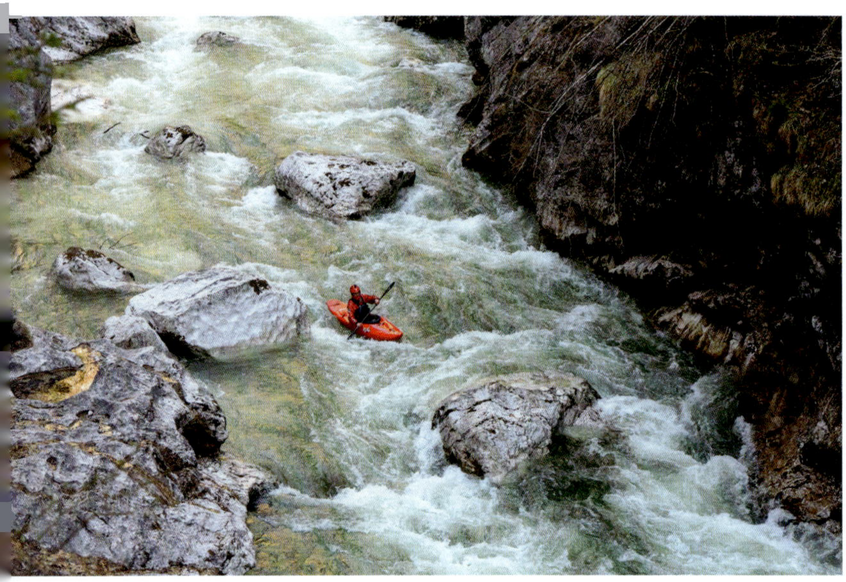

Müsste man eine Liste der spannendsten Reiseziele aufstellen, wären die Alpen im Herzen Europas wohl eher nicht auf den vorderen Plätzen zu finden. Auch zum Angeben vor Freunden und Arbeitskollegen taugt ein Urlaub hier kaum. Oft wird das am besten erschlossene Gebirge der Welt auf Massentourismus, Transitverkehr und Umweltprobleme reduziert. Dabei sind die Alpen viel mehr: Eine der faszinierendsten und vielfältigsten Natur- und Kulturlandschaften Europas und ganz nebenbei trotz zahlreicher Stauseen und Wasserkraftwerke auch ein erstklassiges Wildwasserrevier.

Von Frankreich bis Slowenien erstreckt sich der Alpenbogen über acht Länder und unzählige Gipfel, Täler und Flüsse. Viel zu viele Flüsse, um alle interessanten Strecken zwischen zwei Buchdeckel packen zu können. Dieser Wildwasserführer konzentriert sich deshalb auf die Flüsse im Norden der Alpen zwischen Graubünden und dem Salzkammergut. In acht Regionen stehen allein hier fast 90 beschriebene Strecken von leicht bis schwer zur Auswahl. Dabei ist der Weg zum Wildwasservergnügen zumindest aus dem Süden Deutschlands nicht weit, alle Reviere sind von hier in maximal drei bis vier Stunden Fahrzeit erreichbar. Da freut sich auch das ökologische Gewissen, denn Paddeln in den Alpen ist allemal nachhaltiger, als per Flieger in die Ferne zu düsen.

Natürlich sind die Alpen keine heile Welt. Viele Flüsse sind durch Kraftwerke und Stauseen schwer gezeichnet oder in Gefahr, durch neue Projekte zerstört zu werden. Doch noch ist nicht alles verloren! Egal ob Einsteiger, Fortgeschrittener oder Könner, egal ob Spieler, Wuchtwasserfan oder Freund steiler Rinnen, zwischen Vorderrhein und Traun kommt jeder auf seine Kosten. Und das zu (fast) allen Jahreszeiten und ohne das Bank- wie Urlaubskonto leerräumen zu müssen.

Dieses Buch ist das Ergebnis meiner Begeisterung fürs Bootfahren und die Alpen. Es war an der Zeit dafür. Denn das Internet, Smartphones und Apps haben zwar vieles erleichtert, die Vision stets aktueller Flussbeschreibungen aber hat sich nicht erfüllt. Im Gegenteil: Manch hilfreiche Seiten sind aus dem Netz wieder verschwunden, viele Beschreibungen veraltet und kaum vergleichbar. Die Stärken online verfügbarer Informationen sind unbenommen, doch ich bin und bleibe ein Anhänger des gedruckten Buchs. Also habe ich mich bald zehn Jahre nach Veröffentlichung meines ersten Flussführers wieder an die Arbeit gemacht. In dieser Zeit hat sich einiges verändert, von den Flüssen bis hin zum Stil des Wildwasserpaddelns.

Der Weg bis zur Fertigstellung dieses Buches war wieder einmal länger und steiniger, als ursprünglich erwartet. Neben der normalen Arbeit mal eben ein Buch zu schreiben, ist eben doch nicht so einfach wie noch als Student. Umso mehr freue ich mich, dass dieser, auf den aktuellen Stand gebrachte und gegenüber meinem Erstlingswerk umfassend verbesserte, Flussführer jetzt endlich Wirklichkeit geworden ist.

Beim Recherchieren (und natürlich Paddeln) für dieses Buch habe ich wieder einmal festgestellt, wie viele wunderschöne Orte wir quasi vor der Haustüre entdecken können. Hier mit Freunden kleine und große Paddelabenteuer erleben zu dürfen, bleibt für mich einfach das Größte. Ihnen und euch wünsche ich unvergessliche unfallfreie Paddeltouren, viel Spaß und immer eine gute Zeit unterwegs in den Nordalpen.

Matthias Breuel

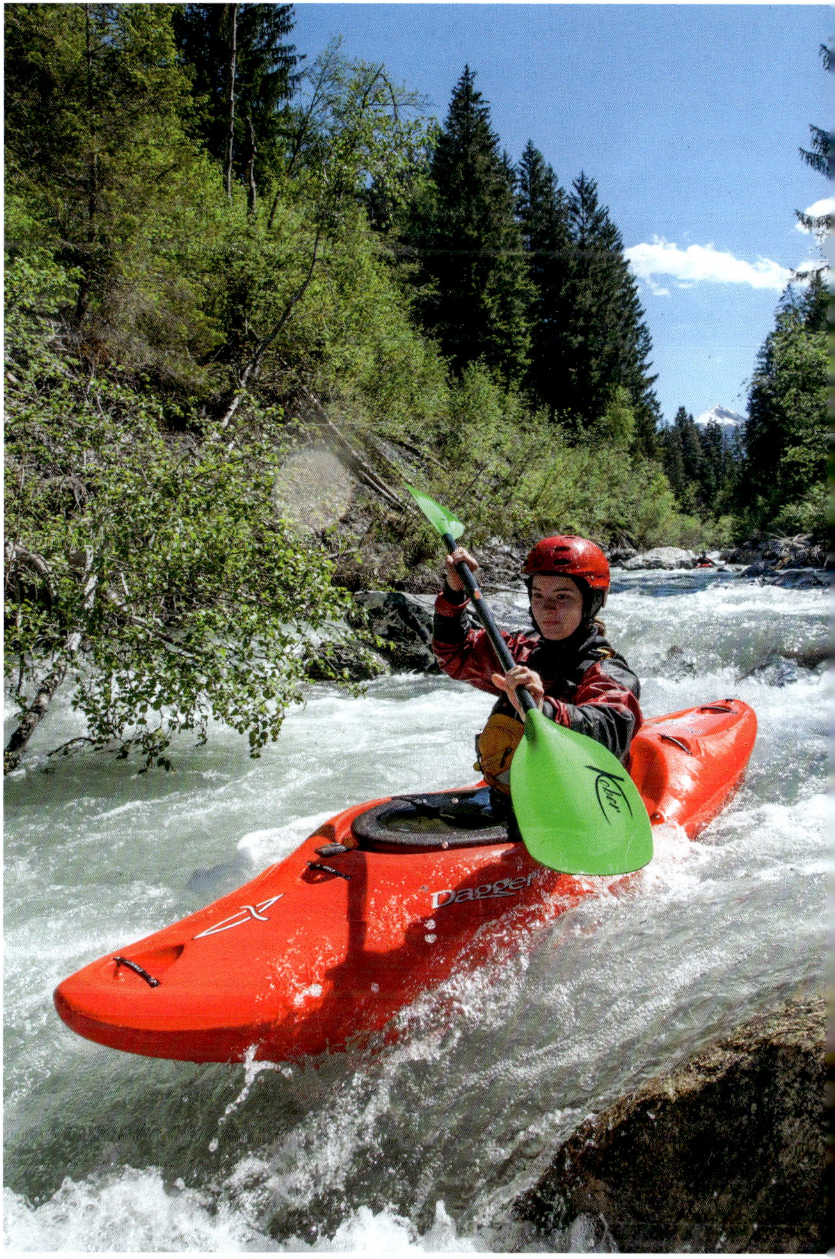

Verblocktes technisches Wildwasser in der Waldschlucht der Albula bei Niedrigwasser.

VON DER SURSELVA BIS INS SALZKAMMERGUT - REGIONEN UND FLÜSSE

Das in diesem Flussführer beschriebene Gebiet erstreckt sich von der Surselva (dem oberen Vorderrheintal) im Westen bis zum Salzkammergut im Osten. Wer dafür einen griffigen und zugleich allgemein anerkannten Oberbegriff sucht, wird leider enttäuscht. Nähere Ausführungen zur räumlichen Einteilung der Alpen (die wohl nur für Geographen wie mich interessant wären), spare ich mir hier, denn bei der Auswahl der Regionen und Flüsse stand Pragmatismus statt Wissenschaftlichkeit im Vordergrund. Die beschriebenen Gebiete sollten sich gut ergänzen und kombinieren lassen, interessante Flüsse ein Tal weiter nicht außen vor bleiben. So umfasst dieser Flussführer die Einzugsgebiete des Alpenrheins, der alpinen Donauzuflüsse zwischen Iller und Inn und Teile des Einzugsgebiets der Traun. Dieses Gebiet könnte man ganz frei als zentrale Nordalpen bezeichnen.

Dabei will ich gar nicht verleugnen, dass dieser Flussführer aus einer süddeutschen Perspektive geschrieben wurde. Alle Regionen lassen sich von Ausgangspunkten entlang einer Linie Ulm – München (also grob der A 8) in maximal drei bis vier Stunden Fahrzeit erreichen, meist aber deutlich rascher. Damit gehören die Regionen in diesem Buch auch für Nordlichter zu den am schnellsten erreichbaren Wildwasserrevieren der Alpen. Der Maxime der schnellen Erreichbarkeit aus dem Norden (und der leider begrenzten Seitenzahl) fielen dabei das Berner Oberland sowie Salza und Enns in der Steiermark zum Opfer, die nur aus dem äußersten Südwesten bzw. Südosten Deutschlands in dieser Zeit erreichbar sind.

Die einzelnen Regionen sind so bemessen, dass sie genügend Abwechslung für ein langes Paddelwochenende, meist aber auch eine ganze Urlaubswoche bieten. Von einem zentralen Standort innerhalb der jeweiligen Region lassen sich die beschriebenen Flüsse meist in maximal einer bis eineinhalb Stunden Fahrzeit erreichen. Häufig bieten sich zentral gelegene Campingplätze als Basislager an und eine Kombination mit benachbarten Regionen ist immer ohne langwierige Autofahrten möglich.

Dieser Flussführer erhebt nicht den Anspruch, jedes Gewässer von der kleinsten Rinne bis hin zum regulierten Großfluss zu beschreiben. Der Schwerpunkt liegt klar auf entspannten bis sportlichen Touren im Schwierigkeitsbereich von WW 2 bis WW 4-5. Leichtere Strecken haben es ins Buch geschafft, wenn sie landschaftlich besonders schön sind oder sich gut zum Üben eignen, sehr schwere Strecken, sofern sie gut zugänglich sind, wenn sie regelmäßig ausreichende Wasserstände haben oder zu Recht Klassiker sind. In den acht Regionen beschreibe ich alle entsprechend attraktiven Flüsse detailliert und gebe einen kurzen Überblick zu weiteren Paddelmöglichkeiten. Zu zwei weiteren Gebieten, die ich selbst nicht (so gut) kenne, gibt es einen kurzen Überblick von einem Kenner der Region.

Im wuchtigen Schlitz am Glenner lauern immer wieder große Löcher.

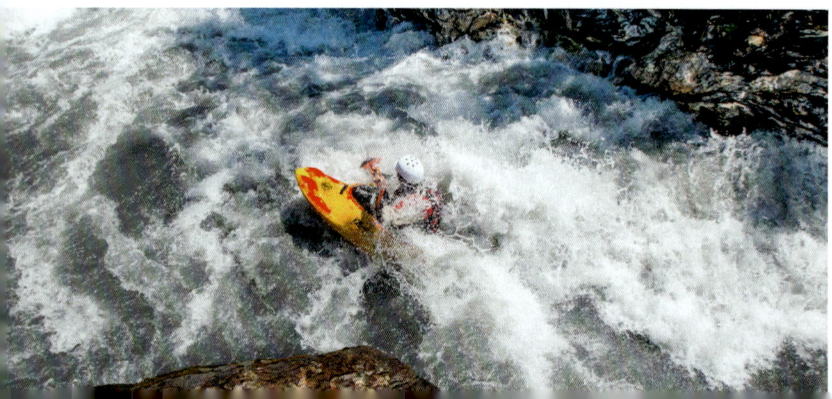

Zum Abschluss noch ein paar Tipps, wann und für wen welche Region ein besonders lohnendes Ziel ist.

April Salzkammergut (Reg. 8), Tiroler Unterland (Reg. 6)
Mai Vorder- und Hinterrhein (Reg. 1), Allgäu und Außerfern (Reg. 3), Tiroler Unterland (Reg. 6), Salzkammergut (Reg. 8)
Juni Vorder- und Hinterrhein (Reg. 1), Engadin (Reg. 2), Tiroler Oberland (Reg. 4), Oberbayern (Reg. 5)
Juli Engadin (Reg. 2), Tiroler Oberland (Reg. 4), Rund um Lofer (Reg. 7)
August Engadin (Reg. 2), Tiroler Oberland (Reg. 4), Rund um Lofer (Reg. 7)
September Engadin (Reg. 2), Tiroler Oberland (Reg. 4)
Oktober Tiroler Oberland (Reg. 4), Rund um Lofer (Reg. 7)

WW 1-2 Oberbayern (Reg. 5)
WW 2-3 Allgäu und Außerfern (Reg. 3), Rund um Lofer (Reg. 6)
WW 3 Vorder- und Hinterrhein (Reg. 1), Engadin (Reg. 2)
WW 3-4 Tiroler Oberland (Reg. 4), Tiroler Unterland (Reg. 6)
WW 4 Engadin (Reg. 2), Tiroler Oberland (Reg. 4), Salzkammergut (Reg. 8)
WW 4-5 Vorder- und Hinterrhein (Reg. 1), Tiroler Oberland (Reg. 4)
WW 5 Tiroler Oberland (Reg. 4)

Für Spieler Vorder- und Hinterrhein (Reg. 1), Tiroler Oberland (Reg. 4), Rund um Lofer (Reg. 7)
Für Sportler Engadin (Reg. 2), Tiroler Oberland (Reg. 4), Tiroler Unterland (Reg. 6)
Für Stürzer Vorder- und Hinterrhein (Reg. 1), Oberbayern (Reg. 5), Rund um Lofer (Reg. 7), Salzkammergut (Reg. 8)
Für Wuchtwasserfans Tiroler Oberland (Reg. 4)
Für Entdecker Allgäu und Außerfern (Reg. 3), Oberbayern (Reg. 5), Salzkammergut (Reg. 8)
Für Landschaftsfans Vorder- und Hinterrhein (Reg. 1), Engadin (Reg. 2), Allgäu und Außerfern (Reg. 3), Oberbayern (Reg. 5)
Für Familien Vorder -und Hinterrhein (1), Allgäu und Außerfern (Reg. 3), Oberbayern (Reg. 5), Rund um Lofer (Reg. 7)

REGION	beste Zeit	WW-Stufe	Spieler	Sportler	Stürzer	Wuchtwasser	Entdecker	Landschaft	Familien
1 Vorder- und Hinterrhein	5/6	3-5	✔		✔			✔	✔
2 Engadin	6/7/8/9	3-4		✔				✔	
3 Allgäu und Außenfern	5	2-3					✔	✔	✔
4 Tiroler Oberland	6/7/8/9/10	3-5	✔	✔		✔			
5 Oberbayern	5/6	1-3 (4-5)			✔		✔	✔	✔
6 Tiroler Unterland	4/5	2-4		✔				✔	
7 Rund um Lofer	7/8/9/10	2-5	✔		✔				✔
8 Salzkammergut	4/5	4			✔		✔		

ZUM GEBRAUCH DES FLUSSFÜHRERS

Dieser Wildwasserführer soll die Tourenplanung erleichtern und stets ein hilfreicher Begleiter bei Paddeltouren in den Alpen sein. Eine große „Bedienungsanleitung" braucht es dazu nicht, ein paar Worte zum Aufbau und Gebrauch sollen aber helfen, dass jeder für sich das Maximum aus diesem Buch herausholen kann.

DER AUFBAU

Innerhalb der acht Paddelregionen gibt es drei Arten von Flussbeschreibungen, die unterschiedlich detailliert ausfallen:

Klassiker

Diese Strecken sind ein Muss, wenn Bedingungen und Können passen. Manche davon sind bekannte Standardstrecken, andere nur persönliche Favoriten von mir. Nahezu all diese Strecken bin ich in den letzten Jahren regelmäßig selbst gepaddelt. Die detaillierten Beschreibungen setzen sich aus einer allgemeinen Einleitung, einer kompakten Übersicht zur Strecke und den genauen Streckeninfos zusammen. Unter dem Titel **„An Land"** gibt es nähere Angaben zum Ein- und Ausstieg sowie ggf. zur Umsetzstrecke und zu Vorbesichtigungen, bevor im Teil **„Auf dem Wasser"** die eigentliche Flussbeschreibung folgt. Wer kein Interesse an längeren Texten und weiterführenden Informationen hat, überfliegt die Einleitung nur kurz und konzentriert sich auf diesen Teil sowie die Übersicht.

Extratouren

Unter dem Begriff Extratouren sind Strecken versammelt, die seltener passende Bedingungen aufweisen oder in gewisser Hinsicht Geschmackssache sind. Lohnend sind auch diese Strecken, doch sicher trifft nicht jede von ihnen den Geschmack der breiten Masse, und auf gute Bedingungen muss man manchmal etwas länger warten. Es sind Strecken, die man zwischendurch gerne mal paddelt, aber vielleicht nicht jedes Jahr braucht. Auch diese Strecken bin ich nahezu alle selbst gepaddelt, wenn auch teilweise in unregelmäßigeren Abständen. Die Beschreibungen dieser Strecken sind etwas gestrafft: Einleitende Worte und alle Infos zur Strecke sind in einem Text zusammengefasst, zusätzlich gibt es die gleiche kompakte Übersicht wie bei den Klassikern.

Weitere Paddelmöglichkeiten

In diesem Kapitel sind die weiteren Paddelmöglichkeiten in der Region kurz und kompakt zusammengefasst. Das können sehr leichte oder sehr schwere Strecken sein, landschaftlich weniger lohnende Abschnitte oder auch Teilstrecken, die sehr selten den richtigen Wasserstand haben. Diese Strecken bin ich nicht alle selbst gepaddelt, das geht im Einzelfall aber klar aus dem Text hervor. Welche dieser Strecken vielleicht eine lohnende Zugabe sein könnten, ist stark vom eigenen Können und Geschmack sowie den aktuellen Bedingungen abhängig. Vor dem Paddeln empfehle ich auf jeden Fall die Einholung weiterer Infos (Beschreibungen, Besichtigung vor Ort). Sofern es zu diesen Strecken gute Infoquellen (im Internet) gibt, sind diese erwähnt.

In jeder Region beschreibe ich zuerst die Klassiker, dann die Extratouren (sofern vorhanden) und zuletzt die weiteren Paddelmöglichkeiten. Die Reihenfolge der einzelnen Strecken richtet sich nach praktischen Gesichtspunkten und variiert je nach Struktur der Region etwas, orientiert sich aber an folgenden Prinzipien: Von West nach Ost, vom Hauptfluss bzw. der Hauptstrecke zu Nebenflüssen/-strecken und bei Flüssen mit diversen Abschnitten in Fließrichtung.

DIE BESCHREIBUNGEN

Sowohl bei den Klassikern wie auch bei den Extratouren sind die wichtigsten Infos in einer **Übersicht** zusammengefasst. Die vielleicht wichtigste Angabe ist der „Charakter", der auf die Schnelle einen ersten groben Eindruck von der Strecke gibt. Die Angaben zu den **Koordinaten der Ein- und Ausstiege** sind aus der Landperspektive (also für Autofahrer bzw. Fußgänger) angegeben, da wohl (hoffentlich) niemand im Wildwasserkajak blind seinem GPS folgt. Achtung: Die angegebenen Punkte sind nicht immer direkt mit dem Auto erreichbar, also bitte auch den gesunden Menschenverstand nutzen und Fahr- bzw. Parkverbote beachten, keine Zufahrten blockieren, Privatgrund respektieren und nicht in Wiesen parken. Sofern es eindeutige (legale) Parkplätze gibt, sind diese bei den Koordinaten berücksichtigt, Änderungen der Situation sind aber auch hier immer möglich.

Verschiedene Piktogramme zeigen vorab auf einen Blick die wichtigsten Eigenschaften der Strecke.

Qualität des Wildwassers

1-3 Wellen zeigen an, wie attraktiv das Wildwasser ist. Diese Bewertung ist völlig unabhängig vom Schwierigkeitsgrad und natürlich immer in gewisser Weise subjektiv. Um sie nachvollziehbarer zu machen, habe ich mir jeweils die folgenden Fragen gestellt: Ist das Wildwasser rund oder eher holprig und eckig? Gibt es schöne Einzelstellen? Wie sieht es mit guten Trainingsstellen und Spielmöglichkeiten aus? Gibt es interessante Linien und Möglichkeiten zum Stylen oder rumpelt man eher flussabwärts? Macht die Strecke einfach Spaß und stellt sich der vielzitierte „Flow" ein? Mindern künstliche Einbauten, unbefahrbare Stellen und Umtragungen (z.B. von Baumhindernissen) das Vergnügen?

Landschaftliche Schönheit

1-3 Berge stehen für die landschaftliche Schönheit der Strecke. Dieses Kriterium ist leichter messbar. Je eindrucksvoller und unberührter die Landschaft ist, desto mehr Punkte gibt es. Eindrucksvolle Schluchten, Klammen und Panoramen sorgen für Bestwertungen, für Regulierungen und verbaute Täler gibt es Abzüge.

Gefälle

Ist das Gefälle gleichmäßig oder stufenförmig (Pool and Drop)? Das ist für den Flusscharakter, der in der Übersicht kurz beschrieben ist, eine entscheidende Frage. Doch nicht immer gibt es darauf eine klare Antwort. Die beiden folgenden Piktogramme habe ich daher nur in eindeutigen Fällen bei anspruchsvolleren Strecken (mind. WW 3) verwendet. Ist kein Piktogramm dargestellt, liegt die Wahrheit (für mich) irgendwo in der Mitte bzw. der Übergang zwischen beiden Formen ist fließend.

Die Angaben beziehen sich auf mittlere Wasserstände, bei mehr Wasser verschwindet ein ausgeprägter Pool and Drop-Charakter fast immer, während bei wenig Wasser manche Strecken ohne Piktogramm einen ausgeprägten Pool and Drop-Charakter entwickeln (z.B. Giarsun-Schlucht am Inn, Kaiserklamm der Brandenberger Ache)

Stufenformig: Stufenförmiges Gefälle – Pool and Drop-Charakter: Nach schweren Stellen folgt bei normalen Wasserständen ein ruhiger Abschnitt oder Pool. Oft sind entsprechende Strecken fehlerverzeihender als Strecken mit kontinuierlichem Gefälle, die Einzelstellen können aber dennoch sehr anspruchsvoll und gefährlich sein.

Kontinuierlich: Kontinuierliches Gefälle: Verschnaufpausen sind hier selten, der Charakter ist oft ernster. Diese Strecken eignen sich nicht,

Piktogramme erleichtern die schnelle Einstufung der Wildwasserstrecke.

um eigene Grenzen auszuloten und werden oft als schwerer empfunden als ähnlich schwere Strecken mit Pool and Drop-Charakter.

Gefährlichkeit

Die allgemeine Gefährlichkeit einer Strecke wird durch **1-3 Ausrufezeichen** (Abstufungen sind möglich) symbolisiert.

! = **weitgehend fair, unterdurchschnittliche Gefährlichkeit**

!! = **mittlere Gefährlichkeit**

!!! = **sehr ernsthaft, überdurchschnittliche Gefährlichkeit**

Die Angabe der Gefährlichkeit ist unabhängig von der Schwierigkeitsbewertung!

Die Angabe der Gefährlichkeit ist grundsätzlich unabhängig von der Schwierigkeitsbewertung, im Normalfall haben schwierigere Strecken aber auch ein höheres Gefahrenpotential.

Gefahren

Besondere Gefahren sind in der Übersicht textlich erwähnt. Für fünf häufige Gefahrenarten gibt es zusätzlich Piktogramme zur schnellen Übersicht.

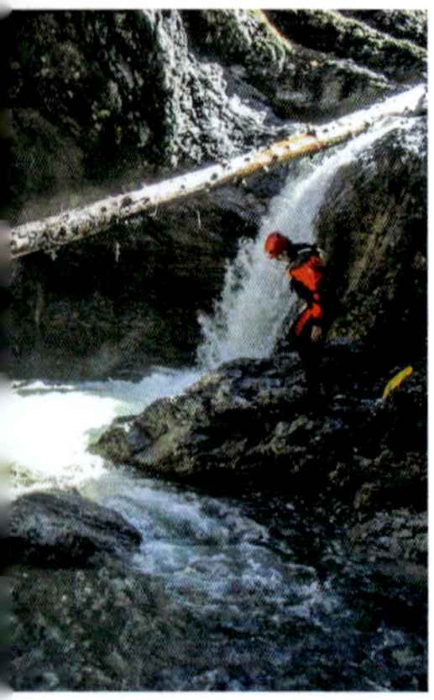

Gefährliches Baumhindernis im Krottenbach. Bild: Christian Paffenholz

Baumhindernis: Baumhindernisse zählen zu den häufigsten und besonders oft unterschätzten Gefahrenstellen, gerade auch im leichteren Wildwasser. Dieses Piktogramm kennzeichnet Strecken, auf denen häufig mit gefährlichen Baumhindernissen zu rechnen ist. Fehlt es, heißt das nicht, dass es keine Baumhindernisse geben kann, sie sind lediglich seltener zu erwarten.

Wehr: An künstlichen Wehranlagen ereignen sich leider immer wieder schwere Unfälle. Dieses Piktogramm weist auf kritische Wehranlagen und künstliche Einbauten hin (ggf. auch knapp oberhalb des Einstiegs/unterhalb des Ausstiegs). Da heißt aber nicht, dass andere Wehre unproblematisch sind. Gründliches Besichtigen ist Pflicht, und im Zweifelsfall sollte immer umtragen werden.

Steck- und Klemmgefahr Die Gefahr von Klemm- und Steckunfällen zwischen Blöcken und im Unterwasser von Stufen ist vor allem für schwere Strecken typisch. Das Piktogramm wird nur für die Strecken verwendet, die hierfür besonders anfällig sind.

Rücklaufe und Walzen: Droht eine überdurchschnittliche Gefahr durch haltende Walzen und große Rückläufe (vor allem auf wasserreicheren Abschnitten), so wird das durch dieses Piktogramm angezeigt.

Siphone und Unterspülungen: Siphone und Unterspülungen, bei denen das Wasser unter den Felsen verschwindet, gehören zu den tückischsten Gefahren im Wildwasser. Häufen sich solche Gefahrenstellen (oder gibt es einzelne besonders kritische Exemplare), warnt dieses Piktogramm davor.

Unbefahrbare Stellen und Besichtigungen

Gibt es auf der Strecke im Normalfall unbefahrbare Stellen, die (in jedem Fall) umtragen werden müssen, so ist das in der Übersicht durch ein gezeichnet. Das **Augensymbol** weist darauf hin, dass es Stellen gibt, die in jedem Fall besichtigt werden sollten. Auch wenn diese beiden Symbole fehlen, kann es natürlich vor Ort immer Stellen geben, die besichtigt oder umtragen werden sollten bzw. müssen.

Begehbarkeit der Ufer

Ob die Ufer (ggf. kraxelnd bzw. kletternd) begehbar sind, ist entscheidend, wenn Stellen besichtigt oder umtragen werden müssen oder etwas schiefgeht (Rettung von Schwimmern, Bergung von Material). Die folgenden Piktogramme geben darüber Auskunft.

Ufer einfach begehbar: Ufer gut begehbar: mindestens eine Uferseite ist nahezu überall „problemlos" begehbar (Kiesbänke, Wald, Wege etc.)

Ufer begehbar: Ein Verlassen des Flussbetts ist zwar im Notfall (fast) immer auf einer Seite möglich, das Gelände ist aber teils unwegsam bzw. felsig, das Vorankommen an Land mühsam.

Ufer teilweise unbegehbar: Das Begehen der Ufer ist nicht immer möglich und erfordert teilweise Kletterei und Erfahrung im alpinen Gelände. Ausgeprägte Zwangspassagen mit Schwierigkeiten über dem Durchschnitt, die (wirklich) nicht umtragen werden können, gibt es aber nicht. Sollte ein Baumhindernis an einer ungünstigen Stelle den Fluss versperren, kann der Weiterweg jedoch trickreich bis gefährlich oder gar unmöglich werden.

Ufer unbegehbar, Zwangspassage(n): Hier hat man am Ufer selbst mit entsprechenden Kletterkönnen teilweise auch auf längeren Strecken keine Chance, und es gibt mindestens eine eindeutige Zwangspassage mit überdurchschnittlichen Schwierigkeiten.

Zugänglichkeit des Flusses

Die Zugänglichkeit eines Flusses ist vor allem im Notfall entscheidend, kann aber auch für bequeme Paddler und für (fotografierende oder filmende) Begleiter von Interesse sein:

Auto: Eine Straße ist (fast) immer in Flussnähe und schnell erreichbar, ein Aufstieg zur Straße kann aber durchaus auch etwas mühsamer sein (siehe Begehbarkeit der Ufer) und Parkplätze gibt es auch nicht überall.

Fußweg: Ein Wander- oder Forstweg ist vom Wasser aus zumindest an einzelnen Stellen erreichbar und stellt manchmal auch den einzigen Zugang dar (siehe Text). Wie leicht es ist, den Weg zu erreichen, bleibt abhängig von der Begehbarkeit der Ufer. So verläuft zwar z.B. in der Kaiserklamm der Brandenberger Ache der Triftsteig direkt über dem Fluss, ist aber ohne Kletterausrüstung nur an wenigen Stellen erreichbar.

Heli/Bergwacht: Der Fluss kann auf längeren Strecken ohne Hilfe von außen (fast) gar nicht bzw. nur äußerst mühsam und aufwändig verlassen werden. Ein Abbruch der Fahrt ist, wenn überhaupt, nur an einzelnen Stellen möglich und fast immer eine langwierige und gefährliche Angelegenheit. Darauf sollte man sich einstellen; ein Reservepaddel im Boot und Material für den Ernstfall sind Pflicht.

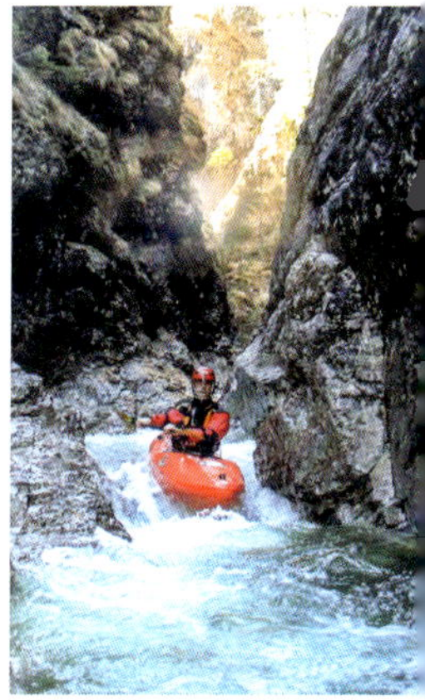

Beispiel einer Schluchtenbefahrung, auf der ein Zugang von außen kaum möglich ist. Enge Felsgassen sind typisch für den Krottenbach. Bild: Christian Paffenholz

Pegel und beste Zeit

Die Pegelstände der meisten Flüsse können mittlerweile bequem online über Portale wie rivermap.ch oder Apps wie die Riverapp abgerufen werden. Daher beschränke ich mich an dieser Stelle auf die Angabe der Pegelmessstelle sowie ggf. einen Link zum Datenlieferant, sofern ich selbst gerne diese (detaillierte) Originalquelle nutze. Liegen verlässliche Abflusswerte vor, gebe ich eine Einschätzung zu Mindest- und Mittelwerten sowie ggf. persönliche Empfehlungen (die teilweise etwas von den Angaben im Netz abweichen können). Falls nur Messwerte in Zentimetern zur Verfügung stehen, gibt es diese Einschätzungen nur, sofern die Pegelwerte im Normalfall über mehrere Jahre relativ stabil bleiben. Ansonsten sei hier auf die aktualisierten Werte im Netz verwiesen. Die Angabe der besten Zeit für eine Strecke kann nur einen ersten Anhaltspunkt liefern, wann gute Bedingungen zu erwarten sind. Abhängig von Schneehöhen, Niederschlägen und Temperaturen sind hier in manchen Jahren Ausnahmen eher die Regel.

Pegelabkürzungen:
NW = Niedrigwasser,
MW = Mittelwasser,
HW = Hochwasser

Zu allen Strecken (Klassiker und Extratouren) gibt es **Übersichtskarten**, in denen die Ein- und Ausstiegsstellen, Wehre, wichtige Gefahren- und Problemstellen dargestellt sind.

DIE SCHWIERIGKEIT MIT DEN SCHWIERIGKEITEN

Wildwasser korrekt in Schwierigkeitsgrade zu packen, ist alles andere als eine leichte Aufgabe. Denn Wildwasser ist höchst dynamisch, Schwierigkeitsangaben in Zahlen dagegen bleiben statisch. Bei den Bewertungen für dieses Buch folge ich einem einfachen Leitsatz: Die Schwierigkeitsangaben sollen all jenen, die eine Strecke noch nicht kennen, einen guten Eindruck geben, welche Anforderungen sie erwarten. Nicht mehr und nicht weniger.

Doch von Anfang an: Seit einer gefühlten Ewigkeit gilt in Europa die offizielle sechsstufige Schwierigkeitsskala der ICF. Eine Öffnung nach oben wie beim Klettern erfolgte nicht. In den 80er und 90er Jahren erweiterten Josef Haas, Gert Spilker und Clemens Binninger zwar die Skala um einen „Supersechser" (6S) bzw. einen siebten und achten Grad, durchgesetzt hat sich diese Schwierigkeitsbewertung aber nicht. Im Gegenteil: Der sechste Schwierigkeitsgrad (Grenze der Befahrbarkeit) wurde in den letzten 10 Jahren deutlich seltener vergeben. Mit immer besserer Ausrüstung und einer größeren Zahl an Paddlern, die im oberen und obersten Schwierigkeitsbereich unterwegs sind, kam es stattdessen zu einer Abwertung von Flüssen. Was vor wenigen Jahren noch WW 4 war, wird heute von Könnern gerade noch als Dreier bewertet, viele Fünfer wurden zu Vierern degradiert. Diese Entwicklung ist in meinen Augen höchst problematisch, da die Möglichkeit zur Differenzierung im mittleren Schwierigkeitsbereich (WW 2-4) verloren geht. Ein Beispiel: Wenn wir nicht daran rütteln wollen, dass die Loisach WW 3 ist, den Gschnitzbach aber gleichzeitig vom Vierer zum Dreier herabstufen, haben wir ein Problem. Denn wer den einen Fluss beherrscht, kommt am anderen schnell an seine Grenzen. Auch eine weitere Abwertung in den unteren Schwierigkeitsgraden kann nicht die Lösung des Problems sein.

Ebenso kritisch ist es, wenn alte, überhöhte Schwierigkeitsbewertungen auf heute übliche, normale Bewertungen treffen. So wurde vor einiger Zeit in einem Bericht die Saalach unterhalb von Au mit WW 3-4 bewertet (was sie wohl nie war), die Loferschlucht aber zugleich nach heutigen Maßstäben mit WW 4-5. Kommt nun jemand auf die Idee, die scheinbar nur einen Schwierigkeitsgrad schwerere Schlucht auszuprobieren, dürfte das leicht fatal enden.

MEINE BEWERTUNGEN

Die Bewertungen in diesem Flussführer mögen Kennern und Könnern recht konservativ erscheinen. Dazu stehe ich, denn dieser Personenkreis ist nicht unbedingt die primäre Zielgruppe eines solchen Buchs. Generelle Abwertungen basierend auf einer Referenzstrecke Rißbachklamm oder Wellerbrücke gibt es in diesem Buch nicht. Wohl aber habe ich in Einzelfällen Schwierigkeitsangaben, die nach modernen Maßstäben überzogen erschienen, nach unten angepasst. Um das Gesamtgefüge zu wahren, habe ich mich nach langen Überlegungen und Diskussionen für eine stärkere Differenzierung des fünften Grades entschieden. Den sechsten Grad verwende also auch ich im modernen Sinn nur für die Grenze der Befahrbarkeit, innerhalb des fünften Grades differenziere ich aber stärker durch die allgemein üblichen Zusätze (Minus- und Pluszeichen). Diese Differenzierung des fünften Grades betrifft nur einen relativ kleinen Teil der Wildwasserpaddler, der über ein gutes Einschätzungsvermögen und entsprechende Erfahrung verfügen sollte.

Hier einige Beispiele zur besseren Einordnung:

Grad	Bezeichnung	Typisches Merkmal	Beispiele (Strecken)	Beispiele (Stellen)
WW 1	Unschwierig	Kleine Schwälle	Isar oberhalb und unterhalb Sylvenstein	
WW 2	Mäßig schwierig	Freie Durchfahrten, einfache Hindernisse im Stromzug.	Ammer ohne Scheibum, Isar oberhalb Scharnitz	Isar: Isarburg (2+)
WW 3	Schwierig	Übersichtliche Durchfahrten, Blöcke und Stufen möglich.	Loisach Griesenschlucht, Hinterrhein	Ammer: Scheibum Obere Isar: Katarakt (3-)
WW 4	Sehr schwierig	Besichtigung meist erforderlich, komplexe Durchfahrten, Stufen und Rückläufe.	Lammeröfen Gschnitzbach Obere Ötz	Rißbach: Schräge Rippen Brandenberger Ache: Saugraben, Pinegger Abfall, Rifflkatarakt
WW 5	Äußerst schwierig	Besichtigung erforderlich, Schwimmen meist lebensgefährlich.	Venter Ache: Heiligkreuzschlucht, mittlere Ötz, Wellerbrücke (5+), Rißbachklamm (5+)	Brandenberger Ache: Silberkatarakt (5-) Saalach: Dreierkombi Ruetzbach: Klotzkatarakt (5+)
WW 6	Grenze der Befahrbarkeit	Nur bei bestimmten Wasserständen befahrbar, allgemein hohes Risiko.	Ötz: Achstürze	Rhein: Rheinfall

DIE FRAGE DES WASSERSTANDS

Alle Schwierigkeitsangaben in diesem Buch beziehen sich, sofern nicht anders angegeben, auf mittlere Wasserstände (siehe Pegelinformationen). Bei Niedrigwasser sinken die Schwierigkeiten zwar in einigen Fällen zum Teil deutlich, andere Abschnitte werden aber kaum leichter, sondern eher tückischer (Klemm- und Steckgefahr, Siphone etc.). Infos dazu finden sich bei Bedarf in den Beschreibungen. Über Mittelwasser steigen die technischen Schwierigkeiten zunächst oft nur moderat an. Durch die zunehmende Strömungsgeschwindigkeit steigt das Risiko im Fall der Fälle aber rasch an, so dass ich von persönlichen Erstfahrten bei Pegelständen deutlich über Mittelwasser allen Nichtprofis nur eindringlich abraten kann. Wenn man eine Strecke gut kennt, kann das natürlich ganz anders aussehen.

DER CHARAKTER ZÄHLT

Viel entscheidender als der bloße Schwierigkeitsgrad ist der Flusscharakter. Die Geschmäcker sind verschieden, der eine fühlt sich in einem technischen Blockparcours wohler, der andere in wuchtigen Wellen. Generell verzeiht ein stufenförmiges Gefälle (pool & drop) eher Fehler als ein kontinuierlicher Flusscharakter. Ein pausenloser durchgehender Vierer ist deutlich fordernder als eine Abfolge von Stufen und Katarakten im gleichen Schwierigkeitsgrad mit ruhigen Pools dazwischen.

DIE WAHRNEHMUNG

Je nach Tagesform, Wetter, Umgebung (Klamm oder offenes Gelände), Flusscharakter und sogar Wasserfarbe werden die Schwierigkeiten unterschiedlich wahrgenommen. Davor ist auch der Autor nicht völlig gefeit. Durch die Einbeziehung anderer Einschätzungen habe ich aber versucht, den Einfluss subjektiver Wahrnehmungen zu minimieren. Doch seien wir einmal ehrlich: Ob eine Stelle jetzt WW 3+ oder 4- ist, darüber kann man wohl fast immer diskutieren.

DIE DARSTELLUNG

WW 2 (3) bedeutet: Die Schwierigkeiten liegen allgemein im zweiten Grad, maximal zwei (umtragbare) Stellen sind WW 3.

WW 2-3 bedeutet: Die Schwierigkeiten schwanken zwischen dem zweiten und dritten Grad, ein Teil der Strecke bzw. der Stellen ist WW 2, ein anderer Teil WW 3. Leichtere Zwischenstrecken sind immer möglich und ggf. im Text erwähnt.

Während erstere Beispielstrecke auch von Paddlern befahren werden kann, für die Dreierstellen noch zu schwer sind, muss beim Schwierigkeitsgrad 2-3 das eigene Können für die Befahrung von mehreren Stellen bzw. Teilabschnitten im dritten Grad ausreichen. Achtung: Die Angabe WW 2-3 wird in anderen Veröffentlichungen häufiger auch dazu verwendet, um Schwierigkeiten zu beschreiben, die je nach Pegel zwischen WW 2 und WW 3 schwanken. Eine derartige Differenzierung erfolgt in diesem Buch nur in sinnvollen Einzelfällen im Text.

Ein Minus hinter der Zahl bedeutet etwas leichter als der jeweilige Grad, ein Plus etwas schwerer als der jeweilige Grad. Diese Zusätze wende ich nur zwischen WW 2+ und WW 5+ an. Ein (x) bezeichnet unbefahrbare Stellen (künstliche wie natürliche).

Sofern es echte **Zwangspassagen** gibt, die nicht umtragen werden können, bestimmt die Schwierigkeit der Zwangspassage den angegebenen Schwierigkeitsgrad für die gesamte Strecke, auch wenn weite Abschnitte leichter sind.

Abschließend noch ein wichtiger Hinweis: Flüsse verändern sich laufend. Neue schwierige oder gefährliche Stellen können entstehen und auch bekannte Passagen können sich verändern. Auch Pegelwerte verschieben sich regelmäßig. Daher darf Beschreibungen, Schwierigkeitsangaben und Pegelwerten nie blind vertraut werden.

TOURENPLANUNG UND SICHERHEIT

Dieses Buch ist kein Lehrbuch und auch kein Ratgeber, sondern soll in erster Linie eine gute Informationsquelle für schöne und sichere Wildwassertouren sein. Trotzdem will ich an dieser Stelle ein paar zusätzliche Worte zum Thema „Tourenplanung und Sicherheit" verlieren. Denn eine gute Planung ist ein entscheidender Beitrag zu mehr Sicherheit, das gilt beim Wildwasserpaddeln genauso wie beim Bergsteigen oder im Winter auf Skitour. Eine gute Paddel-, Sicherungs- und Rettungstechnik und Erfahrung braucht es natürlich trotzdem, doch viele Unfälle ließen sich bereits durch eine aufmerksame Tourenplanung vermeiden, davon bin ich überzeugt.

Darüber ließen sich eigene Bücher schreiben, doch hier will ich mich auf einige – aus meiner Sicht besonders wichtige – Aspekte beschränken. Die erste und wichtigste Regel gilt immer und lautet: Beschreibungen und Infos, egal ob in diesem Buch, im Internet oder von Paddelkollegen niemals blind vertrauen. Wir sind in einem höchst dynamischen Umfeld unterwegs und Flüsse verändern sich, auch durch Menschenhand, regelmäßig und oft schnell. Die Hoffnung, dass Angaben im Internet stets auf dem neuesten Stand sind, hat sich leider nicht bewahrheitet – zumindest nicht bei seltener befahrenen Flüssen. Je nach Können und Tagesform schätzen wir Schwierigkeiten und Gefahren unterschiedlich ein. Was für den einen ein echter Vierer ist, empfinden Routiniers schnell als „gemütlichen" Dreier.

Im Idealfall verschafft man sich daher vor Ort immer selbst ein Bild, wenn man eine Strecke noch nicht oder nicht beim aktuellen Wasserstand kennt. Ist dies nicht möglich, kommen andere Kriterien ins Spiel. Ist der Charakter kontinuierlich oder gibt es zwischendurch Ruhepausen? Ist ein Abbruch der Fahrt im Notfall (problemlos) möglich? Gibt es besondere Gefahrenstellen oder typische Gefahren? Über all das gibt dieser Flussführer Auskunft. Andere Rahmenbedingungen (Wetter, Jahreszeit, Zeit bis Einbruch der Dunkelheit, Wasserstand) muss jeder selbst vor Ort bewerten. Wer kein wirklich sicherer und erfahrener Paddler ist, dem rate ich dringend dazu, neue Strecken zunächst nicht bei Pegelständen in Angriff zu nehmen, die spürbar über Mittelwasser liegen. Zwar nehmen die technischen Schwierigkeiten längst nicht immer deutlich zu, doch Strömungsgeschwindigkeit und Wasserdruck steigen und der Raum für Fehler wird schnell kleiner. Das ändert nichts daran, dass manche Strecken für den Geschmack von Kennern und Könnern erst bei solchen Bedingungen so richtig rund und schön werden, alles nur eine Frage von Erfahrung und Technik.

Die abgesehen von Wehren und künstlichen Einbauten größte Gefahr im unteren Bereich der Schwierigkeitsskala sind und bleiben aus meiner Sicht Baumhindernisse. Wer schwimmend oder im Boot ins Geäst treibt, ist schnell in ernsthafter Gefahr. Gerade mit größeren Gruppen daher nie „blind" um unübersichtliche Kurven paddeln, denn oft lauert genau an der dümmsten Stelle eine Baumversperrung ohne rettendes Kehrwasser davor. Für Touren mit weniger sicheren Mitfahrern und/oder größeren Gruppen sind seltener befahrene kleine Wildflüsse im bewaldeten Gelände sicher nicht die beste Wahl. In diesem Fall sollte man (auch aus ökologischen Gründen) eher klassischen Abschnitten auf etwas größeren Flüssen den Vorzug geben, auf denen gefährliche Hindernisse oft rasch gemeldet oder sogar entfernt werden. Ein sinnvoller Beitrag zu mehr Sicherheit ist es, sich

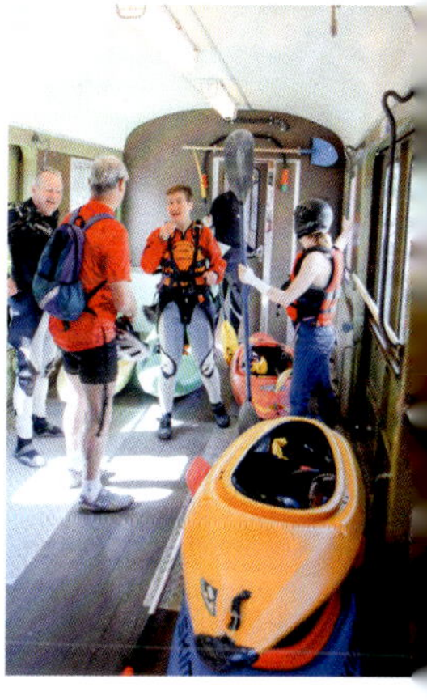

Die Rhätische Bahn befördert auch Kajaks.

vor dem Paddeln im Netz *(www.4-paddlers.com, www.rivermap.ch)* über aktuelle Gefahrenstellen zu informieren und nach dem Paddeln – falls nötig – selbst Gefahrenstellen einzutragen.

Dass die Ausrüstung dem Fluss und Schwierigkeitsgrad angepasst sein sollte, versteht sich eigentlich von selbst. Gerade bei warmen Temperaturen wird aber gerne außer Acht gelassen, dass immer die Wasser- und nicht die Lufttemperatur das entscheidende Kriterium ist. Ein Erste Hilfe-Set und Rettungsmaterial (Wurfsack, Messer, Bandschlingen, Seilrollen etc.) gehören immer ins Boot, ein teilbares Reservepaddel zumindest dann, wenn ein Fahrtabbruch nicht problemlos möglich ist, also keine Straße oder kein Weg in Flussnähe verlaufen.

Zum Abschluss dieses kurzen Überblicks, der natürlich keinerlei Anspruch auf Vollständigkeit erhebt, noch ein paar einfache Tipps, mit denen sich manche kritische Situation ganz einfach vermeiden lässt:

- In kleinen Gruppen paddeln (3-5 Personen), größere Gruppen aufteilen!
- Genügend Zeitpuffer bis zum Einbruch der Dunkelheit einplanen!
- Bedingungen (Wetter, Wasser, Veränderungen) noch einmal vor Ort prüfen!
- Nicht an einer geplanten Tour festhalten, wenn die Bedingungen nicht passen!
- Bei Zweifeln auf das eigene Bauchgefühl hören und auch mal „Nein“ sagen!
- Vor dem Einsteigen Tagesform und mögliche Bedenken von Mitpaddlern beachten!
- Bei kontinuierlichem Flusscharakter (siehe Beschreibungen) nicht ans eigene Limit gehen!
- Ohne sichere Rolle sollte spätestens bei WW 3 Schluss sein!
- Nicht zu schnell an höhere Schwierigkeitsgrade wagen! Lieber mit Style paddeln, als schwere und gefährliche Strecken unkontrolliert zu „bezwingen“.
- Mindestens ein Handy pro Gruppe mitnehmen und bei abgelegenen Strecken ruhig auch Biwakmaterial und Stirnlampe!

Auch abseits des Wassers will einiges geplant sein, wie etwa die Beförderung und Übernachtungsmöglichkeiten. Empfehlenswertes Basislager: Der Campingplatz in Trun.

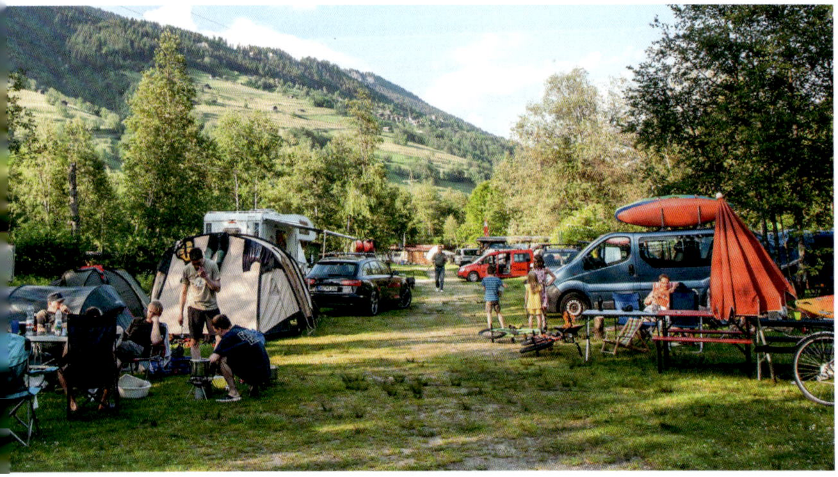

Transport mit der Bahn - der Einstieg sollte durchdacht sein.

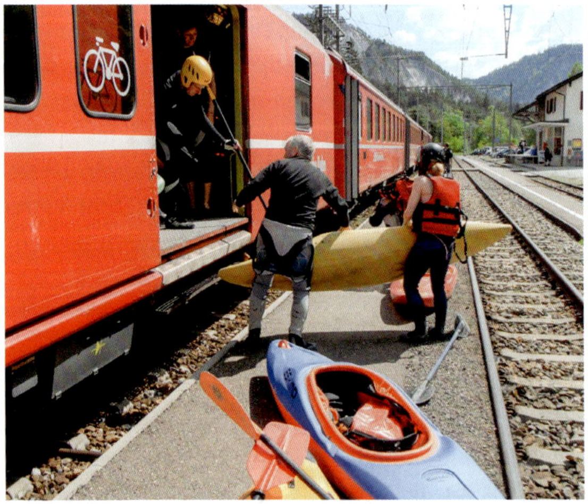

MIT DER UMWELT IM REINEN ODER: KNIGGE FÜR PADDLER

Keine Sorge: Ich möchte hier nicht mit erhobenem Zeigefinger überzogene Verhaltensregeln dozieren, sondern nur ein paar Empfehlungen geben, die hoffentlich dazu beitragen, dass wir Paddler in den Alpen auch in Zukunft gern gesehene Gäste sind. Dabei soll es nicht nur um Pflanzen und Tiere, sondern auch um Klimaschutz und die Menschen an den Flüssen gehen.

Es geht schon bei der Anfahrt los: Paddeln ist (leider) Motorsport, soviel ist klar. Natürlich kann man auch eine Mini-Expedition mit Fahrrad oder Bahn starten, eine echte Alternative sind diese Verkehrsmittel aber kaum. Doch es gibt andere Möglichkeiten, die schädlichen Auswirkungen des Autoverkehrs zumindest zu minimieren: Das Verhältnis von Anfahrtslänge und Aufenthaltsdauer sollte stimmen (also eher nicht jeden Samstag für einen Tag von München ins Ötztal düsen) und das Auto möglichst gut ausgelastet sein (das spart nebenbei auch Kosten). Ideal wäre es, lieber seltener und dafür länger paddeln zu gehen, als jedes Wochenende ausgedehnte Kurztrips zu unternehmen.

Gerade bei kleinen Gruppen stellt sich oft die Frage, ob es ein zweites Auto zum Umsetzen braucht. Bevor man zu dritt oder viert mit zwei Autos startet, lohnt es sich, über die Alternativen nachzudenken. Ein Fahrrad und/oder Laufschuhe (oder Inlineskates) reduzieren unnötige Autokilometer und machen nebenbei auch noch Spaß. Bei längeren Strecken gibt es manchmal erstaunlich gute Bus- oder in einzelnen Fällen auch Bahnverbindungen (z.B. Vorderrhein, Koppentraun), und bei steilen, sportlichen Paddeltouren ist ein Fußmarsch zum Einstieg (samt Besichtigung) oft ohnehin die erste Wahl. Besonders empfehlenswerte Alternativen zum zweiten Auto sind bei den Beschreibungen teilweise extra erwähnt. Fast überall abseits der großen Hauptrouten ist auch Trampen eine gute Möglichkeit, um schnell wieder zum Einstieg zu kommen (nein, die anderen Menschen sind nicht alle böse, aber etwas gesunder Menschenverstand schadet nie). Selbst andere Paddler mitzunehmen, ist natürlich Ehrensache, auch wenn das bei manchen offenbar etwas in Vergessenheit geraten ist.

Zum Unterwegssein gehört natürlich auch das Übernachten, Einkaufen und die Zeit an Land. Hart aber wahr: Wer kein Geld vor Ort ausgibt, sondern in den Augen der Einheimischen nur Dreck und Ärger macht, braucht sich nicht wundern, dass er kein sonderlich willkommener Gast ist. Also auch mal vor Ort einkaufen, statt nur daheim beim Discounter (auch wenn es ein paar Euro teurer ist), immer freundlich bleiben und bei heiklen Themen die nötige Sensibilität an den Tag legen. Dazu gehört zum Beispiel, beim Umziehen nicht mitten auf der Straße oder belebten Parkplätzen die Hüllen fallen zu lassen. Gerade abgelegene Täler sind oft noch konservativer geprägt, als sich das mancher Stadtmensch vorstellen kann.

Das vielleicht schwierigste Thema unter Paddlern ist das Zelten. Auch ich übernachte gerne mal in der freien Natur, wenn die Bedingungen passen. In den Nordalpen ist das leider meiner Ansicht nach eher selten der Fall. Ich kann verstehen, wenn freiheitsliebende Menschen (also Paddler) der Enge der Wohnwagenghettos und Luxuscampingplätze entfliehen wollen. Solange sich dabei jeder absolut korrekt verhält und nichts hinterlässt, ist daran nichts Verwerfliches zu finden. Zum Problem wird freies Übernachten durch zu große Gruppen, hohe Frequenzen und das Fehlverhalten einzelner. Ich kann daher an dieser Stelle nicht anders, als unbedingt das Übernachten auf Campingplätzen oder in anderen Unterkünften zu empfehlen. Wildes Campen ist offiziell im Gebiet dieses Flussführers (fast) überall verboten. In manchen Gebieten drohen hohe Strafen (u.a. Tirol) und/oder es wird an bekannten Plätzen regelmäßig kontrolliert (z.B. Engadin, Ötztal). Manchmal aber erlauben Bauern, wenn man nett fragt und einen kleinen Obolus zahlt, die Übernachtung auf ihrem Grund. In der Hochsaison und an besonders beliebten Flüssen (z.B. Brandenberger Ache) sehe ich das wilde Übernachten auch persönlich kritisch. Doch so übel (und teuer) sind die Zeltplätze in den meisten Regionen dieses Flussführers nun wirklich nicht.

Bliebe noch das Verhalten am und rund ums Wasser: Rücksichtnahme auf Tiere und Pflanzen und die Beachtung bestehender Befahrungsregeln sehe ich einfach mal als selbstverständlich an. Besonders wichtig ist es aber, auf dem Weg zum Wasser, beim Parken, Umtragen und Besichtigen keinesfalls die Wiesen zu zertrampeln oder zu befahren. Wenn es sich gar nicht vermeiden lässt, Wiesen bitte stets ganz am Rand im Gänsemarsch passieren. Das gilt natürlich auch, wenn man sich wirklich mal durchs Unterholz schlagen muss oder im alpinen Gelände unterwegs ist.

Tierische Begegnung in der Flimser Schlucht.

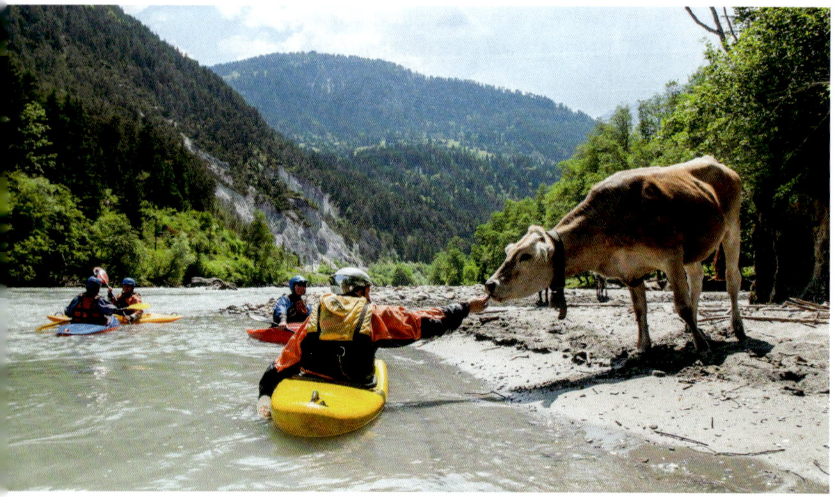

Die Gruppengröße sollte zum Fluss passen. Mit großen Gruppen und zum ausgiebigen Training ist man auf größeren (oft teils regulierten) Flüssen besser aufgehoben als auf sensiblen kleinen Wildbächen. Fahrten bei zu wenig Wasser lässt man, den Fischen und auch der eigenen Ausrüstung zuliebe, besser bleiben. Bei vielen Beschreibungen ist ein Mindestpegel angegeben, unter dem auf eine Tour (die ohnehin wenig Spaß machen würde) verzichtet werden sollte.

Meistens würde es eigentlich schon reichen, so zu handeln, wie wir es selbst gerne hätten, wenn wir uns in die Position des Anwohners, Fischers, Jägers oder Vogelschützers hineinversetzen. Das wird zwar nicht immer funktionieren; Offenheit für die Argumente der Gegenseite, vielleicht auch mal eine ehrliche Entschuldigung oder auch nur ein freundliches Lächeln, sind als Basis aber schon mal nicht verkehrt.

Anstatt jetzt aber noch bedeutungsschwer Kant zu zitieren, möchte ich diese Empfehlungen mit dem ultimativen Überlebenstipp zum Umgang mit der Umwelt beim Paddeln abschließen (Achtung: Kann Spuren von Ironie enthalten): Frage vor dem Paddeln unbedingt die Nacktschnecken, die nachts in deinen Neo gekrochen sind, ob sie wirklich mit dir eine Runde bootfahren wollen oder doch lieber am Zeltplatz bleiben möchten. Das freut garantiert Mensch und Tier!

SAUBERE ENERGIE, ZERSTÖRTE NATUR? GEDANKEN UND HINTERGRÜNDE ZUR WASSERKRAFT

Darf man als Paddler wirklich gegen Strom aus Wasserkraftwerken sein? Sagen wir ja zu Atom- und Kohlekraftwerken oder riesigen Windparks, um unsere geliebten Paddelstrecken zu schützen? Fragen, auf die es keine einfachen Antworten gibt und die jeder für sich im stillen Kämmerchen überdenken, aber auch kontrovers am abendlichen Lagerfeuer diskutieren sollte.

An dieser Stelle will ich mich auf einige Hintergründe und eigene Gedanken beschränken. Von den mehr als 50 Flüssen in diesem Buch werden gerade einmal rund zehn in ihrem Verlauf nicht zur Stromerzeugung durch Wasserkraftwerke genutzt. Meist handelt es sich dabei um kleine Wildbäche, die oft nicht viel länger als zehn Kilometer sind. Von den größeren Wildflüssen in diesem Buch werden gerade einmal vier nicht energiewirtschaftlich genutzt: Die Breitach im Kleinwalsertal, die Brandenberger Ache sowie die Ötz mit ihrem Quellfluss Venter Ache. Letztere sind akut von Kraftwerksplänen der Tiroler Wasserkraft AG (TIWAG) bedroht, während die Brandenberger Ache 1987 nach mehrjährigen Protesten gegen ein geplantes Kraftwerk zum Naturdenkmal erklärt wurde, mit nur einer Stimme Mehrheit wohlgemerkt.

Richtet man den Fokus auf die beschriebenen Wildwasserstrecken, ist der Anteil der nicht von der Energiewirtschaft beeinflussten Abschnitte etwas höher. Von den fast 90 näher beschriebenen Paddelstrecken sind etwa 40 frei von Stauseen, Wehranlagen und Ableitungen. Doch das Bild täuscht: Die Hälfte dieser Strecken liegt im Ötztal, Lechtal und an der Brandenberger Ache, während in anderen Regionen fast alle Strecken von Kraftwerken betroffen sind. Allein die Kraftwerkspläne im Ötztal würden auf einen Schlag mehr als fünf weitere Strecken massiv beeinflussen.

Natürlich ist Kraftwerk nicht gleich Kraftwerk, in manchen Fällen handelt es sich nur um vergleichsweise kleine Wehranlagen und Kleinkraftwerke ohne große Ausleistungsstrecken, doch fast die Hälfte aller beschriebenen Strecken ist von größeren Anlagen und Ableitungen direkt betroffen oder beeinflusst.

Bleiben also je nach Zählweise 40 bis maximal 50 Strecken, die nicht oder nur wenig durch Kraftwerke geprägt sind. In einem Gebiet, das von Graubünden bis ins Salzkammergut reicht, ist das meines Erachtens nicht viel. Zumal für die meisten davon Kraftwerkspläne in den Schubladen lagen

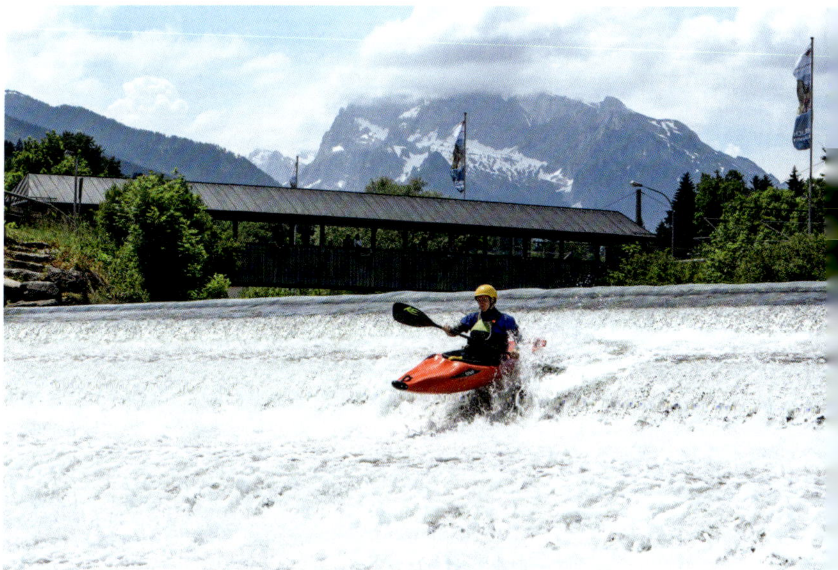

Erstes Wehr in Berchtesgaden.

bzw. immer noch oder erst seit kurzem liegen. Ausgenommen davon sind lediglich einige kleine Wildbäche, oft in geschützten Gebieten, in denen auch wir Paddler kritisch beäugt werden.

Seit 2008 mein erster Wildwasserführer über die Nordalpen erschien, wurden zwei Strecken abgeleitet, zwei weiteren Strecken am Inn wird spätestens 2022 das Wasser abgegraben. Vier Strecken in rund zehn Jahren, nicht viel, könnte man sagen. Doch allein die aktuellen Projekte rund ums Ötztal und Stubaital bedrohen auf einen Schlag eine gesamte Region mit fast einem Dutzend Paddelstrecken.

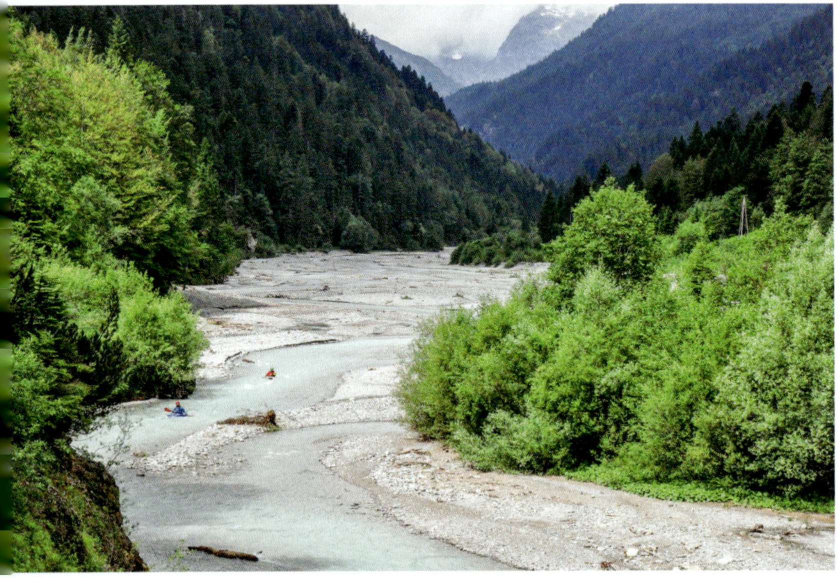

Oberhalb der alten Geschiebesperre am Hornbach im Tiroler Lechtal.

In allen Alpenregionen wurden in den letzten Jahren neue Projekte bekannt und fast immer formierte sich vor Ort Protest. Dieser mag oft wie ein Kampf gegen Windmühlen erscheinen, doch der Blick in die Vergangenheit gibt Anlass zu Optimismus. Kraftwerkspläne mit weitreichenden Auswirkungen konnten unter anderem an der Brandenberger Ache, im Lechtal und an der Koppentraun verhindert werden, und auch die Proteste an der Sanna haben zumindest Wirkung gezeigt.

Bliebe die Frage, ob wir Paddler guten Gewissens gegen die regenerative und oft als sauber dargestellte Energie aus Wasserkraft protestieren dürfen, um unsere Lieblingsstrecken zu bewahren und unseren Sport auch in Zukunft noch in der Natur ausüben zu können. Keine einfache Frage und sicherlich eine, die jeder für sich selbst beantworten muss. Wichtig erscheint es mir aber, den Blick über den eigenen Süllrand hinaus zu richten. Denn es geht um weitaus mehr als nur um lohnende Paddelstrecken: Es geht um wertvolle Naturlandschaften, um Lebensräume für Tiere, Pflanzen und Menschen, aber auch um Arbeitsplätze und Existenzen im Tourismus vor Ort. Oft (aber nicht immer) stehen sich David (lokale Interessensvertreter) und Goliath (große Konzerne) gegenüber. Der Energiehunger unserer Gesellschaft scheint kaum zu stillen, doch geht es wirklich bei allen Projekten um das Gemeinwohl und Versorgungssicherheit oder doch vielmehr um wirtschaftliche Interessen?

Hier ist Augenmaß gefragt. Nicht jedes Projekt ist gleich per se abzulehnen, sondern zunächst einmal kritisch zu hinterfragen. Stehen Eingriff und Nutzen im richtigen Verhältnis, welche Auswirkungen ergeben sich auf Mensch und Natur und wer profitiert wirklich? Gerade Kleinwasserkraftwerkwerke produzieren (insbesondere im Winterhalbjahr) nur wenig Strom, beeinträchtigen aber dennoch sensible Ökosysteme. Ebenso darf man sich die Frage stellen, ob große Kraftwerksprojekte an Gletscherflüssen in Zeiten des Klimawandels und abschmelzender Gletscher langfristig wirklich noch Sinn ergeben.

Natürliche Wildflüsse und -bäche sind selten geworden in Alpen. Die wenigen Verbliebenen sollten wir meines Erachtens unbedingt für künftige Generationen erhalten. Als wertvolle Naturlandschaften, aber auch als Lebensräume. Für Tiere und Pflanzen, aber auch für den Menschen. Es darf nicht sein, dass wir ins Flugzeug steigen müssen, um echte Natur erleben zu können. Solange wir die Potentiale, die in Effizienzsteigerungen bestehender Kraftwerke schlummern, nicht nutzen, sollten neue Anlagen das letzte Mittel darstellen.

Ein konstruktiver Dialog unter anderem mit Anwohnern, Naturschützern, Fischern, Paddlern, Tourismusvertretern und allen anderen Betroffenen ist unverzichtbar. Manche Darstellung stellt sich dabei schnell als leere Versprechung heraus. So bleibt die Zahl der Arbeitsplätze, die ein neues Kraftwerk nach der Bauphase bietet, höchst überschaubar, während ein nachhaltiger Tourismus unter Einbeziehung der Gewässer ein solides wirtschaftliches Standbein schaffen kann. Gleichzeitig bedeutet nicht jedes Kraftwerk automatisch das Ende für Natur und Tourismus. Mit Weitsicht und Besonnenheit bei der Umsetzung unter anderem hinsichtlich der Restwassermengen, die im Flussbett verbleiben, sind manchmal Kompromisse möglich, mit denen alle Seiten leben können. Ein neues Kraftwerk an der Kelchsauer Ache beispielsweise, das jahrelang bekämpft wurde, hat weder den Fluss noch das Tal zerstört. Keine neue Wehranlage stört hier die Durchgängigkeit des Gewässers für Fische und andere Lebewesen, und auch Paddeln ist weiterhin möglich.

Viele Projekte, mit denen wir in den nächsten Jahren konfrontiert sein werden, dürften weit größere Auswirkungen haben. Dagegen lohnt es sich in meinen Augen zu protestieren und auf die Straße zu gehen. Nicht allein, sondern gemeinsam mit Anwohnern, Fischern, Naturschützern, Touristikern und anderen Betroffenen. Nicht bloß für den Erhalt der letzten Wildwasserstrecken, sondern für selten gewordene Naturlandschaften, Ökosysteme und Lebensräume, nicht zuletzt auch für den Menschen.

Eines von zahlreichen Wehren auf der Ostrach im Allgäu.

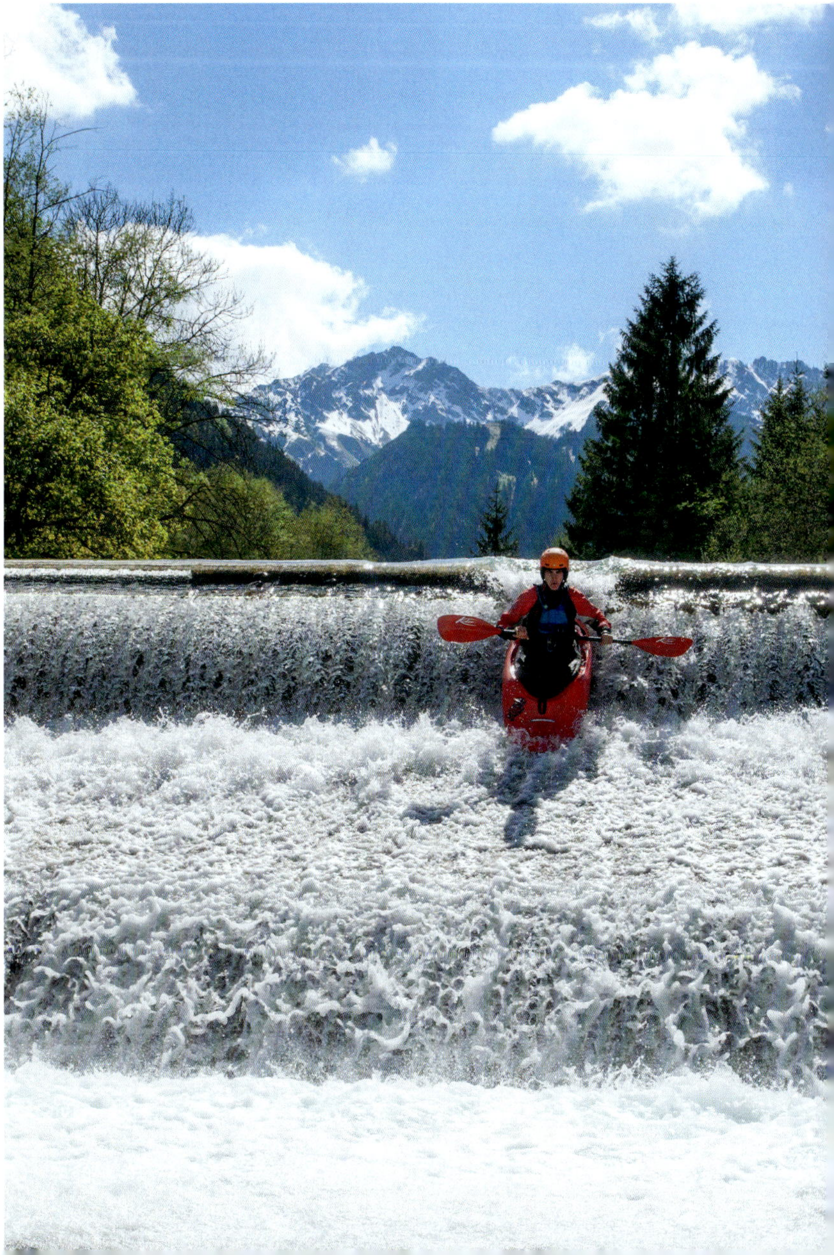

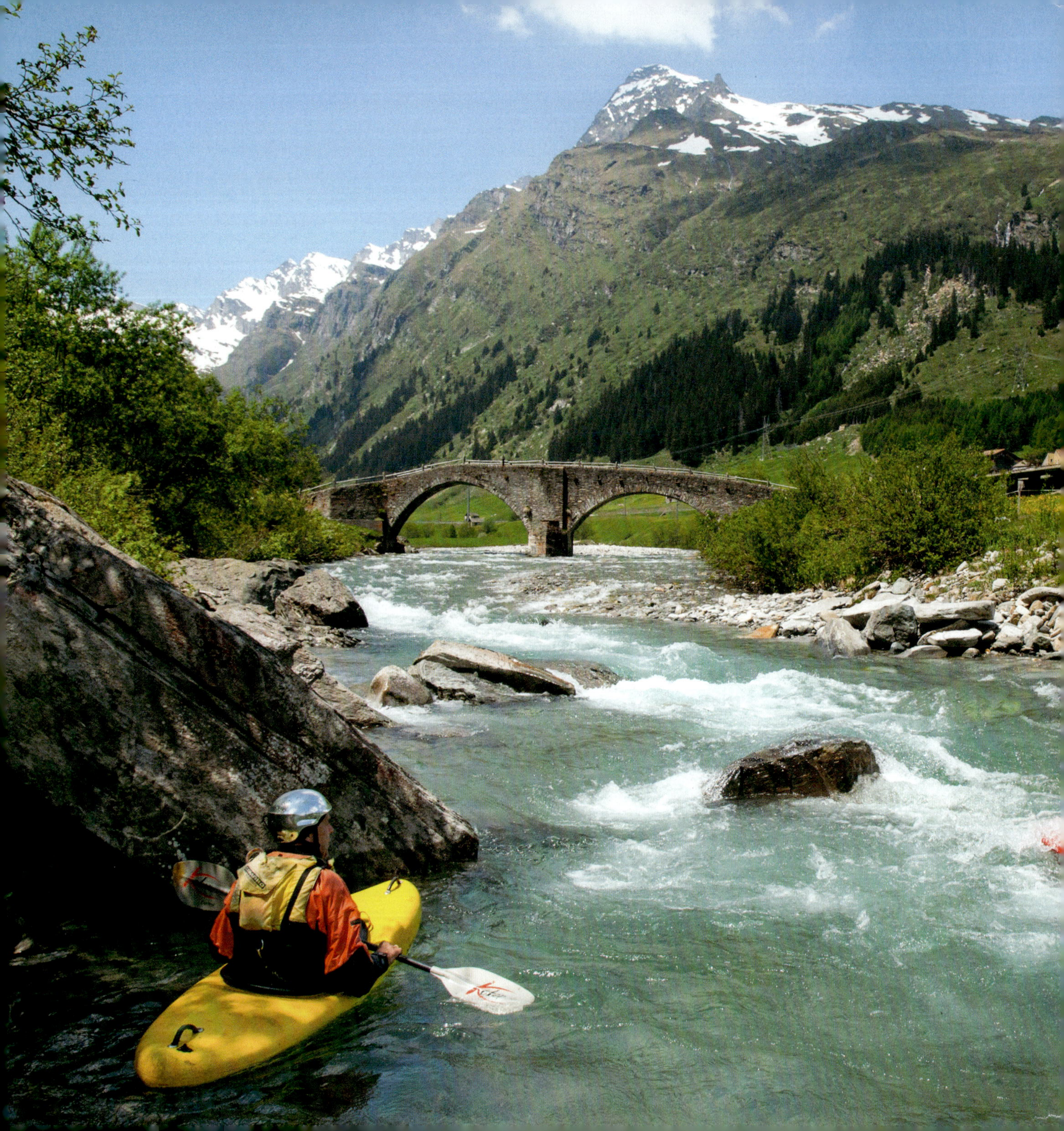

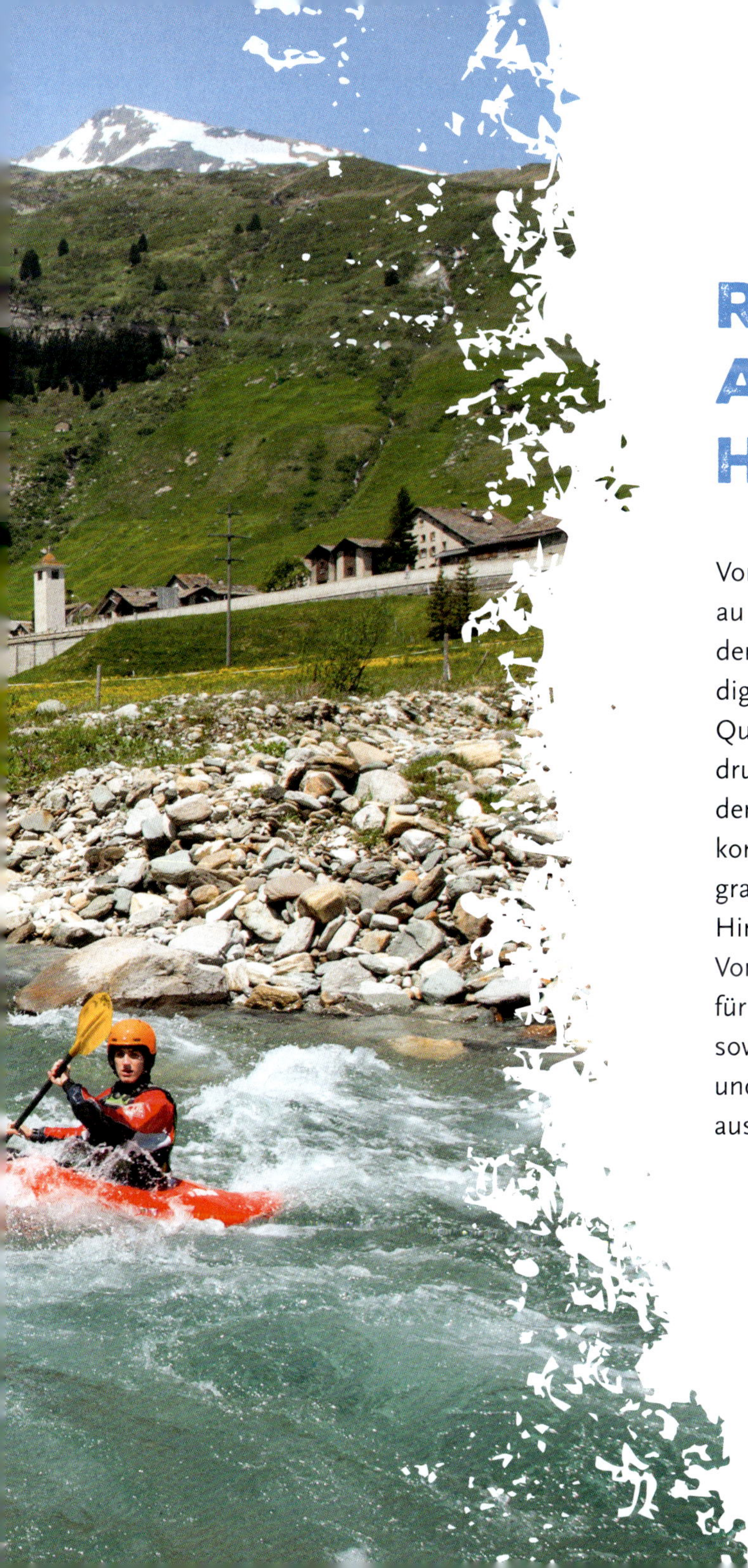

REGION 1: AN VORDER- UND HINTERRHEIN

Vorderrhein und Hinterrhein vereinen sich in Reichenau nahe der Graubündner Hauptstadt Chur und bilden den Alpenrhein, der auf weiten Strecken bereits begradigt dem Bodensee entgegen strömt. Auf den beiden Quellflüssen und in den Seitentälern gibt es jedoch eindrucksvolle Schluchten und spritziges Wildwasser für jeden Anspruch zu entdecken. Weniger erfahrene Paddler kommen vor allem am Vorderrhein in der landschaftlich grandiosen Flimser Schlucht auf ihre Kosten. Der flotte Hinterrhein und der rassige Glenner, ein Nebenfluss des Vorderrheins, erweitern die Angebotspalette der Region für Fortgeschrittene. Die Klassiker Albula und Landquart sowie die kleinen Vorderrheinzuflüsse Medelser Rhein und Somvixer Rhein sorgen aber auch bei Könnern für ausgefüllte Paddeltage.

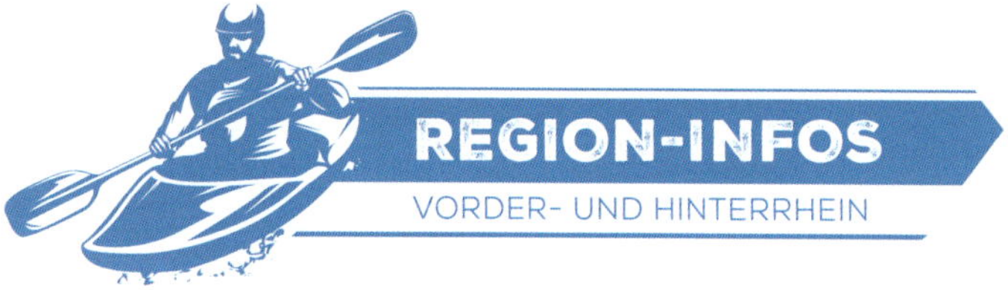

Anfahrt:

Über die A 96 nach Lindau am Bodensee und weiter durch den Pfändertunnel nach Österreich bis zur Ausfahrt Hohenems/Diepoldsau. Hier der Beschilderung in die Schweiz folgen und auf der Rheintalautobahn über Chur bis Reichenau (Schweizer Vignette notwendig). In Reichenau entweder ins Hinterrheintal (Richtung San Bernardino) oder ins Vorderrheintal (Richtung Oberalppass, Ilanz, Disentis) abbiegen.

Basislager:

Die Auswahl an Zeltplätzen in der Region ist groß. Einziges Manko: Angesichts der Größe der Region dauert die Anfahrt zu einzelnen Flüssen – unabhängig vom Standort – immer etwas länger. Während der Ferien und an schönen Wochenenden unbedingt reservieren!

▲ Campingplatz in Trun im Vorderrheintal: Direkt am Vorderrhein gelegener Platz, bei guten Wasserständen ideal für eine schöne Abendtour bis zum Camp oder nach Tanavansa. Leider viele Dauercamper und saftige Preise. Kurze Anfahrten zu Vorderrhein, Glenner, Somvixer Rhein und Medelsbach, zu den übrigen Flüssen dauert es deutlich länger.
Tel: 0041/81/544 56 97, *www.camping-trun.ch*

▲ Camping Carrera zwischen Ilanz und Versam oberhalb der Rheinschlucht: Kleiner Platz in schöner, zentraler Lage. Der beliebteste Paddlerzeltplatz in der Region mit moderaten Preisen.
Tel: 0041/79/442 97 01, *camping-carrera.ch*

▲ Camping Trin: Schön und verkehrsgünstig gelegen in Trin bei Flims oberhalb der Rheinschlucht. Außer für Gruppen keine Reservierung erforderlich, moderates Preisniveau.
Tel: 0041/76/440 19 93, *www.campingtrin.ch*

▲ Camping ViaMala in Thusis am Hinterrhein: Schöne Lage im lichten Kiefernwald, angemessene Preise. Günstig gelegen für Hinterrhein und Albula, auch Vorderrhein und Landquart sind recht schnell erreichbar.
Tel: 0041/81/651 24 72, *www.tcs.ch*

▲ Campingplatz Au in Chur: Sehr zentral mit Stadtanschluss, aber auch recht laut und nicht direkt idyllisch gelegen. Faire Preise.
Tel: 0041/81/284 22 83, *www.camping-chur.ch*

Beste Zeit:

Die besten Wasserstände sind je nach Schneelage von Mai bis Anfang Juli zur Zeit der Schneeschmelze anzutreffen (sonst nach Regenfällen). Im Hochsommer und Herbst reicht das Wasser meist noch für Vorderrhein (kraftwerksgeregelt) und Landquart.

Weitere Aktivitäten:

Die Gegend ist wie geschaffen für Wanderungen und Mountainbiketouren. Besonders lohnend ist die Wanderung zur Greinaebene (einzigartige Hochebene) durch das Tal des Somvixer Rheins mit Übernachtung in der Terrihütte. *www.terrihuette.ch*
Weitere lohnende Ziele sind der Segnesboden, der Flimser Stein und das Hochtal Bargis bei Flims. Den Flimser Stein erreicht man auch über den historischen Klettersteig Pinut. *www.klettersteig-flims.ch*
Die Hochebene am Dreibündenstein zwischen Feldis und Chur ist ein guter Tipp für alle, die es lieber etwas sanfter mögen.
Mountainbiker finden Bikeparks und Flowtrails in Chur, Flims und Lenzerheide. *www.alpenbikepark.ch, www.lenzerheide.com, www.flimslaax.com*
Für Nichtpaddler lohnt sich eine geführte Raftingtour durch die Flimser Schlucht (z.B. Kanuschule Versam: *www.kanuschule.ch*).

Schöne Bademöglichkeiten gibt es im Cauma- und Crestasee (meine Empfehlung) bei Flims bzw. Trin. Bei Schlechtwetter war früher ein Besuch in der architektonisch einmaligen Therme Vals in einem Seitental des Glenners eine echte Empfehlung (rechtzeitige Reservierung unbedingt erforderlich). Seit der Eintrittspreis auf einen Schlag von 40 auf 80 Franken erhöht wurde, bleibt dieses Erlebnis aber für Low-Budget-Paddler wohl eher unerschwinglich.

Tipp: Mit Valser Gästekarte zahlt man „nur" 45 Franken.

Mehr Infos: *7132.com/de*

Sehenswürdigkeiten:

Graubündens Hauptstadt Chur lohnt auf alle Fälle einen Besuch. Für Eisenbahnfans sind Ausflüge mit der Rhätischen Bahn nach Arosa oder St. Moritz Pflicht. Kühne Trassenführung und vielfältige Landschaftseindrücke lassen die Fahrten zum Erlebnis werden. Die Rhätische Bahn offeriert auch eine Vielzahl besonderer Angebote, Informationen dazu im Internet auf www.rhb.ch. Die tiefe Klamm der Via Mala am Hinterrhein zählt zu den größten Natursehenswürdigkeiten der Schweizer Alpen und kann auf einem ausgebauten Steig besichtigt werden (teilweise ist auch eine Befahrung im Kajak möglich, Paddler sind hier aber nicht unbedingt willkommen).

Shop und Schulung:

Kanuschule Versam in Versam Station in der Flimser Schlucht: Shop, Verleih von Testbooten und umfangreiches Schulungsprogramm.
www.kanuschule.ch

Gastro-Tipp:

Aus dem früheren Restaurant Bahnhöfli in Versam Station wurde erst das Linx-Beizli und dann „Das Cafe und die Herberge zur Einkehr und Mystik". Immer noch schön gelegen, jetzt alternativ angehaucht, aber mit saftigen Preisen. *www.mitlinxlernen.ch*

Besonderheiten:

Aus Naturschutzgründen ist das Anlanden auf Kiesinseln in Graubünden vom 1.4 bis 31.10 verboten.

Im Notfall:

Krankenhäuser in Ilanz, Chur und Thusis
Europaweiter Notruf 112
Rettungsflugwacht 1414 (0041-333-333 333 von Handy mit ausländischer SIM-Karte)

Mit der Rhätischen Bahn durch die Schlucht.

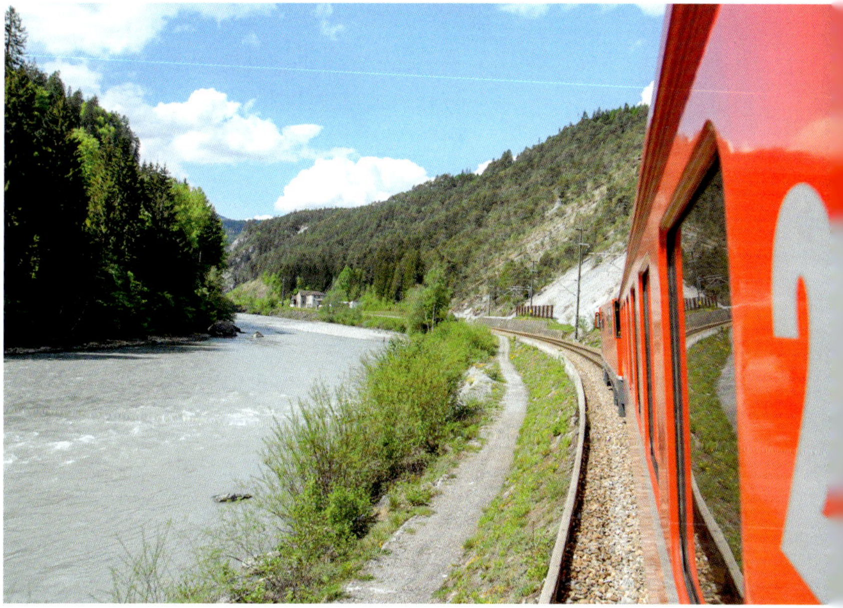

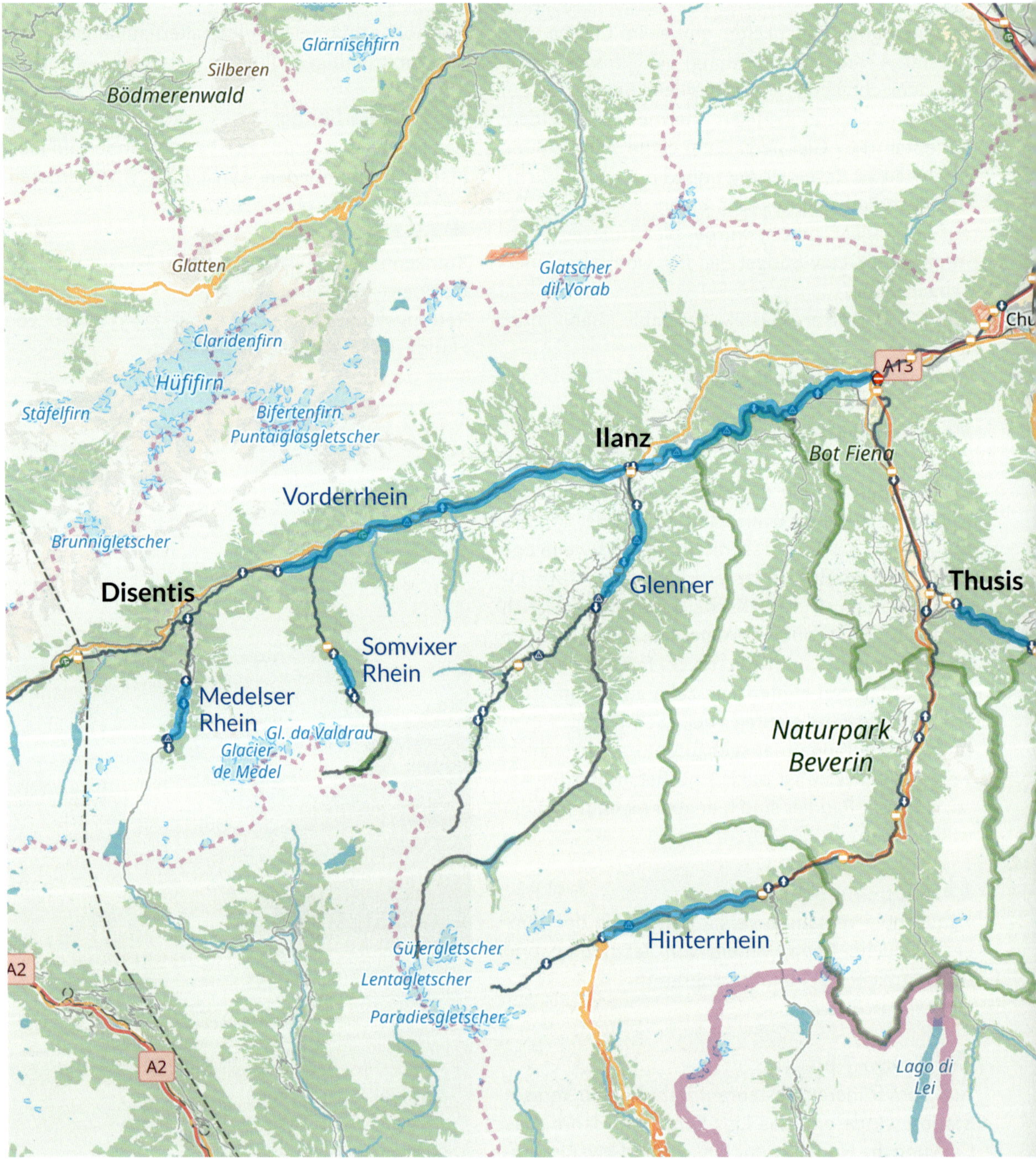
Glärnischfirn
Silberen
Bödmerenwald
Glatten
Glatscher dil Vorab
Claridenfirn
Hüfifirn
Stäfelfirn
Bifertenfirn
Puntaiglasgletscher
Ilanz
A13
Bot Fiena
Vorderrhein
Brunnigletscher
Disentis
Glenner
Thusis
Somvixer Rhein
Medelser Rhein
Gl. da Valdrau
Glacier de Medel
Naturpark Beverin
Hinterrhein
Güfergletscher
Lentagletscher
Paradiesgletscher
A2
A2
Lago di Lei

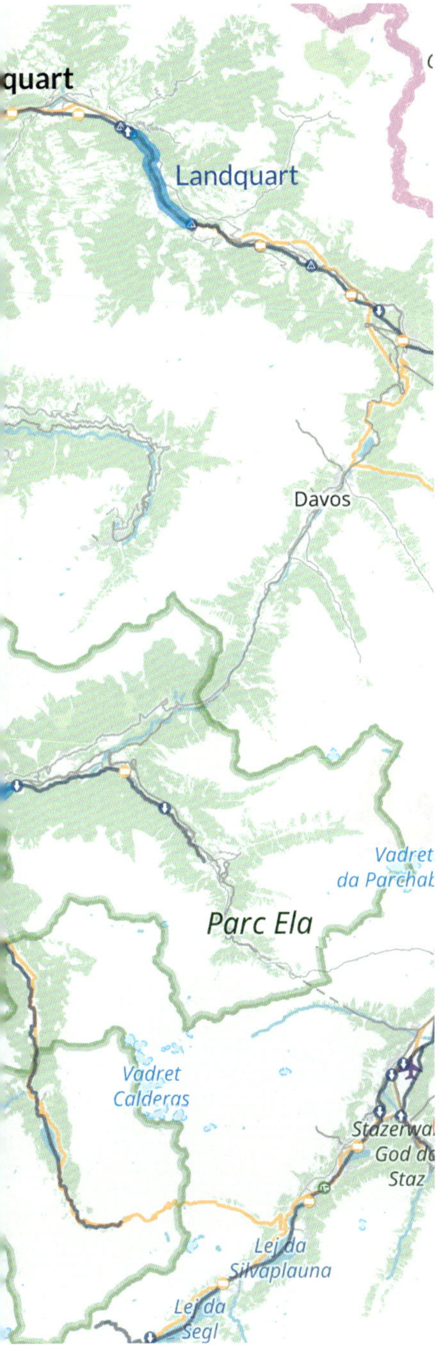

Zeicherklärung:

- Einsetzstelle
- Aussetzstelle
- unfahrbar
- Achtung, Gefahr!
- Wehr

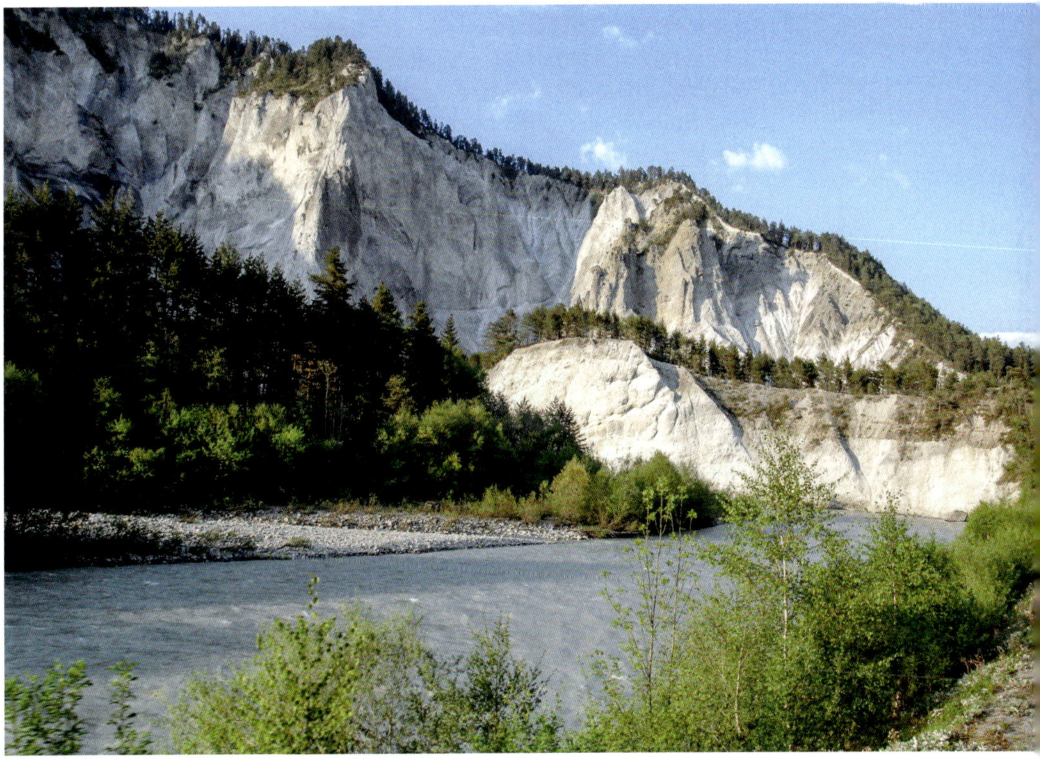

Blick aus dem Zugfenster auf die Kreidefelsen der Flimser Schlucht.

DIE KLASSIKER

VORDERRHEIN

Flimser Schlucht: Swiss Grand Canyon

Die Schweiz verdankt ihren Grand Canyon dem größten Bergsturz der Alpen vom Flimser Stein, durch dessen Trümmermaterial sich der Vorderrhein seinen Weg gegraben hat. Vor etwa 10.000 Jahren stürzten mehr als zehn Kubikkilometer Kalkstein herab, bedeckten eine Fläche von über 50 Quadratkilometern und stauten den Vorderrhein bei Ilanz zu einem See auf. Im Lauf der Zeit bahnte sich der Fluss seinen Weg durch die Trümmer und schuf eine mehrere hundert Meter tiefe Schlucht. Kurz unterhalb des kleinen Städtchens Ilanz enden die saftig grünen Wiesen der Surselva und machen der monumentalen Schluchtlandschaft der im Rätoromanischen als Ruinaulta bezeichneten Flimser Schlucht Platz. Nur die Trasse der Rhätischen Bahn folgt hier dem Flussverlauf, während die Straßen eine Etage weiter oben angelegt sind. Das Gefälle des Vorderrheins bleibt auch in der Schlucht recht gering und weitgehend gleichmäßig, so dass die wildwassertechnischen Schwierigkeiten außer bei viel Wasser den dritten Grad nicht überschreiten und auch etwas weniger geübte Paddler diese einzigartige Flusslandschaft aus der Bootsperspektive erleben können.

ÜBERSICHT

Länge: 10-20 km

Schwierigkeit: WW 2-3+ (oberer Teil), WW 2/2+ (unterer Teil)

Einstieg: Bahnhof Ilanz (46.7752, 9.2092) bzw. Glennerbrücke (46.7743, 9.2111) oder in Versam Station (46.8073, 9.3110)

Ausstieg: Versam Station oder Reichenau (Brücke 46.8245, 9.4066) (Bahnhof 46.8236, 9.4120)

Charakter: Wenig verblocktes, wuchtiges Wildwasser in einer großartigen Schlucht

Gefahren: Blockwehr Ilanz, Kernstelle „Schwarzes Loch", Unterspülung nach der Rabiusa-Mündung, einzelne siphonierte Blöcke möglich

Gefälle: 5 m/km (oben 6 m/km, unten 4 m/km)

Pegel: Vorderrhein und Glenner Ilanz (Summe der Werte, auf www.rivermap.ch bereits berechnet), für Genießer von 25-80 m^3/s, für Spieler und Sportler ab 60 m^3/s, ab 80 m^3/s zunehmend wuchtig (und etwas schwieriger)

Beste Zeit: Ab Mai bis Herbst außer bei Hochwasser oder in starken Trockenzeiten

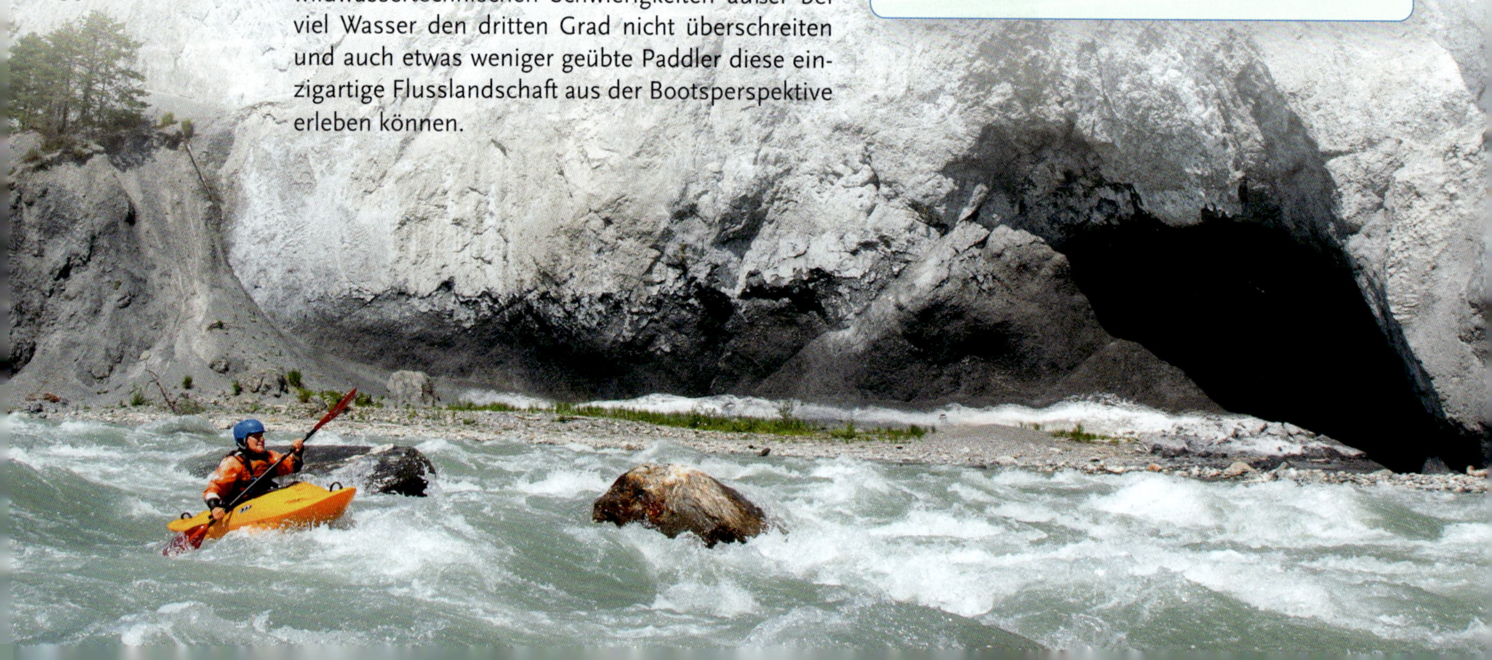

Die Kernstelle „Schwarzes Loch" verändert sich regelmäßig und kann einfach und problemlos aber manchmal auch gefährlich sein.

An Land

Der beste Einstieg für die Befahrung der Flimser Schlucht befindet sich in Ilanz entweder an der Brücke über den Glenner oder am Bahnhof (Parkregelungen beachten). Als Ausstieg für die Strecke ab Ilanz wie auch als Einstieg für die weitere Strecke bis Reichenau ist Versam Station geeignet. Der Bahnhof inmitten der Schlucht ist auf einer steilen Straße ab Versam zu erreichen. Der zweite Ausstieg befindet sich in Reichenau vor der Mündung des Hinterrheins. Die Befahrung des folgenden Stausees ist verboten.

Zum Autoumsetzen für die lange Strecke von Ilanz bis Reichenau wählt man die Hauptstraße über Laax und Flims. Versam Station ist dagegen nur über die Nebenstraße über Versam nach Bonaduz zu erreichen (orographisch rechtsufrig).

Besonders empfehlenswert ist es, mit der Rhätischen Bahn umzusetzen. Die Bahnhöfe in Ilanz, Versam Station und Reichenau liegen in unmittelbarer Flussnähe und die Züge fahren im Stundentakt (künftig teils halbstündlich). Das Boot kann derzeit problemlos im Gepäckwagen befördert werden. Vsl. ab 2023 werden neue Triebwagen mit weniger Platz für Gepäck eingesetzt, die Mitnahme von Kajaks soll aber weiterhin möglich sein (zusätzliche Kapazitäten durch Halbstundentakt und Doppeltraktion der Züge in der Saison). Eine Tageskarte, die auch weiter rheinaufwärts bis Disentis gilt, kostet 15 Franken pro Boot und berechtigt zu mehreren Fahrten (Einzelfahrt 12 Franken), hinzu kommt jeweils der Preis für die Person. Die Parkplätze an den Bahnhöfen sind gebührenpflichtig.

Auf dem Wasser

An der Mündung des Glenners in Ilanz mischen sich die blauen Wasser des Vorderrheins mit den besonders bei Hochwasser fast schwarzen Fluten dieses Nebenflusses und bieten erste Möglichkeiten, sich warmzufahren. Wenig später sollte ein

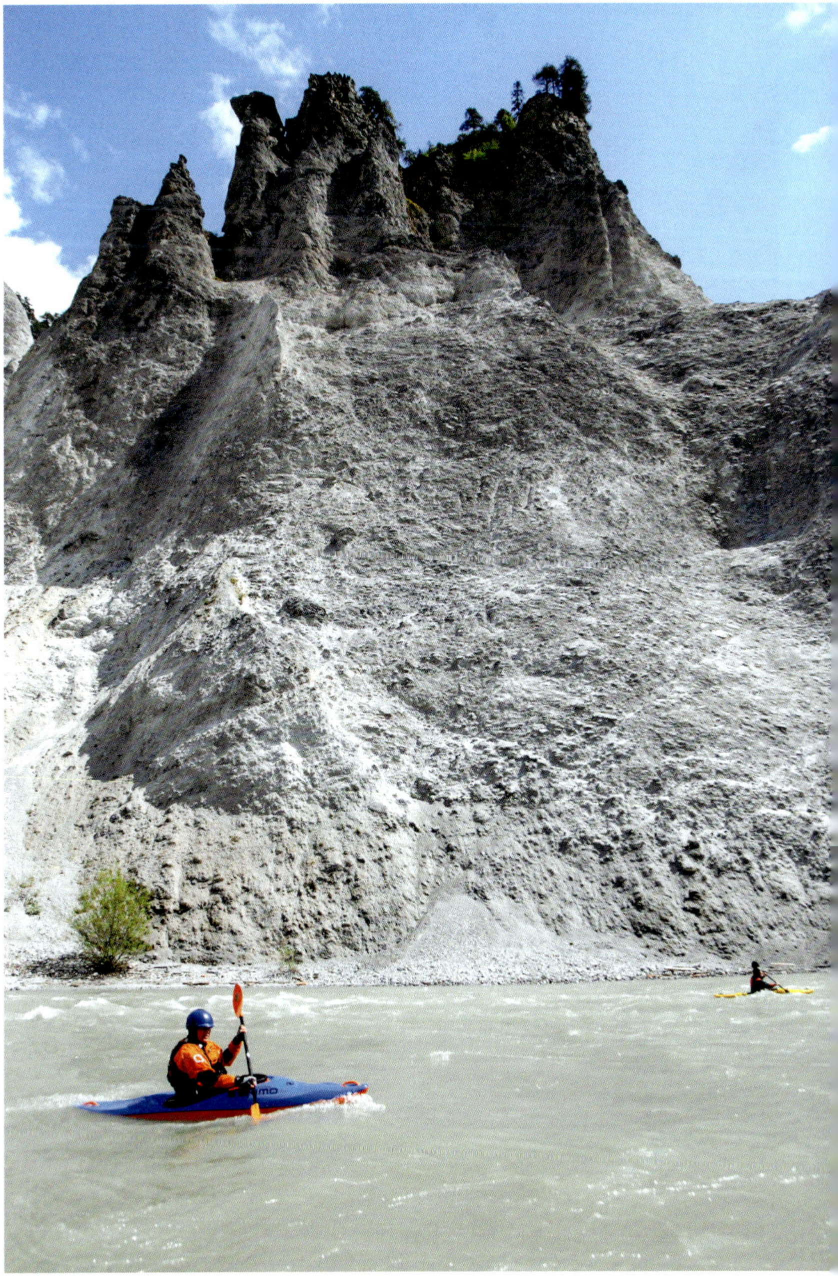

Unterhalb von Versam Station folgt der landschaftliche Höhepunkt der Strecke.

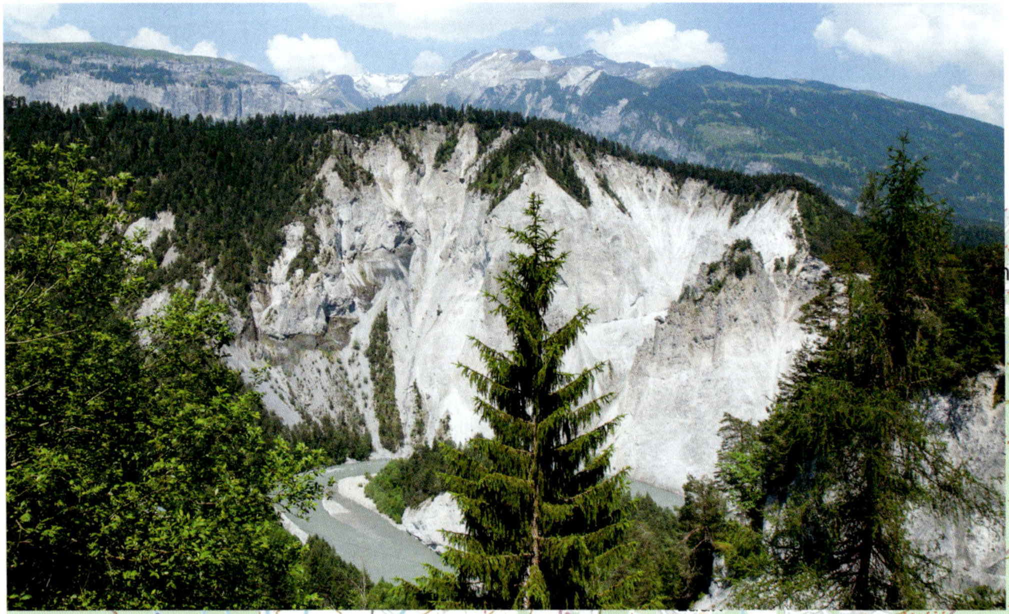

Blick in den unteren Teil der Flimser Schlucht.

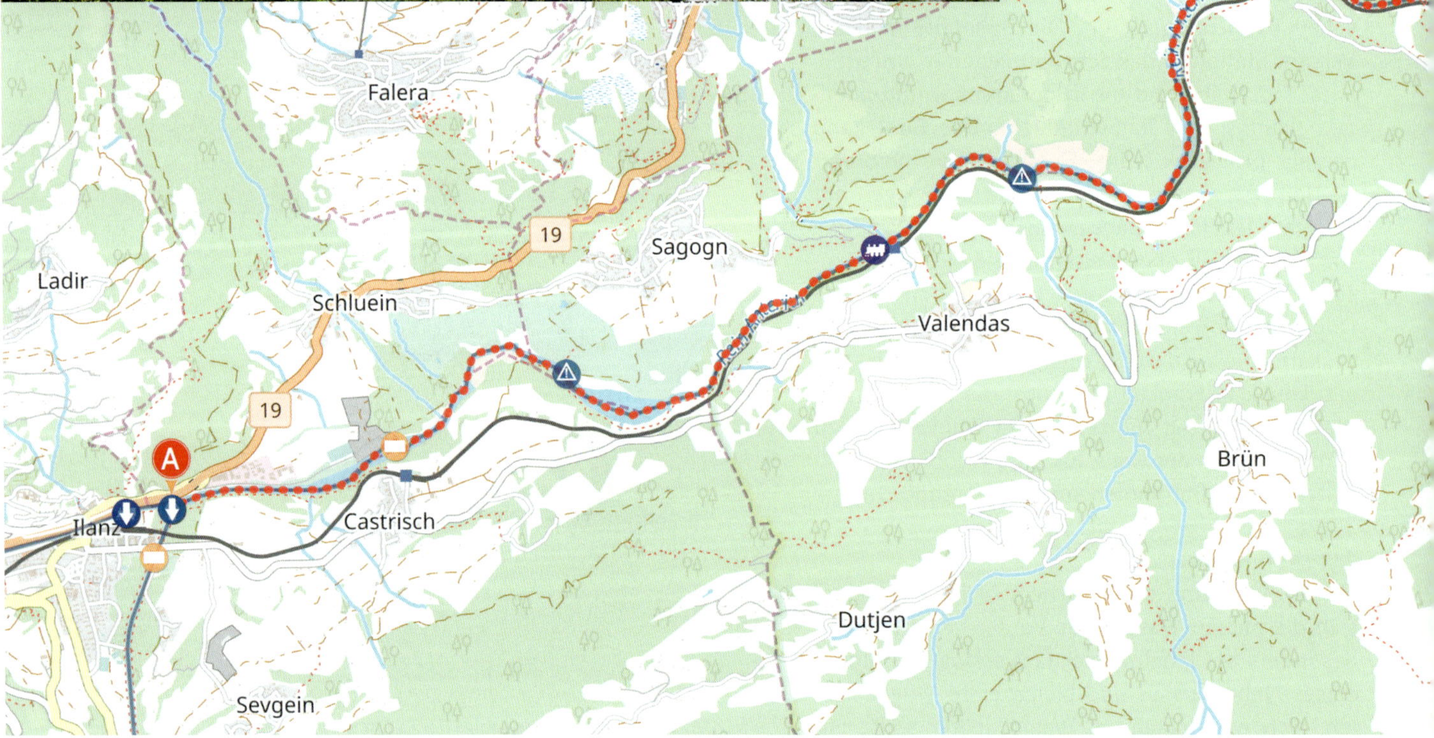

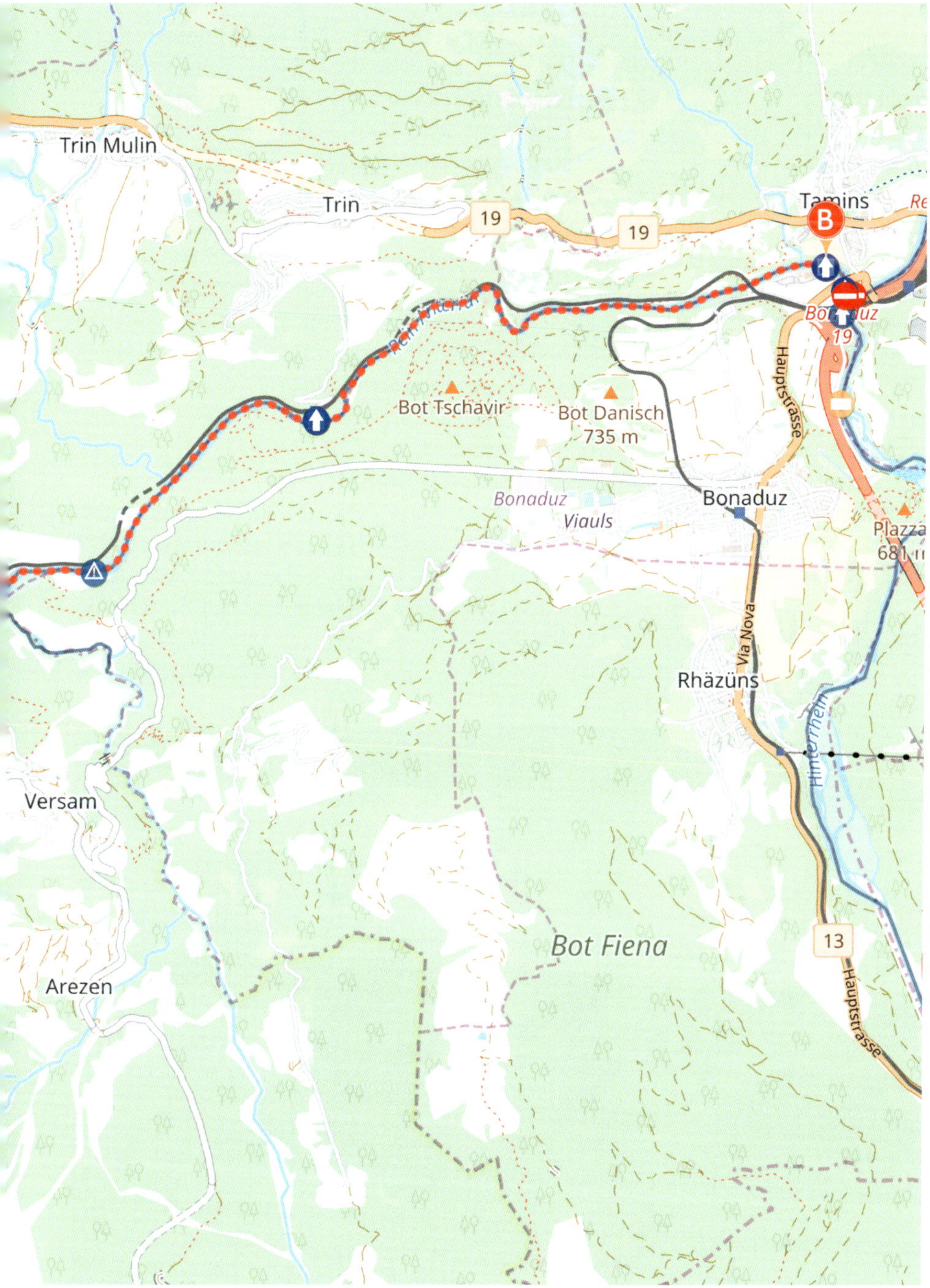

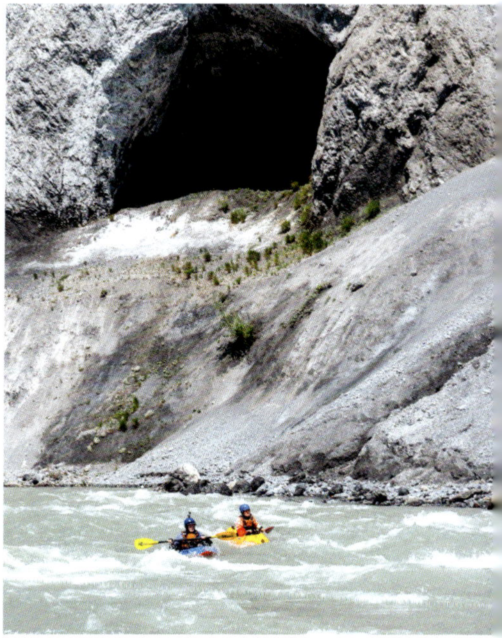

Spritziges Wildwasser unter hohen Felswänden. Pegel: 90 m³/s

Kernstelle „Schwarzes Loch". Pegel: 90 m³/s

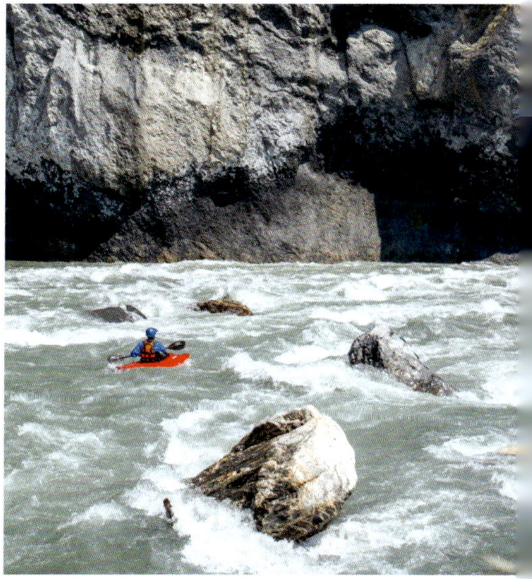

Blockwurfwehr an einem Kieswerk kurz besichtigt werden. Diese Stelle verändert sich häufig und wird bei mehr Wasser sehr wuchtig.

Die frühere Welle „Surf City" kennen heutige Paddler höchstens noch als Legende aus längst vergangenen Zeiten, doch auch alte Hasen müssen diesem Highlight nicht lange nachweinen, denn die ersten weißen Kreidefelsen, kleinere Wellen und andere Spielmöglichkeiten lassen keine Zeit für nostalgische Gefühle. Vorsicht ist immer geboten, wenn der Vorderrhein gegen Blöcke oder Felswände strömt. Das Gestein ist sehr weich und mit Unterspülungen, aber auch einzelnen Siphonen sollte man rechnen. Am eigentlichen Schluchteingang erhöht der Vorderrhein das Tempo merklich und die gerade bei hohen Wasserständen wuchtigen Schwälle zwischen bizarren Felsformationen sorgen bei weniger routinierten Paddlern für etwas Nervenkitzel. Fortgeschrittene Spielbootfahrer finden in diesem landschaftlich besonders schönen Bereich auch tolle Surfwellen und knackige Kehrwasser. Bei viel Wasser geht es hier rund einen Kilometer lang schwung- und druckvoll zur Sache, Schwimmeinlagen sollte man dann besser bleibenlassen.

Bis zur Kernstelle, dem „Schwarzen Loch" an der Mündung der Carerratobels von rechts, bleibt immer wieder Zeit, sich gemütlich treiben zu lassen. Das Geschiebe des Seitenbachs drückt hier den Vorderrhein gegen die linke Wand, in der sich die dunkle, namensgebende Aushöhlung befindet. Dieser und auch einem manchmal vorhandenen Kehrwasser davor sollte man unbedingt fernbleiben. Da sich die Stelle ständig verändert, sollte man auf alle Fälle am rechten Ufer besichtigen und bei Unsicherheit bequem umtragen. Die folgende Strecke bis Versam ist bis auf einige Prallwände und dicke Walzen bei viel Wasser problemlos, landschaftlich aber ungeheuer eindrucksvoll. Bei Gewitter oder Sturm wirbelt der Wind Kreidestaub von den Felstürmen auf, wodurch die Dramatik der Landschaft noch verstärkt wird. Allerdings besteht bei Gewittern auch erhöhte Felssturzgefahr, so

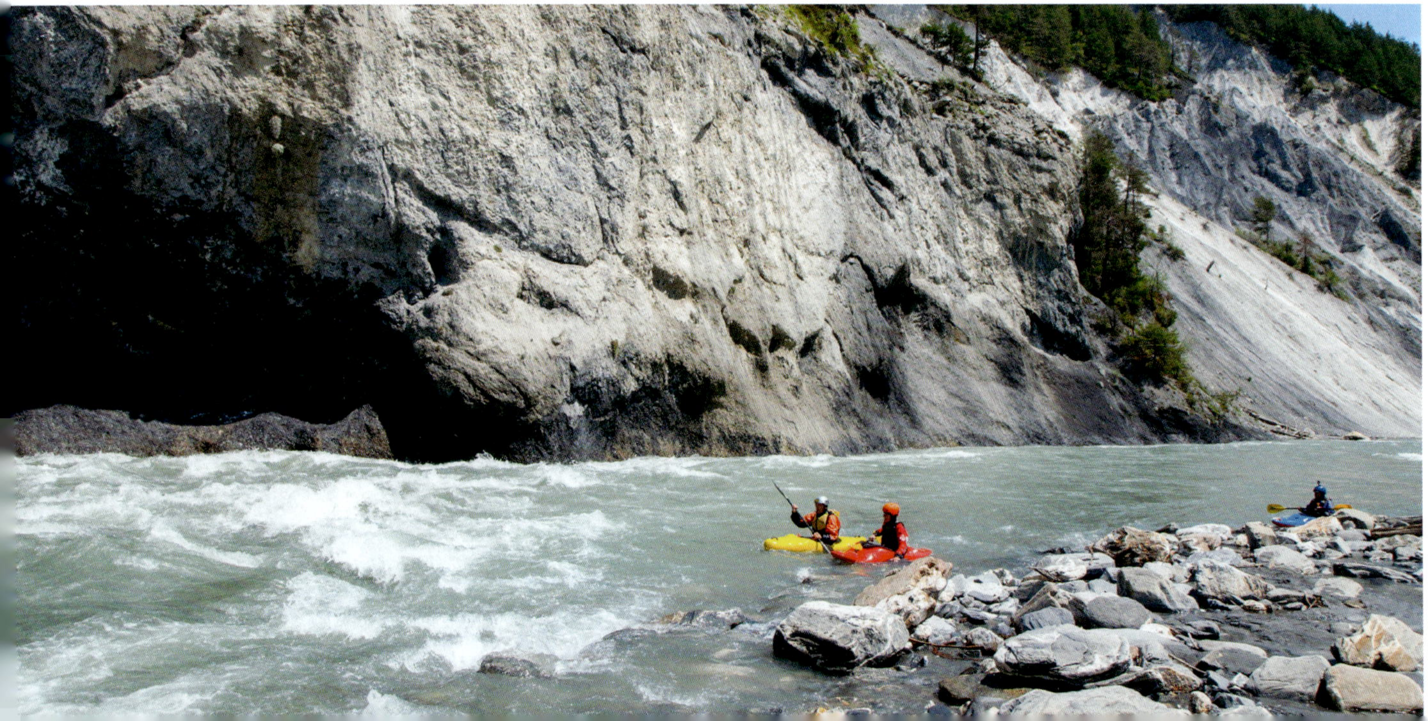

Kehrwasserpause nach dem „Schwarzen Loch".

dass es sinnvoll ist, sich ein sicheres Plätzchen zu suchen und erst einmal abzuwarten.
Am Bahnhof Versam (10 Kilometer ab Ilanz), ist der Ausstieg für alle erreicht, die es lieber etwas wilder, aber dafür kürzer mögen. Eine Weiterfahrt bis Reichenau (weitere 10 km) ist besonders landschaftlich äußerst eindrucksvoll. Wer eine gemütlichere Fahrt genießen möchte oder die etwas höheren Schwierigkeiten des ersten Teilstücks scheut, kann auch erst in Versam einsteigen. Die Beschilderung in Sachen Felssturzgefahr sollte man hier im eigenen Interesse besser befolgen.
Auf leichtem Wildwasser gleitet man kurz hinter Versam durch die wohl am häufigsten fotografierte Kurve der Schlucht, die einen weiteren landschaftlichen Höhepunkt darstellt. Die gefährliche Unterspülung auf der rechten Flussseite unterhalb der Mündung der kleinen Rabiusa (von rechts) ist zwar nicht mehr ganz so kritisch wie in der Vergangenheit, sollte aber trotzdem mit ausreichend Sicherheitsabstand umfahren werden. Nach einer letzten Durchbruchsstrecke mit einigen kleinen Spielstellen klingt die Tour schließlich bis zum Ausstieg in Reichenau gemütlich aus.

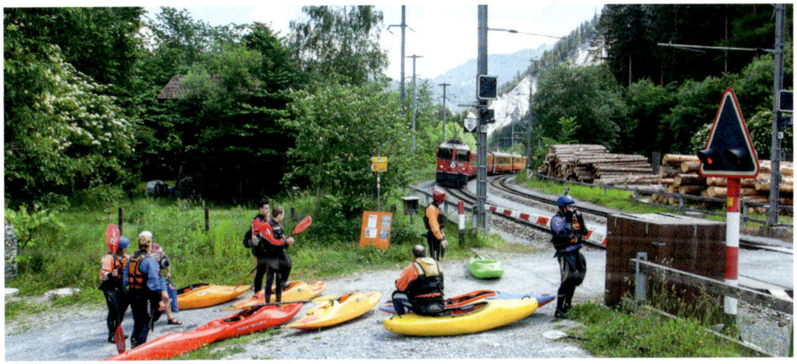

Zurück zum Einstieg geht es auch bequem mit der Rhätischen Bahn.

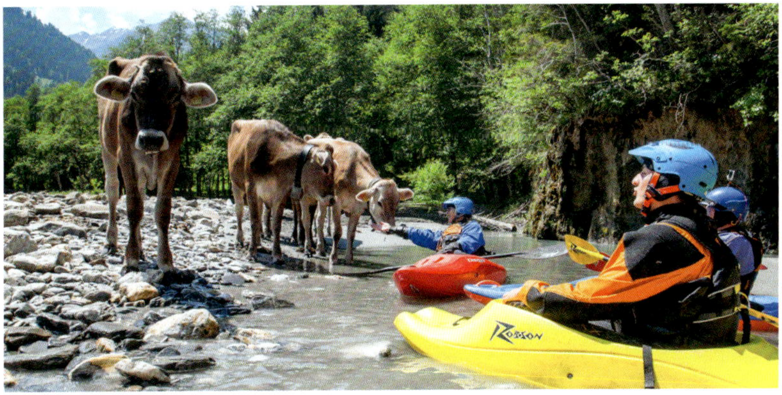

Tierische Begegnung in der Flimser Schlucht.

Wuchtige Durchfahrt am Blockwurfwehr unterhalb von Ilanz. Pegel: 80 m3/s

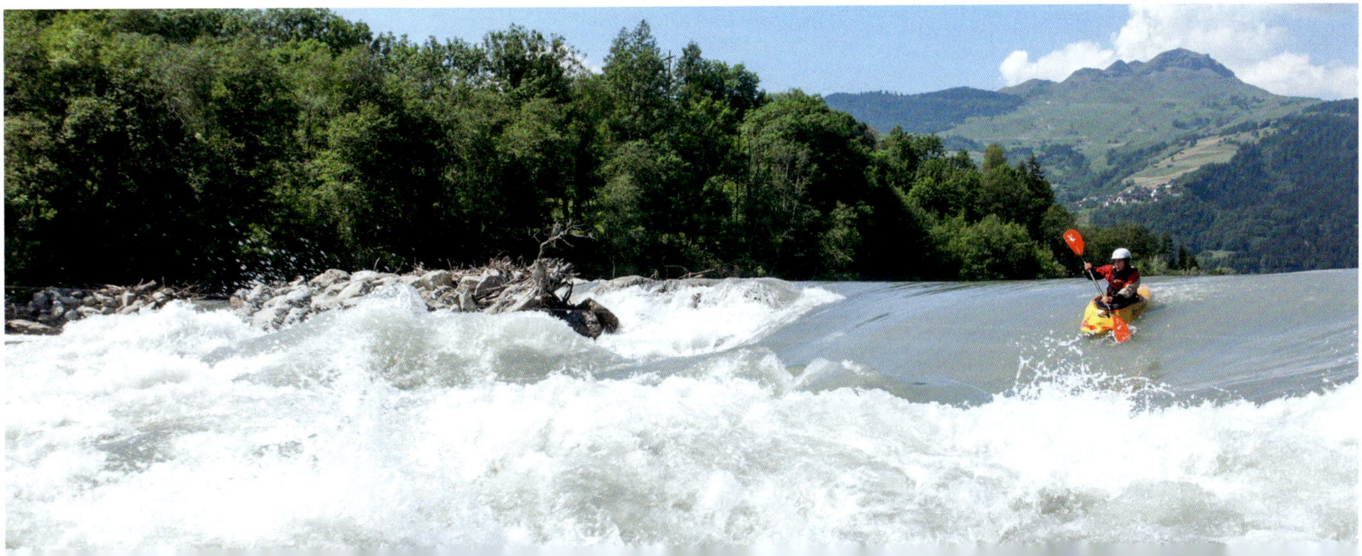

OBERER VORDERRHEIN
Cumpadials bis Tavanasa

Oberhalb der berühmten Flimser Schlucht durchfließt der Vorderrhein die Surselva, eines der Gebiete in Graubünden, in denen rätoromanisch gesprochen wird. Vor dem Bau der Kraftwerke Tavanasa und Ilanz 1 war zwischen Disentis und Ilanz auf 30 Kilometern Länge Wildwasser für jeden Anspruch geboten. Heute reicht das Wasser unterhalb von Tavanasa eher selten zum genussvollen Paddeln, und auch die Kulisse ist kein Grund, hier unbedingt ins Boot zu steigen. Die Etappe von Cumpadials bis zum Zeltplatz Trun oder weiter bis zum Kraftwerk Tavanasa führt hingegen recht häufig ausreichend Wasser, und trotz einiger Hochspannungsleitungen gefällt auch die Landschaft drum herum. Dennoch war der obere Vorderrhein für mich persönlich lange Jahre nicht viel mehr als ein Zusatzprogramm zur Flimser Schlucht und zum Glenner. Bis ich im Frühsommer vor allem den unteren Teil bis Tavanasa als perfekten Abendrun bei Schneeschmelze und Sonnenschein schätzen lernte.

ÜBERSICHT

Länge: 7-10 km

Schwierigkeit: WW 2-3 (3+,4)

Einstieg: Obere Brücke in Cumpadials (46.7221, 8.9159)

Ausstieg: Camping Trun (46.7405, 8.9966) oder Kraftwerk Tavanasa (46.7500, 9.0377)

Charakter: Leicht verblockte Schwallstrecken im offenen Flussbett, je nach Wasserstand auch wuchtig

Gefahren: Bei mehr Wasser schnell und kontinuierlich, an einzelnen Stellen Klemmgefahr, Eisenträger im Bereich Tavanasa

Gefälle: 12 m/km

Pegel: Kein eigener Pegel, möglicher Bezugspegel Ilanz gut bei 80-100 m^3/s (gutes Mittelwasser), Mindestpegel zwischen 30-50 m^3/s, vor Ort in Trun sollten es mind. 15-20 m^3/s sein

Beste Zeit: Mai und Juni, evtl. auch Juli

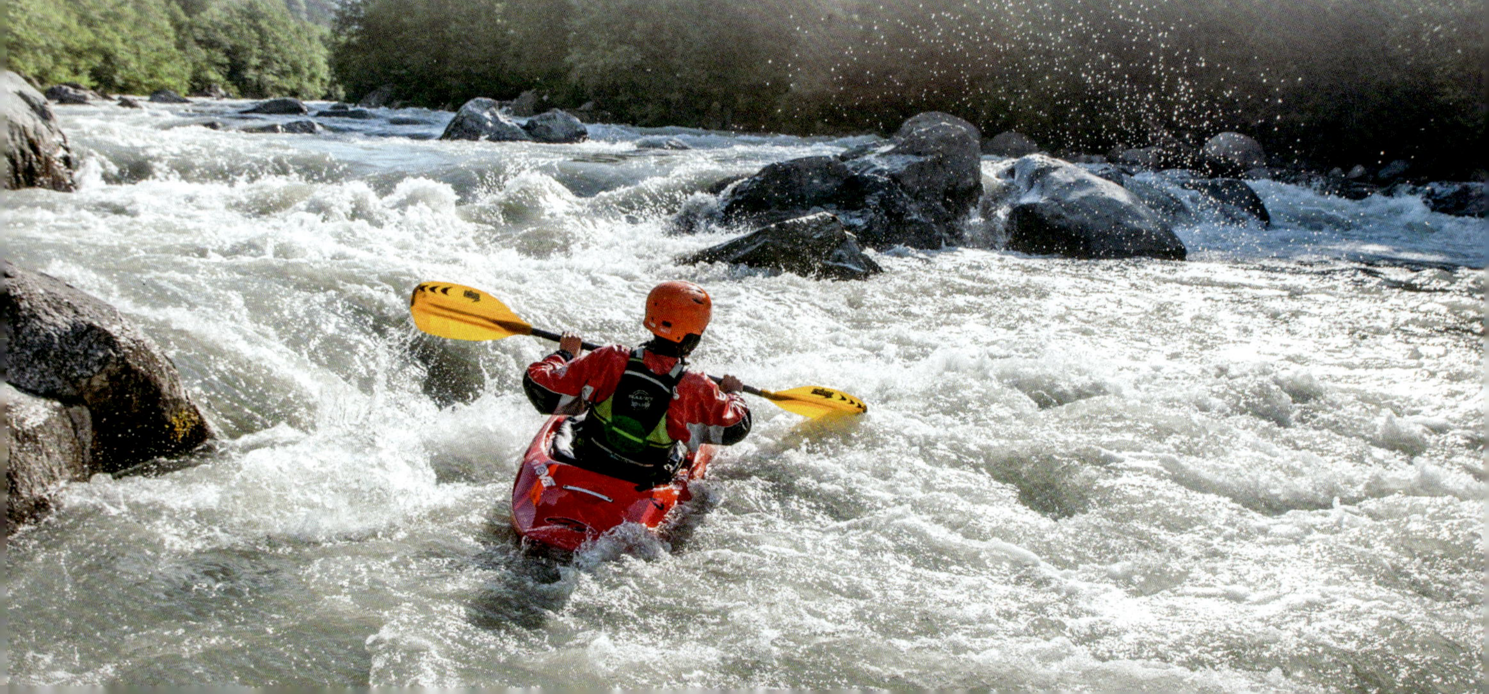

Im letzten Katarakt vor dem Wehr bei Tavanasa. Pegel: 90 m^3/s Ilanz

An Land

Der Einstieg befindet sich an der oberen Brücke von Cumpadials (Richtung Laus), der erste mögliche Ausstieg direkt am Zeltplatz in Trun. Alternative Ausstiegsstelle ist das Kraftwerk Tavanasa, Zufahrt ab Tavanasa und Danis Richtung Breil und auf schmaler Straße links hinunter zum Ausgleichsbecken und weiter zur Wehranlage.

Auf dem Wasser

Die Fahrt beginnt spritzig mit schönen, leicht verblockten Schwallstrecken im teilweise befestigten Flussbett. Geübte Paddler können auch bereits in Disentis einsteigen und weitere sechs Kilometer bis Cumpadials befahren (bis WW 4+). Die Weiterfahrt bis zur Einmündung des meist trockenen Kiesbetts des Somvixer Rheins von rechts bietet bis auf kleine Blockstufen keine wildwassertechnischen Herausforderungen, dafür aber immer wieder Zeit, um die schöne Aussicht auf das grüne Tal und die oft schneebedeckten Gipfel zu genießen. Ein längerer, verblockter und recht wuchtiger Schwall schließt sich an und kann bei weniger Geübten etwas Herzklopfen verursachen. Wer hier Probleme hat, sollte auf eine Weiterfahrt ab dem Zeltplatz von Trun verzichten. Schöne Kehrwasser und Schwälle laden bis zum Zeltplatz immer wieder zum Üben ein. Obwohl die einzelnen Stellen eher unspektakulär sind, kann man hier bei moderaten Wasserständen durchaus einige Zeit beim Trainieren verbringen, während der Charakter bei viel Wasser rasch sehr kontinuierlich wird.

Das früher häufig gefährliche Blockwurfwehr am Zeltplatz von Trun war zuletzt völlig verschwunden, Änderungen sind aber natürlich nie ausgeschlossen, daher im Zweifelsfall die Ausstiegsstelle im befestigten Flussbett vorab erkunden. Wer am Campingplatz sein Lager aufgeschlagen hat, kann die Fahrt hier beenden oder auch erst beginnen, denn jetzt folgt der Abendrun meiner Wahl.

Auf ruhigem Wasser geht es weiter, ehe die Schwierigkeiten im Bereich der großen Straßenbrücke wieder merklich ansteigen und eine sportliche Schwallstrecke zu befahren ist. Viele kleine Walzen, Wellen und Schanzen laden hier zu technischen Linien und zum Stylen ein, ideal gerade für aufstrebende WW 3-Paddler (WW 3+). Allmählich wird es wieder leichter und ruhiger, doch mit offenen Augen finden sich auf der folgenden langen Geraden weitere interessante Spots.

Offenes Wildwasser oberhalb von Trun.

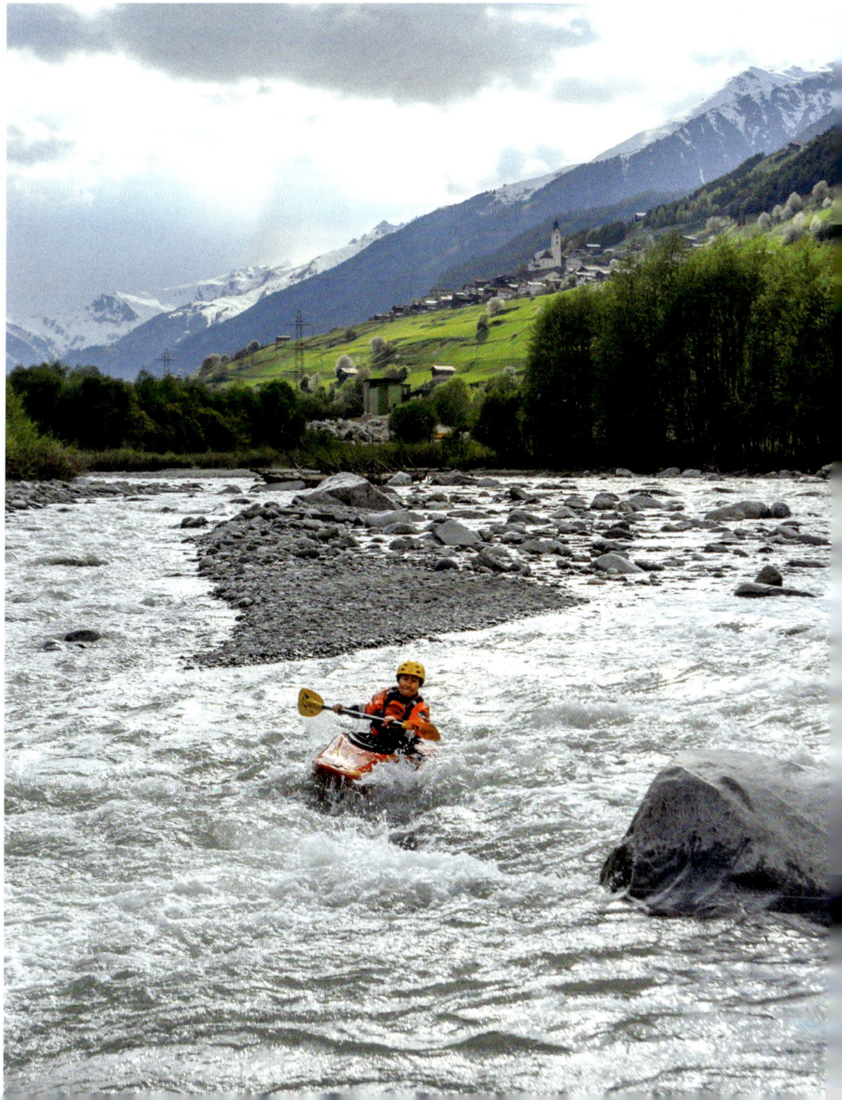

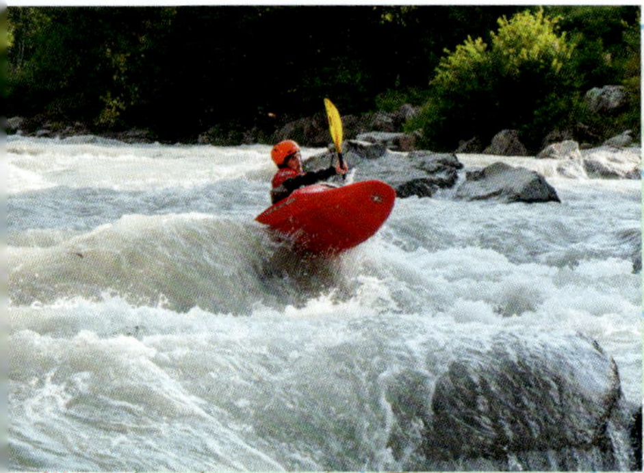

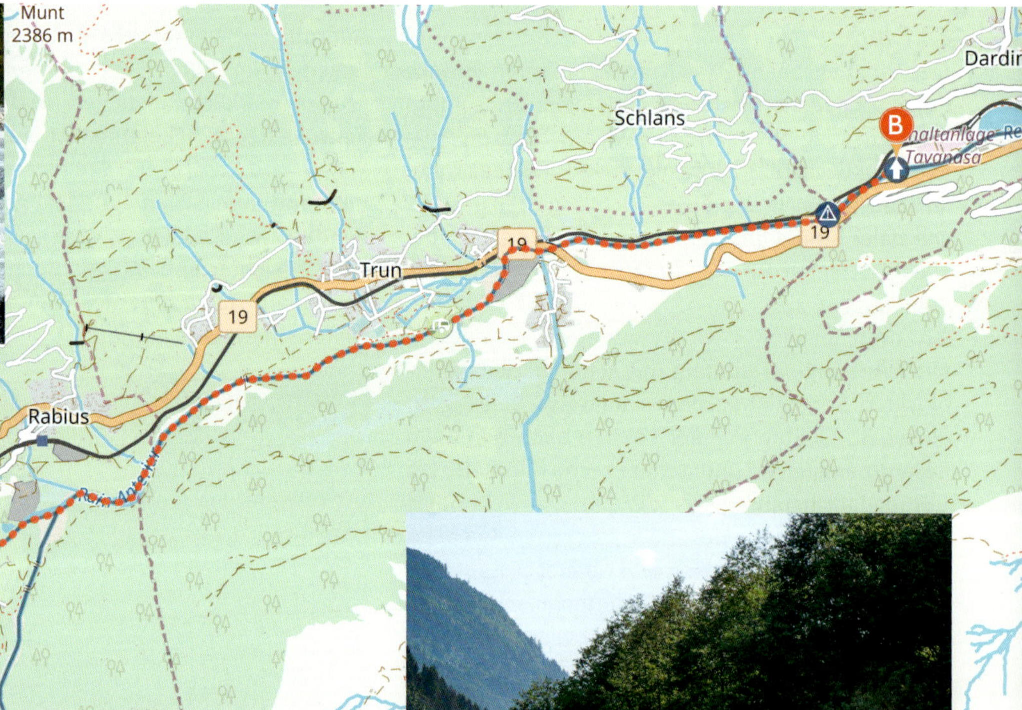

Auch unterhalb des Wehrs in Tavansa gibt es noch einige lohnende Stellen. Pegel: 80 m³/s Ilanz

Kurz vor dem Ausstieg folgt der schwerste Abschnitt der Tour, ein langer, dicht verblockter Schwall, der bei höheren Wasserständen auch den vierten Schwierigkeitsgrad erreichen kann. Da die Stelle recht unübersichtlich ist, rate ich bei mehr Wasser im Zweifelsfall zu einer kurzen Besichtigung. Im Staubecken oberhalb des unbefahrbaren Wehrs von Tavansa endet normalerweise die Befahrung des oberen Vorderrheins. Bei viel Wasser und ausreichendem Überlauf am Wehr kann ich aber auch eine Weiterfahrt bis zur Brücke unterhalb von Tavanasa empfehlen. Weite Teile dieser Strecke sind zwar recht unspektakuläres, aber spritziges WW 2-3, doch allein das „S“ mit Doppelschanze bei Tavanasa lohnt diese Verlängerung. Größte Vorsicht aber vor Eisenträgern im Flussbett unter anderem im Bereich der hohen Brücke und kurz vor dem Ausstieg.

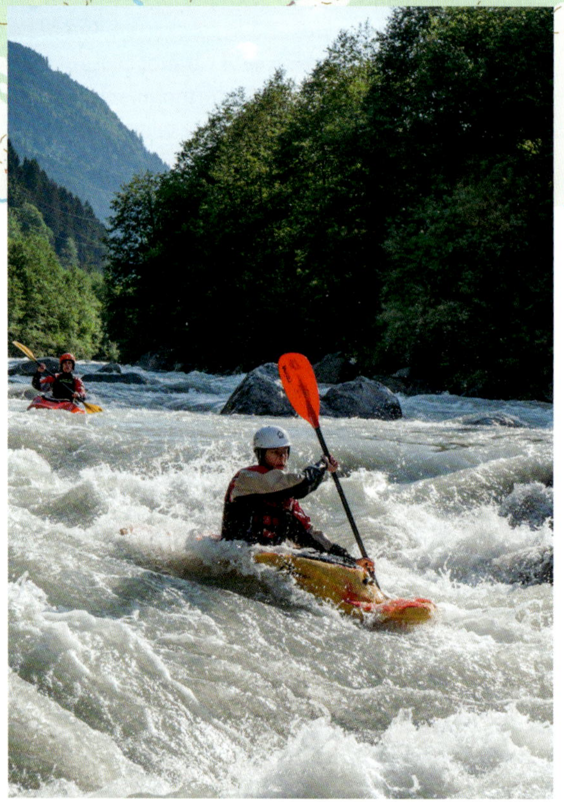

Im letzten Katarakt vor dem Wehr bei Tavanasa. Pegel: 90 m³/s Ilanz

GLENNER (GLOGN)

Der im Rätoromanischen Glogn genannte Glenner entspringt am 3149 Meter hohen Piz Terri und hat sich im Oberlauf seinen Weg durch dunkle Schluchten und Klammen aus Schiefergestein gegraben. Die daraus resultierende graue bis fast schwarze Wasserfarbe sieht zwar nicht gerade einladend aus, unterstreicht aber durchaus den rassigen Charakter dieses Wildflusses. Meist wird eine Befahrung des Glenners erst an der Mündung des glasklaren Valserrheins begonnen. Oberhalb liegen die Schwierigkeiten fast durchgehend im vierten Grad und darüber und steigern sich zwischendurch in der Lumbrein-Schlucht in den Extrembereich (mit Kletter-/Abseileinlage). Hinzu kommen oft zahlreiche gefährliche Baumhindernisse und zum Teil mühsame Besichtigungen im steilen Rutschgelände. Der Unterlauf präsentiert sich dagegen deutlich runder und leichter zugänglich. Ein Teil der wuchtigen Katarakte kann bequem von der Straße besichtigt werden, ehe die Schwierigkeiten zurückgehen und der Glenner schließlich in Ilanz in den größeren Vorderrhein mündet und dessen blaue Wasser merklich trübt.

ÜBERSICHT (oben)

Länge: 8 km

Schwierigkeit: WW 3-4 (4+) mit leichteren Zwischenstrecken

Einstieg: Brücke über den Valserrhein in Uors (46.7015, 9.1822)

Ausstieg: Straßenbrücke oberhalb von Ilanz (46.7565, 9.2142)

Charakter: Wuchtige Katarakte im Wechsel mit flacheren Abschnitten, sehr schnelle Strömung und kontinuierliche Schwierigkeiten

Gefahren: Wehr in Peidenbad (vor Fahrtantritt besichtigen), Eisenteile, Siphon am Schlitz

Gefälle: 17 m/km

Pegel: Ilanz, Niedrigwasser ca. 10 m^3/s, mittlere Wasserstände bei 15-20 m^3/s, darüber schnell und ernsthaft! Ob der Pegel für einen passt, kann auch gut an der Galeriestrecke (Lawinengalerie) abgeschätzt werden

Beste Zeit: Bis Juni oft hohe Wasserführung und z.T. höhere Schwierigkeiten (längere Strecken WW 4/4+), danach bei weniger Wasser oft bis in den Spätsommer hinein befahrbar und eher technisch.

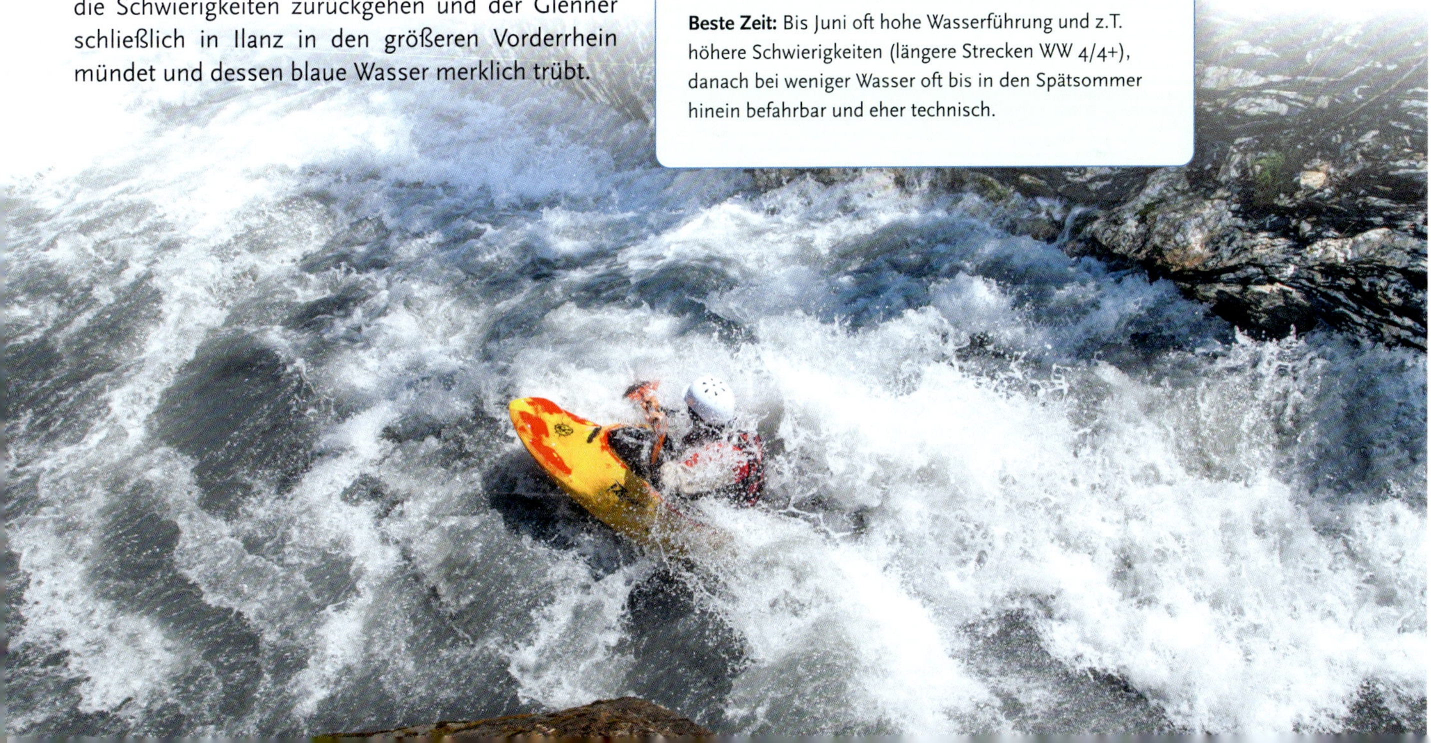

Im wuchtigen Schlitz lauern immer wieder große Löcher. Pegel: 21 m^3/s

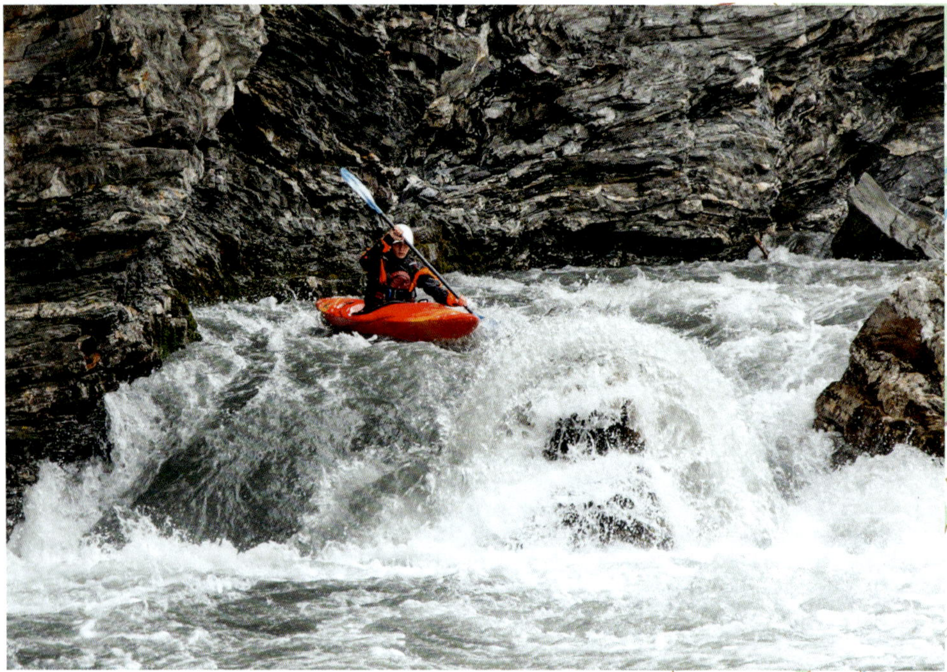

Der erste Katarakt nach der Valserrheinmündung ist nur mühsam umtragbar. Pegel: 15 m³/s

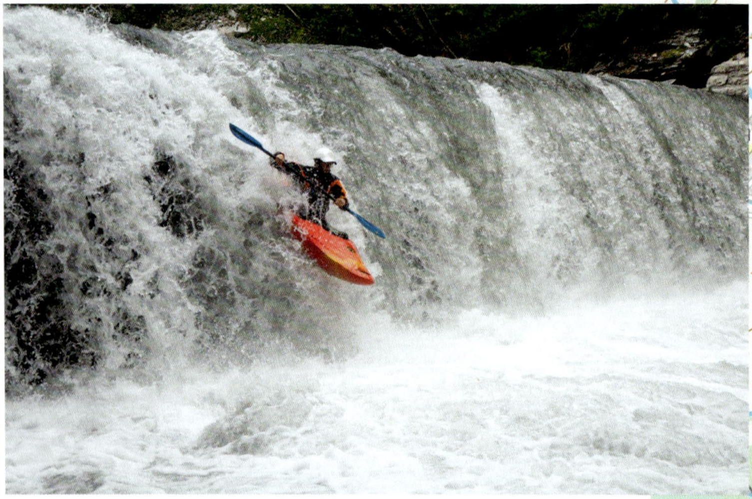

Sprung übers Wehr von Peidenbad. Pegel: 15 m³/s

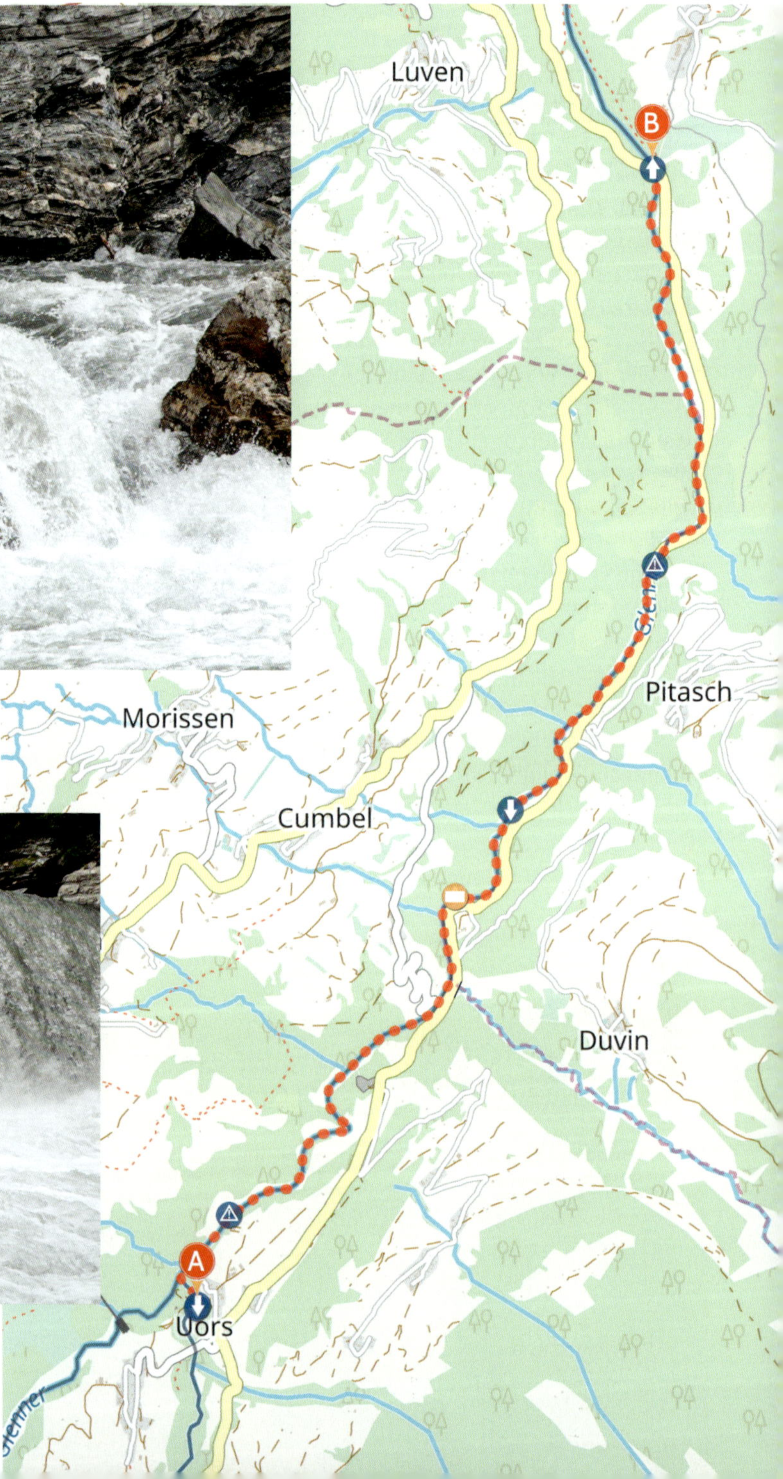

An Land

Der Ausstieg befindet sich an der ersten Brücke über den Glenner, wenn man von Ilanz talaufwärts Richtung Vals fährt. Wer die Flimser Schlucht gleich noch dranhängen möchte, muss unbedingt die niedrige, aber oft sehr kritische Pegelstufe oberhalb der Brücke der Straße Richtung Bonaduz (in Ilanz) besichtigen und sichergehen, dass die Stufe entweder befahrbar ist oder der Ausstieg davor garantiert klappt.

Auf der Fahrt zum Einstieg (Richtung Vals) empfehle ich, im Bereich einer Lawinengalerie und zweier Straßenbrücken die Kernstellen „Schlitz" und „Galeriestrecke" vor einer ersten Befahrung zu besichtigen. Vor der Ortschaft Peidenbad ist ein fünf Meter hohes Wehr von der Straße aus sichtbar. Auch hier sollte man die aktuelle Situation erkunden. Das Wehr ist für geübte Paddler mit sicherem Boof zwar befahrbar, kann aber kaum umtragen werden. Bei moderaten Wasserständen kann man Boote und Paddler – entsprechende Erfahrung vorausgesetzt – meist rechts über die trockene Wehrkante abseilen. Wer zweifelt, steigt besser unterhalb an beliebiger Stelle ein. Selbiges empfehle ich auch bei hohen Wasserständen, wenn man sich seiner Sache nicht ganz sicher ist.

Den Einstieg erreicht man, wenn man in der Ortschaft Uors in Ortsmitte rechts abzweigt und bis zum Schulhaus fährt (an der Kirche vorbei). Von hier führt ein Feldweg hinunter zu einer kleinen Brücke über den Valserrhein.

Auf dem Wasser

Nach wenigen Metern auf dem klaren Valserrhein ist bereits die Mündung in den wuchtig daher rauschenden Glenner erreicht. Eingeengt durch eine Felswand am rechten Ufer und Geröllhänge auf der linken Seite stürzt der Glenner bald durch einen langen, wuchtigen und grob verblockten Katarakt (WW 4, bei viel Wasser auch darüber). Diese Stelle

Der erste Katarakt nach der Valserrheinmündung. Pegel: 15 m³/s

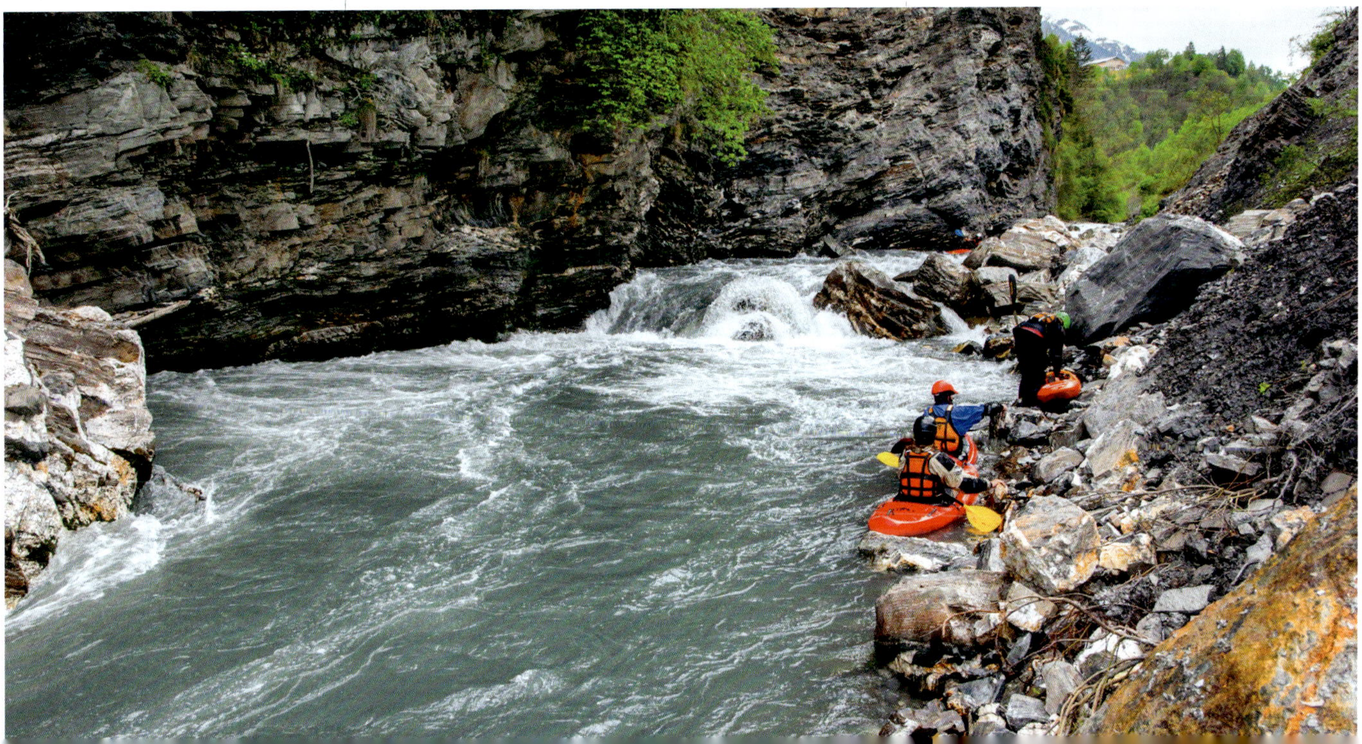

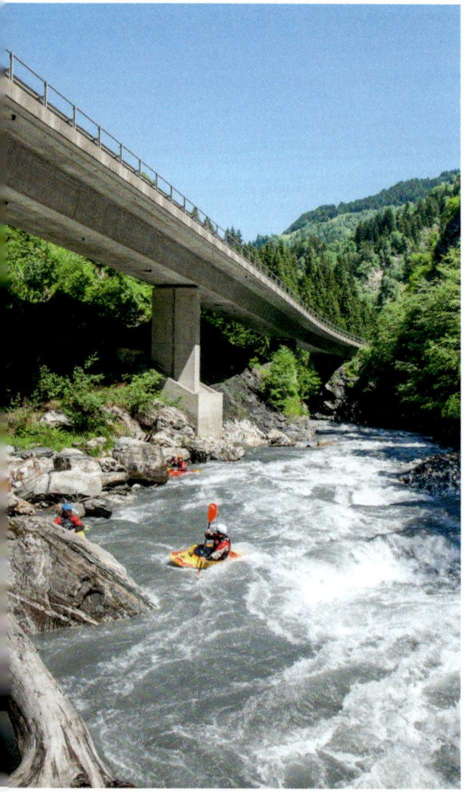

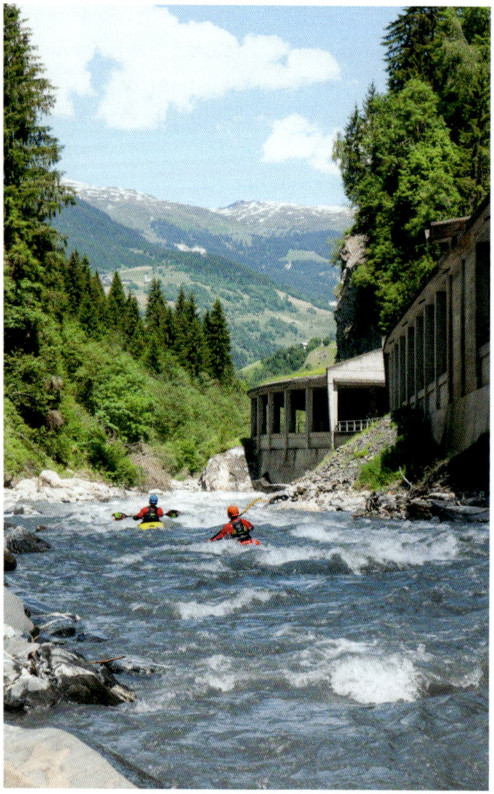

ist oft weniger dramatisch als angenommen, allerdings ist das Unterwasser etwas zweifelhaft und der Pilz durchaus eindrucksvoll.
Die nächste Schlüsselstelle nach einer leichteren Zwischenstrecke ist der Schlitz zwischen zwei Straßenbrücken (bis WW 4+). Auch diese Stelle verändert sich häufig und kann recht harmlos sein, aber auch einen gewaltigen Rücklauf aufweisen. Eisenteile können in diesem Bereich eine besondere Gefahr darstellen, und in den letzten Jahren erforderte zudem noch ein hinterhältiger Siphon in der Einfahrt ausreichend Sicherheitsabstand.
Nach der zweiten Straßenbrücke schließt sich unmittelbar die Galeriestrecke an, deren Wucht und Gefälle leicht unterschätzt werden, die aber in den letzten Jahren gefühlt etwas einfacher geworden ist. Für die Folgestrecke gilt das Gegenteil. Nach kurzer Geröllbettstrecke folgen im Wald sehr sportliche und kontinuierliche Katarakte, die früher maximal ein guter Dritter waren, in den letzten Jahren bei guten Wasserständen aber durchaus an mehreren Stellen den Vierer erreichten (wenig Kehrwasser, mögliche Baumhindernisse).

Kaum ist der Schlitz geschafft beginnt schon die lange Galeriestrecke.
Pegel: 21 m³/s

verändert sich häufig und sollte in jedem Fall vom linken Ufer aus besichtigt werden. Auch Umtragen ist hier mühsam möglich, die Fahrt kann allerdings in diesem Bereich kaum abgebrochen werden.
Deutlich leichter, aber weiterhin sportlich schlängelt sich der Fluss durch eine offenere Waldschlucht mit grauen Felshängen bis zur Brücke in Peidenbad. Bei hohen Wasserständen ist auch diese Strecke sehr wuchtig und schnell. An der Brücke besteht die letzte Möglichkeit, die Fahrt vor dem folgenden Wehr abzubrechen. Achtung: Der Glenner zieht schnell und kehrwasserlos ins Wehr hinein, das aufgrund einer leichten Kurve erst spät erkannt wird. Unbedingt rechtzeitig in der Innenkurve aussteigen. Das Wehr selbst lässt sich gut boofen und der Rücklauf

Die Weiterfahrt von der folgenden Straßenbrücke (üblicher Ausstieg) bis Ilanz samt Fortsetzung der Tour durch die Flimser Schlucht gehörte früher zu unserem Standardprogramm. Der Haken an der Sache ist die oft hinterhältige Stufe am Pegel. Der Ausstieg vor der Stufe ist gerade bei hohen Wasserständen aufgrund befestigter Ufer kritisch, also unbedingt vor dem Paddeln besichtigen. Ansonsten sind die letzten Kilometer des Glenners kaum der Rede wert, wer bereits vor Ilanz aussteigt, verpasst also nichts.

SOMVIXER RHEIN (REIN DA SUMVITG)

Wer auf dem Vorderrhein von Cumpadials nach Trun paddelt, nimmt die Mündung des Somvixer Rheins bei Surrein kaum wahr: Lediglich ein fast trockenes Kiesbett lässt die Existenz eines Flusses erahnen. Oberhalb der Wasserableitung, die den Unterlauf trockenlegt, zeigt sich der Somvixer Rhein dagegen von seiner schönsten Seite. Umrahmt von einer eindrucksvollen Bergkulisse sprudeln die Schmelzwasser durch ein felsiges Flussbett mit kleinen Stufen und langen Katarakten. Am Ende des Tals oberhalb der Einstiegsstelle der kurzen Paddelstrecke stürzt der Somvixer Rhein über eindrucksvolle Wasserfälle von der Greina-Hochebene herab, die ein lohnendes Ziel für Wanderer darstellt. Auch wir müssen am Somvixer Rhein die Beinmuskulatur einsetzen, denn die Einstiegsstelle ist nur zu Fuß erreichbar. Doch die Mühen lohnen sich!

ÜBERSICHT

Länge: 3 km

Schwierigkeit: WW 3-4 (5-)

Einstieg: Mündung eines Seitenbachs von links (46.6563, 8.9854), auch weiter oben möglich

Ausstieg: Stausee Runcahez vor dem Wehr am Beginn des Sees (46.6771, 8.9726)

Charakter: Katarakte, Schwälle und kleine Stufen im offenen Flussbett, oberhalb der Mündung des Seitenbachs sehr steil

Besondere Gefahren: Wehr vor dem Stausee, Schlitz oberhalb des Standardeinstiegs

Gefälle: 37 m/km

Pegel: Rein da Sumvitg – Encardens, gut befahrbar ab etwa 5 m^3/s, die tatsächliche Wassermenge ist durch den Seitenbach am Einstieg höher, am Ausstieg sollten es mindestens 8-10 m^3/s sein (abschätzen), gerne auch mehr

Beste Zeit: Mai bis in den Sommer hinein

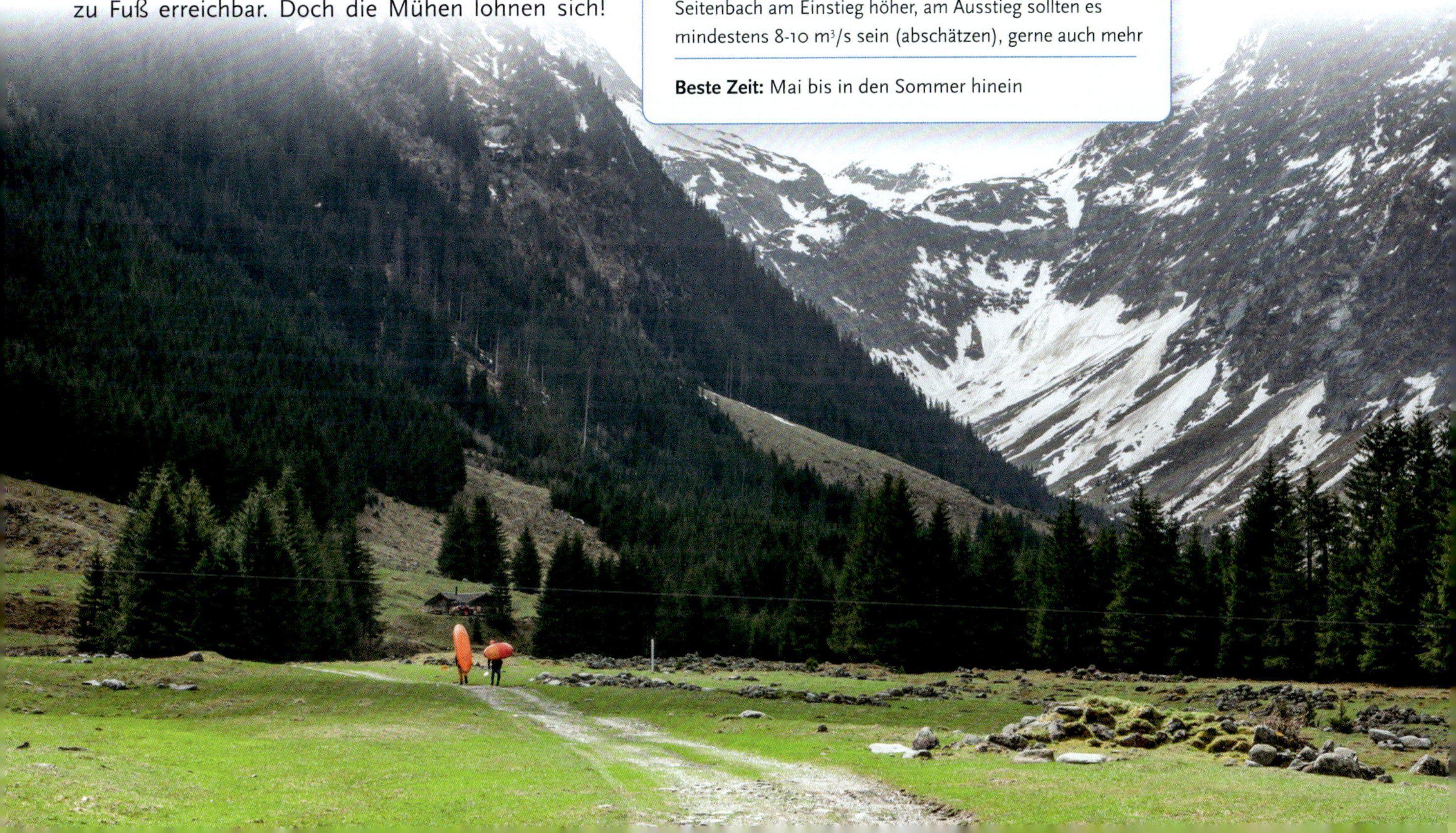

Auf der Wanderung zum Einstieg.

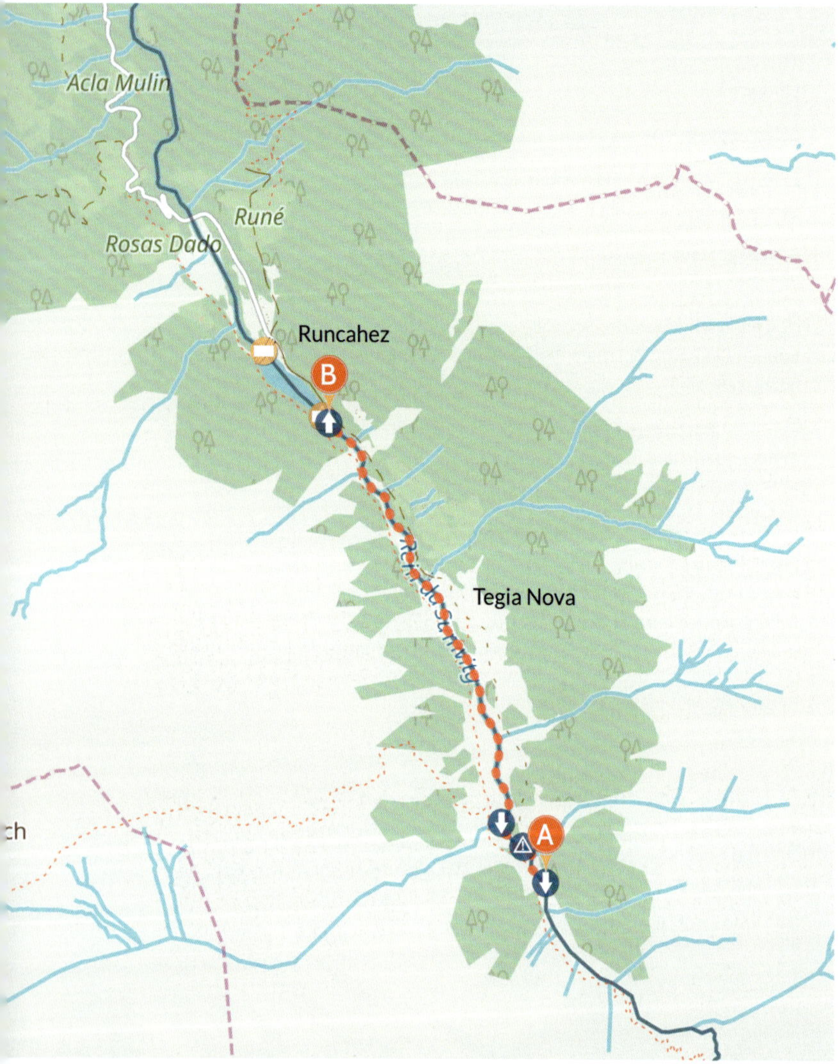

An Land

Die teils steile Bergstraße ins Val Sumvitg erreicht man ab Rabius oder Sumvitg. Am Parkplatz am oberen Ende des Stausees von Runcahez heißt es Boote schultern oder auf den Bootswagen packen (im oberen Teil nur für „Offroader"). Bis zum Standardeinstieg ist man ungefähr eine Stunde unterwegs. An einem flachen Almboden kann man den Fluss überqueren (kürzerer, aber schlechterer Weg, nichts für Bootswagerl), oder man folgt dem Hauptweg bis zu einem Steg unterhalb der sichtbaren Steilabbrüche.

Wer hier einsteigen möchte, muss bis zum Standardeinstieg mit WW 4 (5/6) zurechtkommen und den Ausstieg vor einem kritischen Schlitz (Kreuz) sicher erwischen (vorher besichtigen). Ansonsten trägt man das Boot einfach am orographisch linken Ufer auf einem Wanderweg bis zur Mündung des Seitenbachs hinunter. Echte Stürzer werden es sich dagegen nicht nehmen lassen, noch ein Stück nach oben zu wandern, um das Ende der Steilabbrüche zu besichtigen und vielleicht auch einzelne Stellen zu paddeln (bis WW 6).

Auf dem Wasser

Direkt nach der oberen Einstiegsstelle (am Steg) stürzt der Somvixer Rhein über einen sehr steilen Katarakt talwärts und verschwindet in einem kritischen bis unbefahrbaren Schlitz, der durch ein Kreuz auf den Felsen markiert ist. Der Ausstieg vor dem Schlitz ist schwierig und sollte abgesichert werden. Ab dem Standardeinstieg (Mündung des Seitenbachs) nimmt das Gefälle ab und dafür – gerade bei hohen Wasserständen – die Wasserwucht spürbar zu.

Erst in einem kurzen Flachstück nahe einer Alm gönnt uns der Somvixer Rhein eine kurze Verschnaufpause, ehe er gegen Ende in sportlichen Katarakten wieder vollste Konzentration fordert. Die schwerste Stelle dieses unteren Teils, ein steiler Katarakt mit wuchtigen, teils rückläufigen Stufen, ist vom Wanderweg gut einsehbar, darf aber gerne auch ein zweites Mal besichtigt werden. Bis zum Ausstieg folgt bei guten Wasserständen ein berauschend schöner, wuchtiger Ritt durch gischtende Walzen und Wellen. Bei aller Begeisterung darf man aber nicht vergessen, rechtzeitig vor dem unbefahr-

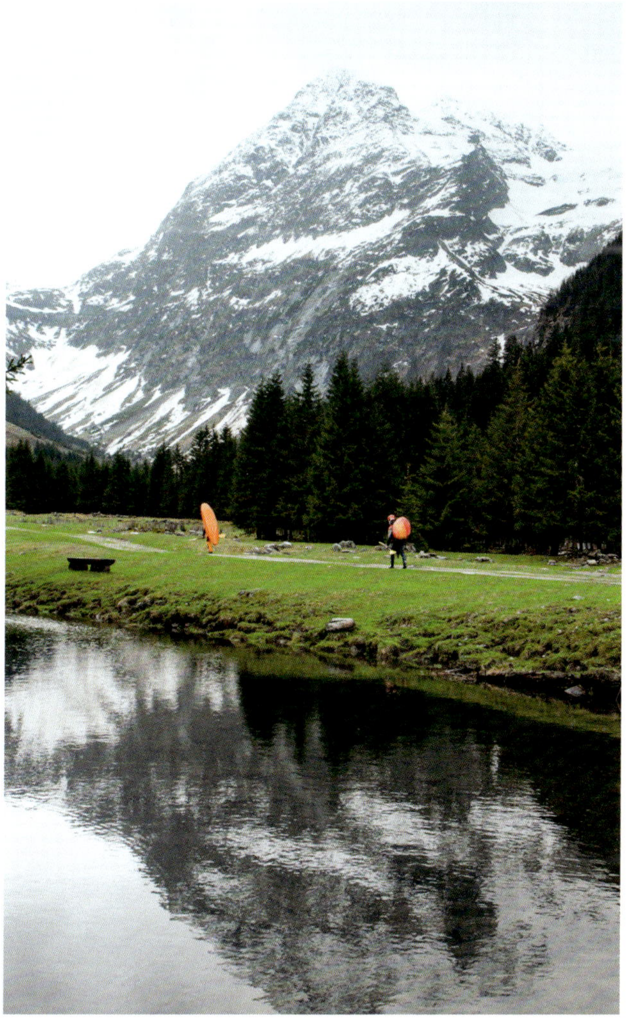

Die Wanderung zum Einstieg ist landschaftlich ganz großes Kino.

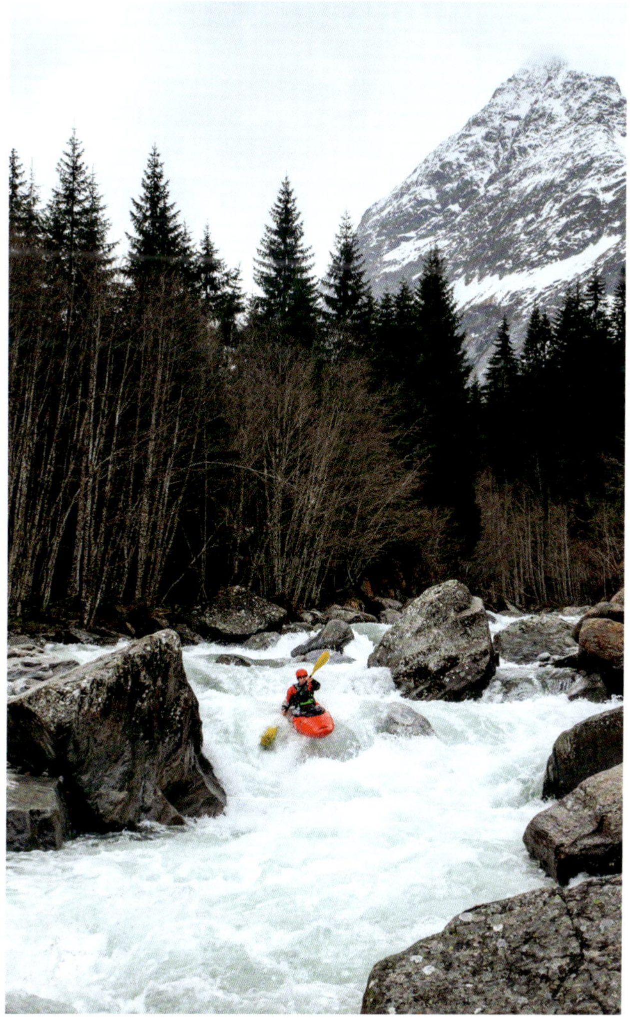

Ein sportlicher Katarakt leitet den letzten schnellen Kilometer ein. NW-MW

baren Wehr am Beginn des Stausees auszusteigen. Wer das Glück hatte, einen perfekten Wasserstand zu erleben, wird sich sicherlich mit einem breiten Grinsen im Gesicht gleich noch ein zweites Mal auf den Weg zum Einstieg begeben! Bei weniger Wasser wird es deutlich technischer (und steiniger). Lohnend ist der Somvixer Rhein auch dann, seine ganze Klasse zeigt er aus meiner Sicht aber erst bei guten Wasserständen. Generell aber gilt: Bitte unbedingt umweltschonend und korrekt verhalten, damit Paddler an dieser Perle auch in Zukunft willkommen sind.

MEDELSBACH/MEDELSER RHEIN

Ein Stückchen Tessin nördlich des Alpenhauptkamms, das ist der Medelsbach, der offiziell Medelser Rhein heißt. Er ist der längste Quellfluss des Rheins und wurde im Gegensatz zum Brenno auf der Südseite des Lukmanierpasses erst relativ spät als perfekter Wildbach entdeckt. Mittlerweile gehört der Medelser Rhein unter Könnern zu den absoluten Favoriten in der Region. Einer der Gründe dafür ist das glattgeschliffene Grundgestein, das ein Garant für tolle Rutschen und Stufen ist. Wer also das Tessin liebt, sollte hier unbedingt einmal vorbeischauen. Das geht auch auf dem Weg in den Süden ganz bequem und ohne allzu großen zusätzlichen Zeitaufwand, wenn man die Route über den Lukmanierpass wählt.

ÜBERSICHT

(oben)

Strecke:	**Oberer Teil:**	**Unterer Teil:**
Länge:	3 km	3 km
Schwierigkeit:	WW 4-5 (X)	WW 5- (5)

Einstieg: Brücke über die Cristallina (46.6265, 8.8383) oder vor dem Kernstück bei Pardé (46.6497, 8.8503)

Ausstieg: Bei Pardé (46.6497, 8.8503) oder an der Wasserableitung bei Curaglia (ungesicherter Stollen) (46.6622, 8.8525), Zufahrt nur bis Fußballplatz (46.6672, 8.8549)

Charakter: Erst Stufen und Rutschen im Grundgestein, dann steile Katarakte und schließlich wieder Rutschen und Stufen in einer Schlucht

Gefahren: Ungesicherter Stollen Ausstieg, einzelne Siphone, Kernstück als „Pseudo-Zwangspassage"

Gefälle: 50 m/km

Pegel: Am Fluss abschätzen. Als Hilfspegel können die Steinreihen am Stolleneingang am Ausstieg dienen. Gut 4 sichtbare Steinreihen (von oben) = NW, MW=3-3,5 Steinreihen. Oberer Teil erst ab Mittelwasser sinnvoll.

Beste Zeit: Mai und Juni, unterer Teil evtl. auch noch im Juli

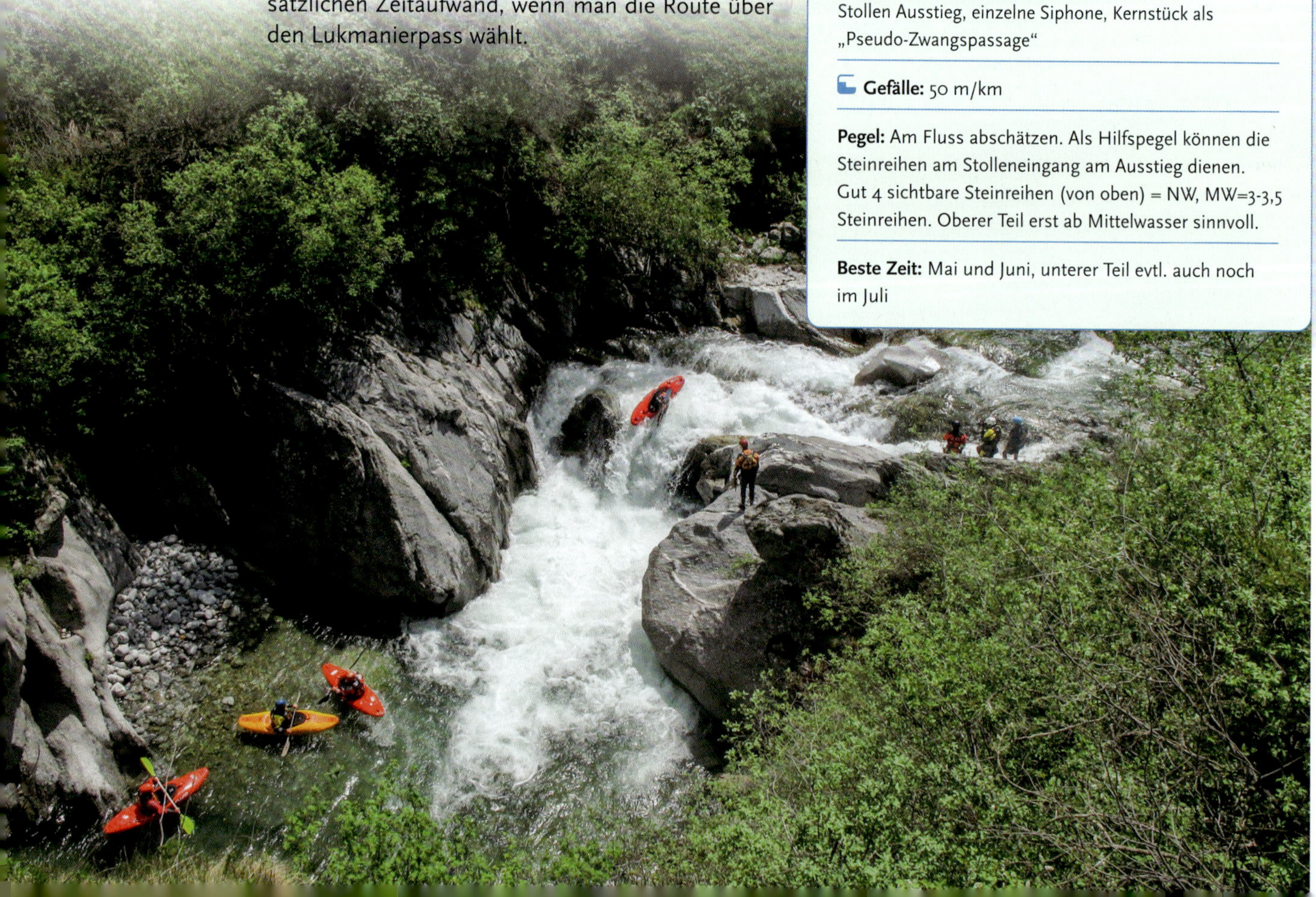

Die erste Stufe der Schluchteinfahrt bei Pardé. MW Bild: Christian Paffenholz

An Land

Zum Ausstieg biegt man in Curaglia Richtung Fluss ab und folgt dem Schotterweg zum Fußballplatz. Der Ausstieg liegt 400 Meter weiter oben (Fahrverbot) und sollte besichtigt werden, da der gesamte Fluss in einem ungesicherten Stollen verschwindet (in dem sich aber scheinbar später doch noch ein Rechen befindet...).

Der Einstieg für den unteren Teil befindet sich an der kleinen Brücke bei Pardé, der Einstieg für den oberen Teil bzw. die Gesamtstrecke an der Brücke der Lukmanierpassstraße über den Seitenbach Cristallina.

Auf dem Wasser

Die ersten Meter auf der Cristallina mit kleinen Stufen und Rutschen im schönsten Grundgestein erinnern ein wenig an Paddlers Baukasten. In Verbindung mit der alpinen Kulisse und dem leuchtend blauen Wasser machen sie Lust auf mehr. Nach der Mündung in den Medelser Rhein sind die einzelnen Stellen schnell dem Baukastenformat entwachsen und auch die Schwierigkeiten nehmen spürbar zu. Gründliche Besichtigungen mehrerer Rutschen und Abfälle sind hier nur zu empfehlen. Eine Stufe, die gegen eine Felswand stürzt, ist Geschmackssache, während der kurz darauffolgende 15 Meter hohe Wasserfall als unbefahrbar gilt (rechts umtragen). Eine Weiterfahrt ab der nächsten Brücke lohnt nur, wenn entweder die Gesamtstrecke einschließlich des schwereren unteren Teils geplant ist (und der Pegel dafür passt) oder der Wasserstand so gut ist, dass die folgenden Blockkatarakte richtig rund werden.

Der Flusscharakter ist von hier bis zum Beginn des Kernstücks nämlich ein völlig anderer. Lange, dicht verblockte und unübersichtliche Katarakte mit einigen Stufen bestimmen hier das Bild. Rund und schön wirkt dieser Abschnitt nur bei ausreichender Wasserführung. Niedrige Rutschen kündigen schließlich den Beginn des Kernstücks an. Eine kleine Brücke stellt die letzte Ausstiegsmöglichkeit

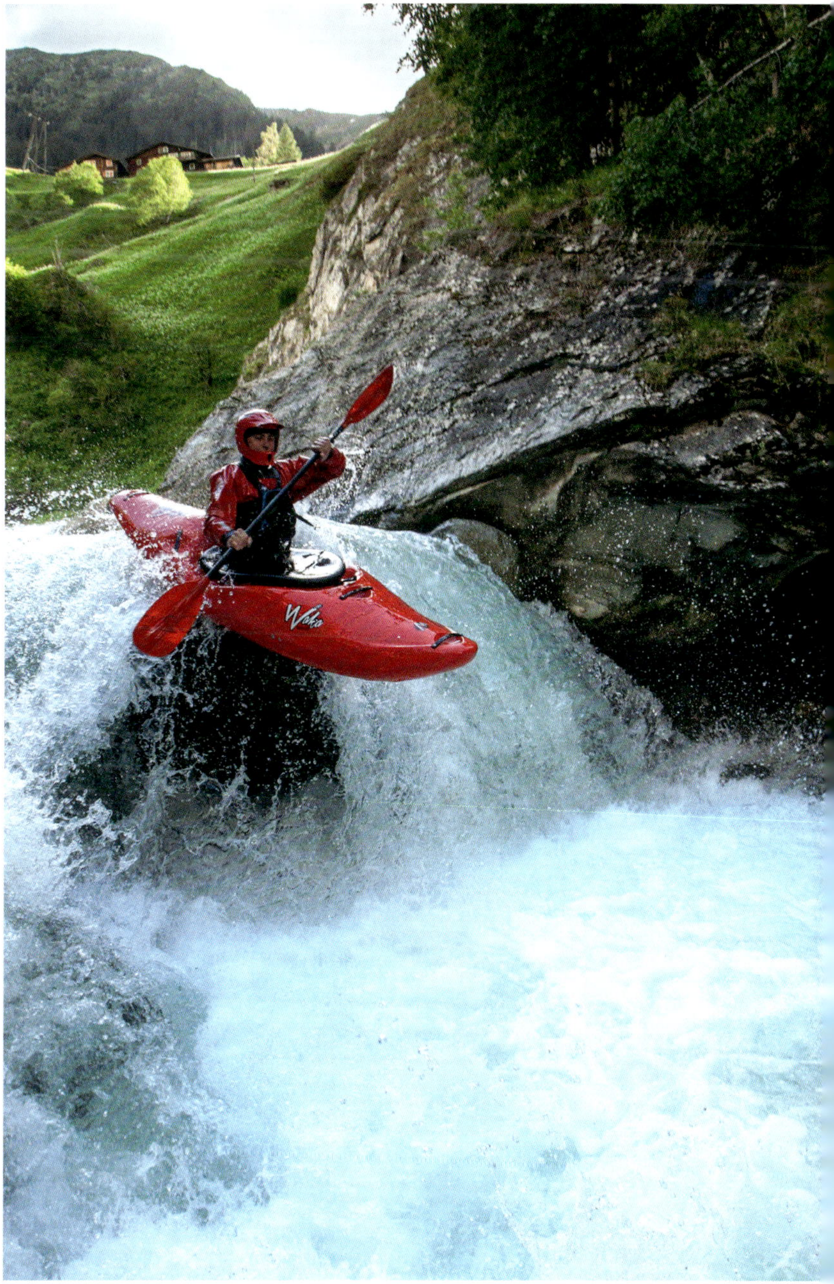

In der Schlucht unterhalb von Pardé. MW

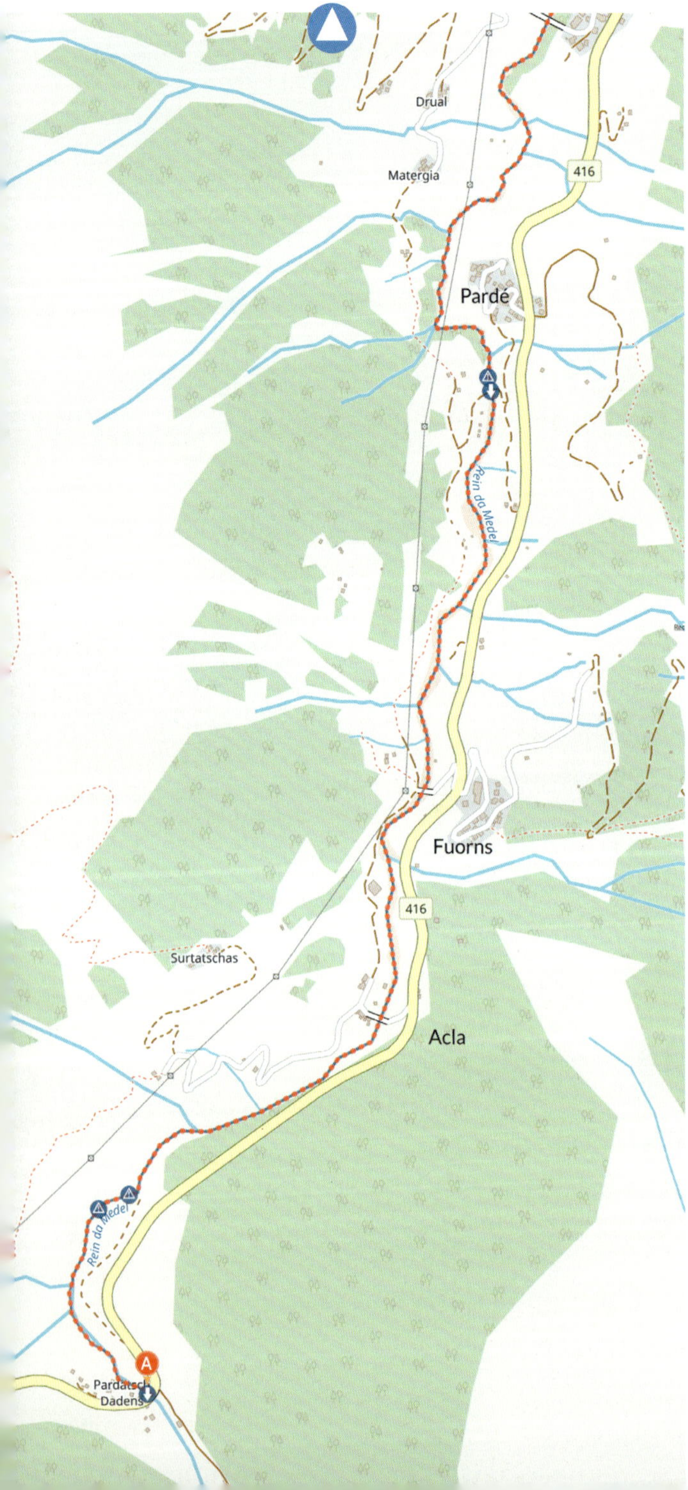

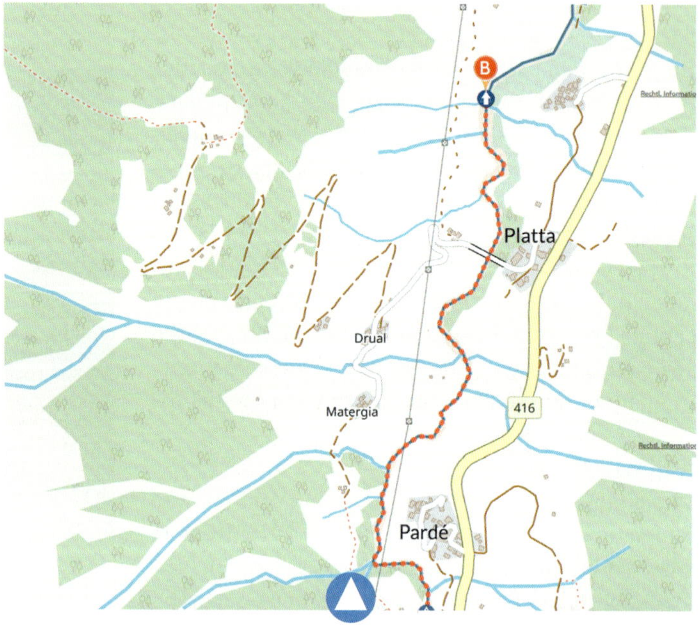

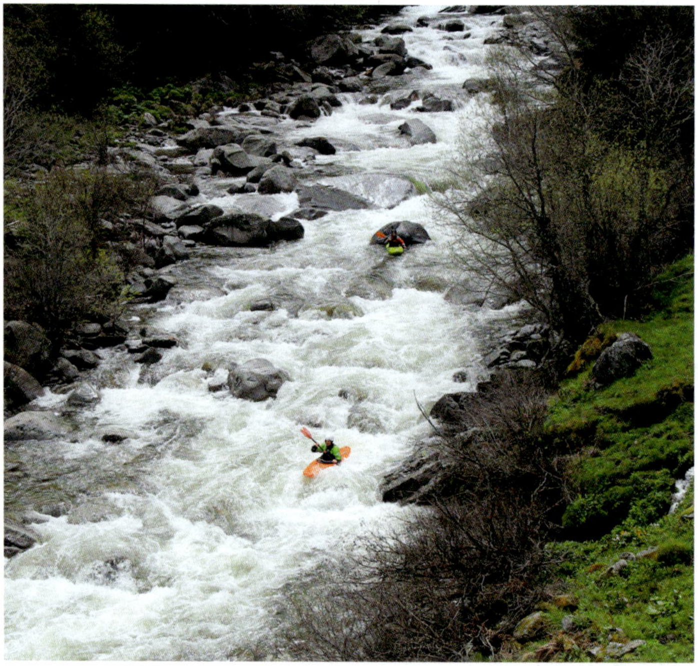

Im blockigen Mittelteil bei viel Wasser. HW Bild: Christian Paffenholz.

dar (Vorsicht gerade bei viel Wasser), bevor der Medelsbach über einige „Pseudo-Zwangspassagen" in eine Schlucht stürzt. Hauptkriterien sind ein Wasserfall mit starkem Rücklauf und eine hohe, nicht ganz einfach einsehbare Rutsche, wobei sich die einzelnen Stellen immer wieder verändern und auch mal unbefahrbar sein können. Wer nicht alle Stellen fahren möchte (bzw. kann), findet notfalls am linken Schluchtrand eine Umgehungsmöglichkeit. Trampelt dabei bitte auf keinen Fall kreuz und quer durch die Wiese, sondern folgt vorsichtig einer schmalen Spur nahe der Kante. Das gilt übrigens auch fürs Besichtigen, sonst könnte es mit dem Paddelspaß am Medelsbach schnell vorbei sein! Wer die zweite Stelle direkt am Fluss umtragen möchte bzw. muss, sollte sich aufs Abseilen einstellen.

Im weiteren Verlauf der Schlucht folgen viele interessante Stufen und Katarakte, die Ufer sind aber meist zumindest auf einer Seite wieder begehbar. Der Strommast, der lange Zeit eine gefährliche Falle im Bachbett darstellte, wurde zum Glück von engagierten Kollegen entfernt, merci vielmals! Erst hinter einer hohen Brücke nimmt das Gefälle schließlich ab und es gilt nur noch, rechtzeitig vor dem Stolleneingang aus den Booten zu hüpfen (und diese bis zum Fußballplatz zu tragen).

Unterhalb des unbefahren 15-Meter-Falls. Bild: Christian Paffenholz

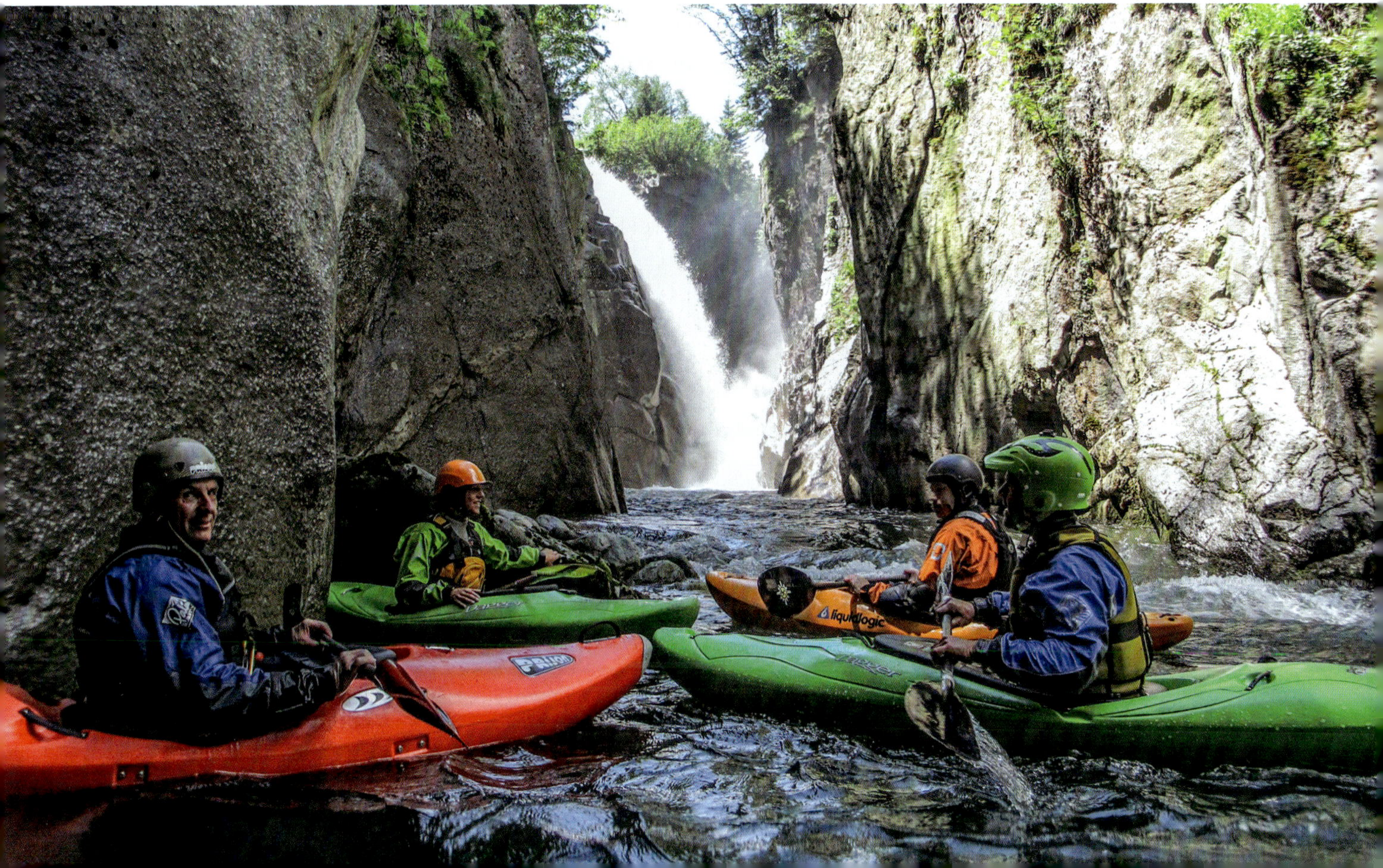

HINTERRHEIN - Hinterrhein-Splügen

Der Charakter der Täler von Vorderrhein und Hinterrhein könnte kaum verschiedener sein. Dem eher lieblichen Tal des Vorderrheins mit der eindrucksvollen, aber trotzdem eher heiter anmutenden Ruinaulta aus weißem Kreidegestein steht das viel rauere, alpine Tal des Hinterrheins mit den engen und finsteren Klammen der Roflaschlucht und vor allem der Viamala gegenüber. Bis zu 500 Meter tief hat sich der am Rheinwaldhorn entspringende Hinterrhein hier in das dunkle Schiefergestein eingegraben. Wer heute auf der gut ausgebauten Schnellstraße zum San Bernardino die Schlucht passiert, kann kaum glauben, dass bereits die Römer diesen Engpass durchquerten. Spätestens bei der empfehlenswerten Besichtigung der Schlucht auf ausgebauten Steigen leuchtet jedem ein, wieso sie der „Schlechte Weg" genannt wird. Mit dem Kajak kann lediglich ein kleiner Teil der Viamala

ÜBERSICHT

Länge: 11 km

Schwierigkeit: WW 3/3+

Einstieg: Parkplatz am Eingang des San Bernardino-Tunnels (46.5250, 9.1864)

Ausstieg: Sägewerk/Holzlagerplatz in Splügen (46.5519, 9.3197)

Charakter: Verblockte Schwallstrecken und künstliche Blockstufen, bei höheren Wasserständen recht wuchtig

Gefahren: Ggf. künstliche Blockstufen, bei mehr Wasser sehr kontinuierlich

Gefälle: 14 m/km

Pegel: Hinterrhein (Ort), Mindestpegel etwa 7 m^3/s, Mittelwasser ca. 12 m^3/s, durch kräftige Zuflüsse steigt die Wassermenge im Lauf der Strecke deutlich, 20-25 m^3/s (am Ausstieg abschätzen) sind hier ein schöner mittlerer Wasserstand.

Beste Zeit: An warmen Tagen zwischen Mai und Juli

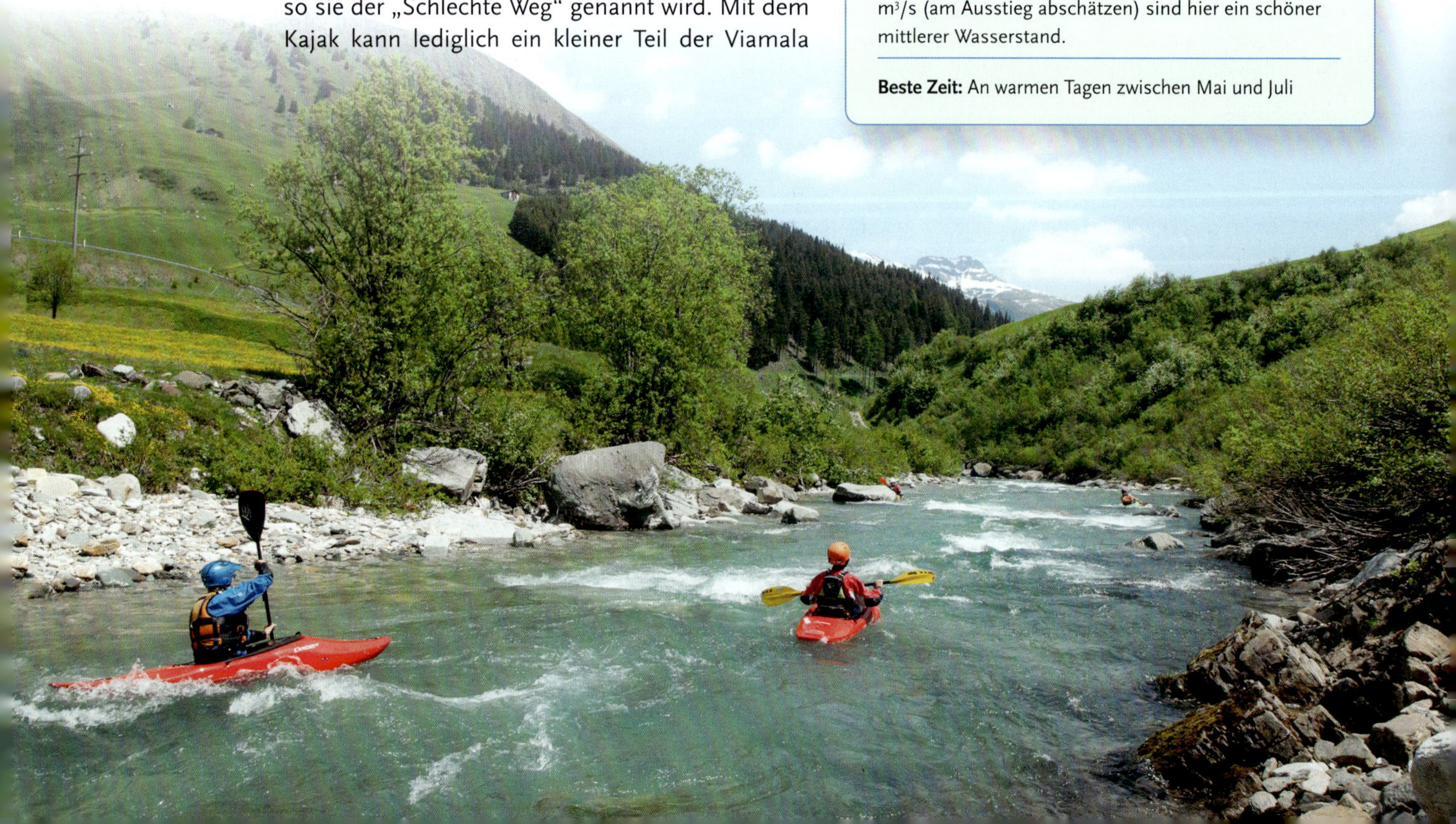

Bald beginnt der sportlichste Teil der Strecke. 6-8 m^3/s am Pegel Hinterrrhein

befahren werden, die Angelegenheit ist jedoch mit erheblichem Aufwand verbunden. Zum Paddeln bleibt der leichte Unterlauf unterhalb von Thusis und der abwechslungsreiche Oberlauf in einem landschaftlich beeindruckenden alpinen Hochtal zwischen den Orten Hinterrhein und Splügen, den viele Paddler aber nur von der Fahrt ins Tessin kennen. Auch ich ließ diese Strecke lange links liegen, um bei meiner ersten Befahrung an schönem Frühlingstag erstaunt festzustellen, dass es sich wirklich lohnt, am Tunnelportal des San Bernardino ins Boot zu steigen. Einziger Wehrmutstropfen der auch sportlich interessanten Tour ist die viel befahrene Nationalstraße ins Tessin, die auf längeren Abschnitten in Flussnähe verläuft.

An Land

Die Parkplätze am Einstieg (Ausfahrt Hinterrhein) und am Ausstieg rund 300 Meter oberhalb der Brücke in Splügen sind kaum zu verfehlen. Die Nationalstraße ist vignettenpflichtig. Tipp: Nicht an Hauptreisetagen hier paddeln, sonst steht man im Stau.

Auf dem Wasser

Die gemauerte Rutschbahn kurz nach dem Einstieg ist leider durch eine Wasserableitung nur noch sehr eigenschränkt befahrbar, aber kurz und schmerzlos zu umtragen. Unterhalb einer höchst malerischen alten Bogenbrücke beginnt eine kurze Schlucht, die mit zahlreichen Blockwurfstufen gespickt ist, die (mit etwas Vorsicht) meist gut befahrbar sind und einen interessanten technischen Wildwasserparcours bilden. Größere Stufen sollte man im Zweifelsfall aber kurz besichtigen. Bei hohen Wasserständen verwandelt sich die Schlucht in eine durchgehende Schwallstrecke ohne Ruhepausen, die auch den vierten Schwierigkeitsgrad erreichen kann.

Nach der Mündung des Kapellbachs von rechts gehen die Schwierigkeiten bis zum Ort Nufenen allmählich zurück. Der Flussverlauf ist weiterhin durch viele Blockstufen geprägt, die hier etwas deutlicher als künstliche Hindernisse in Erscheinung treten. Hinter den Bergwiesen am Ufer ragen schroffe Steilhänge auf, über denen bis weit in den Sommer hinein schneebedeckte Gipfel thronen. Erst unterhalb der Brücke in Nufenen begrenzen Bäume am Ufer die Aussicht und erinnern daran, in den folgenden einfachen aber flotten Kurvenschwällen vor möglichen Baumhindernissen auf der Hut zu sein.

Reichlich Zuschusswasser von rechts gestaltet die weitere Strecke deutlich wuchtiger und großzügiger. Zunächst geht es recht einfach dahin, bevor unter-

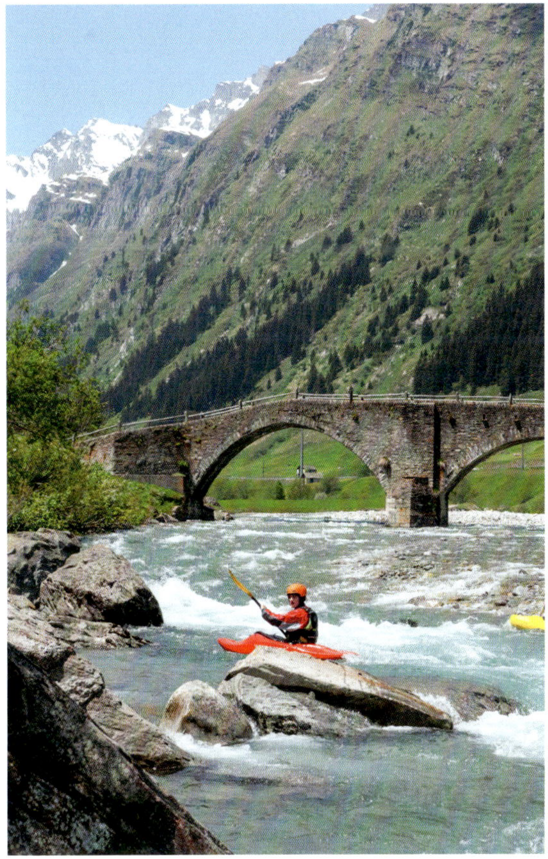

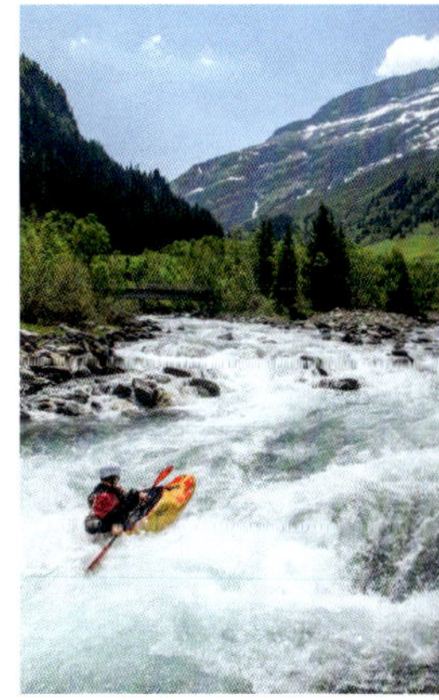

An der Mündung des Areuabachs bei Nufenen gibt es Zuschusswasser und schöne Aussichten.
6-8 m³/s am Pegel Hinterrrhein

Unterhalb der alten Steinbrücke beim Ort Hinterrhein beginnt der sportlichste Teil der Strecke.
6-8 m³/s am Pegel Hinterrrhein

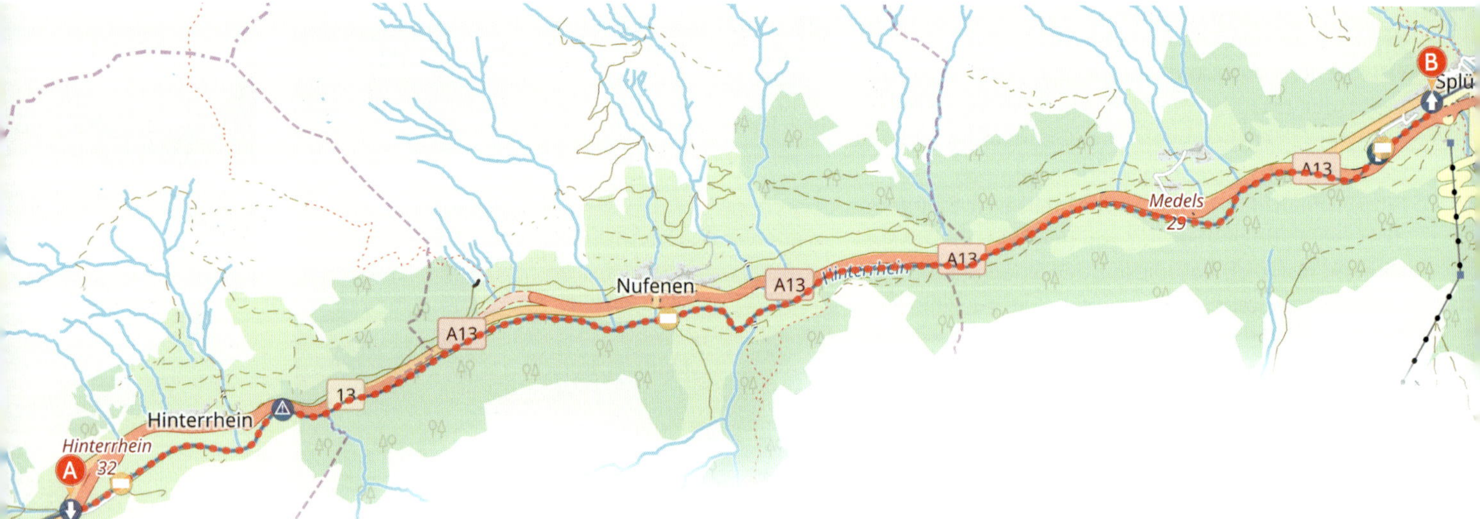

halb von Medels lange und wuchtige Schwallstrecken durchaus Sattelfestigkeit verlangen (WW 3+). Wer es kann, findet hier auch erstaunlich gute Surfwellen. Vor Splügen beruhigt sich der Hinterrhein allmählich wieder, nur ein Blockwurfwehr etwas unterhalb der Brücke der Schnellstraße sorgt kurz vor dem Ausstieg nochmals für eine wuchtige Überraschung (im Zweifelsfall besser besichtigen). Unterhalb des Ausstiegs plätschert der Hinterrhein noch rund einen Kilometer im offenen Tal dahin, bevor er in einer als unbefahrbar geltenden Schlucht verschwindet, vor der es keine sinnvollen Ausstiegsstellen mehr gibt.

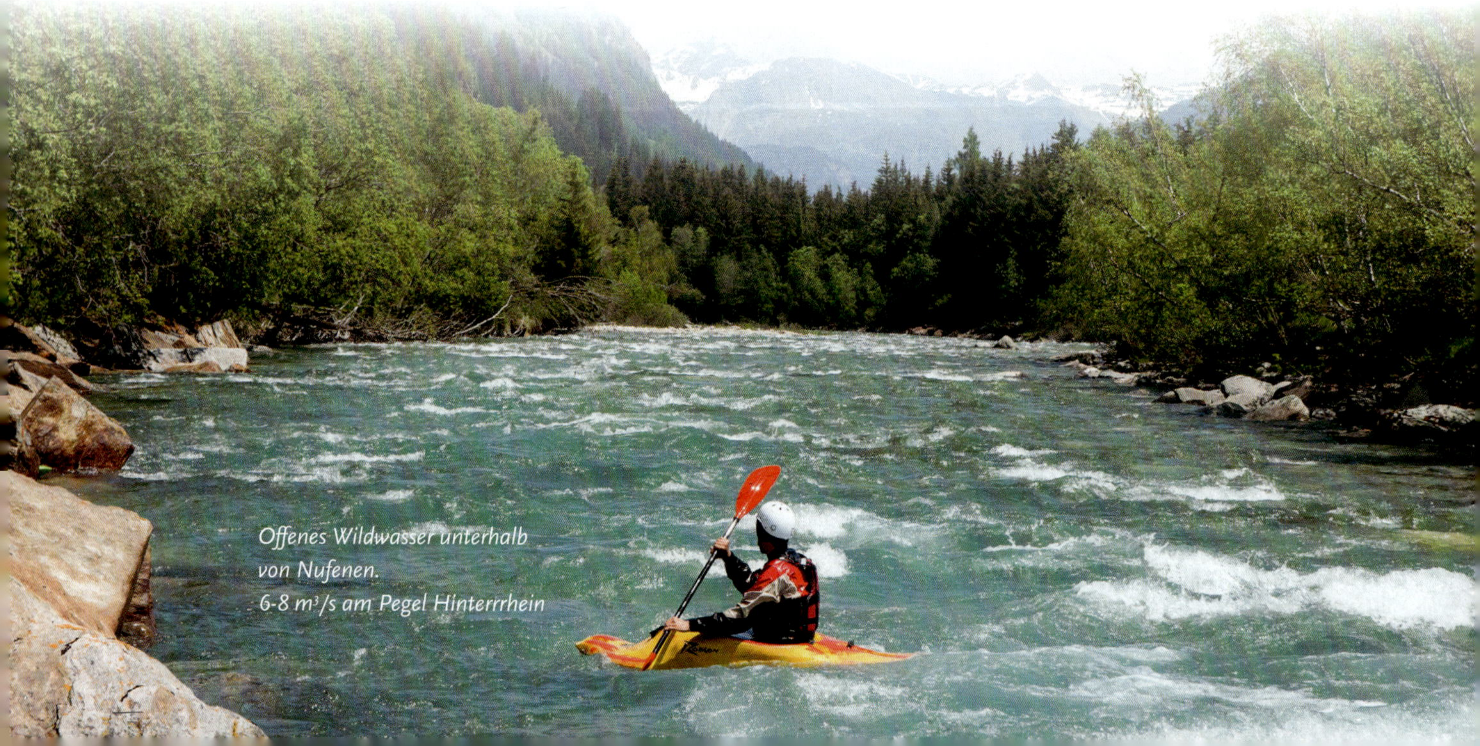

Offenes Wildwasser unterhalb von Nufenen. 6-8 m³/s am Pegel Hinterrrhein

ALBULA

Deutlich bekannter als der Fluss Albula ist die nach ihm benannte Albulalinie der Rhätischen Bahn, eine der spektakulärsten Eisenbahnstrecken der Welt mit unzähligen Viadukten und mehreren Kehrtunnels, die seit 2008 sogar UNESCO-Weltkulturerbe ist. Auf der Fahrt von Chur nach St. Moritz durchqueren die Züge auch die wilde Schynschlucht, deren wahre Faszination sich aber nur aus der Bootsperspektive erschließt. Leider gibt es dazu nur selten Gelegenheit, denn die gesamte Albula wurde durch mehrere Wasserableitungen und Stauseen kastriert. Der ganz große Klassiker früherer Tage ist der Fluss daher leider nicht mehr. Zur Zeit der Schneeschmelze und nach Regenfällen lohnt sich eine Befahrung der leider nur kurzen Waldschlucht oberhalb von Tiefencastel aber noch immer. Und mit etwas Glück stimmt der Wasserstand auch für die deutlich eindrucksvollere Schynschlucht, die für mich in ihrer Schroffheit eine der eindrucksvollsten Schluchten der Alpen bleibt.

ÜBERSICHT

Länge: 3 km

Schwierigkeit: WW 3-4

Einstieg: Brücke in Surava (großer Parkplatz) (46.6647, 9.6125)

Ausstieg: Vor oder an der Brücke der Julierstraße in Tiefencastel (46.6614, 9.5798)

Charakter: Verblockte Waldschlucht mit kontinuierlichem Wildwasser und leider häufigen Baumhindernissen

Besondere Gefahren: Oft viele Baumhindernisse, bei viel Wasser wuchtig und schnell, unbefahrbares Wehr unterhalb des Ausstiegs.

Gefälle: 17 m/km

Pegel: Albula Tiefencastel, durch Kraftwerk/Ableitung nur bedingt aussagekräftig, als Mindestpegel würde ich etwa 20 m3/s ansetzen. Im Fluss ist weniger Wasser, abschätzen am Einstieg gut möglich.

Beste Zeit: Mai bis Juli/August

Verblocktes technisches Wildwasser in der Waldschlucht bei Niedrigwasser. 17 m³/s am Pegel Tiefencastel

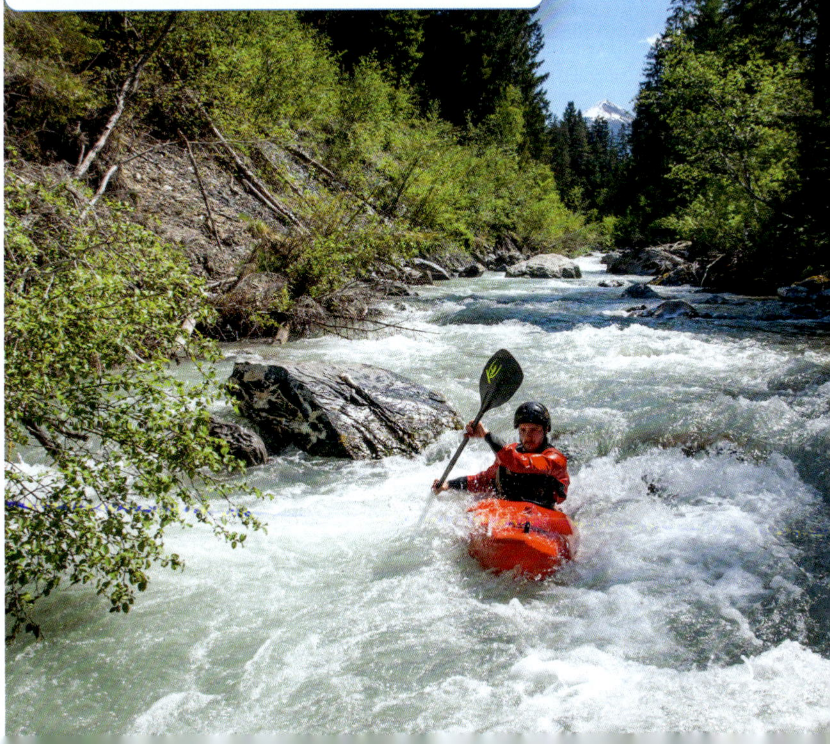

WALDSCHLUCHT:

An Land

Da sich in Tiefencastel mindestens ein völlig unbefahrbares Wehr befindet, muss die Fahrt unbedingt schon am Ortsanfang beendet werden, spätestens unter der Brücke der Julierstraße am Kreisverkehr (abzweigen in die Veia Dalmeras). Parkmöglichkeiten sind gerade an Werktagen etwas knapp. Am Einstieg im oberhalb gelegenen Ort Surava sieht es besser aus, hier steht direkt am Fluss ein großer Parkplatz zur Verfügung. Bei guten Wasserständen kann man auch deutlich weiter oben unterhalb des Wehrs in Filisur einsteigen (oder noch weiter oben bei Bellaluna).

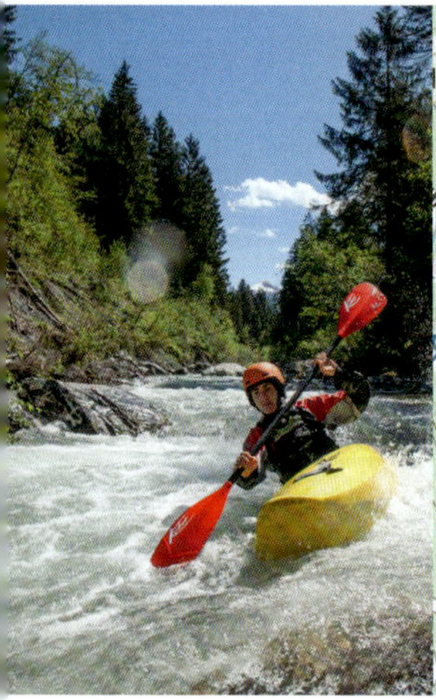

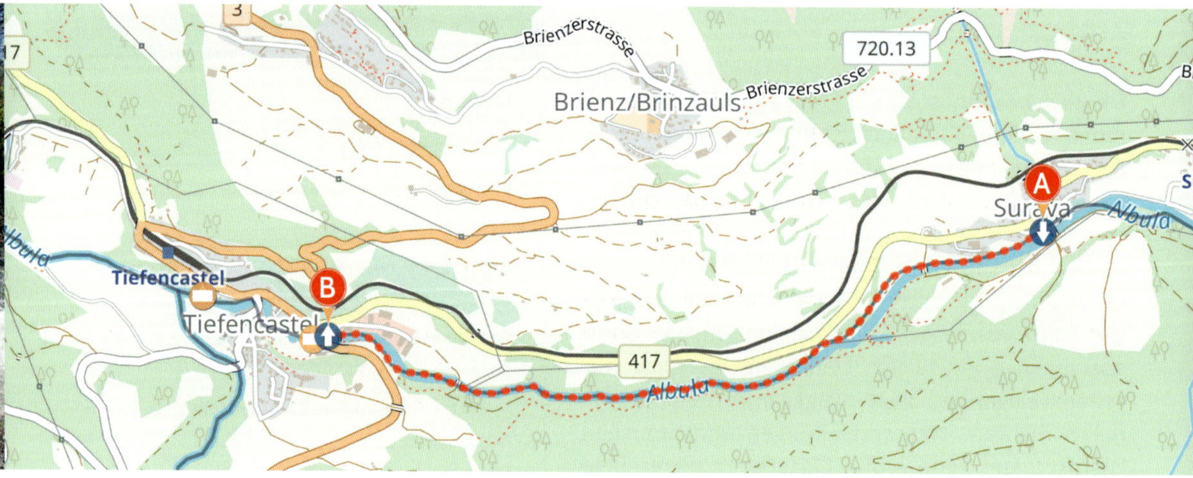

Verblocktes technisches Wildwasser in der Waldschlucht bei Niedrigwasser. 17 m³/s am Pegel Tiefencastel

Auf dem Wasser

Bei eher niedrigen Wasserständen empfehle ich, erst in Surava vor der Waldschlucht einzusteigen. Die obere Strecke bietet schnelles kontinuierliches WW 3/3+ (bei mehr Wasser z.T. auch darüber). Sicher nicht schlecht, aber vom Hocker gehauen hat mich der Flusscharakter vor der Waldschlucht bisher noch nicht, daher verzichte ich auch auf eine nähere Beschreibung. Baumhindernisse sind wie auch in der folgenden Waldschlucht leider eher die Regel denn die Ausnahme. Angesichts des hohen Tempos bei guten Wasserständen sollte daher auch diese Strecke keinesfalls unterschätzt werden. Wer erst in Surava einsteigt, hat vor der Waldschlucht noch wenige Kurven Zeit zum Warmpaddeln, dann geht es auch schon los. Bei Niedrigwasser technisch und verblockt, bei mehr Wasser reißend und schnell fließt die Albula durch die leider nur kurze Talverengung. Das Gefälle ist an manchen Stellen relativ hoch, so dass die Schwierigkeiten spürbar über der Loisach liegen, mit der die Waldschlucht in der Vergangenheit oft verglichen wurde. Bei moderaten Wasserständen wechseln sich Dreier- und Viererstellen ab, während die Albula bei Pegelständen über Mittelwasser zum durchgehenden Vierer wird.

Ruhepausen bietet die Waldschlucht nur bei niedrigen Pegelständen. 15 m³/s am Pegel Tiefencastel

Hauptgefahr sind die leider häufigen Baumhindernisse, gerade bei hohen Wasserständen. Die Landschaft ist nett, aber nicht spektakulär, und viel zu schnell ist schon der Ausstieg vor Tiefencastel erreicht. Eine Weiterfahrt ist definitiv keine gute Idee, denn es folgt ein tödliches Wehr ohne großartige Kehrwasser davor und – welch Ironie – gerade hier spendiert die Energiewirtschaft der Albula ihre volle Wassermenge.

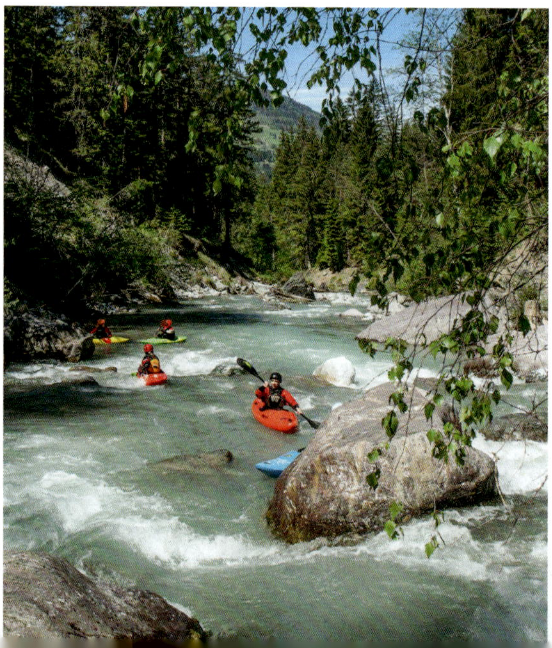

SCHYNSCHLUCHT:

An Land

Da sich der Pegel hier am besten abschätzen lässt, steuert man zunächst den Ausstieg am Kraftwerk bei Sils im Domleschg ab. Hierzu ab der Domleschgerstraße immer der Albulastraße bis zum Kraftwerksgelände und über die Brücke folgen. An der Brücke befindet sich ein sehr gefährliches Wehr, daher mit Sicherheitsabstand etwas weiter oben aussteigen. Die Albula sollte hier rund befahrbar und nicht zu wuchtig erscheinen. Der Einstieg befindet sich an der Solisbrücke (erreichbar über die Hauptstraße Richtung Tiefencastel, St. Moritz). Nach der Brücke zwei Mal links abbiegen, hier führt ein Fahrweg in die Schlucht, über den die Boote zur Albula getragen werden können. Zum Wasserfall in der Klamm oberhalb führt übrigens von der anderen Seite der Brücke angeblich ebenfalls ein Weg hinunter. Da der Pegel für diese rückläufige Zwangspassage (WW 5) bei mir aber immer zu hoch war, gilt es hier, selbst zu erkunden.

ÜBERSICHT

Länge: 6 km

Schwierigkeit: WW 3-4+ (5-)

Einstieg: An der Solisbrücke (Fahrweg in die Schlucht zum Kraftwerksauslass) (46.6802, 9.5306)

Ausstieg: Kraftwerk am Schluchtende bei Sils im Domleschg (46.7037, 9.4690)

Charakter: Tiefe Wald- und Felsschlucht mit einigen anspruchsvollen Katarakten und oft viel Holz

Gefahren: Oft viele Baumhindernisse, bei viel Wasser z.T. Zwangspassagen, gefährliches Wehr nach dem Ausstieg.

Gefälle: 15 m/km

Pegel: Albula Tiefencastel, nur sehr grober Anhaltspunkt (oberhalb Stausee). Wir hatten bei 30 m^3/s am Pegel einmal bereits Hochwasser in der Schlucht, ein anderes Mal war sie beim gleichen Pegel völlig trocken.

Beste Zeit: Mai und Juni

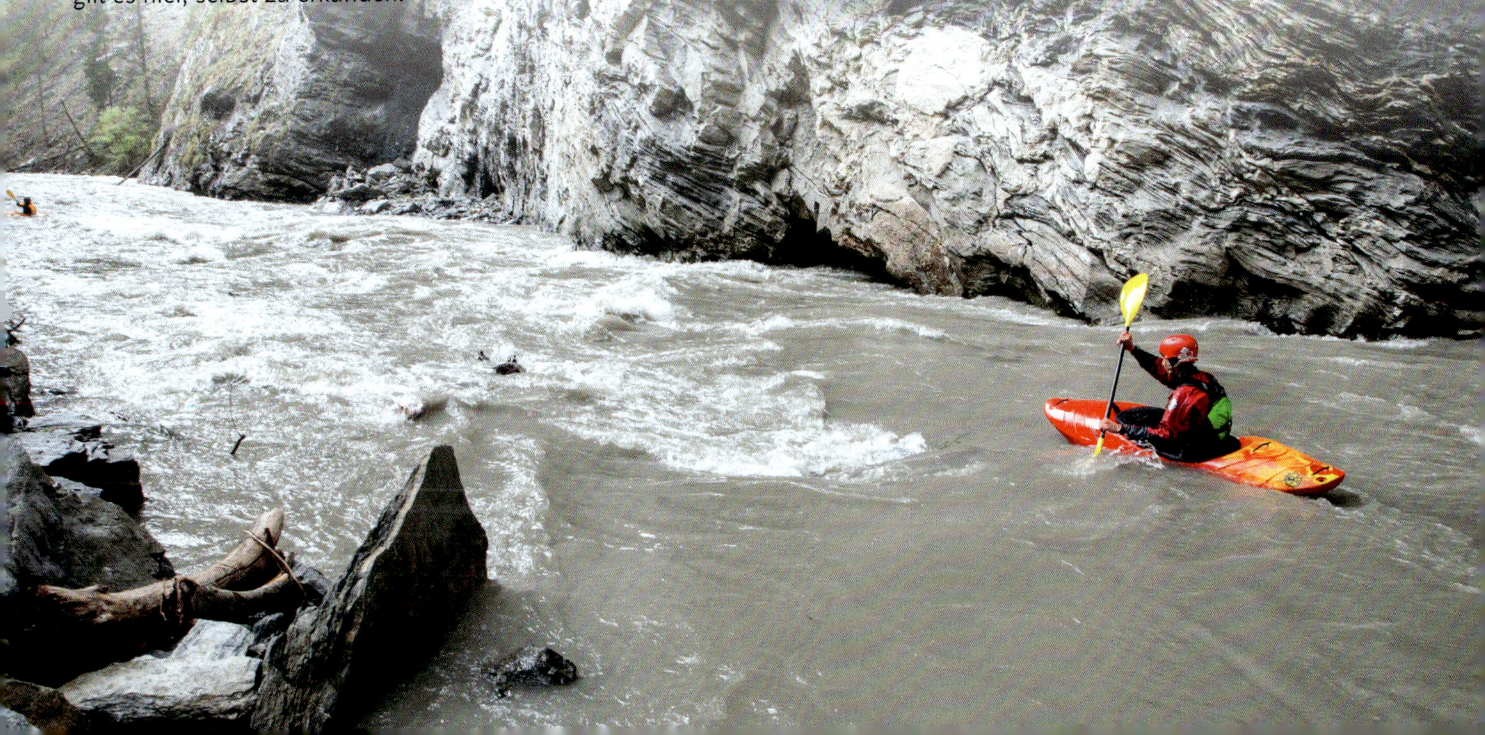

Die Schynschlucht ist ein kleines Abenteuer.

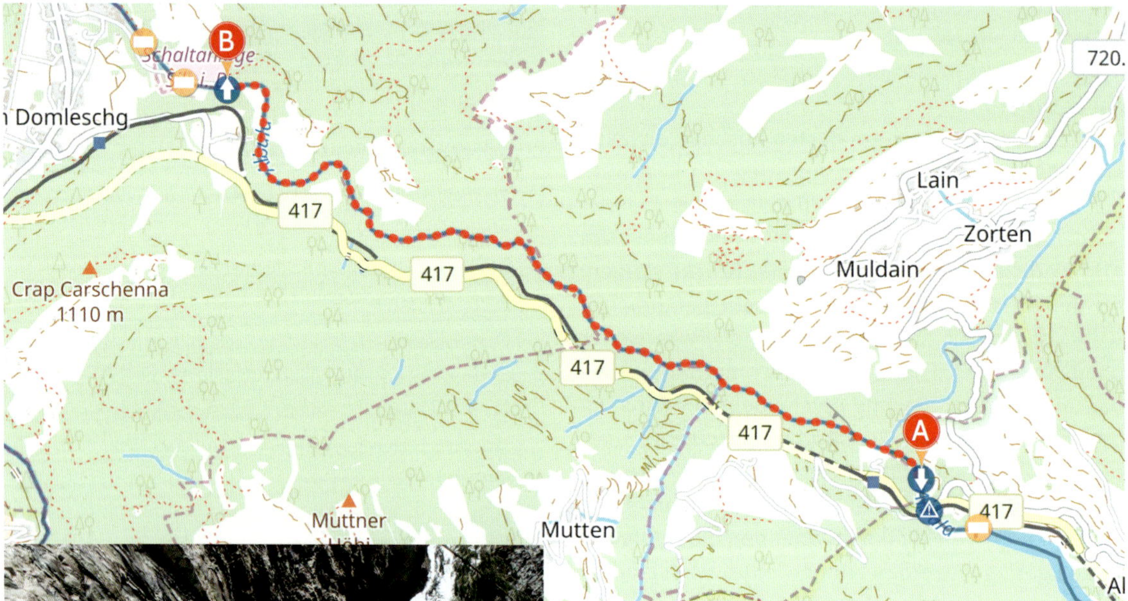

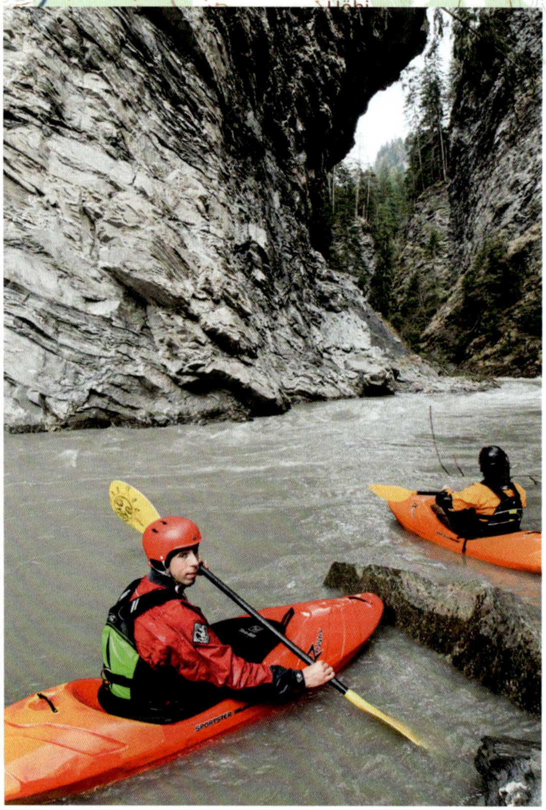

Zwischendurch bleibt immer wieder Zeit die großartige Landschaft zu genießen.

Auf dem Wasser

Wenige hundert Meter nach dem Einstieg wartet am Beginn der ersten Verengung bereits eine sportliche Passage. Vollständig umtragen ist eher aufwändig bis unmöglich, so dass man bei Baumversperrungen schon hier manchmal tief in die Trickkiste greifen muss. Danach öffnet sich die Schlucht bald wieder und die Schwierigkeiten bleiben eher moderat. Bei viel Wasser ist die Albula aber schnell und wuchtig, eine Eigenschaft, die den Fluss in Kombination mit den oft zahlreichen Baumhindernissen alles andere als ungefährlich macht. Die Kulisse ist grandios und auf den relativ leichten Zwischenstrecken bleibt immer wieder Zeit, das überragende Ambiente zu genießen. Ein kurzer steiler und wuchtiger Katarakt kann links bei normalen Pegelständen kurz umklettert werden.

Im unteren Teil verengt sich die Schlucht nochmals und eine kurze klammartige Kurve kann nicht umtragen werden. Diese Passage ist nicht

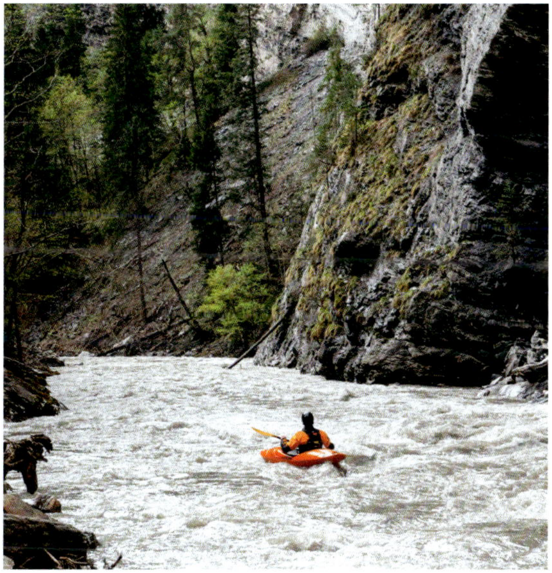

Was erwartet uns hinter der nächsten Kurve?

extrem schwer, bei viel Wasser und in Kombination mit möglichen Baumhindernissen aber unter Umständen psychologisch etwas heikel, da vor der nächsten Kurve unbedingt das sichere Kehrwasser rechts erreicht werden muss. Es folgt ein sportlicher Abfall, dessen Tücke vor allem in der Gefahr von Bäumen besteht, die sich auch hier gerne verkeilen. Von hier ist es nicht mehr weit bis zum Ende der Schlucht. Im Bereich des Kieswerks vor dem Ausstieg befand sich in der Vergangenheit eine gefährliche Blockwurfstufe, von dieser war in den letzten Jahren aber nichts mehr zu sehen. Da sich das auch wieder ändern kann, ist hier etwas Vorsicht angebracht, und auch den Ausstieg darf man keinesfalls verpassen. Auch wenn die Bedingungen eher selten stimmen, lohnt sich meiner Meinung nach ein kurzer Pegelcheck am Ausstieg immer, denn im Gegensatz zur eher „alltäglichen“ Waldschlucht bietet die Schynschlucht (je nach Bedingungen) ein wirklich einzigartiges Paddel- und Schluchterlebnis.

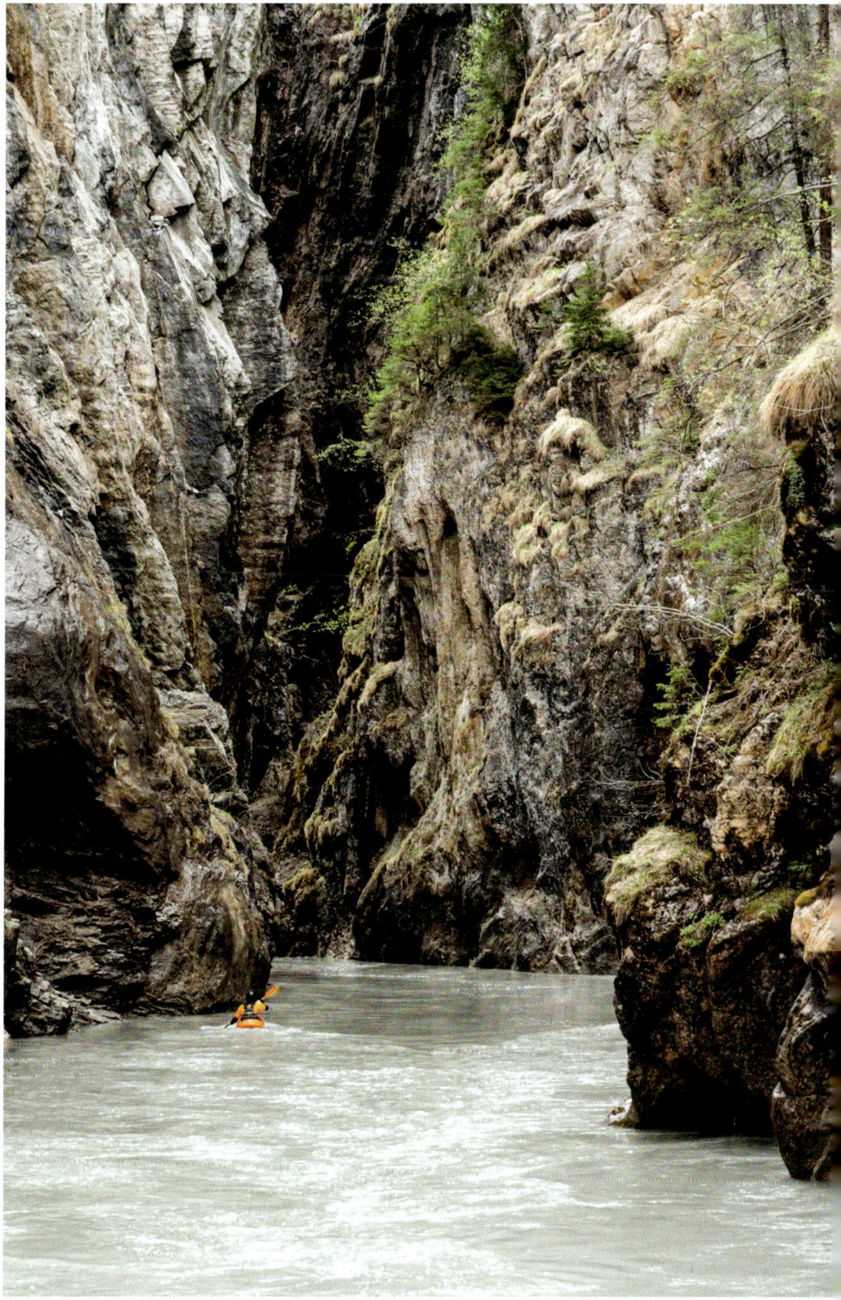

Am Einstieg lohnt es sich noch ein paar Meter die Klamm hinauf zu paddeln.

LANDQUART - Küblis bis Schiers

Es gibt sicher spektakulärere und ruhigere Täler als das Prättigau im Osten Graubündens, doch der Fluss, der dieses Tal geschaffen hat, die Landquart, ist über jeden Zweifel erhaben. Sie ist fast schon die sprichwörtliche eierlegende Wollmilchsau, zumindest aber eine sichere Bank auch in dürren Zeiten. Zu wenig Wasser ist hier eine Ausnahme, die Schwierigkeiten bewegen sich im mittleren Bereich, es gibt kontinuierliche Schwälle und ein paar sportliche Einzelstellen und auch die Landschaft ist viel schöner, als man anfangs denkt. Nebenbei gehört die Landquart zur seltenen Spezies der Flüsse, die für uns Paddler schon einmal verloren waren und wieder aus den Trümmern auferstanden sind. Diese Trümmer waren genauer gesagt zahlreiche Blockwehre, die durch nicht sichtbare Steilseile zusammengehalten wurden und ganz klar der Kategorie der Todesfallen angehörten.

ÜBERSICHT

Länge: 11 km

Schwierigkeit: WW 3+/4 (4+)

Einstieg: Kraftwerk Küblis (46.9128, 9.7814)

Ausstieg: Schotterfläche oberhalb des Fuchslochs bei Schiers (46.9658, 9.6880)

Charakter: Wuchtiges Wildwasser im meist offenen Flussbett mit mehreren Engstellen im Schiefergestein

Gefahren: Schlitze im Schiefergestein (ggf. unbefahrbar), einzelne Eisenteile, starke Wasserwucht bei höheren Wasserständen.

Gefälle: 16 m/km

Pegel: Landquart Felsenbach, befahrbar ab rund 10 m^3/s, MW etwa 30-35 m^3/s, darüber sehr wuchtig

Beste Zeit: Fast immer, außer bei zu viel Wasser (vor allem bei einer ersten Befahrung).

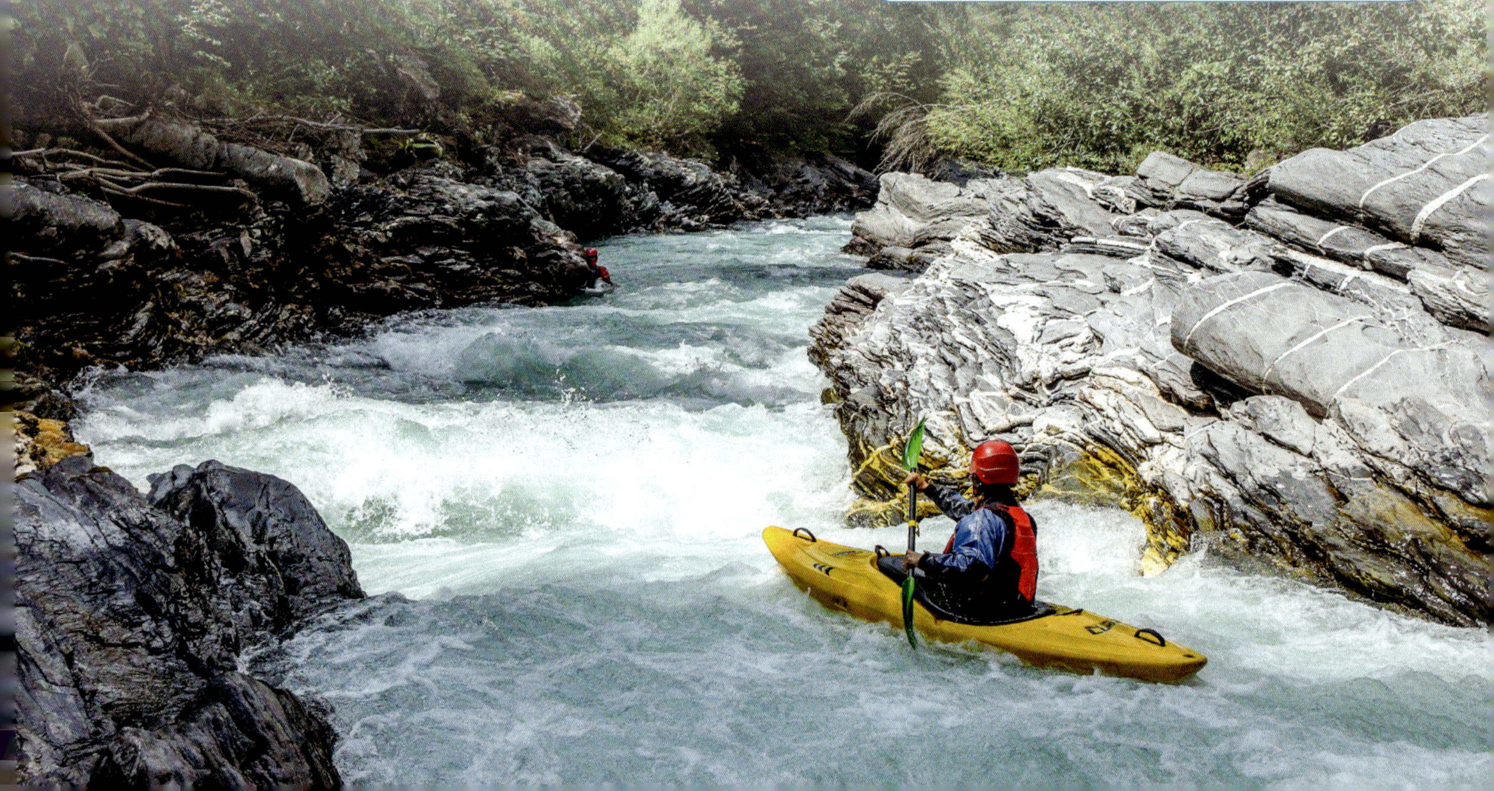

Nach dem Schlitz bei Fideris lassen die Schwierigkeiten zunächst nach. Pegel: 18 m^3/s

Diese Wehre wurden auf der klassischen Strecke von Küblis bis Schiers alle abgebaut, so dass heute dem Paddelvergnügen nichts mehr im Wege steht. Am Horizont aber sind auch hier düstere Wolken aufgezogen. Das geplante Wasserkraftwerk Chlus würde der gesamten Landquart unterhalb von Küblis den Saft abdrehen und damit das gesamte Prättigau unterhalb von Klosters in ein Tal ohne Wildfluss verwandeln. Die Konzessionsverträge mit allen Gemeinden sind bereits unterzeichnet und die Bauzeit wird mit lediglich 4-5 Jahren veranschlagt. Allein die ökonomischen Rahmenbedingungen verhindern derzeit eine Realisierung ohne Förderung, doch wo ein Wille ist, findet sich ja oft auch ein Weg, in diesem Fall in die falsche Richtung.

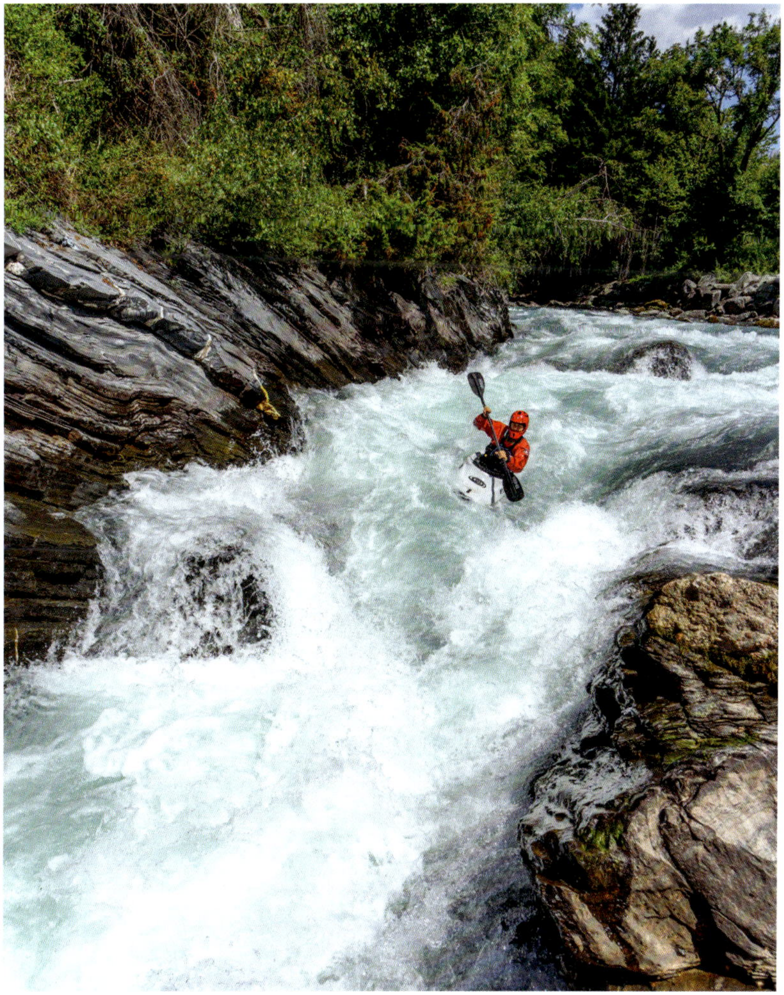

Der Schlitz am Bahnhof Fideris bei niedrigem Wasserstand. Pegel: 18 m^3/s

An Land

Den Ausstieg in Schiers am Fuchsloch erreicht man, wenn man die Hauptstraße talaufwärtsfahrend nach rechts Richtung „Industrie, Kieswerk" verlässt. An der kleinen Straße/Schotterfläche neben der Landquart findet man meist problemlos eine Parkmöglichkeit. Vor dem Paddeln sollte man noch kurz einen Blick auf das Fuchsloch werfen, das in den letzten Jahren stets gut befahrbar war, sich aber durchaus auch wieder zur berüchtigten Engstelle früherer Tage entwickeln kann. Der Einstieg befindet sich in Küblis beim Kraftwerk (Brücke der Straße nach Conters).

Auf dem Wasser

Direkt am Einstieg mündet das Wasser aus dem Kraftwerk über eine Stufe in die Landquart. Da könnte man doch? Naja, ihr wisst schon was ich meine, jeder ist seines Glückes Schmied (und für sein Tun selbst verantwortlich!). Bei gut Wasser gibt die Landquart bereits zu Beginn im teilweise befestigten Flussbett den Ton an. In rasantem Tempo führt sie uns über hohe Wellen und durch erste kräftige Walzen. Zeit zum gemütlichen Warmpaddeln von Kehrwasser zur Kehrwasser bleibt nur bei moderaten Wasserständen. Nachdem wir die Brücken von Hauptstraße und Eisenbahn passiert haben, erwartet uns in jedem Fall eine spürbare Zunahme der Schwierigkeiten. An der Mündung des Arieschbachs von links beginnen lange und ausgesprochen wuchtige Schwallstrecken und Katarakte, die bei höherer Wasserführung nahtlos ineinander übergehen. Der steilste Katarakt ist gefühlt in den letzten Jahren noch einen Tick sportlicher geworden. Unerwartet schön präsentiert sich die landschaftliche Kulisse: Das von der Straße noch recht verbaut wirkende Tal macht aus der Bootsperspektive einen ganz anderen Eindruck. Dicht bewachsen sind die Ufer, steile verschiedenfarbige Felshänge bilden Blickfänge und dazwischen rauschen und schäumen die blauen Wasser der Landquart. Die nahe Schnellstraße und Eisenbahn sind da ganz vergessen. Wenn das grobe Geröll im Flussbett durch Verengungen aus ausgewaschenem Schiefergestein abgelöst wird, ist Vorsicht geboten. Bei gut Wasser wird die Landquart hier

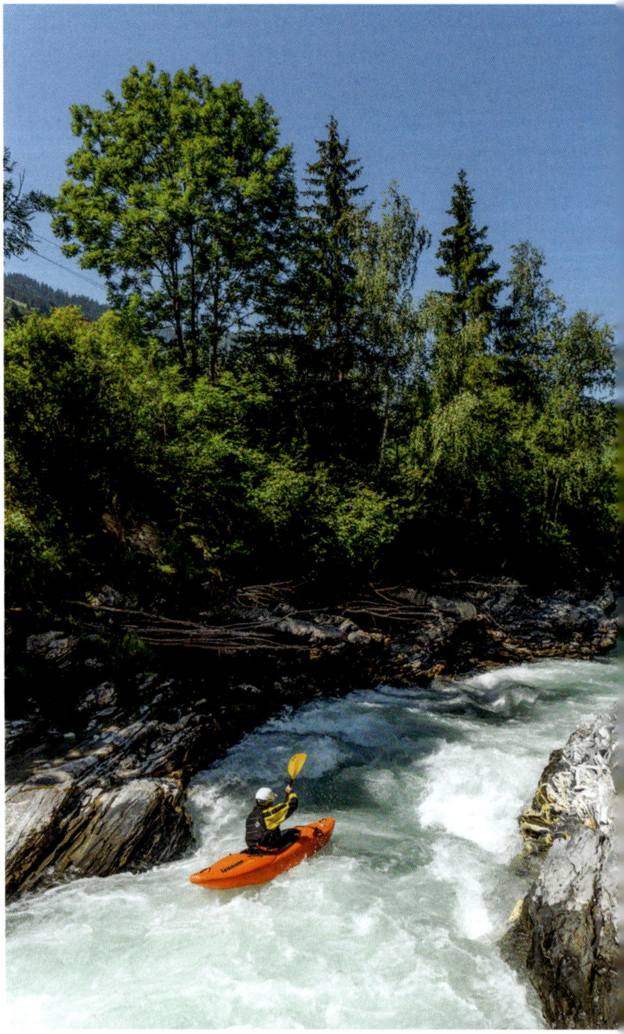

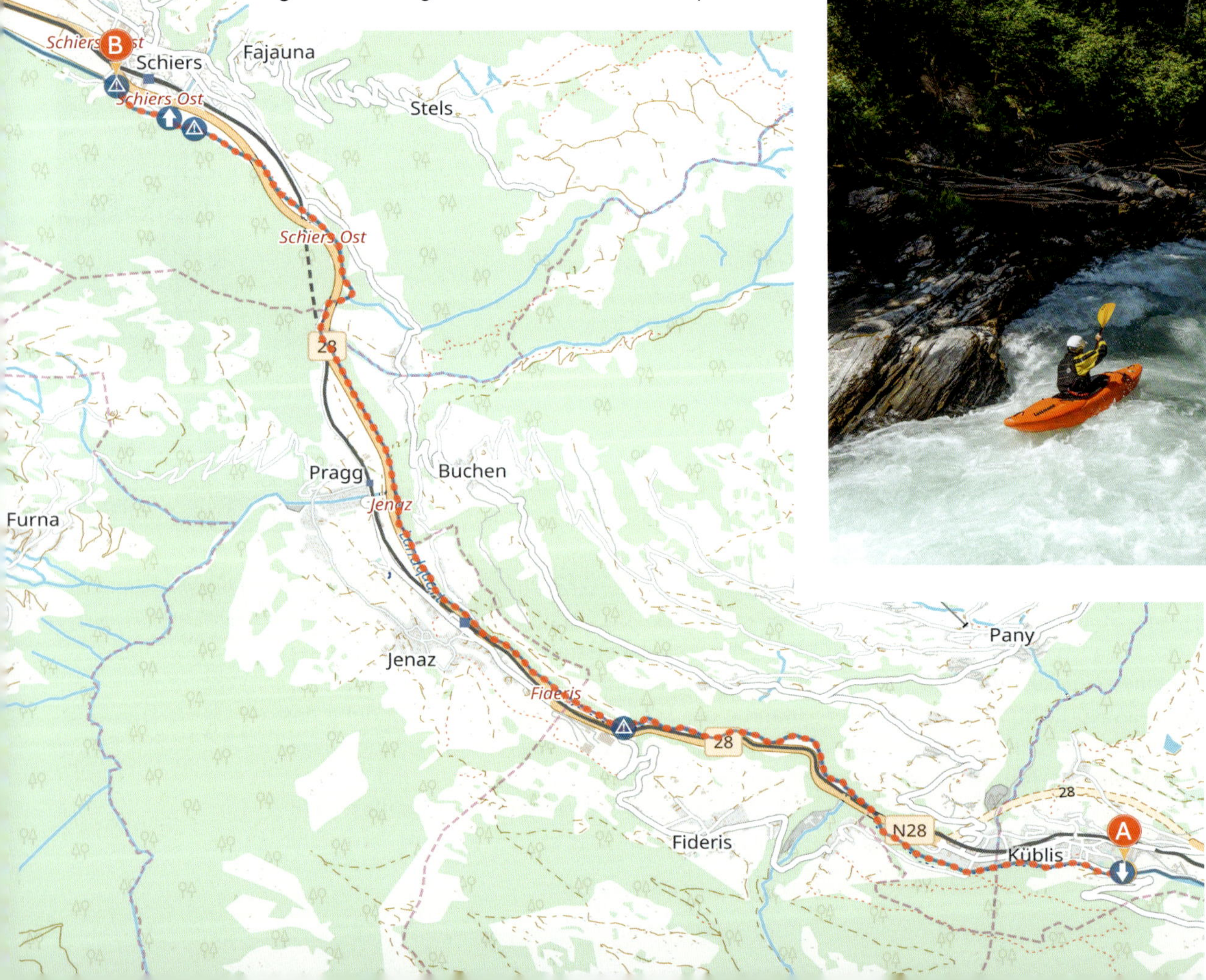

Nach dem Schlitz bei Fideris lassen die Schwierigkeiten zunächst nach. Pegel: 18 m³/s

zum guten Vierer mit einigen dicken Löchern, und zudem wartet mit dem Schlitz am Bahnhof von Fideris eine potentielle Gefahrenstelle. Die letzten Jahre war diese Stelle zwar sportlich, aber stets gut befahrbar (Achtung Baumhindernisse!), ich kenne den Schlitz aber auch als unbefahrbares Ungetüm. Bitte also nicht blind reinrauschen!
Unterhalb wird es für einige Zeit deutlich leichter. Erst in der nächsten Talverengung steigen die Schwierigkeiten wieder an. Hier habe ich gelegentlich einzelne Eisenteile im Flussbett gesehen, also Augen auf! Schöne Surfwellen und einige Walzen gibt es natürlich auch. Nach einer Straßen- und Eisenbahnbrücke ist eine Blockrampe normalerweise gut befahrbar, sollte im Zweifelsfall aber besichtigt werden. Früher befand sich hier ein Steilwehr mit mächtigem Rücklauf, in dem sich leider auch tödliche Unfälle ereigneten. Kurz vor dem Ausstieg lauert im Schatten der hohen Felswand am linken Ufer noch eine knackige Engstelle. Bliebe nur noch das Fuchsloch, doch das ist nur Kür und sollte unbedingt besichtigt werden (2020 bei wenig Wasser Steckgefahr in der Einfahrt). Es ist auch möglich, oberhalb bequem auszusteigen.

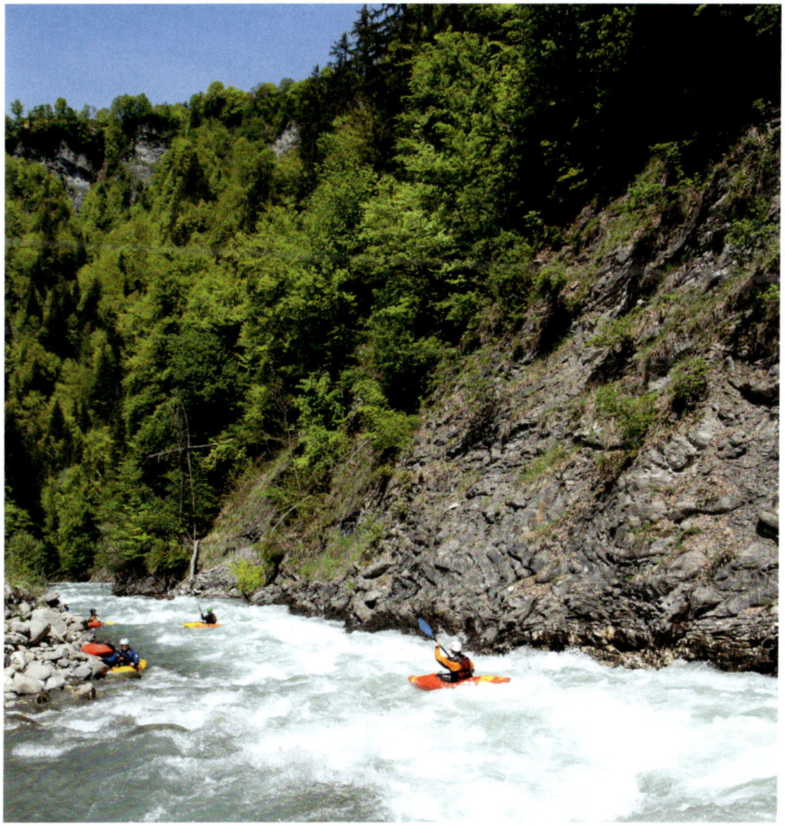

Typischer Charakter im oberen Teil unterhalb der Mündung des Arieschbachs. Pege: 30 m³/s

Abschließend noch ein Wort zu den Schwierigkeiten und Wasserständen: Bei starkem Niedrigwasser ist die Landquart nicht mehr als WW 3 mit einzelnen Viererstellen, und bei moderaten Wasserständen bis zu 25 m^3/s schwanken die Schwierigkeiten zwischen WW 3 und WW 4. Bei Mittelwasser liegen die Schwierigkeiten bereits auf längeren Abschnitten um WW 4 (mit einigen einfacheren Zwischenstrecken). Darüber steigen die technischen Schwierigkeiten nicht dramatisch an, die Wucht nimmt aber deutlich zu, Schwimmen muss absolut tabu sein, und das Aussteigen vor Gefahrenstellen wie Baumhindernissen kann heikel werden.

Das Fuchsloch am Ausstieg war in den letzten Jahren problemlos befahrbar.

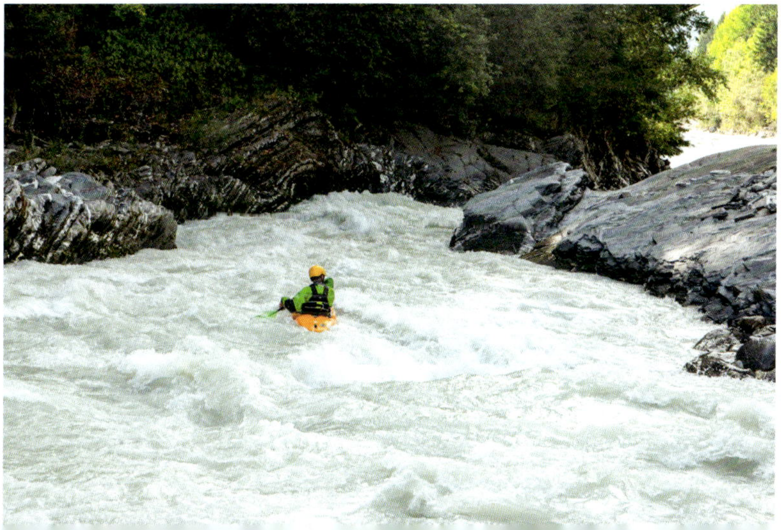

WEITERE PADDELMÖGLICHKEITEN

Vor allem im **oberen Schwierigkeitsbereich** gibt es neben den vorgestellten Strecken zahlreiche weitere Abschnitte zu entdecken. Manche davon sind echte Perlen, andere eher mühsam und nur etwas für die ganz Harten. **Leichtere Zugaben** gibt es ebenfalls, wenn auch etwas weniger zahlreich. Nur im **mittelschweren Bereich (WW 3-4 und 4)** sind weitere lohnende Strecken rar. Den **oberen Vorderrhein** kann man flussaufwärts um einige Kilometer bis Disentis verlängern. Die Strecke ist aber bis auf das letzte Stück abgeleitet, hier lauert ein längerer Katarakt (bis WW 4+, sonst um 3). Eine eigenständige Strecke mit Schwierigkeiten um WW 4+ gibt es am **Oberlauf des Glenners** zu entdecken. Die Meinungen über diesen Abschnitt gehen deutlich auseinander und reichen von scharfkantiger Schrottrinne bis zur Perle der Region. Selbst bin ich diese oft holzige Strecke bis zur Brücke von Surin (nicht weiterfahren!) noch nie gepaddelt, eine gute aber ältere Beschreibung gibt es aber auf *www.kajaktour.de,* aktuellere Infos auf *www.rivermap.ch*.
Eine der lohnendsten Strecken für Genusspaddler und Wildwassereinsteiger ist auf jeden Fall der **Unterlauf des Hinterrheins** vom Kraftwerk Rothenbrunnen bis Reichenau (7 km um WW 2, tolle Flusslandschaft). Ein Einstieg weiter oben ist im kerzengeraden Flussbett Geschmackssache, ein bei viel Wasser extrem wuchtiges Blockwurfwehr bei Rothenbrunnen verdient Beachtung. Der **mittlere Abschnitt des Vorderrheins** von Tavanasa bis Ilanz bietet bei ausreichend Wasser meist Schwierigkeiten um WW 2 mit einzelnen Blockwurfwehren (besichtigen) und einem sehr sportlichen Katarakt (WW 4+) bei Rueun. Persönlich hat mich diese Strecke aber weder landschaftlich noch in Sachen Flusscharakter je zum Paddeln animiert. Eher empfehlen kann ich da einen Ausflug über den Oberalppass zur **Furkareuss**, die leichtes bis mittelschweres Panoramawildwasser im offenen Hochtal bietet (um WW 2-3 mit längerer Kernstelle WW 3-4, Beschreibung auf *www.kajaktour.de*).

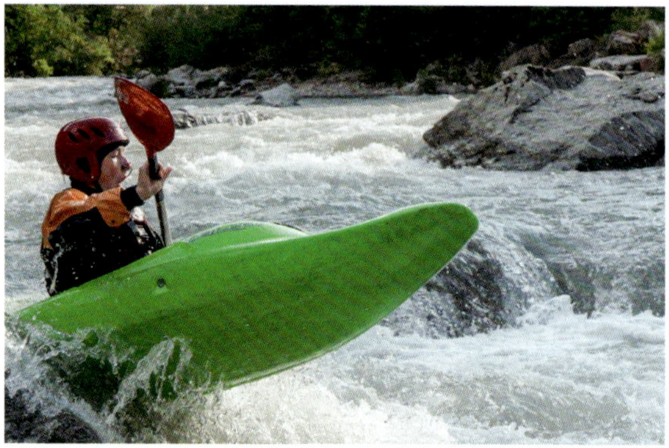

Auch unterhalb von Tavanasa kann man am Vorderrhein Spaß haben.

Jetzt aber zu den steilen Extratouren: Der wäre zuallererst der **Valserrhein**, ein Nebenfluss des Glenners. Die Standardstrecke bis Lunschania (WW 4-5 (X)) hat oft ausreichend Wasser (aber auch schnell zu viel) und bietet tolles alpines Pool & Drop-Wildwasser mit ein paar Umtragungen. Eine Weiterfahrt ist nach weiträumiger Umtragung des folgenden großen Falls (ab Lunschania) möglich (Boote abseilen). In der folgenden Schlucht lauern ein paar Zwangspassagen um WW 5, später wird es leichter und offener. Der **Glenner unterhalb der extremen Lumbrein-Schlucht** ist rasant, ausgesetzt und holzig (WW 4/4-5). Umtragen ist anspruchsvoll und mühsam, der Einstieg nur zu Fuß erreichbar. Gute aktuelle Infos und Eindrücke gibt es jeweils auf *www.rivermap.ch*. Landschaftlich eine Wucht ist der **Averser Rhein**, ein Seitenfluss des Hinterrheins. Manche nennen ihn aber auch den perversen Rhein, auch wir haben hier bei zu viel Wasser schon eine längere Kletterpartie unternommen.

Die Schwierigkeiten liegen zwischen WW 4 und 6 mit unbefahrbaren Stellen, aktuelle Infos gibt es ebenfalls auf *www.rivermap.ch*. Paddler sind im Tal sehr unbeliebt, daher keinesfalls im Bereich von Campsut ein- oder aussteigen und die aktuellen Infos im Netz unbedingt beachten. Mit einigem Aufwand lässt sich auch ein kurzes Teilstück der berühmten **Viamala-Schlucht** am Hinterrhein im Boot erleben (nur WW 3+). Da Paddler hier aber ebenfalls nicht unbedingt willkommen sind, braucht es gute Ideen und einen Plan.

Und dann wären da noch zwei etwas rätselhafte Strecken: Über die oberste Landquart oberhalb von Klosters hat man früher zwar schon Gutes gehört (WW zwischen 3 und 5), ich war aber weder selbst vor Ort, noch ist es mir gelungen, aktuelle Infos zu finden. Der obere Teil oberhalb von Monbiel sieht im Luftbild recht vielversprechend aus, die untere Hälfte bis zum Ausstieg an der Brücke der unteren Aeujerstraße eher nicht. Für Entdecker also vielleicht einen Versuch wert, ein Flop ist aber nicht auszuschließen. Noch geheimnisvoller ist der oberste Vorderrhein von Tschamut bis Rueras bei Sedrun. Weite Teile der Strecke sind gut einsehbar, in den Zwischenstrecken aber wird es wohl richtig steil und eng mit hohen Fällen und krassen Zwangspassagen (bis WW 5-6 (X)). Infos sind spärlich, eigenes Erkunden ist Pflicht.

Kehrwasserpause in der Nachmittagssonne.

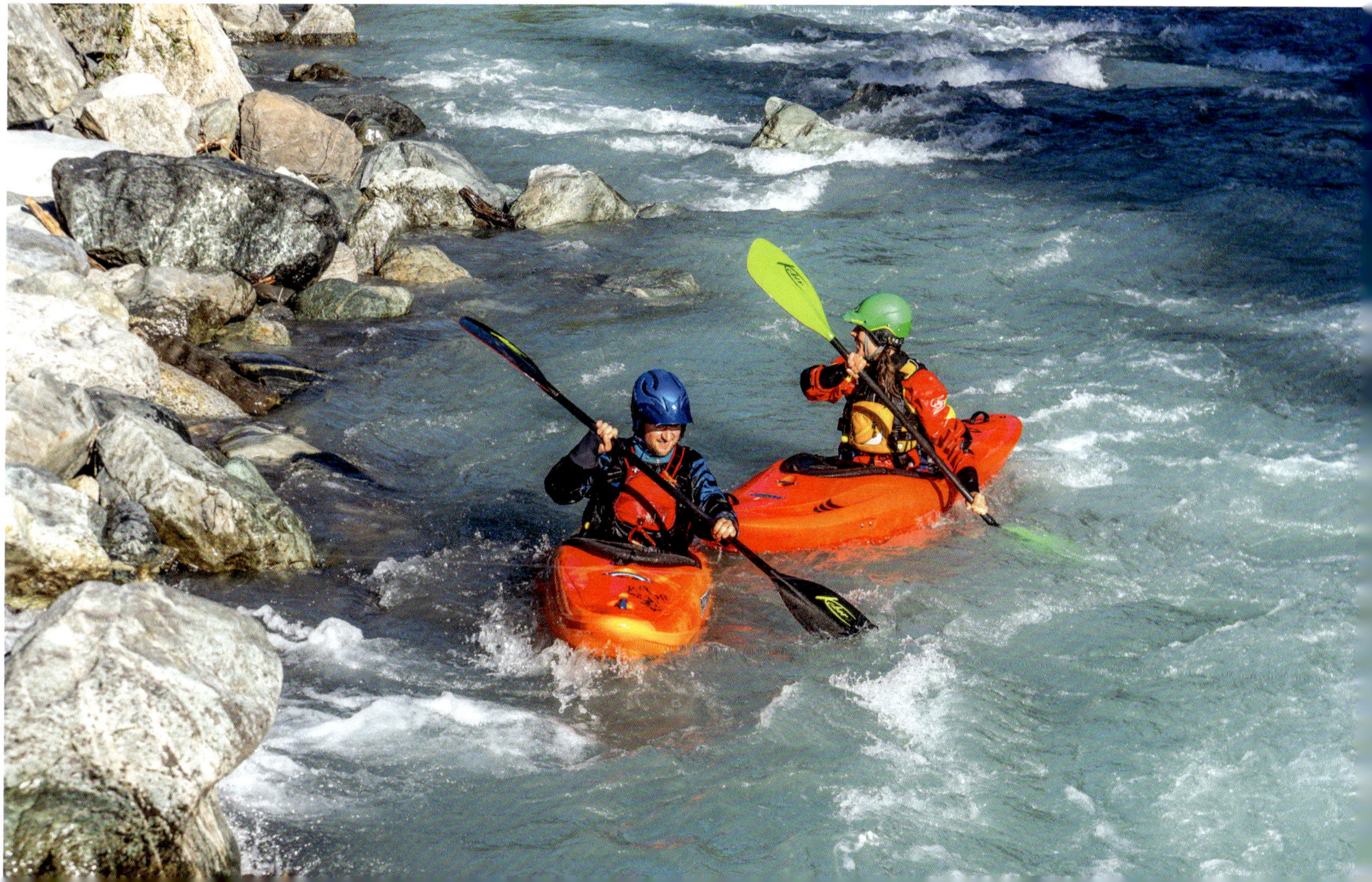

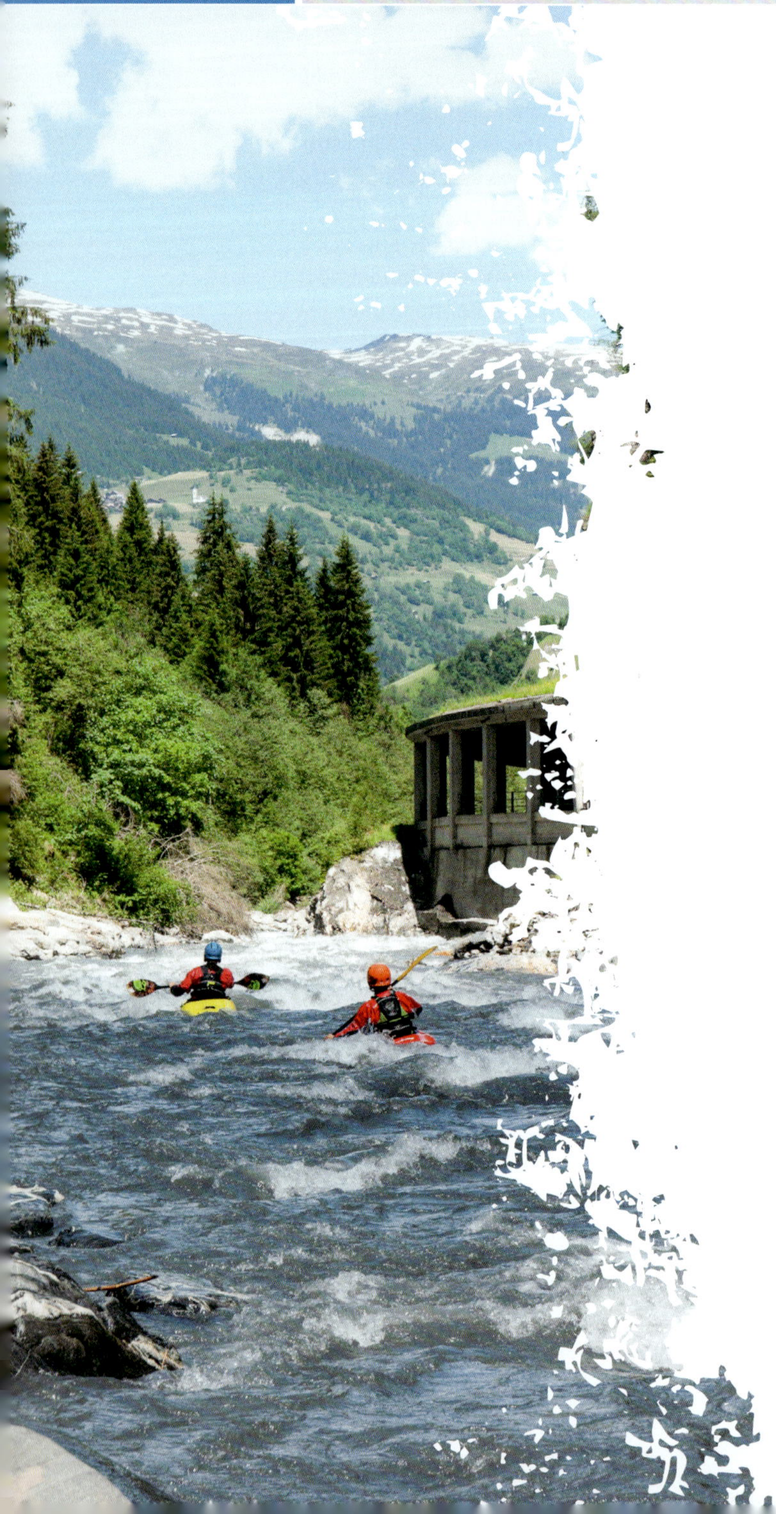

REVIERÜBERSICHTEN

OSTSCHWEIZ UND VORARLBERG

Die Ostschweiz und Vorarlberg gehören zwar nicht zu den ganz großen Namen unter den Paddelrevieren der Alpen, bieten aber vielfältiges Wildwasser und sollen daher nicht außen vor bleiben. Da ich mich in beiden Revieren aber nicht (so gut) auskenne, gibt es an dieser Stelle jeweils eine kompakte Revierübersicht von Christian Paffenholz, einem echten Kenner dieser Gebiete.

PADDELREGION OSTSCHWEIZ

Zwischen den Schweizer Regionen Appenzellerland und Toggenburg (Kanton St. Gallen) sticht der Säntis als einer der markanten Berge der Ostschweiz heraus. Dieser wird Richtung Norden von der Sitter und der Urnäsch, Richtung Süden von der Thur entwässert. Diese drei zentralen Flüsse der Ostschweiz bieten auf ihren verschiedenen Abschnitten interessantes Wildwasser in allen Schwierigkeitsbereichen.

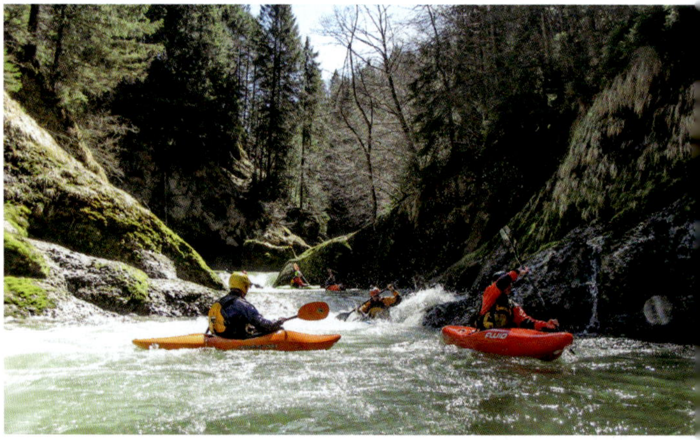

Durch die obere Sitterschlucht. Bild: Christian Paffenholz

SITTER

Nördlich des Säntis, zwischen Appenzell und St. Gallen, gräbt sich die Sitter tief in eine für die Region typische moosig grüne Wald- und Felsschlucht ein. Auf zwei Abschnitten bietet der Fluss schönes Wildwasser im lieblichen Ambiente der Appenzeller Hügellandschaft.

Beste Zeit:
Obere und Untere Sitterschlucht: März-April
Familienstrecke: März-Mai (je nach Kraftwerksbetrieb)

OBERE SITTERSCHLUCHT

WW 3 (4+, 5) / 6 km / Gefährlichkeit [!]-[!!] Einzelstellen [!!!]

Einstieg: Holzbrücke Appenzell-Mettlen (47.3353, 9.4055)

Ausstieg: Holzbrücke bei Haslen, oberhalb des Wehres (47.3611, 9.3631)

In der oberen Schlucht schlängelt sich der Fluss zunächst gemütlich durch eine Hügel- und Wiesenlandschaft und wird dabei immer wieder von kürzeren leichten Schluchtabschnitten unterbrochen. Etwa auf halber Strecke erreicht man das Kernstück der oberen Schlucht, gut zu erkennen an großen markanten Felsen. Hier verbirgt sich auf der rechten Seite vor dem sogenannten „Schlitz" ein gefährlicher Siphon, bald darauf folgt das „Kanonenrohr", welches nur bei höheren Wasserständen gut befahren werden kann. Im weiteren Verlauf bis zum Wehr bei Haslen fließt die Sitter durch eine hübsche Schlucht. Charakteristisch insbesondere für diesen Streckenabschnitt sind quer zum Fluss verlaufende mächtige Felsriegel, durch die sich der Fluss gegraben hat und an denen sich immer wieder einzelne Stufen gebildet haben, die teilweise nur mühsam zu umtragen sind.

UNTERE SITTERSCHLUCHT

WW 3-4 (5) / 7 km / Gefährlichkeit [!!] Einzelstellen [!!!]

Einstieg: Holzbrücke bei Haslen (47.3611, 9.3631)

Ausstieg: Eisenbahnbrücke kurz nach dem Kraftwerk Kubel bei St. Gallen (47.4038, 9.3223)

Die nun folgende untere Sitterschlucht führt aufgrund einer Ableitung am Wehr seltener Wasser als die obere Schlucht. Den Charakter der Schlucht, die etwas tiefer und länger ist als die obere, kann man von der hohen Talbrücke aus einschätzen. Das Wildwasser ist geprägt durch Stufen und Katarakte, unterbrochen von leichteren Abschnitten. Vorsicht ist bei einzelnen Siphonen und insbesondere der gefährlichen Rotbachstufe geboten.

FAMILIENSTRECKE

WW 1-2 / 22 km / Gefährlichkeit [!]

Einstieg: Brücke bei St. Gallen/Spisegg (47.4253, 9.3404)

Ausstieg: Brücke bei Lütschwil (Parkplatz: 47.5015, 9.2729)

In ihrem Unterlauf schlängelt sich die Sitter in einem reizvollen Tal durch Wiesen und Felder. Die Schwierigkeiten haben deutlich nachgelassen, sodass sich diese Strecke sehr gut für Anfänger und Familien eignet. Achtung bei einem Wehr bald nach dem Einstieg.

THUR

Zwischen den markanten Bergmassiven des Säntis und der Churfirsten entspringt die Thur, die nach dem Rhein der zweitlängste Fluss der Ostschweiz ist. In ihrem Oberlauf durchbricht sie schwere Schluchtabschnitte, wohingegen der Mittel- und Unterlauf überwiegend leichtes Wildwasser zu bieten hat. **Beste Zeit:** April-Mai

OBERSTE THUR

Starkenbach – Stein WW 2-3 & Stein – Ebnat-Kappel WW 4-5 (5+) /
bis zu 14 km / Gefährlichkeit

Einstieg: Brücke bei Starkenbach (47.1885, 9.24887) oder bei der Parkbucht unterhalb Stein/Haglis (47.2077, 9.2179)

Ausstieg: Stein/Haglis (47.2077, 9.2179) oder überdachte Holzbrücke oberhalb Ebnat-Kappel (47.2565, 9.1425)

Klassischer Einstieg der obersten Thur ist kurz unterhalb der Ortschaft Stein/Haglis. Alternativ kann man auch in Starkenbach einsteigen und so die Strecke mit etwa 2 km leichtem Wildwasser 2-3 und einer schönen Klamm ergänzen. Zwischen Stein und Ebnat-Kappel wird es erheblich anspruchsvoller. Hier durchbricht die Thur drei Schluchtabschnitte, die jeweils durch Flachstücke und drei unfahrbare Wehre unterbrochen sind. Die Schluchtabschnitte selber bieten ernstes und schwieriges Wildwasser. Hervorzuheben sind drei Wasserfälle, unter anderem der bekannte Gießenfall, außerdem einige schwere und wuchtige Katarakte, von denen die eine oder andere Stelle auch spioniert ist.

Zwei schwere Wasserfälle befinden sich in der dritten Schlucht unterhalb Krummenau. Für diejenigen, die vor Fahrtantritt bereits sicher sind, diese nicht fahren zu wollen, kann es sinnvoll sein, die Fahrt am Ende der zweiten Schlucht vor dem Wehr oberhalb von Krummenau zu beenden.

OBERE THUR

Bütschwil – Mühlau – Schwarzenbach WW 2 (3) / bis zu 15 km / Gefährlichkeit

Einstieg: In Bütschwil etwa 400 m nach einem Wehr über einen Feldweg erreichbar (Fluss: 47.3577, 9.083)

Ausstieg/Einstieg: Am Wehr bei Mühlau (47.4108, 9.0788)

Ausstieg: Kurz nach der Eisenbahnbrücke bei Schwarzenbach (47.4467, 9.0646)

Dieser Abschnitt zwischen Bütschwil und Schwarzenbach mit Zwischenein- und -ausstieg am Wehr in Mühlau ist der klassische Abschnitt der Thur. Mit leichten Schwällen überwiegend im Bereich WW II eignet sich der Abschnitt ideal für Anfänger, Familien oder Genusspaddler, die gerne auf leichtem Wildwasser unterwegs sind. Ab Mühlau wird die Thur etwas spritziger und zeigt schließlich in Schwarzenbach kurz vor dem Ausstieg ihren wildwassertechnischen Höhepunkt.

URNÄRSCH

NNur wenige Kilometer von der Sitter entfernt liegt die etwas weniger bekannte, aber genauso interessante Urnäsch, die sich ebenso wie die große Schwester in zwei Schluchtabschnitte unterteilen lässt.
Beste Zeit: März-April

OBERE URNÄSCHSCHLUCHT

WW 3-4 (4+) / 5 km / Gefährlichkeit !!-!!!

Einstieg: Straßenbrücke bei Zürchersmühle (47.3290, 9.2950)

Ausstieg: Am Wehr bei der Hundwilerbrücke (47.3619, 9.2989), (Fluss: 47.3623, 9.3046)

Gleich zu Beginn präsentiert die Urnäsch ihr Highlight, die Urnäsch-Wasserfälle, eine kurze, klammartige Schluchtstrecke mit einer Anreihung von Stufen bis zu 3 Metern Höhe. Nach der Wasserfallstrecke geht es, nachdem man ein Wehr umtragen hat, in einer schönen Schlucht mit einzelnen Stufen und Katarakten weiter. Dabei heben sich vier Katarakte hinsichtlich der Schwierigkeit deutlich vom Rest ab, die schwerste Stelle, die „Hohle Gasse", ist mit WW 4+ zu bewerten.

UNTERE URNÄSCHSCHLUCHT

WW 3 (4, X) / 7 km /Gefährlichkeit !!

Einstieg: Am Wehr bei der Hundwilerbrücke (47.3619, 9.2989), (Fluss: 47.3623, 9.3046)

Ausstieg: Eisenbahnbrücke kurz nach dem Kraftwerk Kubel bei St. Gallen (47.4038, 9.3223)

Am Wehr an der Hundwilerbrücke beginnt die untere Schlucht. Spiegelbildlich zur Sitter wird auch hier Wasser entnommen, sodass auch diese Schlucht nur bei höheren Wasserständen befahren werden kann. Sie ist leichter, aber eher tiefer als die obere Strecke. Viele schöne Blockstellen im Bereich WW 3 in einem schönen Schluchtambiente werden den Wildwasser-3-Paddler begeistern. Vorsicht ist kurz nach halber Strecke an einem gefährlichen Schlitz geboten, der durch eine markante Stufe angekündigt wird.

WEITERE PADDELMÖGLICHKEITEN IN DER OSTSCHWEIZ

Neben den drei zentralen Flüssen der Ostschweiz, Sitter, Urnäsch und Thur, gibt es weitere interessante Flüsse unterschiedlicher Schwierigkeitsgrade zu entdecken, z.B. den Necker, den Rotbach oder die Glatt oder, wenn man weiter Richtung Süden in den Glarus blickt, die Sernft.

Informationsquellen zu den Ostschweizer Flüssen:
www.rivermap.ch
https://4-paddlers.com/
DKV- Auslandsführer Band 1 Österreich/Schweiz

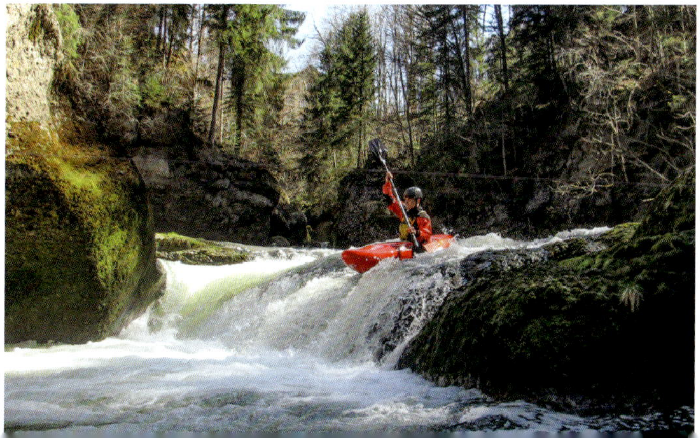

In der Kraftwerksklamm. Bild: Christian Paffenholz

PADDELREGION VORARLBERG

Vorarlberg als Paddelregion ist den meisten wahrscheinlich wegen der Bregenzer Ach und den „Bregi Days“ ein Begriff. Doch Vorarlberg hat deutlich mehr zu bieten: Beispielsweise die moosig-grünen Wald- und Feldschluchten der Rotach oder Weißach, die in die untere Bregenzer Ach münden, oder die kleinen und schnellen Gebirgsbäche der höheren Gebirgszüge des südlichen Bregenzerwaldgebirges wie Lutzbach und Frutz, oder die offenen Flüsse des Montafon wie Ill und Litzbach – Vorarlberg bietet Wildwasser mit unterschiedlichsten Charakteren und Schwierigkeitsgeraden.

BREGENZER ACH

Die Bregenzer Ach entspringt am Rande des Lechquellengebirges oberhalb von Schröcken an der Ostflanke der Mohnenfluh. Die umliegenden Berge sind bis zu 2600 Meter hoch. Zu Zeiten, als die Bregenzerwaldbahn noch in Betrieb war (bis 1983) und der Fluss noch frei fließen konnte, war die „Bregi“ einer der Klassiker der Nordalpen. Diese Zeiten sind mittlerweile vorbei, nachdem auf den Standardstrecken Anfang der 90er Jahre im Zuge des Wasserkraftwerkbaus das Wasser abgeleitet wurde. Viel Betrieb ist nur noch an den „Bregi Days“ an Fronleichnam und bei der Outdoortrophy.

Beste Zeit: Oberlauf Mai, Schwarzenbergschlucht & Egger Schlucht April-Mai,

OBERLAUF

Oberste Bregenzer Ach WW IV / Gefährlichkeit !!-!!! &
Obere Begrenzer Ach WW II-III / Gefährlichkeit !-!!
insgesamt bis zu 8 km

Einstieg: Etwa 1 km oberhalb von Bad Hopfreben an einer kleinen Parkbucht (47.2728, 10.0645)

Ausstieg/Einstieg: Wenige 100 Meter nach der 1. Straßenbrücke (47.2960, 10.0424)

Ausstieg: Kurz unterhalb von Schoppernau, wo die Straße wieder zum Fluss kommt (47.3143, 10.0048)

Bereits im Oberlauf der Bregenzer Ach zwischen Bad Hopfreben und Schoppernau gibt es zwei paddelbare Abschnitte, auf die hier nur kurz eingegangen wird. Der erste Abschnitt, die Oberste Bregenzer Ach, ist anspruchsvolles und schnelles Wildwasser 4 in einer tiefen Schlucht, der zweite Abschnitt, die Obere Bregenzer Ach, ist kontinuierliches WW II-III mit flotten und hübschen Schwallstrecken.

Wesentlich bekannter sind die im Folgenden beschriebenen Abschnitte im Mittel- und Unterlauf unterhalb Bezau.

SCHWARZENBERGSCHLUCHT

WW 2-3 / 9 km / Gefährlichkeit !-!!

Einstieg: Etwa 300 Meter unterhalb der Wasserableitung bei Hof (47.3849, 9.8718)

Ausstieg: Wehr bei Egg (47.4283, 9.8879)

Der erste Teil der Standardstrecke der Bregenzer Ach: Kurz oberhalb des Einstiegs befindet sich die Wasserableitung. Flache Abschnitte wechseln mit schönen Einzelstellen WW 2-3 ab. Besonders hervorzuheben ist die kurze Schwarzenbergklamm bei Schwarzenberg. Das Wehr bei Andelsbuch hat je nach Wasserstand einen starken Rücklauf und sollte dann unbedingt vom Ufer aus besichtigt werden.

EGGER SCHLUCHT

WW 3 (3+) 6 km / Gefährlichkeit !-!!

Einstieg: Wehr bei Egg (47.4283, 9.8879)

Ausstieg: Ehemaliger Bahnhof Langenegg zwischen Müselbach und Langenegg (47.4607, 9.8762)

Die Haupt-Standardstrecke der Bregenzer Ach: Den Bregi-Kennern sind wahrscheinlich noch Namen wie Eck in Egg, Professorfelsen, Kraftwerkstrecke, Kellerstaffel und Lingenauer Tobel bekannt, einige schöne Stellen im Bereich WW 2 und 3, die bei guten Wasserständen einen idealen Trainingsparcours bieten.

Vielleicht wird in Zukunft auch wieder mehr los sein auf der Schwarzenberg Schlucht und der Egger Strecke, denn seit 2017 ist endlich der Pegel am Egger Wehr online und das Rätselraten, ob das Wasser reicht oder nicht, ist Geschichte – und so selten laufen diese Strecken gar nicht.

DORENER & KENNELBACHER SCHLUCHT

WW 1-2 / bis zu 13 km / Gefährlichkeit !

Einstieg: Bahnhof Langenegg (47.4607, 9.8762) bzw. Camping Bozenau (47.4812, 9.8457)

Ausstieg: Camping Bozenau (Ko-P: 47.4812, 9.8457) bzw. Wehr in Kennelbach (Fluss: 47.4755, 9.7707)

Zwei anfängertaugliche Strecken in einer schönen Schlucht. Etwa bei der Hälfte der Dorener Schlucht kommt das Kraftwerkswasser wieder dazu. Direkt anschließend folgt eine Geröllbremse, die man sich anschauen sollte. Alles andere ist leichtes Wildwasser. Dank des Kraftwerkswassers ist die Kennelbacher fast ganzjährig fahrbar.

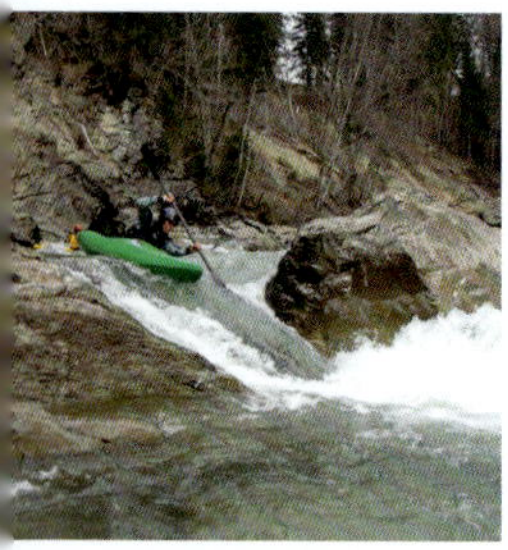

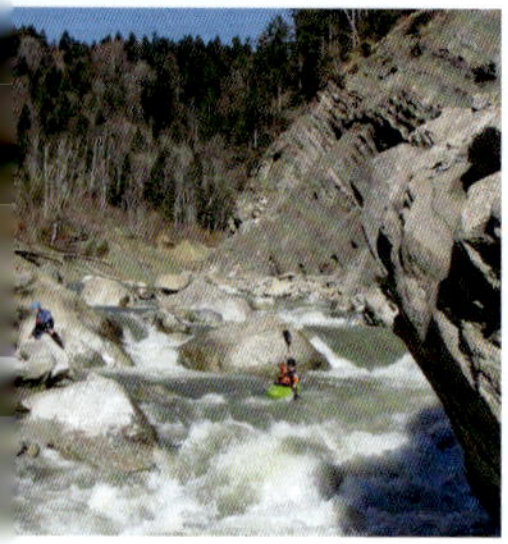

An der Weißach. Bild: Christian Paffenholz

WEISSACH

Die Weißach ist der bekannteste Seitenbach der Bregenzer Ach, der sich in seinem Unterlauf immer tiefer in eine Schlucht eingräbt und in diesem Bereich interessantes Wildwasser zu bieten hat. In der Regel werden die beiden Abschnitte kleine Weißachschlucht und eigentliche Weißachschlucht kombiniert gepaddelt. **Beste Zeit:** März - April, optimaler Fluss für Zwischenschmelzen, häufig nach Regen.

KLEINE WEISSACHSCHLUCHT

WW 2-3 / 2 km / Gefährlichkeit !!

Einstieg: Kleine Straßenbrücke zwischen Brunnenau und Hasen (Fluss: 47.5093, 9.9355)

Ausstieg: Weißachbrücke zwischen Doren und Krumbach (47.5016, 9.9191)

Aus einem flachen Tal kommend schneidet sich der Fluss nach und nach in eine Schlucht ein. Schöne Blockstellen und kleine Stufen im Bereich WW 2-3 mit einer Stelle 3+ bieten ein ideales Übungsgelände und Aufwärmstrecke für die anschließende Weißachschlucht.

WEISSACHSCHLUCHT

WW 2-3 (4, 4+) / 8 km / Gefährlichkeit !!

Einstieg: Weißachbrücke zwischen Doren und Krumbach (47.5016, 9.9191)

Ausstieg: Camping Bozenau (47.4812, 9.8457)

Die Weißachschlucht ist die deutlich bekanntere Strecke, die auch schon in der 80er Jahren mit Langbooten gefahren wurde. Der Fluss gräbt sich weiter in das Tal ein und die Schlucht wird tiefer. Der Abschnitt zeichnet sich durch drei wesentliche Kataraktstrecken aus: Kristallkatarakt (WW 3), Weißachstufen (WW 4+) und Abschlusskatarakt (WW 4). Dazwischen leichtes Wildwasser, das immer wieder schöne Übungsstellen aufzuweisen hat.

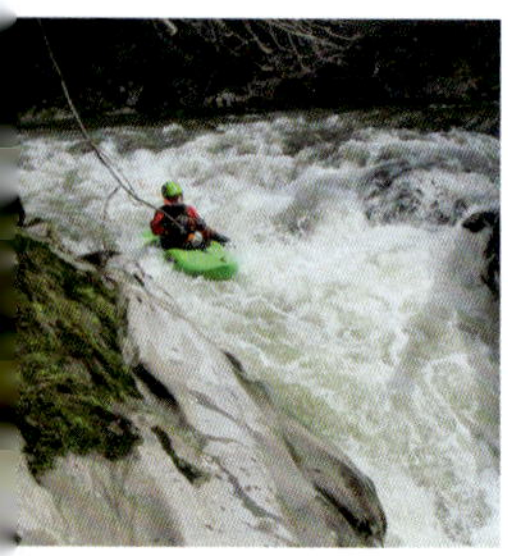

Exzellentes, wenig bekanntes Wildwasser auf der Rotach. Bild: Christian Paffenholz

ROTACH

Beste Zeit: März, häufig nach Regen

ROTACHSCHLUCHT

WW 3-4 (5) / rund 4 km bis zur Mündung
Gefährlichkeit !!-!!!

Einstieg: Rotachbrücke zwischen Langen und Doren (47.5148, 9.8610)

Ausstieg: Mündung/Camping Bozenau (47.4812, 9.8457) oder Wehr in Kennelbach (Fluss 47.4755, 9.7707)

Ähnlich der Weißach, gräbt sich auch die Rotach auf den letzten Kilometern bis zur Mündung in die Bregenzer Ach in eine tiefe, hübsche Wald- und Felsschlucht ein. Die moosig grünen Felsen aus Sandstein verleihen der Schlucht einen sehr schönen Charakter. Da die Felsen teilweise bis zum Wasser reichen, sind die Ufer teils nur erschwert begehbar. Das Wildwasser der Rotachschlucht ist geprägt durch Stufen und Blockstellen (WW 3-4), unterbrochen von leichteren Abschnitten. Zwei Kernstellen heben sich deutlich ab, der Wasserfallkatarakt und der Rotachkatarakt sind jeweils mit WW 5 zu bewerten.

LUTZBACH

Der Lutzbach durchfließt das wunderschöne Große Walsertal, das in seinem oberen Teil von der Bergkulisse der westlichen Ausläufer der nördlichen Kalkalpen umrahmt wird.
Auf dem Lutzbach gibt es einen anspruchsvollen oberen und einen leichten unteren Abschnitt.
Beste Zeit: Mai-Juni
Informationsquellen: *www.rivermap.ch*

OBERER LUTZBACH

WW 3-4 (5) / 3,5 km / Gefährlichkeit [!!] ([!!!])

Einstieg: Am letzten großen Wanderparkplatz oberhalb der Mündung des Montanabaches (Fluss: 47.2452, 9.9772)

Ausstieg: An der In Flussrichtung gesehen 2. Schwefelquelle auf Höhe des Seewaldsees (Fluss: 47.2414, 9.9343)

Der Einstieg befindet sich am letzten mit dem Auto erreichbaren Wanderparkplatz, direkt oberhalb der Mündung des Montanabachs. Im oberen Teil ist der noch kleine Gebirgsbach durch kontinuierliche Katarakte (WW 3-4) geprägt, die viel Spaß bereiten. Nach der Straßenbrücke ist der erste schwerere Katarakt erreicht (WW 4+), den man sich vorab anschauen kann. Nach ein paar ruhigen Metern gelangt man an den zweiten Katarakt, der sich in der Schwierigkeit nochmal deutlich gegenüber dem ersten Katarakt steigert (WW 5). Danach nehmen die Schwierigkeiten schnell ab, und man hat bald den Ausstieg des oberen Teils erreicht. Dieser wird oft ein zweites Mal gefahren, oder man hängt den Mittleren Lutzbach dran.

MITTLERER LUTZBACH

WW II (III) / 4 km / Gefährlichkeit [!]-[!!]

Einstieg: Siehe Ausstieg oberer Lutzbach (Fluss: 47.2414, 9.9343)

Ausstieg: In Garsella (47.2304, 9.8856)

Am mittleren Lutzbach lassen die Schwierigkeiten deutlich nach. Der überwiegende Teil ist WW 2, gegen Ende erwartet den Paddler nochmal ein längerer Katarakt im dritten Schwierigkeitsgrad. Landschaftlich bleibt dieser Abschnitt reizvoll.

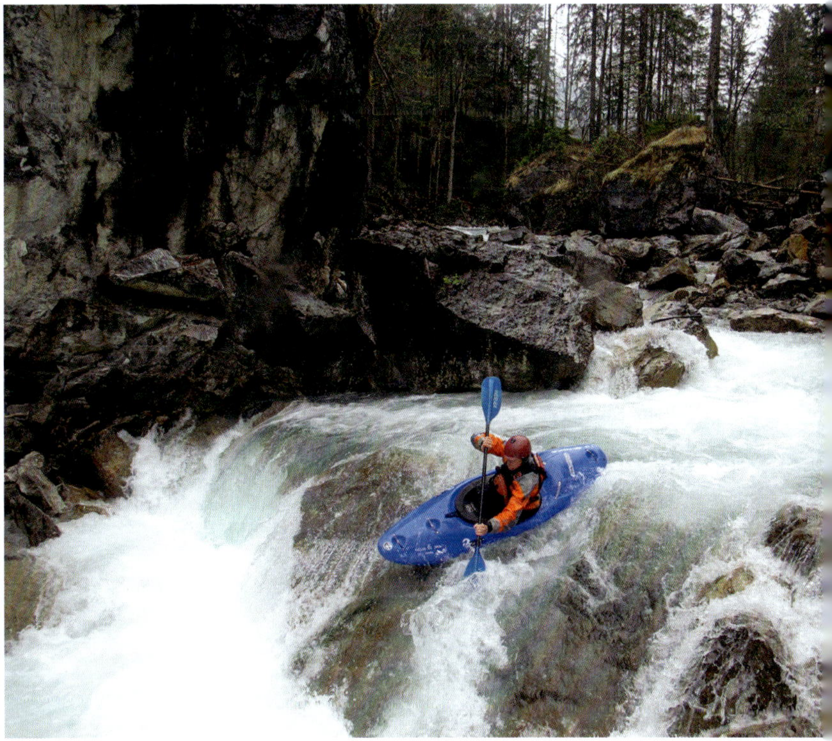

Der zweite Katarakt am oberen Lutzbach.
Bild: Christian Paffenholz

FRUTZ

Die Frutz verläuft im oberen Laternsertal durch eine tiefe anspruchsvolle Schlucht. Sie lässt sich in vier Abschnitte unterteilen, die je nach gewünschtem Schwierigkeitsgrad unterschiedlich miteinander kombiniert werden können. Was man vorher wissen sollte: Die Kajaks müssen jeweils aus der Schlucht herausgetragen werden, das gehört zur Frutz einfach dazu.
Sinnvolle Streckenkombinationen:

1. Eingangsschluchtsession
2. Eingangsschlucht + Kernschlucht + Innerlaternser (+ Laternser)
3. Innerlaternser (+ Laternser)

Beste Zeit: April-Mai

EINGANGSSCHLUCHT

WW 4 / bis zu 1,5 km / Gefährlichkeit !!

Einstieg: 1,5 km unterhalb Bad Laterns an einer Fußgängerbrücke direkt vor dem Schluchtbeginn.
(Parkplatz: 47.2573, 9.7645), (Fluss: 47.2557, 9.7750)
Alternativ am Zusammenfluss der beiden Quellflüsse etwa 800 m oberhalb (hier sind nur 2 kleine Parklücken).
(Parkplatz: 47.2591, 9.7825), (Fluss: 47.2584, 9.7850)

Ausstieg: Etwa 100 Meter nach der folgenden Fußgängerbrücke (Fluss 47.2554, 9.7639). Ein kleiner Pfad führt aus der Schlucht. Alternativausstieg auch direkt an der Fußgängerbrücke (Fluss 47.2549, 9.7653).
(Parkplatz: siehe Einstieg)

Es bietet sich an, die „Laternser Strecke“, die hier nur kurz erwähnt werden soll, dranzuhängen. Bis auf eine kurze schwere Schluchtstrecke im Anschluss eines Wehres (näheres siehe Informationsquellen) liegen die Schwierigkeiten bei 2-3 (3+). Achtung: Der Ausstieg vor der „Üblen Schlucht“ sollte nicht verpasst werden!

Das erste Stück ab dem oberen Einstieg am Zusammenfluss der beiden Quellflüsse bietet leichtes Wildwasser zum Einpaddeln. An einer Fußgängerbrücke (Alternativeinstieg) beginnt die eigentliche Schluchtstrecke und das Wildwasser wird interessanter. Dieser erste Schluchtabschnitt ist eine kurze aber sehr schöne Wildwasserstrecke (WW 3-4) mit klammartigem Charakter. Wer an einer der Stellen ins Grübeln kommt, sollte nicht in die Kernschlucht einfahren, sondern lieber zum Schluchtanfang zurücktragen und die Eingangsschlucht mehrfach fahren.

KERNSCHLUCHT

WW 5 / 1,5 km / Gefährlichkeit !!!

Einstieg/Ausstieg: Wird in der Regel mit der Eingangsschlucht und der Innerlaternser kombiniert gepaddelt.

Die Kernschlucht ist der schwierigste Abschnitt der Frutz. Will man sich diesen Schwierigkeiten stellen, hängt man die Strecke immer an die Eingangsschlucht dran. Die gesamte Strecke ist geprägt durch zahlreiche Katarakte und steile Stufenkombinationen. Die Schwierigkeiten sind konstant WW 4 mit einzelnen Stellen 5 und einer Stelle 6. Etwa auf halber Strecke wird man durch eine spannende Zwangspassage WW 4+ gefordert.

INNERLATERNSER

WW 4/4+ (5) / bis zu 5 km / Gefährlichkeit !!-!!!

Einstieg: Fußgängerbrücke bei Innerlaterns
(Fluss: 47.2542, 9.7471)

Ausstieg: Brücke bei Bonacker am Pegel (Straße nicht mit dem Auto befahren) (Fluss: 47.2571, 9.7288) oder direkt vor der Üblen Schlucht (Fluss: 47.2630, 9.6971).

Die Innerlaternser Schlucht ist nicht mehr ganz so steil wie die Kernschlucht und insgesamt etwas homogener zu fahren. Ab der Hälfte der Strecke wird die Schlucht dann etwas offener, das Wildwasser bleibt aber interessant. Die gesamte Strecke bietet zahlreiche schöne Katarakte und kleinere Stufen WW 4, unterbrochen von vier Kernstellen (drei davon WW 4+ und eine WW 5).

WEITERE PADDELMÖGLICHKEITEN IN VORARLBERG

Im Montafon bietet sich der Litzbach als Ergänzung zur Ill an, und auch der Bregenzerwald hat auf der Subersach, der Bolgenach und dem Argenbach weitere interessante Abschnitte zu bieten.

Informationsquellen zu den Vorarlberger Flüssen:
Generell:
www.rivermap.ch
https://4-paddlers.com/

DKV- Auslandsführer Band 1 Österreich/Schweiz
Frutz:
https://riverguide.jimdo.com/flussführer/vorarlberg/frutz/
www.rivermap.ch

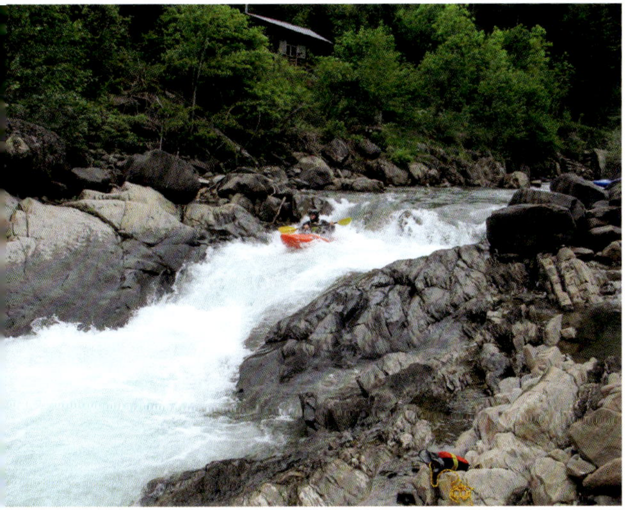

Frutz: Doppelstufe auf der Innerlaternser Strecke. Bild: Christian Paffenholz

ILL

Die Ill entspringt in den Bergmassiven der Silvretta und fließt in ihrem oberen Teil durch das bekannte Montafon. Obwohl der Fluss durch mehrere Kraftwerke stark beeinflusst ist, trifft man hier häufig schöne Wasserstände an. Dann ist die Ill ein idealer Trainingsfluss im mittleren Schwierigkeitsbereich. Die wildwassertechnisch interessantesten Abschnitte sind die St. Gallenkircher Strecke und der Ill-Katarakt.
Beste Zeit: Mai-August (kraftwerksabhängig)
Informationsquellen: *www.rivermap.ch*

ST. GALLENKIRCHER

WW III-IV / & Ill-Katarakt (IV) / bis zu 6 km / Gefährlichkeit !!

Einstieg: Fluss: 47.0128, 9.9911

Ausstieg: St. Gallenkircher (Fluss: 47.0271, 9.9611)
Ausstieg Ill-Katarakt (Fluss: 47.0477, 9.9427)

Die St. Gallenkircher Strecke ist eine kurze, aber hübsche und interessante Waldschlucht (WW 3-4). Große Felsblöcke bilden zahlreiche schöne Kehrwässer, dazwischen immer wieder kleine Stufen – ein idealer Trainingsparcours im mittleren Schwierigkeitsbereich.
Kurz vor dem Waldcamping ist das Ende dieses ersten Abschnitts erreicht. Das folgende Zwischenstück ist leichtes Wildwasser 2. Die Straßenbrücke der Silvrettastraße markiert den Beginn des Ill-Katarakts, ein 400 Meter langer Katarakt WW 4, dessen Schwierigkeit gerade bei hohen Wasserständen deutlich zunimmt.

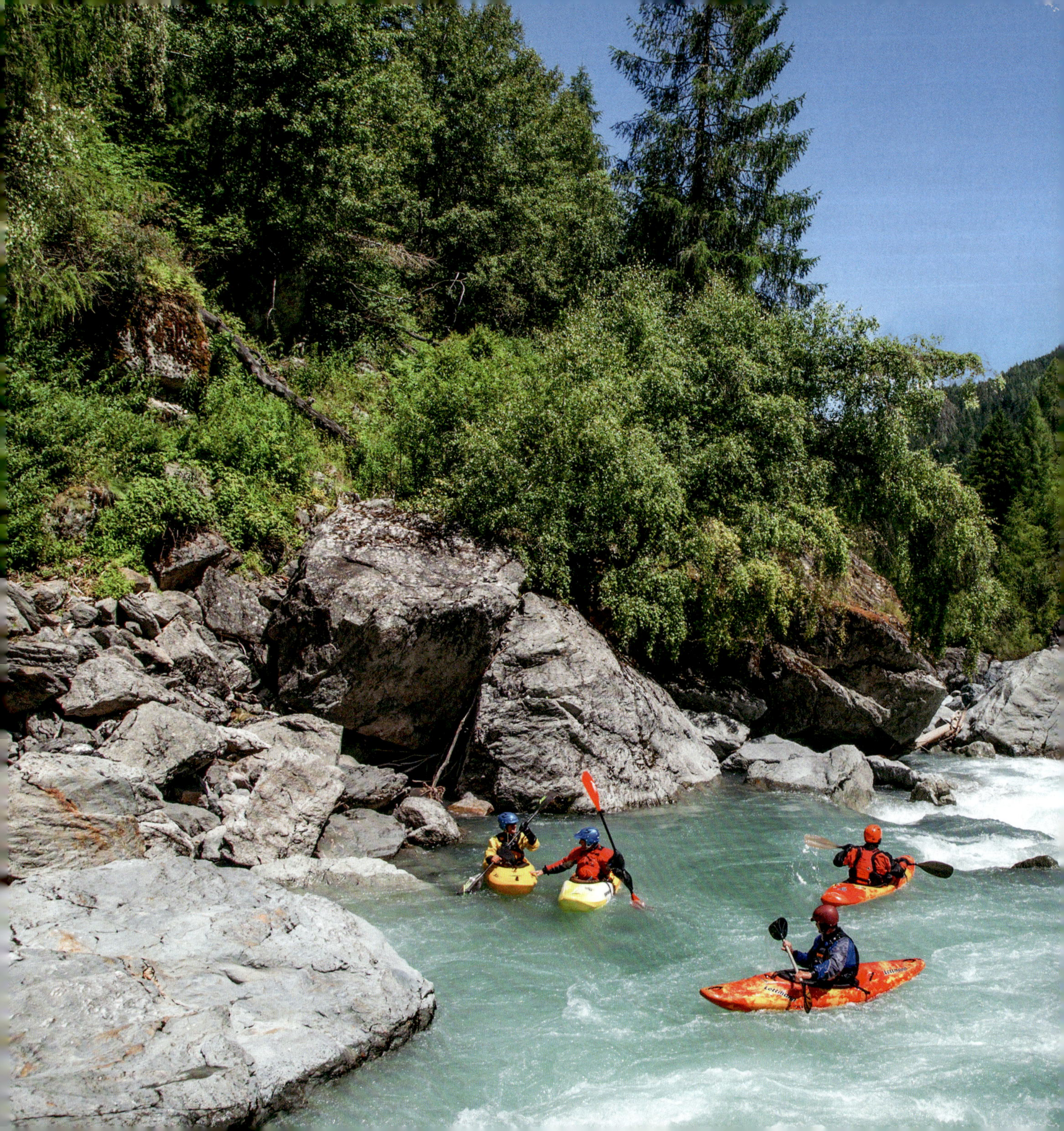

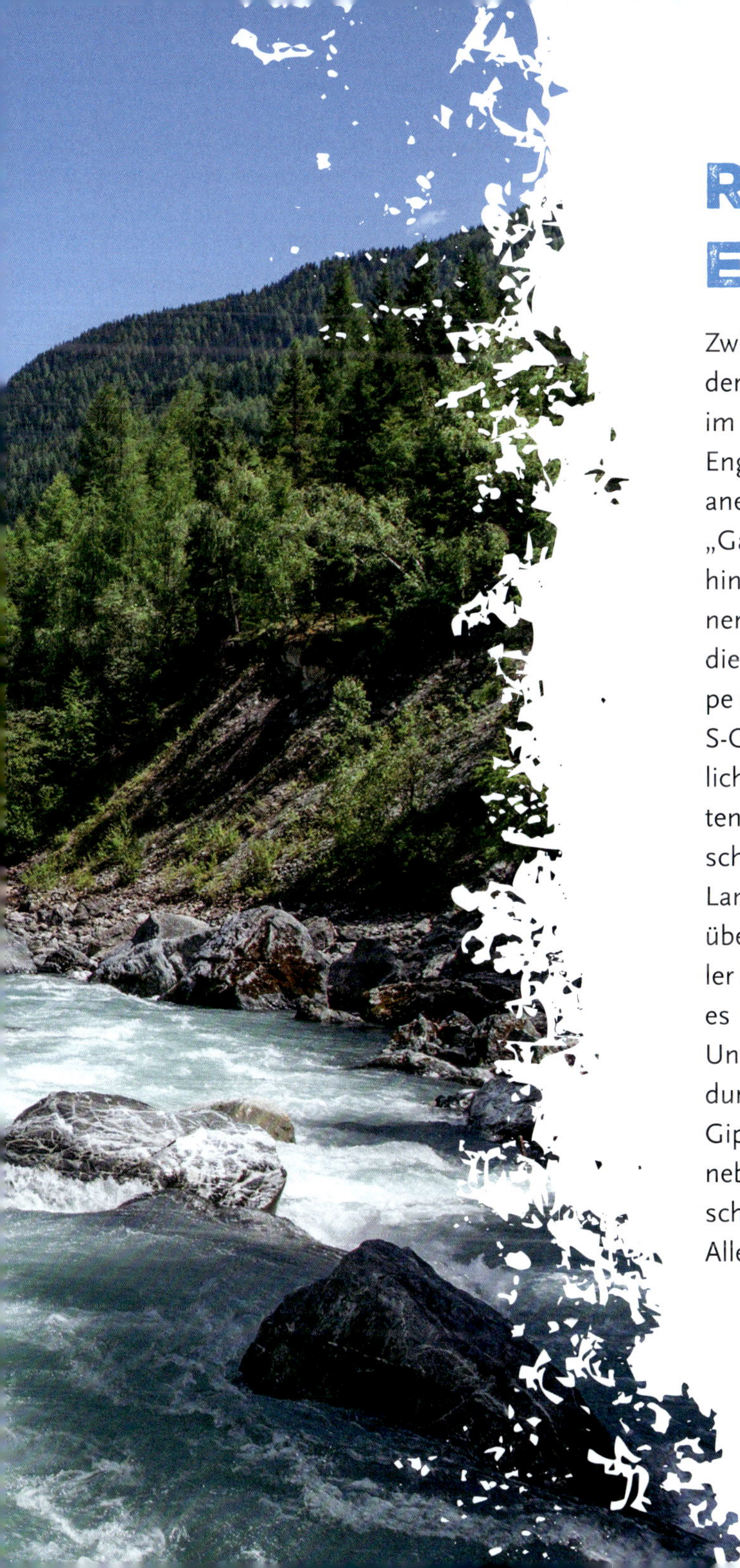

REGION 2: ENGADIN

Zwischen dem gut 1800 Meter hohen Malojapass und der österreichischen Grenze bei Martina erstreckt sich im Osten Graubündens ein einzigartiges Hochtal, das Engadin. Der Name stammt aus dem als Amtssprache anerkannten Rätoromanisch und bedeutet übersetzt „Garten des Inn". Nach seinem Ursprung am Piz Lunghin im Malojagebiet durchfließt der Inn die Oberengadiner Seen und erhält hinter St. Moritz Verstärkung durch die Gletscherwasser des Flazbachs, der die Berninagruppe entwässert. Bis zum schwer auszusprechenden Dorf S-Chanf plätschert der Inn teilweise reguliert durch herrliche Bergwiesen und vorbei an reizvollen alten Ortschaften. Im ständigen Wechsel von tiefen Wald- und Felsschluchten mit offenen Abschnitten durch die parkartige Landschaft des „Inngarten" bietet der Inn von hier bis über die österreichische Grenze hinaus Wildwasser aller Schwierigkeitsgrade und Charaktere. Allerdings wäre es schade, nicht über den Süllrand hinauszuschauen: Unzählige Wanderwege und Mountainbiketrails führen durch blühende Wiesen und duftende Bergwälder, die Gipfel der Bernina sind Traumziel vieler Alpinisten und nebenbei locken in den idyllischen Dörfern auch kulinarische Spezialitäten wie die Bündner Nusstorte.
Allegra (Herzlich Willkommen) im Engadin!

REGION-INFOS

ENGADIN

Anfahrt:

Entweder von München über Garmisch-Partenkirchen nach Landeck und weiter der Beschilderung Richtung Scuol und St. Moritz ins Engadin folgen. Alternativ vom Bodensee kommend der Rheintalautobahn Richtung Chur folgen (Schweizer Vignette notwendig) und ab der Ausfahrt Landquart über Klosters, Davos und den reizvollen Flüelapass ins Engadin. Anstelle der Passüberquerung gelangt man auch schneller per Bahnverladung durch den Vereinatunnel ans Ziel.
Weitere Infos unter *www.rhb.ch.*

Basislager:

Im Engadin haben Paddler die Wahl zwischen mehreren ansprechenden Zeltplätzen. Zu empfehlen sind folgende Plätze:

Camping Chapella: Zwischen Schanf und Brail gelegener Platz mit Stellplätzen auf einer recht sonnigen Waldlichtung und direkt am Fluss (im Herbst schattig). Lagerfeuerstellen, hervorragende Sanitäranlagen und moderate Preise. Besonders für die oberen Etappen günstig gelegen.
Tel: 0041/81/854 12 06, *www.campingchapella.ch*

Campingplatz Sur En: Wiesengelände direkt am Inn zwischen Scuol und Martina. Gute Sanitäranlagen und Restaurant direkt am Platz, aber eher teuer. Besonders für die unteren Etappen günstig gelegen.
Tel: 0041/81/866 35 44, *www.sur-en.ch*

Camping Arina in Strada: Wer es gern klein, ruhig und familiär mag, findet hier ein wunderbares Basislager samt kleinem Pool und Dorfladen.
Tel: 0041/81/866 32 24, *www.campingarina.ch*

Wer auch Etappen im Tiroler Oberland (Region 4) paddeln möchte, findet am Camping Via Claudiasee an der Kajetansbrücke in Österreich das geeignete Basislager samt Badesee.
Tel: 0043/5474/43097, *www.camping-pfunds.at*

Der eigentlich günstig gelegene Campingplatz Cul in Zernez direkt am Inn nahm in der Vergangenheit keine Paddler auf. Nach der aktuellen Preisliste sind pro Boot 3 Franken zu bezahlen, das konnte ich mir bisher verkneifen.

Beste Zeit:

Von Mai bis Oktober lohnt das Engadin für Wildwasserfahrer immer einen Besuch. Während am Inn die „normale" Schneeschmelze dominiert, ist der Wasserstand des Berninabachs von der Gletscherschmelze abhängig. Zur Zeit der Schneeschmelze im Hochgebirge (meist Ende Mai bis Juli) locken auch die offenen Abschnitte mit herrlich wuchtigem Wildwasser, die Schluchten aber werden sehr schwer bzw. für Normalsterbliche zum Teil auch unbefahrbar. Üppige Blumenwiesen prägen zu dieser Zeit das Landschaftsbild.
Der Hochsommer bietet im Gegensatz zum Flachland angenehme Temperaturverhältnisse und moderate bis gute Wasserstände. Im Herbst sinken zwar die Wasserstände, und sowohl Nachtfröste als auch Schnee sind schon Ende September auf 1600 Metern Höhe keine Seltenheit, dafür aber bilden die leuchtenden Bergwälder zusammen mit frisch verschneiten Gipfeln eine einzigartige Kulisse für letzte Wildwasserabenteuer. Früher war das Engadin wie das Ötztal ein klassisches Herbstrevier, für moderne Maßstäbe sind die Wasserstände zu dieser Zeit aber meist arg bescheiden.

Weitere Aktivitäten:

Mountainbiken:
Ein Muss für Mountainbikefans ist die 2-Tages Tour von Sur En durch das atemberaubende Val d´Uina

mit seiner kühnen Felsengalerie zur Sesvennahütte und zurück über den Reschenpass und Nauders (geht natürlich auch als lange Tagestour...).
Weniger anstrengend sind die Wege im Inntal und im Bereich der Oberengadiner Seenplatte. Wer müde wird, gelangt hier mit der Rhätischen Bahn bequem zurück zum Ausgangspunkt (*www.rhb.ch*).
Im Oberengadin sind die Flowtrails im Skigebiet von St. Moritz eine echte Empfehlung, ebenso die Wege am Berninapass (mit Zug-Shuttle) und die auch für Tourenfahrer lohnende Runde über den Suvrettapass. *www.engadin.stmoritz.ch/sommer*

Wanderungen:
Vier subjektive Empfehlungen aus der riesengroßen Auswahl an möglichen Touren:

- Von Sent ins Val d´Uina (Tagestour)
- Von S-Chanf ins Val Truppchun (Tagestour mit Wildbeobachtung im Schweizer Nationalpark)
- Von der Bahnstation Morteratsch zum schwindenden Morteratschgletscher (am Abend nach dem großen Andrang)
- Zur Seenplatte Macun ab Zernez oder Lavin (lang!)

Sonstiges:
Nicht nur bei schlechtem Wetter lohnt sich ein Besuch im Thermalbad von Scuol.
www.engadinbadscuol.ch

Sehenswürdigkeiten:
St. Moritz muss man vielleicht einmal gesehen haben, schön ist der Ort aber nicht unbedingt. Eine Besichtigung lohnen dagegen in jedem Fall die alten Dorfkerne von Scuol, Sent, Ardez und besonders Guarda mit ihren trutzigen sgraffito verzierten Häusern. Die Fahrt mit der Rhätischen Bahn nach Poschiavo im Süden des Berninapasses bietet neben einer eindrucksvollen Streckenführung auch fantastische Aussichten auf die Berge und Gletscher der Ber-

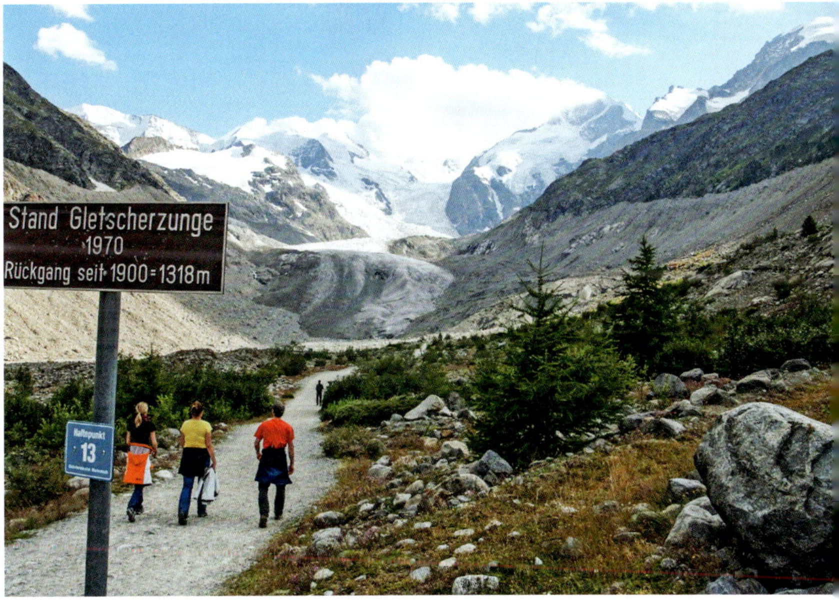

Die Wanderung zum Morteratschgletscher wird immer länger, lohnt sich aber noch immer.

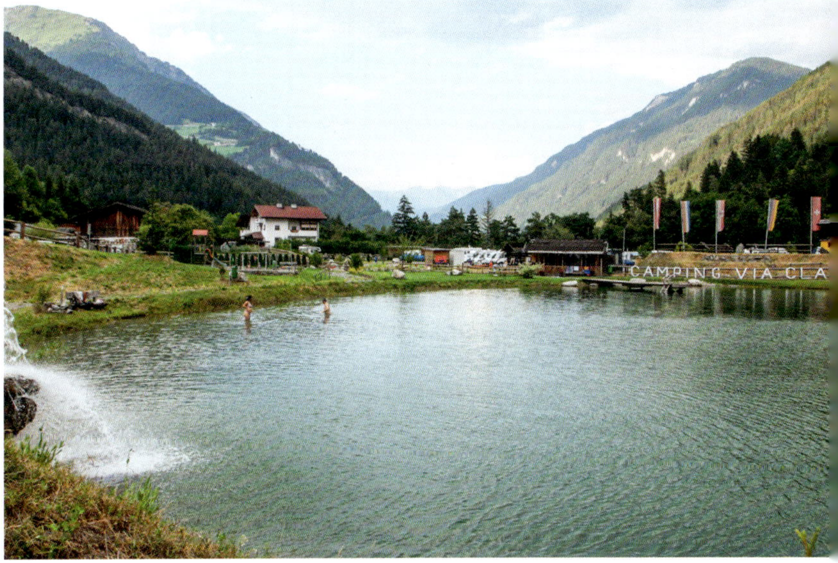
Auch vom schönen Campingplatz an der Kajetansbrücke ist das Engadin gut erreichbar.

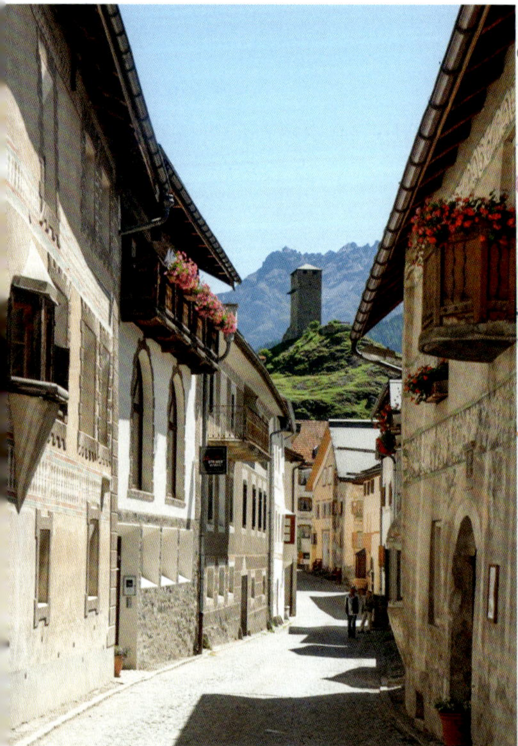

Ardez ist nur eines von vielen schönen Dörfern im Engadin.

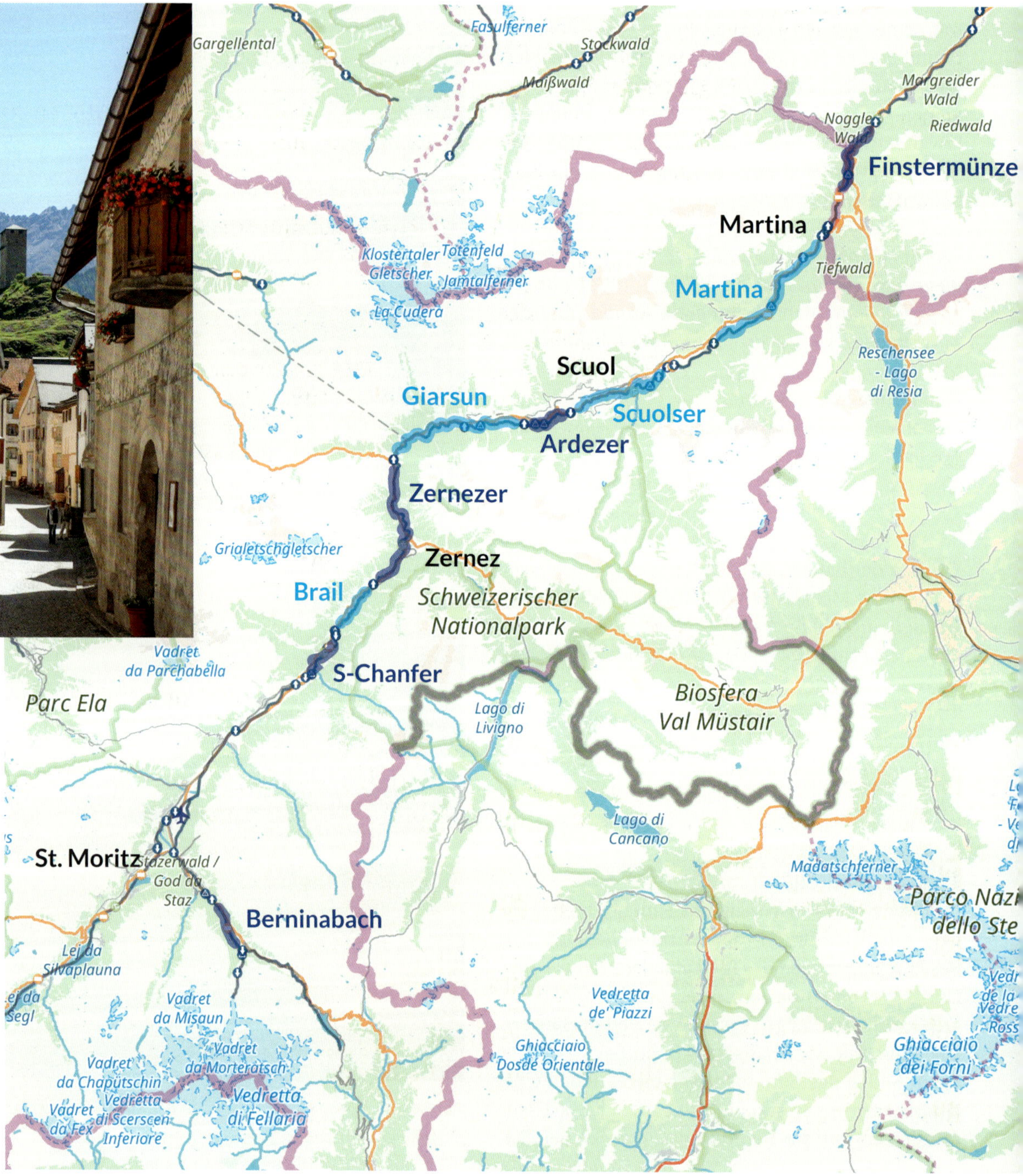

nina. Vom mit einer Standseilbahn erschlossenen Muottas Muragl kann man den schönsten Panoramablick auf die Oberengadiner Seenplatte genießen und zugleich im Gourmetrestaurant fürstlich speisen (siehe Gastro-Tipp). Der Zauber des Schweizer Nationalparks erschließt sich dagegen nur auf langen Wanderungen.

Gastro-Tipp:

Ein echter Luxus ist ein Abendessen im Panoramarestaurant am Muottas Muragl, dem besten Logenplatz für den Blick auf den Sonnenuntergang und die Oberengadiner Seenplatte. Erreichbar nur per Standseilbahn und definitiv nichts für Paddler mit schmalem Budget. Reservierung erforderlich: Tel.: 0041/81/842 82 32, www.muottasmuragl.ch

Auch anderswo reißt ein Restaurantbesuch oft ein ziemliches Loch in den Geldbeutel. Gute Chancen auf ehrliche Küche zu fairen Preisen hat man in den kleinen Dörfern im Unterengadin abseits der Hauptstraße. Einfach mal einen Abstecher riskieren.

Besonderheiten:

Aus Naturschutzgründen ist das Anlanden auf Flussinseln in Graubünden vom 1.4 bis 31.10 verboten.

Im Notfall:

Krankenhäuser in Samedan und Scuol
Europaweiter Notruf 112
Rettungsflugwacht 1414 (0041-333-333 333 von Handy mit ausländischer SIM-Karte)

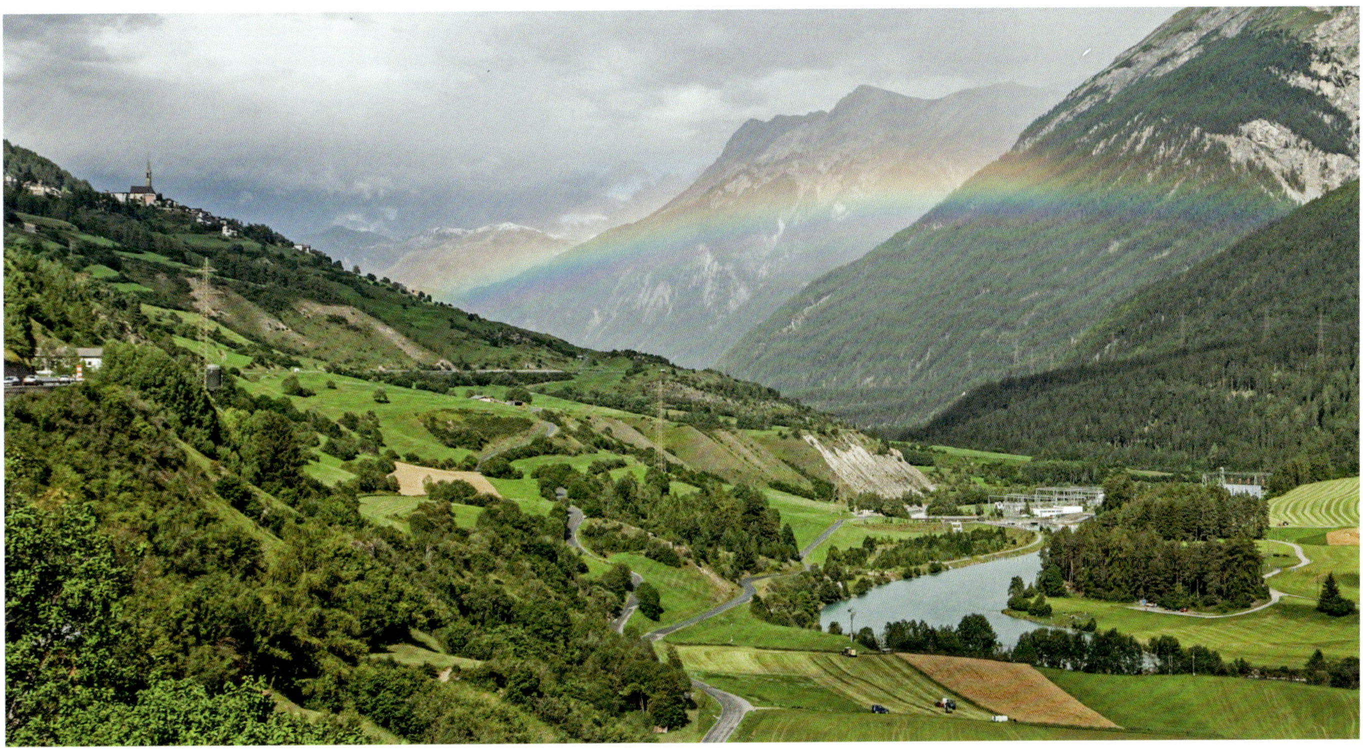

Regenbogen über dem Stausee von Pradella.

DIE KLASSIKER

INN - Brail-Schlucht

Die Brail-Schlucht, genauer gesagt die Punt Ota, eine kleine Brücke über einen Seitenbach im oberen Teil der Schlucht, markiert die Grenze zwischen Ober- und Unterengadin. Das weiche Konglomeratgestein der S-Chanf-Schlucht wird bei Brail durch paddlerfreundlicheres, festeres Gestein abgelöst. Überspannt von einem formschönen Viadukt der Rhätischen Bahn rauscht der Inn über große Blöcke und verschwindet zwischen steilen Ufern im engen Felsspalt des Schluchteingangs. Der Wasserweg bleibt ab hier die einzige Möglichkeit, die wilde und tiefe Schlucht zu verlassen. Eigentlich käme die Brail-Schlucht der Idealvorstellung einer perfekten

ÜBERSICHT

Länge: 5 bzw. 7 km

Schwierigkeit: WW 4/4+ (5-)

Einstieg: Camping Chapella (für Gäste) oder Brücke Cinuos-Chel (46.6421, 10.0261)

Ausstieg: Oberhalb der Punt Nova zwischen Brail und Zernez (46.6732, 10.0609)

Charakter: Enge Felsschlucht mit steilen, wuchtigen und dicht verblockten Katarakten und kleineren Abfällen

Gefahren: Wehr vor der Schlucht, rückläufige Zwangspassagen bei hohen Wasserständen möglich

Gefälle: 15 m/km

Pegel: Inn Cinuos-Chel, empfohlener Mindestpegel 8 m^3/s, Mittelwasser rund 15 m^3/s

Beste Zeit: Meist von Ende Mai bis Mitte Juli, Vorsicht aber bei (zu) viel Wasser, Zwangspassagen (WW 5)

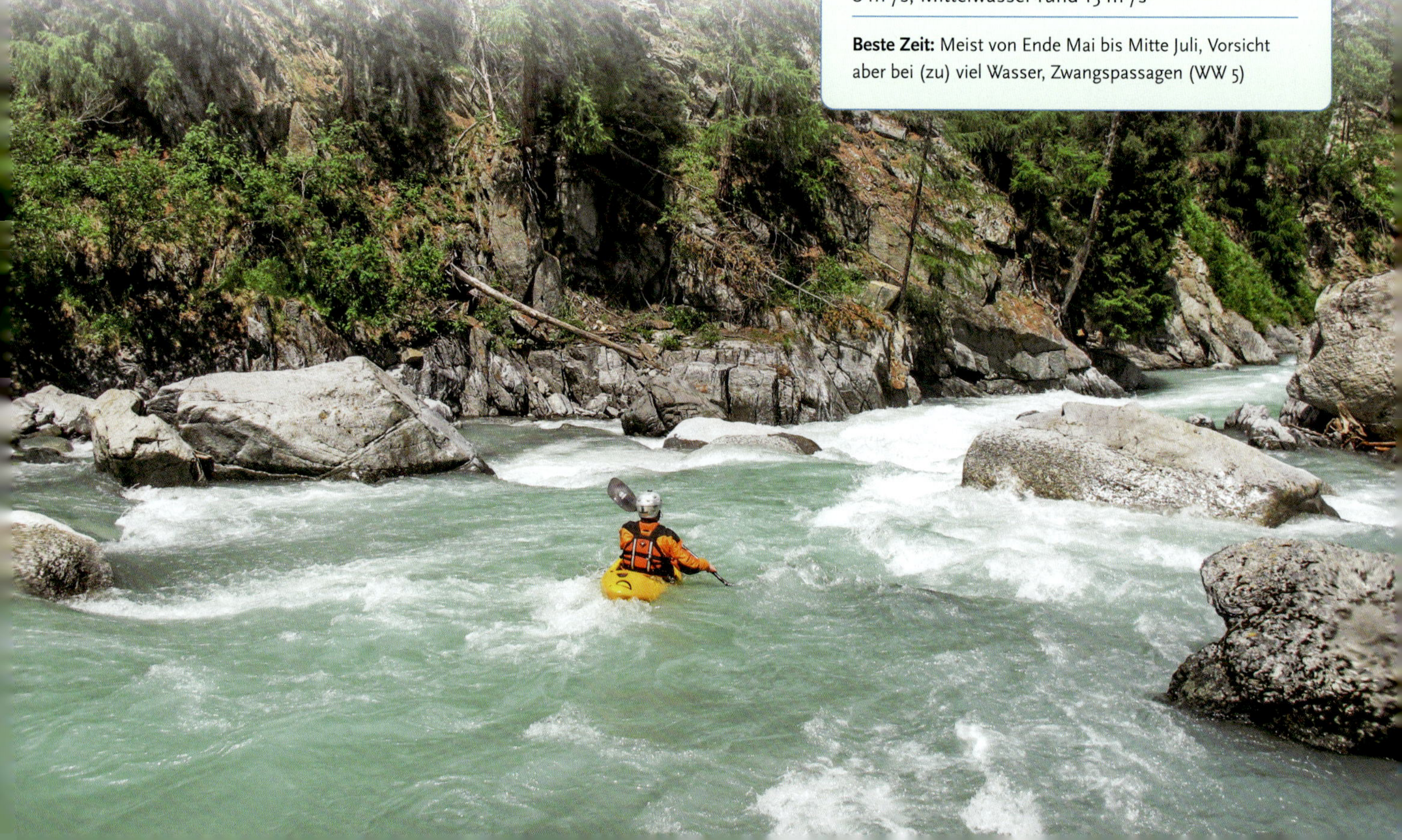

So ideale Verhältnisse sind leider eher selten. MW. Bild: Christian Paffenholz

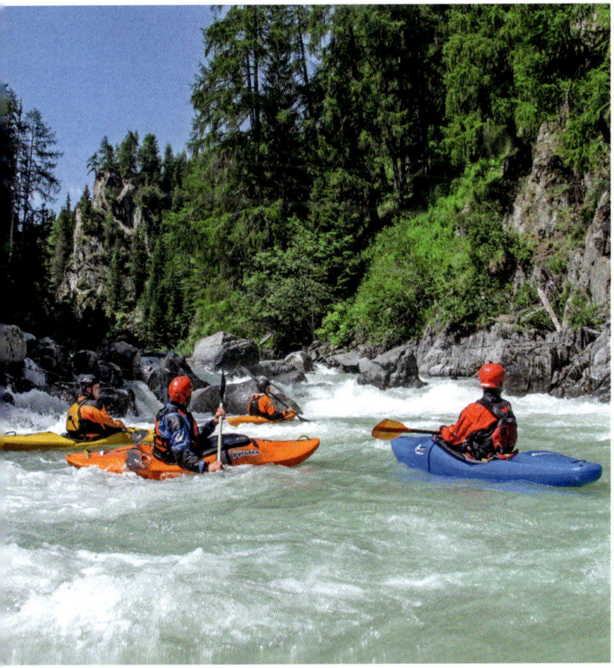

Steile Katarakte in toller Schluchtlandschaft. MW
Bild: Christian Paffenholz

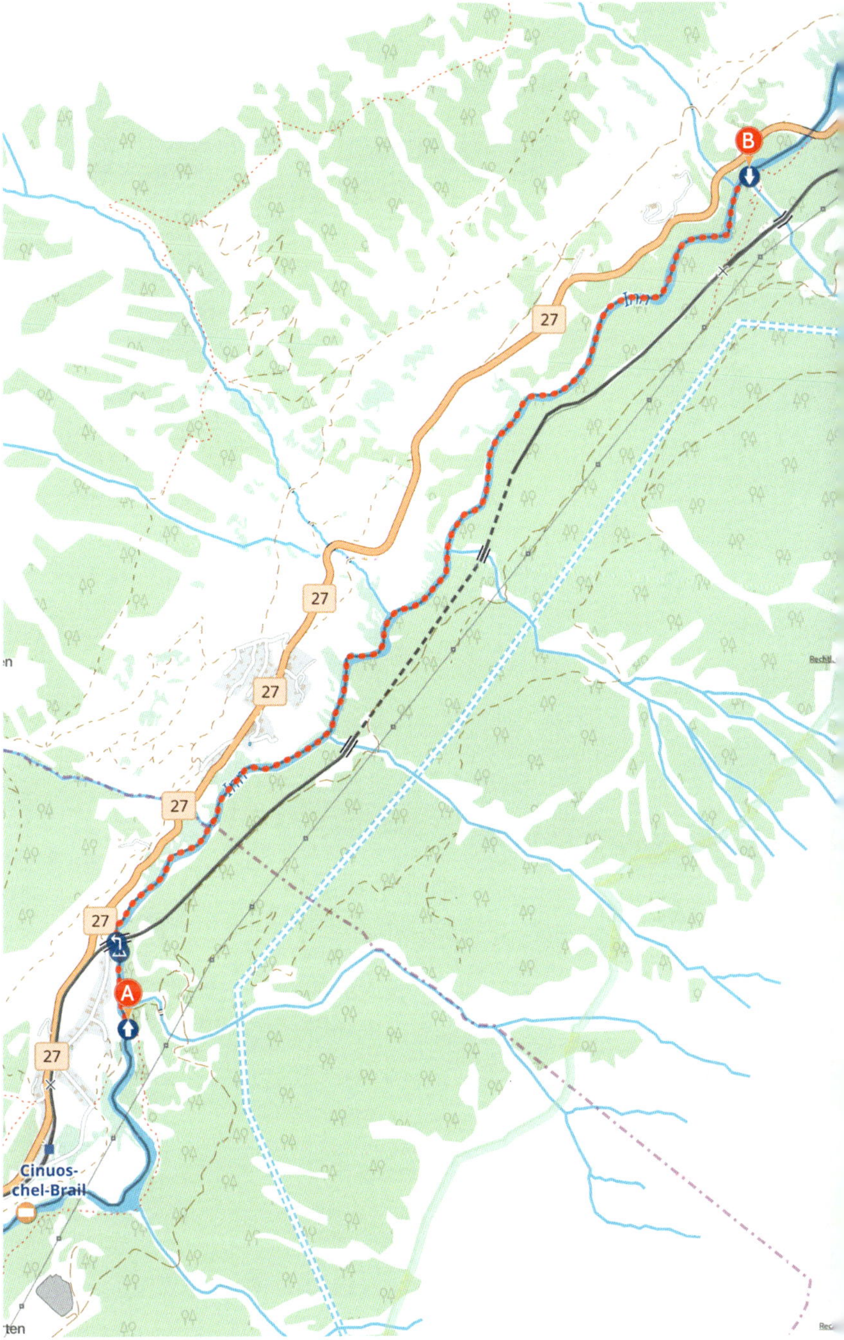

Schlucht recht nahe. Sie ist etwa einen halben Grad schwerer als der große Klassiker Giarsunschlucht, das aber ohne die Extremstelle bzw. Tragestrecke der Ardezer Schlucht. Allein es fehlt am Wasser. Früher war es üblich, die Brail-Schlucht bei etwas mehr als Pflicht-Ablass am Wehr in S-Chanf hinunter zu rutschen. Was daran Spaß machen sollte, hat sich mir nie erschlossen. Eng, steinig und steckgefährlich geht es dann zu. Mit ausreichend Wasser sieht es ganz anders aus, schon bei meiner ersten Fahrt war ich restlos begeistert. Allerdings muss man zur rechten Zeit am rechten Ort sein, denn gute Wasserstände sind recht selten, normalerweise auf den frühen Sommer beschränkt und manchmal ist es dann auch des Guten zu viel.

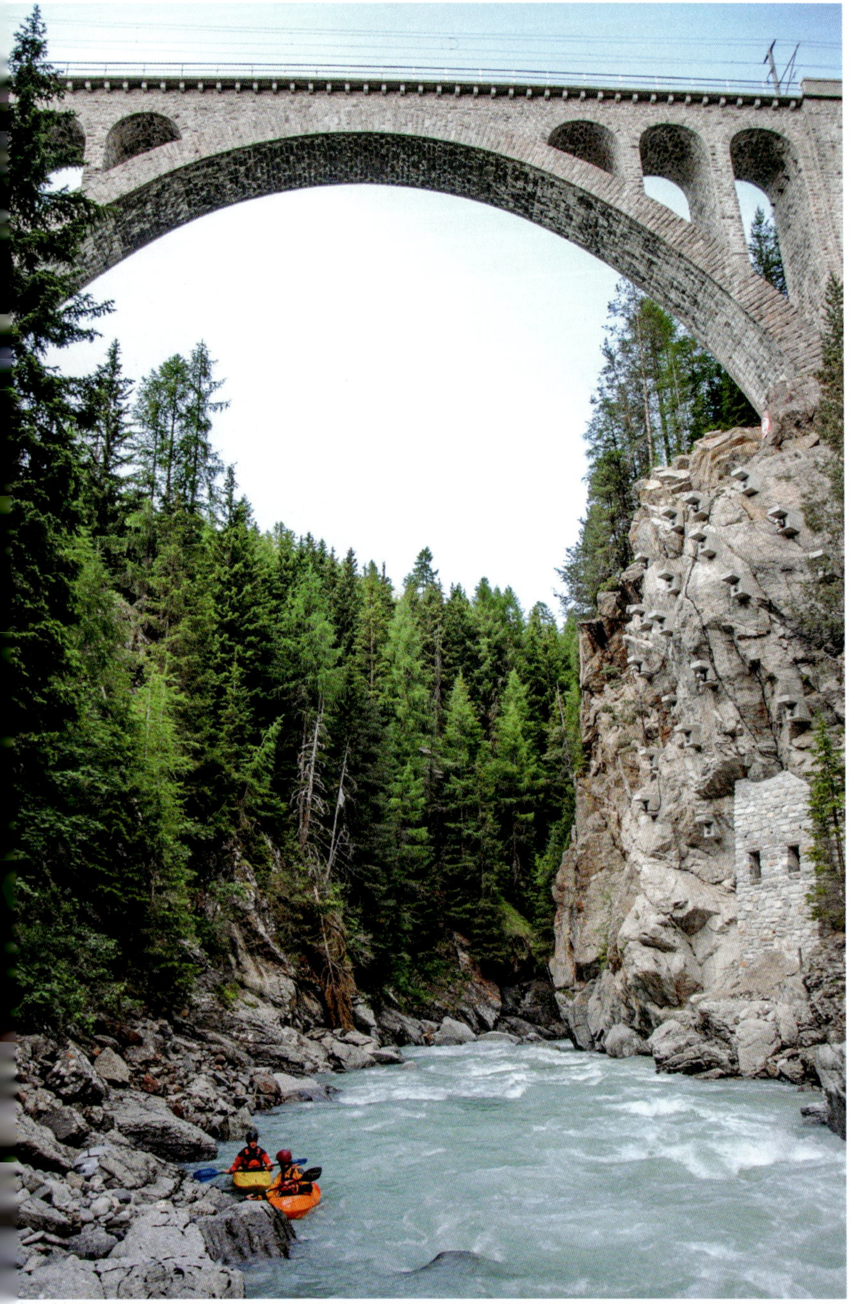

Beginn der Brailschlucht an der Eisenbahnbrücke. MW
Bild: Markus Beuder

An Land

Ideal ist es, am empfehlenswerten Camping Chapella zu übernachten und noch den Ausklang der S-Chanfer-Strecke mitzunehmen. Dabei aber das gefährliche Pegelwehr nach der Mündung der Vallember nicht übersehen, rechtzeitig aussteigen und im Zweifelsfall umtragen. Der Einstieg für Nichtcamper befindet sich an der Brücke unterhalb des Dorfes Cinuos-Chel (Boote zum Fluss hinuntertragen, nicht im Dorf parken und nichts zuparken). Der Ausstieg oberhalb der Punt Nova zwischen Brail und Zernez ist über die Hauptstraße schnell zu erreichen.

Auf dem Wasser

Die langen Katarakte des Schluchteingangs können bei höheren Wasserständen nur von oben komplett eingesehen werden, ein einfaches Besichtigen und Umtragen einzelner Stellen ist nur bei wenig Wasser möglich. Dann entstehen zwischen den einzelnen Blockstufen immer wieder ruhige Becken, rund und schön wird die Brail-Schlucht meiner Ansicht nach aber erst bei mehr Wasser. Bei wenig Wasser liegen die Schwierigkeiten um WW 4 (ggf. einzelne Stellen knapp WW 5), ab Mittelwasser bei WW 4-5. Vorsicht bei höheren Pegelständen über 20 m^3/s. Es können sich dann rückläufige Zwangspassagen bilden, die nicht besichtigt oder gesichert werden können. Auch bei etwas weniger Wasser ist umtragen im ersten Teil nicht immer möglich, auch wenn es nicht die eine herausragende Zwangspassage gibt.

Rund einen Kilometer bleiben die Schwierigkeiten auf hohem Niveau, um dann erst allmählich und später spürbar nachzulassen, so dass bis zum Ausstieg auch noch etwas Zeit zum Genießen der tollen Landschaft bleibt.

INN - Zernezer Strecke

Viele Wildwasserpaddler schenken der flachen Zernezer Strecke zwischen der Brail- und der Giarsunschlucht nur wenig Beachtung. Zu leicht und unspektakulär, so lautet das Credo. Dabei ist es definitiv ein Fehler, beim Paddeln im Engadin nur an die Schluchten zu denken. Für Einsteiger bietet das offene Tal zwischen Zernez und Susch sicherlich die beste Übungsstrecke im Engadin und bei gut Wasser wird es auf den ersten Kilometern bis Zernez sogar recht sportlich und wuchtig. Nur am Wasser mangelt es leider häufiger. Der Pflichtablass am Wehr in S-Chanf ist für eine Befahrung mit Genuss definitiv zu wenig und auch der Nebenfluss Spöl bringt aufgrund einer Ableitung

ÜBERSICHT

Länge: 11 km

Schwierigkeit: WW 2 (3) fallend auf WW 1-2 (3)

Einstieg: Punt Nova zwischen Brail und Zernez orographisch rechts oberhalb der Brücke (46.6732, 10.0609)

Ausstieg: Vor der Holzbrücke in Susch (46.7480, 10.0791)

Charakter: Meist leichte Schwallstrecken und kleine Blockstellen im offenen Flussbett

Gefahren: Außer bei Hochwasser sehr fair

Gefälle: 8 m/km

Pegel: Mindestens 7 m^3/s am Pegel in Cinuos-Chel oder 20 m^3/s am Pegel Tarasp, richtig gut ab 15 m^3/s bzw. 35 m^3/s

Beste Zeit: Mai bis Juli, für schwächere Fahrer eher bei weniger Wasser, für erfahrene Paddler fast immer befahrbar

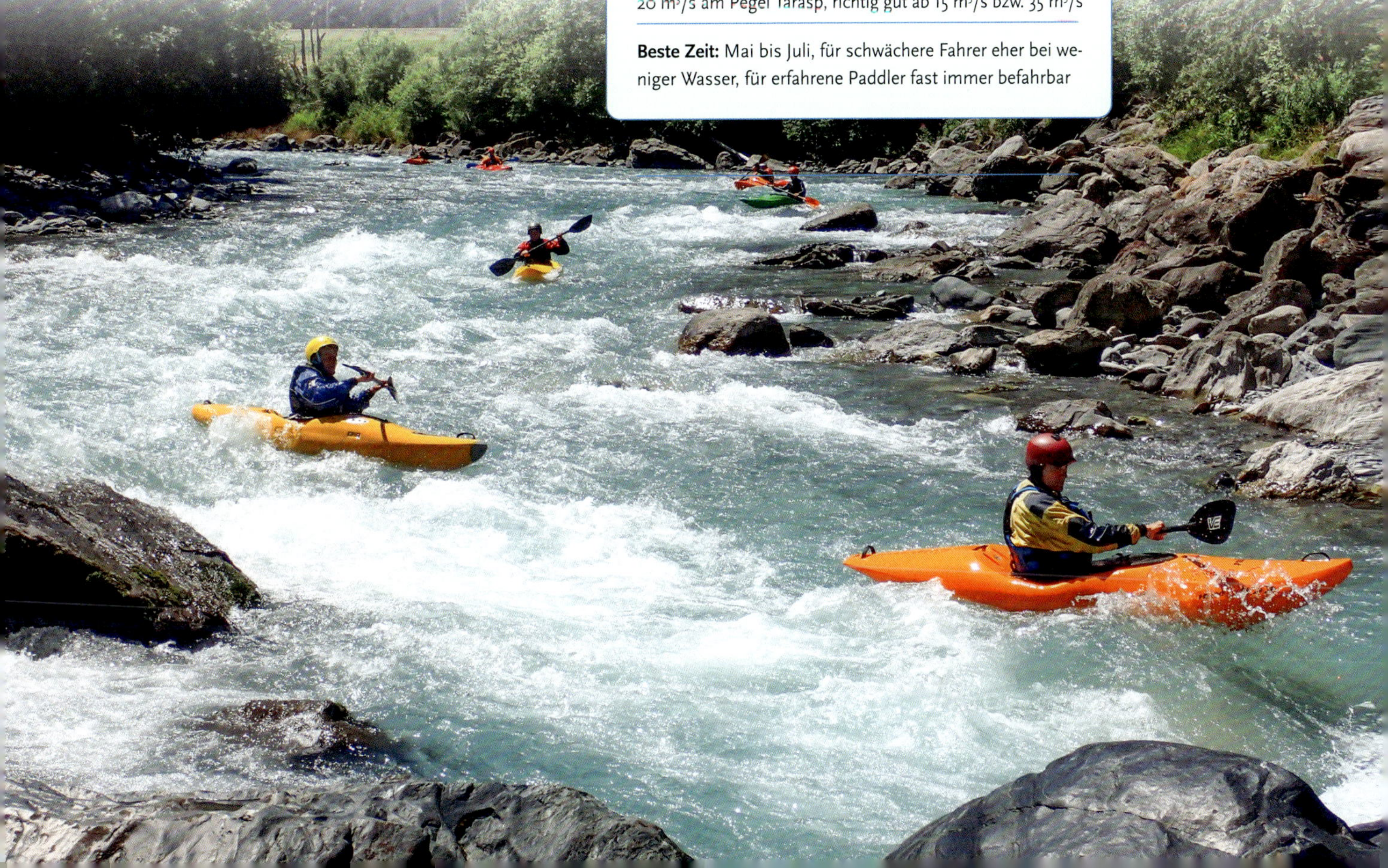

Einsteigerfreundliches Genusswildwasser. Bild: Archiv Paffenholz

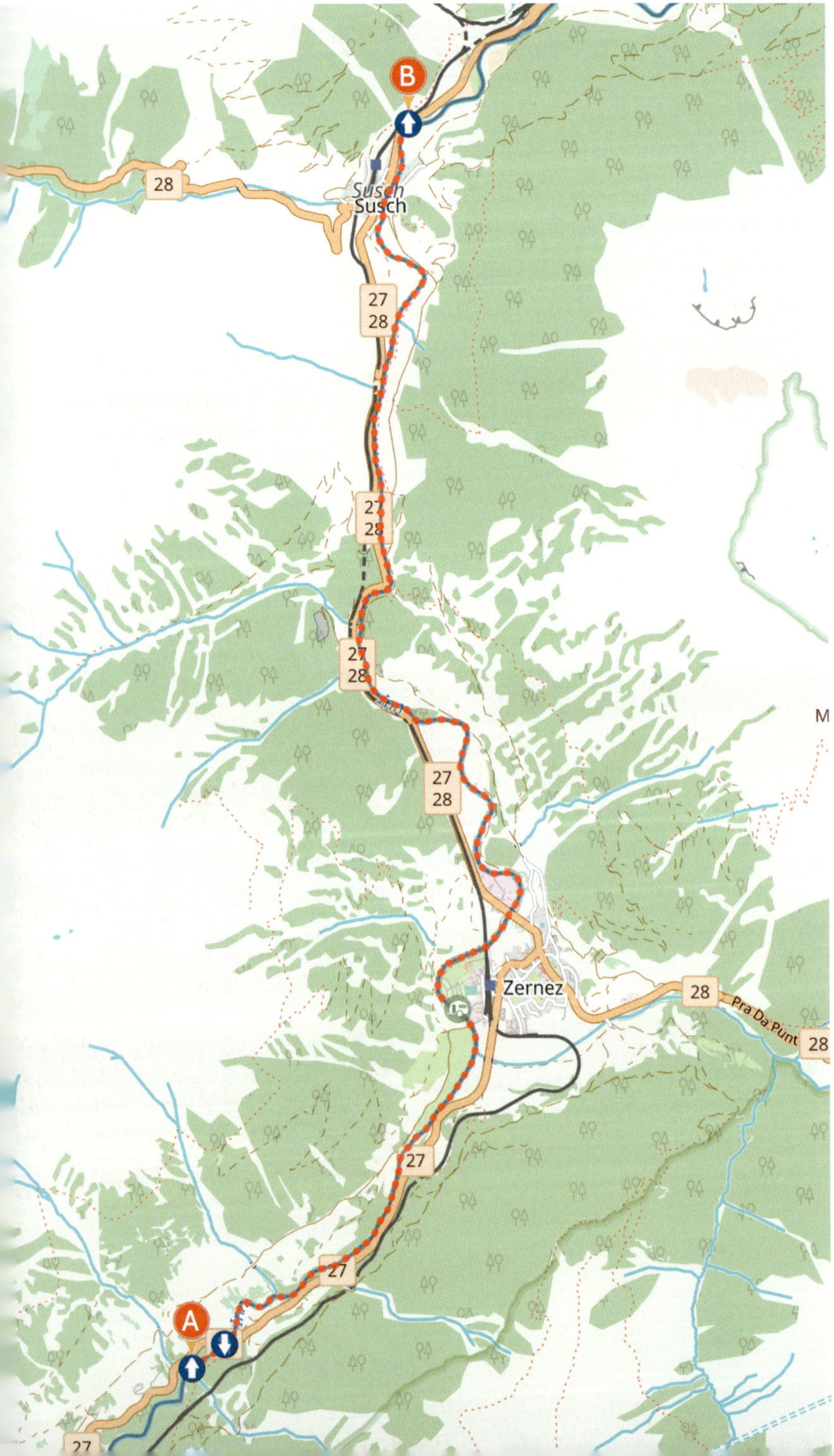

nur wenig Zuschusswasser. Falls aber zur Zeit der Schneeschmelze Hochwasser eine Befahrung der Schluchten für Normalos vereitelt, erwartet auch gute Fahrer eine lohnende, wuchtige Paddeltour.

An Land

Der Einstieg befindet sich oberhalb der Punt Nova zwischen Brail und Zernez am orographisch rechten Ufer (Waldweg), der Ausstieg etwa 100 Meter oberhalb der Holzbrücke von Susch linksufrig (im Ort zur Brücke und vor dieser recht flussaufwärts fahren). Bezüglich Parken bitte die Beschilderung beachten!

Auf dem Wasser

Schwerster Abschnitt der Zernezer Strecke sind die ersten drei Kilometer bis zur Mündung der Spöl. Bei hoher Wasserführung verwandeln sich die sportlichen Schwallstrecken in echtes Wuchtwasser. Unterhalb bleibt meist viel Zeit, die parkartige Landschaft und das eindrucksvolle Panorama zu genießen. Das leichte Wildwasser wird nur gelegentlich von anspruchsvolleren Blockstellen und schönen Schwällen unterbrochen. Immer wieder laden gefahrlose Stellen zum Üben und Trainieren ein. Wer in Susch noch nicht genug hat, könnte theoretisch noch 7 Kilometer bis zur Brücke in Giarsun dranhängen. Der Charakter ist ähnlich, die Schwierigkeiten sind aber rund einen halben Grad höher (WW 2-3, siehe Beschreibung Giarsun-Schlucht). In Giarsun müssen die Boote allerdings ein Stück zur Straße hinaufgetragen werden und Parkraum ist knapp (unbedingt nur die offiziellen Parkplätze nutzen). Alle weiteren möglichen Ausstiegsstellen unterhalb von Susch bieten nur wenig Mehrwert oder sind verboten (Lavin).

INN - Giarsun-Schlucht

Lange wuchtige Katarakte garniert mit einigen sportlichen Stufen in einer unberührten Wald- und Felsschlucht machen die Giarsun-Schlucht mit der legendären „Preußenschleuder" zu einem echten Klassiker. Schöner kann Wildwasser eigentlich kaum sein. Einziger Haken: der Einstieg. Wiederholt wurden in der Vergangenheit Einstiegstellen gesperrt (auch wegen des Verhaltens mancher Paddler) und neue Alternativen ausgewiesen. Derzeit befindet sich der offizielle Einstieg im Dorf Susch oberhalb der Brücke. Dadurch verlängert sich die Paddelstrecke auf rund 11 Kilometer, wobei die Schwierigkeiten auf der langen Strecke bis zum eigentlichen Schluchtbeginn nur bei WW 2-3 liegen.

ÜBERSICHT

Länge: 11 km

Schwierigkeit: WW 4, vor der Schlucht WW 2-3

Einstieg: Offizielle Einstiegsstelle oberhalb der Brücke in Susch (46.7480, 10.0791)

Ausstieg: Vor der Brücke bei Ardez (46.7697, 10.1960)

Charakter: Wuchtige Katarakte und kleine Stufen in einer Wald- und Felsschlucht

Gefahren: Unterspülungen und Klemmgefahr (u.a. an der Preußenschleuder), Hochwassertouren

Gefälle: 11 m/km

Pegel: Inn Tarasp, Mittelwasser rund 30 m^3/s, über 50 m^3/s deutliche Steigerung der Schwierigkeiten und Gefährlichkeit

Beste Zeit: Frühling bis Herbst, bei hohen Wasserständen (meist im Juni) nur für Experten

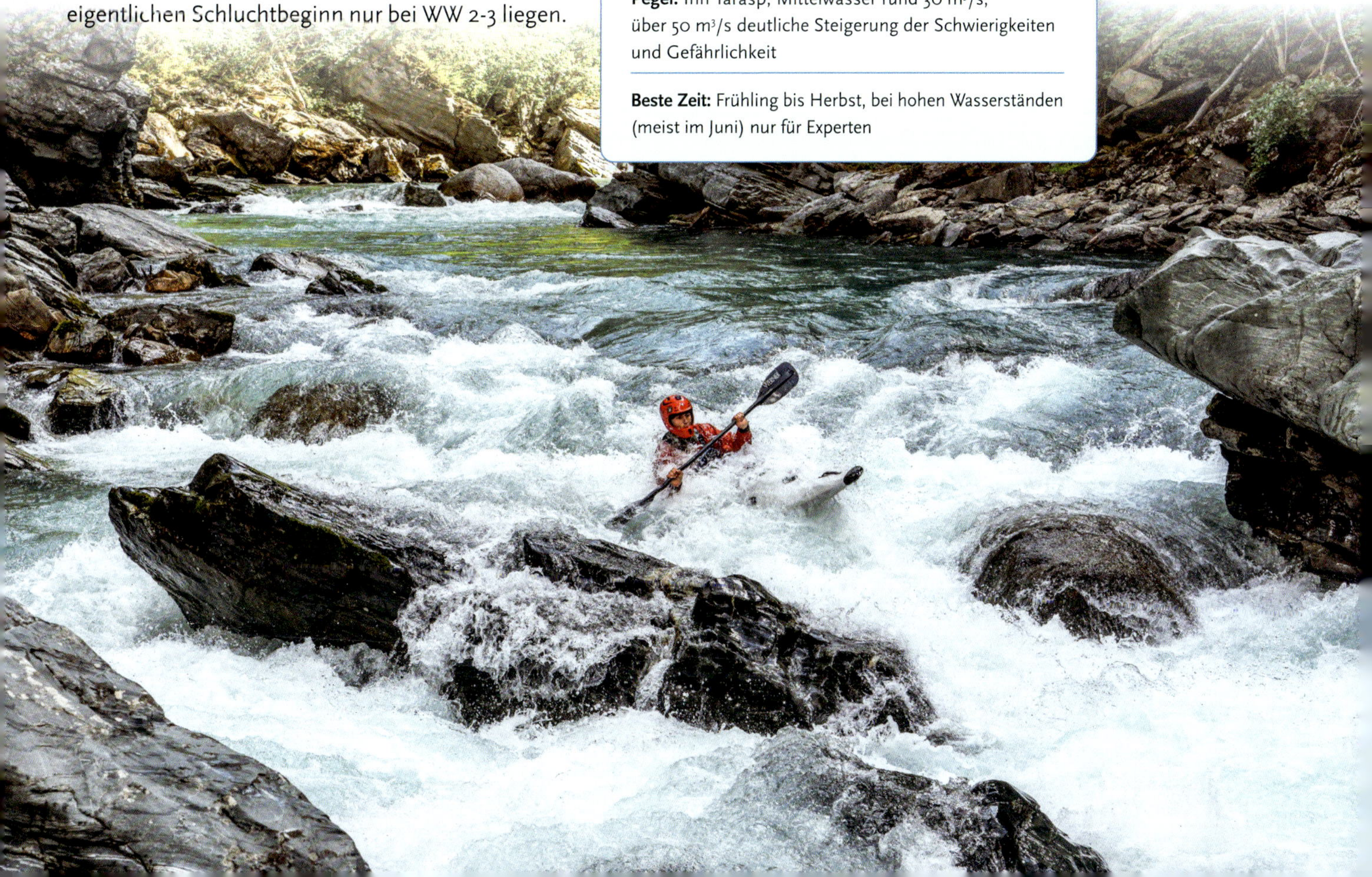

Die Preußenschleuder markiert den Beginn der Schluchtstrecke. Pegel: 22 m^3/s

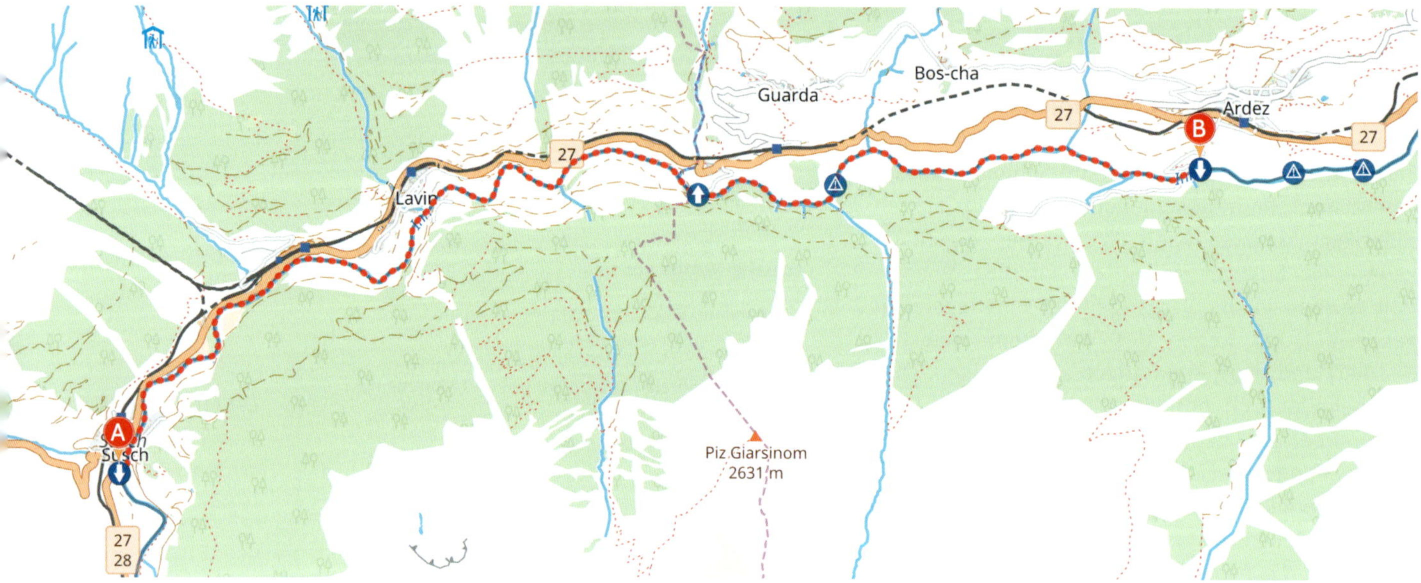

Der Charakter dieses Abschnitts erinnert (bei etwas höheren Schwierigkeiten) eher an die oberhalb gelegene Zernezer Strecke. Eigentlich sehr schön zwar, aber als Aufwärmstrecke für die Schlucht gerade bei weniger Wasser etwas langgezogen. Daher ist es bei vielen Paddlern mittlerweile üblich, erst unterhalb der Bahnverladung Sagliains oder vor dem Dorf Giarsun die Boote zum Fluss hinunter zu tragen. Dazu ohne erhobenen Zeigefinger eine Bitte: Verhaltet euch in diesem Bereich ordentlich, respektiert Privatgrund und verzichtet auf waghalsige Manöver mit dem Auto. Künftige Paddler-Generationen werden es uns danken, wenn auch sie noch gern gesehene Gäste im Engadin sind.

An Land

Die offizielle Einstiegsstelle befindet sich etwa 100 Meter oberhalb der gedeckten Brücke im Ort Susch. Viele Paddler tragen die Boote erst an einer Parkbucht wenig unterhalb der Bahnverladung Sagliains zum Fluss hinunter. Zum Ausstieg biegt man bei der unteren Abzweigung in den Ort Ardez ab. Vorbei am Bahnhof führt eine kleine Straße (Beschilderung Sur En) in die Schlucht hinunter und über eine Brücke. Auch wenn der Parkraum hier etwas knapp sein kann, darf die Straße auf keinen Fall durch parkende Autos blockiert werden.

Auf dem Wasser

Einzelne kleine Blockstellen und hübsche Schwallstrecken kennzeichnen den Flusscharakter bis zum Beginn der Schlucht. Nach etwa drei Kilometern passiert man die Holzbrücke von Lavin und nach weiteren drei Kilometern die mit dem Auto nicht erreichbare Brücke von Giarsun (keine Parkmöglichkeiten im Ort). Wer bei höheren Wasserständen die Wucht des Flusses unterschätzt hat, kann hier im Zweifelsfall die Fahrt abbrechen und die Boote zur Hauptstraße tragen, bevor es in die einsame Schlucht geht. Bald nach der Brücke werden die Schwälle wuchtiger und statt der Bergwiesen prägen nun dichte Wälder und Felspartien die zunehmend schroffe Landschaft.

Mit dem berühmten Abfall der Preußenschleuder

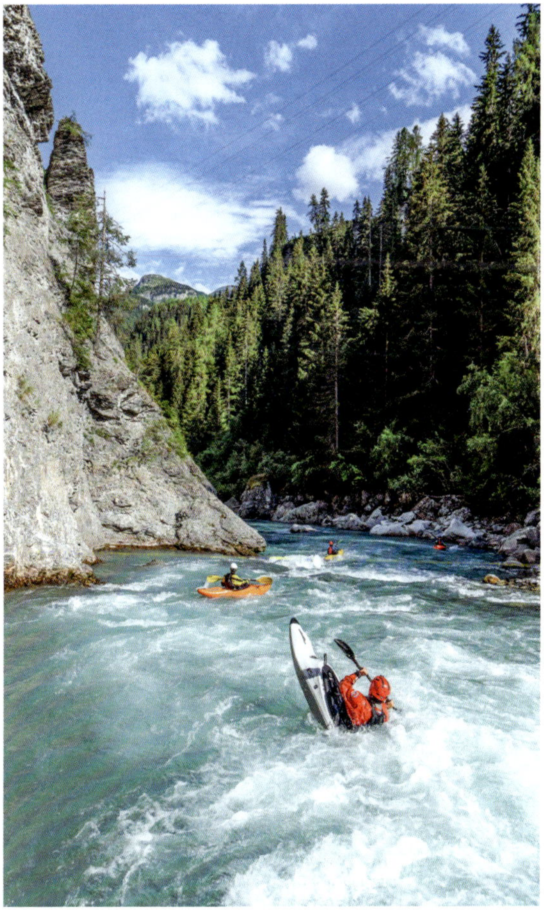

Bei moderaten Wasserständen bleibt auch etwas Zeit zum Genießen der Kulisse. Pegel: 22 m³/s

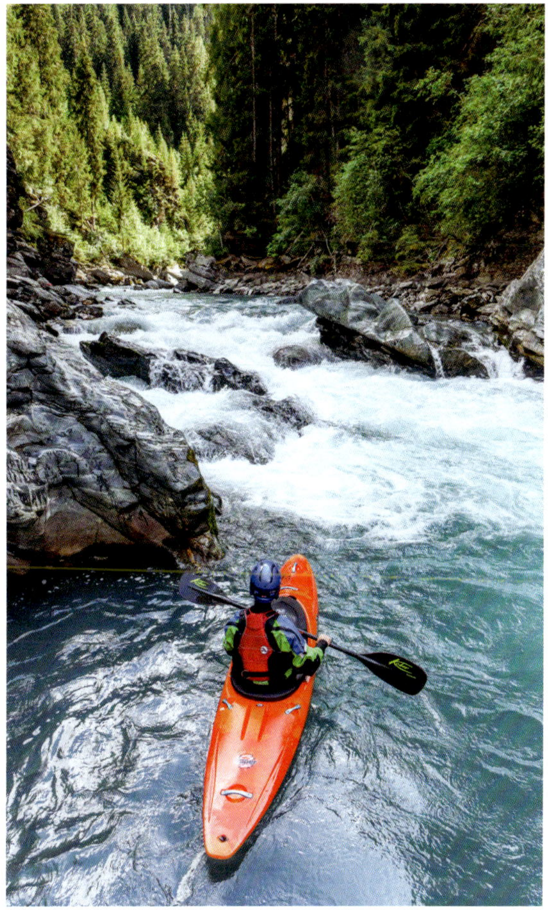

Kehrwasserpause nach der „Preußenschleuder". Pegel: 22 m³/s

beginnt die eigentliche Giarsun-Schlucht. Warnsignal vor der Stelle ist etwas oberhalb die Mündung eines Wildbachs von rechts. Zumindest vor einer ersten Befahrung sollte man von den schrägen Felsplatten am rechten Ufer aus die etwas knifflige Route durch die Engstelle besichtigen. Der Felsriegel, der den Inn nach links wirft (bei mehr Wasser überspült), ist unschön unterspült und klemmgefährlich. Gefühlt hat sich die Tücke dieser Gefahrenstelle in den letzten zehn Jahren vergrößert, wer aber auf der richtigen Linie unterwegs ist, hat nichts zu befürchten, denn selbst bei einem Schleudergang in der letzten Walze bleibt genügend Zeit zum Hochrollen.

Ruhige Abschnitte wechseln sich in der folgenden Schlucht mit herrlichen Katarakten ab. Gekonntes Kehrwasserspringen ermöglicht bei den meis-

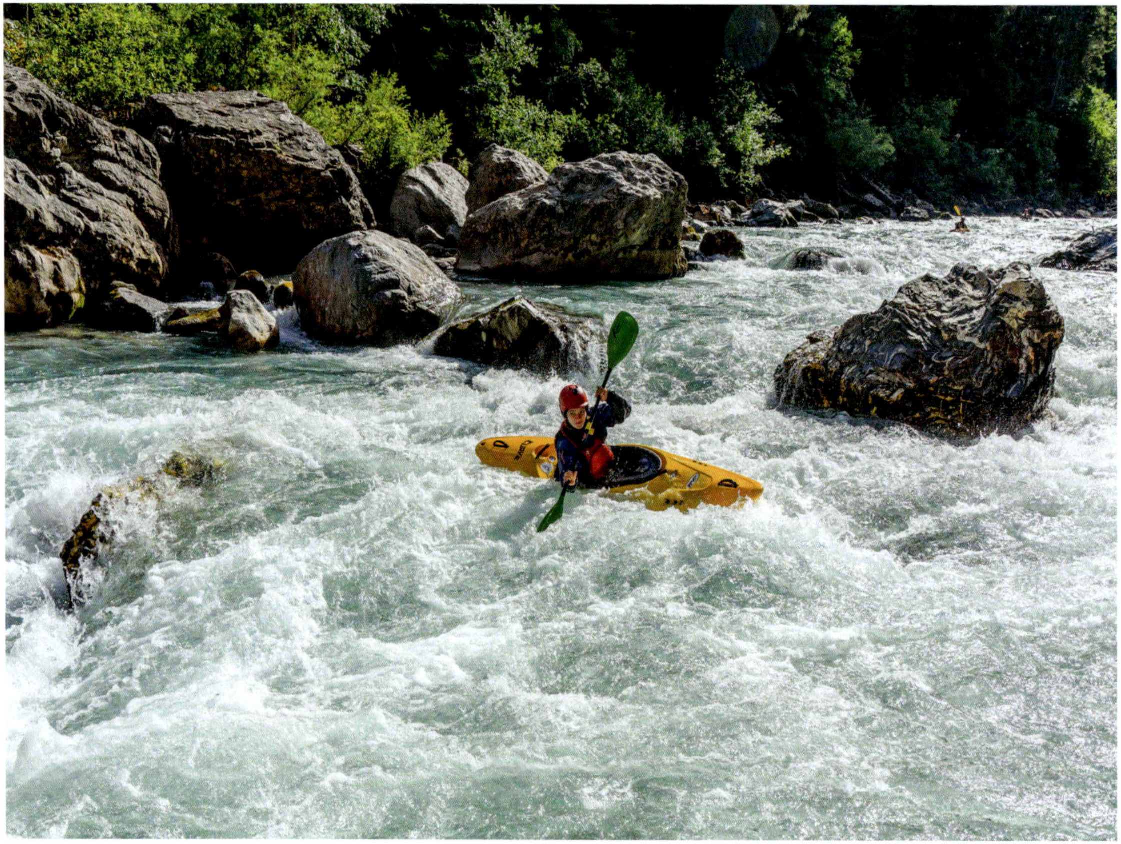

Wildwasser in Perfektion - eine Stelle schöner als die andere. Pegel: 22 m³/s

ten Stellen eine Befahrung mit langem Hals, auch wenn Stufen und kräftige Walzen immer wieder für unerwartete Überraschungen sorgen. Bei hohen Wasserständen allerdings verschwinden die Ruhepausen und die Schlucht wird zum pausenlosen Wuchtwasser der extremen Art mit vielen bösen Walzen und Löchern. Freerider und Styler finden besonders bei moderater Wasserführung überall Gelegenheiten, sich auszutoben, während Fortgeschrittene bei einer ersten Befahrung wohl mehr mit einer guten Routenwahl durch die vielen anspruchsvollen Passagen beschäftigt sind. Eine detaillierte Beschreibung der vielen schönen Katarakte und sportlichen Einzelstellen würde nur den Reiz des Entdeckens schmälern, daher nur zwei Empfehlungen: Bei einer markanten Felswand am rechten Ufer mit deutlich zunehmendem Gefälle lohnt sich vielleicht eine kurze Besichtigung (von links) und die letzte, eher unscheinbar wirkende Stufe vor der Brücke am Ausstieg will nicht unterschätzt werden, ist sie doch oft für ungewollte Überschläge und andere Kapriolen verantwortlich. Könner, die sich nun warmgefahren haben, werden natürlich die folgende Ardezer Schlucht gleich dranhängen, während für alle anderen (oder bei zu viel Wasser) vor der schwersten Innschlucht Schluss ist.

INN - Ardezer Schlucht

Als Rüdiger Bock 1974 in der Ardezer Schlucht die Erstbefahrung jenes Schlitzes glückte, der seitdem den Namen „Bockschlitz" trägt, war dies zweifelsohne ein Meilenstein der alpinen Kajakgeschichte. Verglichen mit den haushohen Wasserfällen und Rutschen, die heute das Bild des (extremen) Wildwasserpaddelns prägen, wirkt der unterspülte und siphonierte Schlitz optisch nicht allzu spektakulär. Die Tatsache, dass der Bockschlitz auch heute nur recht selten von abgebrühten Experten in Angriff genommen wird (und auch viele Profis lieber umtragen), beweist umso deutlicher die Tücke und Ge-

ÜBERSICHT

Länge: 4 km

Schwierigkeit: WW 4+ (5,6)

Einstieg: Brücke Ardez (46.7697, 10.1960)

Ausstieg: Schluchtende, Straße in Flussnähe (46.7771, 10.2375)

Charakter: Wuchtige, steile und verblockte Katarakte und Abfälle und ein extremer Abschnitt mit Siphonen/Unterspülungen

Gefahren: Bockschlitz und Bobbahn, auch sonst einzelne Siphone und Unterspülungen

Gefälle: 24 m/km

Pegel: Inn Tarasp, Mittelwasser rund 25 m^3/s, ab ca. 40 m^3/s nur für Experten und Kenner der Schlucht

Beste Zeit: Frühling bis Herbst außer bei zu hohen Wasserständen (meist im Mai und Juni)

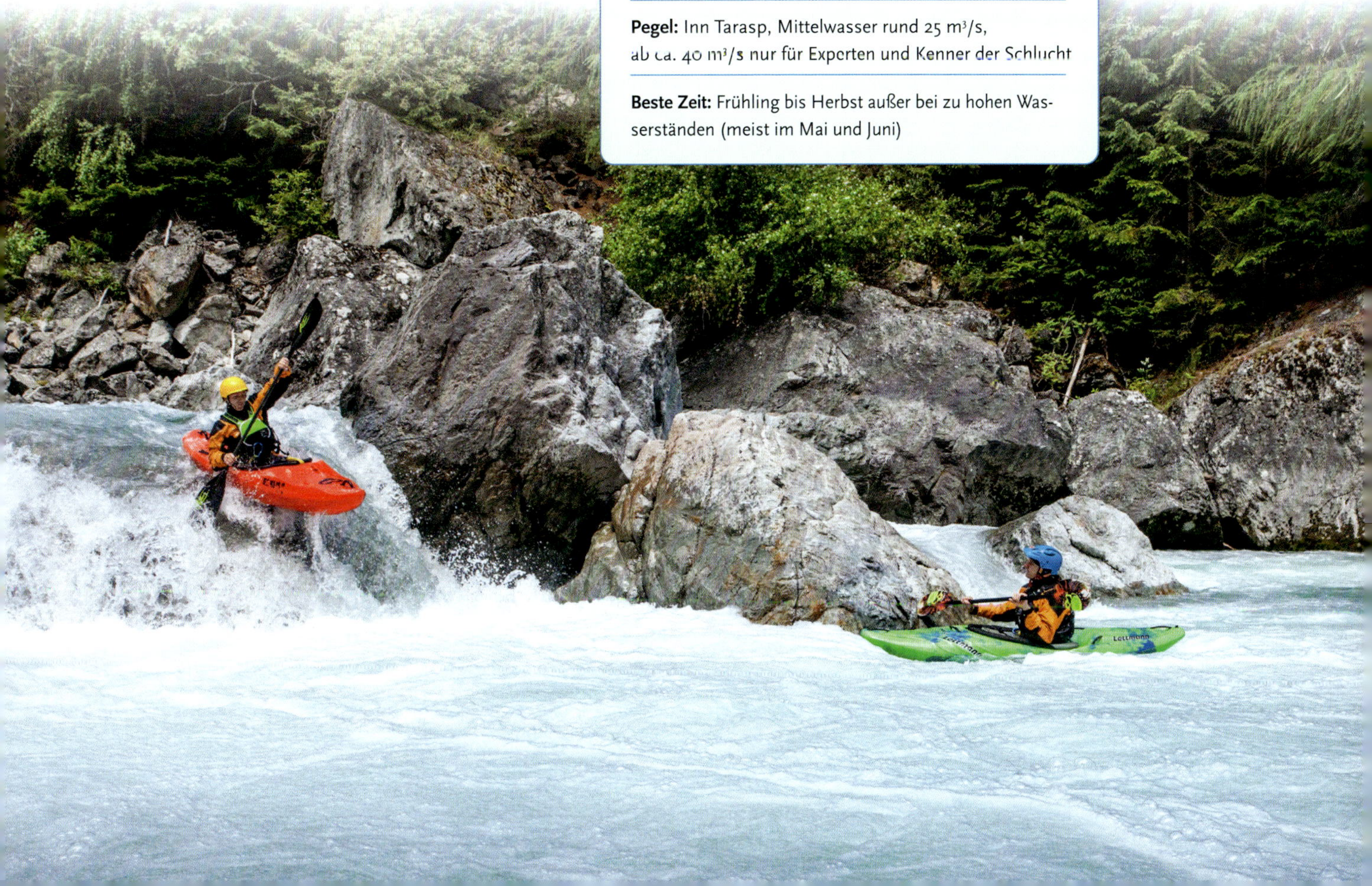

Am Himmelsgucker ist ein solider Boof die halbe Miete. Pegel: 25 m^3/s

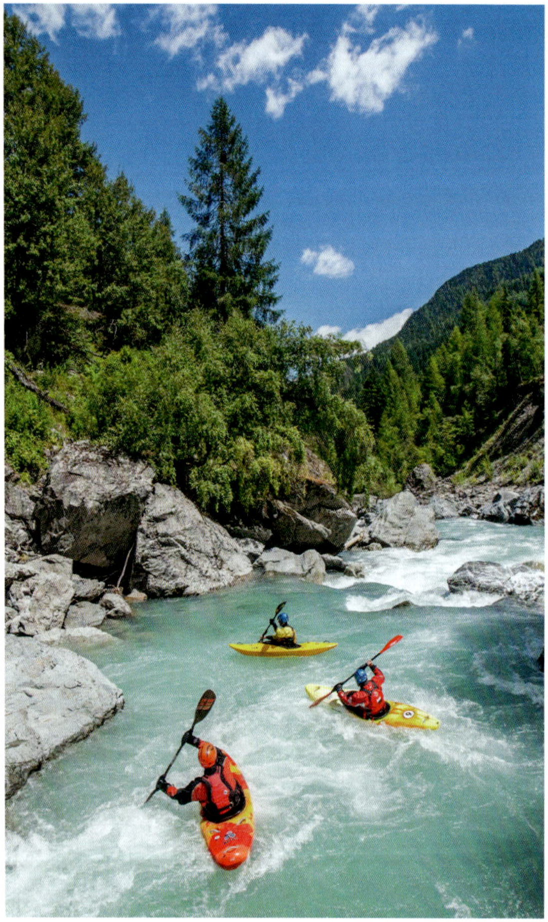

Unterhalb des Bockschlitzes beginnt der vielleicht schönste Teil der Ardezer Schlucht. Pegel: 25 m^3/s

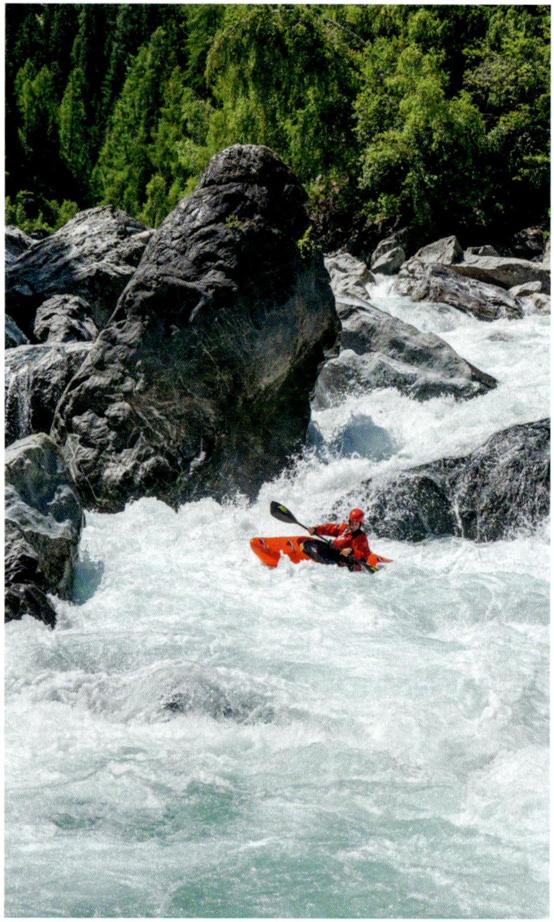

Bild rechts: Für Normalsterbliche ist die etwas mühsame Umtragung des Bockschlitzes Pflicht. Pegel: 25 m^3/s

fährlichkeit der Stelle. Jeder kleine Fahrfehler kann hier der letzte sein, das belegen leider auch diverse tödliche Unfälle. Für routinierte Wildwasserfahrer sollte das allerdings kein Grund sein, auf eine Befahrung der wunderschönen Ardezer Schlucht zu verzichten, da der Bockschlitz einschließlich der Einfahrt durch die sogenannte „Bobbahn" linksufrig etwas mühsam umtragen werden kann. Lohn der Knechterei über große Felsblöcke ist herausforderndes Wildwasser in einer schroffen Wald- und Felsschlucht.

An Land

Der Einstieg wird über eine kleine Straße erreicht, die vom Bahnhof Ardez in die Schlucht führt. Meist wird die Ardezer Schlucht aber ohnehin mit der oberhalb gelegenen Giarsun-Schlucht kombiniert, was nur zu empfehlen ist. Zum Ausstieg folgt man immer der Hauptstraße talabwärts Richtung Scuol, bis diese wieder (fast) Flussniveau erreicht hat (mehrere Parkmöglichkeiten). Natürlich kann man auch noch die folgende Scuolser Strecke oder deren erste Stellen mitnehmen (weitere Parkplätze).

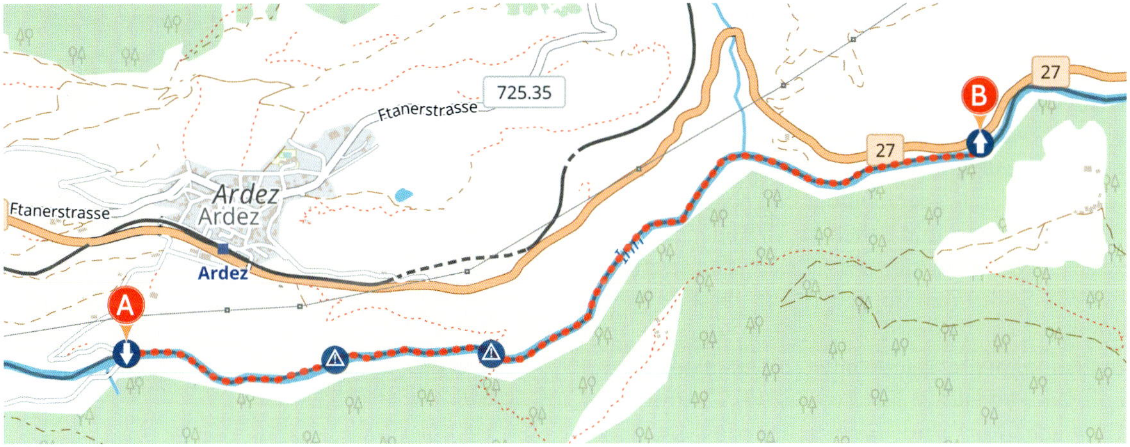

Auf dem Wasser

Gleich hinter der Brücke am Einstieg werden die kleinen, aber feinen Unterschiede zur Giarsunschlucht deutlich. Die Durchfahrten sind enger und wuchtiger, die einzelnen Stellen folgen dichter aufeinander und die Verblockung ist unübersichtlicher. Steile Geröllhänge säumen die Ufer und verleihen der Landschaft ernstere Züge. Anfangs können die meisten Stellen zwar noch vom Boot aus eingesehen werden, im Zweifelsfall sollte man an unübersichtlichen Passagen aber lieber kurz aussteigen, um die richtige Route zu erkunden, denn nicht immer führen alle Wege ans Ziel (Unterspülungen, Baumhindernisse etc.).

Nach einigen schönen Stellen wird der Inn bei Mittelwasser kurzzeitig etwas ruhiger, und eine freistehende Felsnase am rechten Ufer markiert den Beginn der Extremstrecke mit Bobbahn und Bockschlitz. Rechtzeitig links aussteigen lautet hier die Devise. Die „Bobbahn“ macht zwar derzeit optisch weniger her als früher und wirkt harmloser, jede Unsicherheit bedeutet hier aber trotzdem Lebensgefahr (um WW 5). Daher empfehle ich bei leisesten Zweifeln den gesamten Abschnitt über große Felsen zu umtragen. Das ist zwar eher mühsam, doch spätestens der Blick in den Bockschlitz rechtfertigt für mich jedes Mal die Umtragung.

Unterhalb wird der Charakter der Schlucht bald etwas freundlicher, das Wildwasser bleibt aber anspruchsvoll und tückisch. Der erste Katarakt nach dem Schlitz lässt sich meist mit einer Rechts-Links-Kombination überlisten, sollte aber kurz besichtigt werden. Bald taucht eine Fußgängerhängebrücke auf, welche die einzige Möglichkeit darstellt, die Schlucht im Notfall problemlos zu verlassen (nach links).

Unter der Brücke befindet sich eine nicht zu unterschätzende Stufe, an der sich vor einiger Zeit ein tückischer Siphon bildete (links vom Mittelblock). Dieser war zuletzt zwar wieder verschwunden, Vorsicht ist hier aber immer geboten, zumal der Inn wenig später über den „Himmelsgucker“ stürzt. Dieser gut einen Meter hohe Abfall mit kräftigem Rücklauf verlangt einen sicheren Boof, ist bei Mittelwasser auf der richtigen Route aber gut machbar. Bald darauf lassen die Schwierigkeiten der Katarakte nach und am letzten Kilometer bleibt noch einmal Zeit, Wildwasser und Schlucht entspannt zu genießen.

INN - Scuolser Strecke

Offenes Genusswildwasser mit schönen Aussichten. Pegel: 22 m^3/s

Die Scuolser Strecke ist die sprichwörtliche eierlegende Wollmilchsau unter den Inn-Strecken im Engadin. Gut zugänglich, weder zu schwer noch langweilig, mit spannenden Einzelstellen, schönen Bergblicken und selten zu viel oder zu wenig Wasser. Nachdem sich der Fluss in den vorausgehenden Schluchten ausgetobt hat, lässt er es auf der Scuolser Strecke etwas ruhiger angehen und braust nur in drei klar definierten Katarakten kräftig auf. Die Paddeltour führt vorbei am Zentrum des Unterengadins, dem namensgebenden Ort Scuol (deutsch Schuls) und den Kuranlagen von Tarasp. Hier mündet schwefelhaltiges Wasser in den Inn und verpasst der sonst so klaren Bergluft eine

ÜBERSICHT

Länge: 9 km

Schwierigkeit: WW 3 (4)

Einstieg: 3-3,5 Kilometer oberhalb der Kuranlage von Tarasp, bevor die Straße den Fluss verlässt (mehrere Parkbuchten) (46.7771, 10.2375 oder 46.7791, 10.2415)

Ausstieg: Stausee Pradella unterhalb von Scuol (46.8046, 10.3240)

Charakter: Wuchtiges Wildwasser mit drei herausragenden Katarakten

Gefahren: Unterspülung am zweiten Katarakt, Murenabgang am letzten Katarakt, offenes Wehr in Pradella

Gefälle: 9 m/km

Pegel: Tarasp, Mittelwasser 30-40 m^3/s, darüber WW 3-4 (4+), empfohlener Mindestpegel 15-20 m^3/s

Beste Zeit: Frühling bis Herbst, am schönsten bei gut Wasser

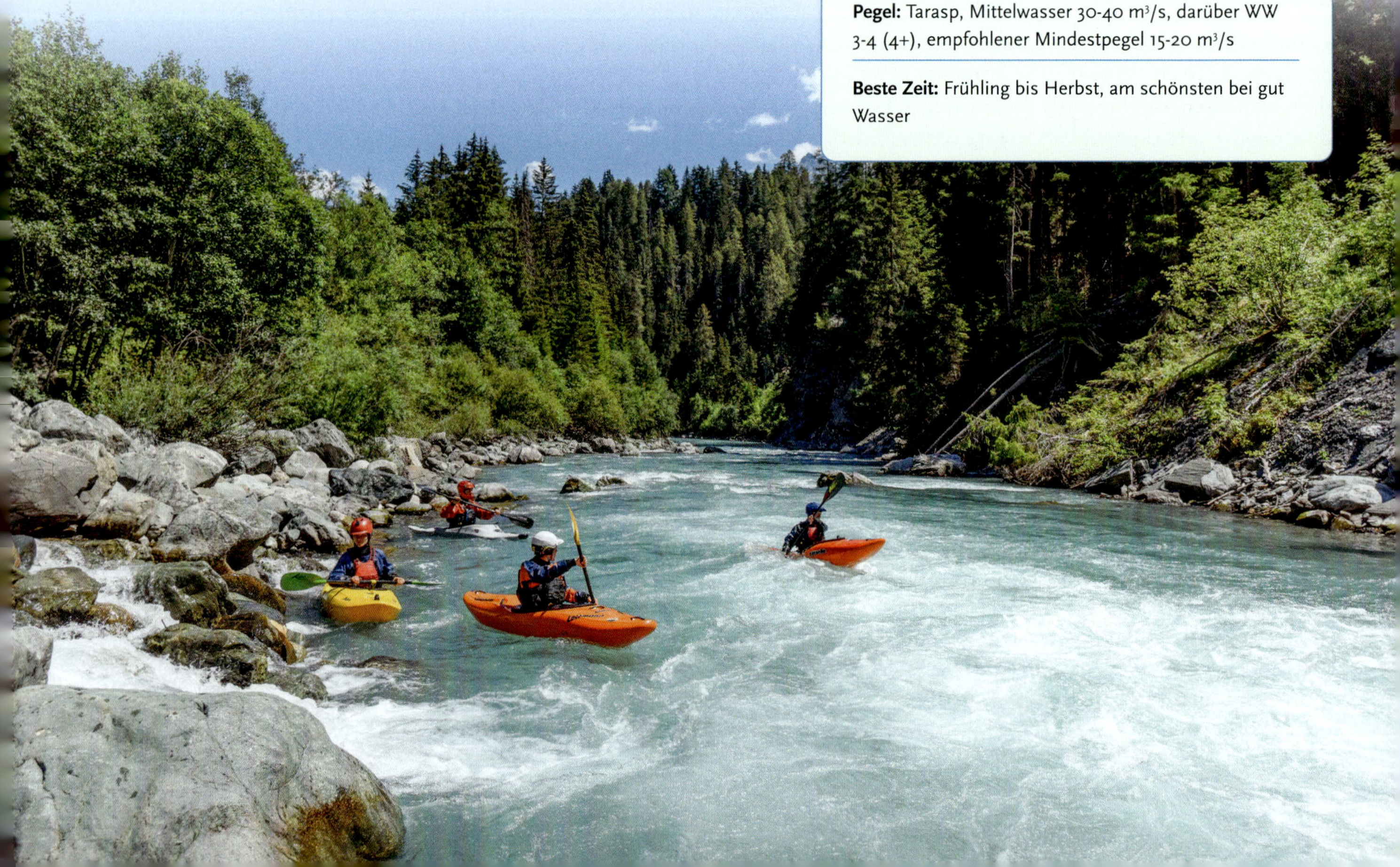

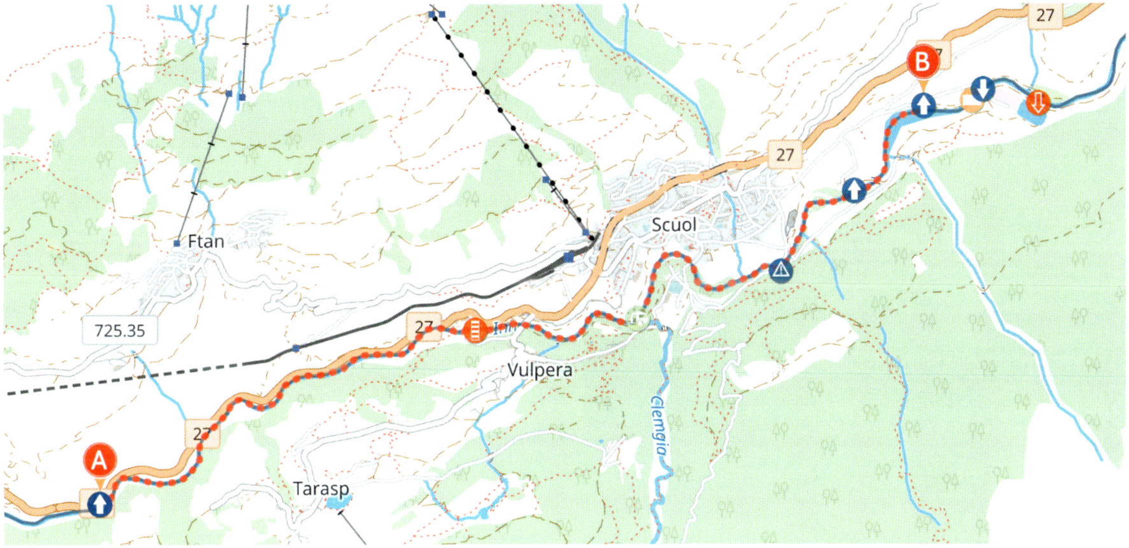

besondere Duftnote. Wer mag, kann seine müden Knochen nach einer langen Kajaktour im empfehlenswerten Schwimmbad Bogn Engiadina (Engadinbad) entspannen, sollte sich dabei aber nicht über ein neues Loch im Geldbeutel wundern. Umsonst ist hingegen der Paddelspaß am Inn, zählen die wuchtigen Schwälle dieser Etappe bei guten Wasserständen doch zu den besten Spielplätzen im Engadin für spaßorientierte Paddler.

An Land

Die oberste Einstiegsstelle befindet sich von Scuol kommend etwa 3,5 Kilometer oberhalb der Kuranlagen von Tarasp am letzten Parkplatz, bevor die Straße ansteigt und den Fluss verlässt. Alternativ ist auch ein Einstieg unterhalb des ersten oder zweiten Katarakts möglich (Parkbuchten), beide Stellen sind von der Straße einsehbar und können gut vorab besichtigt werden. Den Ausstieg am Stausee vor dem Kraftwerk Pradella erreicht man über eine kleine Seitenstraße, die unterhalb von Scuol (Ausfahrt Scuol Ost) von der Hauptstraße abzweigt und zum Kraftwerk führt. Sollte das Wehr geöffnet sein, unbedingt rechtzeitig aussteigen!

Auf dem Wasser

Die drei herausfordernden Katarakte sind ungleichmäßig über die Strecke verteilt. Bald nach dem Start wollen Nummer eins und zwei bewältigt werden. Während der erste, bei weniger Wasser verblockte Katarakt eher unterschätzt wird, sieht die folgende sportliche Passage nach einer Rechtskurve deutlich eindrucksvoller aus. Zuvor will noch ein kleiner, aber in den letzten Jahren überraschend sportlicher Abfall vor einem Fußgängersteg gemeistert werden. Bei geringen Wasserständen rauscht an der zweiten Schüsselstelle die gesamte Wassermenge neben der rechtsufrigen Felswand (teilweise unterspült) recht wuchtig talwärts, während bei höheren Pegelständen mehr Platz bei der Routenwahl bleibt. Im Angesicht eines kleinen Wasserfalls, der hier in den Fluss stürzt, können sich Freestyler auch in der abschließenden Walze austoben und ein paar Cartwheels aneinanderreihen.

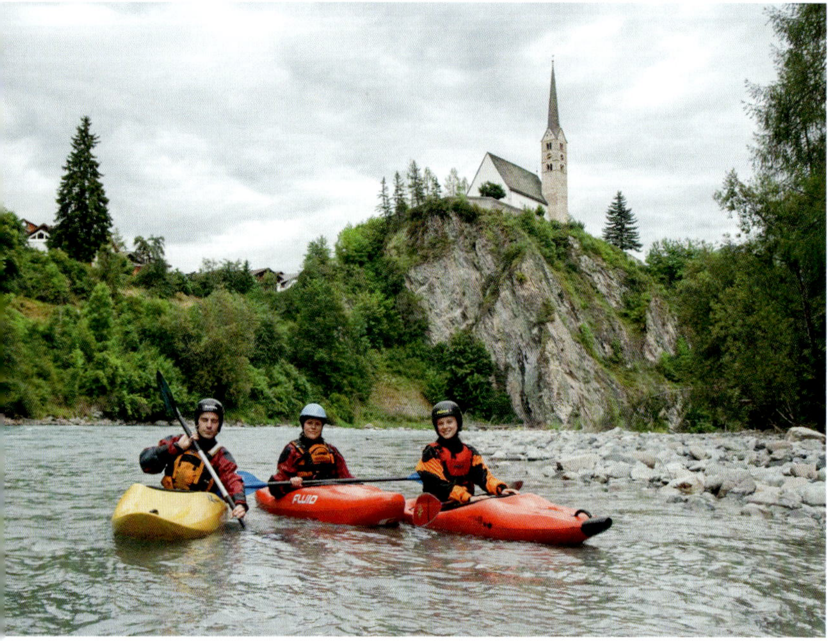

Kurze Pause mit Blick auf Scuol.

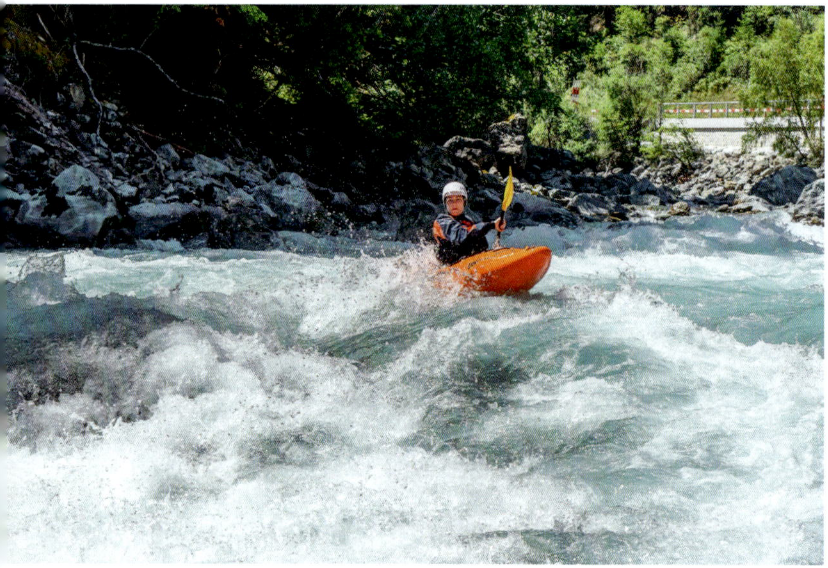

Mit zwei wuchtigen Katarakten beginnt die Scuolser Strecke. Pegel: 22 m³/s

Im mittleren Teil der Etappe sind keine großen Adrenalinschübe zu erwarten. Bis Tarasp lassen die Schwierigkeiten mehr und mehr nach und es bleibt Zeit, nach Spielgelegenheiten Ausschau zu halten. Mit geübtem Blick lassen sich immer wieder interessante Stellen entdecken, auch wenn die landschaftliche Umrahmung im engen Tal neben der Straße nicht mit den anderen Etappen konkurrieren kann. Zumindest bei guten Wasserständen bleibt aber ohnehin kaum Zeit für die Landschaft, so sehr ist man damit beschäftigt, das große Spielpotential auch wirklich zu nutzen. Nach Passieren der alten Kuranlagen von Tarasp samt Pegel präsentiert sich die Kulisse wieder deutlich ansprechender und als optischer Höhepunkt taucht über einer Felswand bald die reformierte Kirche von Scuol auf.

An der folgenden Holzbrücke nehmen die Schwierigkeiten erneut zu und bis zur nächsten Brücke folgt sehr ansprechendes, wuchtiges und bei moderaten Wasserständen auch verblocktes Wildwasser. Hinter der Brücke knickt der Inn nach links ab und stürzte neben einer Felswand über einen wuchtigen Katarakt mit starkem Gefälle. Ein Murenabgang verschüttete im Sommer 2015 diese schwerste der drei herausragenden Einzelstellen der Strecke (rechts gut umtragbar). Ob und wann die Passage in den nächsten Jahren wieder freigespült wird, bleibt abzuwarten. 2020 war dies immer noch nicht der Fall und die Gefahr lag in erster Linie in Baumhindernissen auf der vom Schotter geprägten recht wuchtigen und teils verblockten Reststrecke bis zum Stausee von Pradella.

Sollte das Wehr geöffnet sein, muss unbedingt rechtzeitig ausgestiegen werden, das Wehr ist tödlich! Eine Weiterfahrt nach der Umtragung der Wehranlage lohnt sich eigentlich nur, wenn man sein Lager am Campingplatz Sur En aufgeschlagen hat, (bitte nur bei guten Wasserständen, 3 km, max. WW 3).

EXTRATOUREN:

BERNINABACH BIS VOR PONTRESINA

Paddeln im Engadin bedeutet in erster Linie Paddeln am Inn. Die verschiedenen Nebenbäche sind eher etwas für Entdecker, meist nur kurz, für wiederholte Befahrungen letztlich oft weniger lohnend und häufig von der anspruchsvollen Sorte. Eine gewisse Ausnahme stellt der Berninabach dar, der zwar ebenfalls weniger mit Streckenlänge oder großartigem Wildwasser punkten kann, dafür aber mit einem tollen Panorama auf die Gipfel der Berninagruppe. Gleich am Einstieg sorgt der Morteratschbach für eine ordentliche Portion eiskaltes Gletscherwasser im Bachbett. Die beste Zeit für eine Paddeltour sind (nach der Schneeschmelze) damit auch warme Sommertage, wobei es am

ÜBERSICHT

Länge: 4 km

Schwierigkeit: WW 2-3+ (4-)

Einstieg: Parkplatz Morteratsch (46.4526, 9.9412)

Ausstieg: Oberer Ortsrand von Pontresina auf Höhe Hotel Palü (46.4829, 9.9129), Weiterfahrt bis vor die Klamm nur für geübte Paddler nach vorheriger Besichtigung und Festlegung der Ausstiegsstelle bei moderaten Wasserständen

Charakter: Schnelles offenes Wildwasser im Geröllbett mit grandiosem Bergpanorama

Gefahren: Rasantes Tempo im oberen Teil, Wehr am Kieswerk, unbefahrbare Klamm in Pontresina

Gefälle: 14 m/km

Pegel: Berninabach Pontresina, NW 7 m^3/s, MW um 15 m^3/s

Beste Zeit: Meist von Ende Mai bis August, nicht an zu kalten Tagen (kein Wasser) oder bei zu starker Schneeschmelze an sehr heißen Tagen

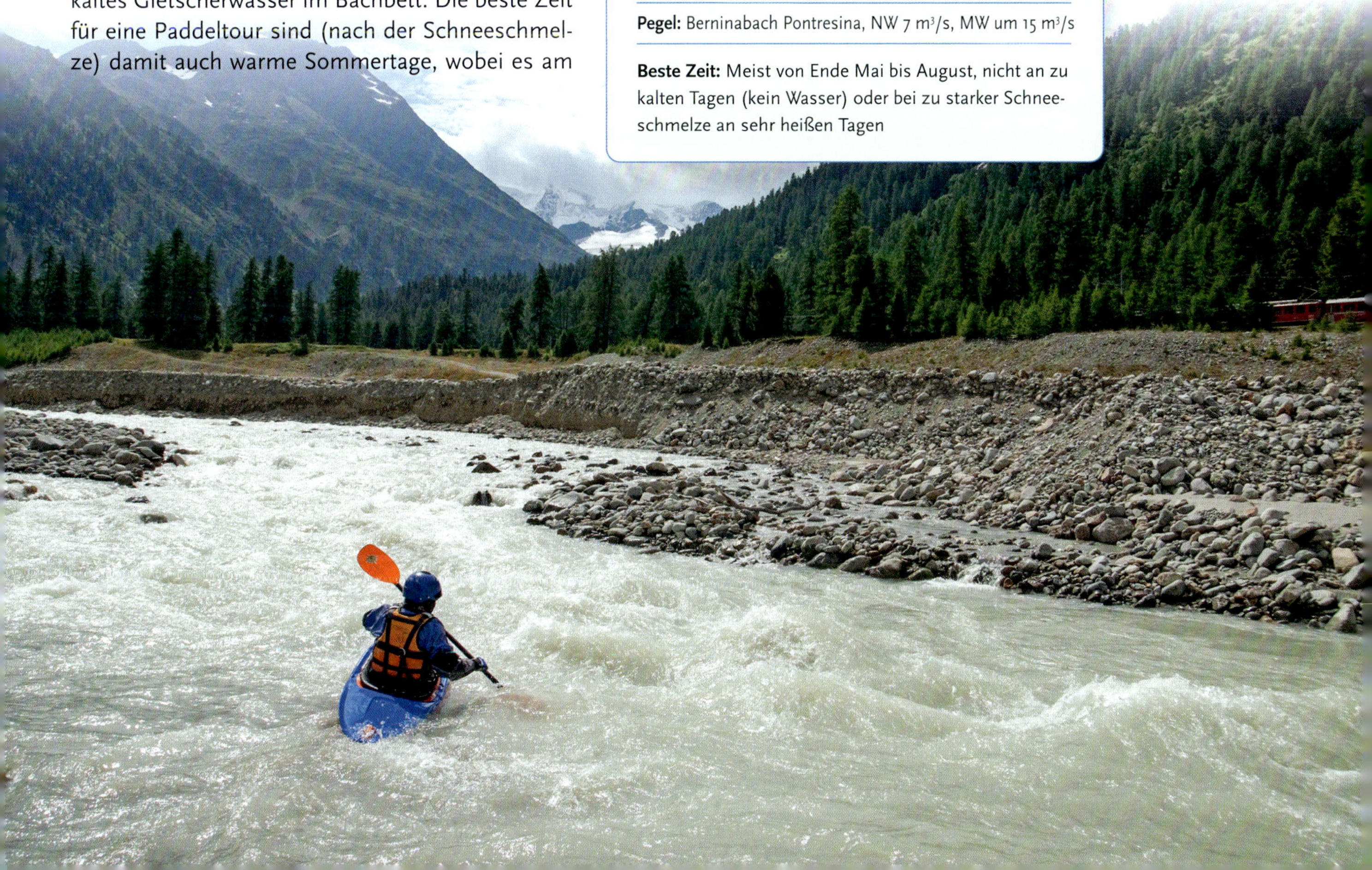

Schnelles Geröllbettwildwasser mit Gletscherblick. MW

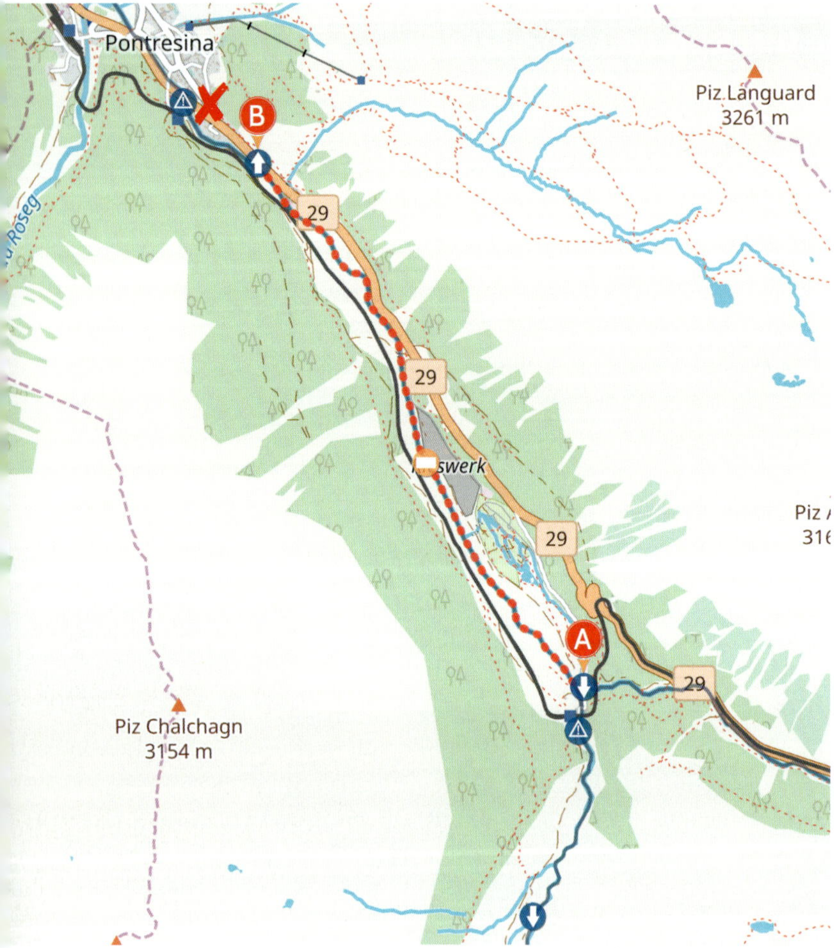

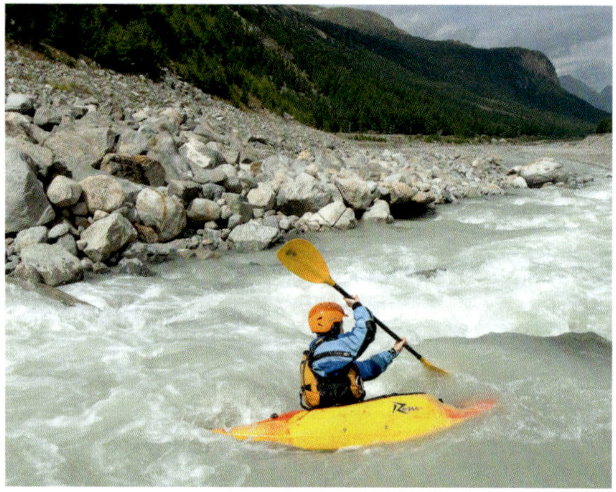

Bald nach dem Einstieg lässt das Gefälle nach. MW
Bild: Ursula Breuel

Nachmittag an heißen Tagen auch wieder rasch zu viel des Guten werden kann.

Einsteigen kann man am großen Parkplatz unterhalb der Bahnstation Morteratsch an der Mündung des größeren Morteratschbachs in den klaren Berninabach. Je weiter oben man einsteigt, desto höher sind die Schwierigkeiten (bis WW 4+). Von den sehr gefährlichen Wasserfällen insbesondere im Morteratschbach sollte man aber unbedingt die Finger lassen. Mit dem nachlassenden Gefälle gehen auch die Schwierigkeiten rasch zurück, doch das Tempo bleibt flott. In langgezogenen Kurven pendelt der Wildbach durchs Geröllbett. Gelegentliche Kehrwasserpausen sind Pflicht, um das geniale Panorama im Rückblick genießen zu können.

Nach einem (sehr flachen) See sollte ein zweifelhaftes Wehr unter der Brücke am Kieswerk kurz umtragen werden. Unterhalb verschwinden die Gletscherberge im Rückspiegel zwar allmählich aus dem Blickfeld, etwas mehr Grün an den Ufern ist zur Abwechslung aber auch ganz nett. Die Schwierigkeiten bleiben zunächst sehr moderat und liegen um WW 2, erst vor Pontresina wird es bei mehr Wasser wieder etwas sportlicher. Da der Berninabach bald darauf ohne Ruhepause zuvor in eine absolut unbefahrbare Klamm stürzt, empfehle ich, mit etwas weniger sicheren Mitpaddlern oder bei hohen Wasserständen unbedingt schon am oberen Ortsrand von Pontresina auszusteigen (spätestens auf Höhe Hotel Restaurant Palü). Auf den folgenden rund 500 Metern steigen die Schwierigkeiten gerade bei mehr Wasser rasch auf WW 3-4 (und darüber, je nach Pegel), und dann geht es sehr kehrwasserarm ins Verderben. Wer hier paddeln will, sollte also unbedingt gründlich besichtigen und seinen Ausstieg genau festlegen.

INN - S-Chanf Schlucht

Bei S-Chanf endet das flache, sonnige Hochtal des Oberengadins und der Inn verschwindet in seiner ersten Schlucht. Die S-Chanf-Schlucht ist die kürzeste und leichteste Innschlucht und wäre eigentlich eine echte Empfehlung für Genusspaddler, wären da nicht ein paar Haken. Vor der Schlucht entzieht ein Wehr das meiste Wasser, und oft bleibt nur der Pflichtablass von 3 m³/s, der für eine schöne Paddeltour definitiv zu wenig ist. Zugleich versperrt am Schluchteingang eine eigentümliche Blockversperrung im Konglomeratgestein den Fluss, die ebenso wie ein sehr gefährliches Wehr unterhalb der Vallembermündung nicht gerade Genusspaddler-kompatibel ist. Und dann muss man am Ausstieg vor der Brail-Schlucht auch noch die Boote mühsam zum Dorf hinauftragen und Parkraum ist hier ein Problem.

ÜBERSICHT (kurz)

Länge: 2,5-4,5 km

Schwierigkeit: WW 2-3 (4-X)

Einstieg: Unterhalb der Wehranlage in S-Chanf (siehe Text) (46.6164, 9.9974)

Ausstieg: Camping Chapella (für Gäste) oder Brücke Cinuos-Chel (46.6421, 10.0261)

Charakter: Verblockte Schlucht mit teilweise unterspülten Felsen und Prallwänden

Gefahren: Blockversperrung, Wehr nach der Vallember-Mündung

Gefälle: 12 m/km

Pegel: Inn Cinous-Chel, empfohlener Mindestpegel 8 m³/s, Mittelwasser rund 15 m³/s

Beste Zeit: Meist von Ende Mai bis Mitte Juli

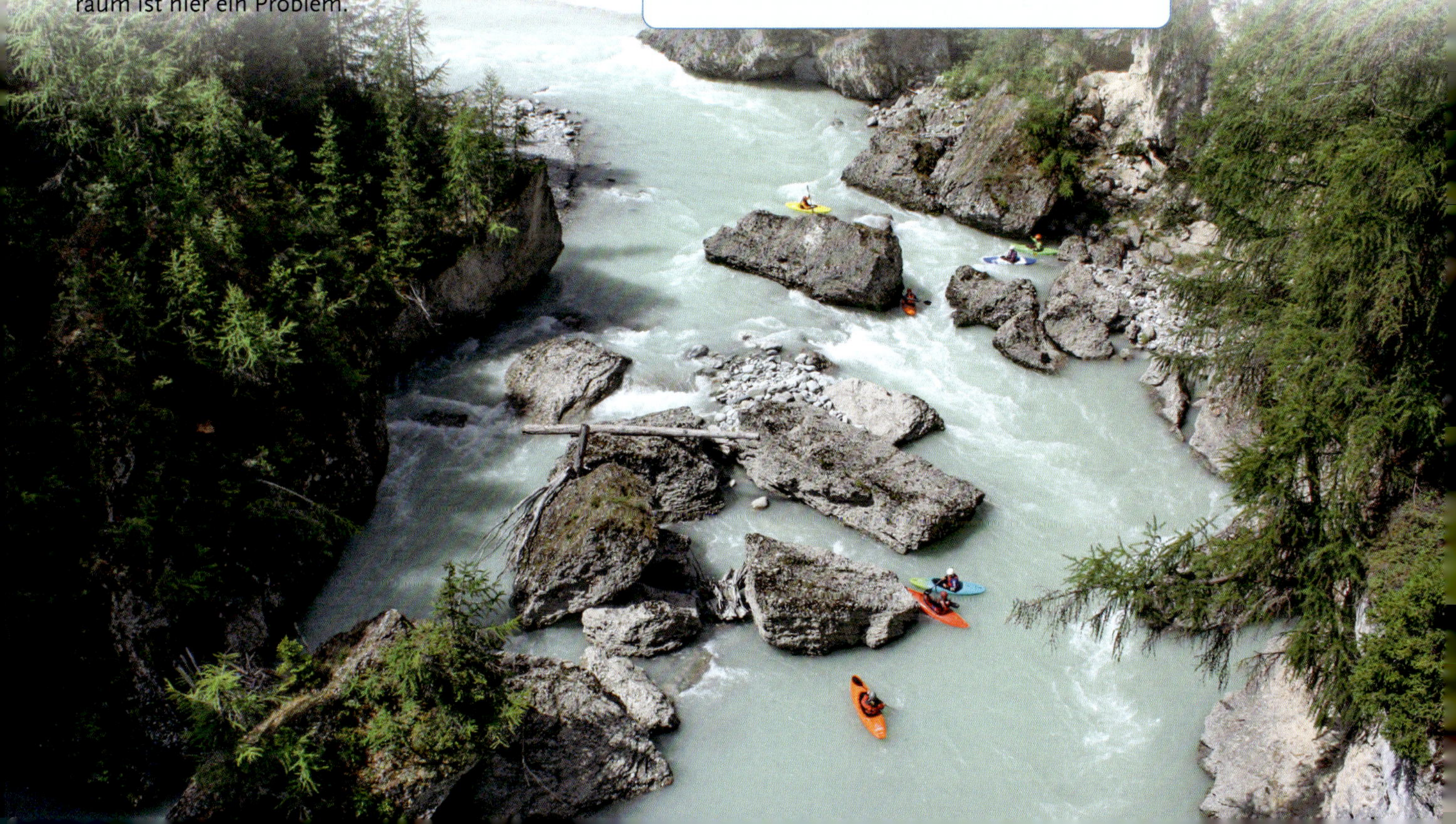

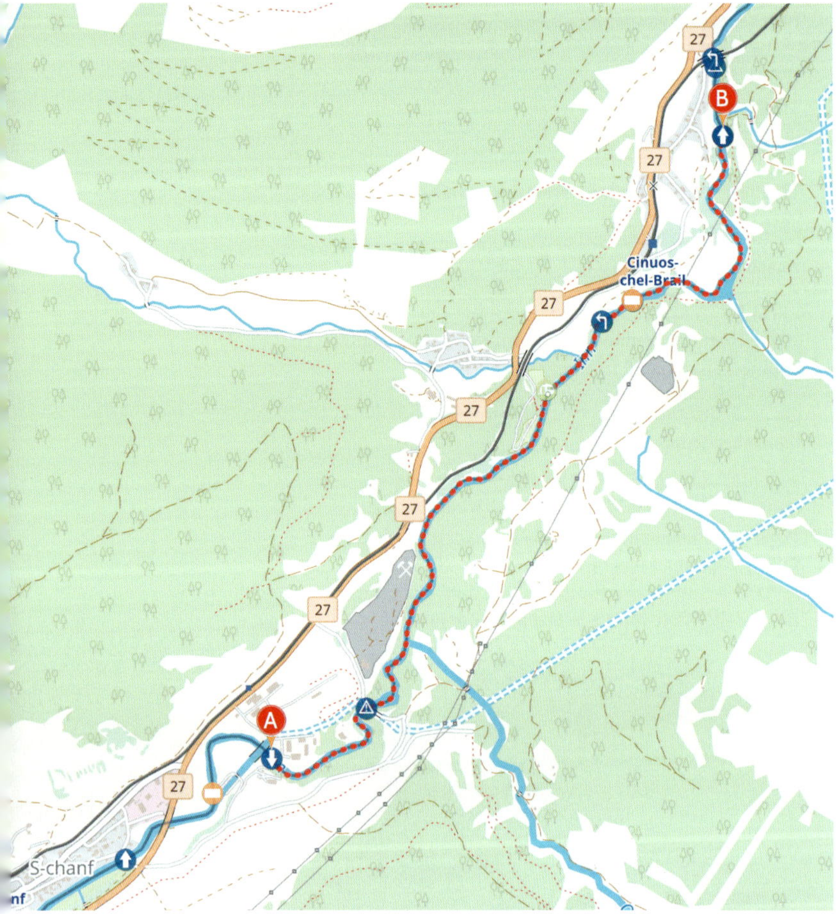

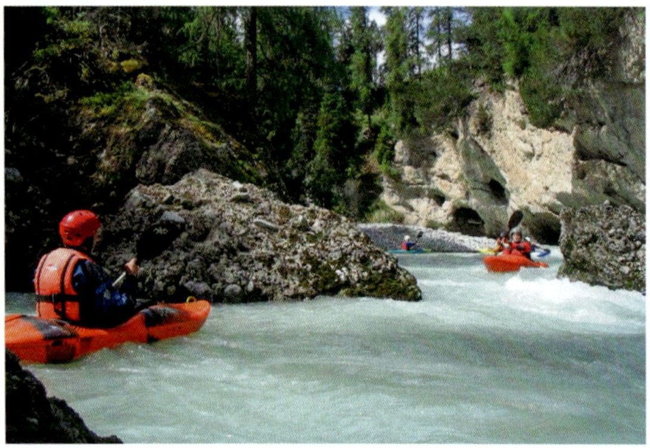

Weiches Konglomeratgestein ist typisch für den ersten Teil der S-Chanf-Schlucht. MW Bild Christian Paffenholz

Wirklich empfehlen kann ich die Schlucht daher nur bei guten Wasserständen als kurze Abendtour für Gäste des Campingplatzes Chapella. Die Paddelstrecke ist dann zwar sehr kurz, landschaftlich aber umso lohnender. Ein günstiger Einstieg ist aufgrund eines großen Militärgeländes nicht ganz so einfach zu erreichen. Am besten in S-Chanf von der Hauptstraße in den Ort abbiegen, auf der Brücke über den Inn (und unter der Hauptstraße hindurch) Richtung Nationalpark und bei der nächsten Möglichkeit links und danach wieder rechts abzweigen. Von hier die Boote zum Fluss tragen (Brücke, Achtung Militärgelände, keine Durchfahrten und Wiesen zuparken!).

Schon nach wenigen Kurven ist die Versperrung aus riesigen Konglomeratblöcken unter einer Brücke am Schluchteingang erreicht. Die Blöcke bilden auch Siphone und Unterspülungen, je nach Pegel findet sich aber ein Weg. Ansonsten muss umtragen werden. Figurenreich ausgespülte Felswände aus Konglomeratgestein schließen ab hier den Fluss ein. Halbhöhlen und Auswaschungen (auch unter Wasser!) zeugen von der Weichheit des Sedimentgesteins, das aus durch Druck verdichtetem Moränenschotter besteht. Einige Blockstellen mit engen Durchfahrten zwischen großen Felsen und zahlreiche Kehrwasser prägen den landschaftlich schönsten Teil bis zum Zeltplatz Chapella. Wer hier sein Lager aufgeschlagen hat, beendet hier die sehr kurze Tour. Die Weiterfahrt lohnt sich nur bedingt und ist für schwächere Paddler bei guten Wasserständen problematisch. An einen sportlichen Katarakt (WW 3+) unterhalb der Mündung der Vallember schließt sich direkt ein Wehr mit oft sehr gefährlichem Rücklauf an (links umtragen, Rohrbrücke über dem Fluss). Unterhalb ist es nicht mehr weit bis zum Ausstieg an der Holzbrücke von Cinuos-Chel, hinter der die deutlich schwerere Brail-Schlucht beginnt. Von hier müssen die Boote hinauf zum Ort getragen werden, weitere Infos hierzu bei der Beschreibung der Brail-Schlucht.

INN - Martina-Strecke

Von allen Inn-Teilstrecken im Engadin erfährt die Martina-Strecke am wenigsten Beachtung. Schuld an diesem Mauerblümchen-Dasein ist die Wasserableitung in Pradella, die häufig nur ein müdes Rinnsal im breiten Schotterbett übriglässt. Anno dazumal, also vor Fertigstellung der Ableitung, genoss die Strecke sogar einen hervorragenden Ruf als sportliches Wuchtwasser. Seitdem hat sich der Charakter der Strecke deutlich gewandelt. Bei oft niedriger Wasserführung bleiben die Schwierigkeiten heute meist gering und lassen die Befahrung der Martina-Strecke vor allem für weniger geübte Paddler lohnenswert erscheinen. Landschaftlich ist auch die Martina-Strecke ansprechend, wenngleich nicht spektakulär, lediglich im unteren Teil stört die Straße ein wenig. Wirklich wuchtig wird es heute nur noch bei Hochwasser. Dann ist die Strecke mit Vorsicht zu genießen und Schwimmen tabu.

ÜBERSICHT

Länge: 12 km

Schwierigkeit: WW 2-3 (3+)

Einstieg: Holzbrücke Sur En (46.8187, 10.3658)

Ausstieg: Ortsanfang Martina (46.8832, 10.4627)

Charakter: Nur bei viel Wasser wuchtige Schwallstrecken im meist breiten Flussbett

Gefahren: Mögliche Blockwurfstufen am Kieswerk, Schwimmen bei Hochwasser

Gefälle: 6 m/km

Pegel: Kein aussagekräftiger Online-Pegel bekannt, meist min. 40 m³/s am Pegel Tarasp erforderlich

Beste Zeit: Frühsommer bei hoher Wasserführung

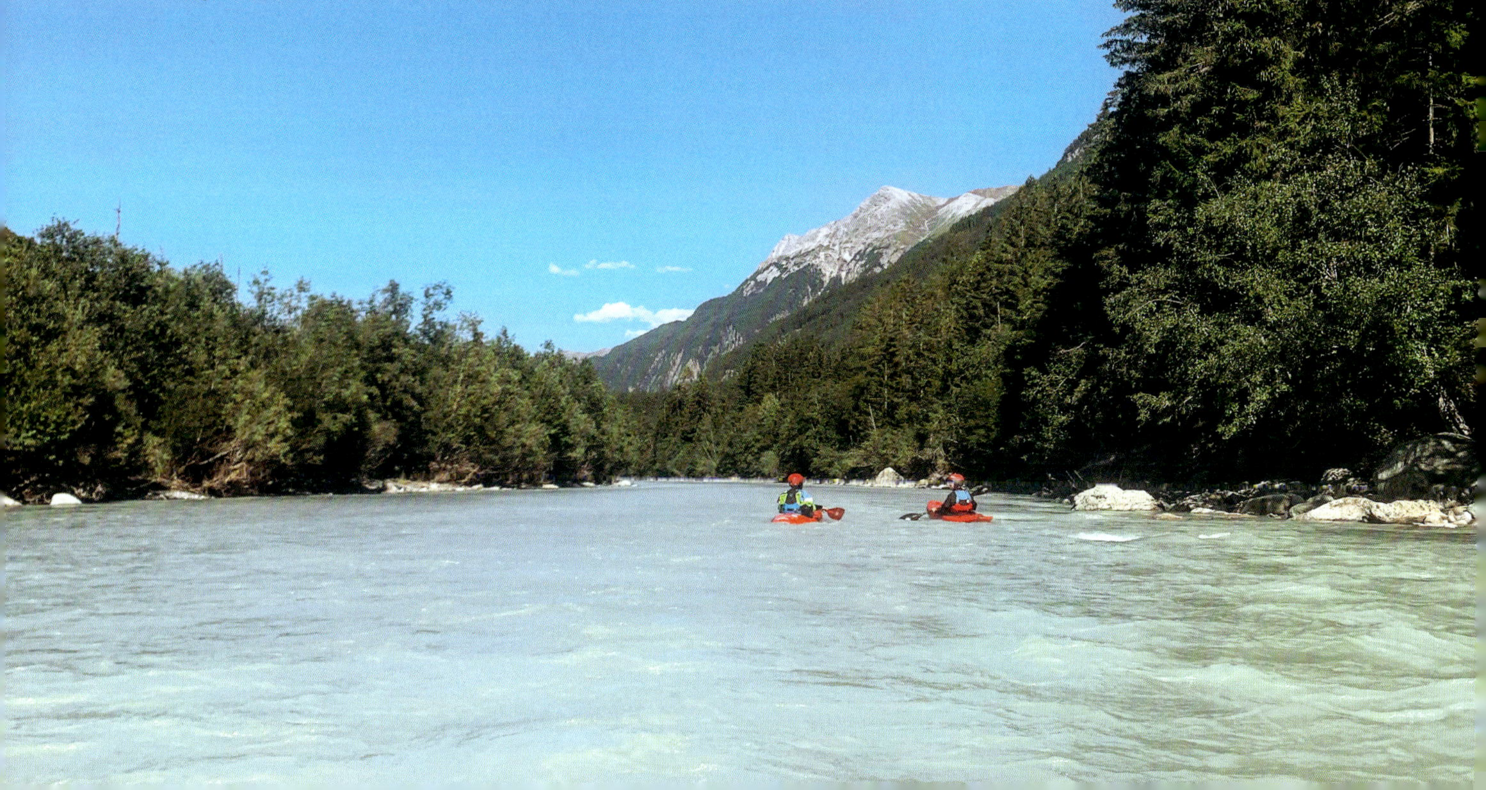

Offenes Panorama-Wildwasser auf der Martina-Strecke. Bild: Christine Richter

Bei moderater Wasserführung weist der Abschnitt bis auf wenige schwerere Schwallstrecken keine echten Problemstellen auf. Für Einsteiger und Fortgeschrittene bieten sich jedoch immer wieder gute Trainingsstellen an. Nach dem Start an der Holzbrücke am Campingplatz Sur En (die Strecke von Pradella bis hier bitte höchstens bei viel Wasser befahren) geht es zunächst recht gemütlich dahin. Rund vier Kilometer nach dem Start fließt der Inn durch ein Kieswerkgelände. Hier können in manchen Jahren unter Umständen gefährliche Blockwurfstufen lauern, die umtragen werden sollten. Vorsicht vor allem mit Gruppen bei höheren Wasserständen, da nicht immer große Kehrwasser vorhanden sind.

Kurz darauf folgt der wuchtige Lawinenschwall mit schönen Stellen für Spielbootfahrer. Zwei weitere sportliche Schwälle liegen oberhalb von St. Niclà und unterhalb von Strada. Bei guten Wasserständen versüßen einige schöne Wellen die optisch weniger berauschende Strecke entlang der Straße bis zum Ausstieg am Ortsanfang von Martina oberhalb der Wassereinleitung aus dem Kraftwerk (wenig Parkraum an der Hauptstraße).

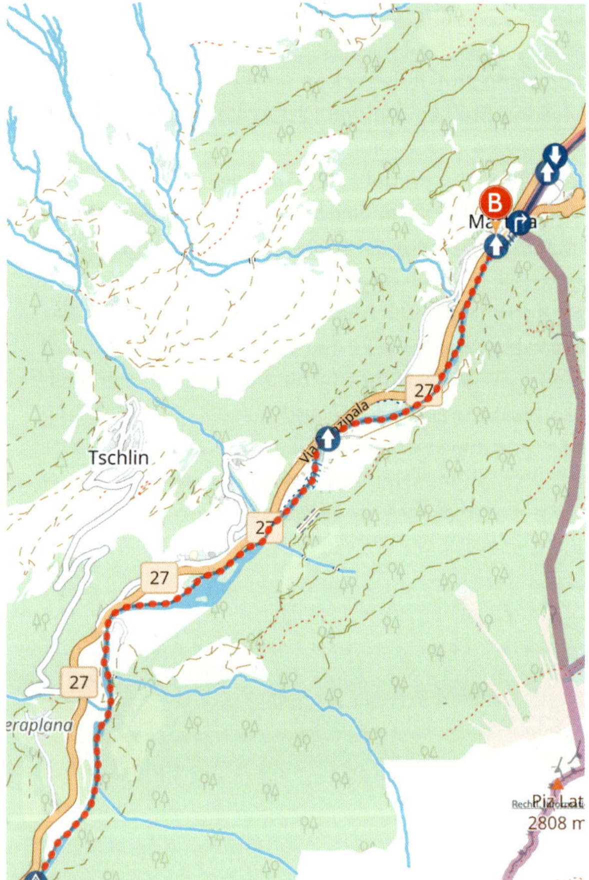

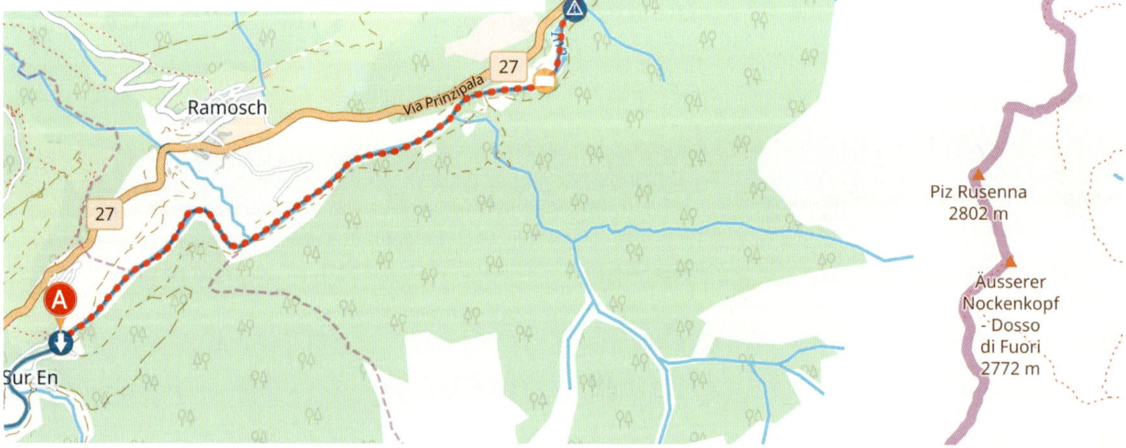

INN - Finstermünzer-Schlucht

Zwischen Martina in der Schweiz und der Kajetansbrücke in Österreich durchbricht der Inn die Berge in seiner tiefsten Schlucht. So begann ursprünglich die Beschreibung dieser einzigartigen Strecke. Die Schlucht ist immer noch da, ab 2022 aber endgültig mit einer Wehranlage samt Wasserableitung geschmückt. Bis zu 75 m^3/s werden dann bis Prutz in Tirol im Flussbett fehlen. Ob eine Befahrung der Schlucht überhaupt noch sinnvoll möglich sein wird, steht in den Sternen und wird auch davon abhängen, ob der Fluss an der Wehranlage im engen Tal überhaupt zugänglich ist (künftige Einstiegsstelle). Chancen auf einen halbwegs attraktiven Wasserstand wird es wohl zukünftig nur im Juni oder Juli geben. In dieser Zeit führt der Inn am Ausstieg heute regelmäßig über 125 m^3/s, so dass eine akzeptable Wassermenge von 50 m^3/s und mehr übrigbleiben könnte. Diese und alle weiteren Angaben sind natürlich ohne Gewähr, aber als Optimist will ich auf eine Kurzbeschreibung nicht ganz verzichten. Klar ist aber auch, dass die Zeit einer der besten Wuchtwasserstrecken der Alpen in einer großen tiefen Schlucht leider vorbei ist.

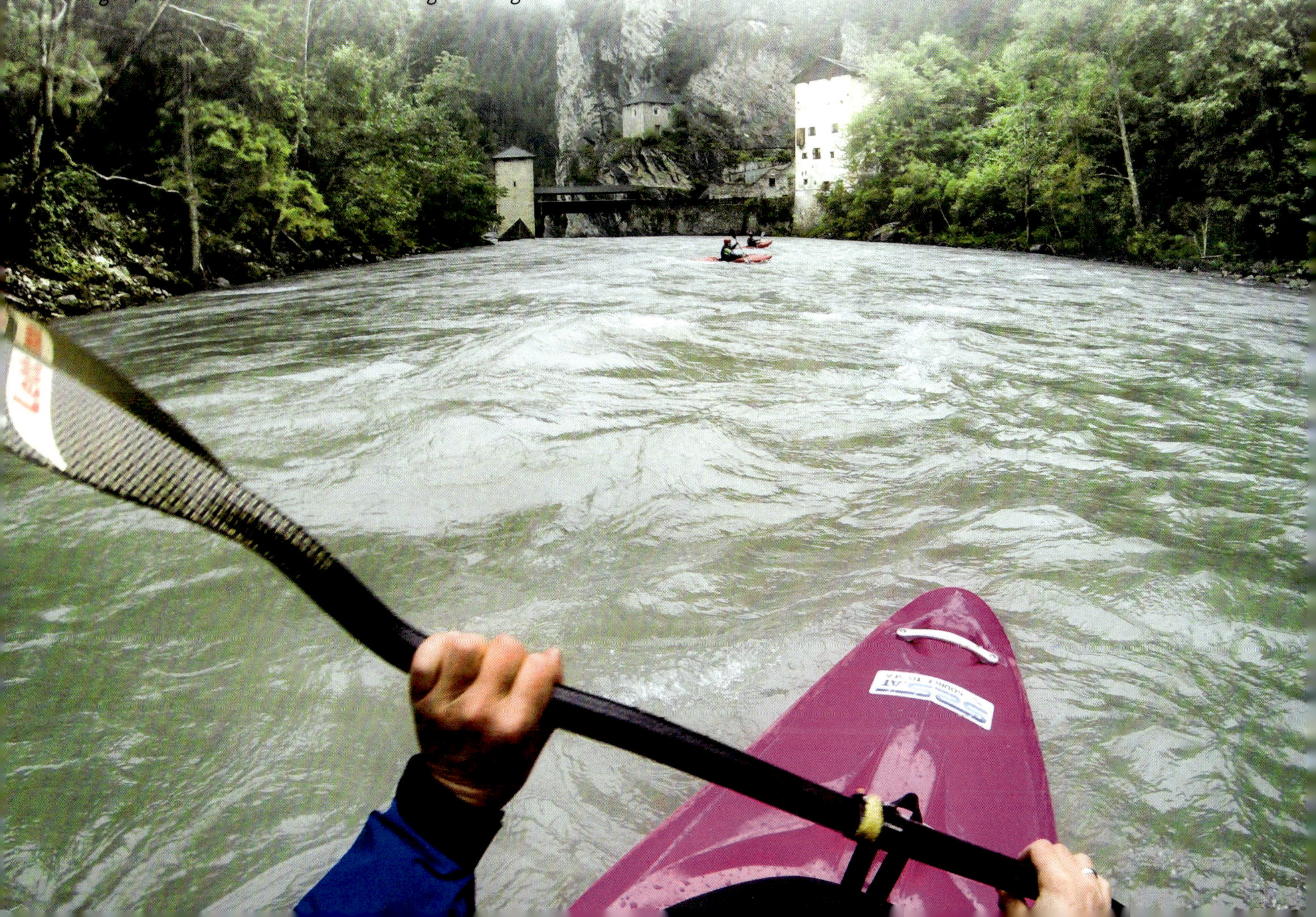

Die ehemalige Zollstätte Altfinstermünz blickt auf eine lange Geschichte zurück und ist noch heute ein eindrucksvoller Ort unterhalb der Kernstellen.
Bild: SOURCE TO SEA

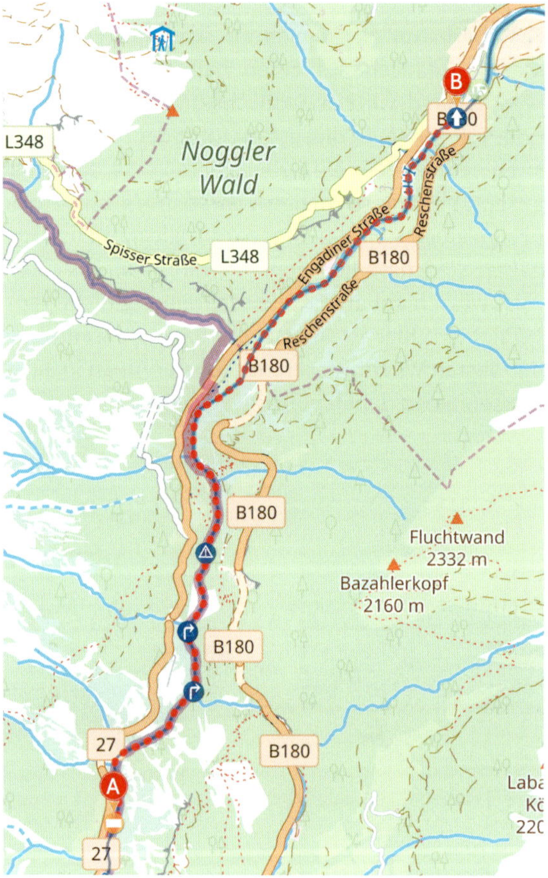

Übersicht

Länge: 7 km

Schwierigkeit: WW 4/4+ (5-5+)

Einstieg: Vsl. zukünftig an der Wehranlage unterhalb von Martina. Größte Vorsicht besonders vor Abschluss der Bauarbeiten (Befahrung ggf. nicht möglich)

Ausstieg: Kajetansbrücke (46.9524, 10.5114)

Charakter: Tiefe wuchtige Schlucht mit zwei markanten Kernstellen, durch eine neue Wasserableitung kastriert

Gefahren: Schwimmen, Walzen, Siphone/Unterspülungen und ggf. Baumhindernisse in der ersten Kernstelle

Gefälle: 7 m/km

Pegel: Min. 50 m^3/s am Pegel an der Kajetansbrücke, darunter deutlich wenig lohnender, die Kernstellen werden nicht unbedingt einfacher bzw. besser.

Beste Zeit: Wohl fast nur noch im Juni oder Juli bei hohen Wasserständen

Nach (der hoffentlich möglichen) Einstiegsstelle an der Wehranlage unterhalb von Martina (bei Fertigstellung des Buches noch Baustelle) geht es zunächst recht ruhig los, bis die Straße in der langen Lawinengalerie verschwindet und der Inn nach rechts abbiegt. Eine schöne, aber noch unproblematische Schwallstrecke macht den Anfang, ehe ein von rechts mündender Sturzbach den Beginn der ersten Kernstelle markiert. Wer die Stelle nicht kennt, sollte unbedingt rechtzeitig anlanden und besichtigen (am rechten Ufer, hier kann auch umtragen werden). In der Vergangenheit verkeilten sich hier regelmäßig auch größere Bäume.

Auf eine sehr kurze Ruhepause folgt vor der zweiten Kernstelle noch eine sehr wuchtige aber technisch einfache Kurve, die links besichtigt werden kann. In einer Linkskurve beginnt kurz darauf der zweite Katarakt, der in der Riesenwalze namens „Finstermonster“ endet. Wer diese Stelle erfolgreich bezwungen (oder auf einem Pfad am rechten Ufer umtragen) hat, kann bis zum Ende der Schlucht wunderschöne, deutlich einfachere Schwallstrecken genießen, Surfen, was das Zeug hält, oder einen Wavewheel nach dem anderen über die Wellen werfen. Kurz hinter der Burg von Altfinstermünz beruhigt sich der Inn endgültig, und auf leichtem Wildwasser geht es dem Ausstieg an der Kajetansbrücke entgegen.

WEITERE PADDELMÖGLICHKEITEN

Eine große Auswahl an verschiedenen Flüssen gehört nicht zu den vielen Stärken des Engadins. Die meisten Nebenbäche des Inns sind nur kurz, oft steil und unzugänglich oder aber abgeleitet. Dafür aber ist man bei Bedarf schnell im Tiroler Oberland, und über die Pässe ist es auch nicht weit zu Albula, Hinterrhein und Landquart.

Ein paar weitere Paddeltipps gibt es aber doch. Vor allem Genießer und Wildwassereinsteiger kommen am Inn zwischen Celerina und S-Chanf im offenen Hochtal auf ihre Kosten. Längere Teile sind leider arg monoton und kanalartig, dazwischen gibt es aber auch sehr schöne (teils renaturierte) Abschnitte. Paddeltechnisch am lohnendsten ist der **untere Teil ab La Punt** mit einigen Blockwurfwehren (um WW 2), bis dahin liegen die Schwierigkeiten der bis zu 16 Kilometer langen Strecke meist bei WW 1. Alternativ kann man die Fahrt auch am **Flazbach unterhalb von Pontresina** (oder am Roseggbach bei Pontresina) beginnen. Die Schwierigkeiten sind hier etwas höher und liegen meist um WW 2, im ersten Teil gerade bei mehr Wasser auch mal bei WW 3 (Achtung: Gefällbremse bei Pontresina). Im unteren Teil erhielt der Flazbach ein komplett neues, künstlich geschaffenes Flussbett, das sicher Geschmackssache ist. Der **Roseggbach** wäre eine echte Perle, ist aber durch viele gefährliche Gefällbremsen fast vollständig verbaut.

Die schönste Zugabe für geübte Paddler ist zur Zeit der Schneeschmelze sicher die **Vallember direkt am Zeltplatz Chapella**. Einfach mal per Fahrrad ins Val Susauna fahren und – wenn das Gesehene gefällt – das Boot schultern oder auf den Bootswagen packen (keinesfalls die gesperrte Straße mit dem Auto befahren!). Die Schwierigkeiten liegen im unteren Teil meist um WW 3-4, zwei Katarakte um WW 5. Wie weit man trägt, ist Geschmackssache, nach oben wird die Vallember deutlich schwerer und unfairer. Eine **Weiterfahrt bis zum Inn** soll (bei ausreichend Wasser) nach Umtragung eines Wehrs möglich sein.

Flott und schön ist auch der **Unterlauf des Beverin** ab der Station Spinas der Rhätischen Bahn. Zugänglich nur per Bootswagen oder per Zug (Bootstransportmöglichkeit vorher klären) ab Bever, Schwierigkeiten um WW 3. Der untere Teil ist kanalisiert, ggf. Vorsicht vor einer niedrigen Stufe an der Eisenbahnbrücke und einer Blockrampe am Ende der begradigten Strecke.

Die **Spöl** ist abgeleitet und im Schweizer Nationalpark ist auch Paddeln verboten. Weitere paddelbare Strecken finden sich am **Berninabach**. Hier ist aber der eigene Entdeckergeist gefragt, mit dem sich auch auf manchem anderen Seitenbach noch ein paar paddelbare Meter oder neue Herausforderungen finden lassen – ob das sinnvoll ist, sei dahingestellt. Tourenpaddler finden mit den **Seen des Oberengadins** dagegen ein zusätzliches uneingeschränkt empfehlenswertes Betätigungsfeld.

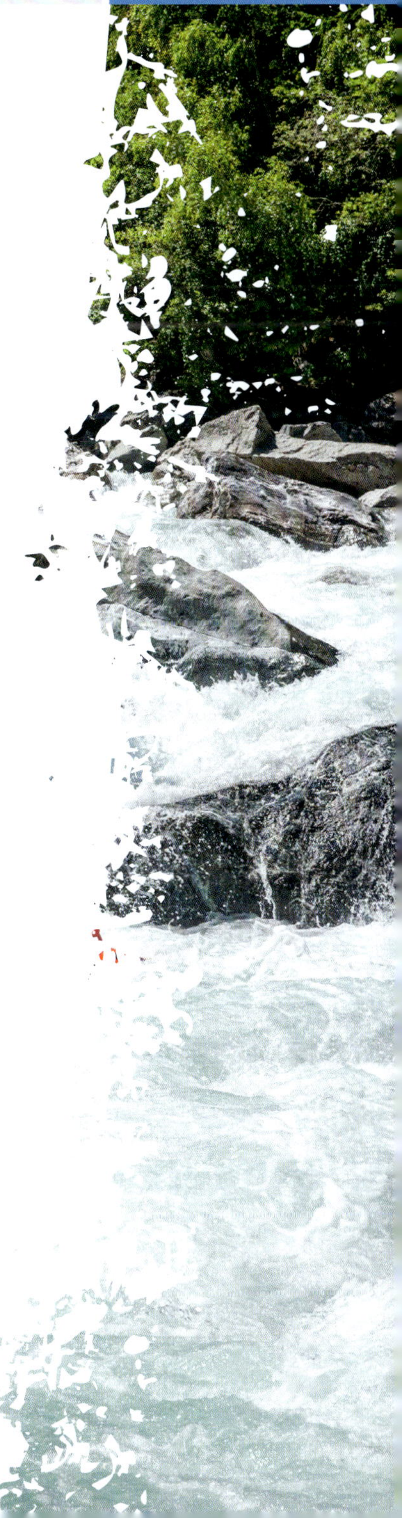

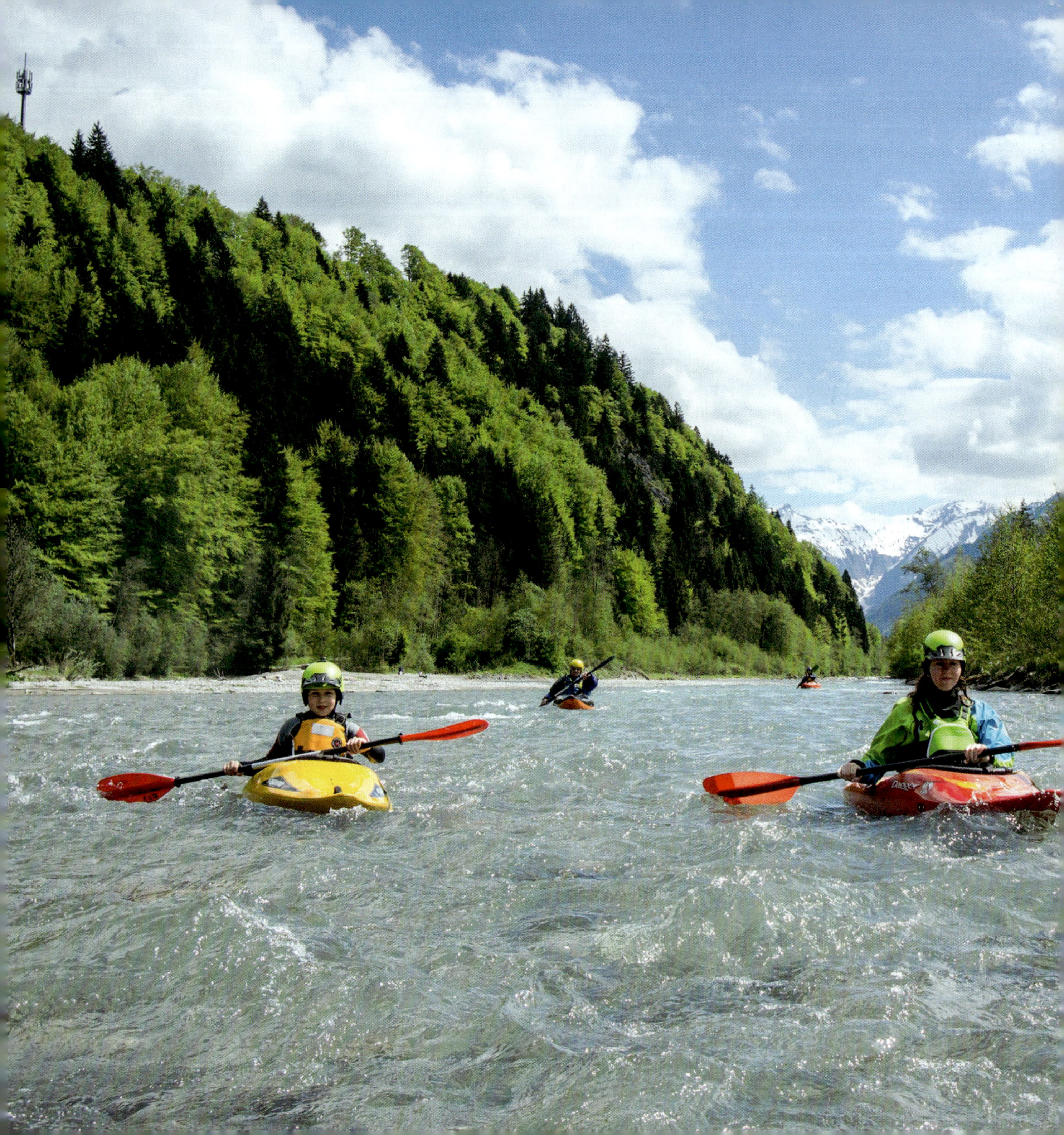

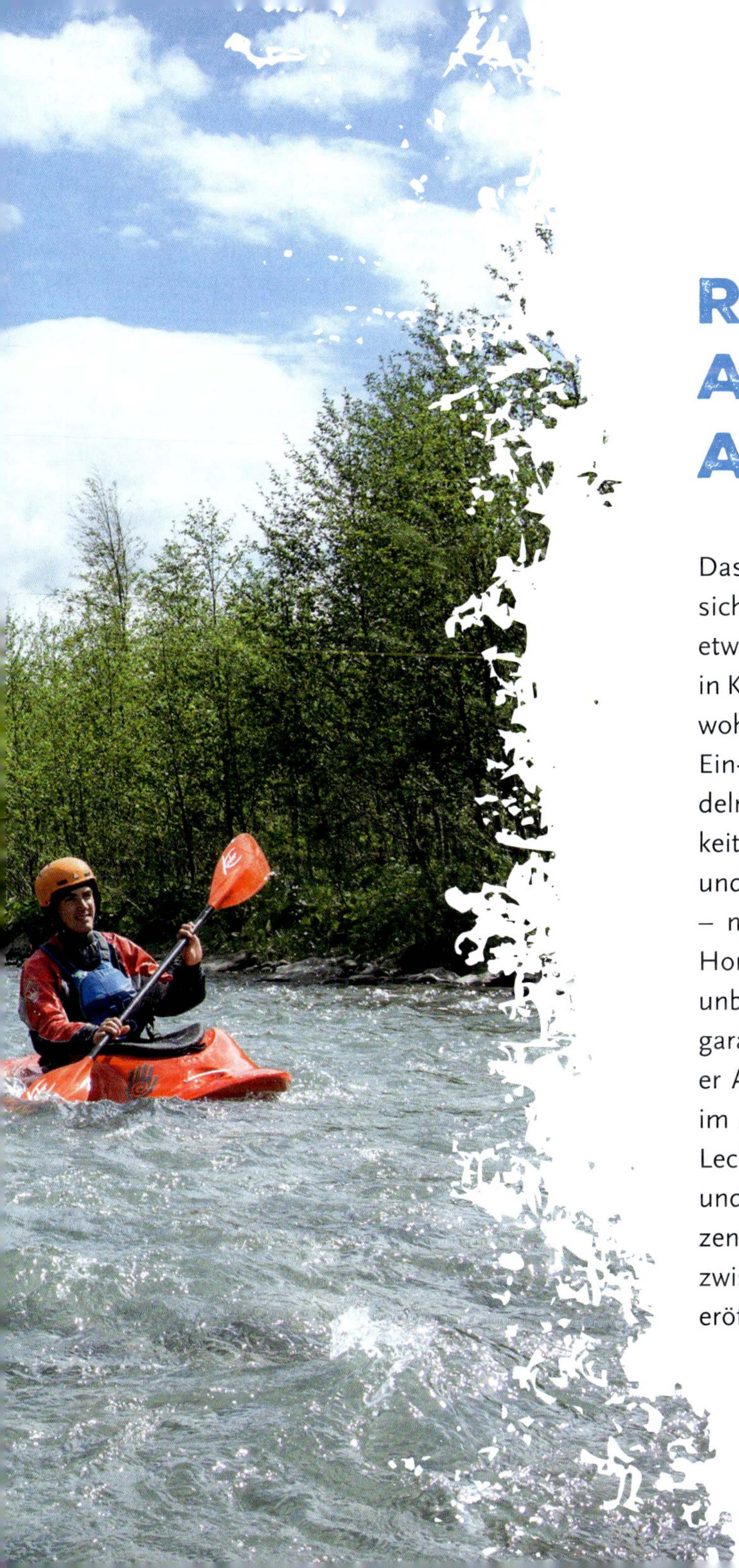

REGION 3: ALLGÄU UND AUSSERFERN

Das Allgäu in Bayern und das Außerfern in Tirol ergänzen sich perfekt. Während beide Gebiete für sich alleine eher etwas für ein (langes) Paddelwochenende sind, wird es in Kombination zur richtigen Zeit auch nach einer Woche wohl kaum langweilig. Vor allem im Mai und Juni finden Ein- und Aufsteiger wie auch Genießer vielfältige Paddelmöglichkeiten vom ersten bis zum vierten Schwierigkeitsgrad. Schwerer wird es – von einigen Geheimtipps und wilden Klammen für Spezialisten einmal abgesehen – nur in den berühmten Lechschluchten und am oberen Hornbach. Zwei Ziele, die einen Besuch auch für Könner unbedingt lohnen. Landschaftliche Kontraste sind dabei garantiert. Steile Grasberge in den Lechtaler und Allgäuer Alpen gibt es hier ebenso wie sanfte Blumenwiesen im Allgäu. Dazwischen offene Kiesbettlandschaften am Lech, idyllische Waldschluchten an der Breitach und Vils und schroffe Klammen zum Beispiel am Madaubach. Ein zentrales Basislager gibt es zwar nicht, doch der Wechsel zwischen Iller und Lech ist in einer Stunde geschafft und eröffnet mit Sicherheit ganz neue Perspektiven.

Region-Infos
Allgäu und Ausserfern

Anfahrt:
Ins Allgäu aus Richtung München auf der A 96 bis Jengen/Kaufbeuren, auf der B 12 Richtung Kempten und weiter auf der A7 Richtung Füssen bis zum Dreieck Allgäu. Aus dem Norden einfach immer der A 7 folgen bis zum Dreieck Allgäu. Ab hier kurz auf der A 980 und weiter auf der B 19 Richtung Immenstadt, Sonthofen und Oberstdorf.
Will man direkt weiter ins Lechtal (Außerfern), bleibt man bis zur Grenze auf der A 7 und fährt auf der österreichischen B 179 weiter nach Reutte. Wer über München anreist, wählt die A 95 nach Garmisch-Partenkirchen und fährt über Lermoos und die Fernpassbundesstraße nach Reutte. Kaum langsamer, aber landschaftlich umso schöner ist die Route via Ettal, Graswang und Plansee.

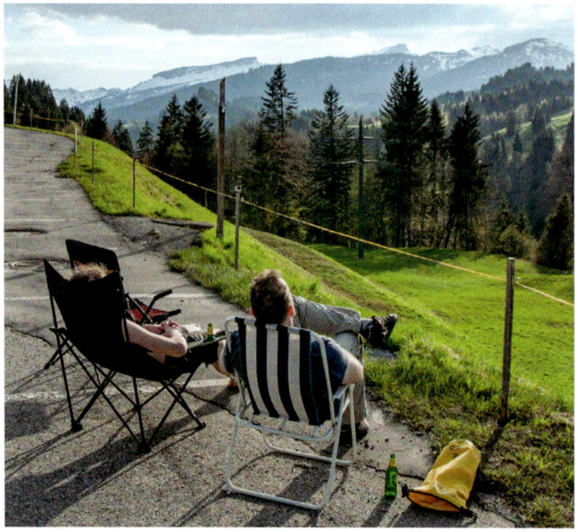

Feierabend am Parkplatz Walserschanz im Kleinwalsertal.

Basislager:
Den idealen Zeltplatz im Allgäu habe ich auch nach vielen Jahren noch nicht gefunden.
Am zentralsten liegt der Campingplatz in Sonthofen an der Iller neben dem Freibad. Schön ist der recht beengte Platz (reservieren!) mit viel Schotter und wenig Bäumen aber nicht.
Tel: 08321/2350, *www.illercamping.de*
Deutlich idyllischer, aber weniger zentral, ist der Camping Zwerwald bei Riezlern im Kleinwalsertal (direkter Einstieg zur Breitach möglich). Zum Teil erst ab Mitte Mai geöffnet, vor allem der hintere Platzteil ist zu empfehlen (nicht immer geöffnet).
Tel: 0043/5517/5727, *www.camping-zwerwald.de*
Für die anderen Campingplätze im Tal kann ich keine Empfehlung aussprechen.

Im Lechtal ist die Auswahl sehr begrenzt. Seit 2016 gibt es zum beliebten und günstig gelegenen Camping Rudi in Häselgehr eine Alternative in Vorderhornbach. Eine Reservierung ist unbedingt zu empfehlen.
Tel: 0043 / 5634 / 6425
lechtal-camping-rudi.at
Tel: 0043 / 676 / 4308480
www.camping-vorderhornbach.at

Wer eine etwas längere Anfahrt nicht scheut, findet an den Campingplätzen am Plansee ein tolles Basislager mit direktem Seezugang und wunderschönen Wandermöglichkeiten. Mein Favorit trotz vieler Dauercamper:
Der Camping Sennalpe. Auch hier kann es in der Hochsaison schnell eng werden.
Tel: 0043/5672/78115, *www.camping-plansee.com*

Beste Zeit:
Ausreichend Wasser auf allen Flüssen ist nur während der Schneeschmelze im Allgäu meist bis Ende Mai, im Außerfern auch im Juni, zu erwarten. Mit Ausnah-

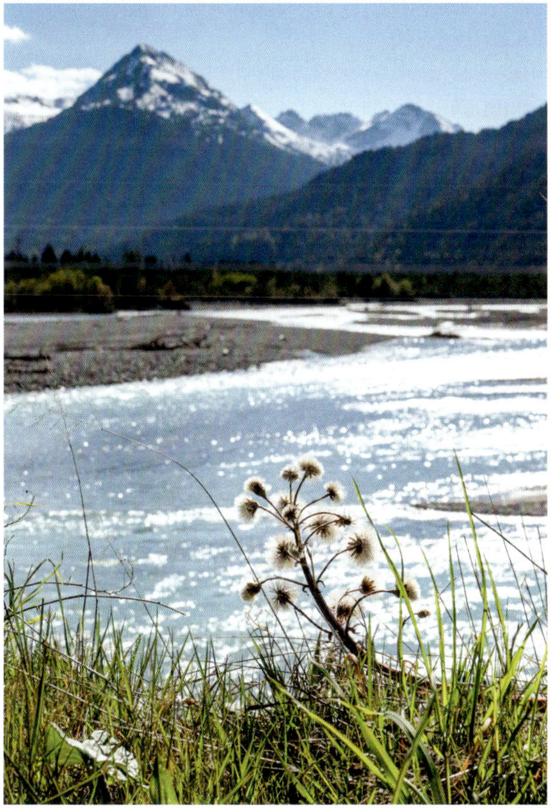

Das Tiroler Lechtal ist eine der letzten natürlichen Wildflusslandschaften der Nordalpen.

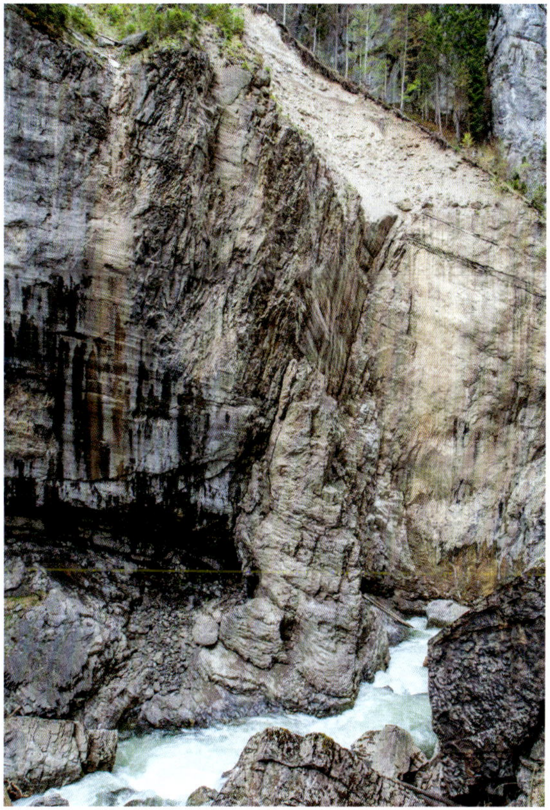

Die Breitachklamm ist unbedingt sehenswert.

me von Iller und Lech, die ganzjährig befahrbar sind, reicht das Wasser danach nur nach Regenfällen aus. Für die Klammen im Lechtal und die Lechschluchten sollte man wegen möglicher Lawinenreste und zu hoher Wasserstände nicht zu früh kommen, die beste Zeit variiert aber von Jahr zu Jahr deutlich.

Weitere Aktivitäten:

Die idyllische Berglandschaft bietet unzählige Möglichkeiten für Spaziergänge, Wanderungen und Bergtouren. Bekannt ist der Hindelanger Klettersteig, der mit der Nebelhornbahn zu erreichen ist (alpine Erfahrung erforderlich). Auch die Karstlandschaft des Gottesackerplateaus im Kleinwalsertal mit tiefen Schächten ist bequem per Lift erreichbar. Zahlreiche Tourenvorschläge gibt es auf *www.oberstdorf.de*. In den Lechtaler Alpen sind viele Routen, auch infolge der recht großen Höhenunterschiede, eher anspruchsvoller. Es gibt aber gerade in den ursprünglichen Seitentälern auch verschiedene lohnende kürzere Touren zu entdecken.

Schöne Mountainbiketouren führen in die Täler der Stillach, Trettach und Ostrach und zu urigen Almwirtschaften (Routenvorschläge auf *www.oberstdorf.de*). Für Tourenfahrer gibt es in den Tälern beschilderte

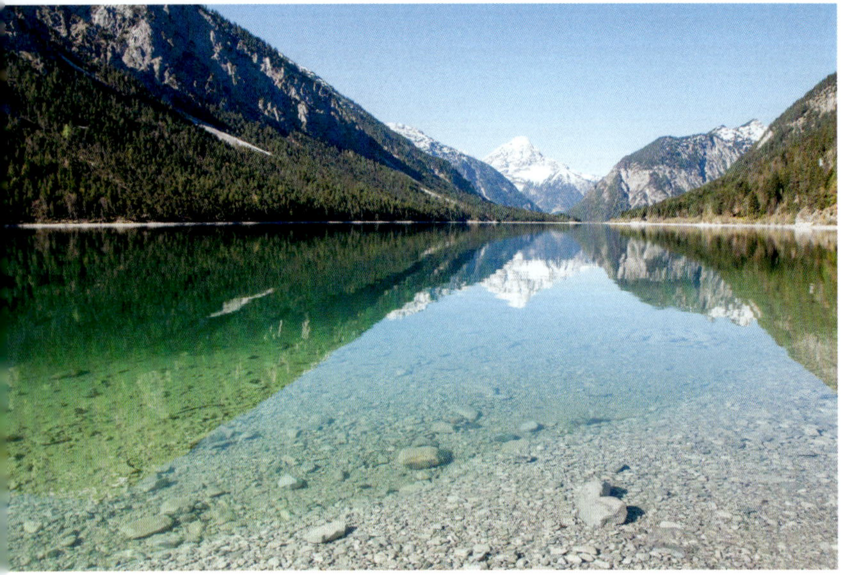

Einfach schön: Der Plansee.

Routen (z.B. Illerradweg), die nur geringe Höhenunterschiede aufweisen. Im Lechtal sind Mountainbiketouren vor allem auf das flache Haupttal und die Seitentäler beschränkt, Möglichkeiten für größere Rundtouren gibt es weniger. Dafür kann man auf Stichtouren sehr idyllische Winkel entdecken. Besonders empfehlenswert ist die Tour ins Schwarzwasserbachtal. Rennradfahrer sollten sich die Tour über das landschaftlich besonders eindrucksvolle Hahntennjoch nach Imst im Inntal nicht entgehen lassen.
Für Canyoningfreunde gibt es in der gesamten Region lohnende Touren und empfehlenswerte Anbieter. Mehr Infos z.B. auf *www.canyonauten.de*.

Für einen gemütlichen Tag am See ist der Plansee für mich die erste Wahl, doch auch die Seen im Allgäu und im Tannheimer Tal sind einen Ausflug wert. Auch im Lechtal selbst gibt es ein paar wunderschöne kleine Seen zu entdecken. Tolle Gumpen gibt es am Planseeablauf, dem Archbach, an den Stuibenfällen (und unterhalb davon).

Sehenswürdigkeiten:

Trotz des großen Touristenrummels ist ein Besuch der ungeheuer eindrucksvollen Breitachklamm zu empfehlen (leider nur bis 17 Uhr geöffnet!).
Tipp: Auch nach 17 Uhr lohnt sich ein kurzer Spaziergang durch den oberen, offeneren Teil der Klamm. Kleiner, aber trotzdem wild romantisch, ist die Klamm der Starzlach bei Sonthofen.
www.breitachklamm.com
und *www.starzlach-klamm.de.*
Im Lechtal ist allgemein die Natur die Sehenswürdigkeit Nummer eins. Große Attraktionen im klassischen Sinne sind eher die Ausnahme. Erwähnenswert ist die Burgenwelt Ehrenberg bei Reutte (*www.ehrenberg.at*) samt 406 Meter langer Hängebrücke über die Fernpassstraße, letztere allerdings mit gesalzenen Preisen (*www.highline179.com*).

Shop und Schulung:

Die Wildwasserschule Oberstdorf bietet ein umfangreiches Kursprogramm an.
www.wildwasserschule.com

Gastro-Tipp:

Keine Spezialitäten der Region, aber dafür wirklich gut, faire Preise und sehr freundlicher Service: Pizzeria Da Zaza, Richard-Wagner-Straße 18 in Sonthofen. Tel: 08321/6762267.

Besonderheiten:

Aus Naturschutzgründen ist das Anlanden auf Flussinseln in Graubünden vom 1.4 bis 31.10 verboten.

Im Notfall:

Krankenhäuser in Oberstdorf, Sonthofen, Immenstadt und Füssen
Europaweiter Notruf 112
Alpinnotruf Österreich 140

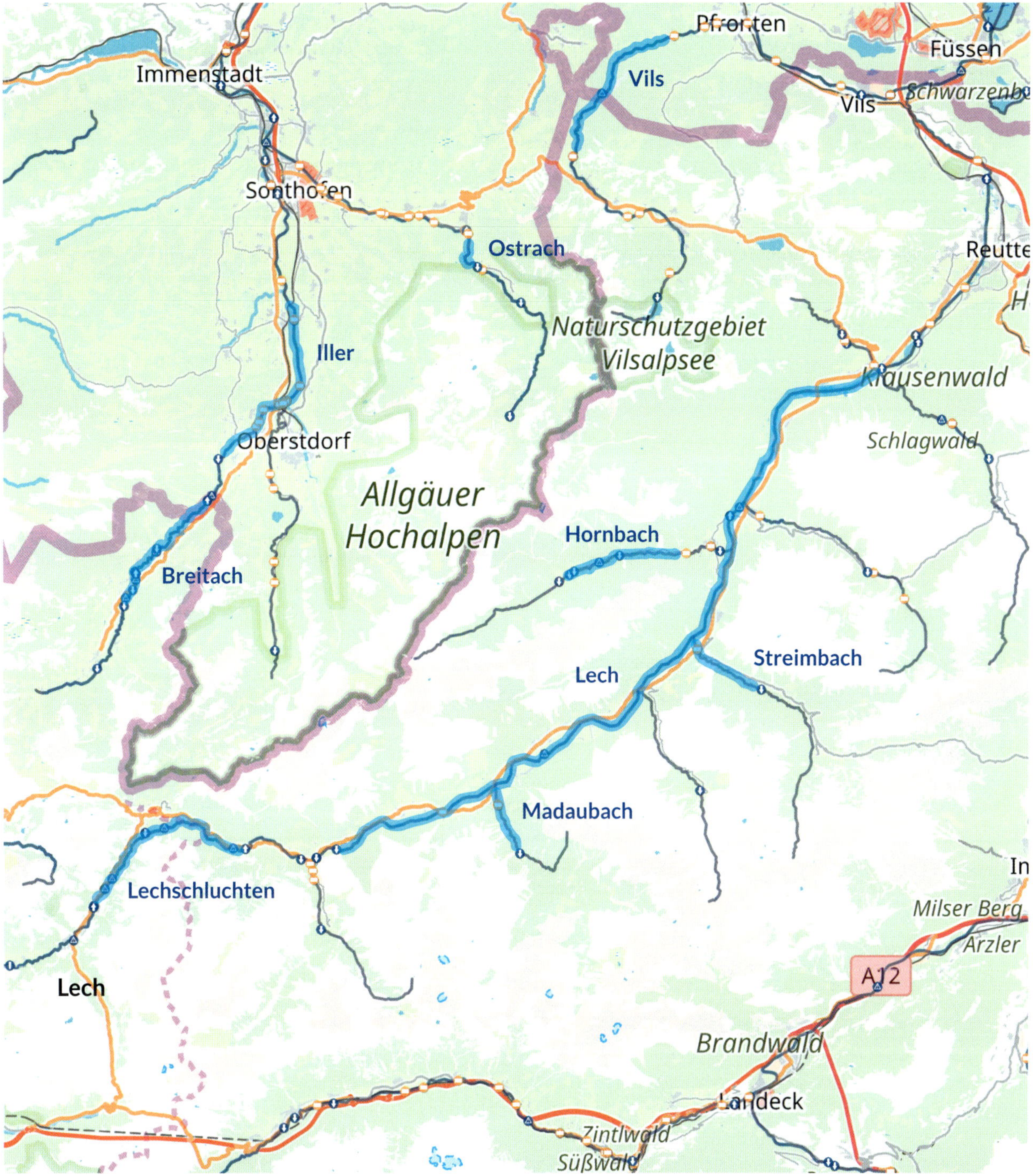
Pfronten
Füssen
Immenstadt
Vils
Vils
Schwarzenb
Sonthofen
Ostrach
Reutte
Naturschutzgebiet
Vilsalpsee
Iller
Klausenwald
Oberstdorf
Schlagwald
Allgäuer
Hochalpen
Hornbach
Breitach
Streimbach
Lech
Madaubach
Lechschluchten
Milser Berg
Arzler
Lech
A12
Brandwald
Landeck
Zintlwald
Süßwald

DIE KLASSIKER:

OBERE BREITACH

Das von der Breitach durchflossene Kleinwalsertal gehört zwar zum österreichischen Bundesland Vorarlberg, ist aber auf der Straße nur aus Deutschland erreichbar. Aus österreichischer Perspektive ist die beliebte Tourismusregion damit eine funktionale Exklave, die traditionell eng mit dem bayerischen Allgäu verbunden ist. Aus Paddlersicht trennt nur die völlig unbefahrbare Breitachklamm das leichte Wildwasser des bayerischen Unterlaufs von der deutlich anspruchsvolleren Strecke im Kleinwal-

ÜBERSICHT

Länge: 6 km

Schwierigkeit: WW 3-4

Einstieg: Klärwerk Riezlern (47.3576, 10.1800) (alternativ für Gäste beim Camping Zwerwald) oder bei Hirschegg (47.3362, 10.1697)

Ausstieg: Vor der unbefahrbaren Breitachklamm, Parkplatz Walserschanz (47.3870, 10.2289), Ausstieg selbst besichtigen!

Charakter: Verblockte Katarakte und Abfälle, im unteren Teil recht wuchtig und kontinuierlich

Gefahren: Baumhindernisse, Ausstieg vor der unbefahrbaren Breitachklamm, „Zwangspassage“ in der Schwendeschlucht

Gefälle: 19 m/km

Pegel: Breitach-Tiefenbach, *www.hnd.bayern.de*, Minimum ca. 10 m³/s, NW 12 m³/s, MW 17 m³/s. Während der obere Teil bei Niedrigwasser noch etwas steinig ist, wird es ab der Mündung des Schwarzwasserbachs bereits dann sehr rund und lohnend.

Beste Zeit: April bis Juni und nach Regenfällen

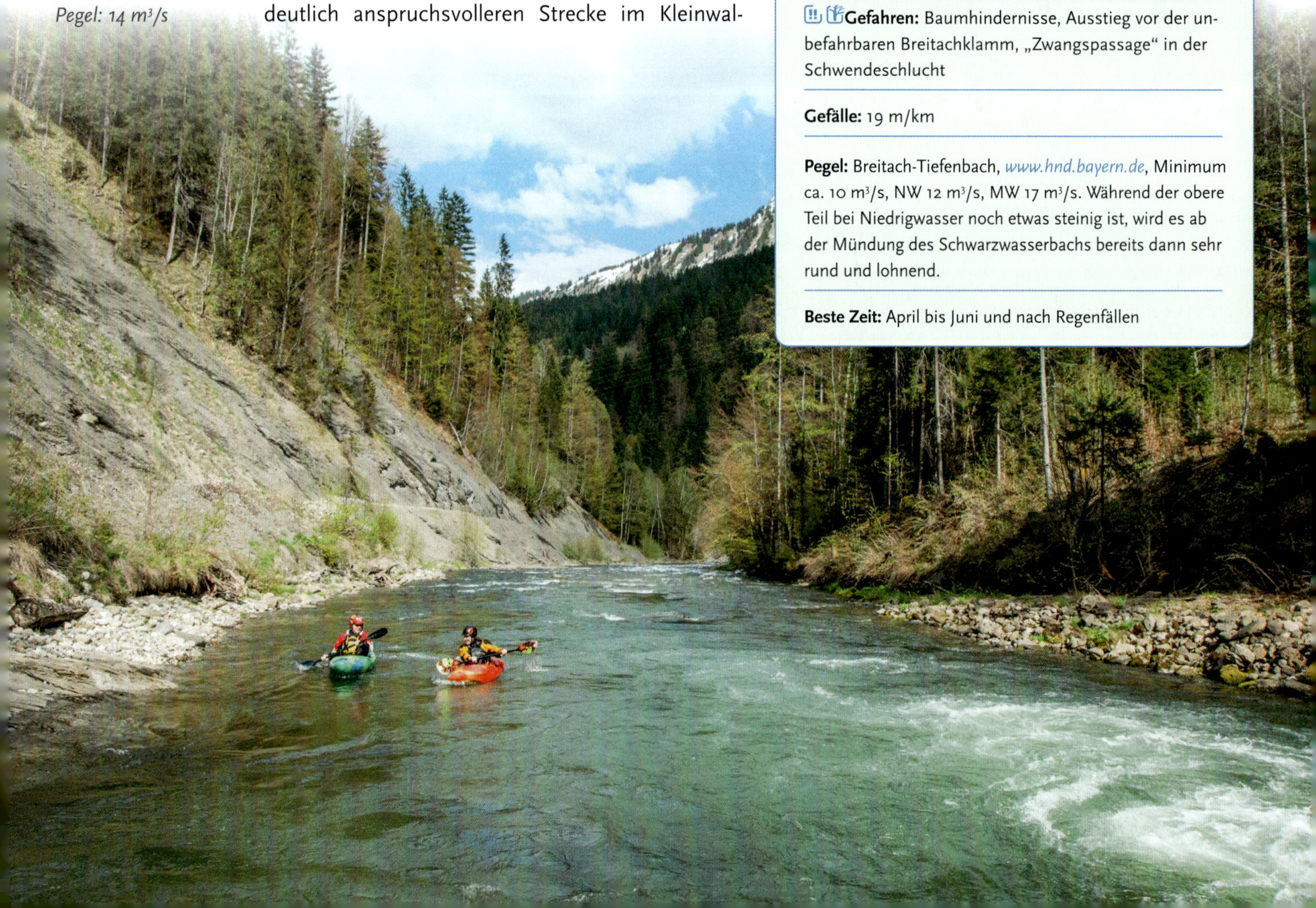

Unterhalb des (ehemaligen) Fischerlochs wird die Breitach etwas offener. Pegel: 14 m³/s

sertal. Einziges echtes Manko der schönen Waldschluchten ist der in manchen Jahren ausgeprägte Holzreichtum auch im Flussbett, der für allerlei Gefahrenstellen sorgen kann. Wer die obere Breitach aber weitgehend baumfrei erlebt, wird die Tour mit sportlichen Katarakten, Schwällen und kleinen Stufen in grünen Waldschluchten sicherlich in bester Erinnerung behalten. Vor der deutlich beliebteren Loisach muss sich die Breitach definitiv nicht verstecken, allerdings liegen ihre Schwierigkeiten auch etwa einen halben Grad höher, und statt dichter Verblockung gibt's im Kleinwalsertal eine Portion mehr Wasserwucht. Mir jedenfalls gefällt das richtig gut.

An Land

Die Ausstiegsstelle vor der wirklich unbefahrbaren Breitachklamm sollte man vor einer ersten Befahrung unbedingt vorab besichtigen. Dazu folgt man vom Parkplatz Walserschanz (Gasthof) dem Wanderweg zum Fluss, überquert diesen und geht noch kurz flussaufwärts, bis das Flussbett offener wird. Der letzte sichere Ausstieg bei höheren Wasserständen befindet sich noch vor der Kurve, danach kann es unter Umständen schon zu knapp werden.

Bei der Weiterfahrt zum Einstieg lohnt es sich, Richtung Schwende abzubiegen und von der hohen Brücke einen Blick in den engsten Teil der Kajakstrecke zu werfen. Ein günstiger Einstieg befindet sich beim Klärwerk Riezlern. Wer sein Lager am Camping Zwerwald aufgeschlagen hat, kann die Boote auch direkt von hier auf einem Wanderweg zum Fluss hinuntertragen. Natürlich ist es auch möglich, weiter oben bei Hirschegg einzusteigen, allerdings begeistert der Flusscharakter in diesem Bereich für meinen Geschmack nicht wirklich, Parkraum ist knapp und auch Fahrverbote sind zu beachten. Zum Umsetzen der Autos empfiehlt sich der in dichtem Takt verkehrende Walserbus.

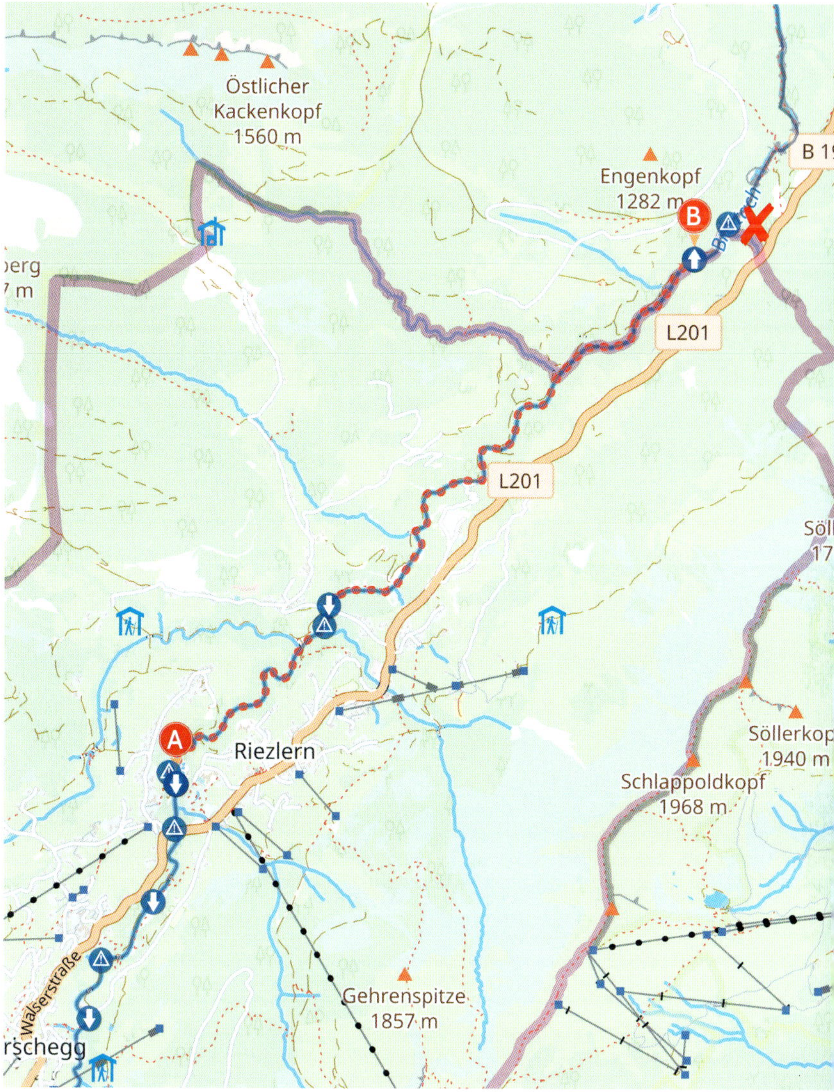

Auf dem Wasser

Bis zum Klärwerk von Riezlern rauscht die Breitach flott und bei moderaten Wasserständen recht steinig durchs meist ziemlich breite Flussbett (um WW 3). Nicht völlig unattraktiv, aber kein Vergleich mit der weiteren Strecke. Ab dem Klärwerk nimmt

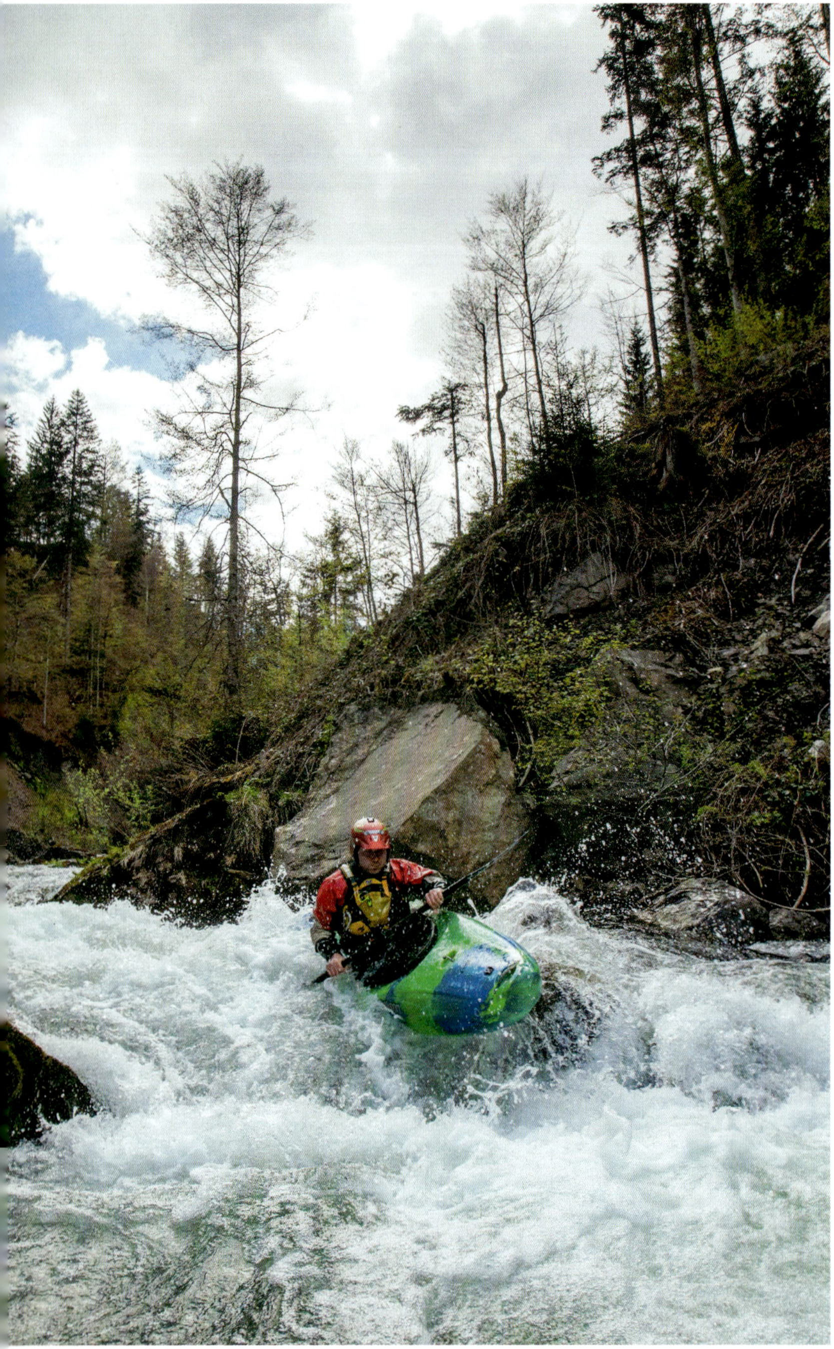

das Gefälle allmählich zu und bald kündigt ein Steg über dem Fluss den dicht verblockten Bauhauskatarakt an. Dieser verändert sich regelmäßig, verlangt aber immer eine präzise Routenwahl und zählt auch aufgrund seiner Länge zu den anspruchsvollsten Stellen der oberen Breitach. Sichere Kehrwassertechnik ist ein Muss, um den leider nicht seltenen Baumhindernissen aus dem Weg zu gehen. Unterhalb geht es deutlich leichter weiter, doch zwischendurch taucht recht plötzlich eine neu entstandene knackige Stelle auf. Überhaupt ist das weiche Gestein anfällig für Veränderungen, also Augen auf und niemals blind um die nächste Kurve treiben lassen.

An der Mündung des Schwarzwasserbachs, der die Wassermenge deutlich erhöht, beginnt die kurze Schwendeschlucht. Sie verengt sich nach einem niedrigen Abfall mit starkem Rücklauf auf der linken Seite klammartig und fordert durchaus Sattelfestigkeit. Das Fischerloch mit seiner großen Walze ist zwar seit geraumer Zeit eingeebnet und nur noch eine geniale Stelle, um von Kehrwasser zu Kehrwasser zu schießen, doch dafür hat sich oberhalb eine knackige „Zwangspassage“ gebildet. Streng genommen könnte man diese zwar sicher irgendwie (ggf. weiträumig) umtragen, praktisch betrachtet taucht die Stelle aber gerade bei viel Wasser schnell auf und verlangt ebenso rasche Entscheidungen. Daher ist es kein Fehler, vorab von der hohen Brücke einen Blick in die Schlucht zu werfen und im Zweifelsfall vom Wanderweg aus genauer zu besichtigen.

Der Bauhauskatarakt ist der erste Höhepunkt der Breitach. Pegel: 12 m³/s

Im weiteren Verlauf öffnet sich die Schlucht deutlich, doch das Wildwasser bleibt sportlich und bietet immer wieder Überraschungen. Herrlich wuchtige Katarakte über Felsrippen sorgen bei guten Wasserständen für pausenlosen Wildwasserspaß. Zwischendurch lauern aber auch einige unerwartet dicke Löcher. Knapp zwei Kilometer nach der Gaststätte Waldhaus mit dem Waldhauskatarakt teilt sich der Fluss an einer deutlichen Rechtskurve in zwei Arme (je nach Pegel), um gleich darauf wieder nach links abzuknicken. Hier steuert man unbedingt schon an der ersten Kurve das linke Ufer bzw. den linken Arm an, um rechtzeitig vor der Breitachklamm auszusteigen. Die Stelle ist recht unauffällig und auch die unscheinbaren Brückenreste als Markierung erkennen mittlerweile nur noch Eingeweihte, also bitte vor der Paddeltour unbedingt selbst anschauen. Zwar gibt es auch nach der Linkskurve noch Kehrwasser vor dem folgenden Felsschlund, doch gerade mit Gruppen oder bei mehr Wasser ist das Risiko einfach zu hoch. Die Klamm wird zwar noch nicht sofort unbefahrbar, doch lauert gleich ums Eck eine oft völlig verholzte und sehr gefährliche Fünferstelle und der Klammsteig ist nur noch mit Seilunterstützung erreichbar. Einige (leider auch tödliche) Unfälle mahnen, hier lieber etwas zu vorsichtig zu sein. Um den kurzen, aber steilen Aufstieg zum Parkplatz mit geschultertem Boot kommt man ohnehin nicht herum, doch mit dem Wissen um kühle Getränke und ohne ordentliche Brotzeit ist diese Sporteinlage auch nur halb so wild.

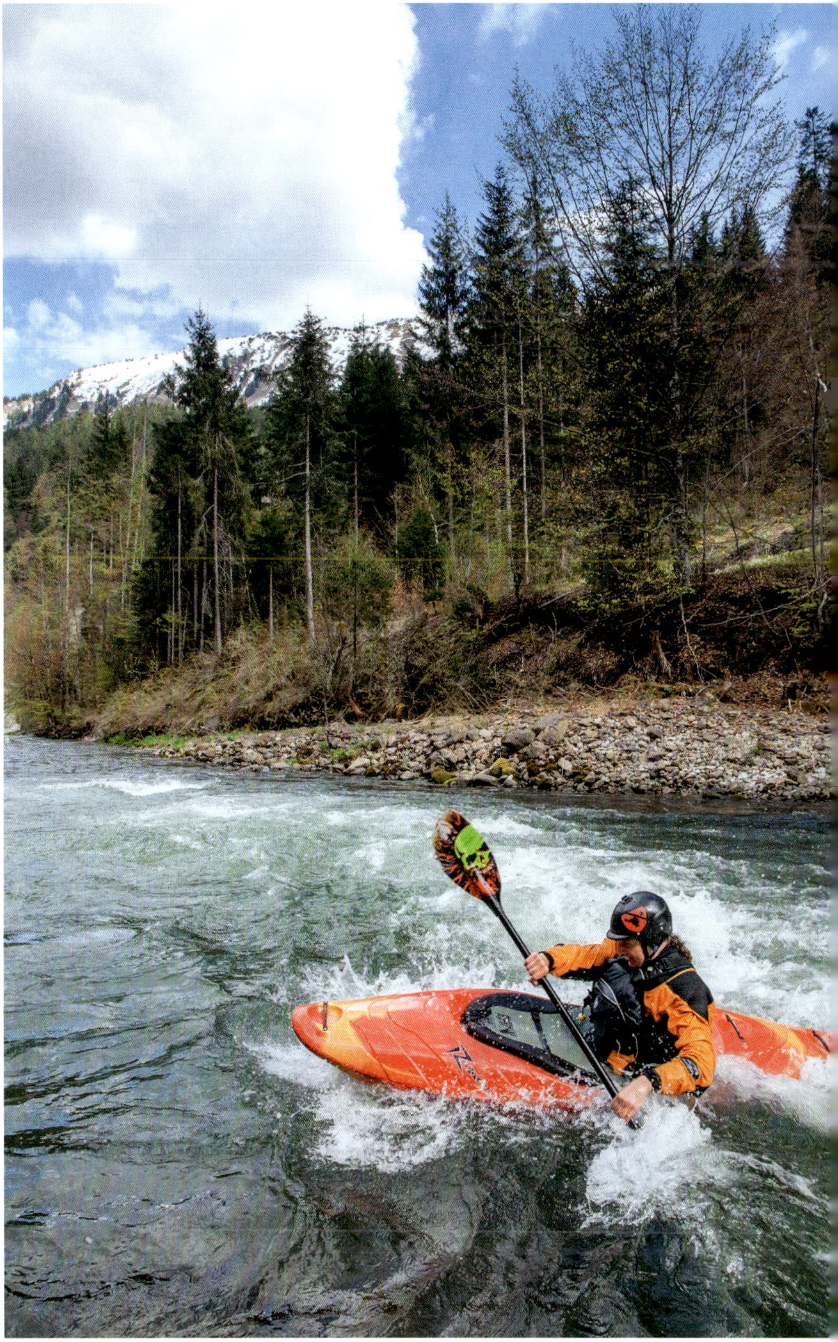

Nach der Schwendeschlucht bieten schöne Kehrwasser die Möglichkeit zu dynamischen „Einkehrschwüngen“. Pegel: 14 m^3/s

ILLER UND UNTERE BREITACH

Unterhalb von Oberstdorf vereinigen sich Breitach, Stillach und Trettach zur Iller. Von ihrem Ursprung an ist die Iller kein reißendes Wildwasser, sondern ein freundlicher Voralpenfluss, der ein breites Tal mit blühenden Wiesen und kleinen Wäldern durchfließt. Die ultimative Herausforderung kann der Fluss zwar nicht bieten, dafür aber eine geruhsame, einsteigerfreundliche Tour mit schönem Bergpanorama, die durch Renaturierungsmaßnahmen noch attraktiver geworden ist. Eine reizvolle Kombinationsmöglichkeit bieten die spritzigen Stromschnellen der unteren Breitach nach der sehenswerten Breitachklamm.

ÜBERSICHT

Bereich:	**Untere Breitach**	**Iller**
Länge:	4 km	5-10 km
Schwierigkeit:	WW 2 (3-)	WW 1 (2,3+)

Einstieg: Unterhalb der Breitachklamm (47.4041, 10.2292) bzw. Brücke der Bundesstraße vor Oberstdorf (47.4261, 10.2671)

Ausstieg: Brücke Fischen (47.4595, 10.2794) oder Sonthofen am Stadionweg (47.5019, 10.2748)

Charakter: Spritzige Schwälle und kleinere Stufen/Blockwehre auf der unteren Breitach, Kiesbankschwälle auf der Iller

Gefahren: Evtl. Blockwurfstufen

Gefälle: 10 m/km (Breitach), 5 m/km (Iller)

Pegel: Breitach-Tiefenbach und Iller-Sonthofen (*www.hnd.bayern.de*), Mindestpegel 10 bzw. 20 m^3/s, rund ab 5 m^3/s mehr

Beste Zeit: Mai und Juni und nach etwas Regen

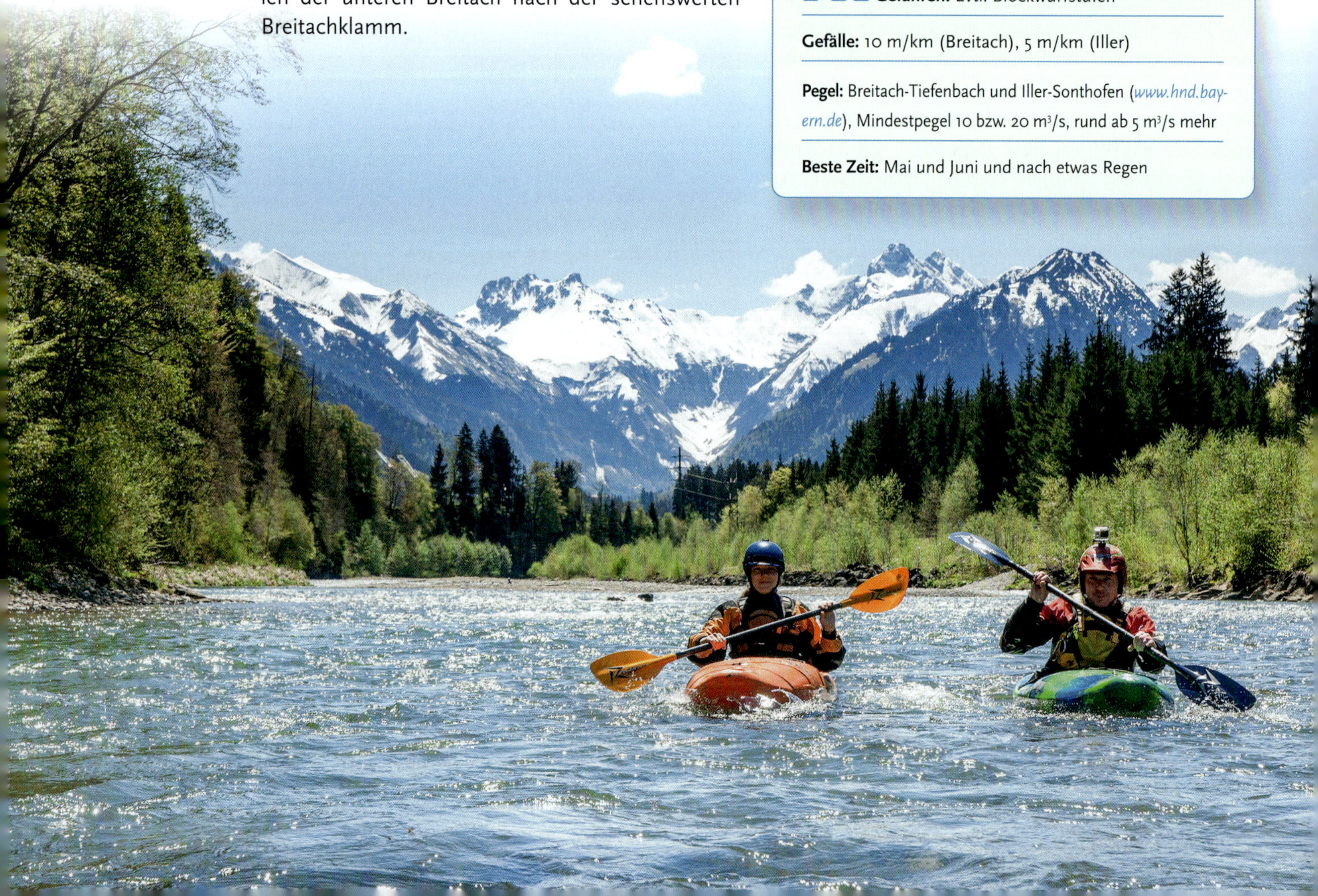

Auf der Iller bleibt genügend Zeit das großartige Panorama zu genießen. Pegel: 25 m^3/s

An Land

Rund 100 Meter vor dem großen gebührenpflichtigen Parkplatz an der Breitachklamm (gut beschildert) zweigt links ein Schotterweg ab, über den man die Boote zur Breitach tragen kann. Wer nett fragt, darf zum Abladen an der Abzweigung des Wegs halten, bevor er das Auto am Parkplatz abstellt. An der Brücke der Bundesstraße vor Oberstdorf (möglicher Ausstieg bzw. alternativer Einstieg) ist (öffentlicher) Parkraum leider etwas knapp, an den Ausstiegstellen an der Brücke von Fischen bzw. bei Sonthofen (Stadionweg) sieht es deutlich besser aus.

Auf dem Wasser

Spritzige Schwallstrecken im offenen Kiesbett führen auf der unteren Breitach durch frisch grünen Laubwald, der im Frühjahr einen schönen Kontrast zum dunklen Nadelwald an den Hängen bildet. An verschiedenen Stellen gibt es gefahrlose Übungsmöglichkeiten im breiten Flussbett, das bei wenig Wasser allerdings recht flach wird. Ein niedriges aber rückläufiges Steilwehr in einer kurzen Talverengung ist einer gut befahrbaren Blockrampe gewichen, die aber (mit schwächeren Paddlern) kurz besichtigt werden sollte.

Die weitere Strecke bis zum Zusammenfluss mit Stillach und Trettach ist durch mehrere Blockwurfstufen gekennzeichnet, die zwar allgemein gut befahrbar sind, aber bei Zweifeln trotzdem besichtigt werden sollten. Für weniger Geübte sind diese Stellen, insbesondere die erste, teilweise recht anspruchsvoll, für etwas bessere Paddler natürlich aber erst das Salz in der Suppe. Bei niedrigen Wasserständen wird es an manchen Stellen aber technisch recht diffizil, um nicht zu sagen steinig.

Auch unterhalb der zweiten Einstiegsstelle an der

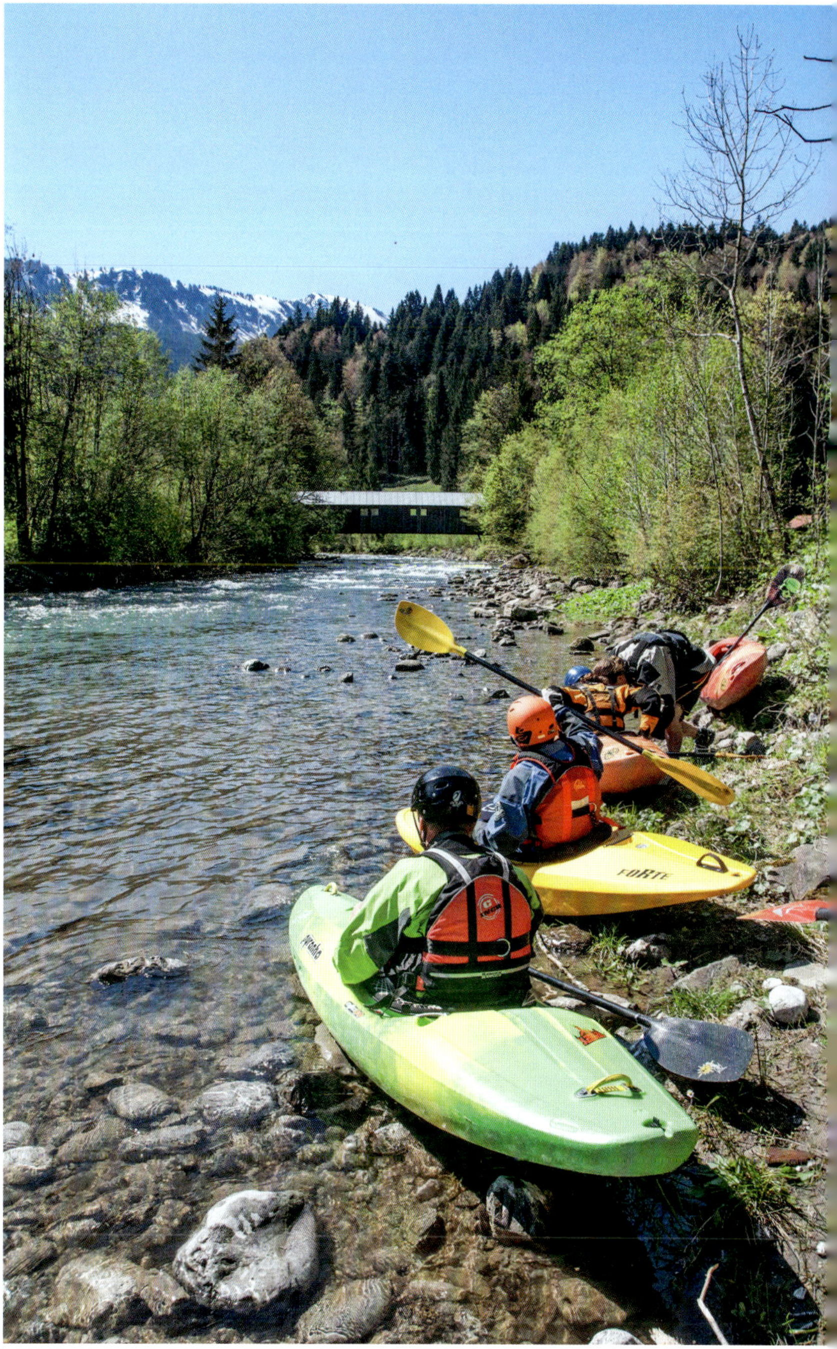

Am Einstieg zur unteren Breitach unterhalb der Klamm
Pegel: 12 m³/s

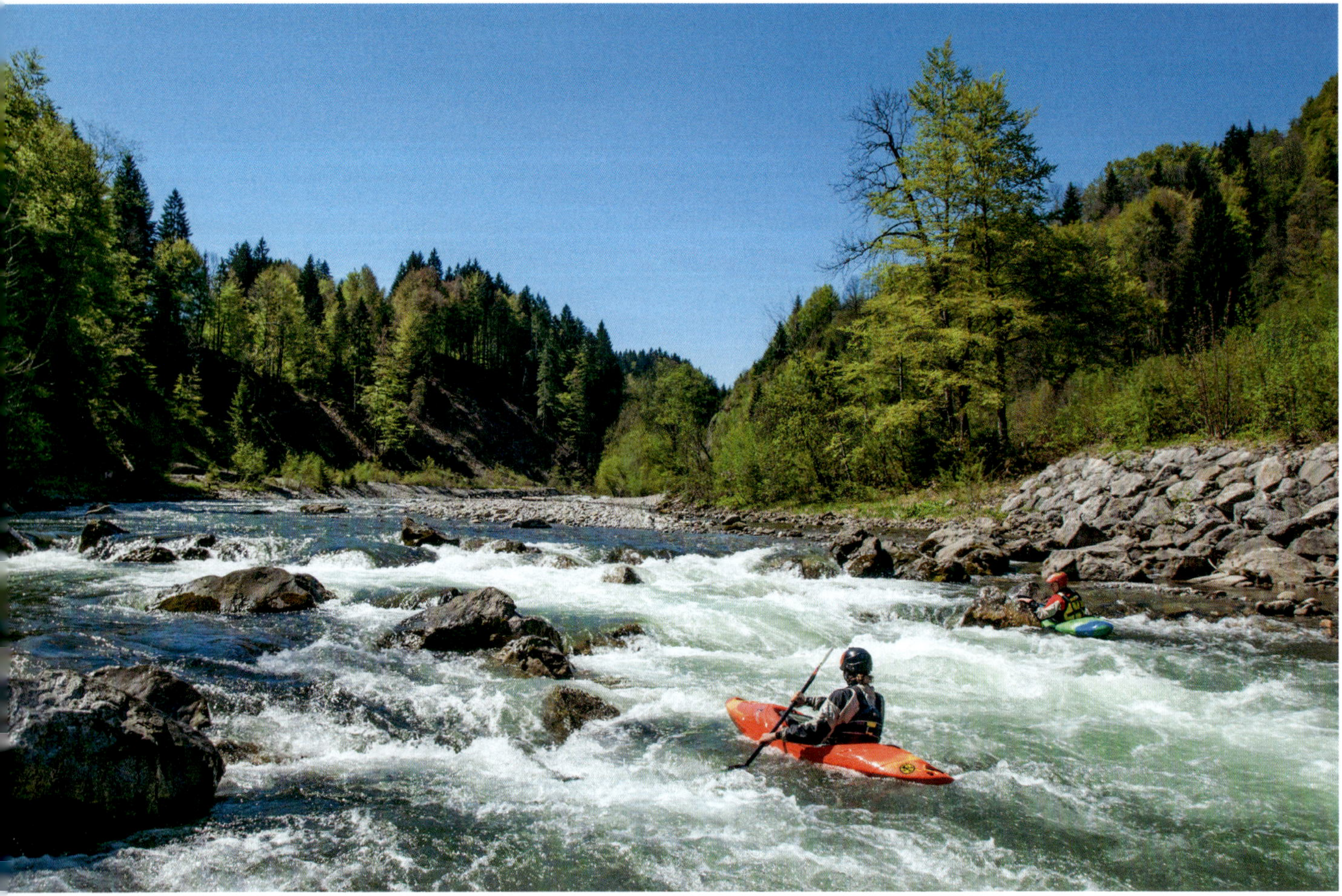

Am Einstieg zur unteren Breitach unterhalb der Klamm. Pegel: 25 m³/s

Brücke vor Oberstdorf folgen weitere Blockwurfstufen, diese waren bei unserer letzten Befahrung aber (auch bei wenig Wasser) deutlich runder und spritziger (kleinere Walzen). Nach dem Illerursprung geht es in bekannter Manier weiter, nur die Wassermenge ist jetzt deutlich größer. Dadurch werden die Stufen etwas wuchtiger und bieten mehr Spielpotential.

Am Rubisteg erwartet uns die große Ausnahme. Hier geht es deutlich weiter und deutlich wuchtiger nach unten (Gasse in Flussmitte), eine Besichtigung ist Pflicht und Umtragen für Ein- und Aufsteiger wahrlich keine Schande. Auch wenn künstliche Hindernisse ja eigentlich nicht bewertet werden, wäre diese Stelle in „freier Wildbahn“ wohl auf jeden Fall ein guter Dreier. Wem der Rest der Strecke zu leicht war, der dürfte hier seinen Spaß haben.

Im offenen Kiesbett bleibt danach immer wieder viel Zeit, die Aussicht zu genießen und sich treiben zu lassen, weitere Stufen sind bis zur Brücke in Fischen (empfehlenswerte Ausstiegsstelle) nicht zu befürchten. Freunde längerer Paddelstrecken fahren

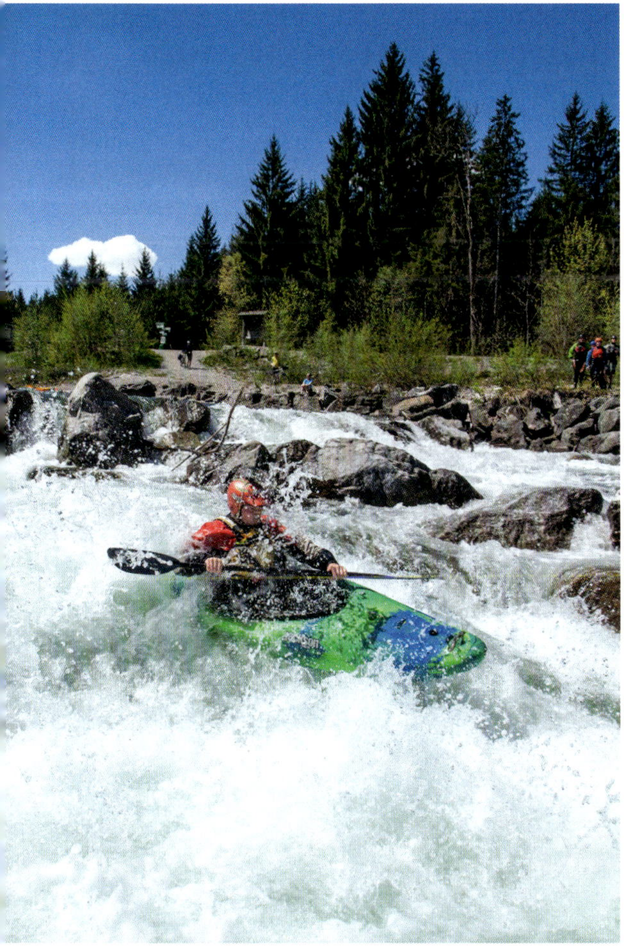

Für geübte Paddler ist die wuchtige Stufe am Rubisteg der Höhepunkt der Iller. Alle anderen sollten besser umtragen. Pegel: 25 m³/s

bis Sonthofen weiter und nehmen noch einige interessante Stufen und kleine Schwälle im renaturierten Kiesbett mit. Wer dort immer noch nicht genug hat, könnte natürlich auch eine Marathontour bis Immenstadt oder Martinszell unternehmen, doch spätestens ab Sonthofen ist das dann wirklich eher sportliches Tourenpaddeln als richtiges Wildwasser.

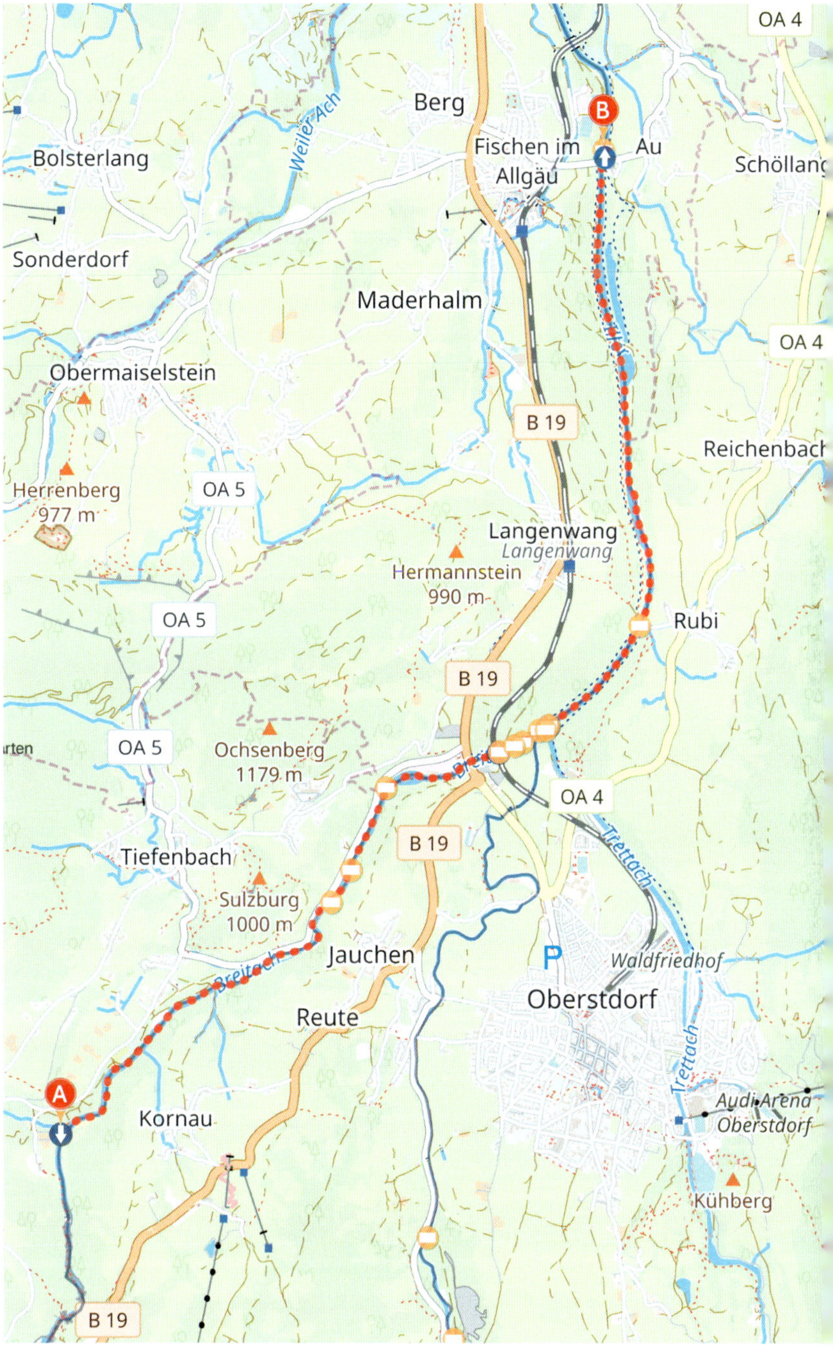

VILS (Tannheimer Tal)

Nicht umsonst gehört der idyllische Vilsalpsee zu den beliebtesten Ausflugszielen im schönen Tannheimer Tal. Der von schroffen Gipfeln umrahmte Bergsee ist die unbestrittene Krönung der freundlichen Almlandschaft im Hochtal zwischen Lech- und Ostrachtal, das sich ganzjährig großer Beliebtheit bei Ausflüglern und Touristen aus nah und fern erfreut. Als kleiner, meist begradigter Wiesenbach verlässt die Vils den See mit seinem teilweise immensen Besucherrummel und plätschert unscheinbar durch das Tal, um bei Schattwald einen kleinen Stausee zu speisen. Der Höhenunter-

Bergpanorama und kleine Schrägstufen an der Kälberhofalpe. Pegel: 10 m^3/s

ÜBERSICHT

Länge: 8 km

Schwierigkeit: WW 1-2 (3-4)

Einstieg: Kraftwerk Vilsfall (47.5268, 10.4526)

Ausstieg: Parkplatz Vilstalsäge oberhalb von Pfronten (47.5743, 10.5074)

Charakter: Leichte Kurvenschwälle in einer offenen Waldschlucht, ein langer Katarakt mit anspruchsvollen Stufen und erheblichem Gefälle.

Gefahren: Baumhindernisse, im Katarakt bei viel Wasser erstaunlich kräftige Walzen

Gefälle: 11 m/km

Pegel: Vils Pfronten Ried, www.hnd.bayern.de, Minimum etwa 6-7 m^3/s (Pegel verändert sich häufiger)

Beste Zeit: April und Mai und nach Regenfällen. Im breiten Flussbett ist das Wasser oft eher knapp.

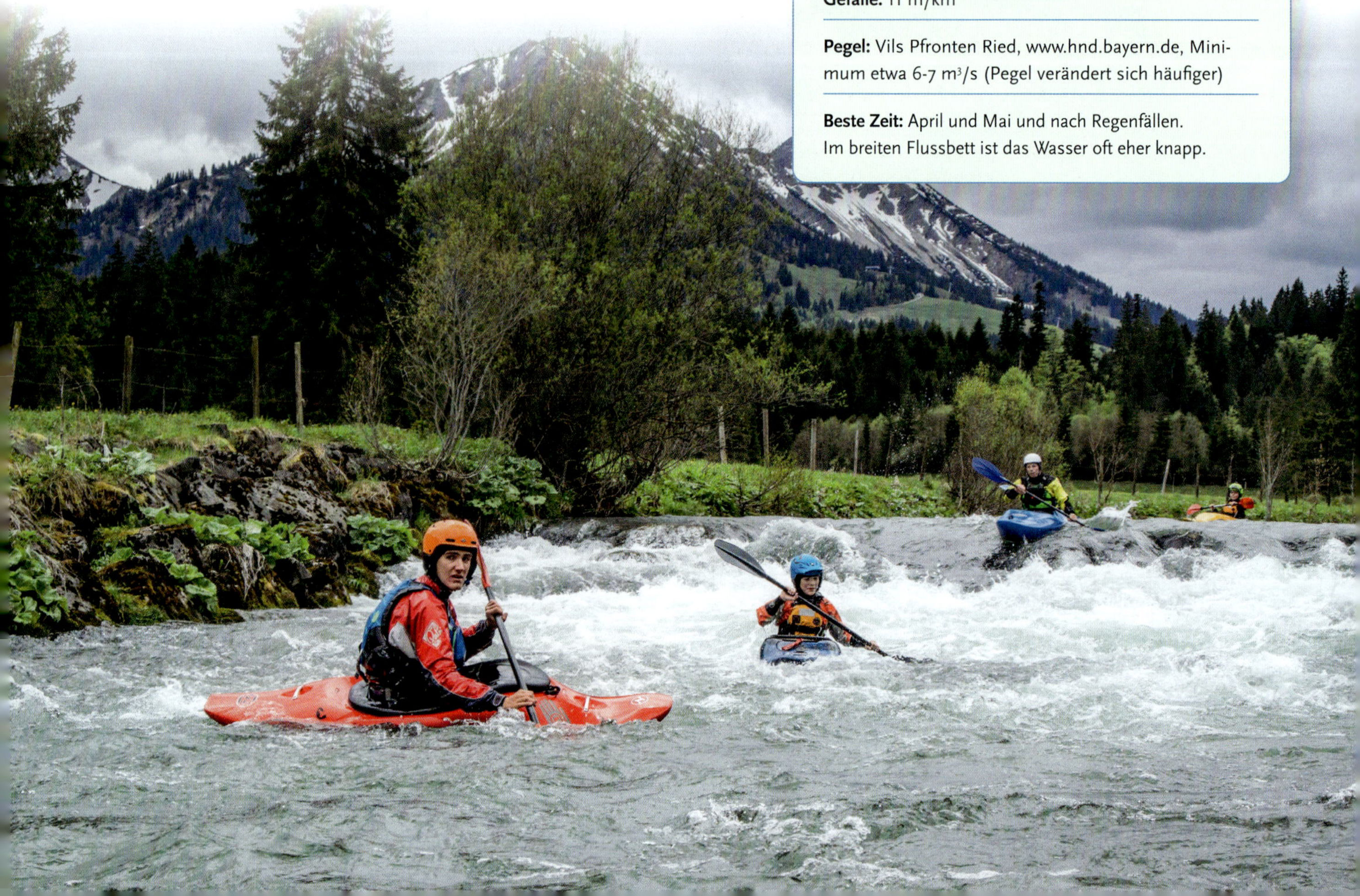

schied des Vilsfalls, über den der Fluss hier in eine Waldschlucht stürzt, wird für ein Kraftwerk genutzt. Im dicht bewaldeten und recht ursprünglichen Tal zwischen Sorgschrofen und Schranzschrofen braust die Vils kurzzeitig einmal auf, behält aber im Großen und Ganzen die eher gemächliche Gangart bei. Der Unterlauf bis zur Mündung in den Lech ist weitgehend begradigt und mit zahlreichen teils gefährlichen Stufen versehen und trotz Renaturierungsmaßnahmen wie auch der Oberlauf kein lohnendes Paddelziel. Bleibt also, ausreichend Wasser vorausgesetzt, nur die Strecke vom Vilsfall bis vor Pfronten und danach vielleicht noch eine Wanderung oder Biketour im Tannheimer Tal.

An Land

Da die Forststraße durchs Flusstal für den motorisierten Verkehr gesperrt ist, bleibt zum Umsetzen nur der lange Weg via Schattwald, Zöblen und Grän nach Pfronten. Zum Einstieg biegt man bei Schattwald Richtung Rehbach ab (aus Richtung Oberjoch Spitzkehre bei der Tankstelle). Bald darauf rechts auf die schmale Straße zum Stausee abbiegen. Bitte die Zufahrt zum Kraftwerk nicht zuparken und die Boote kurz auf der Schulter vom See hinunter zum Einstieg tragen. Zum Ausstieg folgt man in Pfronten hinter der Brücke über die Vils der Vilstalstraße nach links flussaufwärts bis zum Beginn des Fahrverbots bei der Vilstalsäge (großer Parkplatz). Schöner als mit dem Auto „außen herum“ gelangt man mit dem Fahrrad entlang der Vils wieder zum Einstieg. Am Ende sind allerdings einige steile Höhenmeter zu bewältigen, entweder via Rehbach oder auf der guten Forststraße am orographisch rechten Ufer am Ende hoch über dem Fluss.

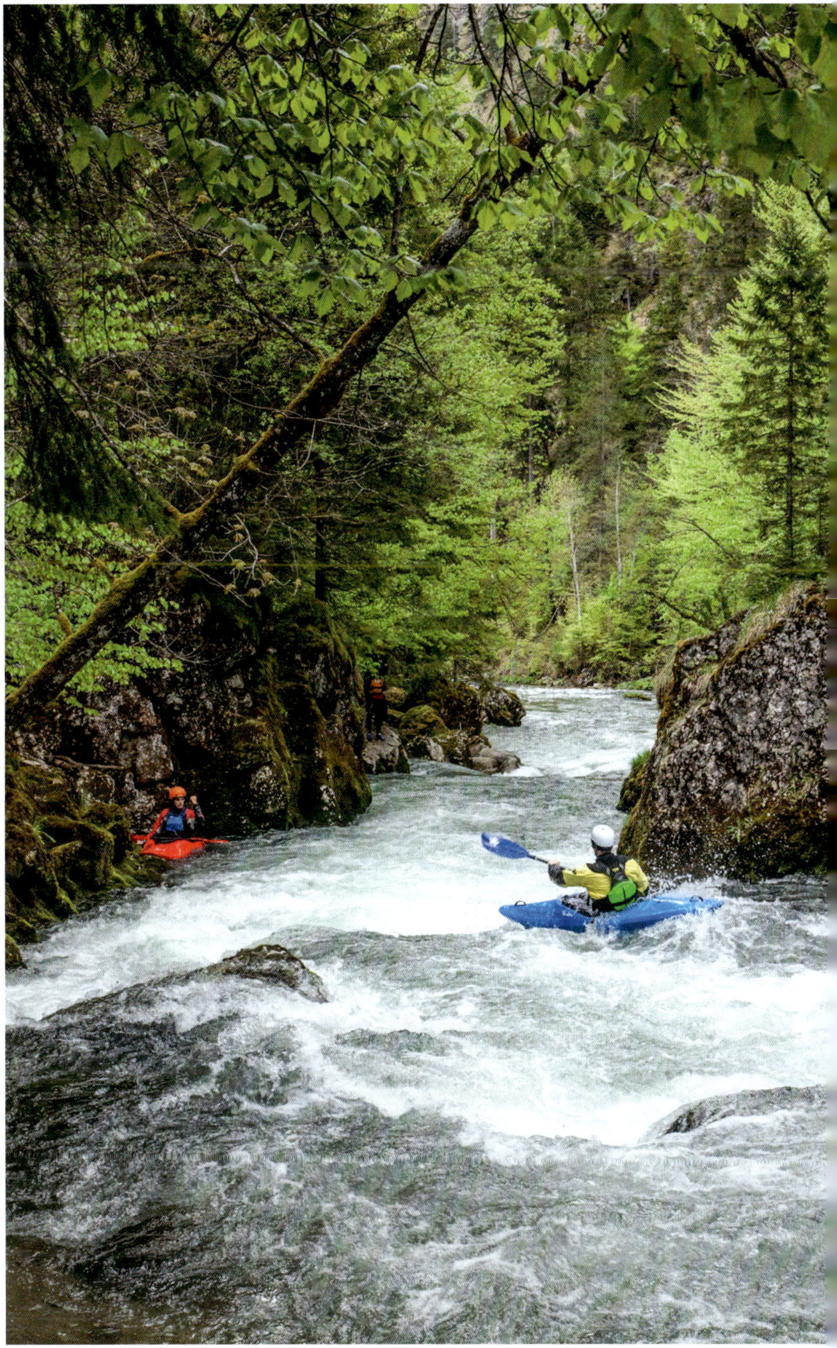

Die Schranz bietet auf kurzer Strecke wunderschönes Wildwasser. Pegel: 10 m³/s

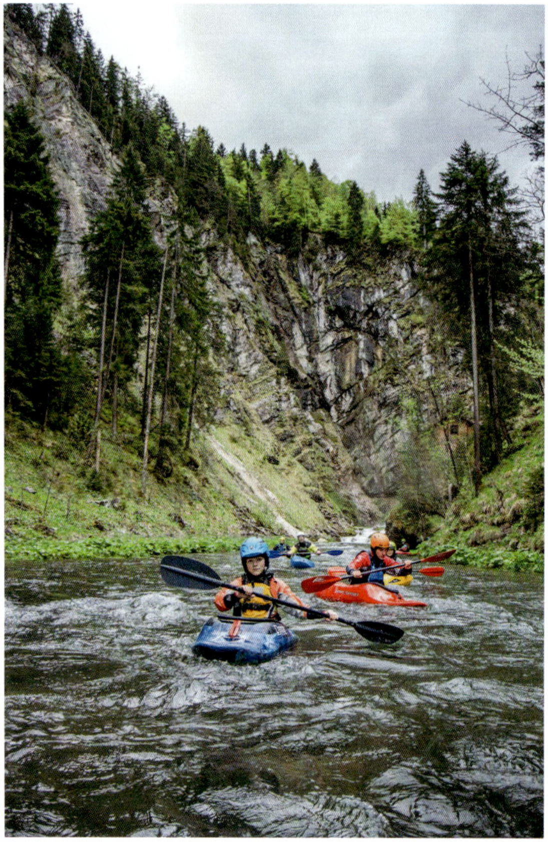

Einfaches Wildwasser in ursprünglicher Landschaft. Pegel: 10 m³/s

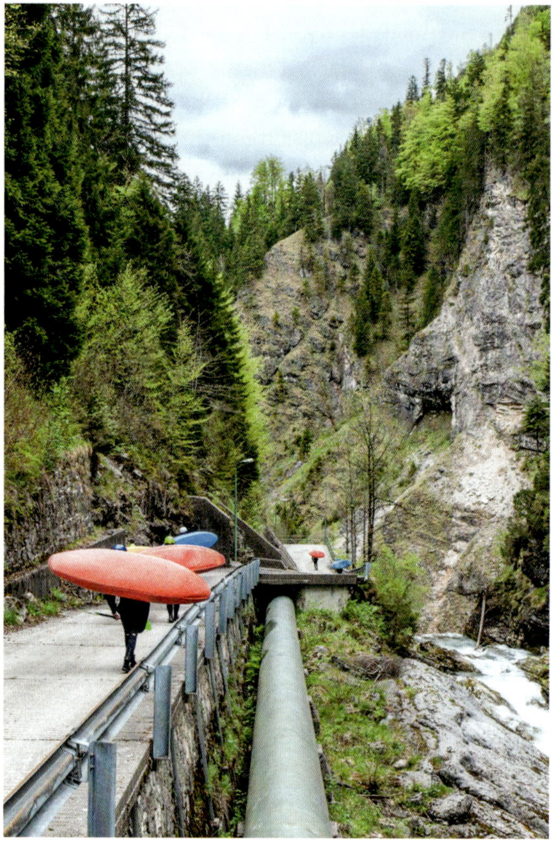

Einstieg am Vilsfall.

Auf dem Wasser

Die Fahrt beginnt auf leichtem Wildwasser (WW 1-2) in einer einsamen Waldschlucht. Am linken Ufer sprudelt wenig später ein kleiner Waldbach über mächtige Tuffablagerungen. Kurzzeitig wäre der beliebte Kanada-Vergleich hier gar nicht so weit hergeholt. Später mäandriert die Vils durch ein Kiesbett, manchmal mit etlichen Baumhindernissen. Größere Schwierigkeiten sind dank des geringen Gefälles und des breiten Flussbetts aber nicht zu erwarten. Aus dem Wald geht es hinaus in offenes Almgelände samt Bergpanorama an der Kälberhofalpe, spätestens hier ist Klein-Kanada wieder zu Ende. Einige künstliche Stufen verlangen etwas Vorsicht und vielleicht eine kurze Besichtigung.

An der Brücke am Ende des Almgeländes beginnt der Katarakt der „Schranz“. Die ersten Stellen übersteigen nicht WW 3, nach einer deutlichen Rechtskurve allerdings geht es durchaus zur Sache. Recht wuchtige Stufen fordern hier auch den Könner, bei mittleren bis hohen Wasserständen (dann evtl. bis WW 4+) ist auch Boof-Vermögen angebracht. We-

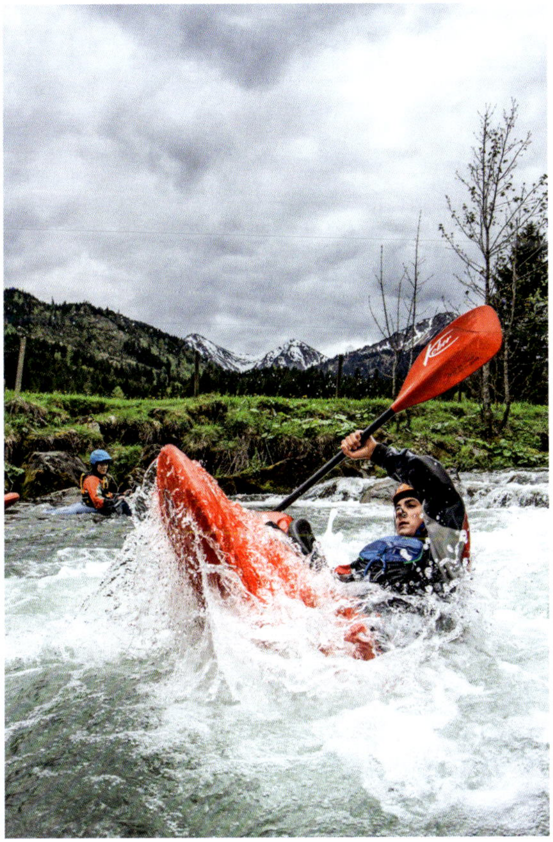

Spielspaß an der Kälberhofalpe. Pegel: 10 m³/s

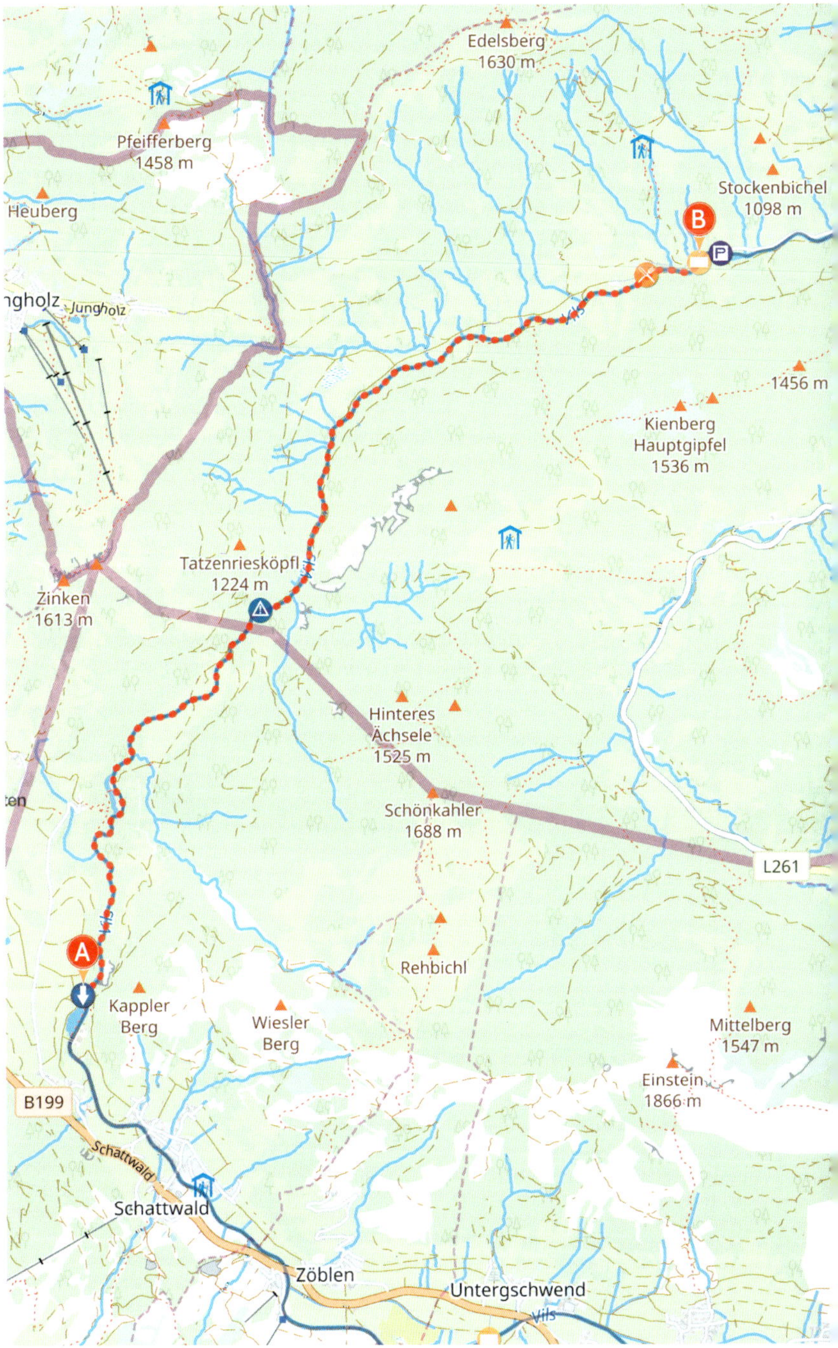

gen der Gefahr von Baumversperrungen sollte man die Strecke vor der Befahrung von der Forststraße besichtigen und mit schwächeren Mitfahrern rechtzeitig den Bach verlassen.
Anschließend nehmen die Schwierigkeiten schnell wieder ab und in weiterhin schöner Landschaft geht es auf leichtem Wildwasser bis zum Ausstieg vor einem Wehr mit Wasserableitung. Bei zu wenig Wasser wird diese Strecke im erstaunlich breiten Flussbett eine Plackerei, die man sich auch aus Naturschutzgründen besser sparen sollte.

LECHSCHLUCHTEN VON LECH BIS STEEG

Der Lech hat zwei gegensätzliche Gesichter: Freundliches Wildwasser im breiten Kiesbett zwischen Steeg und Reutte auf der einen Seite, schroffe ausgesetzte Schluchten oberhalb davon auf der anderen. Dazwischen gibt es nicht viel; mittelschweres Wildwasser 3-4 ist Fehlanzeige (bzw. auf kurzer Strecke gesperrt). Sehr deutlich gehen auch die Meinungen über die Lechschluchten auseinander. Man liebt sie oder man hasst sie, Zwischentöne hört man selten. Ganz objektiv betrachtet sind die wilden Schluchten und Klammen unterhalb des noblen Skiorts Lech Klassiker des alpinen Wildwassersports. Sie sind wild, anspruchsvoll, ausgesetzt und mit allerlei Gefahren gespickt, zugleich aber landschaftlich grandios und mit feinstem Wildwasser gesegnet. Wer ein ganzheitliches Erlebnis gegenüber leicht verdaulicher Action bevorzugt, wird sich sicher auf die Seite der Lechfans schlagen, wer lieber auf möglichst fairem Wildwasser an seine persönlichen Grenzen gehen möchte, wird am Lech eher nicht glücklich werden.

ÜBERSICHT

Bereich:	**Lech - Warth**	**Warth - vor Steeg**
Länge:	5 km	6 km
Schwierigkeit:	WW 4-5 (5+)	WW 5-

Einstieg: Ortsausgang Lech (Stubenbach) (47.2207, 10.1537) bzw. Steg bei Warth (47.2515, 10.1860) oder an der Krumbachmündung (47.2564, 10.2102) (hier jeweils Boote tragen)

Ausstieg: Steg Warth, Krumbachmündung oder oberhalb der Burgstallbrücke (47.2459, 10.2486) (Pfad zum Fluss)

Charakter: Schwierige Katarakte und Stufen in unzugänglichen Schluchten, mehrere Zwangspassagen

Gefahren: alle Gefahren alpinen Wildwassers einschließlich Lawinenreste

Gefälle: 22 m/km

Pegel: Lech in Steeg: Mindestpegel für untere Strecke etwa 255 cm, für obere etwa 260 cm, MW etwa 270 cm (unten) bis 275 cm (oben), für Erstfahrt besser zu wenig als zu viel! Am Pegel im Ort Lech (Tannbergbrücke) sollten es für eine erste Fahrt nicht viel mehr als 5 m^3/s für die untere Teilstrecke sein, der obere Abschnitt verträgt mehr Wasser.

Beste Zeit: Stark abhängig von der Schneelage. Unterhalb der Krumbachmündung ist ein 800 Meter langes und nicht umtragbares Teilstück ab 15. August (bis 31. März) gesperrt. Nach schneereichen Wintern nicht zu früh (Lawinen in der Klamm).

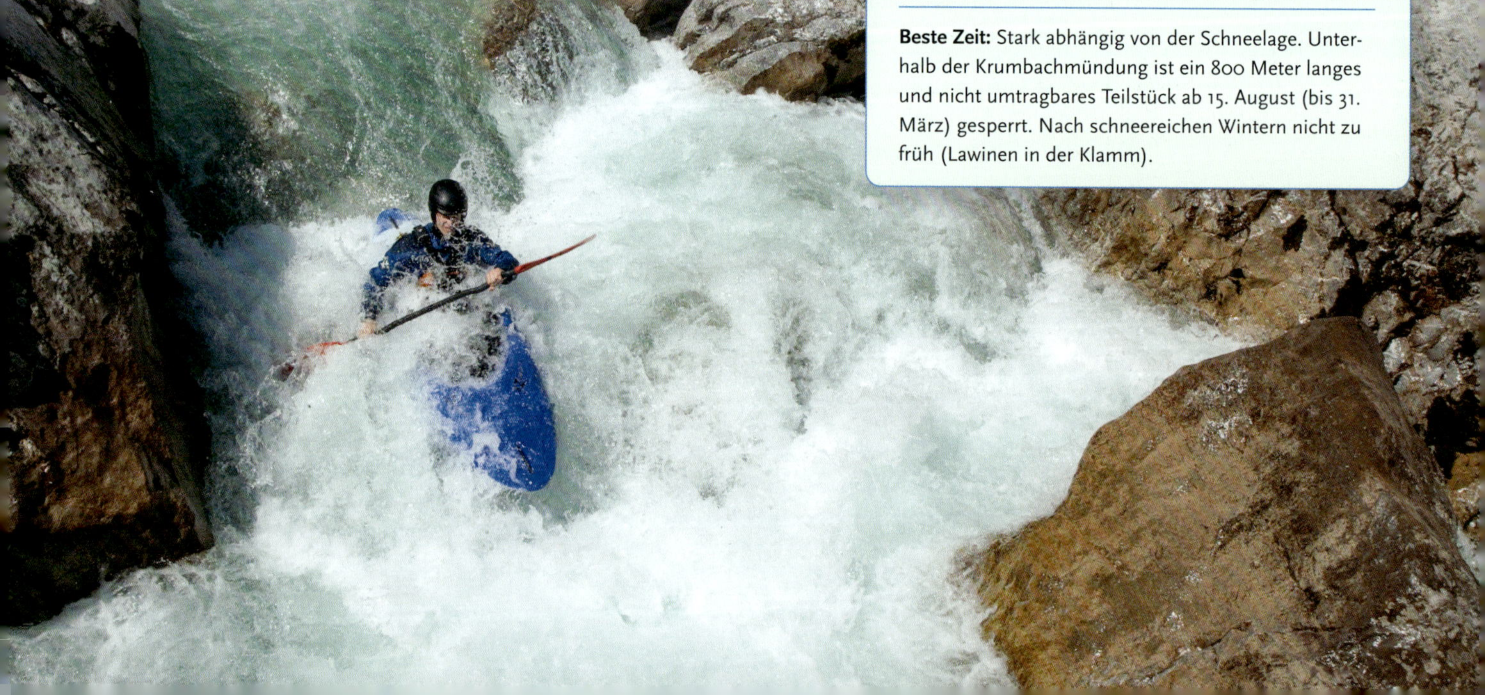

Unterhalb der Kernstellen der oberen Schlucht. Pegel: 8 m^3/s (in Lech)

An Land

Der Einstieg am unteren Ortsende von Lech ist leicht zu finden und unproblematisch. Etwas anders sieht es an den Zugangsstellen bei Warth aus. Die erste Stelle befindet sich bei einem Holzsteg, der nur zu Fuß erreichbar ist. Ein Fahrweg führt hier von der Hauptstraße vorbei am Haus Wiesengrund den Hang hinunter. Bitte unbedingt Privatgrund respektieren und im Zweifelsfall lieber nett nachfragen. Der zweite Flusszugang befindet sich an der Krumbachmündung oberhalb der hier beginnenden Klammstrecke, auch hier müssen die Boote getragen werden. Den unteren Ausstieg vor der Burgstallbrücke besichtigt man als Lechneuling am besten ebenfalls schon vor der Fahrt. Ein steiler Pfad führt etwa 200 Meter oberhalb der Brücke hinunter zum Fluss. Weiterpaddeln wäre schlecht, da die Stellen unter der Brücke äußerst unschön sind und nebenbei die Folgestrecke auch noch gesperrt ist. Wer einen ersten Eindruck davon bekommen will, was ihn im unteren Teil erwartet, sollte den einen oder anderen Blick von der Straße in die Klamm werfen, besonders auf Höhe der Galerie.

Auf dem Wasser

Zunächst plätschert der Lech noch gemütlich dahin, doch schon bald rücken die Steilhänge näher und kurz darauf wird es eng. Einige kleinere Zwangspassagen geben eine Vorahnung, was hier Sache ist, sind technisch aber noch vergleichsweise einfach. Baumhindernisse und Lawinenreste können aber auch hier schon sehr problematisch werden, also rechtzeitig besichtigen. Nach einer Klammstrecke wird es offener und die erste Kernstelle (bis WW 5+) ist erreicht. Diese kann links umtragen werden. Sportliche Katarakte und ein knackiger Schlitz kennzeichnen die Folgestrecke bis zur

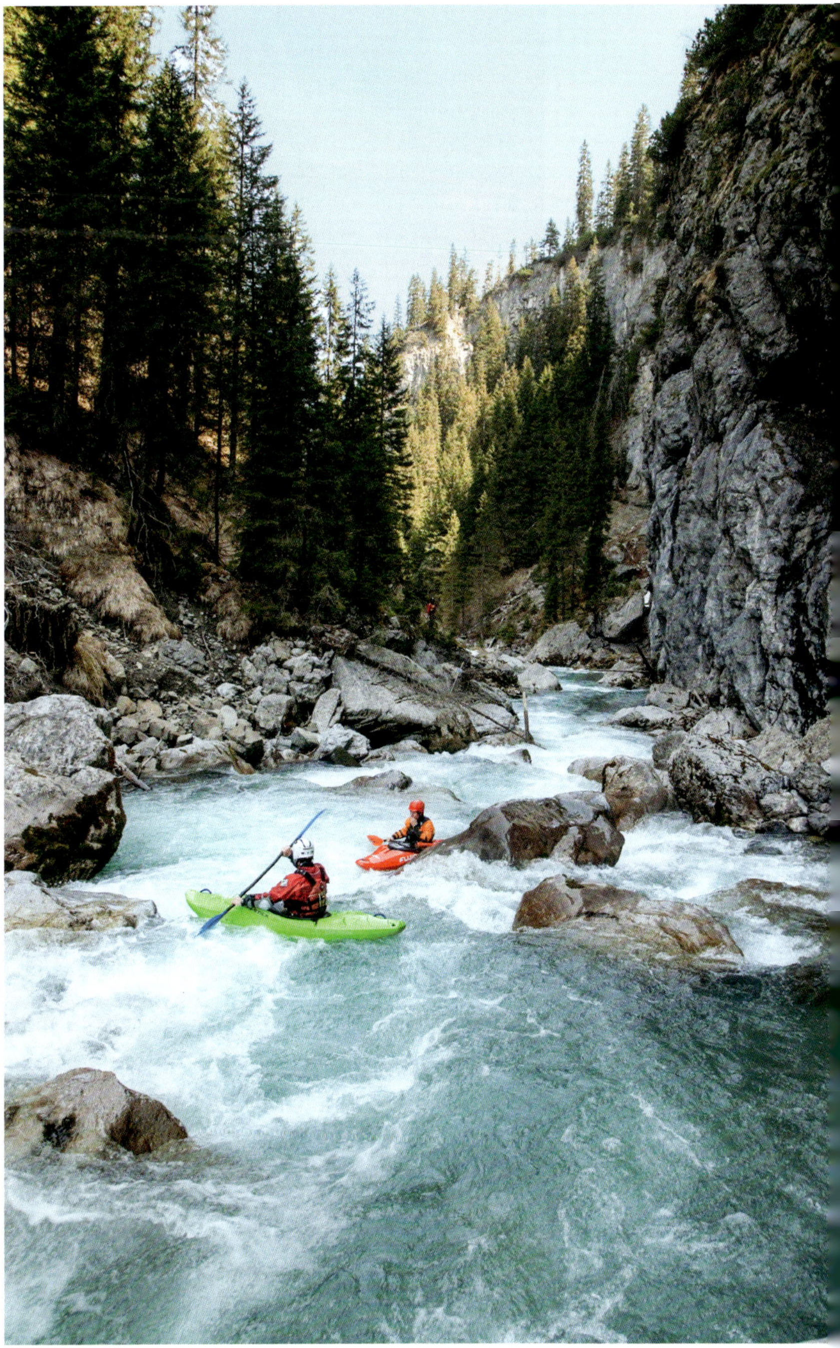

Verblocktes Wildwasser zwischen den Kernstellen der oberen Schlucht. Pegel: 8 m³/s (in Lech)

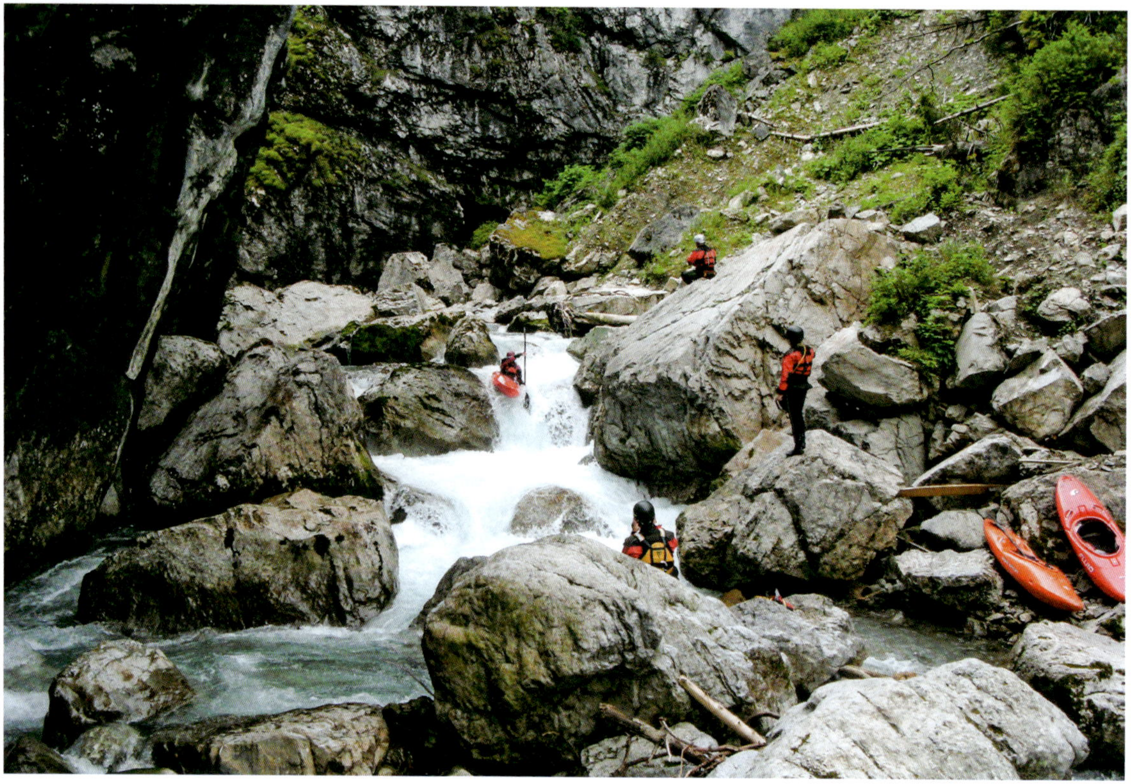

Die erste Kernstelle der oberen Schlucht unterhalb von Lech. NW Bild: Christian Paffenholz

zweiten Kernstelle samt Drahtverhau, die rechts umtragen werden kann. Gerade bei mehr Wasser ist der Ausstieg davor aber nicht ganz einfach. Danach ist bis zum Steg bei Warth Entspannung angesagt, die folgenden kurzen Klammen sind einfach.

Wer sich bisher nicht wohlgefühlt hat, sollte hier zur Straße hinauftragen, auch wenn der Lech unterhalb des Stegs ganz gemütlich durchs Tal plätschert. Denn schon bald geht es in eine kurze Klamm hinein, die eine der besonders kritischen Passagen darstellt. Die Klammeinfahrt (WW 4+) wirkt machbar, doch im Engpass lauert eine Stufe, die manchmal komplett in einem Siphon verschwindet, manchmal aber auch gesprungen werden kann. Der Ausstieg direkt vor der Stufe ist heikel, die Umtragung der Klamm aufwendig. Um eine gründliche Besichtigung kommt man hier nicht herum. Achtung: 2018 war die Stelle mal wieder völlig unbefahrbar, der Fluss verschwand vollständig im Siphon. Bis zur Krumbachmündung bleibt der Lech mit einer knackigen Stufe und einigen manchmal etwas unsauberen Katarakten sportlich. Hier kann man die Schlucht ein letztes Mal verlassen, bevor es in die langen Klammen des unteren Teils hineingeht.

Bis zum Ausstieg verläuft der Lech fast durchweg in ausweglosen Klammen, so dass zumindest für diese Strecke eigentlich die Bezeichnung Lechklamm zutreffender wäre. Viele Stellen sind Zwangspassagen. Stufen, Schlitze und Rückläufe halten die Adrenalinausschüttung hoch, auch wenn es dazwischen

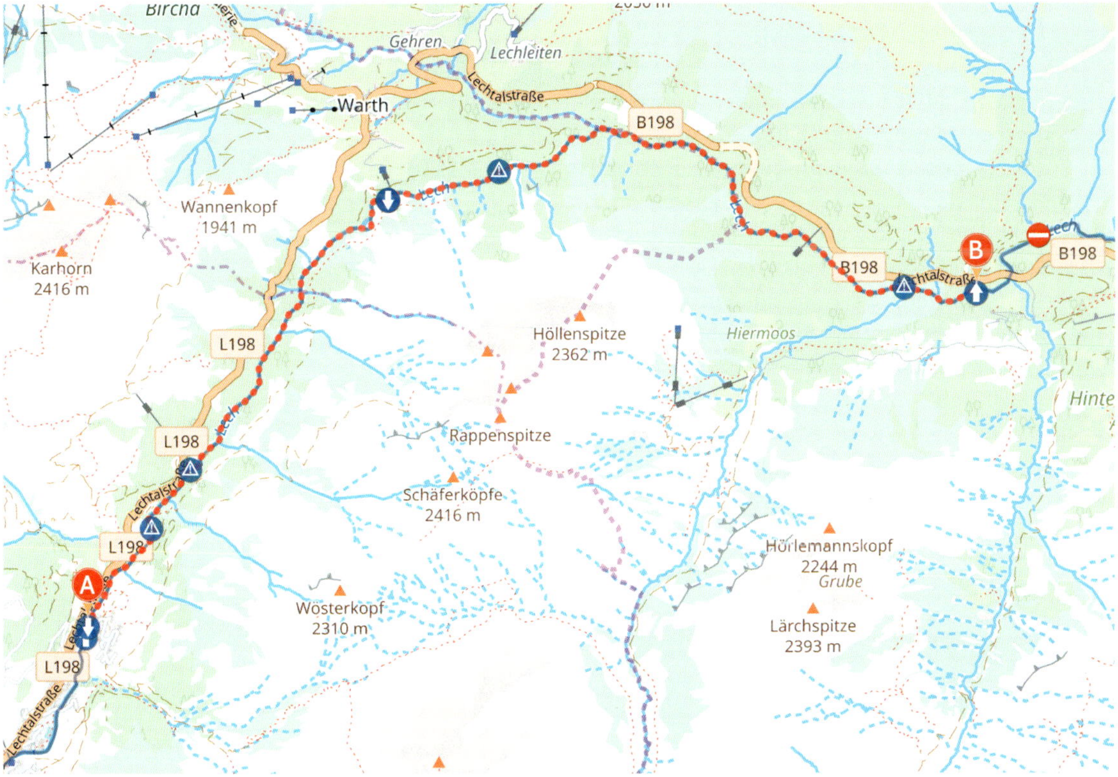

Gewaltige Lawinenreste können bis in den Sommer die Klammen versperren. Bild: Christian Paffenholz

immer wieder Abschnitte ohne technische Höchstschwierigkeiten gibt. Schnell ist der Lech aber fast immer, was angesichts möglicher Hindernisse nicht immer beruhigend erscheint. Gegen Ende der Klamm sitzt man schließlich im letzten Kehrwasser vor einer der bekanntesten Zwangspassagen, dem Turmzimmerl. Nach einer nicht übermäßig schweren, aber nicht zu unterschätzenden Anfahrt fällt der Lech über eine knapp 2 Meter hohe Stufe mit recht gefräßigem Rücklauf und Unterspulung links. Der erste Paddler muss hier ohne Sicherung durchkommen und der Boof an dieser Stelle ist nicht ganz leicht zu treffen, wie ich aus eigener Anschauung bestätigen kann. Unterhalb folgt noch ein letzter Katarakt, dann gilt es, den Ausstieg nicht zu verpassen.

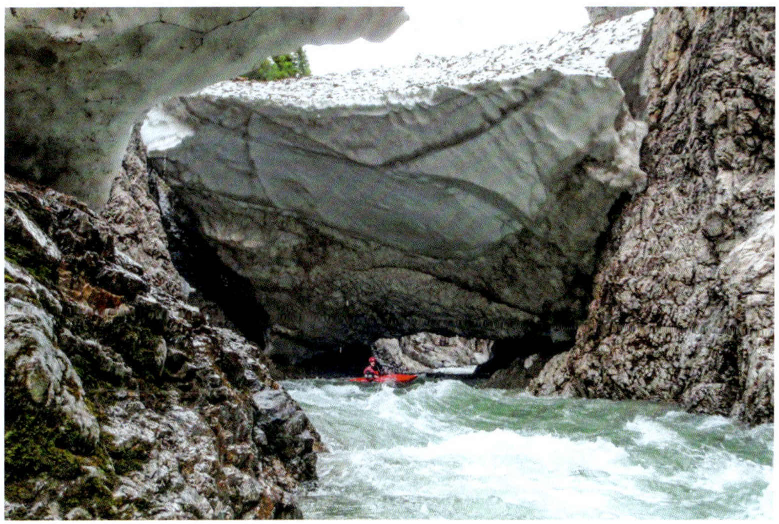

LECH - Steeg bis Weißenbach

Ursprüngliche Wildflusslandschaften über längere Strecken hinweg sind selten im Alpenraum, besonders in den Nordalpen. Eine der schönsten und bekanntesten von ihnen versteckt sich im Tiroler Lechtal in der Region Außerfern. Wie kaum ein anderer Wildfluss eignet sich der Lech mit sehr moderaten Schwierigkeiten im offenen Tal hier für eine leichte Zweitagestour, beispielsweise auch mit Schlauchkanadiern oder Zweierkajaks. Fast genau bei der Hälfte der rund 40 Kilometer langen Strecke liegt in Häselgehr Rudi´s Camping, wo man gut sein Zelt aufschlagen kann (wildes Zelten ist verboten). Der erste Tag bis Häselgehr ist wildwasser-

ÜBERSICHT

Bereich:	Steeg - Häselgehr	Häselgehr - Weißenbach
Länge:	21 km	21 km
Schwierigkeit:	WW 2 (3-)	WW 1-2+ (3-)

Einstieg: Bei Steeg (47.2408, 10.2828), Stockach (47.2597, 10.3729), Bach (47.2709, 10.4034), Häselgehr (47.3111, 10.4948), Martinau (47.3556, 10.5461) und Stanzach (47.3800, 10.5508)

Ausstieg: Häselgehr, Martinau, Stanzach, Weißenbach (47.4394, 10.6462)

Charakter: Leichte, kaum verblockte Schwälle im offenen Flussbett, unterhalb von Stanzach Verzweigungen im Kiesbett

Gefahren: Eisenträger von Buhnen, Walze unterhalb der Brücke in Stanzach bei hohen Wasserständen

Gefälle: 6 m/km

Pegel: Lechaschau, *www.hnd.bayern.de*, Mindestpegel etwa 20-25 m³/s, Mittelwasser rund 50 m³/s

Beste Zeit: Außer nach langen Trockenperioden oder bei Hochwasser fast immer, für private Kajaktouren keine jahreszeitliche Beschränkung

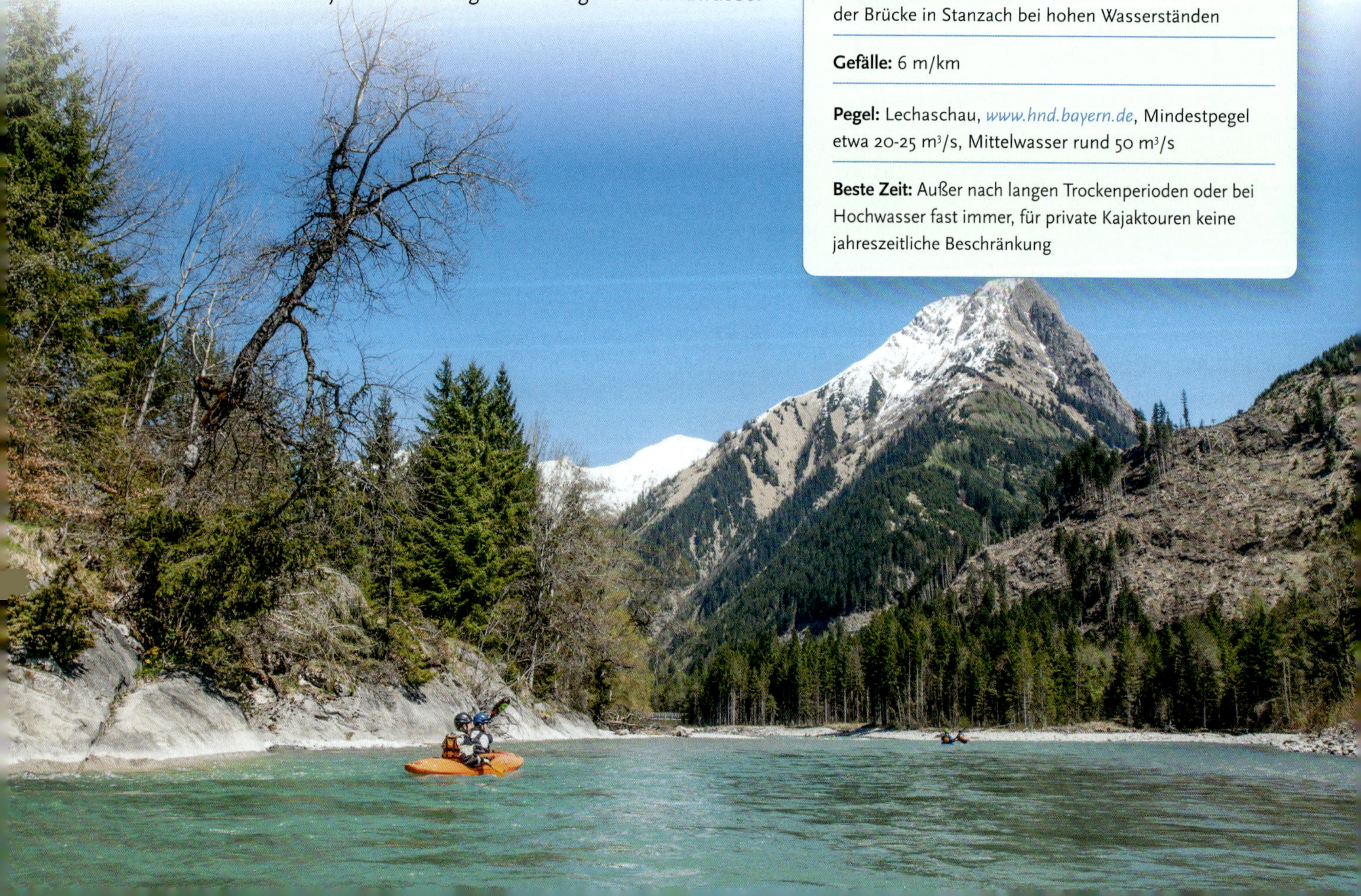

Schöne Aussichten unterhalb von Häselgehr. Pegel: 40 m³/s in Lechaschau

technisch etwas anspruchsvoller und bietet schöne Schwallstrecken, landschaftlich aber ist der zweite Teil der Tour mit vielen Verzweigungen im Kiesbett noch eindrucksvoller. Selbstverständlich kann man auch beide Abschnitte als Tagestouren fahren oder sich kürzere Strecken für einen ganz gemütlichen Tag am Fluss herauspicken. Neben der tollen Landschaft begeistert der Lech übrigens auch mit vielen guten Übungsstellen und sogar ein paar kleinen Spielmöglichkeiten.

An Land

Alle Ein- und Ausstiegsstellen können unkompliziert über die Bundesstraße durchs Lechtal erreicht werden. Oberster Einstieg ist etwa 500 Meter oberhalb der Brücke bei der Kirche in Steeg (oberhalb Befahrungsverbot), unterster Ausstieg die Riedener Brücke bei Weißenbach. Mehrere Brücken entlang der Strecke ermöglichen eine flexible Tourenplanung. Umsetzen geht auch gut per Rad oder Bus.

Auf dem Wasser

Seit der etwas wildere Auftakt der Strecke mit dem Katarakt der „Elephantenzähne" (WW 3+) gesperrt wurde, beginnt die Fahrt bei Steeg im zunächst teilweise regulierten Flussbett. Bis Häselgehr paddelt man auf spritzigen Schwallstrecken durch eine Postkartenidylle. Idyllische Plätzchen für ein Sonnenbad oder eine gemütliche Brotzeit am Flussufer findet man auf der ganzen Strecke reichlich. Große Anstrengungen sind eigentlich nicht nötig, denn die flotte Strömung des Lechs sorgt selbst dann fürs Vorwärtskommen, wenn man sich zwischendurch einfach treiben lässt. Zugleich bieten sich für Ruhelose aber auch viele schöne Übungsstellen an. Etwas schwieriger wird es nur an wenigen Stellen,

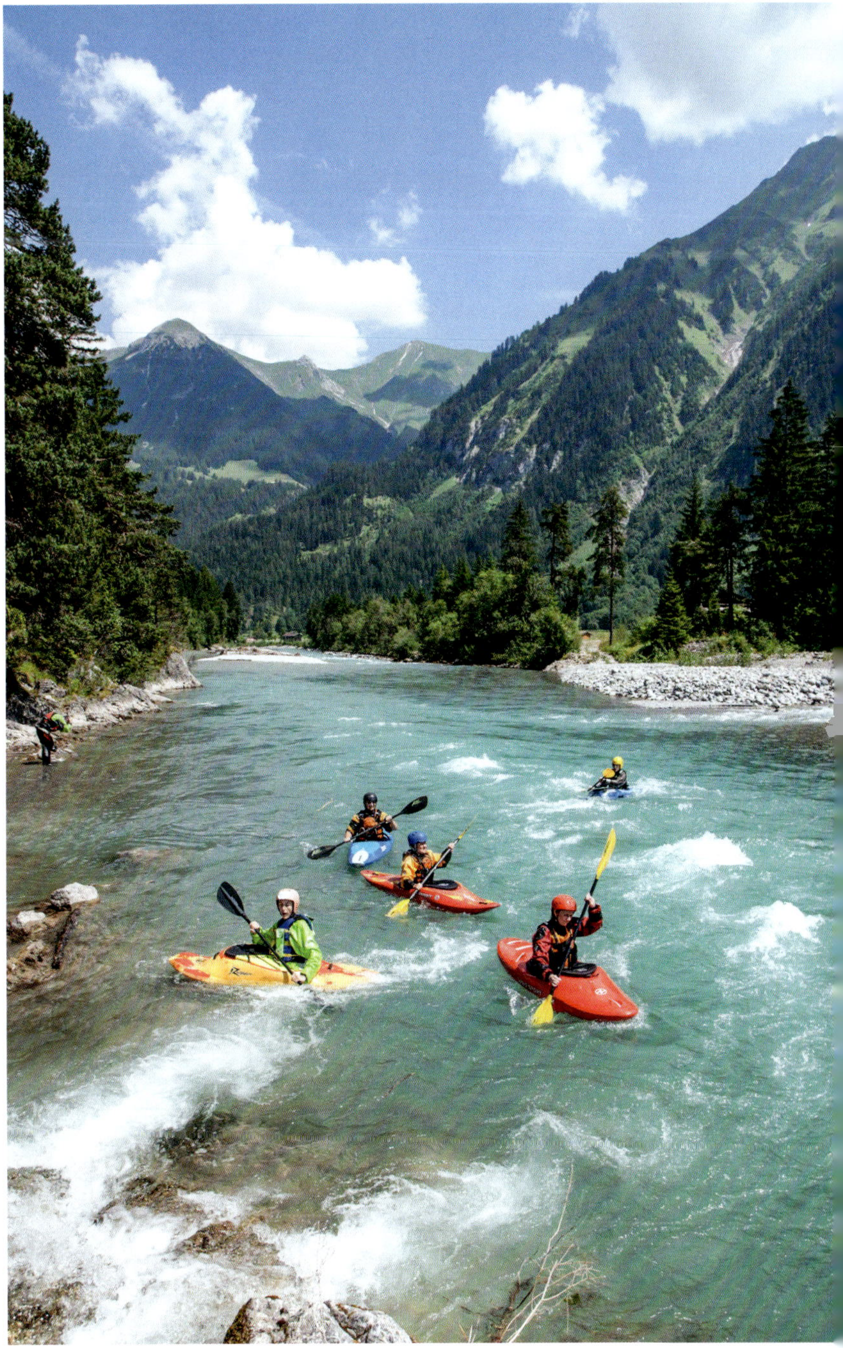

Kehrwasserpause an der Streimbachmündung. Pegel: 16 m³/s in Steeg

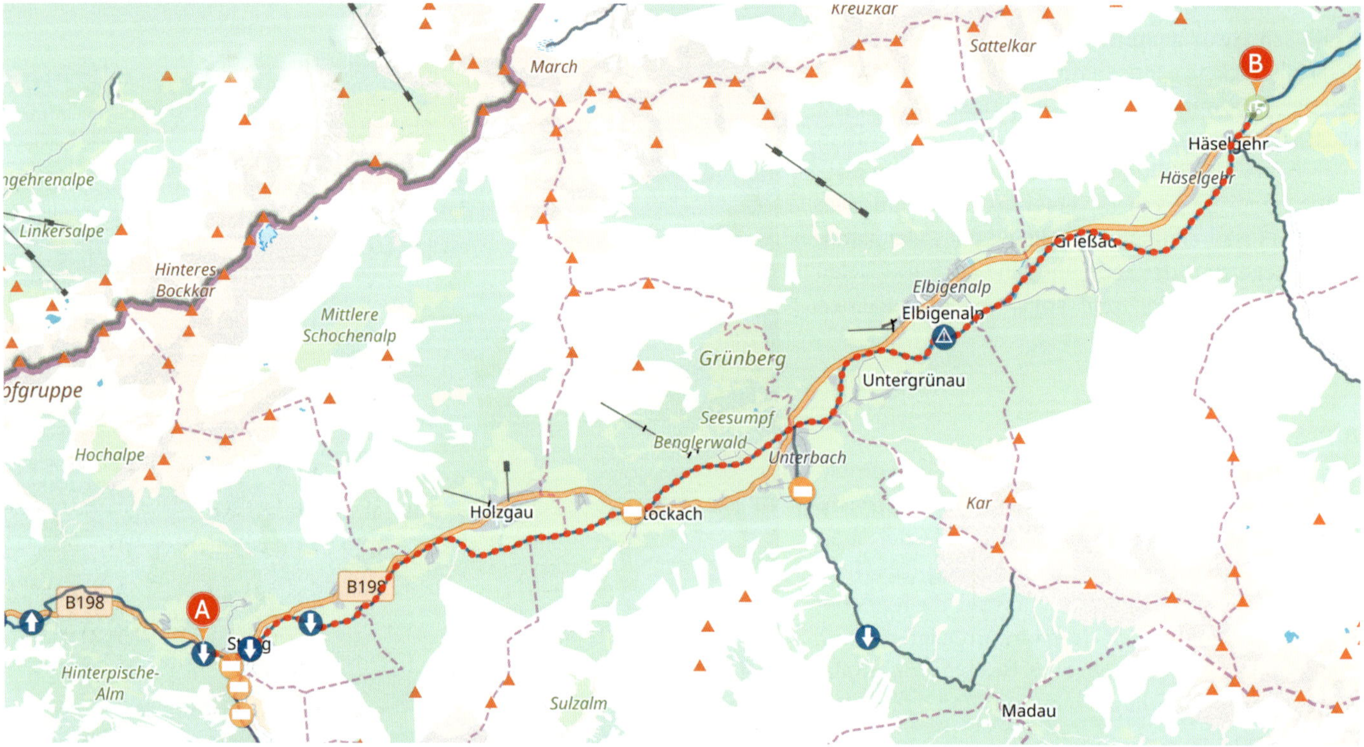
Kreuzkar
March
Sattelkar
B
Häselgehr
Häselgehr
ngehrenalpe
Linkersalpe
Hinteres Bockkar
Mittlere Schochenalp
Grießau
Elbigenalp
Elbigenalp
Grünberg
Untergrünau
ofgruppe
Seesumpf
Benglerwald
Unterbach
Hochalpe
Holzgau
tockach
Kar
B198
B198
A
Hinterpische-Alm
Sulzalm
Madau

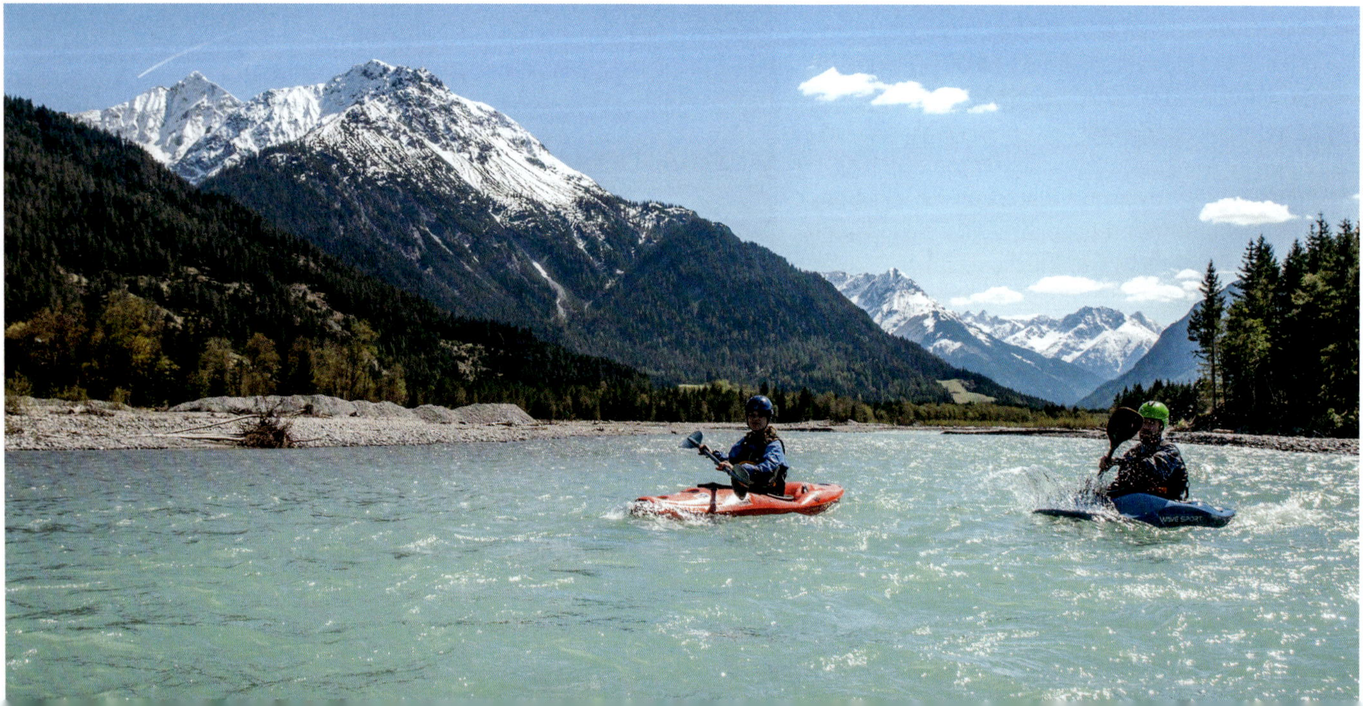

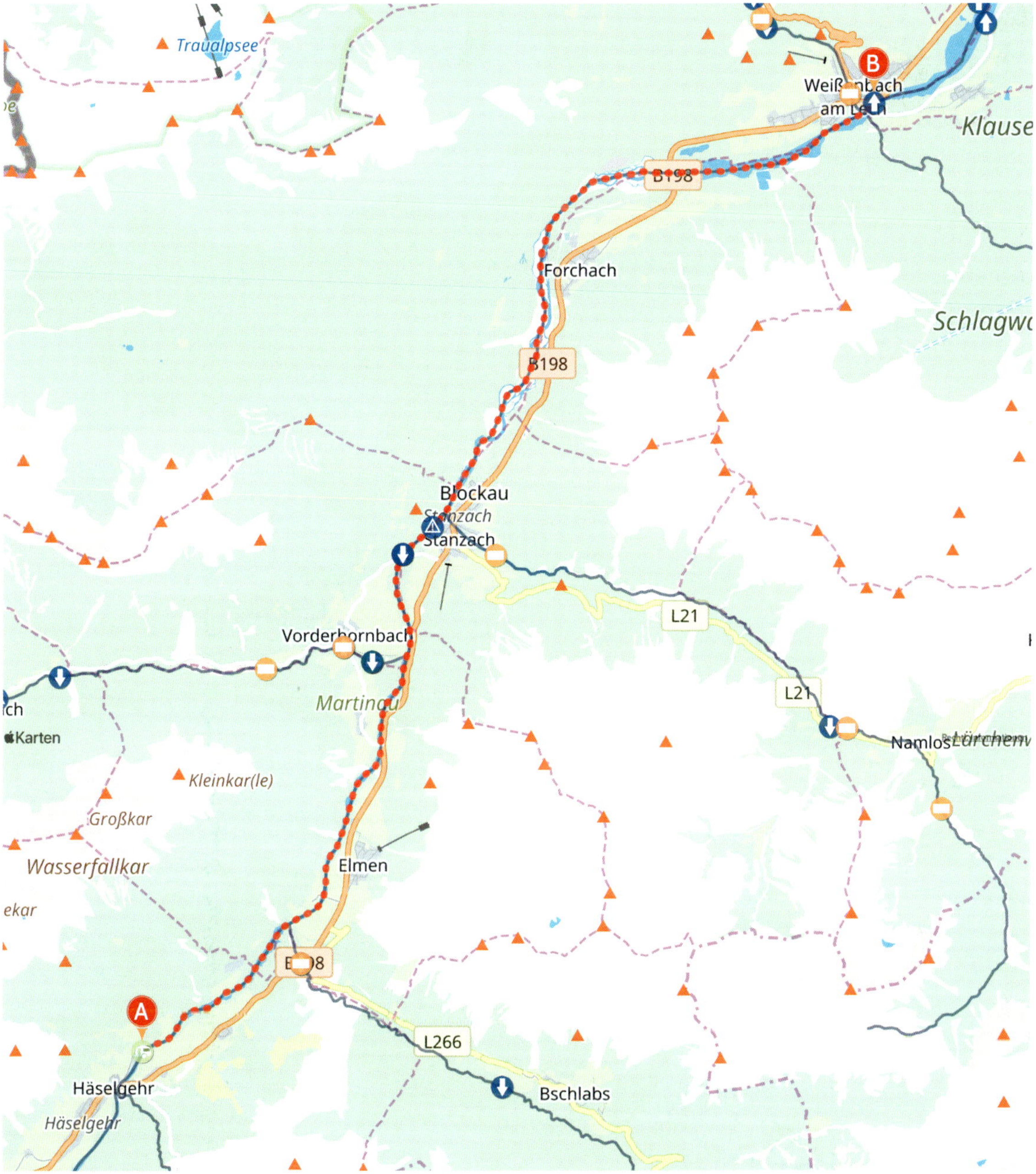

Genusspaddeln par Excellence zwischen Stanzach und Weißenbach. Pegel: 40 m³/s in Lechaschau

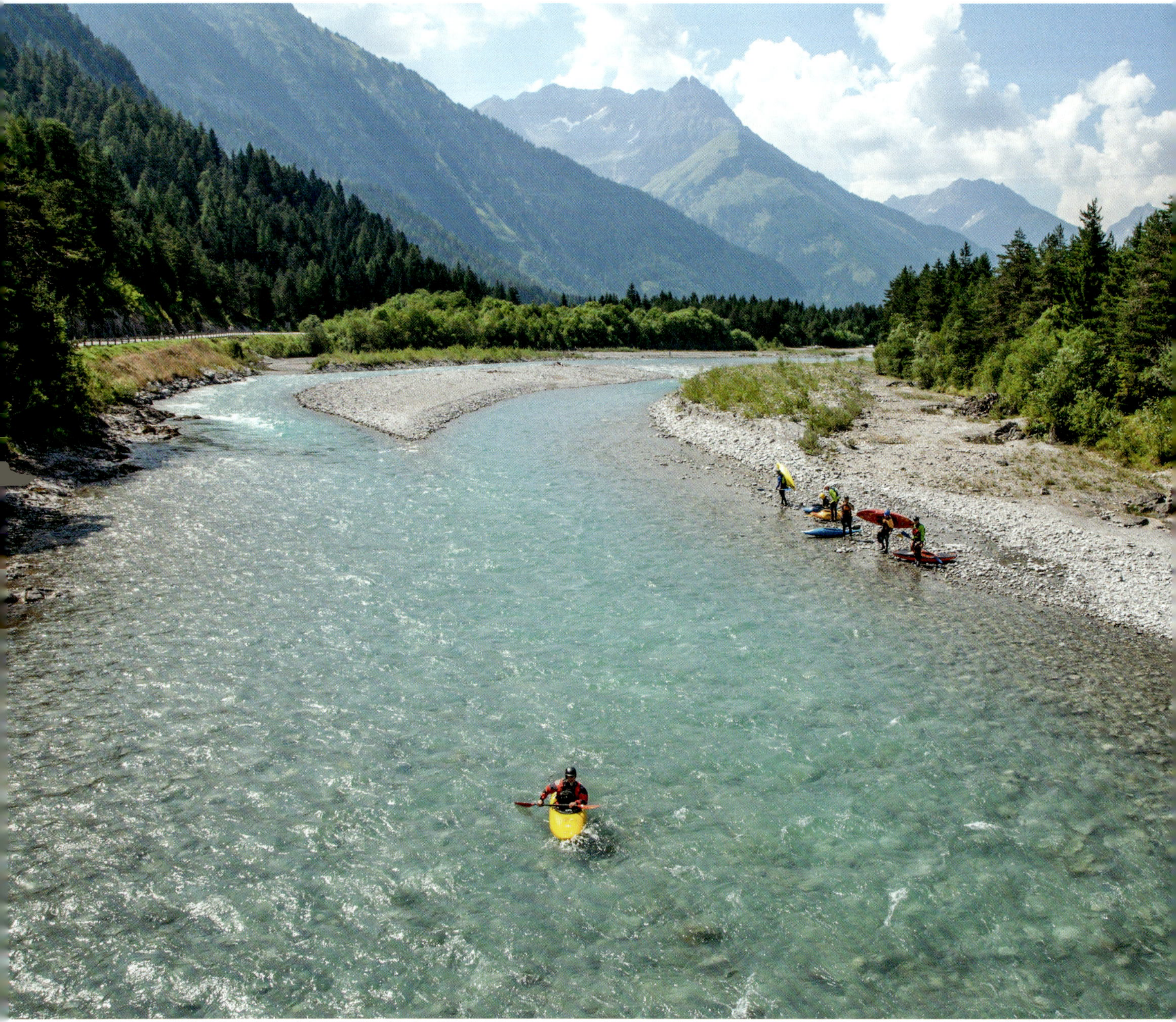

Sanft und einladend zeigt sich der Lech bei Martinau. Pegel: 16 m3/s in Steeg

unter anderem unterhalb der Brücke von Stockach. Unterhalb von Häselgehr schlängelt sich der Lech auf weiten Strecken durch eine naturbelassene Kiesbettlandschaft mit schönen Flussauen. Die Hauptgefahr in diesem Abschnitt stellen mögliche Baumhindernisse und manchmal frei gespülte Eisenträger von Uferbefestigungen und Buhnen dar. Die Schwierigkeiten lassen im weiteren Verlauf noch etwas nach und bestehen vor allem aus Kiesbankschwällen und Verästelungen. Gerade im unteren Teil vor Weißenbach verzweigt sich der Fluss immer wieder in zahlreiche Arme, und bei Niedrigwasser erfordert es manchmal etwas Gespür, den richtigen zu finden. Nur einzelne wildere Stellen unterbrechen die erholsame Fahrt und können bei starker Wasserführung für Ungeübte schwierig werden. Zwar verändert sich die Lage und Schwierigkeit dieser Stellen immer wieder, häufiger sind sie aber zwischen der Brücke nach Martinau und der Mündung des Hornbachs anzutreffen. Die normalerweise schwerste Stelle folgt unterhalb der Brücke von Stanzach. Eine Felsrippe bildet hier bei hohen Wasserständen eine große Walze, die nach Besichtigung aber umfahren werden kann (WW 3). Unterhalb des Ausstiegs an der Riedener Brücke in Weißenbach ist die Flussidylle zu Ende. Regulierungen und eine Folge von Stauseen bilden hier ein starres Korsett, das dem Lech nicht mehr die Möglichkeit lässt, die Landschaft aktiv zu gestalten.
Persönlich gefällt mir der untere Teil ab Häselgehr, das nur am Rande, übrigens deutlich besser als die obere Strecke. Besonders empfehlen kann ich für eine etwas sportlichere Tour die Strecke beispielsweise ab Bach bis Martinau (oder Stanzach) und für Landschaftsgenießer die Strecke von hier bis Weißenbach.

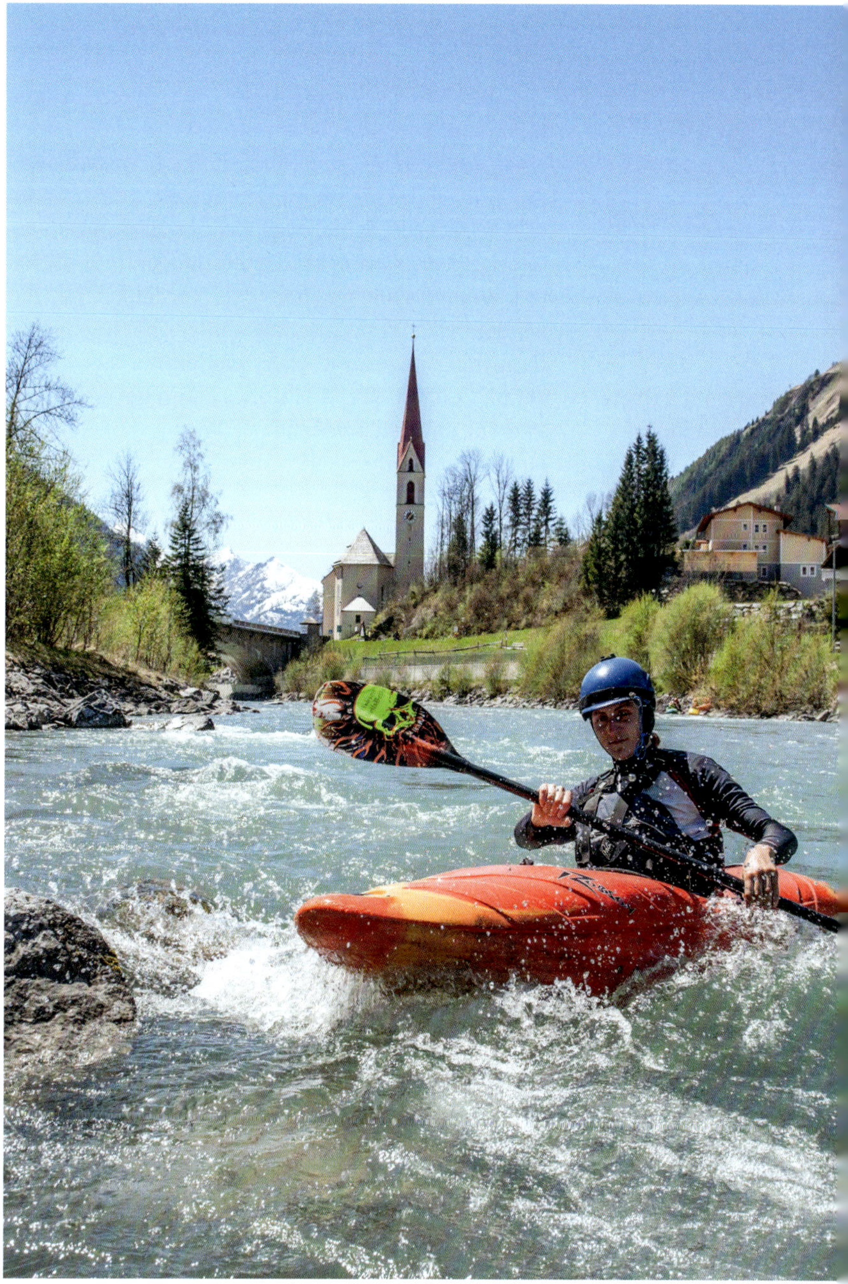

Häselgehr ist für Paddler der Dreh- und Angelpunkt im Lechtal.

MADAUBACH (Alperschonerbach)

Die kleinen Lechnebenbäche mit ihren wilden Klammen mögen Geschmackssache sein, doch eines muss man dem im Ort Bach mündenden Madaubach lassen: Er ist definitiv ein echter Landschaftssechser. Seine enge Klamm darf ohne weiteres zu den eindrucksvollsten und ursprünglichsten Wildflusslandschaften der Nordalpen gezählt werden. Das Wildwasser ist weniger herausragend, dank der insgesamt eher moderaten Schwierigkeiten können aber auch etwas weniger erfahrene Paddler mit entsprechender Führung diese Traumlandschaft erleben. Wer dem Weg des Wassers

ÜBERSICHT

Länge: 3 km

Schwierigkeit: WW 3 (4)

Einstieg: Abseilen der Boote (siehe Text, grobe Position 47.2432, 10.4196)

Ausstieg: Parkplatz in Bach (47.2652, 10.4049)

Charakter: Schnelles spritziges Wildwasser mit drei schwierigen Blockstellen/Stufen, zum Teil in einer tiefen Klamm

Gefahren: Baumhindernisse, Lawinenreste, Holzarbeiten, Eisenträger im Ort Bach

Gefälle: 23 m/km

Pegel: Kein Onlinepegel. Abschätzen im Ort Bach. Eine Befahrung sollte flüssig möglich erscheinen, nicht aber bei offensichtlich (zu) hohen Pegelständen einsteigen.

Beste Zeit: Je nach Schneeschmelze zwischen Mai und Juli. Befahrung wegen der Gefahr durch Holzarbeiten nur an Sonntagen!

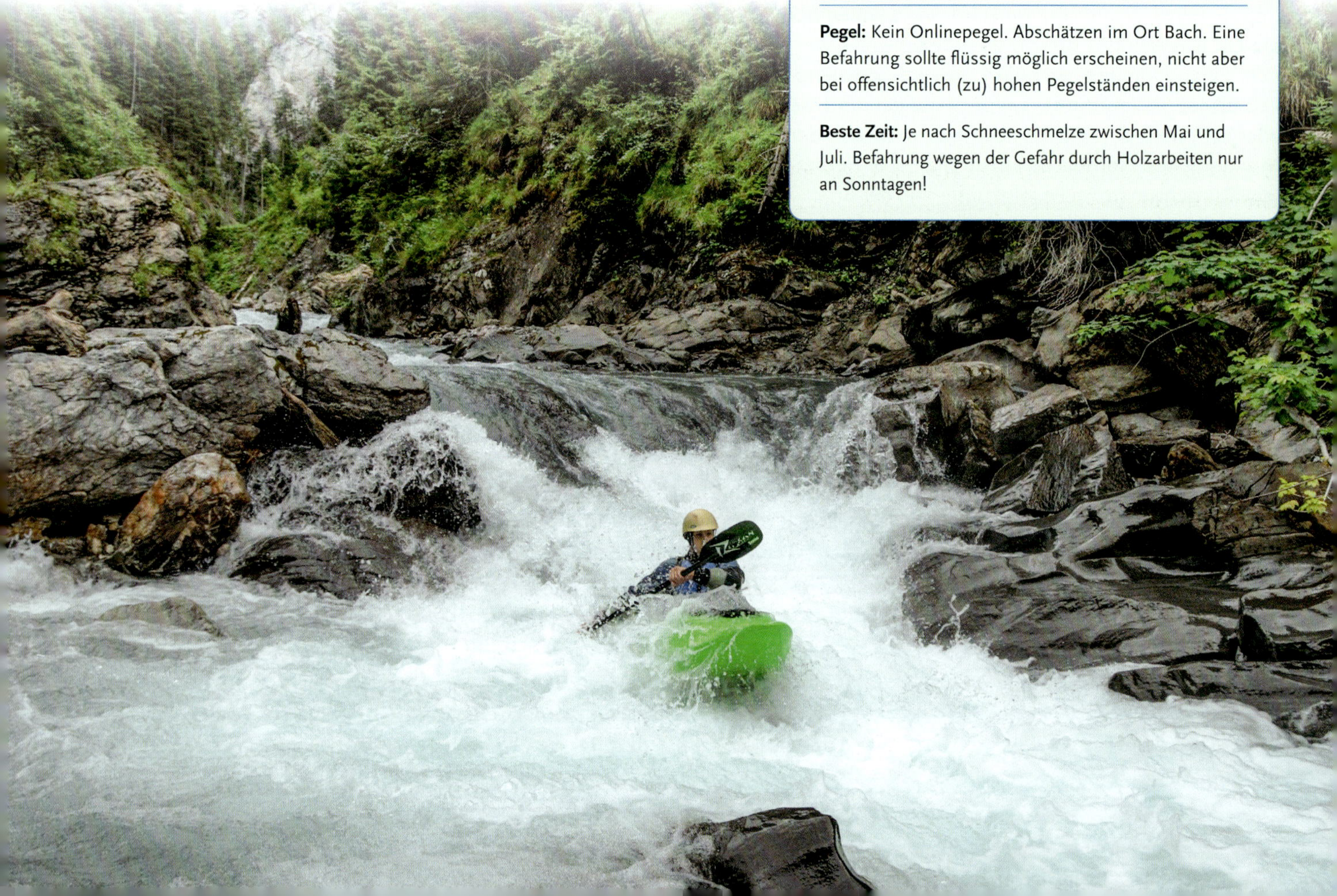

Plötzlich auftauchende kleine Stufe unterhalb der Klamm. NW-MW

durch die monumentale Klamm folgt, mag sich gar nicht vorstellen, dass bei einer Realisierung der Pläne der Energiewirtschaft auch dieses Juwel längst abgeleitet bzw. in einem Stausee ertrunken wäre. Zum Glück kam es anders, und so können hoffentlich auch künftige Generationen erleben, welche Naturschönheiten sich fast vor der Haustüre in den Alpen verstecken. Damit das so bleibt, sollten wird alle durch rücksichtsvolles Verhalten unseren Teil dazu beitragen, dass wir Kajakfahrer am Madaubach (und überall sonst) von den Einheimischen nicht als Störenfriede, sondern als Partner im Kampf gegen die Zerstörung der Natur betrachtet werden. Denn nur wer seine Umwelt erleben kann und schätzen lernt, wird sie auch schützen, davon bin ich fest überzeugt.

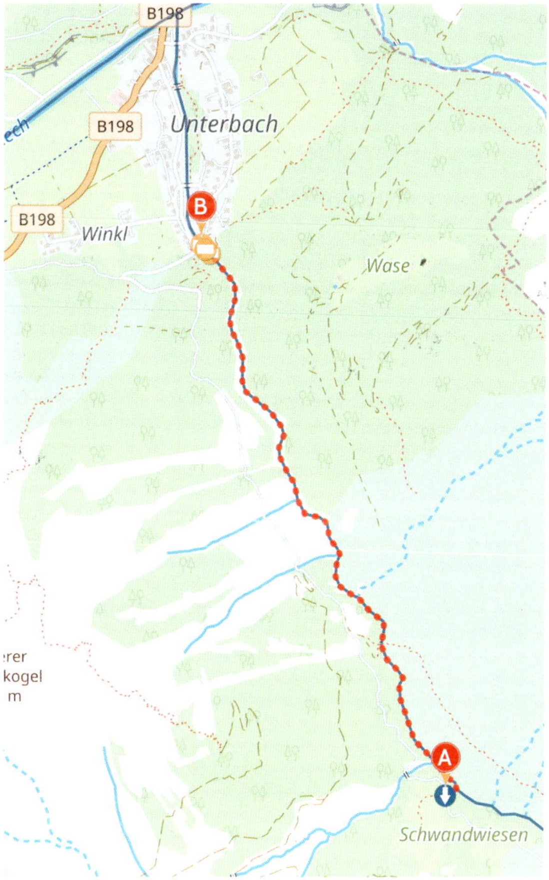

An Land

Der Ausstieg befindet sich an einem Parkplatz im Ort Bach. Um zum Einstieg zu gelangen, muss man den Bootswagen bemühen oder das Boot schultern (Sperrung der Straße für KFZ unbedingt beachten, das Fahrverbot beginnt allerdings erst oberhalb der ersten Serpentine). Die Möglichkeit eines Taxitransports bestand zuletzt nicht mehr, eine teilweise kommunizierte allgemeine Sperrung des Madaubachs existierte laut Auskunft der Gemeinde Bach aber nicht.

Ungefähr 3 Kilometer sind es auf der kleinen Zufahrtstraße nach Madau zur Einstiegsstelle. Unterwegs bietet die Matailer Brücke hoch über der Klamm faszinierende Tiefblicke. Nach einer Brücke über einen großen Seitenbach befinden sich etwas oberhalb einer Ausweichstelle einige Trittstufen am Schluchtrand (rechts des Fahrwegs Wiese mit Heuschober und Weg). Hier müssen die Boote ungefähr 60 Meter durch steiles Gelände abgeseilt werden. Weiter oben ist der Madaubach wohl eher unbefahrbar!

Auf dem Wasser

Bald nach der Einstiegsstelle mündet von links ein Sturzbach, der Geröll und Schwemmholz in den Madaubach transportiert. Da sich das Holz oft in der Blockstelle bei der Mündung verkeilt, empfiehlt sich eine kurze Besichtigung. Kurz darauf zwängt sich der Madaubach durch den engsten Teil der Klamm. 60 Meter tief ist der enge Felsspalt, den der Madaubach hier ins Gestein gefräst hat. Das Spiel von Licht und Schatten zwischen den teilweise sogar überhängenden Felswänden erzeugt ganz besondere Stimmungen in dieser monumentalen Landschaft. Flott, aber ohne größere Schwierigkei-

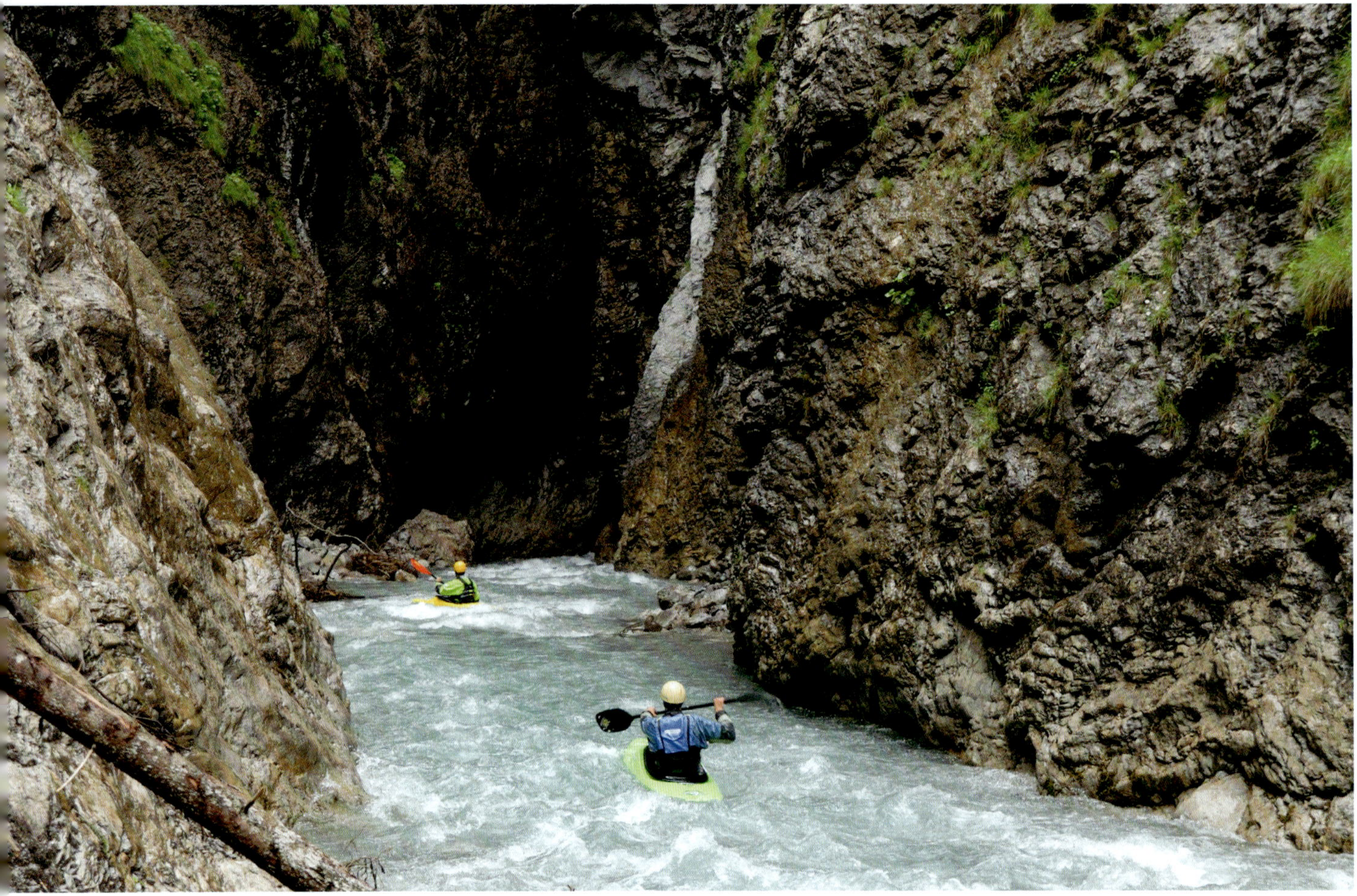

Immer enger rücken die Felswände zusammen. NW-MW

ten rauscht der Madaubach in die Klamm hinein. Lediglich Baumhindernisse oder Lawinenreste können Probleme bereiten.

Leider ist die Klamm nur kurz und öffnet sich schnell wieder zu einer weiterhin eindrucksvollen felsigen Schlucht. Mit Ausnahme von zwei weiteren schwierigen Engstellen (WW 4, häufige Veränderungen) übersteigen die Schwierigkeiten auch hier nicht den oberen dritten Grad. An unübersichtlichen Stellen ist wegen der Gefahr von Baumhindernissen allerdings Vorsicht geboten, und auch vor der ersten schweren Stelle sind die Kehrwasser nur klein. Im Ort Bach lauern noch zwei niedrige Wehrstufen. Teilweise kaum sichtbare Eisenträger können diese unscheinbaren Stellen in hinterhältige Todesfallen verwandeln, also rechtzeitig aussteigen und kurz umtragen. Wer mag, kann danach die Fahrt am Lech z.B. bis Häselgehr fortsetzen.

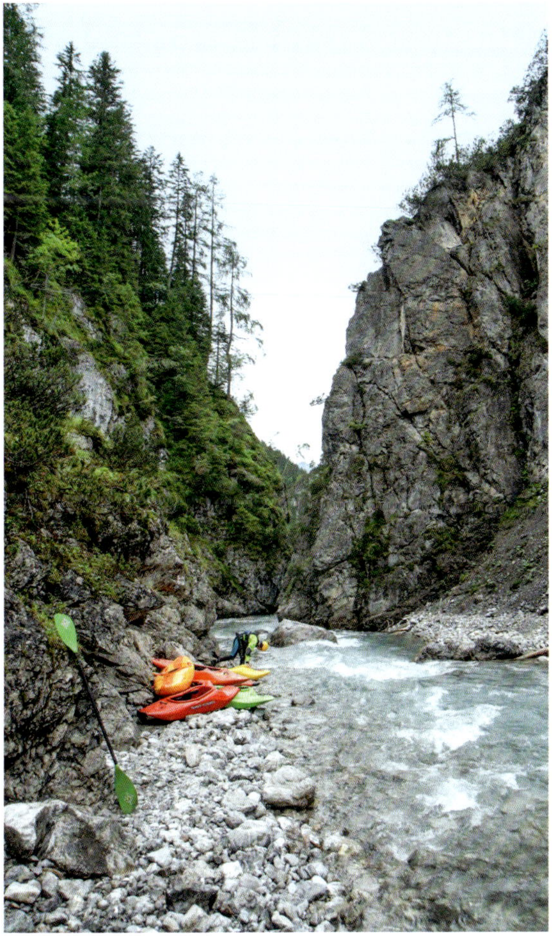

Nach dem Abseilen der Boote am Einstieg. NW-MW

Etwas seltsam klingt es zunächst, dass man am Madaubach nur an Sonntagen paddeln sollte bzw. darf. Doch das hat seinen guten Grund. Denn bei Holzarbeiten im steilen Wald oberhalb der Klamm bzw. Schlucht können leicht Baumstämme in den Bach stürzen und ahnungslose Paddler erschlagen. Daher ist die Befahrung nach Aussage von Einheimischen nur an Sonntagen erlaubt, wenn nicht im Wald gearbeitet wird.

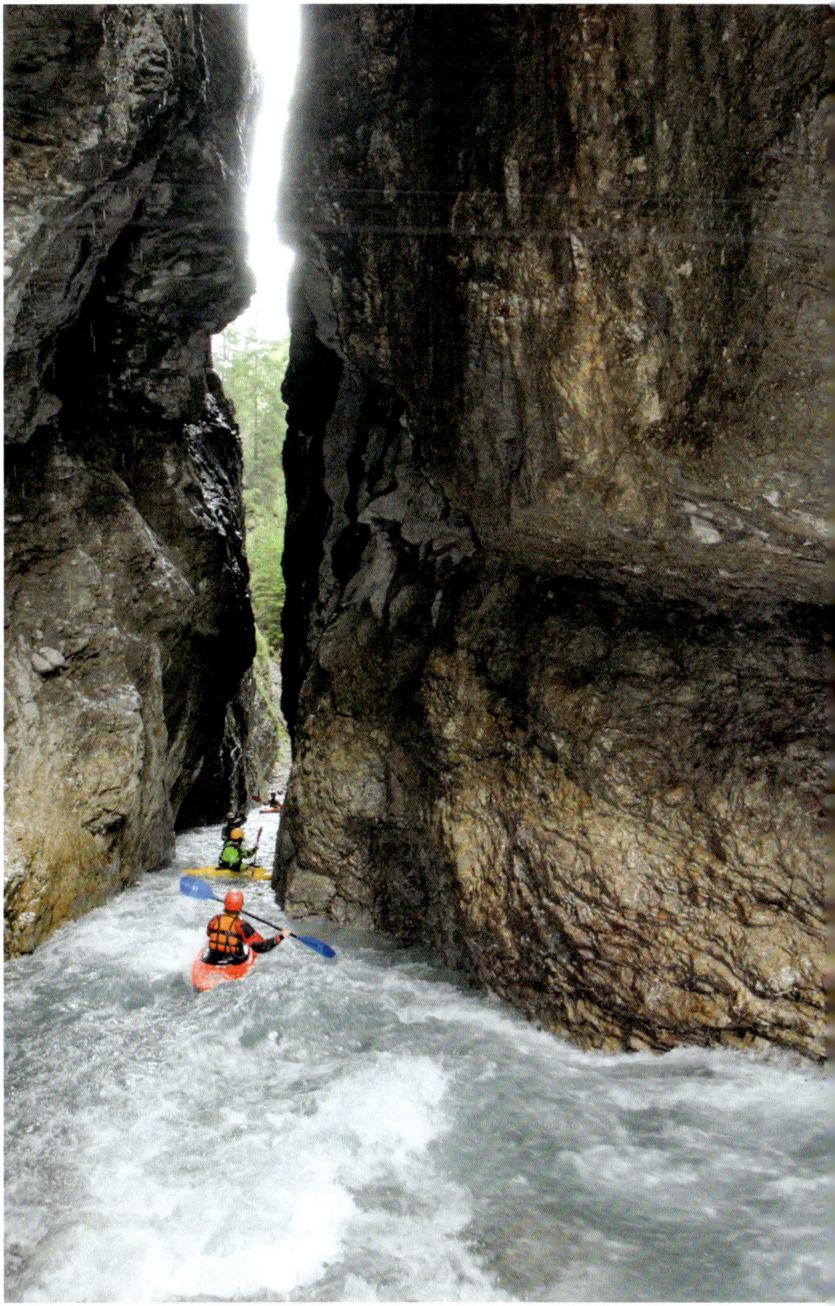

Die Klamm ist nicht schwer, aber dafür umso eindrucksvoller. NW-MW

HORNBACH

Der Hornbach bietet für routinierte Paddler, die nicht unter Klaustrophobie leiden, ein besonderes Paddelerlebnis. Viel enger als in seinen Klammen geht's kaum, wobei rein technisch nur wenige (aber nicht umtragbare) Stellen wirklich schwer sind. Im Gegensatz zu Madaubach und Streimbach rauscht der Hornbach dem Lech nicht von rechts aus den Lechtaler Alpen entgegen, sondern von links aus den Allgäuer Alpen. Fernab von Touristenrummel und Durchgangsverkehr verbirgt sich im Hornbachtal eine weitgehend ursprüngliche Alpenidylle ohne Kitsch und Kommerz. Im kleinen Ort Hinterhornbach steht die Kirche im wahrsten Sinne des Wortes noch im Dorf, und das Wirtshaus liegt gleich nebenan. Steile, schwierig zu bearbeitende Bergwiesen

ÜBERSICHT

Bereich:	Obere Klammen	Unterer Hornbach
Länge:	3,5 km	5 km
Schwierigkeit:	WW 5-	WW 3 (4,4+)

Einstieg: Geröllsperre am Klammeingang (47.3541, 10.4438) oder für den leichteren Teil bei der Kapelle oberhalb der Mündung des Stützbachs (47.3646, 10.4812)

Ausstieg: Brücke in Vorderhornbach (47.3683, 10.5393) oder bei wenig Wasser am Beginn der Kiesbettstrecke

Charakter: In der Klamm enge Bobbahnen, Schlitze und Stufen, anschließend verblockte Schwälle und Katarakte im Wechsel mit Kiesbett

Gefahren: Baumhindernisse und Zwangspassagen, Unterspülungen und Verklemmgefahr in der Klamm, Wehr auf der unteren Strecke, sehr schnelle Strömung

Gefälle: 23 m/km (oberer Teil) bzw. 17 m/km (unterer Teil)

Pegel: Vorderhornbach, 115 cm = NW, 125 cm = MW, 135 cm = Hochwasser. Für eine erste Befahrung der Klamm sollte die Obergrenze bei höchstens 125 Zentimetern liegen, besser niedriger. Für den unteren Teil sind die Werte etwas höher anzusetzen. Die Werte können sich immer wieder verändern, daher am unteren Einstieg selbst abschätzen.

Beste Zeit: Meist zwischen Mai und Juli, die obere Klamm aber nicht bei hoher Wasserführung.

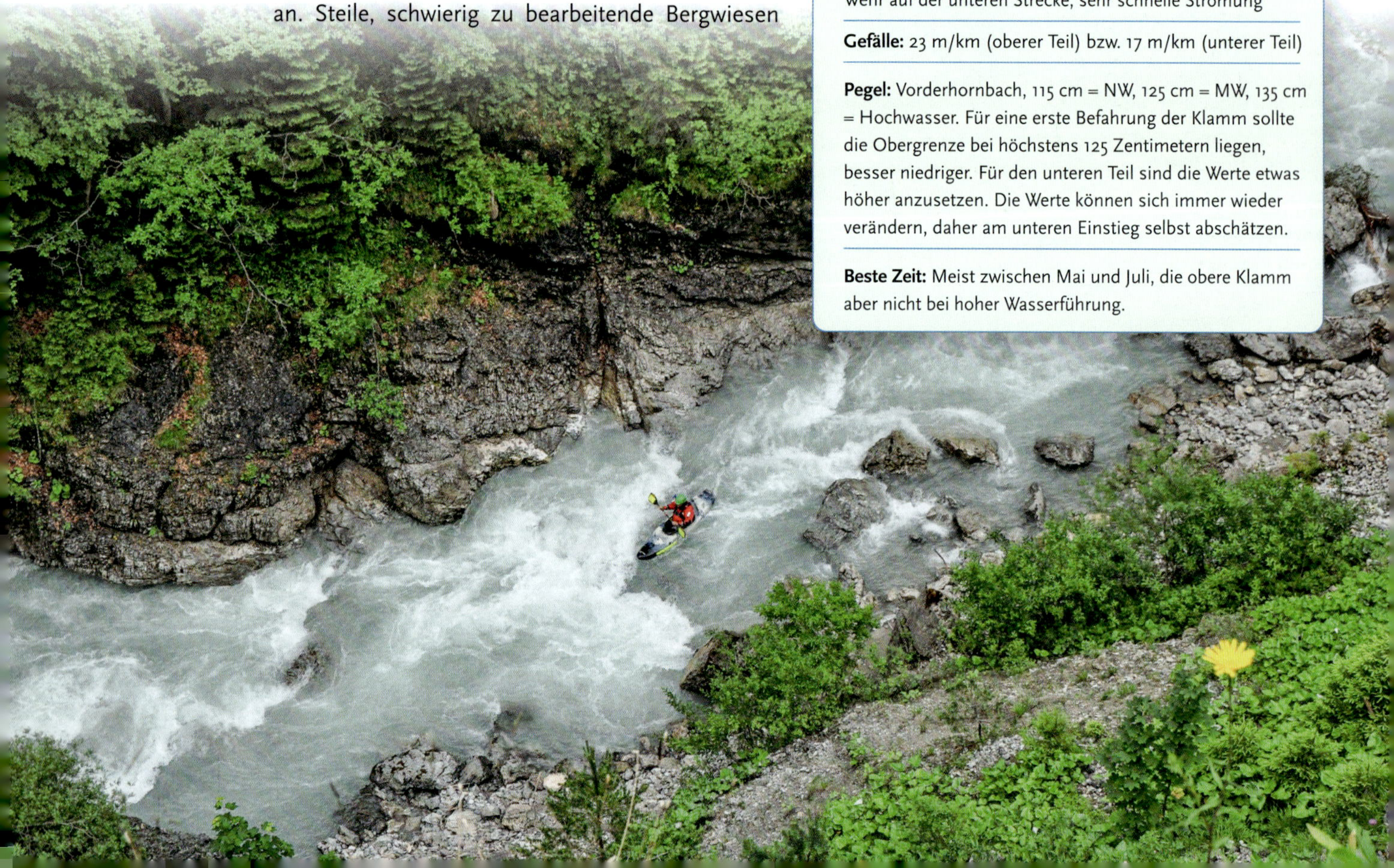

Die letzte Durchruchstrecke oberhalb von Vorderhornbach. Bild: Salome Fritz

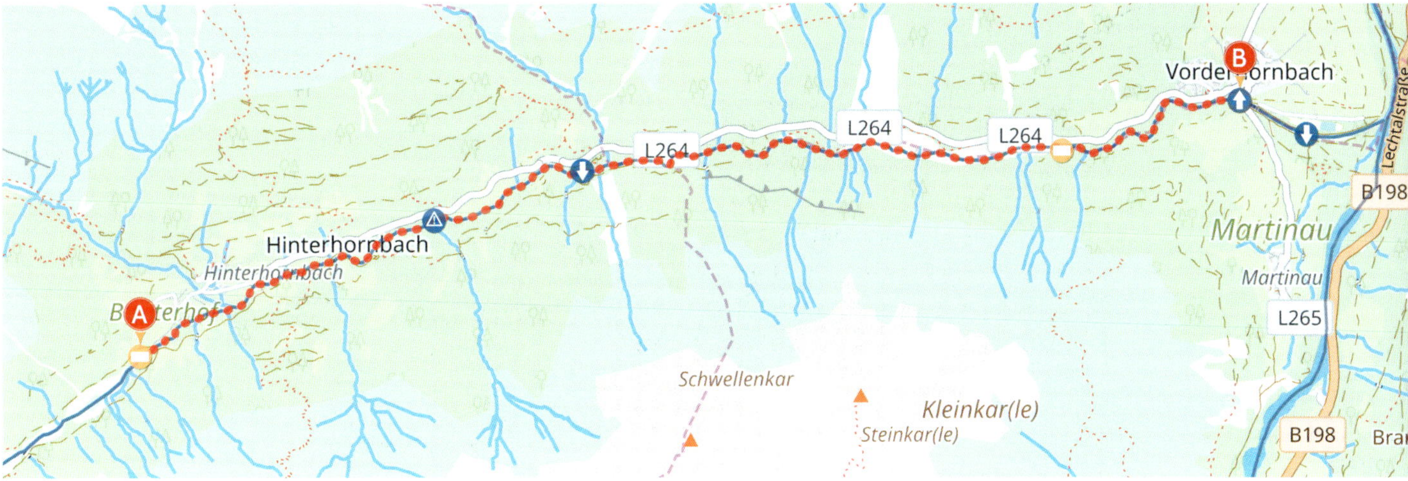

und dichte Wälder umgeben die kleine Ansiedlung, die sich zwischen schroffen Felsgipfeln im Talgrund versteckt. Vom Hornbach sieht man während der Anfahrt nicht viel. Abgesehen von einer felsigen Enge am Talausgang entziehen sich seine Klammen im Wald stets den Blicken. Zwar sind sie nicht besonders tief, dafür aber sehr eng. Wegen der Gefahr von tödlichen Baumhindernissen sollte daher jeder, der den aktuellen Zustand nicht kennt, die Problemstellen vom Klammrand besichtigten. Dass von oben alles leichter und unspektakulärer aussieht, versteht sich dabei von selbst. Paddler, die bereits beim Blick in die Klamm klaustrophobische Gefühle bekommen, müssen auf ihr persönliches Hornbachabenteuer nicht verzichten. Die engen Klammen samt schwerer Zwangspassage (WW 5-) enden bereits nach 4 Kilometern und der Rest des Hornbachs ist offener, deutlich leichter (meist WW 3) und landschaftlich weiterhin sehr schön.

An Land

Der Ausstieg und der Pegel befinden sich oberhalb der Brücke über den Hornbach im Ort Vorderhornbach. Auf der Fahrt Richtung Hinterhornbach sollte man die aktuelle Situation an der früheren Geschiebesperre erkunden. Diese Stelle befindet sich am Ende des breiten Kiesbetts. Hinter der Brücke über den Stützbach führt eine Forststraße zu einer Kapelle hinunter. Hier befindet sich der Einstieg für den leichteren Teil.

Wer die obere Klamm ins Auge gefasst hat, sollte an mindestens zwei Stellen zuvor die aktuelle Situation erkunden. Besonders wichtig ist das auf Höhe des Gasthofs Alpenrose (Wiese nicht zertrampeln, dem Klammrand folgen) und oberhalb der Brücke bei der Kirche von Hinterhornbach (bequem vom gesperrten Forstweg am Klammrand). Zum Einstieg folgt man der taleinwärts führenden Straße bis zur Brücke über den Jochbach. Hier muss man das Auto abstellen (Fahrverbot) und das Boot das letzte Stück auf schmaler Asphaltstraße zum Einstieg tragen. Von einer Brücke kann man einen sehr schmalen Schlitz einsehen. Ein Baumhindernis in dieser Stelle hätte fatale Folgen. Wenig oberhalb erreicht man die Geschiebesperre am Klammeingang (flussaufwärts gesehen rechtes Ufer benutzen).

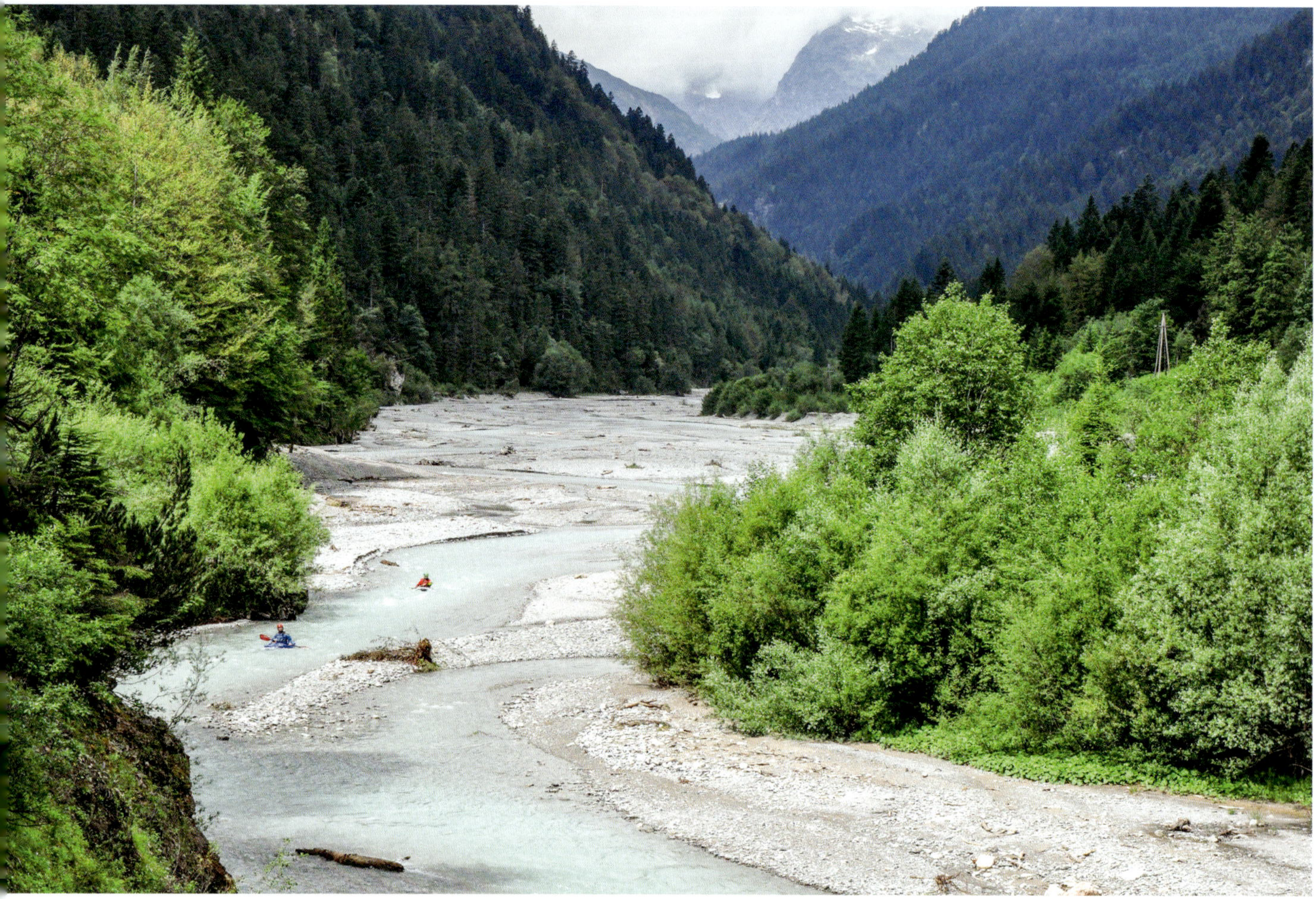

Das breite Kiesbett im unteren Teil war früher ein Stausee. Bild: Salome Fritz

Auf dem Wasser

Die Geschiebesperre am Klammeingang besteht aus zwei hohen Stufen, von denen die erste eher unbefahrbar ist. Etwas unterhalb kann man die Boote aber recht einfach in die Klamm abseilen. Der Wald lässt nur wenig Sonnenlicht am Bach ankommen, das die feucht glänzenden Felswände und das grüne Wasser des Hornbachs zum Leuchten bringt. Bald nach dem Start erhöht der enge Schlitz trotz Besichtigung von der Brücke ein erstes Mal den Adrenalinspiegel. Bis zur Mündung des Jochbachs folgen einige kleinere Stufen in etwas offenerer Schlucht. Oberhalb des Ortes Hinterhornbach beginnt die nächste besonders eindrucksvolle Klammstrecke mit plötzlich auftauchenden Schlitzen und Bobbahnen. Nach kurzer offener Strecke verschwindet der Bach unterhalb des Ortes wieder im engen Felsspalt. Eine unterspülte Zwangspassage (WW 5-) und einige anspruchsvolle Stufen sorgen hier für reichlich Herzklopfen. Erst wenn oben links die Lawinengalerie der Straße sichtbar wird, ist der schwerste Teil geschafft. In den letzten Jahren waren die Klammen oft völlig verklaust und daher nicht befahrbar.

Im zweiten Teil ab der Kapelle oberhalb der Stützbachmündung bleibt der Hornbach anfangs sehr sportlich und schnell. Kurze Klammpassagen wechseln sich mit etwas offeneren Schluchtabschnitten ab. Vor Baumhindernissen sollte man auch hier stets auf der Hut sein, da die Schwälle und Katarakte gerade bei viel Wasser nicht gerade reich an Kehrwassern sind. Die schwerste Stelle der Strecke, ein kurzer stufenförmiger Katarakt mit Unterspülung am Ausgang, sollte kurz besichtigt werden (umtragbar). Der folgende Geschiebestau, den der Hornbach mit vielen Verzweigungen durchfließt, war früher ein Stausee. Bei niedriger Wasserführung wird das Wasser hier zu flach. Nach einer Niedrigwasserbefahrung der oberen Klamm sollte man sich daher am Beginn des Geröllbetts eine Ausstiegsstelle suchen (Straße in Flussnähe).

Die hohe Geschiebesperre am Ende des Kiesbetts gehört der Vergangenheit an, die aktuelle Situation an dieser Stelle hat man aber am besten schon vor der Fahrt kurz erkundet. Die kurze untere Schlucht bis Vorderhornbach ist durch das eingeschwemmte Geschiebe geprägt und enthält meist nur eine etwas schwierigere Stelle.

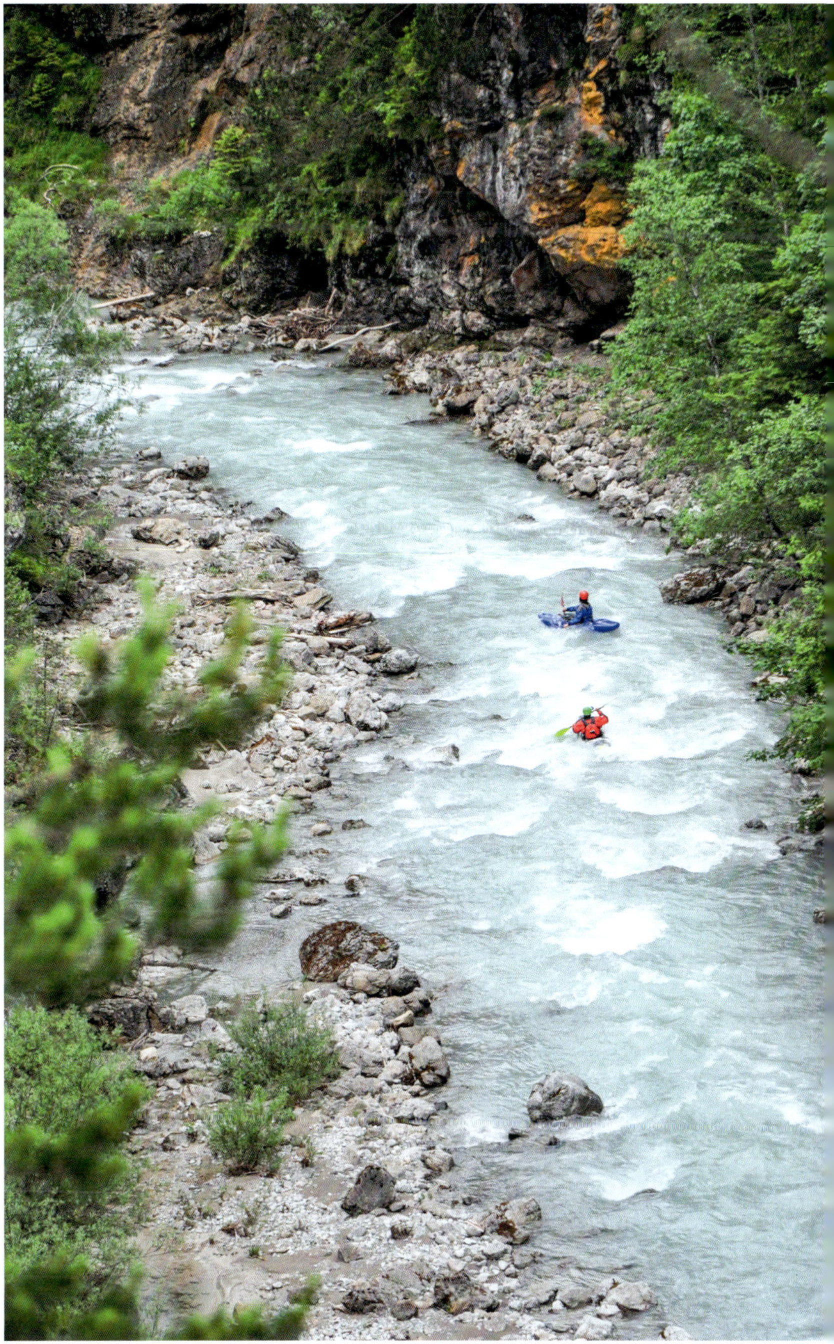

Schnelles aber meist relativ offenes Wildwasser im unteren Teil. Bild: Salome Fritz

EXTRATOUREN:

OSTRACH

Freundlich und einladend wie die Blumenwiesen im Allgäu präsentiert sich auch die kleine Ostrach, die bei Sonthofen in die Iller mündet. Eigentlich mit leuchtend blauem Wasser, schönen Schwällen und idyllischer Kulisse ein perfekter Fluss für Genießer und leicht fortgeschrittene Wildwassereinsteiger, wenn nicht die Paddelstrecke gar so kurz wäre. Keine drei Kilometer sind es vom Einstieg unterhalb eines Wehrs bei Hinterstein bis zum Ausstieg bei Hindelang. Oberhalb ist die Ostrach von April bis Ende Juli auf knapp zwei Kilometern Länge gesperrt, unterhalb bis zur Mündung mit zahllosen Wehren und künstlichen Stufen verbaut (mehrere tödliche Unfälle). Wer sich nicht scheut, den

ÜBERSICHT

Länge: 2,5 km

Schwierigkeit: WW 2-3- (3)

Einstieg: Brücke unterhalb des Wehrs bei Hinterstein (47.4826, 10.3931), Parkverbot, Autos am Großparkplatz unterhalb abstellen (47.4840, 10.3893)

Ausstieg: Brücke bei Bad Oberdorf (Straße ins Retterschwanger Tal) (47.4968, 10.3873)

Charakter: Offenes Flussbett mit spritzigen Schwällen und kleinen Blockstrecken

Gefahren: Wehre am Ausstieg und Wehr oberhalb des Einstiegs

Gefälle: 12 m/km

Pegel: Ostrach Reckenberg, www.hnd.bayern.de
Mindestpegel: 50 cm, 10 m³/s

Beste Zeit: Mai bis Juni und nach Regenfällen

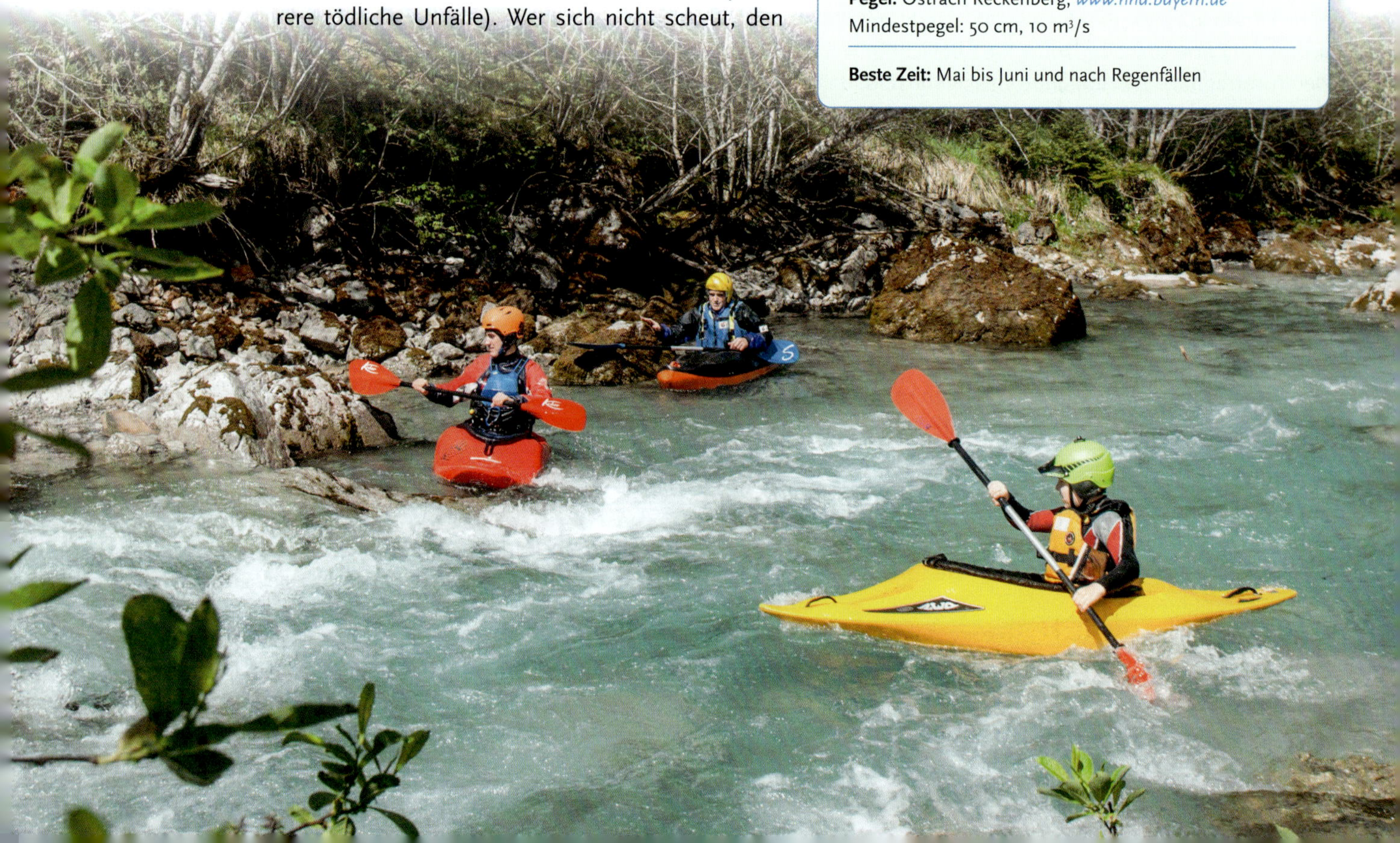

Bootswagen zu satteln, der sollte der eindrucksvollen Aueleschlucht im Oberlauf einen Besuch abstatten (bis WW 4, Straßenzufahrt gesperrt, Weiterfahrt von der Guferbrücke bis zur Heidachbrücke nur vor 10.04 und ab 1.8 erlaubt).

Die klassische Paddelstrecke beginnt unterhalb eines höheren Wehrs (nach genauer Besichtigung evtl. befahrbar) vor Hinterstein bei einer kleinen Brücke. Wer mag, kann die etwas sportlichere Blockstrecke zwischen Wehr und Brücke noch mitnehmen (um WW 3). Unterhalb plätschert die Ostrach anfangs reguliert und mit einigen harmlosen Ministufen garniert dahin. Nach einem sehr flachen Abschnitt wird es bald darauf im engeren, teilweise felsigen Flussbett deutlich sportlicher und interessanter (bis WW 3-). Für einige kleine Übungs- und Spielstellen an schönen Kehrwassern darf man sich ruhig etwas Zeit nehmen, um nicht allzu schnell den Ausstieg zu erreichen. Ein kleines Wehr kurz vor dem Ziel ist nach einer gründlichen Besichtigung häufig befahrbar, das Wehr direkt nach dem Ausstieg hingegen bleibt unbefahrbar.

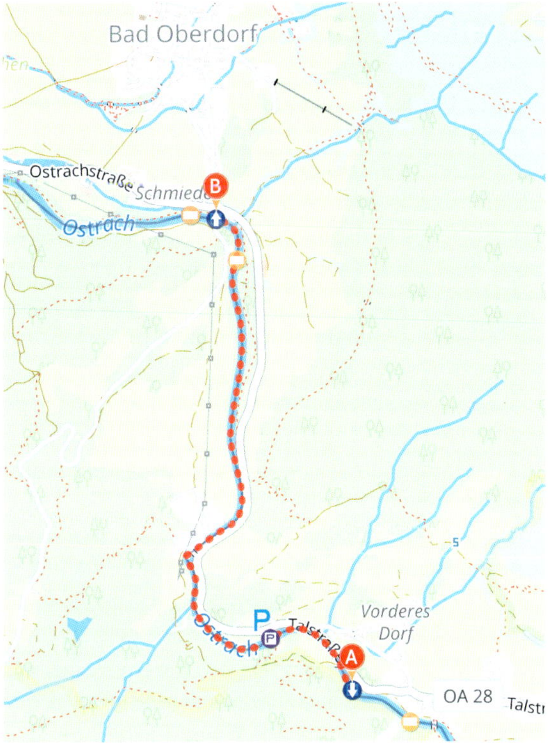

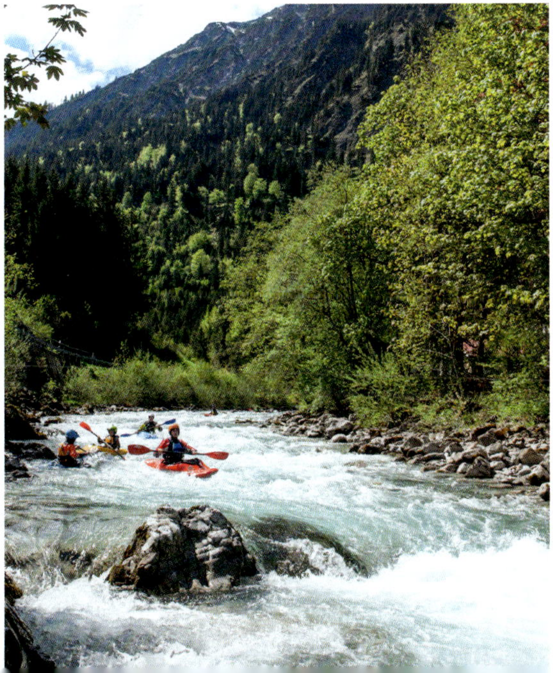

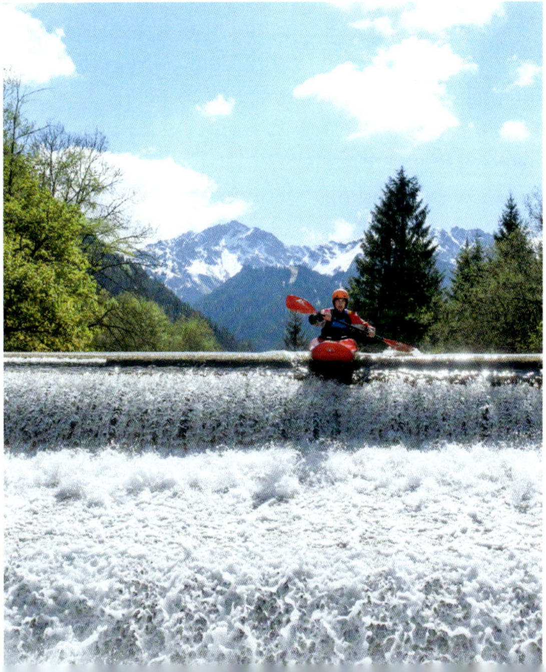

Bild links: Mit einer kleinen Walze beginnt die sportlichste Kurve der Ostrach. Pegel: 10 m³/s

Zugabe für erfahrene Paddler: Das Wehr oberhalb des Einstiegs. Pegel: 10 m³/s

STREIMBACH (Bschlabsbach)

Es gibt Bäche, die eigentlich jeder Paddler erlebt haben muss und andere, die Geschmackssache sind. In letztere Kategorie fällt der Streimbach bzw. Bschlabsbach, einer der wilden Nebenbäche des Lechs. Verglichen mit Kalibern wie dem Namlosbach oder dem Ottersbach sind die technischen Schwierigkeiten des Streimbachs zwar vergleichsweise überschaubar, schnell, steinig und unzugänglich ist aber auch er. Das kontinuierliche Geröllbettwildwasser ist sicher nicht der vorrangige Grund für einen Besuch hier, am Streimbach geht es eher um ein kleines Abenteuer vor der Haustüre in eindrucksvoller schroffer Landschaft. Am Einstieg müssen die Boote über mehrere Wurfsacklängen im sehr steilen Gelände in die Schlucht abgeseilt werden. Mit herausragenden Einzelstellen kann die Paddelstrecke hinunter ins Lechtal zwar nicht aufwarten, fast immer vorhandene Baumhindernisse bei schneller Fließgeschwindigkeit erfordern aber absolute Sicherheit beim Erreichen kleiner und kleinster Kehrwasser.

Vor der Fahrt sollte man von einer markanten Straßenkehre am Ende der Schlucht einen Blick hinunter zum Bach werfen und prüfen, ob hier im engsten Teil ggf. kritische Baumhindernisse lauern. Ca. 1 km vor Bschlabs biegt man rechts ab zum Weiler Sack. Nach dem Abladen der Boote müssen die Autos hier unbedingt wieder weggefahren werden! Mit geschulterten Booten wandert man auf einem Schotterweg (für Autos gesperrt) durch die Wiesen hinab. Dieser führt durch eine Serpentine und dann relativ eben talauswärts. Die Abseilstelle befindet sich in einem Waldstück an einem kleinen Einschnitt. Bis zum Bachbett sind mindestens 5 mal 20 Meter Seil erforderlich. Ausdrücklich gewarnt sei vor einem Einstieg auf Höhe von Bschlabs. Es folgt dort eine eher unbefahrbare Klamm ohne Umtragemöglichkeit!

ÜBERSICHT

Länge: 4 km

Schwierigkeit: WW 3+ (4)

Einstieg: Abseilen der Boote beim Weiler Sack, oberhalb unbefahrbare Klammen! (ungefähr 47.3110, 10.5718)

Ausstieg: Brücke der Lechtalbundesstraße am Ende der Schlucht (47.3266, 10.5310)

Charakter: Steiniges, gefällstarkes Wildwasser ohne deutlich herausragende Einzelstellen in einer schroffen Schlucht, die sich nur gegen Ende zur Klamm verengt!

Gefahren: Baumhindernisse, Lawinenreste, Wehrstufe am Ausstieg

Gefälle: 27 m/km

Pegel: Wasserstand am Ausstieg abschätzen, gute Chancen hat man, wenn der Lech mind. Mittelwasser führt, nicht bei Hochwasser fahren

Beste Zeit: Je nach Schneelage Mai und Juni, evtl. noch Juli

Zu Beginn begeistert der steinige, schnelle und recht gefällstarke Bachcharakter nicht unbedingt, zumal der Streimbach leider oft sehr holzig ist. Doch zum Glück steigert sich der Wildbach bis zur letzten Durchbruchstrecke. Diese ist auch der landschaftlich schönste Teil der Strecke, Baumhindernisse können hier aber besonders problematisch sein. Zwar gibt es keine nennenswerten Zwangspassagen, Umtragen ist aber auch nicht immer möglich. Normalerweise wird die Fahrt am Schluchtende vor der Brücke am rechten Ufer beendet. Wer durch ein naturbelassenes Geröllbett bis zur Mündung in den Lech weiterfahren will, sollte die kleine, aber oft gefährliche Stufe unter der Brücke am besten umtragen.

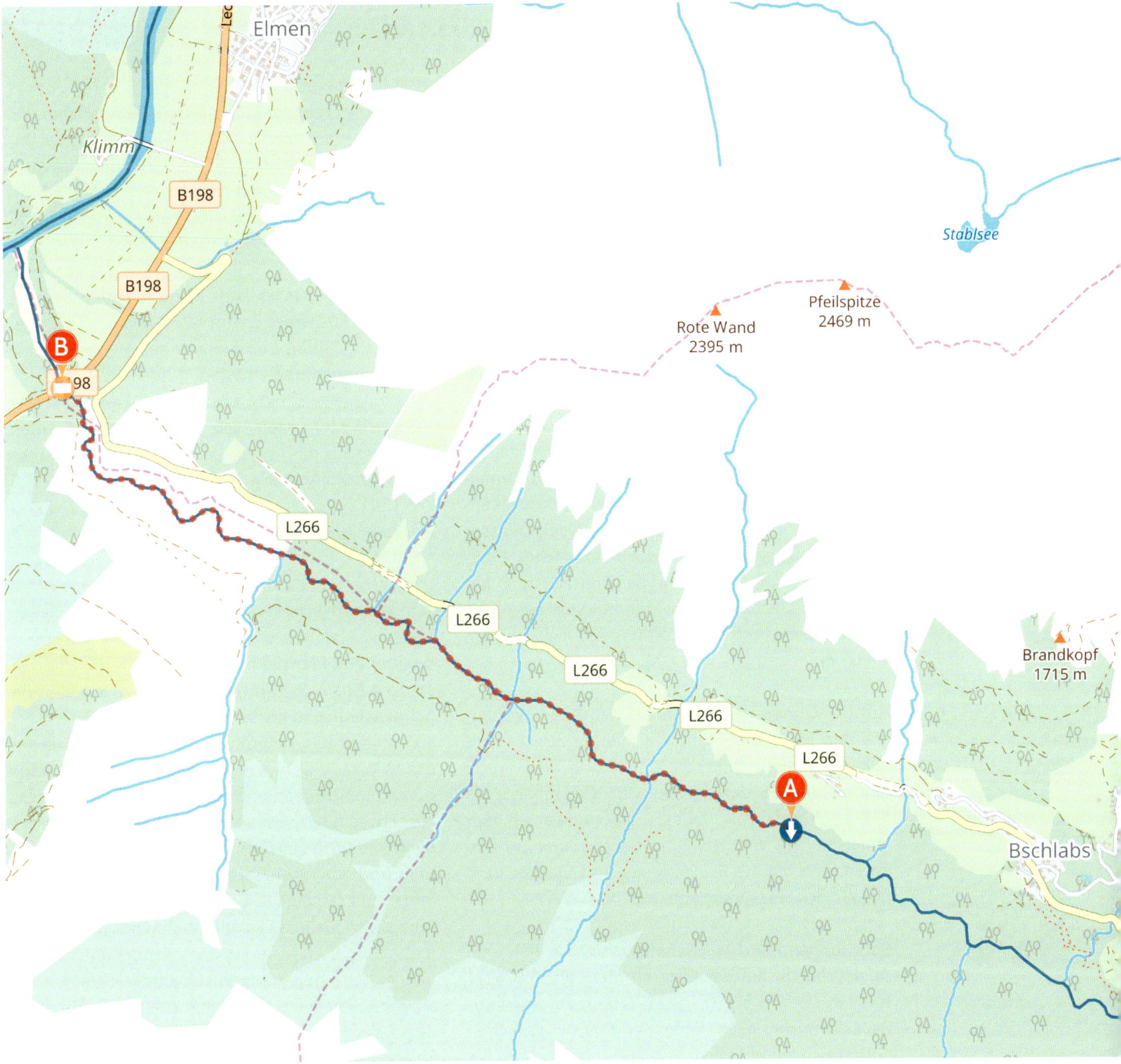
Elmen
Klimm
B198
B198
B198
L266
L266
L266
L266
L266
Rote Wand
2395 m
Pfeilspitze
2469 m
Stablsee
Brandkopf
1715 m
Bschlabs
A
B

WEITERE PADDELMÖGLICHKEITEN

Natürlich gibt es auch im Allgäu und Tiroler Lechtal noch weitere Abschnitte und wenig bekannte kleine Wildbäche zu entdecken. Die meisten dieser Strecken sind aber eher etwas für Locals und Insider, haben nur selten den passenden Wasserstand, sind oft eher anspruchsvoll oder verlaufen (im Außerfern) in ausgesetzten Klammen. Mit Infos zu solchen Geheimtipps oder Miniexpeditionen halte ich mich tunlichst zurück.

Ohne viel Aufwand lässt sich hingegen bei guten Wasserständen die Tour auf der oberen Breitach um die **oberste Breitach** verlängern. Einsteigen kann man bei Baad, die Schwierigkeiten liegen meist um WW 3/3+, entlang einer Lawinengalerie auf längerer Strecke bei WW 4(+) und im Bödmenkatarakt bei WW 3-4. Der Charakter ist schnell, kontinuierlich, oft recht holzig und bei wenig Wasser auch steinig, sicherlich Geschmackssache. Alternativ kann man die Tour auf der Breitach auch am **Schwarzwasserbach** beim Mahdtalhaus beginnen (1 km WW 3-4 mit einem umtragbaren Wasserfall, weiter oben heftiges WW 5-X).

Auf der **Gunzesrieder Ache** ist bei guten Wasserständen eine drei Kilometer lange Strecke mit Schwierigkeiten zwischen WW 3 und WW 5 und einem Stausee dazwischen von Gunzesried bis Blaichach befahrbar. Selbst vor Ort war ich hier leider nie, ein Wanderweg erleichtert aber auf längeren Strecken die Besichtigung. Am Stausee wird ein Teil des Wassers abgeleitet!

Sehr lohnend und landschaftlich toll ist die kurze **Aueleschlucht auf der Ostrach** oberhalb von Hinterstein (1,5 km bis WW 4+). Oberhalb unbefahrbare Schlucht, nach Ende der Klamm zwischen Guferbrücke und Haidachbrücke vom 10. April bis 31. Juli gesperrt. Erreichbar nur per Bus (ggf. Bootsmitnahme) oder zu Fuß mit dem Bootswagen. Die **Stillach** unterhalb der Stillachklamm ist leider mit zahlreichen künstlichen Stufen (z.T. unsauber und unschön) gespickt und daher für mich keine Empfehlung (WW bis 3). Wer es gerne expeditioneller hat, wird hier im Tal aber fündig.

Nur bei viel Wasser läuft der **Eistobel** (obere Argen) bei Grünenbach im Westallgäu mit hohen Rutschen, Stufen und einigen gefährlichen Passagen, Siphonen und Unterspülungen (WW 4-5). Naturschutzgebiet, bitte unbedingt überkorrekt verhalten! Weiter unten bieten die **obere und untere Argen sowie die Argen** meist leichtes Wildwasser um WW 2 (Achtung Wehre). Infos und Eindrücke (nicht nur) zu diesen Strecken findet man auf *www.stefanrohloff.de/wildwasser.*

Im Lechtal gibt es für Genusspaddler neben den beschriebenen Strecken in Sachen Wildwasser keine weiteren Abschnitte zu entdecken. Eine Abendrunde über den **Plansee** macht aber auch im Wildwasserboot Spaß. Für Fortgeschrittene ist zur Zeit der Schneeschmelze der Lech oberhalb des Ortes Lech auf einigen Kilometern befahrbar (Schwierigkeiten um WW 3, evtl. auch darüber). Eine Weiterfahrt durch die Schluchten ist dann natürlich völlig tabu. Nur etwas für erfahrene Alpinpaddler sind **Namlosbach** und **Ottersbach** mit ihren ausweglosen Klammen und zahllosen Zwangspassagen (um WW 5). Infos sind rar, eigene Erkundungen und Erfahrung im alpinen Gelände unerlässlich. Die weiteren Seitenbäche gelten gemeinhin als wenig lohnend und/oder extrem mühsam und aufwändig. Wer sich hier auf die Suche nach Neuentdeckungen machen will, muss viel Ahnung von der Materie haben und sich auf eine kleine Expedition einstellen.

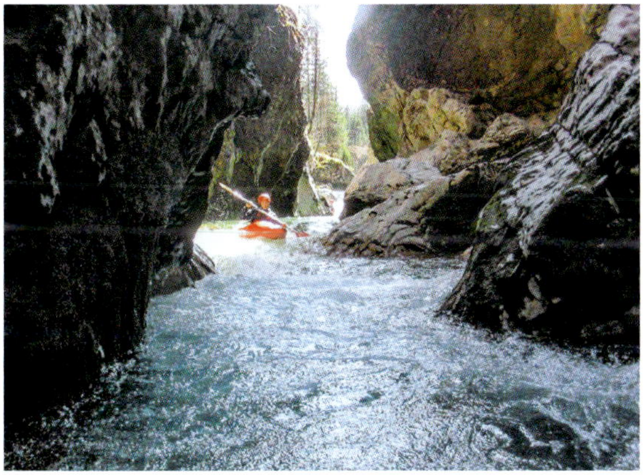

Die eindrucksvolle Aueleklamm der Ostrach.
Bild: Christian Paffenholz

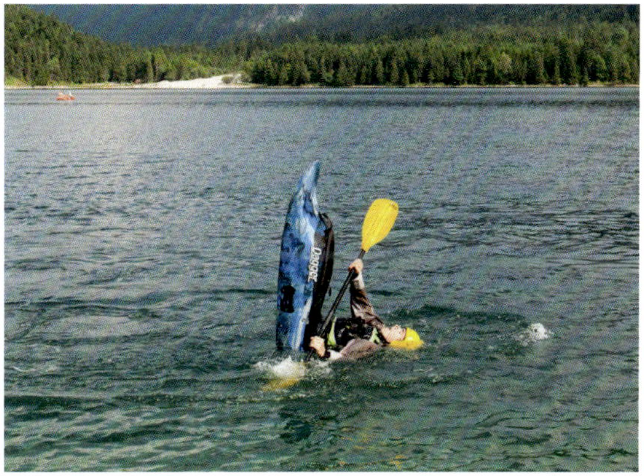

Spaßeinlage nach Feierabend am Plansee.

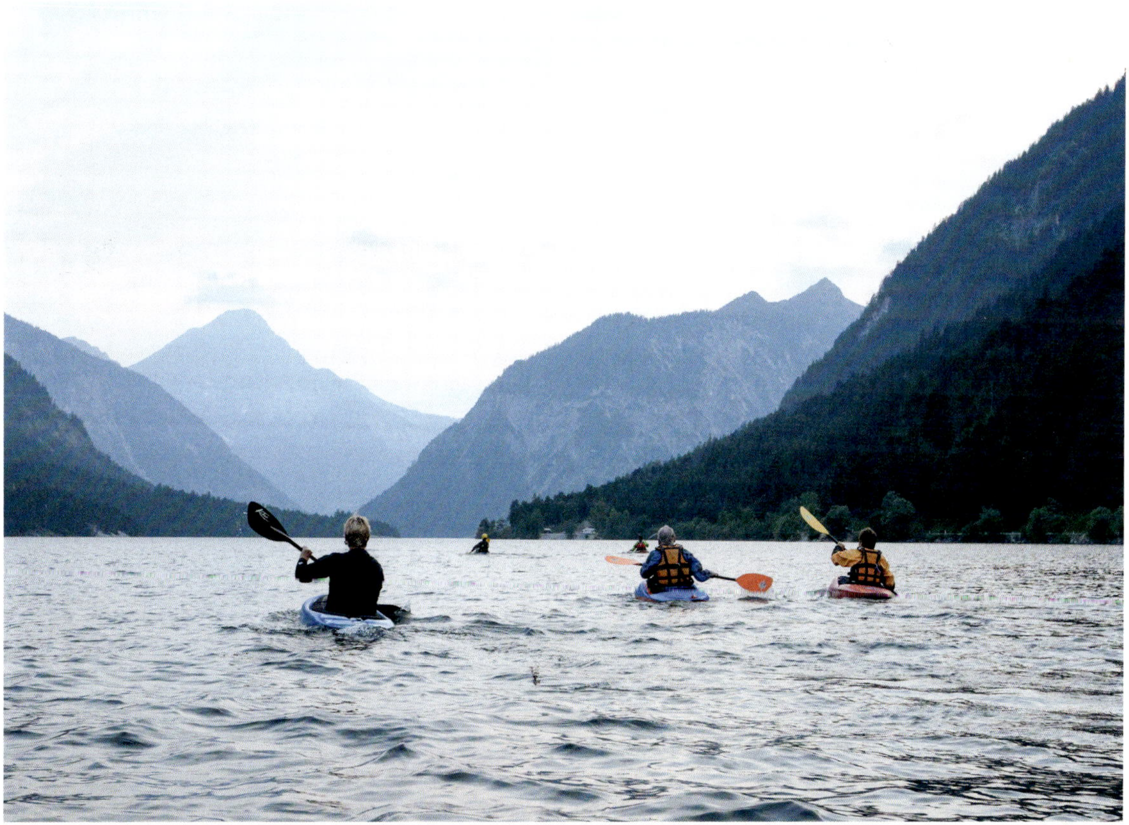

Abendpaddeln am Plansee.

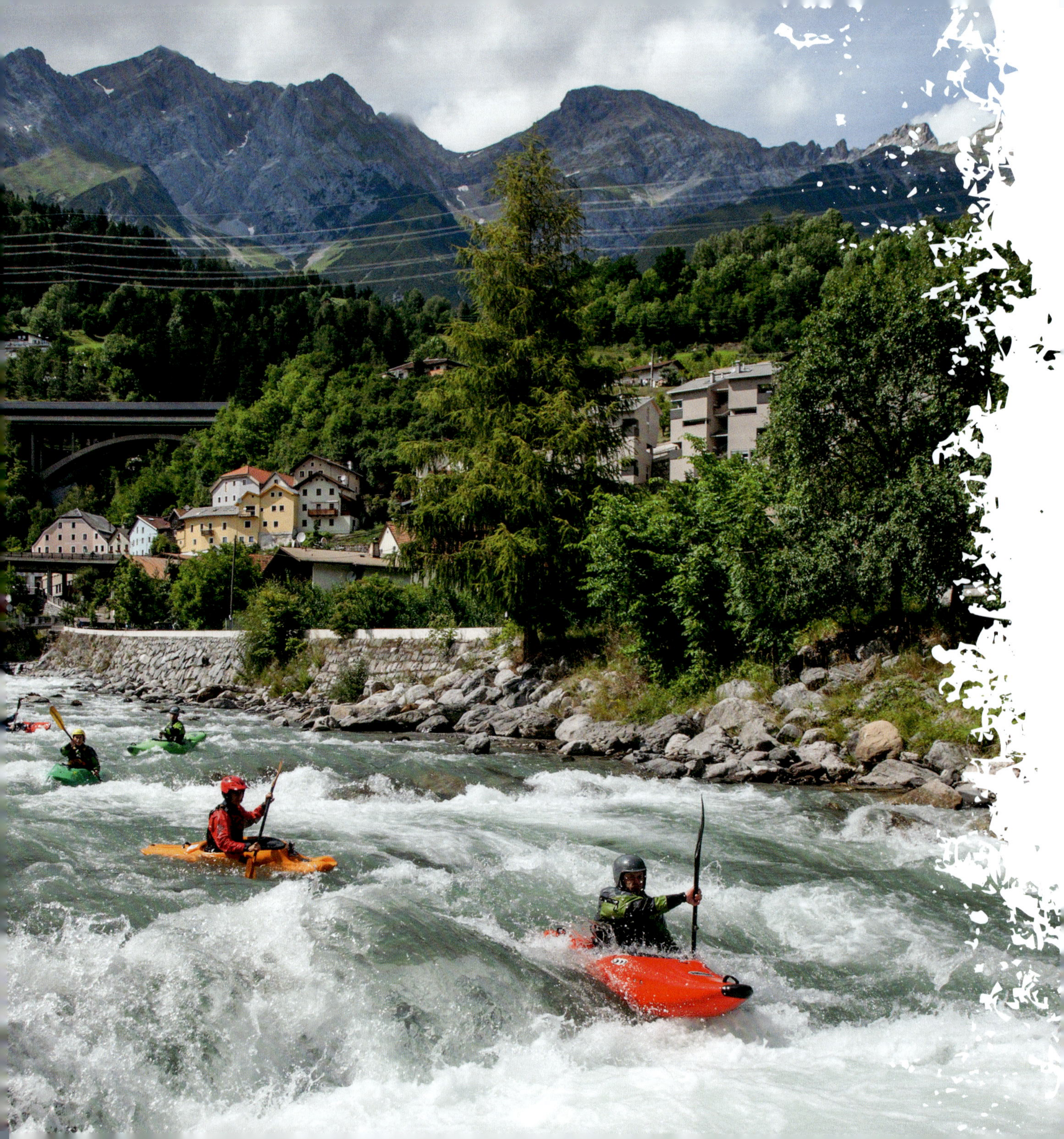

REGION 4: TIROLER OBERLAND (MIT WIPPTAL)

Das Tiroler Oberland ist die Mammut-Region dieses Flussführers. Knapp 20 Paddelstrecken (und einige Zugaben), überwiegend zwischen WW 3 und WW 5, umfasst dieses Gebiet, das von der Schweizer Grenze bis Innsbruck reicht. Natürlich könnte man diese große Fläche auch in drei kleinere Paddelregionen (Landeck, Ötztal und Innsbruck) unterteilen, doch gibt es gute Argumente gegen diese Kleinstaaterei. Die Distanzen zwischen den Flüssen sind überschaubar und schnell zurückgelegt (ab Imst ist man binnen einer Stunde an fast jedem Einstieg), die Teilgebiete ergänzen sich perfekt und haben gleichzeitig viele Gemeinsamkeiten und, auch das sei offen gesagt, ist die Auswahl an wassersicheren und lohnenden Paddelstrecken durch neue Kraftwerke kleiner geworden. Was gibt es im Tiroler Oberland zu entdecken? Meist mittelschweres Wuchtwasser am Inn und auf der Sanna, mit der Ötztaler Ache einen der letzten unverbauten Gletscherflüsse der Alpen mit vielfältigen Paddelmöglichkeiten von Frühling bis Herbst und last but not least die deutlich weniger bekannten Waldschluchten auf Sill und Ruetz nahe Innsbruck. Solange nicht weitere Kraftwerke den Saft abdrehen, ist eigentlich immer irgendwo in der Region ausreichend Wasser garantiert. Dabei überwiegt eindeutig wuchtiges sportliches Wildwasser mit steilen und technischen Alternativen gerade bei weniger Wasser (im Herbst). Zwar gibt es am Inn und auf der Rosanna auch ein paar leichtere Strecken bis WW 3, für Einsteiger und Genießer gibt es aber eindeutig attraktivere Ziele als diese meist regulierten Flüsse. Hochwasser, Murenabgänge und neue Kraftwerke haben viele Abschnitte in den letzten Jahren gezeichnet. Manche Klassiker früherer Jahre beschreibe ich daher nur noch knapp, andere gar nicht mehr näher (Trisanna und Rosanna), weil sie mich persönlich nicht (mehr) wirklich überzeugen. Doch das Ende der Fahnenstange scheint noch nicht erreicht. Wie kaum ein anderes Gebiet ist das Tiroler Oberland von neuen – oft großräumigen – Wasserkraftprojekten bedroht. Sollten alle umgesetzt werden, bliebe kaum eine der beschriebenen Strecken von den Auswirkungen verschont.

REGION-INFOS

TIROLER OBERLAND (MIT WIPPTAL)

Anfahrt:

Das Tiroler Oberland ist aus allen Richtungen leicht zu erreichen. Vom Bodensee führt der schnellste Weg durch den mautpflichtigen Arlbergtunnel, von Osten folgt man der Inntalautobahn (Vignettenpflicht) über Kufstein und Innsbruck zu den Flüssen. Gut ausgebaut aber trotzdem stauanfällig ist die Route von Garmisch oder Reutte über den Fernpass nach Imst. Hier sollte man die Hauptverkehrszeiten meiden, wenn möglich früh morgens oder abends anreisen oder über Seefeld und Telfs ausweichen. Wer nur zwischen Landeck und Haiming unterwegs ist, kann die vignettenpflichtige Autobahn ohne großen Zeitverlust auf der Landstraße umgehen, für Fahrten nach Innsbruck lohnt sich die Vignette aber auf jeden Fall.

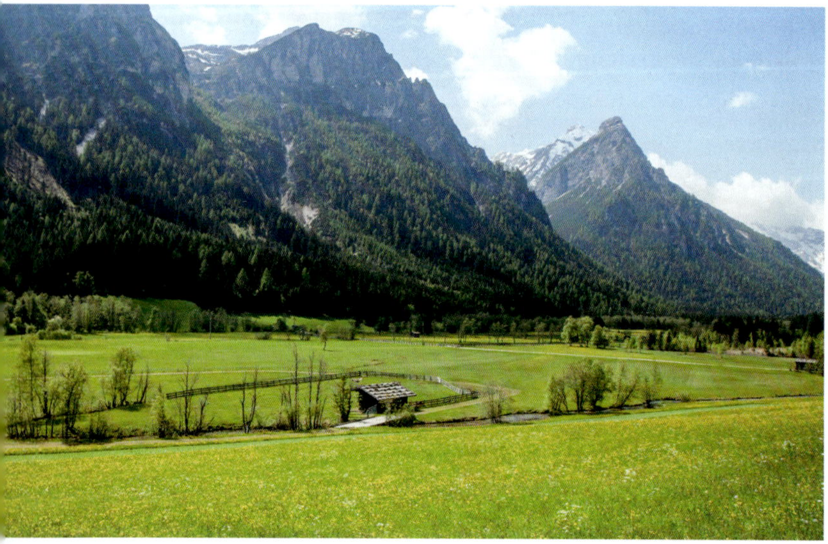

Die Seitentäler des Wipptals wurden vom Massentourismus verschont.

Basislager:

Empfehlenswerte Zeltplätze gibt es zuhauf. Hier eine kleine Auswahl:

- Camping Via Claudiasee an der Kajetansbrücke bei Pfunds: Durch die neue Ableitung in der Finstermünzer Schlucht zwar nicht mehr so attraktiv wie früher, aber eine gute Wahl, wenn auch der Inn im Engadin am Programm steht.
Tel: 0043/5474/43097, *www.camping-pfunds.at*
- Am zentralsten liegen die beiden Plätze bei Imst. Camping Imst West -
Tel: 0043/5412/66293, *de.imst-west.com*
- und Camping am Schwimmbad
Tel: 0043/5412/21355, *www.camping-imst.at*

- Im Ötztal ist mein klarer Favorit der kleine, urige Campingplatz Winkle zwischen Sölden und Längenfeld (keine Website). Geöffnet nur bis September, außerhalb der Hauptsaison findet sich meist spontan ein Platz.
- Im Herbst ist der Ötztaler Naturcamping in Längenfeld eine gute Alternative
Tel: 0043/5253/5855, *www.oetztalernaturcamping.com*

Im Stubaital und rund um Innsbruck habe ich den perfekten Platz für meine Ansprüche noch nicht gefunden.

- Zur Auswahl stehen der Camping Stubai in Neustift am Einstieg der mittleren Ruetz
Tel: 0043/5226/2537, *www.campingstubai.at*
- der kleine Sonnencamping Stubai bei Telfes
Tel: 0043/5225/64042), *www.sonnencamping-stubai.at*
- und der luxuriöse Campingplatz Natterer See
Tel: 0043/512/54 67 32, *www.natterersee.com*
- Keine Empfehlung gibt es von meiner Seite eigentlich nur für den Campingpark Oberland bei Haiming.
- Auch hier gibt es aber mit dem Camping an der Raftingalm (*www.raftingalm.de*) eine Alternative (aber ebenfalls eher nichts für Ruhesuchende).

Beste Zeit:

Von Mai bis Oktober findet sich im Tiroler Oberland fast immer die eine oder andere Strecke mit perfekten Bedingungen. Besonders groß ist die Auswahl von Mai bis Juli zur Zeit der Schneeschmelze. Im Ötztal ist es zu dieser Zeit an warmen Tagen aber schnell einmal zu viel des Guten (außer für Extreme). Bis August steigt die Ache ab dem späten Vormittag durch die Gletscherschmelze rasant. Die Ötz ist auch im Herbst ein perfektes Paddelziel, während der Rest der Region für mich in erster Linie ein Sommerrevier ist. Zu früh im Jahr sollte man nicht kommen, da dann die Schneeschmelze meist noch nicht richtig eingesetzt hat.

Weitere Aktivitäten:

Die Auswahl ist nahezu unbegrenzt, daher hier nur ein paar ausgewählte Tipps, die sich zum Teil gut mit einem halben Paddeltag kombinieren lassen:

- Klettersteige Geierwand Haiming (sportlich, südseitig), Lehner Wasserfall (am besten morgens oder abends), Reinhard-Schiestl-Steig Längenfeld (steil und ausgesetzt) Stuibenfall (westseitig, erst am späten Nachmittag oder Abend nach dem großen Rummel empfehlenswert), Zirbenwald Obergurgl (tolle Landschaft), Schwärzenkamm Obergurgl (alpine Tour). Pitztaler Kletterpark (mehrere Steige, schattig, ideal für heiße Tage), Galugg Zams (für zwischendurch), Peter Kofler Steig St. Jodok (südseitig, sehr beliebt) und Elfer-Steig im Stubaital (alpine Tour, Auffahrt mit Bergbahn).
- Wanderungen vor allem im Gurgler Tal, im Venter Tal, im Gschnitztal und zum Pfundser Tschey.
- Kurze Wanderungen von der Bergstation der Seilbahn ab Zams auf den Venet (ca. 300 hm), entlang der Timmelsjochstraße und in Vent (mit Liftunterstützung)

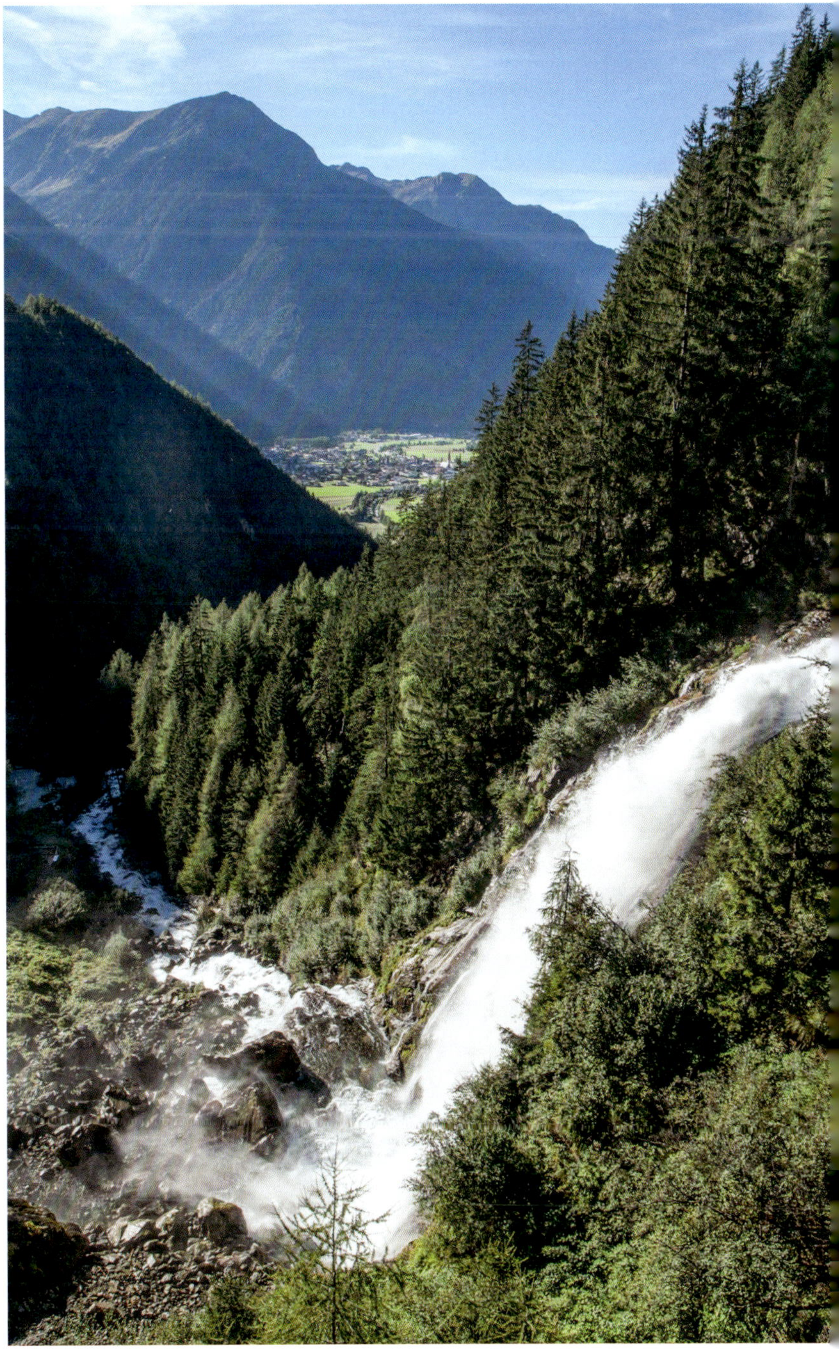

Zum eindrucksvollen Stuibenfall im Ötztal führt auch ein Klettersteig.

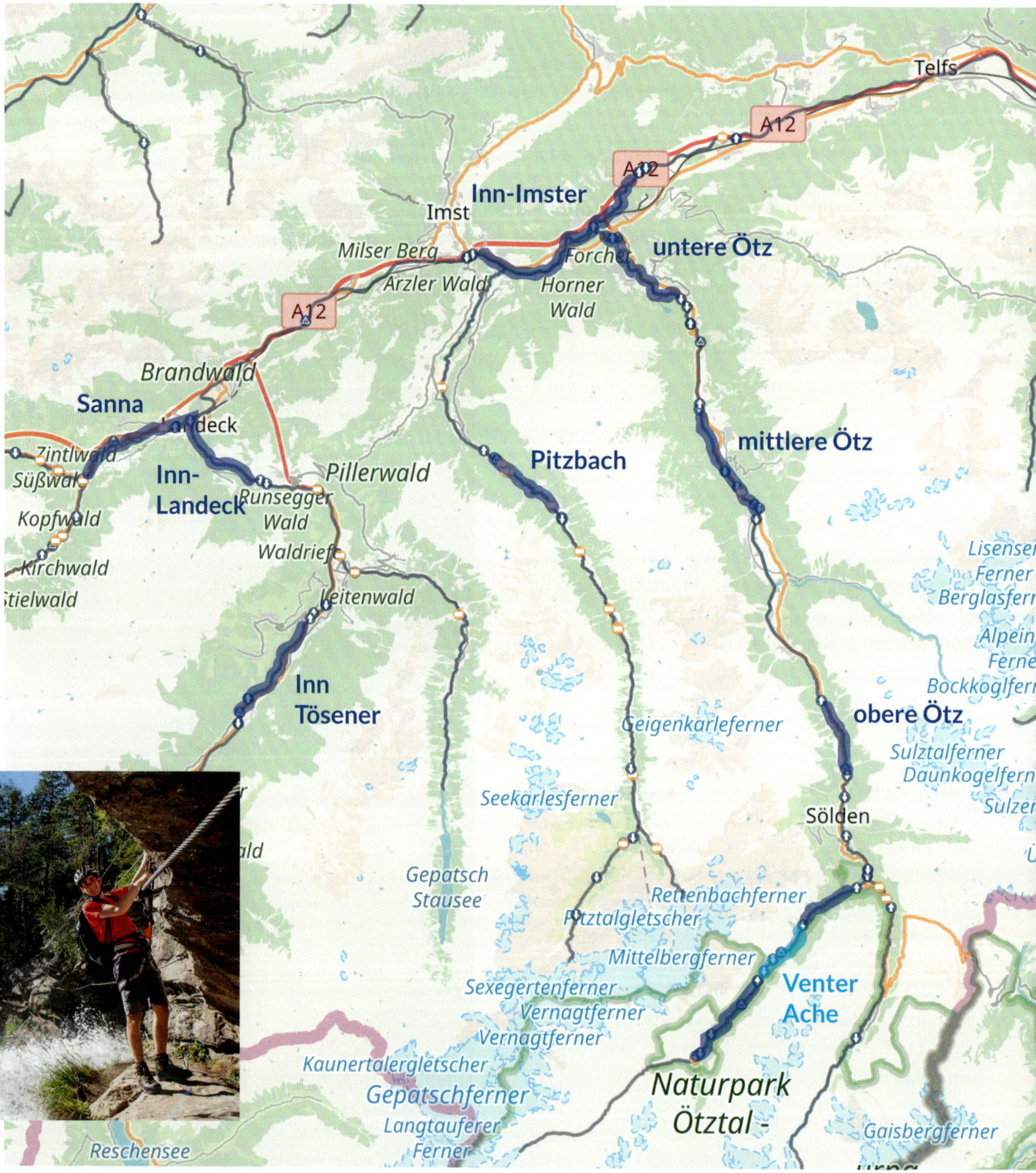
Telfs
A12
A12
Inn-Imster
Imst
untere Ötz
Milser Berg
Forchet
Arzler Wald
Horner Wald
A12
Brandwald
Sanna
Landeck
Zintlwald
Süßwald
Inn-Landeck
Runsegger Wald
Pillerwald
Pitzbach
mittlere Ötz
Kopfwald
Kirchwald
Stielwald
Waldrief
Leitenwald
Lisenser Ferner
Berglasferr
Alpein Ferne
Bockkoglferr
Inn Tösener
obere Ötz
Geigenkarleferner
Sulztalferner
Daunkogelfern
Sulzer
Seekarlesferner
Sölden
Gepatsch Stausee
Rettenbachferner
Pitztalgletscher
Mittelbergferner
Venter Ache
Sexegertenferner
Vernagtferner
Vernagtferner
Kaunertalergletscher
Gepatschferner
Naturpark Ötztal -
Langtauferer Ferner
Gaisbergferner
Reschensee

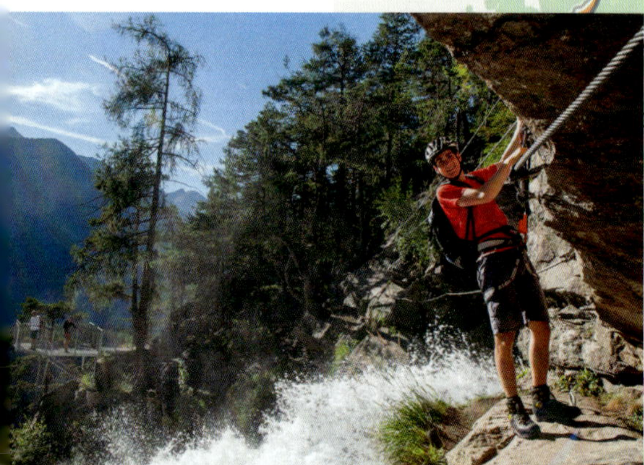

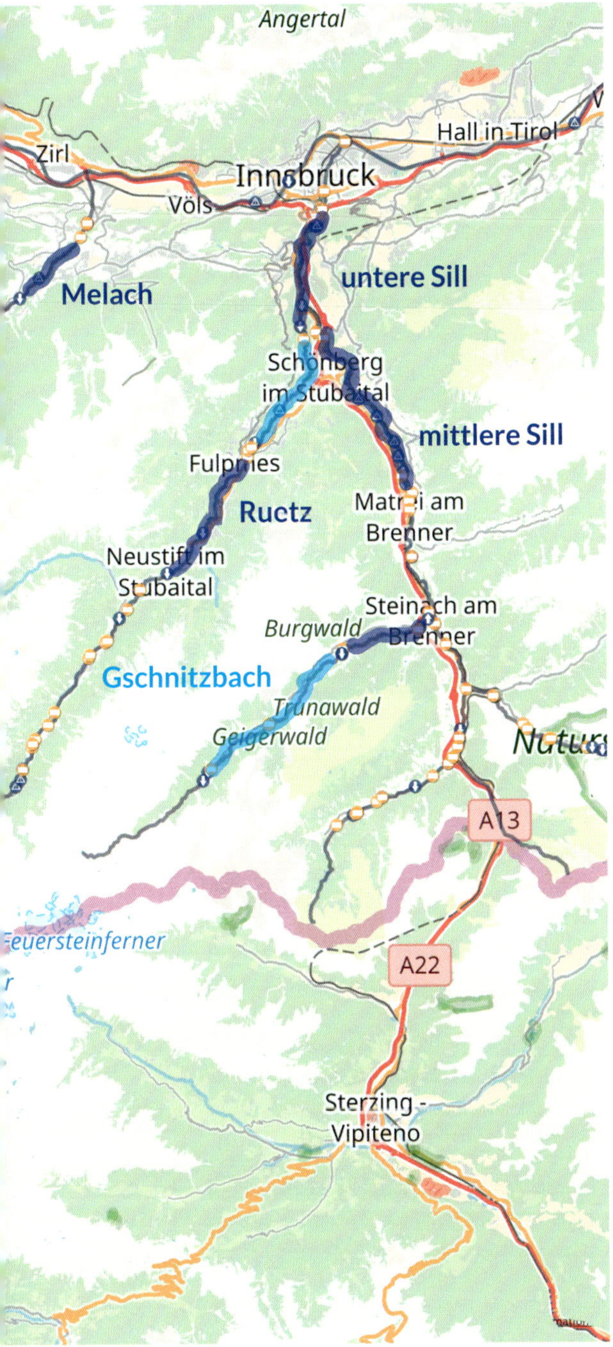

- Mountainbiketrails bzw. Bikeparks in Fiss (*www.bikepark-sfl.at*), Steinach (*www.bikepark-tirol.at*) und Sölden (*www.soelden.com*).
- Mountainbiketouren in den Seitentälern des Ötztals, ins Verwalltal bei St. Anton und ins Fimbertal bei Ischgl
- Baden im Piburger See bei Ötz
- Wasserpark der Area 47 am Eingang des Ötztals (*www.area47.at*, am besten während der Woche außerhalb der Ferien)

Sehenswürdigkeiten:

Innsbruck, die Hauptstadt Tirols und eine der spannendsten Alpenstädte, ist immer einen Besuch wert. Bleibt man lieber in der Natur, lohnt sich ein Besuch in der Rosengartenschlucht bei Imst und im Zammer Lochputz bei Zams (recht touristisch inszeniert).

Shop und Schulung:

- Kajakschule Arlberg in Pettneu
  www.gokayaking.at/de
- Kajakschule Source to Sea am Natterer See mit Shop, *www.s2s.at, sehr zu empfehlen*

Gastro-Tipp:

Für echte Tiroler Küche muss man dem eigenen Gespür folgen, folgende Pizzerien kann ich aber als Abwechslung zwischendurch empfehlen:

- Pizzeria Don Camillo in Längenfeld im Ötztal
- Pizzeria Platzl in Neustift im Stubaital
  www.pizzeria-platzl.at

Im Notfall:

Krankenhäuser in Zams und Innsbruck
Europaweiter Notruf 112
Alpinnotruf Österreich 140

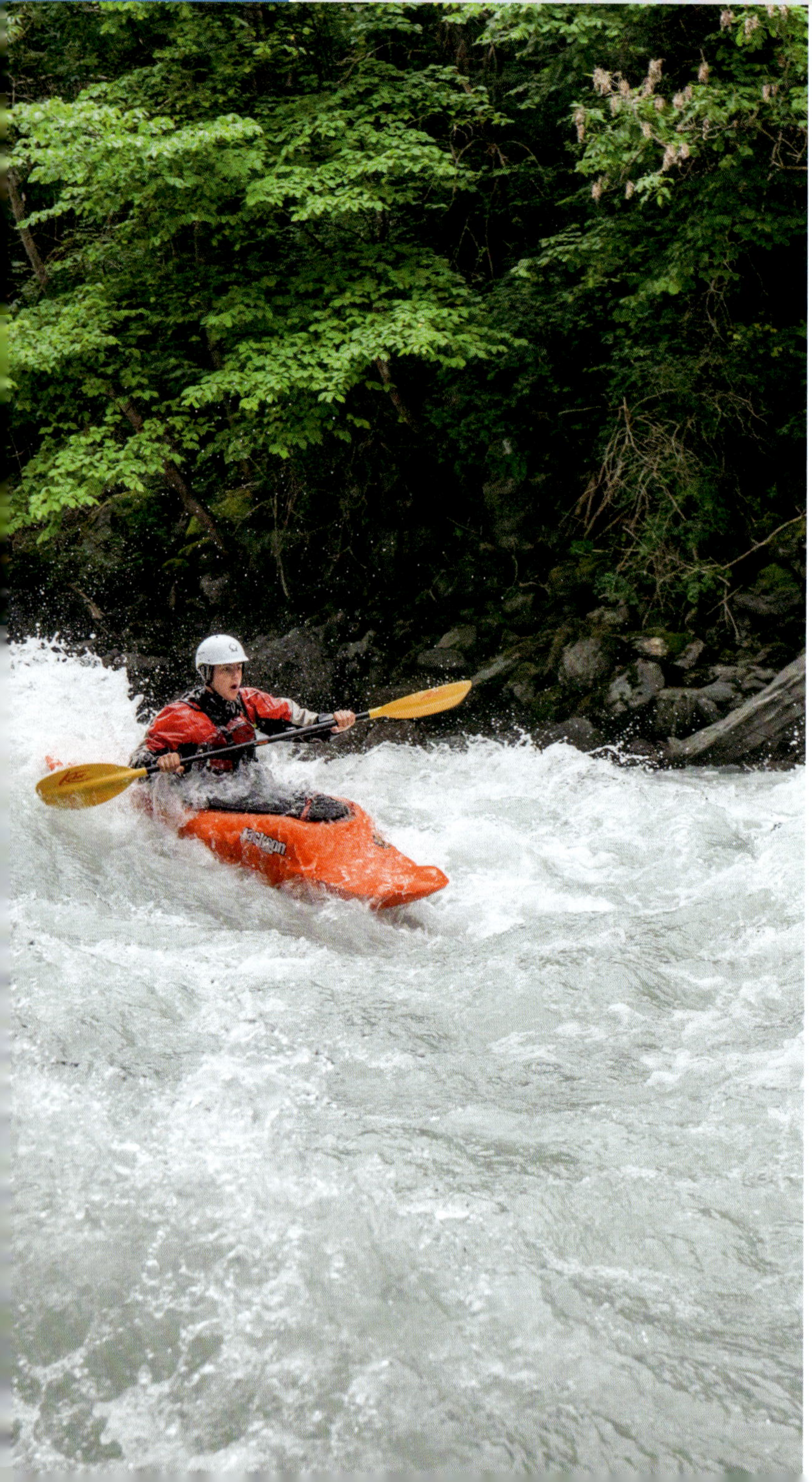

DIE KLASSIKER:

INN - Landecker Schlucht

In einem weiten Bogen umfließt der Inn zwischen Prutz und Imst den Venet-Gebirgsstock. Am westlichsten Punkt münden in Landeck die Wasser der Sanna in das oftmals nahezu trockene Flussbett des Inns. Sein Wasser strömt ab einem Stausee bei Fließ durch einen Stollen unter dem Venet hindurch und wird erst bei Imst wieder ins Flussbett zurückgeleitet. Wenn jedoch zur Zeit der Schneeschmelze Wasser am Stausee ins Flussbett abgegeben wird, erwacht der Engpass oberhalb von Landeck zum Leben. Tobend wälzen sich die Fluten mit erstaunlicher Geschwindigkeit durchs felsige Flussbett und

ÜBERSICHT

Länge: 6 km

Schwierigkeit: WW 3-4 (4+)

Einstieg: Oberes Ortsende Nesselgarten (47.1157, 10.6174)

Ausstieg: Mündung Sanna in Landeck (47.1435, 10.5634)

Charakter: Wuchtwasser mit hohen Wellen und wenigen Walzen

Gefahren: Eisenträger der Uferbefestigung

Gefälle: 10 m/km

Pegel: Landeck-Perjen, empfehlenswert meist ab 350 cm (abhängig vom Sanna-Pegel), nach oben für Könner kaum eine Grenze

Beste Zeit: Mai bis Juli zur Zeit der Schneeschmelze, oft besser am Nachmittag, an Sonntagen häufiger trocken

Tolles Wuchtwasser im Katarakt vor Landeck. Pegel: 350 cm Perjen

erzeugen beachtliche Wellen, Walzen und Brecher. Die ersten zwei Kilometer des Spektakels von Fliess bis Nesselgarten werden unter Paddlern auch als „Unteres Gericht" bezeichnet und bleiben abgebrühten Routiniers vorbehalten (WW 5). Für fortgeschrittene Wuchtwasserfreunde, denen die Imster Schlucht kein Herzklopfen mehr verursacht, ist die Fortsetzung bis Landeck eine echte Empfehlung. Der Inn bleibt schnörkellos und schnell, die Wellen und Brecher sind imposant, gemeine Löcher aber selten und die Schwierigkeiten übersteigen an keiner Stelle den vierten Grad. Ob wir dieses Vergnügen aber auch in Zukunft noch regelmäßig haben werden, ist unsicher, denn die Ableitung unter dem Venet soll vergrößert werden.

An Land

Der Einstieg liegt am oberen Ortsrand von Nesselgarten bei der Firma Gitterle (oberhalb WW 5), der Ausstieg am Mündungsspitz der Sanna (beschilderter Tagesparkplatz, siehe Sanna). Schön zum Umsetzen ist der Radweg am orographisch linken Ufer, eine stündliche Busverbindung gibt es aber auch.

Auf dem Wasser

Schwungvoll und wuchtig kommt der Inn am Einstieg aus dem „Unteren Gericht" dahergerauscht. Viel zu schnell ist man anfangs an den besten (Surf-)Wellen vorbeigeschossen, doch die nächste Gelegenheit kommt bestimmt, und auch eine zweite Fahrt ist sicher kein Fehler. Nach der zweiten Brücke bei Urgen versteckt sich in einer völlig unscheinbaren Stelle ein kleines aber hinterhältiges Loch, das manchem bereits zum Verhängnis wurde, bevor gleich darauf einer der besten und wuchtigsten Schwälle der Strecke folgt.

Nach dem rasanten Start schaltet der Inn bis zum

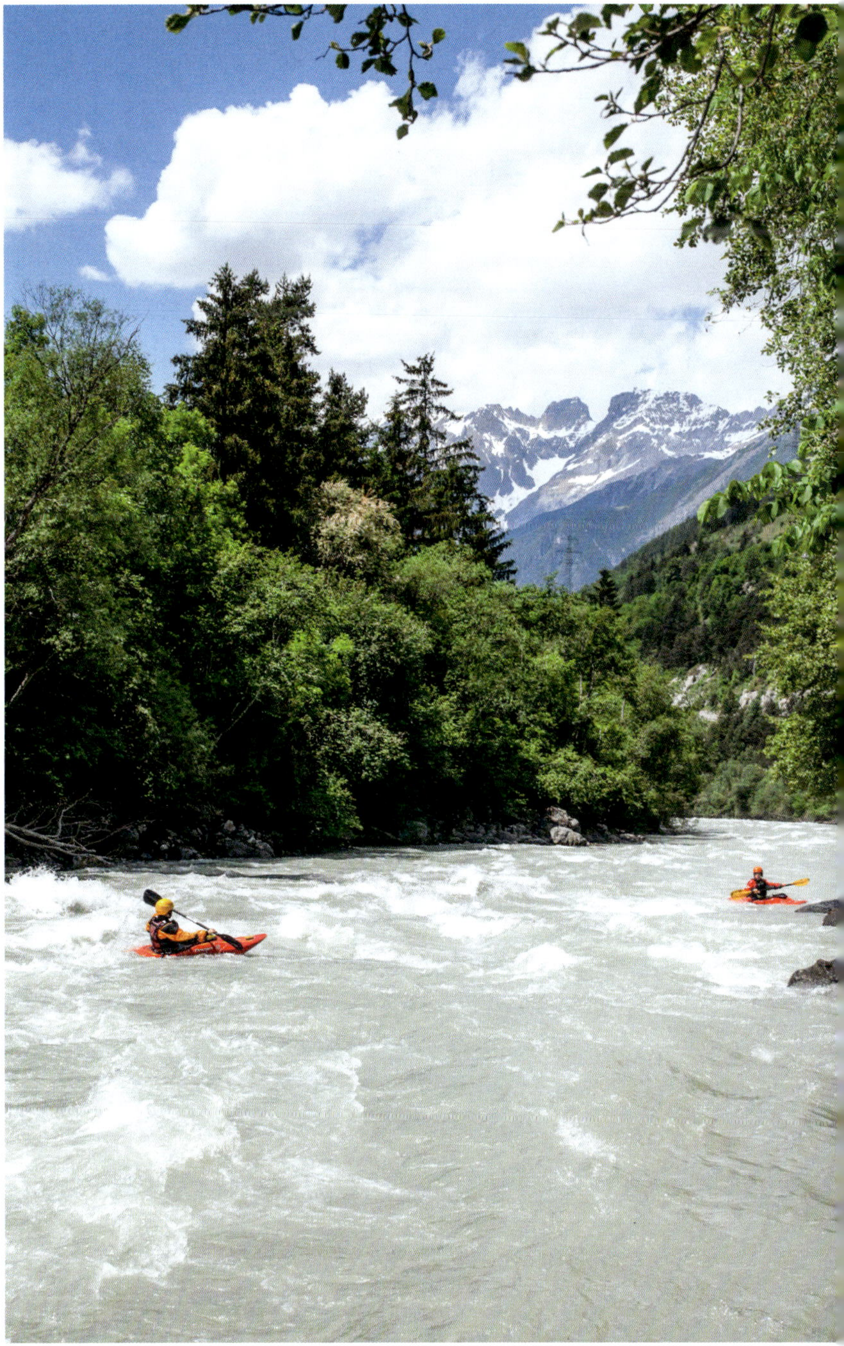

Leichtere Zwischenstrecke mit Aussicht auf die Parseierspitze. Pegel: 350 cm Perjen

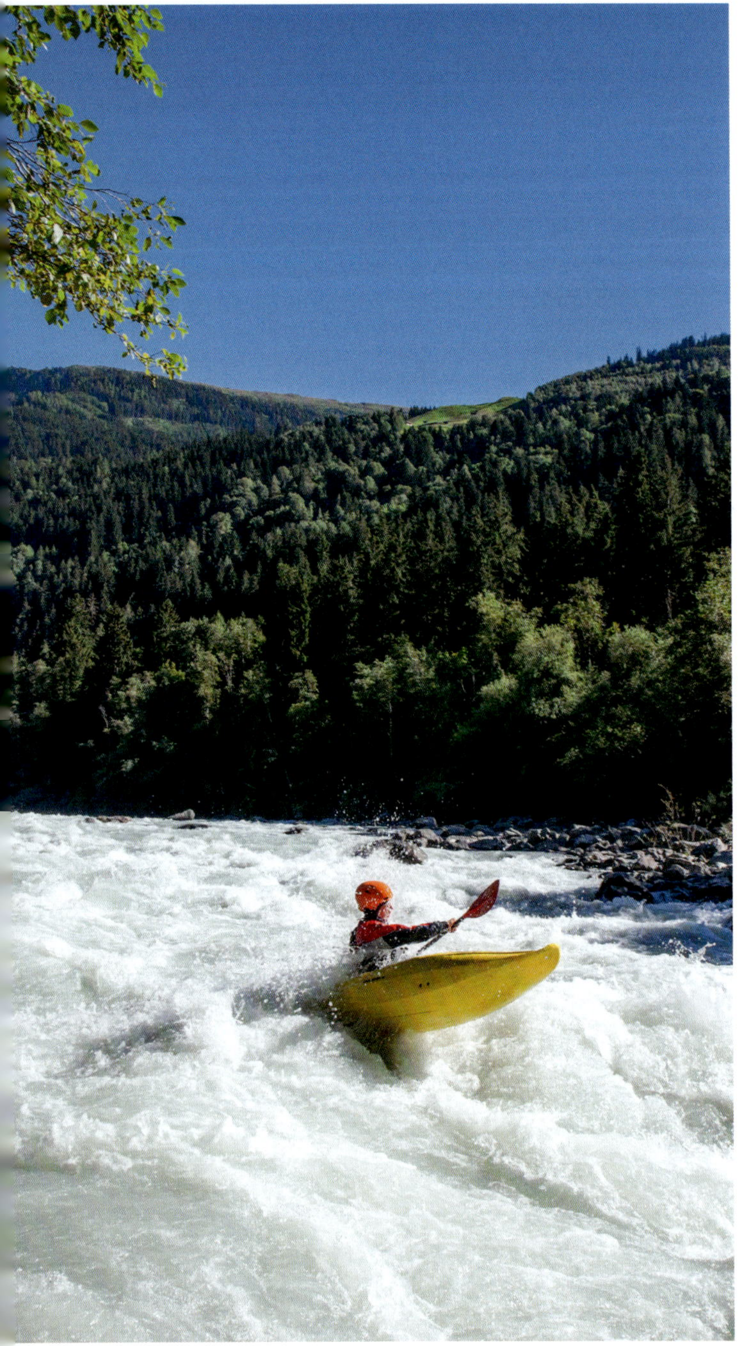

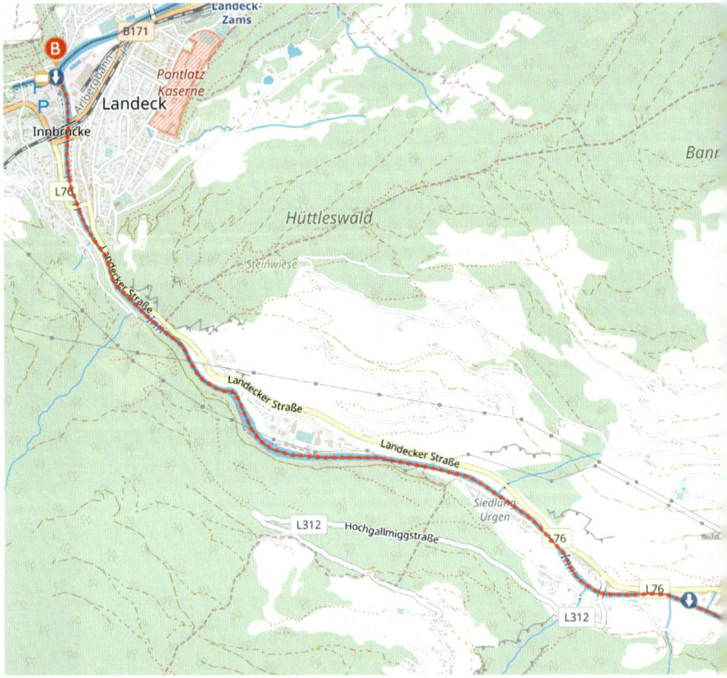

eigentlichen Beginn der Schlucht einen Gang zurück. Die Einfahrt in die Schucht ist nicht schwer, den mit Eisenträgern befestigten Ufern (z.T. nur bei sehr wenig Wasser sichtbar) sollte man ab hier aber fernbleiben. Der erste Teil der Schlucht ist relativ ruhig, das Wasser pulsiert aber teilweise kräftig. Wer Glück mit dem Wasserstand hat, darf sich hier auch auf eine perfekte Surfwelle freuen.

Später reißt der Wasserspiegel deutlich ab und der Inn stürzt durch einen wuchtigen, je nach Pegel verblockten Katarakt mit eindrucksvollen Brechern und manchmal auch Walzen, der im Zweifelsfall eine kurze Besichtigung (von links) wert sein kann. Auch danach sollte man den Eisenträgern in Ufernähe unbedingt fernbleiben und lieber die Wellen in der Flussmitte genießen. Die Ortsdurchfahrt von Landeck ist flott, aber problemlos und lädt nochmals zum einen oder anderen Surf ein, bevor der Wuchtwasserspaß an der Mündung der Sanna endet.

Viele Wellen laden zum Abheben ein. Pegel: 290 cm Perjen

SANNA

Bis zum August 2005 hatte die Sanna völlig zu Recht den Ruf, einer der besten Spielflüsse der Alpen zu sein. Dann jedoch krempelte ein gewaltiges Hochwasser den Fluss vollkommen um. In den Folgejahren verlor die Sanna an Popularität. Viele schöne Einzelstellen und Playspots waren verschwunden, künstliche Uferbefestigungen prägten das Bild, und auch das Spielbootfahren selbst kam etwas aus der Mode. Dann aber bewahrheitete sich tatsächlich die Weisheit von der Zeit, die manche Wunden heilt. Endgültig zurück in den Fokus rückte die Sanna aber erst durch Pläne für eine Ableitung des sieben Kilometer kurzen Flusses. Bei den perfekt organisierten Protestveranstaltungen 2014

ÜBERSICHT

Länge: 7 km

Schwierigkeit: WW 3+ (4)

Einstieg: Parkplatz unterhalb des Kraftwerks am Zusammenfluss von Rosanna und Trisanna (47.1186, 10.4940)

Ausstieg: Parkplatz an der Innmündung (47.1435, 10.5634)

Charakter: Wuchtige Schwälle mit tollen Wellen ohne größere Ruhepausen

Gefahren: Eisenteile, Schwimmen bei höheren Wasserständen (vor allem im Pianser Schwall)

Gefälle: 14 m/km

Pegel: Sanna Landeck, Mittelwasser etwa 35 m^3/s

Beste Zeit: Fast immer von Frühling bis Herbst (außer in trockenen Jahren), im Juni meist Hochwasser

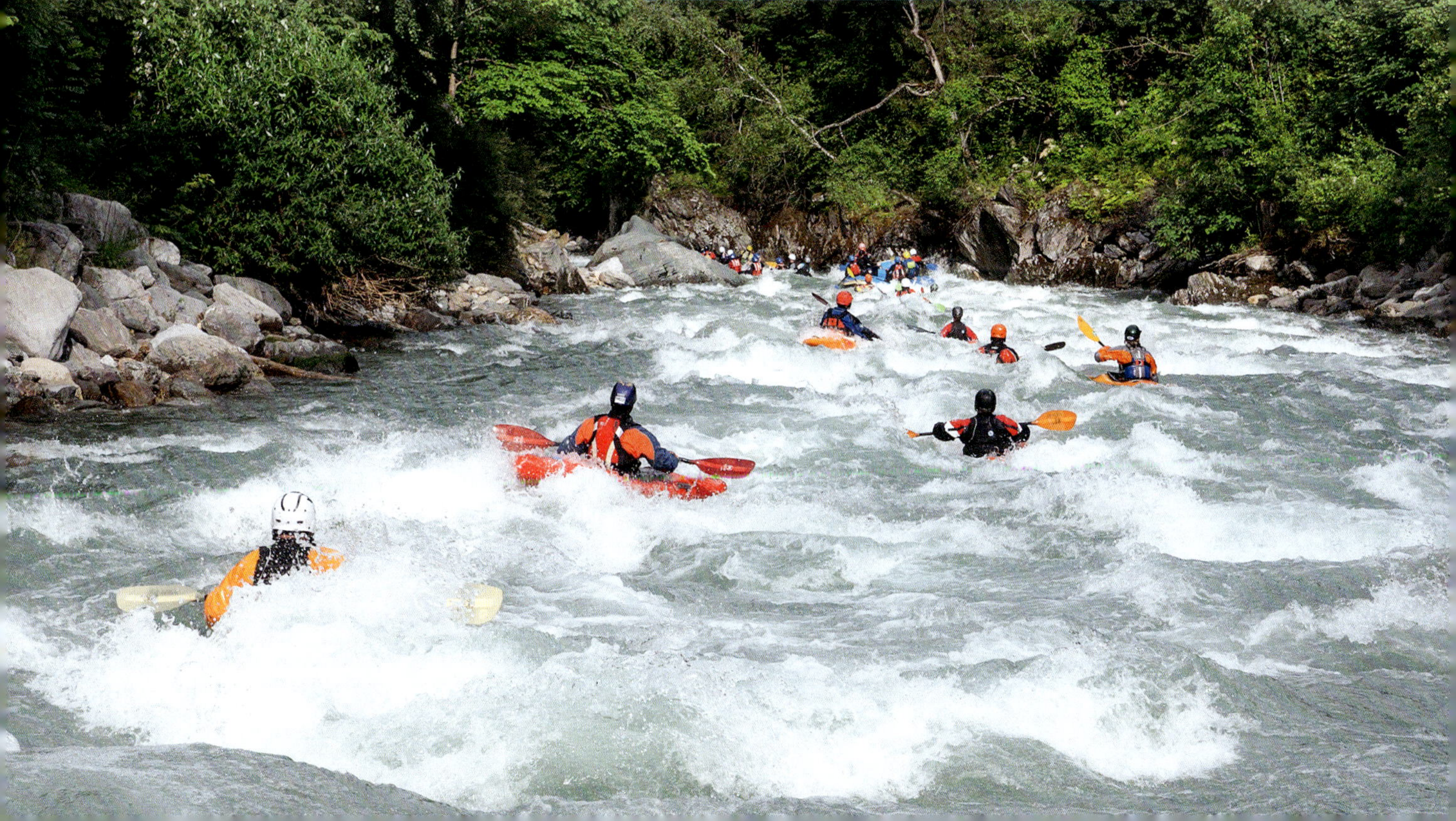

Gemeinsam paddeln für den Erhalt der Sanna beim 2. Sannafestival (Pianser Schwall). Pegel: 45 m^3/s

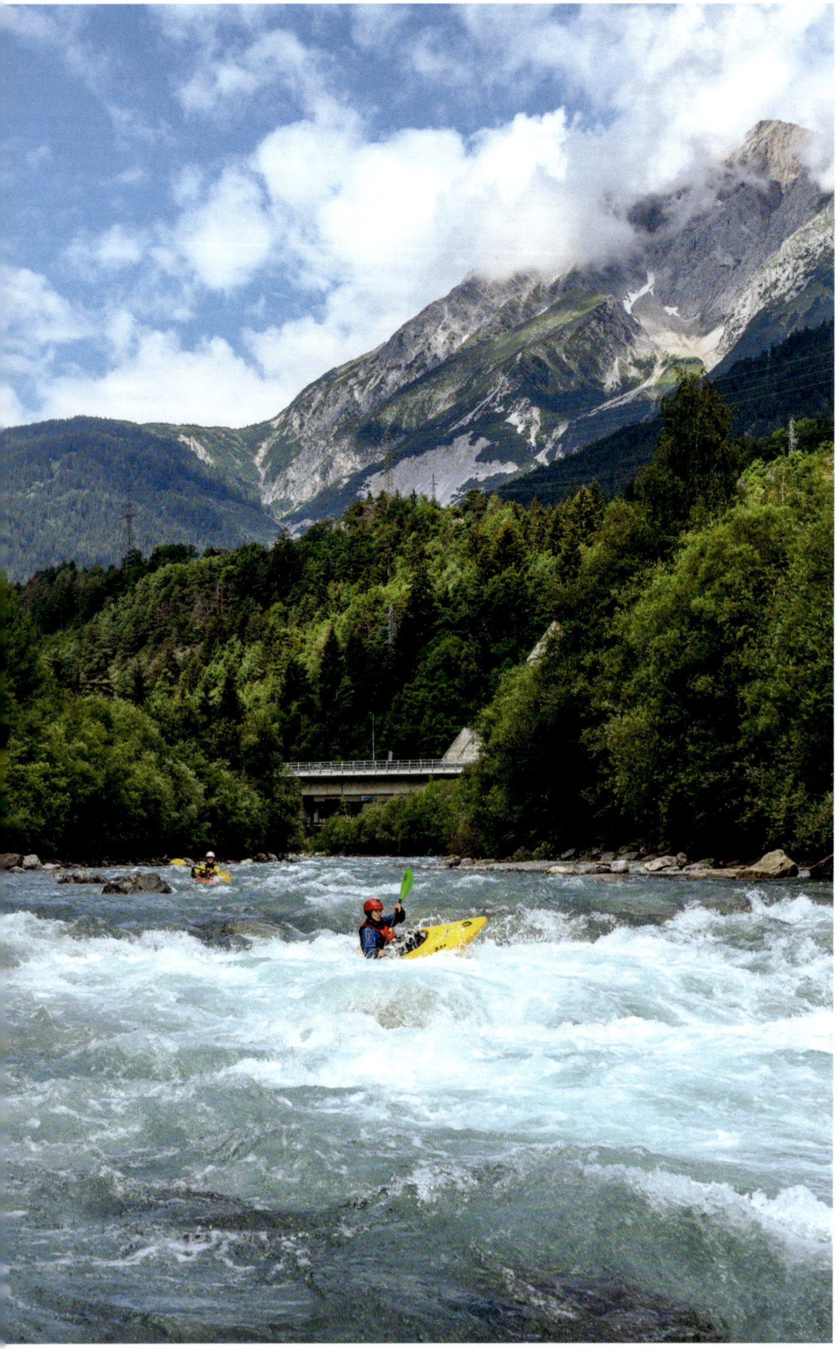

und 2015 stellten viele Paddler aus nah und fern überrascht fest, dass die Sanna schon längst wieder richtig Spaß macht, egal ob im Creeker oder im schnellen Spielboot. Gerade bei höheren Wasserständen ist es ein herrlich wuchtiger Ritt auf dem (oft) klaren Wasser der Sanna, garniert mit genialen Wellen und unzähligen Spielmöglichkeiten. Rein optisch hat die Sanna zwar zweifelsohne etwas an Attraktivität verloren, doch ganz ehrlich: In erster Linie der Landschaft wegen kam auch früher niemand an die Sanna, denn hier zählt der Sport und der Spaß am wilden Wasser. Hoffentlich auch in Zukunft, denn die düsteren Wolken, die in Form der Ableitungspläne über der Sanna aufgezogen sind, haben sich zwar vorübergehend wieder verzogen, eitel Sonnenschein auch in Zukunft garantiert das aber noch lange nicht.

An Land

In Pians lohnt sich vor dem Paddeln ein kurzer Blick auf den Pianser Schwall, der sich ständig verändert. Der große Schotterparkplatz am Einstieg unterhalb des Zusammenflusses ist unübersehbar, der Parkplatz am Ausstieg ist in der markanten Straßenkurve in Landeck mit Tagesparkplatz beschildert. Hier ist ein kurzer Blick auf die Rutsche vor der Mündung zu empfehlen. Umsetzen ist auch ohne zweites Auto kein Problem. Bushaltestellen (meist Stundentakt) sind nicht weit und auch Joggen, Radeln oder Trampen funktioniert hier sehr gut.

Auf dem Wasser

Herausragende Einzelstellen sind seit dem großen Hochwasser seltener geworden. Die erste der früheren Kernstellen, das Schiefe Eck direkt hinter der Straßenbrücke, ist zwar deutlich einfacher gewor-

Die Huberrutsche vor Landeck bei Niedrigwasser. Pegel: 215 cm

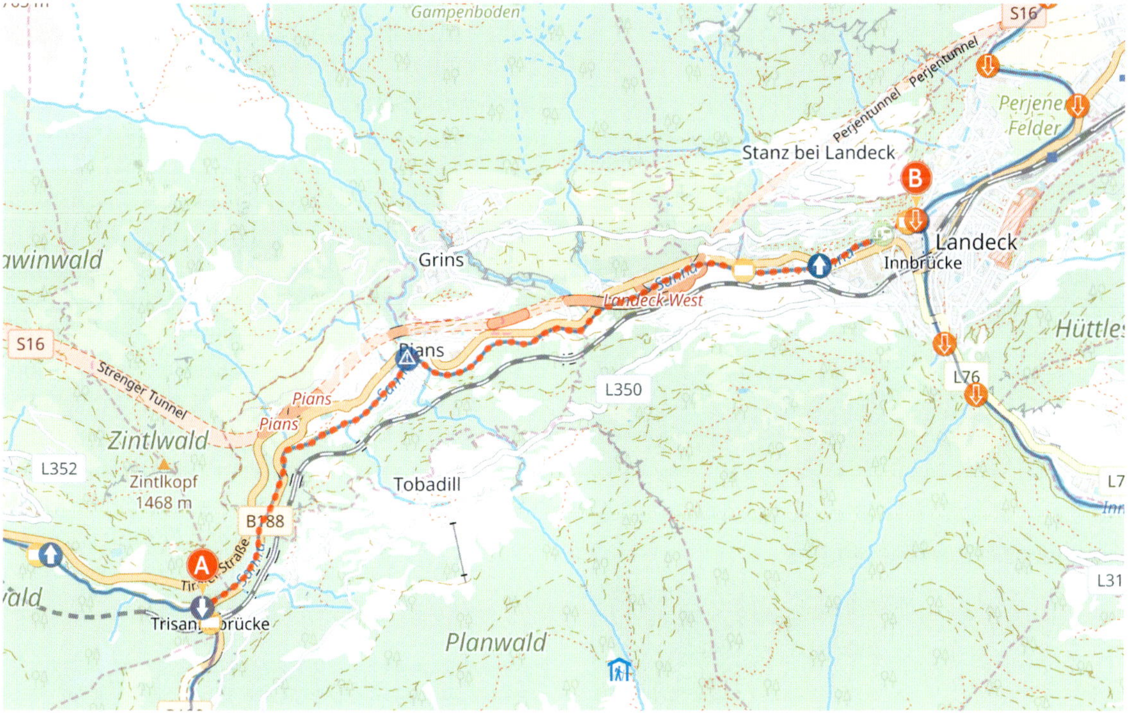

den, gewinnt aber zunehmend an Qualität zurück. Beachtung verdienen neben einigen Walzen auch die guten Surfwellen, die hier gelegentlich stehen. Auch auf der - von außen betrachtet eher unscheinbaren – Strecke vom Einstieg bis zum Schiefen Eck verstecken sich je nach Wasserstand zahlreiche tolle Wellen und Walzen. Vom Schiefen Eck bis Pians bietet die Sanna weitere Möglichkeiten, in Wellen, Walzen und Kehrwassern gekonnte Moves zu zeigen oder zu lernen. Dieser Abschnitt, der zum Teil von niedrigen Felswänden begrenzt wird, gehört für mich ganz klar zu meinen Favoriten auf der Sanna.

Die frühere zweite Kernstelle, der Pianser Schwall, ist heute die Nummer eins auf der Sanna. Der lange, wuchtige Schwall beginnt hinter der Felsenge unter der kleinen Brücke von Pians. Die Ausfahrt des Schwalls ist in letzter Zeit eher wieder etwas schwieriger geworden, von einem großen (unterspülten) Fels in Flussmitte sollte man Abstand halten. Unterhalb hat die Sanna subjektiv betrachtet besonders stark unter dem Hochwasser gelitten, gute Wellen und Walzen gibt es aber auch ohne markante Einzelstellen trotzdem zuhauf. Die allmählich nachlassenden Schwierigkeiten im weiteren Verlauf dürfen nicht darüber hinwegtäuschen, dass zwischendurch auch einige bissige Walzen lauern können. Ein ehemaliges Wehr am Ortseingang von Landeck präsentiert sich als spritzige bis wuchtige Rutsche, hinter der je nach Wasserstand noch einmal feine Surfwellen stehen. Die Ortsdurchfahrt von Landeck ist einfach, Spielkinder werden aber selbst hier noch fündig. Unmittelbar vor dem Ausstieg an der Innmündung ist eine Schrägrutsche bei ausreichend Wasser normalerweise gut befahrbar, eine kurze Besichtigung beim Autoumsetzen kann aber nicht schaden (wenig Kehrwasser davor).

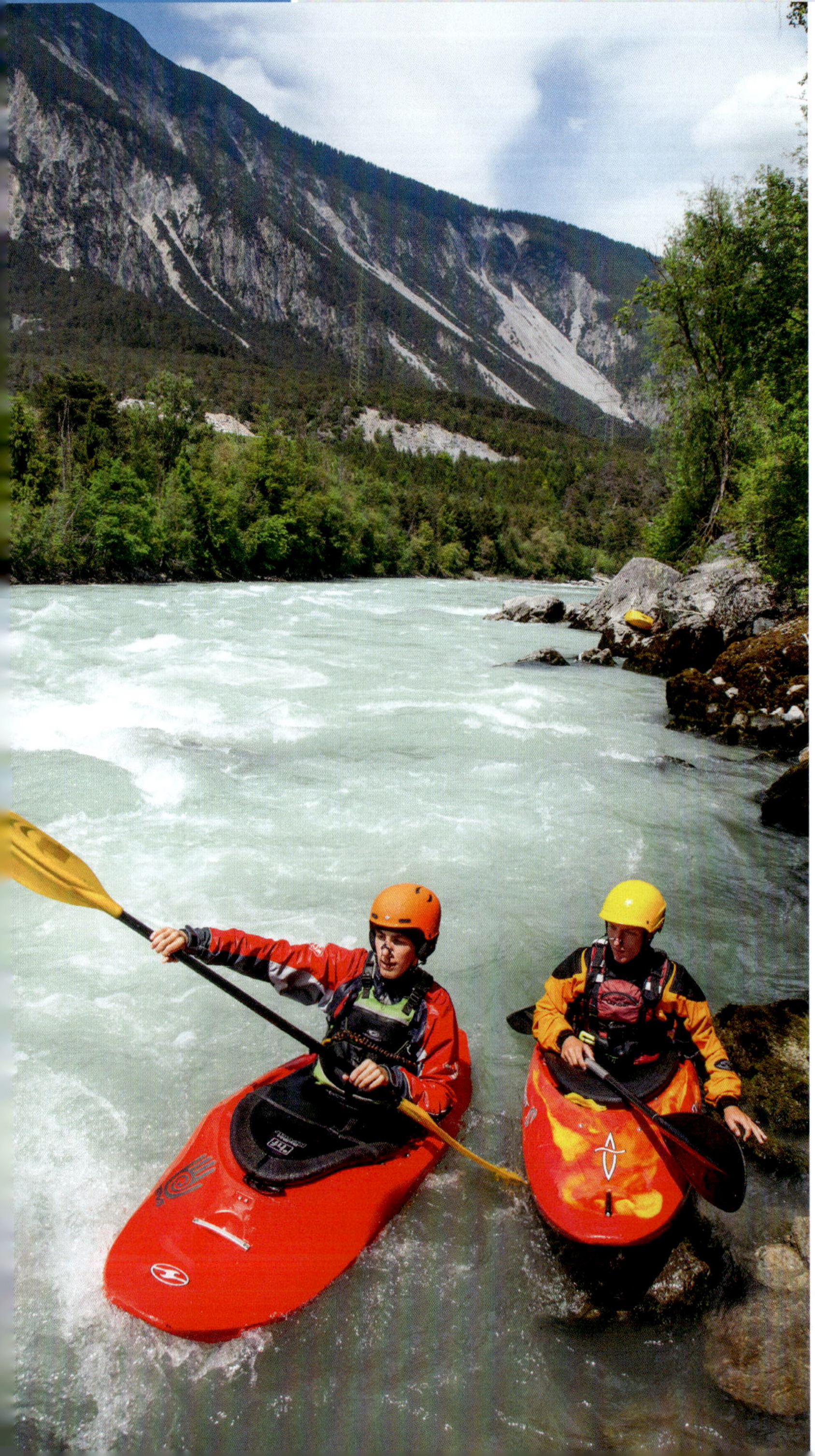

INN - Imster Schlucht

Nach weit über 100 Kilometern Wildwasser für jeden Anspruch im Engadin und Tiroler Oberland beginnt bei Imst das große Finale auf dem Inn. Seine letzte echte Wildwasserstrecke ist zugleich die bekannteste und gilt nicht zu Unrecht auch als Raftingboulevard der Alpen. Das Gerücht, man könne den Fluss an schönen Tagen vor lauter Schlauchbooten trocken Fußes überqueren, würde ich zwar bis zum erfolgreichen Gegenbeweis ins Reich der Legenden verweisen, ein bedeutender Wirtschaftsfaktor ist das Rafting-Business in der Region aber allemal. Was aber nichts daran ändert, dass die Tiroler Wasserkraft AG (TIWAG) auch Kraftwerkspläne für die zwar gefällarme, aber dafür wasserreiche Imster Schlucht in der Schublade liegen hat. Deren

ÜBERSICHT

Länge: 12 km

Schwierigkeit: WW 2-3+

Einstieg: Klärwerk Imst (47.2202, 10.7515)

Ausstieg: Parkplatz vor der Brücke in Haiming (47.2572, 10.8708) oder in Silz (47.2708, 10.9193)

Charakter: Wuchtige Schwälle mit wenigen Walzen und längeren ruhigen Abschnitten

Gefahren: Schwimmen

Gefälle: 4 m/km

Pegel: Magerbach, NW=200 cm, MW=300 cm, HW=400 cm

Beste Zeit: immer außer bei starkem Hochwasser

Kehrwasserpause vor der Ötzmündung. Pegel: 300 cm Magerbach

Realisierung würde zwar kein unberührtes Naturparadies zerstören, dafür aber unzählige Arbeitsplätze gefährden und der ganzen Gegend ein touristisches Aushängeschild rauben. Denn die Beliebtheit der „Imster" als Raftingstrecke Nummer eins hat gute Gründe: Nach einer ruhigen, landschaftlich hübschen Schluchtdurchfahrt zur Eingewöhnung der Gäste ans nasse Element folgen zahlreiche relativ unschwierige und ungefährliche, aber sehr wuchtige, lange Schwälle mit hohen Wellen und einzelnen großen Walzen. Bevor Neopren als Kälteschutz erfunden wurde, galt die Imster Schlucht unter Faltbootfahrern als Wildwasser 5, da Schwimmen im breiten und schnellen Inn im Trainingsanzug schnell lebensgefährlich werden konnte. Mit moderner Ausrüstung wurde die Imster Schlucht dann rasch zum spritzigen Wuchtwasservergnügen, das in Begleitung geübter Paddler auch für fortgeschrittene Einsteiger – möglichst mit sicherer Rolle – gut machbar ist.

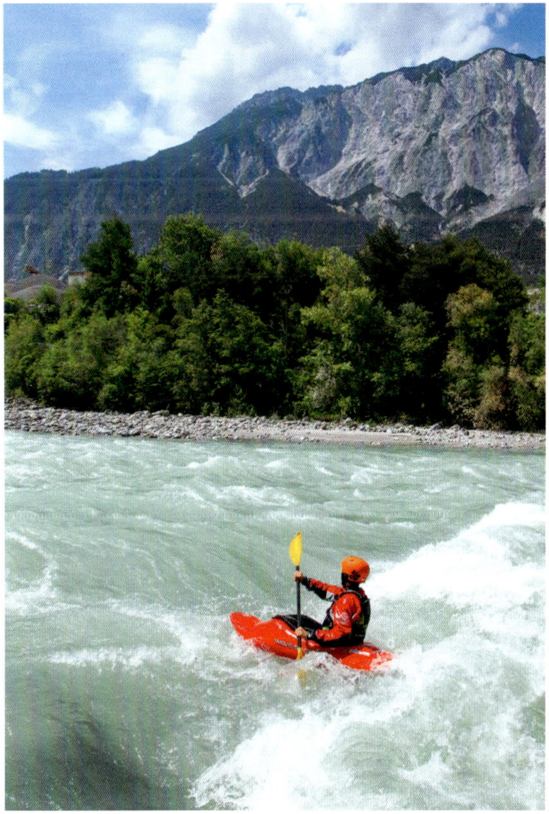

Surfen an der früheren Memminger-Walze oberhalb der Ötzmündung. Pegel: 300 cm Magerbach

An Land

Zum Einstieg folgt man im Kreisverkehr der Bundesstraße zwischen Imst und Roppen der Beschilderung „Rafting" zur Einstiegsstelle bei der Kläranlage von Imst (nicht ins Pitztal fahren). Eine günstige Ausstiegsstelle befindet sich an einem großen Schotterparkplatz oberhalb der Brücke in Haiming (Brücke überqueren und links aufwärtsfahren). Notfalls kann man, wenn man wenige Kilometer Fußmarsch in Kauf nimmt, auch flott mit der Bahn umsetzen.

Auf dem Wasser

Entlang des Pigerbachs trägt man die Boote einige hundert Meter zum Einstieg am Inn. Die folgende, von ein paar Felswänden umrahmte Schluchtstrecke ist ruhig, lediglich unter der ersten Brücke nach dem Einstieg befindet sich ein kurzer wuchtiger Schwall. Nach der Mündung des abgeleiteten und daher meist trockenen Pitzbachs kündigt lautes Rauschen den Rohrbrückenschwall an, einen der längsten und schönsten der Imster Schlucht. Auf leichteren Schwällen geht die Fahrt unter der hohen Brücke bei Roppen hindurch. Bei moderaten Wasserständen finden Meilensurfer und Spieler überall tolle Wellen (auch zum Wavewheelen), während bei hoher Wasserführung die meisten Wellen zu sehr pulsieren. Dafür versprechen dann wenige brechende Wellen im XL-Format Action, sofern das Aufspringen aus der schnellen Strömung klappt.

Die einst berühmte Memminger-Walze vor der Ötz-Mündung ist meist kaum noch der Rede wert, kann

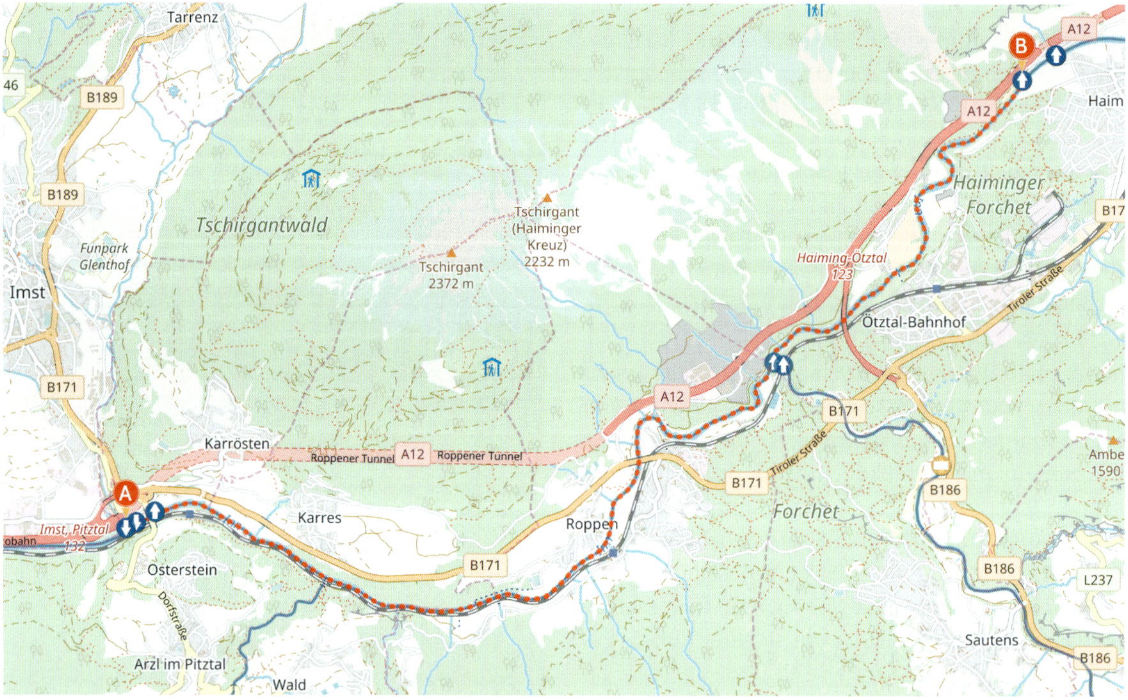

bei Bedarf aber wie fast alle Stellen auch einfach in der Innenkurve umfahren werden. Aufgrund dieser Umfahrungsmöglichkeiten bewerte ich die Imster Schlucht bei Mittelwasser nur mit WW 2-3. Lediglich einzelne Stellen (z.B. Rohrbrückenschwall, Schwall nach der Ötzmündung etc.) sind „Pflicht-Dreier". Bei höheren Wasserständen ist dagegen die Bewertung WW 3 durchaus gerechtfertigt. Zwar steigen die technischen Schwierigkeiten kaum, dafür aber Wucht, Tempo und Verschneidungen.
An heißen Tagen kann es vorkommen, dass die Hochwasser führende Ötz bis zum gegenüberliegenden Ufer schießt und den Inn regelrecht aufstaut. In den folgenden wuchtigen Wellen verstecken sich auch einige große Löcher, denen man lieber ausweicht. Hinter der hohen Brücke der Straße ins Ötztal werden die Schwälle bald seltener und etwas kleiner. Gute Kehrwasser und Wellen laden bis Haiming aber weiterhin zum Spielen ein. Vorsicht aber bei Niedrigwasser vor Eisenträgern an den Buhnen. Vor einigen Jahren mutierte außerdem ein kräftiges Kehrwasser in einer Außenkurve bereits ab Mittelwasser eher unerwartet zu einem strudelartigen Ungetüm, dieser Effekt war aber in letzter Zeit nicht mehr zu beobachten. Wenige hundert Meter oberhalb der Brücke von Haiming führt linksufrig eine steile Treppe hinauf zum großen Parkplatz, der sich als Ausstiegsstelle anbietet. Bei hohen Wasserständen sollten Spielbootfahrer aber noch zwei Kilometer schnell fließendes Flachwasser bis Silz durchstehen, da hier unter der Brücke eine manchmal richtig gute Welle steht (am besten vorab nachschauen).

VENTER ACHE - Heiligkreuzschlucht

Eng, kalt, düster, schwierig und gefährlich; die Heiligkreuzschlucht der Venter Ache ist definitiv nichts für Sonntagspaddler und Warmduscher. Hier darf nur antreten, wer auf der mittleren Ötz entspannt unterwegs ist und es gerne technischer, steiler und ausgesetzter hat. Die Bezeichnung Schlucht ist eigentlich etwas untertrieben, auf längeren Strecken handelt es sich eher um eine rassige Klamm. Wer schon beim bloßen Gedanken an Zwangspassagen und Lawinenreste im ausweglosen Felsdurchbruch Schweißausbrüche bekommt, sollte sich definitiv mit dem Blick von der hohen Brücke in die Tiefe

ÜBERSICHT

Länge: 3 km

Schwierigkeit: WW 5

Einstieg: Brücke bei Winterstall (unterhalb der Brücke der Hauptstraße) (46.8965, 10.9572) oder kleine Brücke vor Schluchtbeginn (Feldweg) (46.9017, 10.9632)

Ausstieg: Brücke am Bauernhof Lehen (46.9173, 10.9835)

Charakter: Ausgesetzte Felsschlucht mit rückläufigen, teils steckgefährlichen Stufen und Katarakten

Gefahren: Klemm- und Steckgefahr, Rückläufe, Siphone, Baumhindernisse, Lawinenkegel

Gefälle: 47 m/km

Pegel: Ötz-Tumpen, NW 170 cm, MW 190 cm, ab 200 cm HW oder Pegel Vent (Werte siehe *rivermap.ch*)

Beste Zeit: September und Oktober, nicht im Frühling (Lawinenkegel)

Eng und ausweglos: In der Heiligkreuz-Schlucht bleibt oft nur der Wasserweg. Bild: Amelie Arbinger

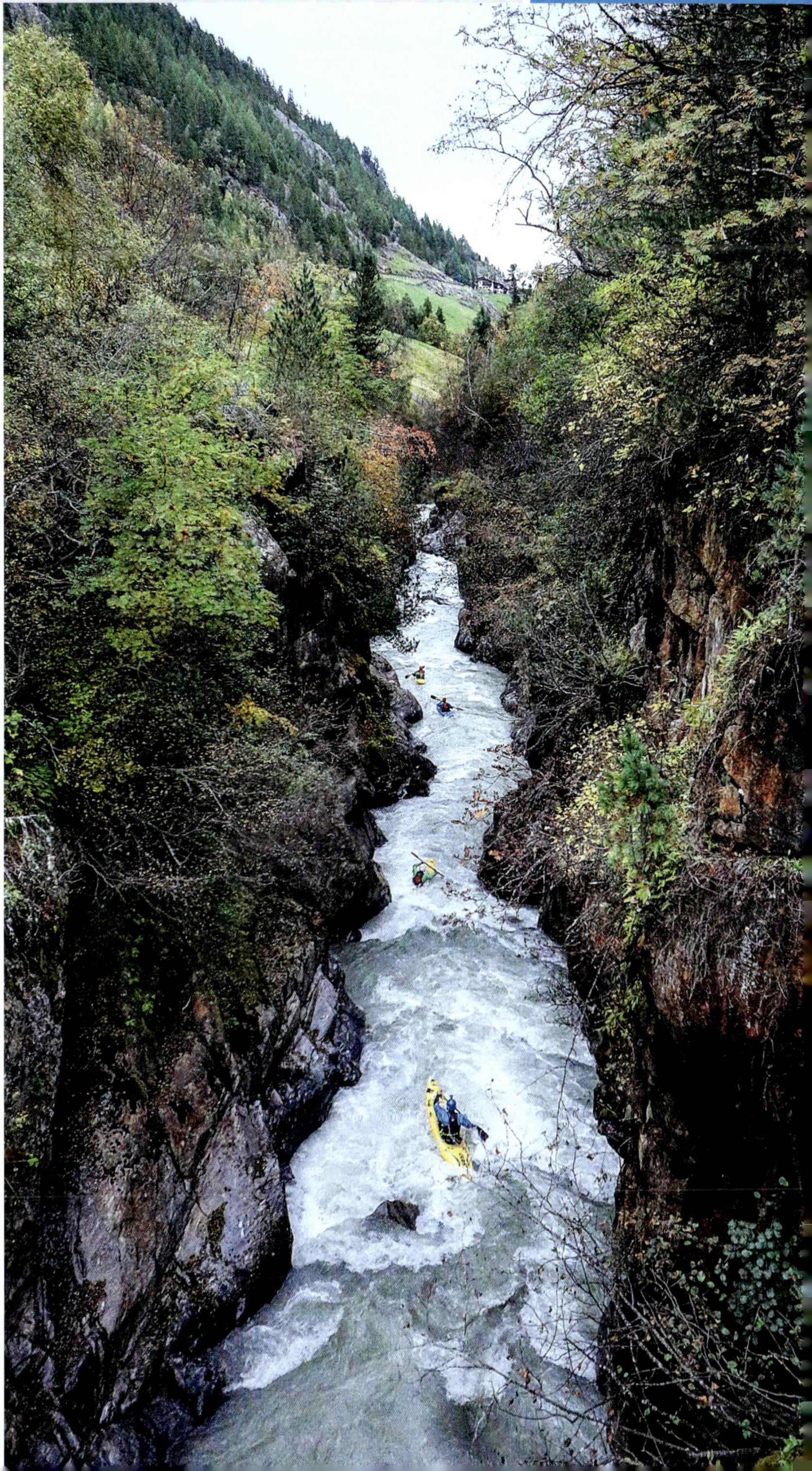

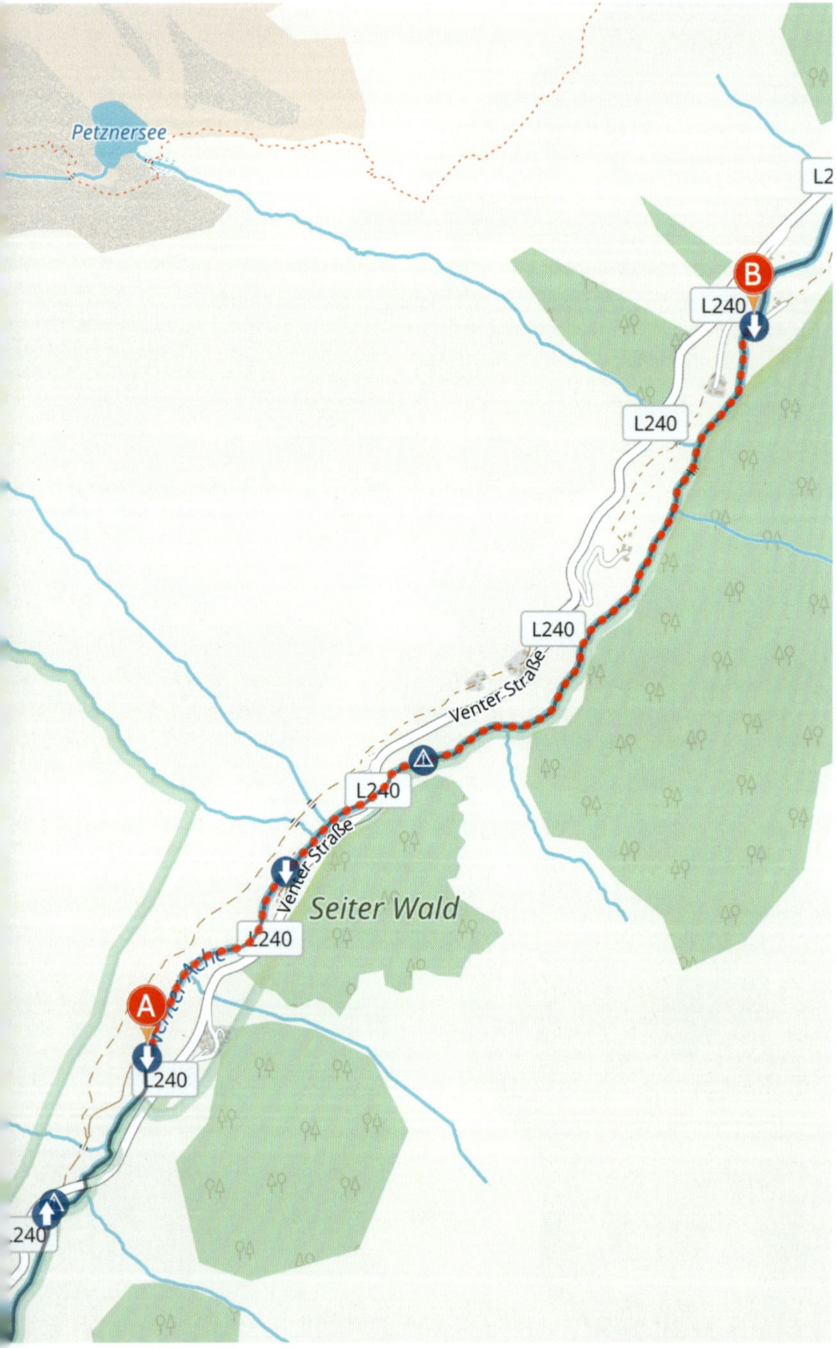

begnügen. Dieser gibt eigentlich einen ganz guten Eindruck vom Charakter der Strecke, jedenfalls, wenn man das angenommene Gefälle mindestens verdoppelt und sich bewusst macht, dass niedrige Hüpfer in Wirklichkeit eher ausgewachsene Stufen und kleine Walzen bissige Löcher darstellen. Die richtige Zeit für die Schlucht kommt erst im Spätsommer und Herbst, wenn die Gletscher im Ursprungsgebiet nicht mehr allzu sehr in der Sonne schwitzen. Für sichere Cracks zählt die meist kurz und bündig nur als Heiligkreuz bezeichnete Etappe dann zu den absoluten Höhepunkten im Ötztal, alljährliche Veränderungen durch Lawinen und Geschiebe eingeschlossen.

An Land

Der Einstieg befindet sich an einer kleinen Brücke bei Winterstall, etwas unterhalb der zweiten Brücke der Hauptstraße in Richtung Vent. Bei wenig Wasser kann man auch direkt vor der Schlucht an einer Feldwegbrücke einsteigen. Zuvor sollte man aber auf jeden Fall einen Blick von der ersten (hohen Brücke) der Hauptstraße in die Schlucht geworfen haben. Doch Achtung: Im Verlauf geht es teils noch mehr zur Sache und die Höhe täuscht leicht über die wahren Dimensionen hinweg. Am Ausstieg am Bauernhof Lehen (siehe untere Venter Ache) bitte keinesfalls die Wiesen betreten oder die Zufahrten blockieren!

Auf dem Wasser

Eine Detailbeschreibung der Schlucht ergibt wegen der häufigen Veränderungen und des generell hohen Schwierigkeitsniveaus wenig Sinn. Alle unklaren Stellen müssen im Zweifelsfall ohnehin selbst besichtigt werden. Angemerkt sei aber, dass Umtragen nicht immer möglich ist und häufig Kletterkünste erfordert. Für eine erste Befahrung der Schlucht ohne Kenner der Strecke sollte man auf alle Fälle genügend Zeit einplanen (mindestens 3-4 Stunden). Bereits die ersten Passagen vor Beginn der eigentlichen Schlucht verlangen Vorsicht und Respekt. Immer wieder war die Heiligkreuzschlucht in der Vergangenheit Schauplatz von leider auch tragisch verlaufenden Unfällen.

Unter der hohen Brücke wird endgültig deutlich, dass die Angelegenheit aus Bootsperspektive eben doch ganz anders aussieht als quasi aus Vogelperspektive. Es folgt sogleich die schwierige Eingangsstufe in die eigentliche Klamm. Die düstere Atmosphäre in der Schlucht kann die folgenden schwierigen Stufen und Katarakte (auch Zwangspassagen) – je nach Gemütslage – zu einer Bewährungsprobe für die eigene Psyche werden lassen. Der einzige Weg aus der Schlucht ist der Fluss. In vielen Jahren wird mindestens eine Stelle von den meisten umtragen, neu entstandene Siphone oder Baumhindernisse können aber weitere schwierige Umtragungen erfordern. Besonders häufig sind Veränderungen im Bereich eines Lawinenstrichs. Rückläufige Stufen im Halbdunkeln unter ausgewaschenen Lawinenkegeln können hier auch abgebrühten Könnern Herzklopfen bescheren. Im Herbst erreichen die aufmunternden Sonnenstrahlen erst im letzten Teil der oft eisig kalten Schlucht wieder teilweise die Ache. Wenn man die Kirche von Heiligkreuz sieht, lassen die Schwierigkeiten etwas nach. Der Fluss bleibt aber bis zum Ausstieg am Bauernhof Lehen durchweg sportlich.

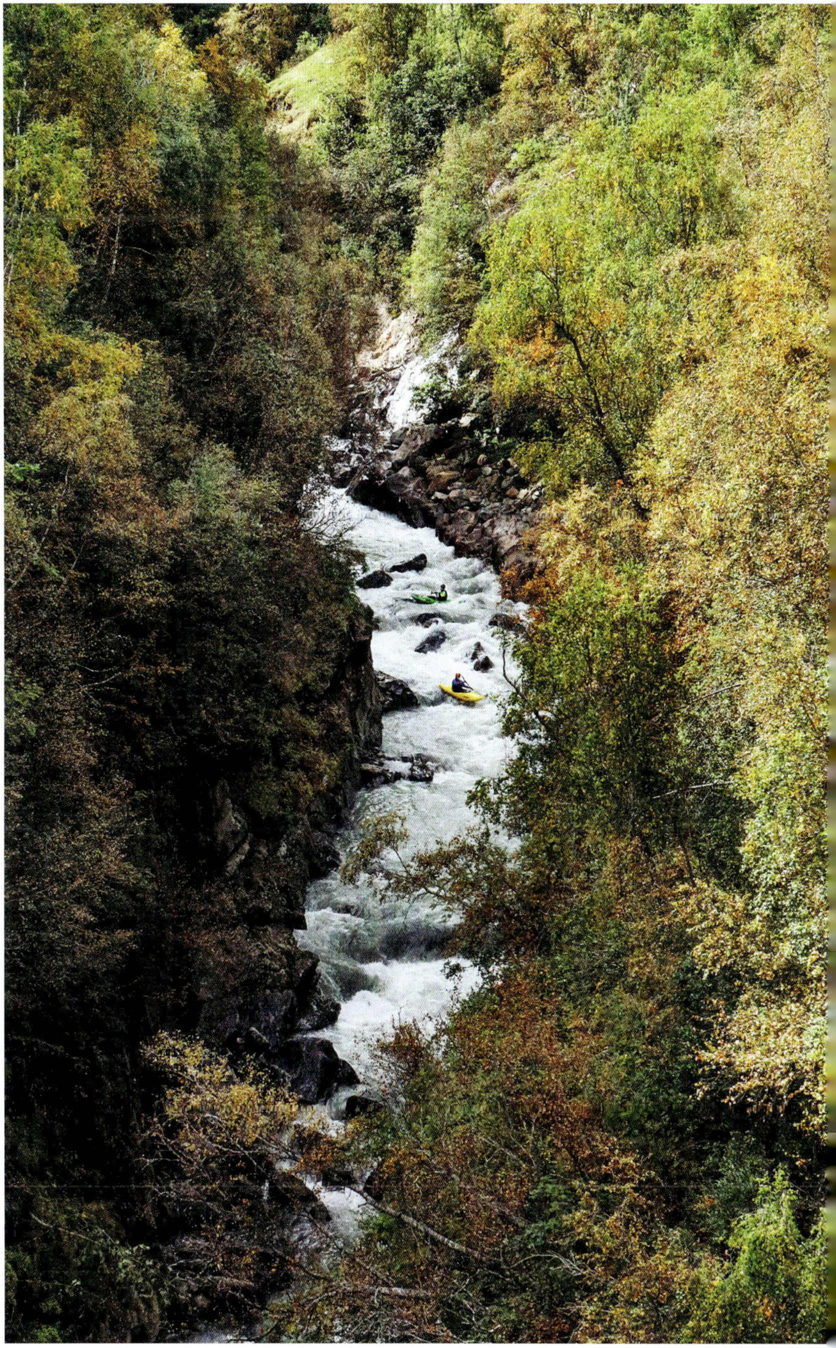

Herbstzeit ist Heiligkreuz-Zeit: Doch Achtung: Was von oben leicht verblockt aussieht, ist in Wirklichkeit steil, wuchtig und unübersichtlich, also sehr ernsthaft! Bild: Amelie Arbinger

UNTERE VENTER ACHE

Nach der düsteren Heiligkreuz-Schlucht stürmt die Venter Ache weniger extrem, aber weiterhin reißend durch ein offenes Tal mit kurzen Felsdurchbrüchen der Mündung der Gurgler Ache im Dorf Zwieselstein entgegen. Ehe dort die Ötz entsteht, sorgen die Gletscherwasser der Ache in rassigen Katarakten und Stufen für Wildwasseraction auf hohem Niveau. Die beste Zeit für eine erste Befahrung der Venter Ache ist sicherlich der Herbst. Nicht mehr wuchtig brodelnde Wassermassen und rasende Geschwindigkeit prägen dann den Fluss, sondern verblockte Katarakte, kleine Abfälle und kurze Erholungspausen. Statt kaffeebraun präsentiert sich das Wasser einladend blau, und an den Ufern leuchten die bunten Bäume mit dem tiefblauen Himmel um die Wette.

ÜBERSICHT

Länge: 4 km

Schwierigkeit: WW 3-4 (4+) bei NW, WW 4/4+ bei MW

Einstieg: Brücke Lehen (46.9173, 10.9835)

Ausstieg: Bei Zwieselstein (46.9382, 11.0253)

Charakter: Bei geringer Wasserführung stark verblockte Katarakte und kleinere Stufen, bei höherer Wasserführung rasend schnell mit großen Walzen

Gefahren: Klemmgefahr bei wenig Wasser, Walzen und Rückläufe bei viele Wasser

Gefälle: 29 m/km

Pegel: Ötz Tumpen, NW=180 cm, MW=200 cm, Hochwasser ab 220 cm (WW 5), Achtung: Das Schmelzwasser kommt im Sommer erst einige Stunden später am Pegel in Tumpen an, an der Venter Ache steigt der Pegel schon vormittags schnell an. Daher zusätzlich den Pegel in Vent prüfen (Werte siehe *rivermap.ch*)

Beste Zeit: Für Genießer im September und Oktober, für Könner aber auch im Sommer an nicht zu heißen Tagen (vormittags!)

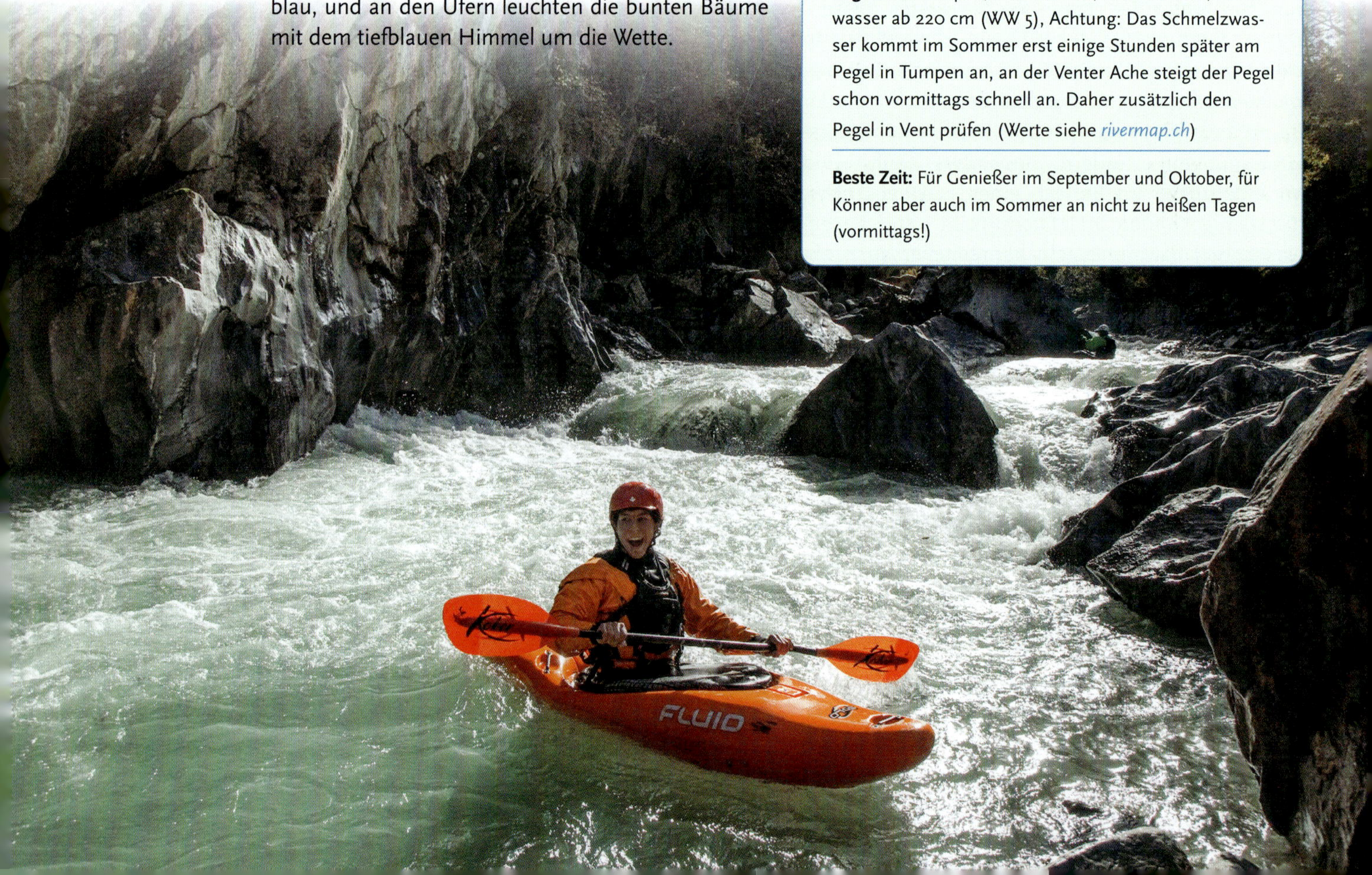

Immer wieder rauscht die Ache durch kleine Felsdurchbrüche. Pegel: 185 cm Tumpen

An Land

Kurz nach der Abzweigung der Straße ins Venter Tal bei Zwieselstein bietet sich eine Parkbucht mit Flusszugang als günstige Ausstiegstelle an. Der Einstieg liegt gut 4 Kilometer talaufwärts an der Brücke beim Bauernhof Lehen. Bitte keinesfalls die Wiesen betreten und nicht bis zur Brücke fahren, Danke!

Auf dem Wasser

Die kurze aber landschaftlich wie paddeltechnisch wunderschöne kleine Schlucht am Einstieg leitet bald hinaus in offeneres Gelände. Nach einigen engen Durchfahrten zwischen großen, hellen Felsen (bei Niedrigwasser) stürzt die Ache durch einen unscheinbaren kleinen Katarakt, der bei wenig Wasser etwas unsauber sein kann. Hinter der nächsten Brücke folgt mit einer weiteren Schluchtpassage bald eine der sportlichsten Stellen der Tour. In der Einfahrt teilt ein großer Felsen bei mäßiger Wasserführung den Fluss und fordert schnelle Reaktionen. Hochwasser und Geschiebe gestalten das Flussbett im weiteren Verlauf immer wieder um und sorgen für Überraschungen. Wo früher eine schöne Stufe war, kann heute ein unsauberer Katarakt lauern und anders herum. Die meisten Stellen lassen sich bei Niedrigwasser aber mit sicherem Kehrwasserspringen bewältigen. Ein langer und manchmal steckgefährlicher Katarakt bei Bodenegg und ein Grundgesteinsriegel ragen aus der stets abwechslungsreichen Wildwassermixtur heraus.

Die Tücke des Felsriegels, der eine delikate Stufe bildet, liegt vor allem darin, dass man ihn bei deutlich nachlassenden Schwierigkeiten gegen Ende eigentlich nicht mehr erwartet. Ein Wort noch zum Pegel: Mehr als 210 cm in Tumpen sollten es für eine persönliche Erstfahrt auf keinen Fall sein, besser unter 200 cm. Bei höheren Wasserständen wird die Ache extrem reißend und viele dicke Löcher und

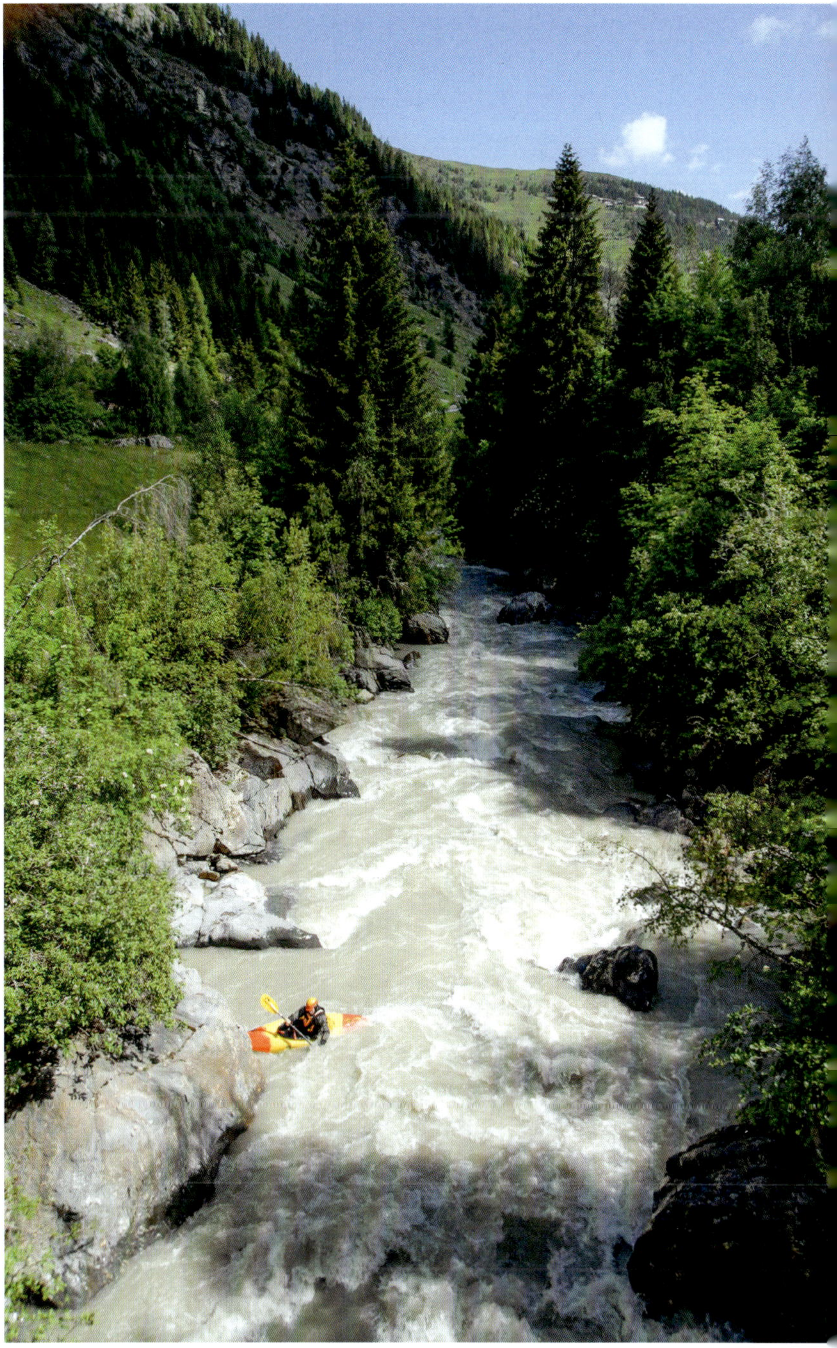

Sommermorgen am Einstieg. Pegel: 220 cm Tumpen

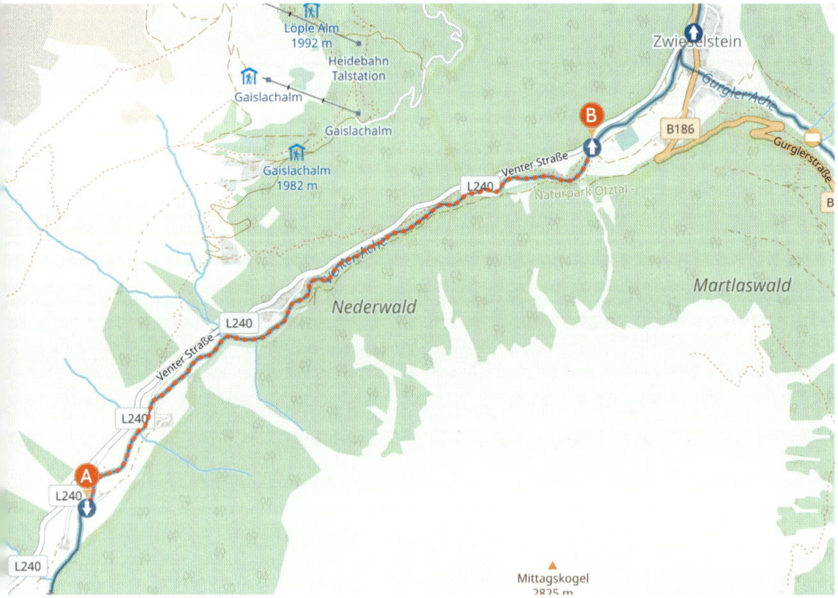

Rückläufe können bei Fahrfehlern zu gefährlichen Fallen werden. Schwimmen darf ab Mittelwasser keine Option mehr sein, die Schwierigkeiten steigen rasch über WW 4-5 bis hin zum echten Fünfer. Und nicht vergessen: An der Ache steigt der Pegel an heißen Tagen schon am Vormittag rasch an, am Pegel in Tumpen kommt das Wasser aber erst zeitverzögert an. Daher zusätzlich auch den Pegel oberhalb in Vent prüfen. Hier setzt der Pegelanstieg aber natürlich schon früher ein, als auf der Paddelstrecke.

Eine Weiterfahrt durch die folgende Kühtrainschlucht der jungen Ötz ist bei schönen Wasserständen auf der Venter Ache keine gute Idee. Siphone und aufwändige Umtragungen machen diesen Abschnitt höchstens bei sehr wenig Wasser zu einer Option für erfahrene Entdecker, am besten unter ortskundiger Führung.

Bild links:
Bunter Herbsttag kurz unterhalb des Einstiegs.
Pegel: 185 cm Tumpen

Bild rechts:
Verblocktes technisches Wildwasser im Herbst.
Pegel: 185 cm Tumpen

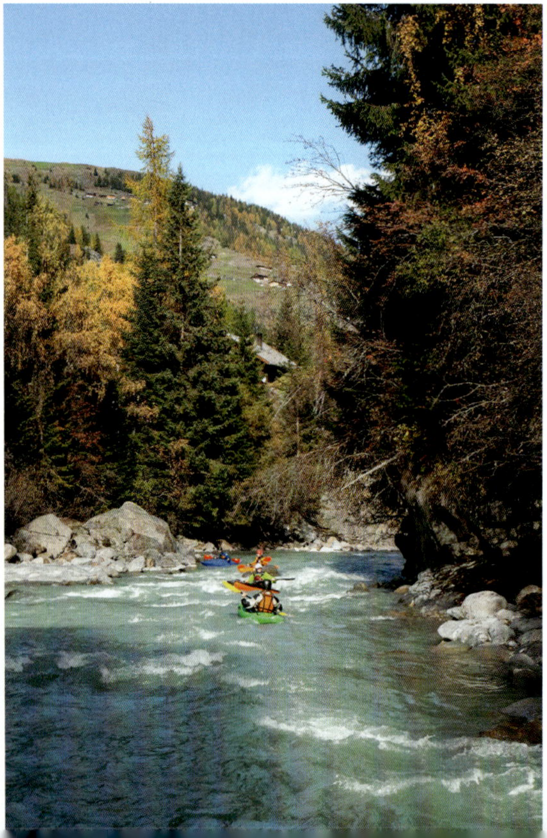

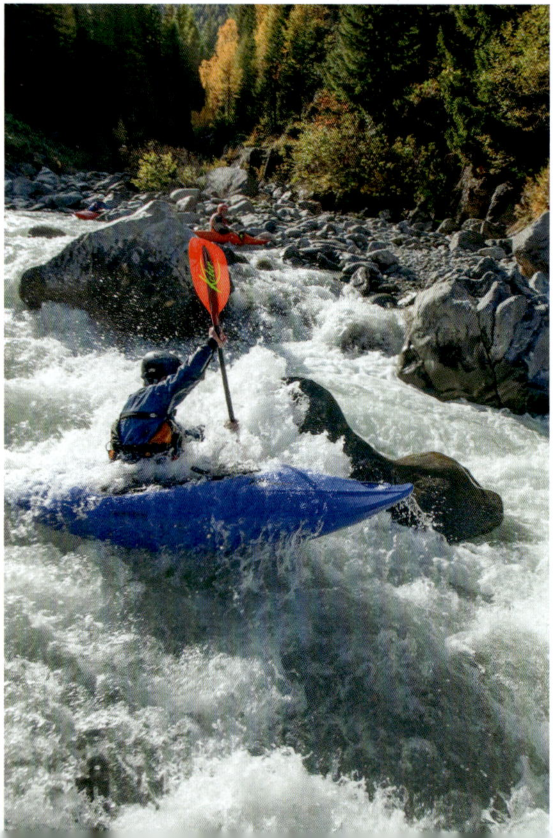

OBERE ÖTZ - Söldenschlucht

Mit einer Fläche von 468 Quadratkilometern ist Sölden die größte Gemeinde Österreichs. Im Winter zählt der Ort zu den wichtigsten Skizentren der Ostalpen. Dicht an dicht drängen sich entlang der Hauptstraße Restaurants, Bars, Diskos und Hotels und lassen Sölden zumindest im Sommer als einzige große Bausünde erscheinen. Der Fairness halber sei aber auch erwähnt, dass bebaute Bereiche nur einen sehr kleinen Teil des gesamten Gemeindegebiets ausmachen und wunderbar wilde Hochgebirgslandschaften noch immer bei weitem überwiegen. Wild wird es auch am Ortsende von Sölden auf der Ötz. Hier endet das kanalisierte Flussbett durch den Ort und tobend braust der Fluss durch den Söldenkatarakt in die folgende Talverengung

ÜBERSICHT

Länge: 4 km

Schwierigkeit: WW 4 (4+) bei MW

Einstieg: Ortsende Sölden unterhalb der Brücke nach Kaisers an der Zufahrt zum Klärwerk (46.9871, 11.0121)

Ausstieg: Holzbrücke Armelen bei der Tischlerei (47.0186, 10.9959)

Charakter: Bei Niedrigwasser dicht verblockte und leicht wuchtige Katarakte, bei mehr Wasser sehr starke Wasserwucht

Gefahren: Schwimmen, Walzen und Rückläufe bei hoher Wasserführung

Gefälle: 25 m/km

Pegel: Tumpen, Mindestpegel 180 cm, Mittelwasser 200 cm, darüber rasch zunehmende Schwierigkeiten, Achtung an heißen Tagen steigt der Pegel in Tumpen erst zeitverzögert an! Alternativ Pegel Sölden (Werte siehe *rivermap.ch*)

Beste Zeit: Von Frühling bis Herbst außer bei zu viel Wasser, an heißen Tagen für „Normalpaddler" nur morgens

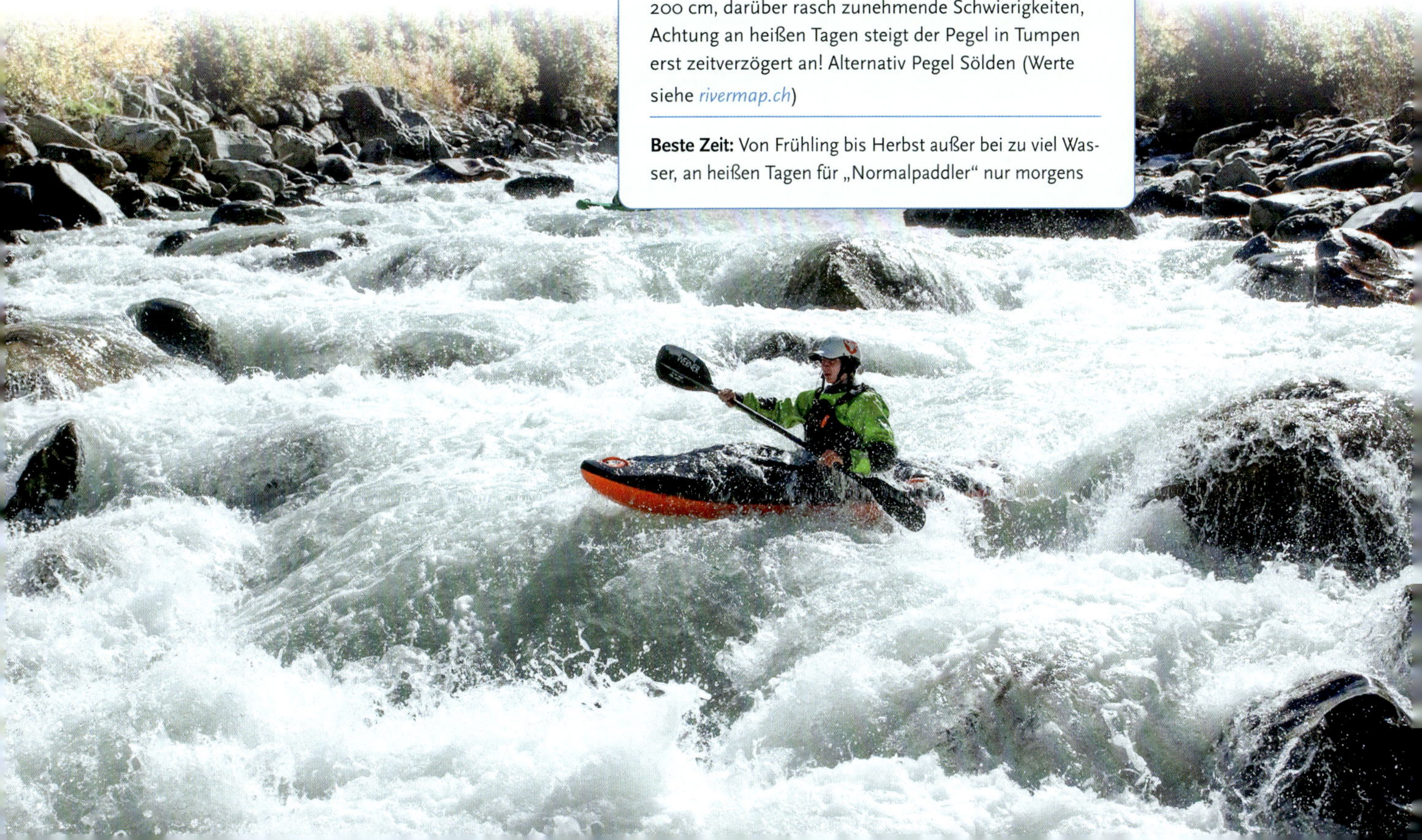

Bei wenig Wasser ist der Söldenkatarakt eher technisch. Pegel: 185 cm Tumpen

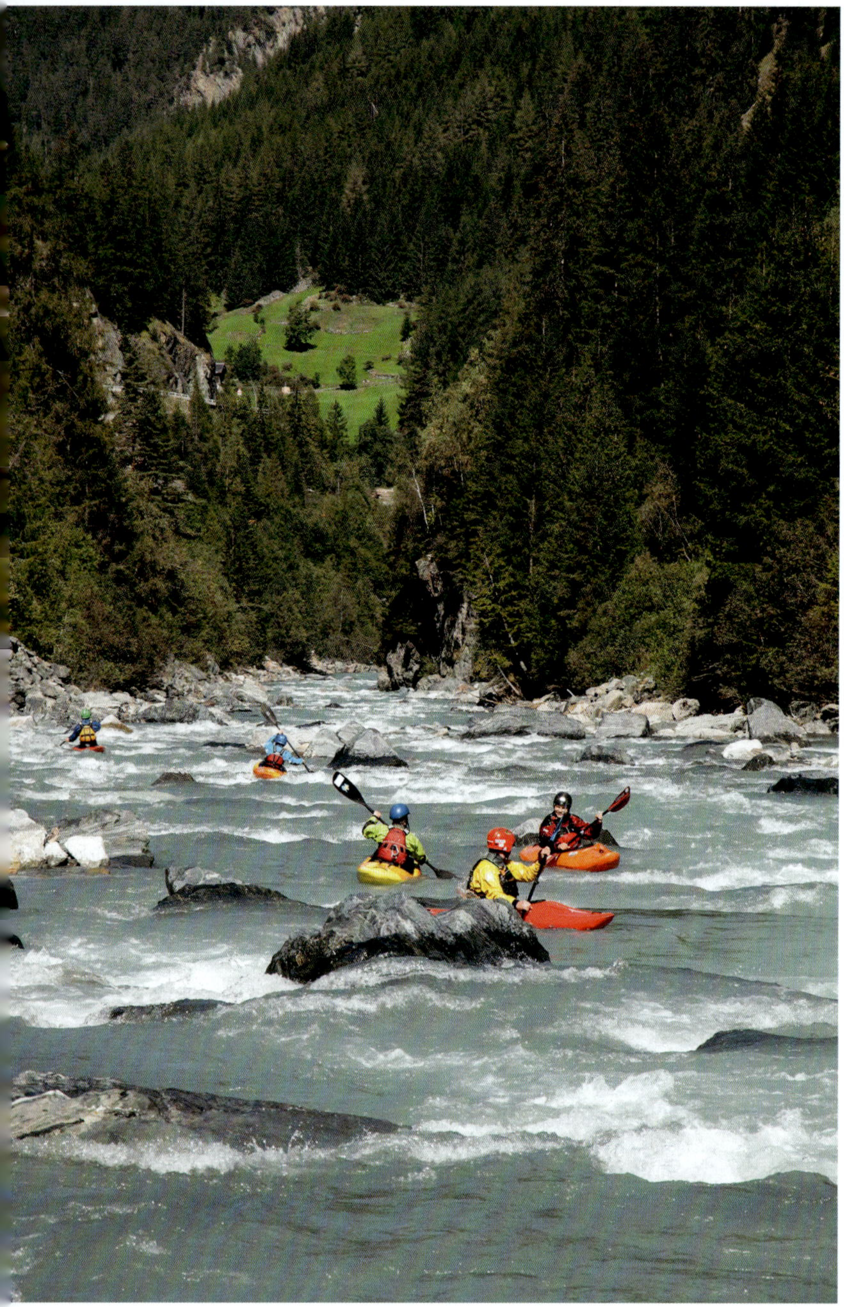

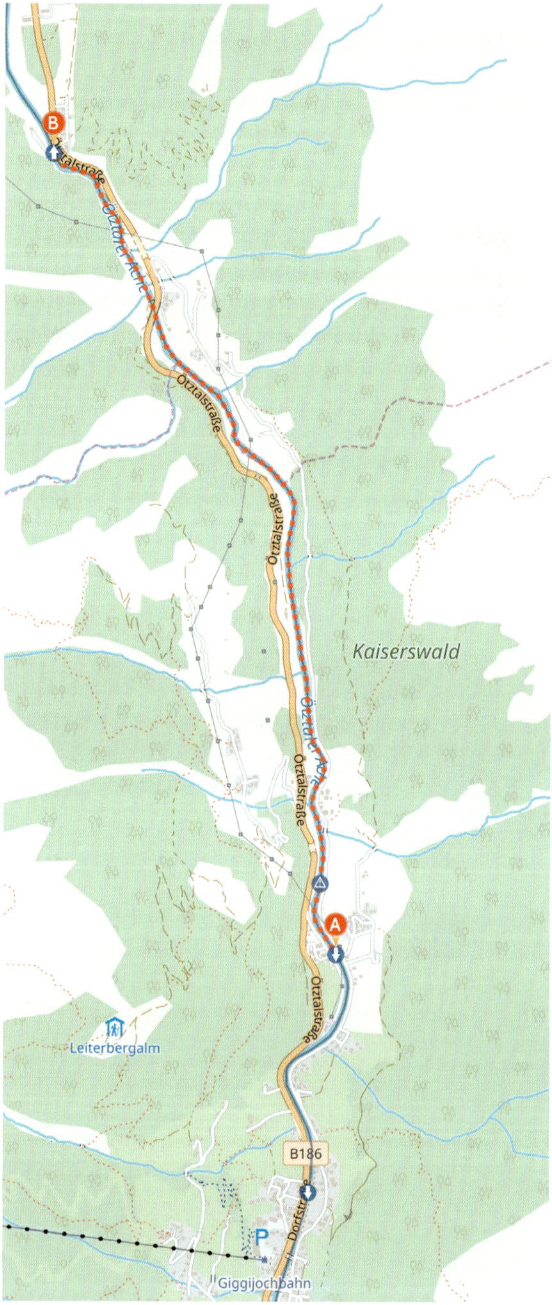

Genusswildwasser im Herbst. Pegel: 195 cm Tumpen

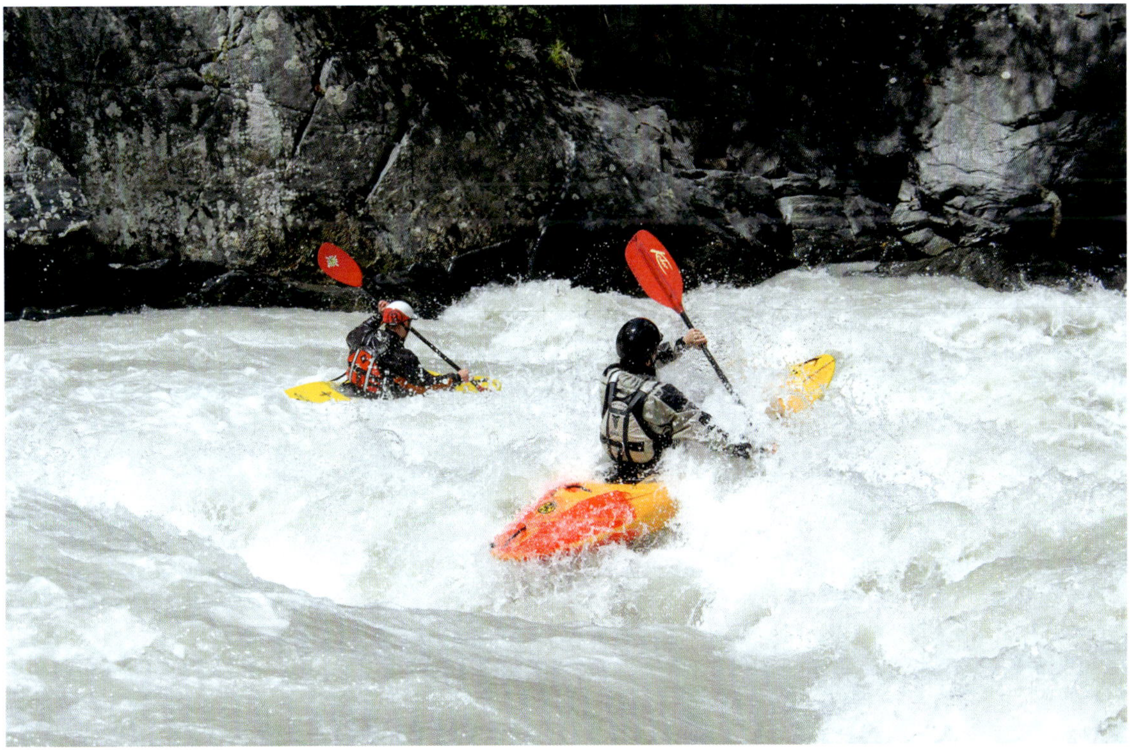

Sommerpegel im Söldenkatarakt. Pegel: 220 cm Tumpen

mit kurzer Schluchtstrecke hinein. An heißen Tagen mit extremer Wasserführung bedeutet jeder Fehler in den reißenden Fluten des Mahlstroms der Söldenschlucht höchste Lebensgefahr, was leider auch tödliche Unfälle unterstreichen. Im scharfen Gegensatz zur sommerlichen Gewalt des Flusses steht der freundliche Eindruck, den die Ötz bei Niedrigwasser im Herbst ausstrahlt. Lange, klar definierte Katarakte mit dichter Verblockung umgeben von leuchtenden Bergwäldern lassen den Abschnitt dann zur Genusstour auch für etwas weniger geübte Paddler werden.

An Land

Der Ausstieg befindet sich von Huben kommend oberhalb eines Kieswerks gegenüber der Tischlerei an einer kleinen Holzbrücke. Wer sein Lager am Camping Winkle aufgeschlagen hat, kann natürlich auch erst hier aussteigen. Vor dem Einsteigen unterhalb der Brücke nach Kaisers (markiert) sollte man noch einen Blick auf die Kernstelle Söldenkatarakt einige hundert Meter unterhalb beim Klärwerk werfen.

Auf dem Wasser

Kaum warmgefahren, folgt mit dem Söldenkatarakt sofort ein echter Paukenschlag. Wohl dem, der sich die Route gut eingeprägt hat. Selbst bei Niedrigwasser im Herbst sind die Stufen noch leicht wuchtig, und auch dann sollte man die geplante Linie wirklich einhalten. Im Sommer verschwindet die angenehme Ruhepause am Ende des Katarakts und die Wucht nimmt immens zu. Auch der folgende Katarakt nach dem Klärwerk gehört zur anspruchs-

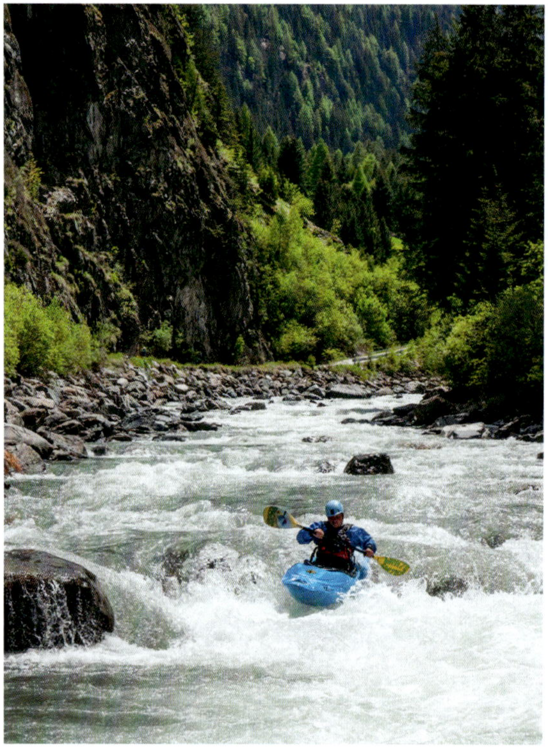

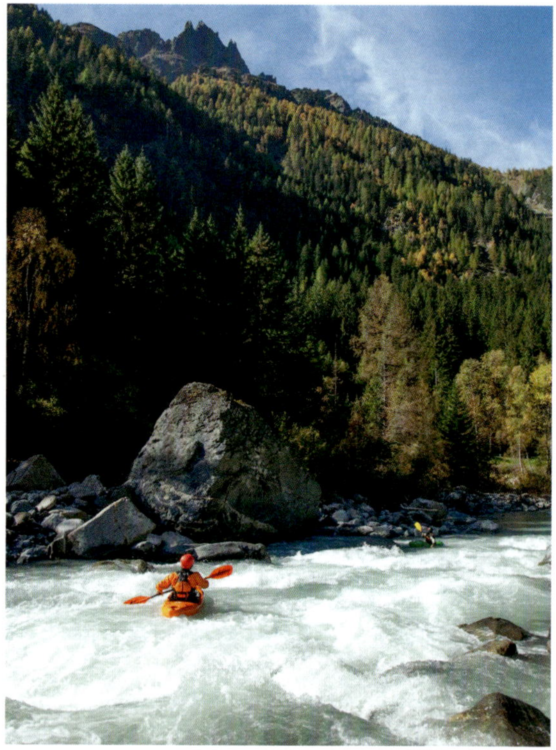

Bild rechts: Herbstpaddeln von seiner schönsten Seite. Pegel: 195 cm Tumpen

Bild links: Moderate Pegelstände gibt es manchmal auch im Mai. Pegel: 200 cm Tumpen

vollen Sorte und entpuppt sich aus Bootsperspektive je nach Pegel als erstaunlich unübersichtlich. Danach fließt die Ötz in eine lange Gerade mit herrlichen Katarakten, die bei niedrigen bis mittleren Wasserständen vergnügliches Kehrwasserspringen bedeuten, im Sommer aber pausenloses, kämpferisches Angreifen verlangen und keine Zeit zum Durchatmen lassen. Im engsten und landschaftlich schönsten Teil der Schlucht gehen die Schwierigkeiten etwas zurück, bei viel Wasser bilden sich aber schwierige Prallwände und starke Presswasser. Einen krönenden Abschluss der Strecke bilden die wuchtigen Katarakte am Schluchtausgang mit kräftigen Walzen. Unterhalb der Ausstiegsstelle durchfließt die Ache ein Kieswerk, ehe sie im breiten Talboden von Huben und Längenfeld von monoton befestigten Ufern begrenzt wird.

Zum Schluss noch ein wichtiger Hinweis: Die Schwierigkeiten der oberen Ötz sind – wie bei den meisten Strecken im Ötztal – deutlich stärker vom Wasserstand abhängig als bei vielen anderen Flüssen. Präsentiert sich die Strecke bei wenig Wasser als technisches WW 3-4, wird sie bei Hochwasser zum durchgehenden Wuchtwasser-Fünfer. Persönlich taugt mir der Abschnitt bei Wasserständen um oder etwas über Mittelwasser fast am besten, aber das ist natürlich Geschmackssache. Nebenbei: Der Pegel in Tumpen liegt über 10 Kilometer unterhalb des Ausstiegs. Auch wenn der Pegel mittags noch moderate 205 cm anzeigt, kann der tatsächliche Wasserstand in Sölden bereits bei 230 cm und mehr liegen, weil das Schmelzwasser der Gletscher hier bereits angekommen ist, noch nicht aber am Pegel.

MITTLERE ÖTZ UND KÖFELSER STRECKE

Das Ötztal ist durch einen Wechsel von flachen Wiesenplateaus und Steilstufen geprägt, die der Fluss teils in Schluchten durchbricht. Wer das Tal hinauffährt, erreicht hinter dem Ort Ötz die erste Steilstufe der Wellerbrücke und der Achstürze. Während die Wellerbrückenstrecke auch durch die Sickline-Weltmeisterschaft in den letzten Jahren zu einer Standardstrecke für Könner im Herbst wurde (WW 5+), erhalten die Achstürze nach Felsverschiebungen nur sehr selten Besuch von Paddlern (WW 6-X). Der Herbstklassiker früherer Jahre liegt ohnehin eine Talstufe weiter oben. Nach dem kurzen Plateau zwischen Tumpen und Umhausen steigt die Straße erneut an und führt entlang der rauschenden Ötz hinauf zum völlig flachen Talboden rund um Längenfeld. Der Fluss hat sich hier durch

ÜBERSICHT

Mittlere Ötz
Köfels

Strecke:	Mittlere Ötz	Köfelser Strecke
Länge:	3 km	4 km
Schwierigkeit:	WW 5 (bei MW)	WW 4/4+ (5-) (bei MW)

Einstieg: Au bei Längenfeld (47.1055, 10.9529) bzw. Brücke nach Köfels (47.1223, 10.9295)

Ausstieg: Brücke Köfels bzw. unterhalb von Umhausen (47.1526, 10.9121)

Charakter: Steile, unübersichtliche Katarakte mit wuchtigen, teils rückläufigen Stufen und Abfällen, bei höherer Wasserführung extreme Schwierigkeiten, ab Köfels nachlassende Schwierigkeiten, im Sommer extrem wuchtig

(Köfels) **Gefahren:** Klemm- und Steckgefahr, Rückläufe, Wehre unter der ersten Brücke und der Köfelser Brücke, ggf. weitere freigespülte Wehre, sehr kontinuierlich

Gefälle: 40 m/km bzw. 22 m/km (Köfelser)

Pegel: Ötz Tumpen: Mittlere: NW: 175 cm, dann WW 4/4+(5-), MW: 200 cm (WW 5), Köfelser: NW: 180 cm, dann WW 3-4 (4+), MW: 210 cm (WW 4/4+ (5-)), über MW jeweils deutliche Schwierigkeitszunahme.

Beste Zeit: Je nach Können von Frühling bis Herbst, sicher aber nicht an heißen Tagen am Nachmittag (außer ggf. für Vollprofis an der Köfelser...)

Die Hühnerleiter unterhalb der zweiten Brücke
Pegel 190 cm Tumpen
Bild: Daniel Bauer

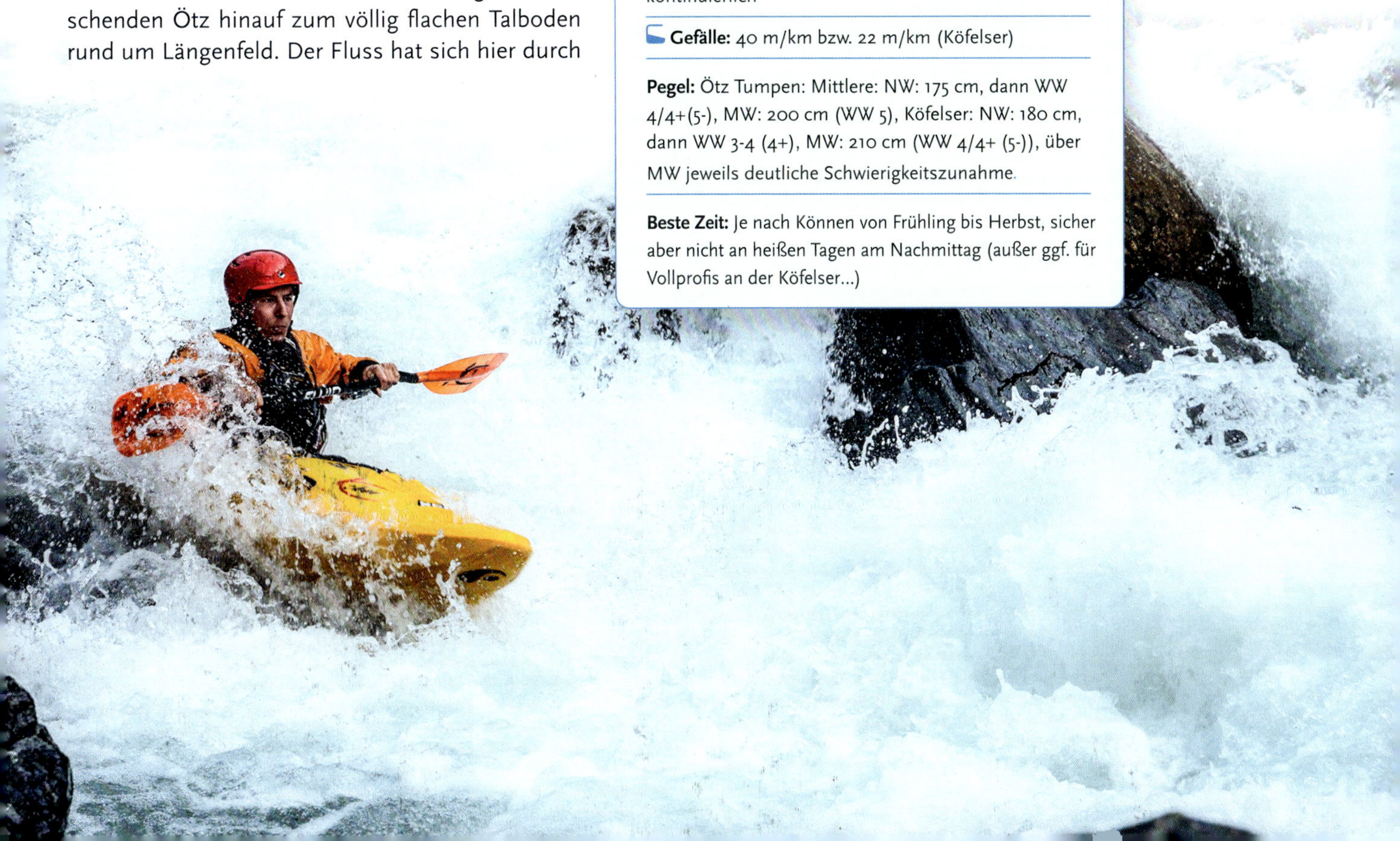

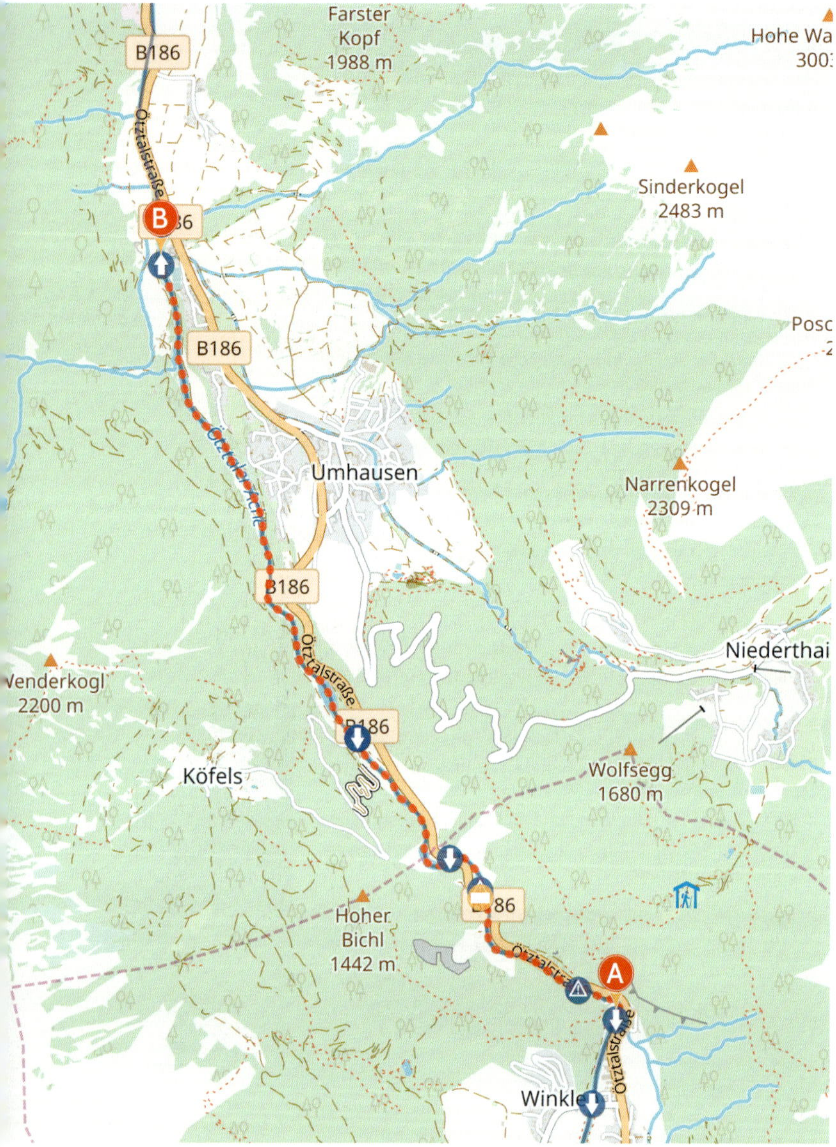

die Trümmer des Bergsturzes von Köfels gegraben und schäumt noch heute mit reichlich Gefälle über riesige Felsblöcke und Trümmer talwärts. Die drei Kilometer bis zur Brücke nach Köfels sind ein ununterbrochenes Treppenhaus aus Blöcken und gischtendem Wasser, das sich im Hochsommer in ein brodelndes Inferno verwandelt. Dann nagt die Ache an den steilen Kieshängen und Felstrümmer stürzen polternd in den braunen Fluss. Während unter Pros die Wellerbrücke im Herbst der „Mittleren" den Rang abgelaufen hat, ist die Strecke für die Elite mittlerweile auch im Sommer bei erstaunlich hohen Pegelständen ein beliebtes Ziel. Normalsterbliche kommen aber weiterhin tunlichst nur bei moderaten Wassermengen und nehmen bei mehr Wasser mit dem Anhängsel der mittleren Ötz vorlieb, der Köfelser Strecke. Diese drei Kilometer werden bei viel Wasser zu einem großartigen Wuchtwasserritt, dann aber natürlich auch nur für Könner!

An Land

Der Einstieg untermittelbar vor Beginn der Schwierigkeiten und die Brücke nach Köfels sind nicht zu übersehen. Der Ausstieg meiner Wahl befindet sich etwa hundert Meter unterhalb des unteren Ortsausgangs von Umhausen an einem Schotterparkplatz zwischen Hauptstraße und Ötz (noch unterhalb der Holzbrücke, an der man ebenfalls gut aussteigen kann). Ein Großteil der Schwierigkeiten der mittleren Ötz kann gut vom Auto aus eingesehen werden, Parkplätze gibt es aber nur an einzelnen Stellen.

Auf dem Wasser

Wer sich das erste Mal (wohlweislich im Herbst!) an die mittlere Ötz heranwagt, wird sicherlich mit gesundem Respekt ins Boot steigen. Gleich in der ersten Kurve nach dem Einstieg beginnt die Steilzone der Talverengung und die Ache erhöht das Tempo. Mit dem ersten Kriterium, der „Schrägen Platte", macht die Ötz sofort unmissverständlich klar, was Sache ist. Ein schöner Boof auf der rechten Flussseite und eine oft eher knifflige Ausfahrt kennzeichnen diese klar definierte Einzelstelle. Bis die erste Stra-

ßenbrücke in Sicht kommt, beruhigt sich die Ötz wieder ein wenig, so dass diese verblockte Strecke mit kleineren Stufen zum reinsten Vergnügen wird. Die beiden Stellen vor der Brücke präsentieren sich in manchen Jahren recht unsauber und steckgefährlich oder auch mal mit fetten Löchern garniert und sollten unbedingt ernst genommen worden.
An der ersten Brücke beginnt mit einem unsauberen Schrägwehr, das im Zweifelsfall am besten schnell umtragen wird, die Zwischenbrückenstrecke. Stufe folgt nun auf Stufe, Walze auf Walze. Alljährlich zeigt die Ötz hier ein anderes Gesicht, kontinuierlich und fordernd bleibt sie aber immer. Nach der zweiten Brücke geht es die treffend benannte „Hühnerleiter" hinunter, nach der das Flussbett etwas breiter wird. Freigespülte alte Wehre können in diesem Bereich aber immer wieder für interessante bis unangenehme Überraschungen sorgen und mit dem Schießstandkatarakt lauert noch eine weitere Kernstelle der Strecke.

An der Brücke nach Köfels endet die mittlere Ötz und es folgt die etwas leichtere Köfelser Strecke, die bei ausreichend Wasser einen schönen Ausklang der Fahrt darstellen kann. Das Wehr/die Schrägstufe an der Brücke sollte unbedingt besichtigt werden. Generell verträgt die Köfelser etwas Wasser und kann bei Niedrigwasser in manchen Jahren etwas unsauber und steinig werden. Bei Wasserständen über zwei Metern wird es zunehmend wuchtig, bis hin zum rasanten Autobahn-Run ohne Verschnaufpausen bei Sommerwasserständen. Mein Tipp: Langsam an höhere Wasserstände herantasten! Höhepunkt der Strecke ist und bleibt ein langer und steiler Katarakt nach rund einem Kilometer, nach dem die Schwierigkeiten bis zum Ausstieg allmählich nachlassen.

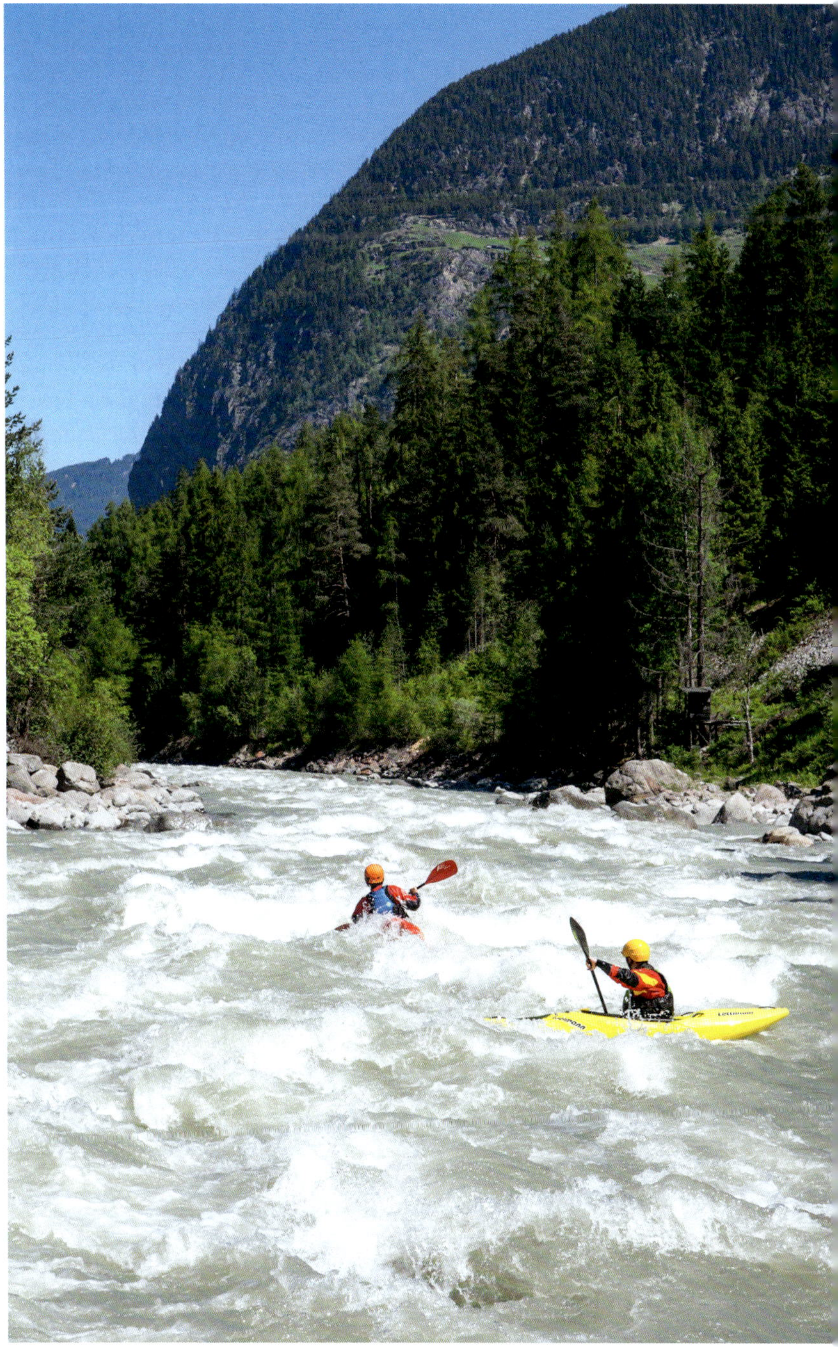

Im langen Katarakt der Köfelser Strecke.
Pegel: 215 cm Tumpen

UNTERE ÖTZ

Wenn im Sommer die Gletscherschmelze die Ötz in einem reißenden Mahlstrom verwandelt und die Strecken weiter oben im Tal für Normalpaddler zur Tabuzone werden lässt, schlägt die Stunde der unteren Ötz. Erst hier lässt das Gefälle endgültig spürbar nach und für Könner darf es deshalb beim Pegel auch gerne etwas mehr sein. Die schnell und wuchtig der Mündung in den Inn entgegen rauschenden Fluten nutzen auch diverse Raftingveranstalter für ihre Action-Touren. Zwei Guides bzw. Safety-Paddler und die Beachtung eines Maximalpegels belegen, dass die Rafter die Ötz nicht auf die leichte Schulter nehmen, und das sollten auch Kajakfahrer nicht tun, zumal der Ausstieg vor dem tödlichen Brunauer Wehr mit seinem gigantischen Rücklauf Pflicht ist. Also erstmal langsam an höhere Pegelstände herantasten und nicht gleich an

ÜBERSICHT

Länge: 12 km

Schwierigkeit: WW 3-4

Einstieg: Holzbrücke in Ötz (47.2000, 10.8996)

Ausstieg: Parkplatz oberhalb der Brücke in Haiming (47.2572, 10.8708)

Charakter: Schnelles Wuchtwasser mit einem tödlichen Wehr

Gefahren: Schwimmen, Brunauer Wehr

Gefälle: 11 m/km

Pegel: Ötz Tumpen, MW ca. 215 cm

Beste Zeit: Frühling bis Herbst, bei hohen Wasserständen (im Sommer) nur für Könner

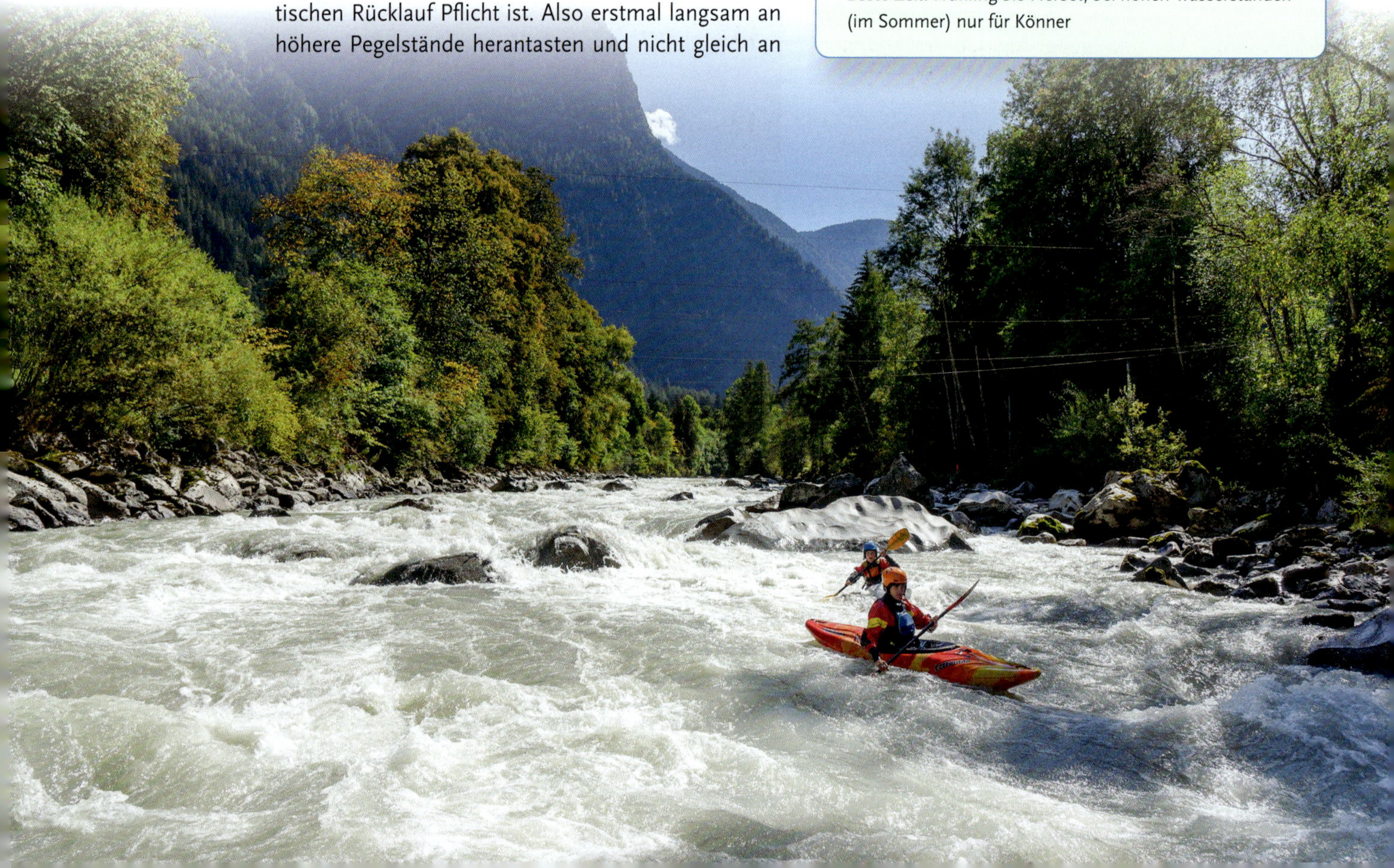

In der Slalomstrecke von Ötz (oberhalb der Brücke). Pegel: 200 cm Tumpen

einem heißen Nachmittag einsteigen. Dann bleibt vielleicht auf den letzten Kilometern auch etwas Zeit für einen Seitenblick auf die Landschaft, die durch den Tschirgant-Bergsturz vor rund 3.000 Jahren entstanden ist. Mehr als 40 Kilometer nach dem Ursprung in Zwieselstein mündet die Ötz schließlich in den Inn, auf dem die Fahrt über die letzten Schwälle der Imster Schlucht bis Haiming fortgesetzt wird.

An Land

Der Einstieg befindet sich am oberen Ortsende von Ötz, der Ausstieg an einem riesigen Schotterparkplatz etwas oberhalb der Brücke in Haiming (aus dem Ort kommend über die Brücke fahren). Bevor man sich in die wuchtigen Fluten der Ötz stürzt, lohnt es sich, vom Einstieg auf einem Wanderweg rund 500 Meter flussaufwärts zu gehen und das Schauspiel der Katarakte an der Wellerbrücke zu erleben. Im Sommer ist es kaum vorstellbar, dass diese Strecke, die durch die Sickline-WM weltweit bekannt wurde, im Herbst mittlerweile zu den Standardstrecken im Tal gehört.

Auf dem Wasser

Absolut sichere Paddler sollten ihr Boot auf diesen kurzen Spaziergang mitnehmen, sofern der Wasserstand nicht zu hoch ist. Nicht für die Wellerbrücke wohlgemerkt, sondern für die Slalomstrecke oberhalb des Einstiegs (WW 4+ bei Mittelwasser). Bei mittleren bis guten Wasserständen muss man dem stark angeströmten Brückenpfeiler am Einstieg erhöhte Beachtung schenken, hier ereigneten sich leider bereits tödliche Unfälle.

Kaum eingestiegen, reißt einen die schnelle Strömung der Ötz schon mit. Zwischen den vielen Wellen verstecken sich je nach Pegel auch einige dicke Walzen. Besonders ruppig geht es kurz nach dem Start hinter einer weiteren Brücke und in einer kleinen Wald-

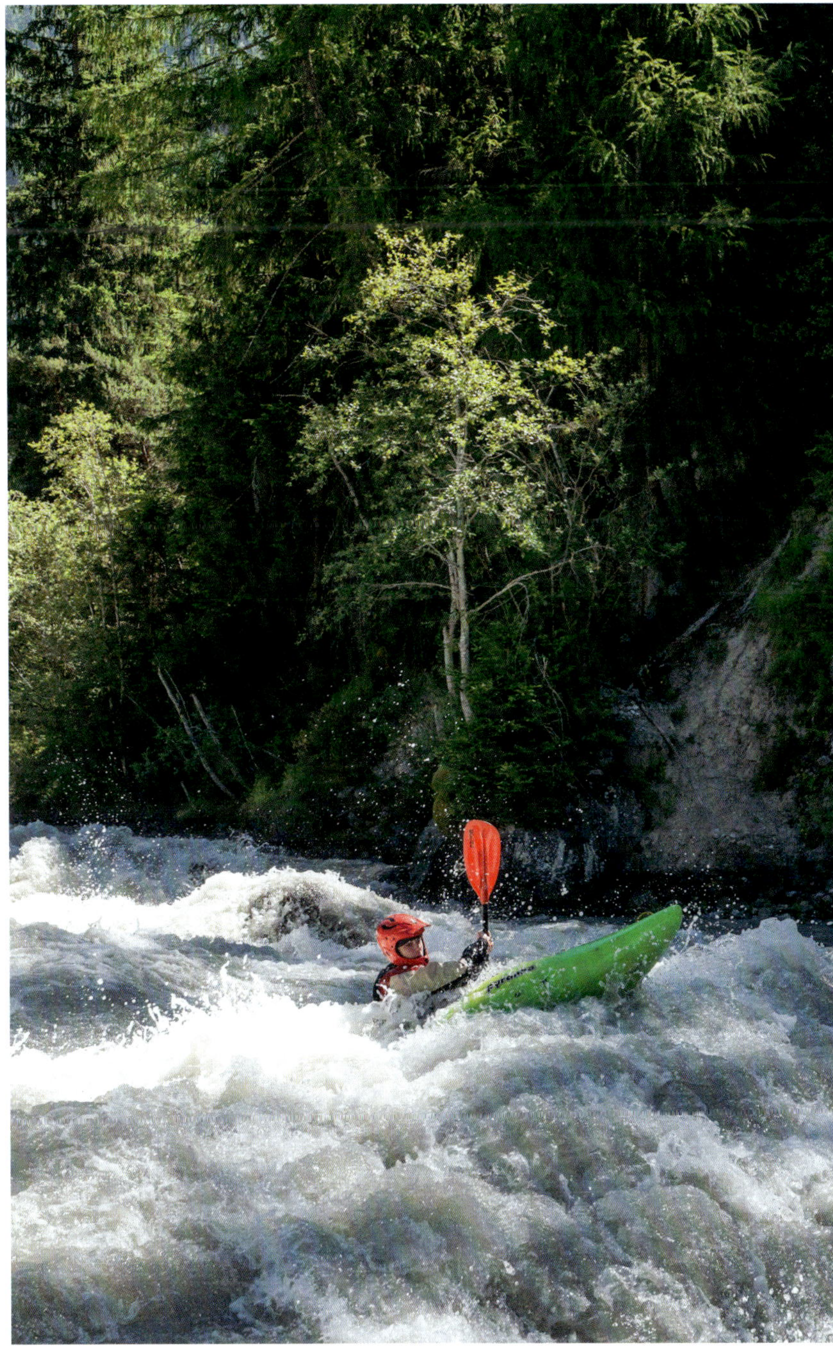

Anfahrt zur Constructa. Pegel: 235 cm Tumpen

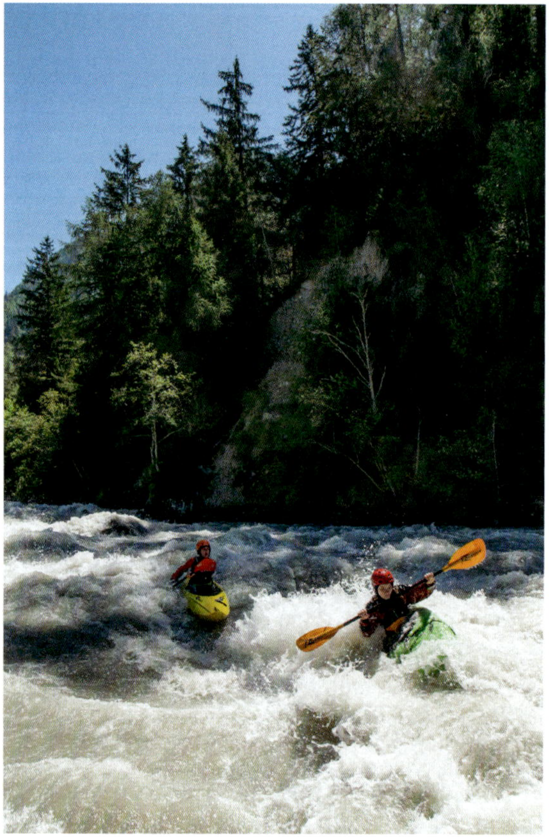

Auf Kollisionskurs durch die Constructa.
Pegel: 235 cm Tumpen

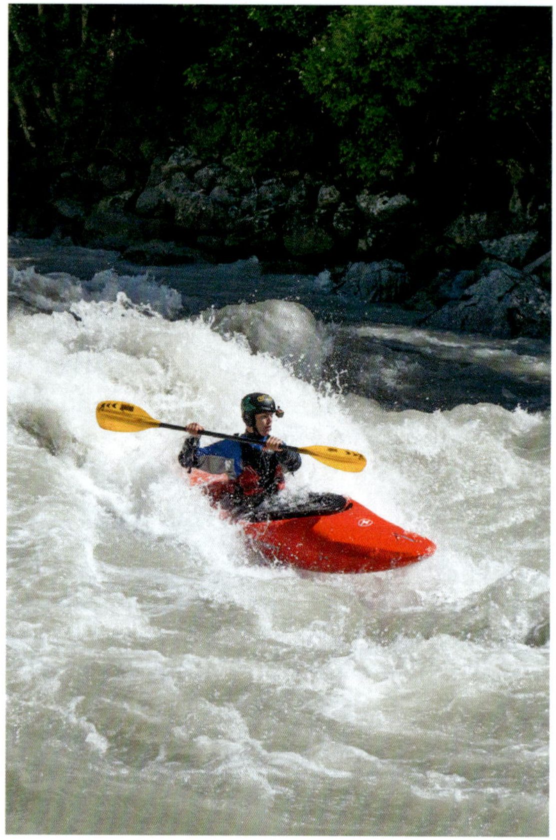

Surfwelle der Extraklasse gegen Ende der Waldschlucht.
Pegel: 235 cm Tumpen

schlucht vor dem Ort Sautens zu. Gerade hier stehen mit etwas Glück auch einige geniale Surfwellen, die mit einem schnellen Boot am meisten Spaß machen.
Verblockung ist selbst bei niedrigen Pegelständen nur zweitranging. Zwar gibt es dann Ruhepausen, und auch die Schwierigkeiten nehmen spürbar ab, gleichzeitig verliert die Ache aber einiges von ihrem Reiz. Wer sich seiner Eskimorolle nicht völlig sicher ist, sollte sich trotzdem nur dann auf die Ötz wagen, da ein Schwimmer bei mehr Wasser schnell zum ernsthaften Problem werden kann. Bei Pegelständen unter 200 cm in Tumpen übersteigen die Schwierigkeiten kaum den oberen dritten Grad, doch selbst bei 180 cm bleibt die Ötz für Genusspaddler noch lohnend.
Nach der Waldschlucht geht es schnell und wuchtig, aber auch landschaftlich ansprechend weiter, bis an einer Brücke vor dem einige hundert Meter später folgenden Brunauer Wehr gewarnt wird. Das Wehr umträgt man rechts, der Ausstieg liegt an der Wiedereinmündung eines außer bei hohen Wasserständen trocken liegenden Seitenarms. Von der bei moderaten Wasserständen immer wieder praktizierten Befah-

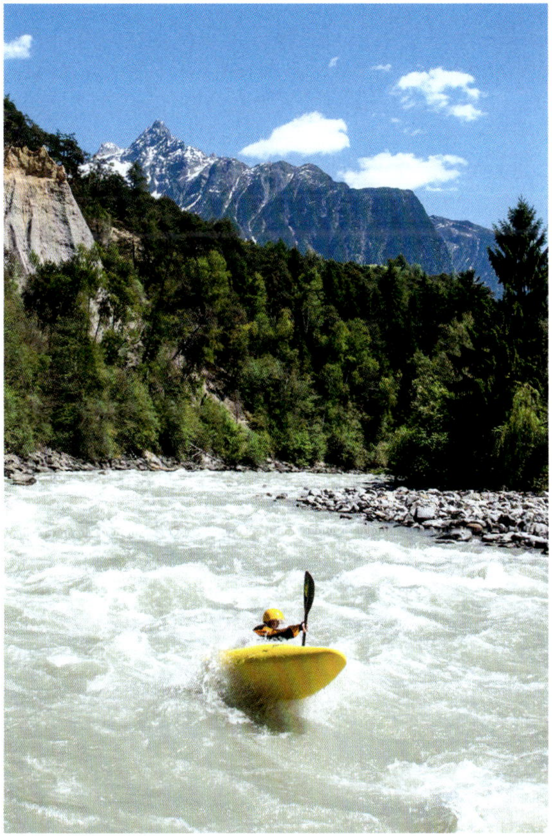

Das wuchtige Wildwasser macht einfach Spaß, doch auch die Kulisse stimmt. Pegel: 215 cm Tumpen

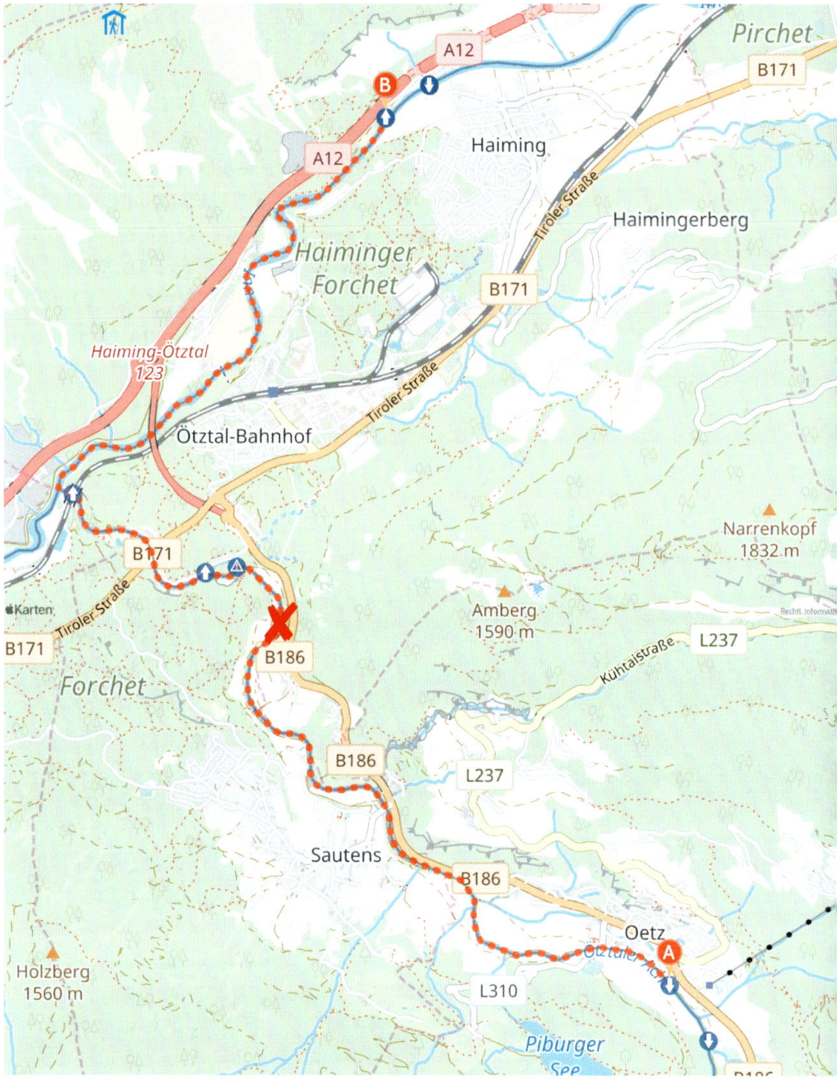

rung des Wehrs durch einen Sprung ins Kehrwasser rate ich unbedingt ab. Die Gefahr durch den Rücklauf ist einfach zu groß!!

Kurze Zeit nach dem Wehr warten hinter einer Linkskurve die großen, versetzten Walzen der „Constructa“ darauf, Paddler gehörig aufzumischen. Durch Geschiebe verändert sich diese Stelle immer wieder, die leichteste Route führt aber meist am rechten Ufer entlang (hier auch besichtigen). Vorbei an der Erlebniswelt der Area 47 mit Badesee und Wasserrutschen rauscht die Ache dem Inn entgegen, weiterhin schnell und wuchtig zwar, aber ohne herausragende Schwierigkeiten (max. WW 3+). Ein Tipp: Mitfahrer, für die eine Tour auf der Ötz bis zur Constructa (noch) zu schwer ist, können im Bereich der Parkplätze der Area 47 zusteigen und bis Haiming mitpaddeln und kommen so in den Genuss eines kurzen Teilstücks der Ötz sowie einiger der schönsten Schwälle und Surfwellen der Imster Schlucht.

RUETZ UND UNTERE SILL

Das Stubaital hatten die meisten Paddler lange Jahre nicht auf dem Schirm, wenn es um die besten Strecken Tirols ging. Das hat sich zum Glück geändert, nicht zuletzt dank des Kajakfestivals Tirol, das leider (wieder einmal) einen ersten Hintergrund hat. Denn auch die Ruetz aus dem Stubaital und damit auch der Unterlauf der Sill sind von weiteren Ableitungen bedroht. Als ob die Energiewirtschaft hier nicht ohnehin schon massiv in die Landschaft eingegriffen hätte... Aktuelle Infos zur Thematik finden sich perfekt aufbereitet auf www.stubaiwasser.at. Bedroht ist eine der besten und längsten durchgehenden Wildwasserstrecken der Nordalpen von Neustift im Stubaital bis hinunter ins Stadtgebiet von Innsbruck. Diese setzt sich aus drei sehr verschiedenen Teilstrecken zusammen, die natürlich auch einzeln gepaddelt werden können. Da es für Könner aber nichts Besseres gibt als eine Top-Bottom-Tour, habe ich mich für eine gemeinsame Beschreibung entschieden. Umsetzen kann man bis Fulpmes im Stubaital (zweiter Einstieg) übrigens ganz bequem mit der Stubaitalbahn, einer Überlandstraßenbahn. WW 4-5 mit Straßenbahnanschluss, das ist wohl einmalig in den Alpen.

Wuchtige Schwallstrecken bei Medraz. Pegel: 105

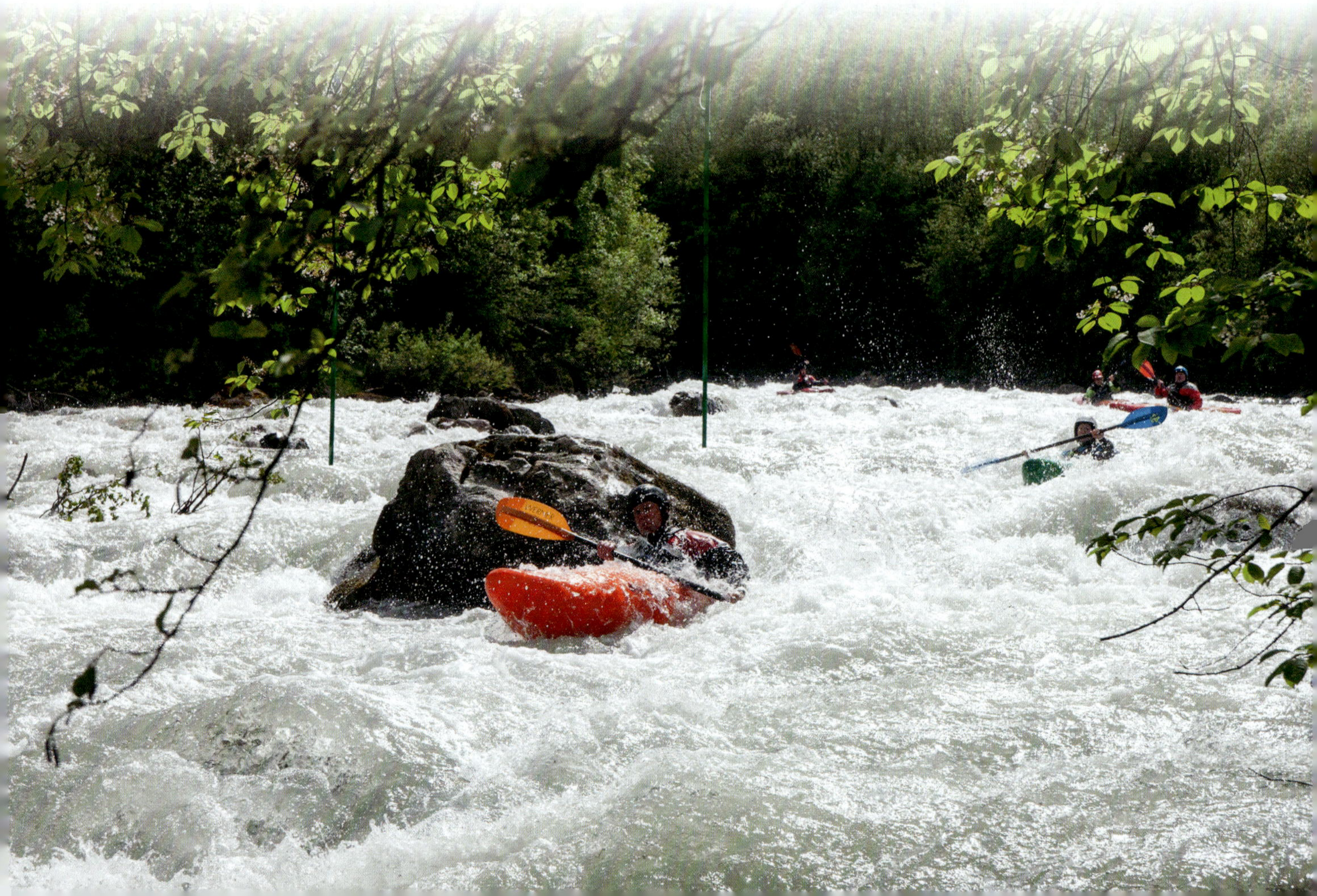

An Land

Der oberste empfehlenswerte Einstieg befindet sich an der Talstation der Elferbahn in Neustift, alternativ kann man auch am Sportgelände in Kampl ins Boot steigen. Wer nur diese erste Etappe paddeln möchte, steigt vor der Wehranlage in Fulmpes aus (großer Parkplatz an der Hauptstraße). Für die folgende Ruetzschlucht kann man an der Kirchbrücke bzw. an der Brücke unterhalb der Wehranlage in Fulpmes (Telfeser Landesstraße) einsteigen (rund ein Kilometer ab Bahnhof Fulpmes). Der Ausstieg für die Ruetzschlucht und Einstieg für die untere Sill befindet sich in Unterberg beim Sägewerk. Bitte hier keinesfalls wild an den Straßen parken, sondern die markierte Parkfläche rechtsufrig etwa 100 Meter unterhalb der Brücke nutzen. Zufahrt bitte nur über die Straße, die aus Richtung Innsbruck kommend vor der Stefansbrücke abzweigt.

Der unterste Ausstieg befindet sich vor dem unbefahrbaren Bretterkellerwehr in Innsbruck. Von hier kann man die Boote am rechten Ufer über eine Fußgängerbrücke über die Autobahn tragen. Am Wochenende findet man an der Straße „Am Sillufer“ meist ausreichend Parkplätze. Die Stubaitalbahn fährt rund 500 Meter entfernt am Stubaitalbahnhof ab (gegenüber der Wiltener Basilika, der Klostergasse und Pastorstraße folgen). Die Umsetzstrecke für die Gesamtstrecke folgt der Brennerbundesstraße und anschließend der Hauptstraße durchs Stubaital und ist sehr lang. Etwas schneller geht es, wenn man zwischen Innsbruck Süd und Schönberg die Brennerautobahn nutzt (etwa 3 Euro Maut einfache Strecke).

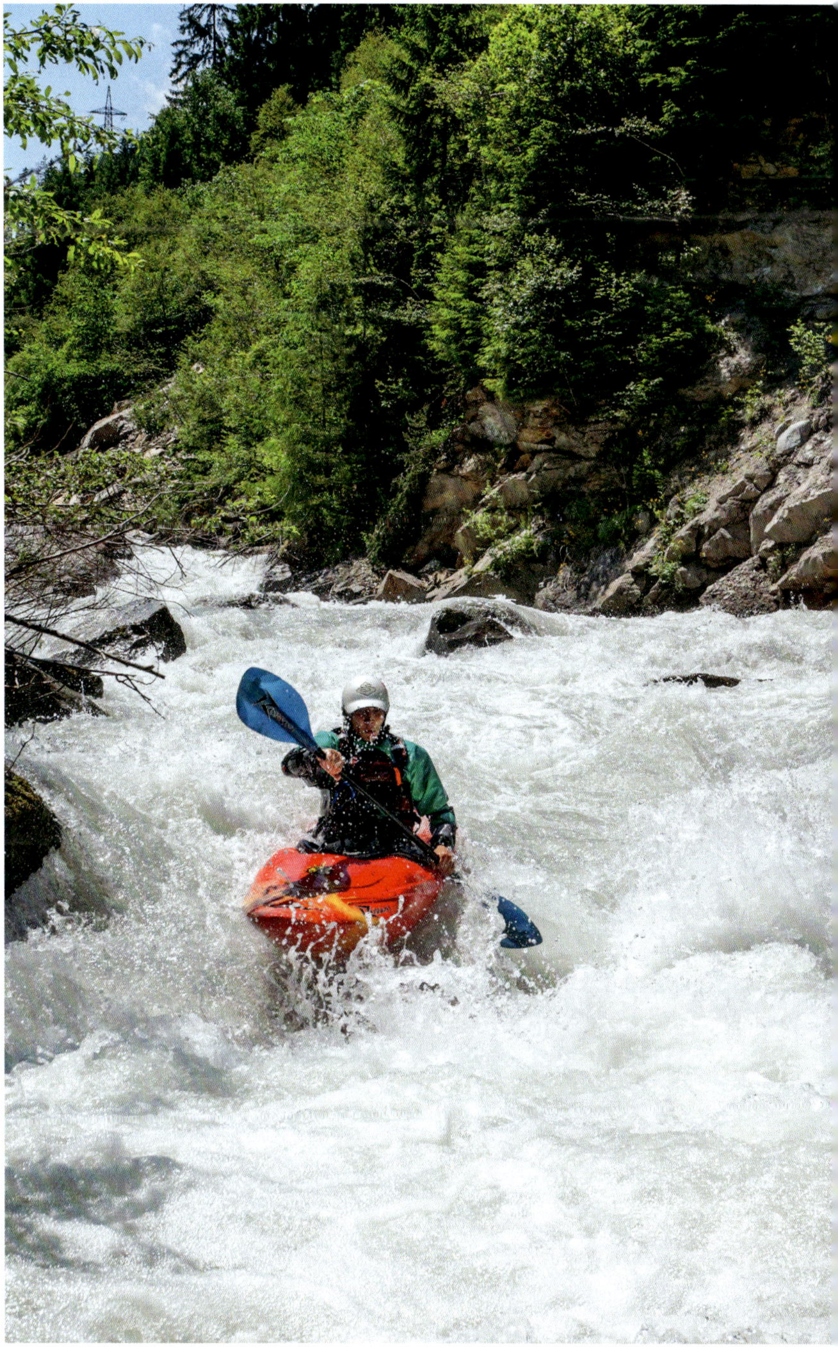

Am Ende des Klotzkatarakts. Pegel: 125 cm

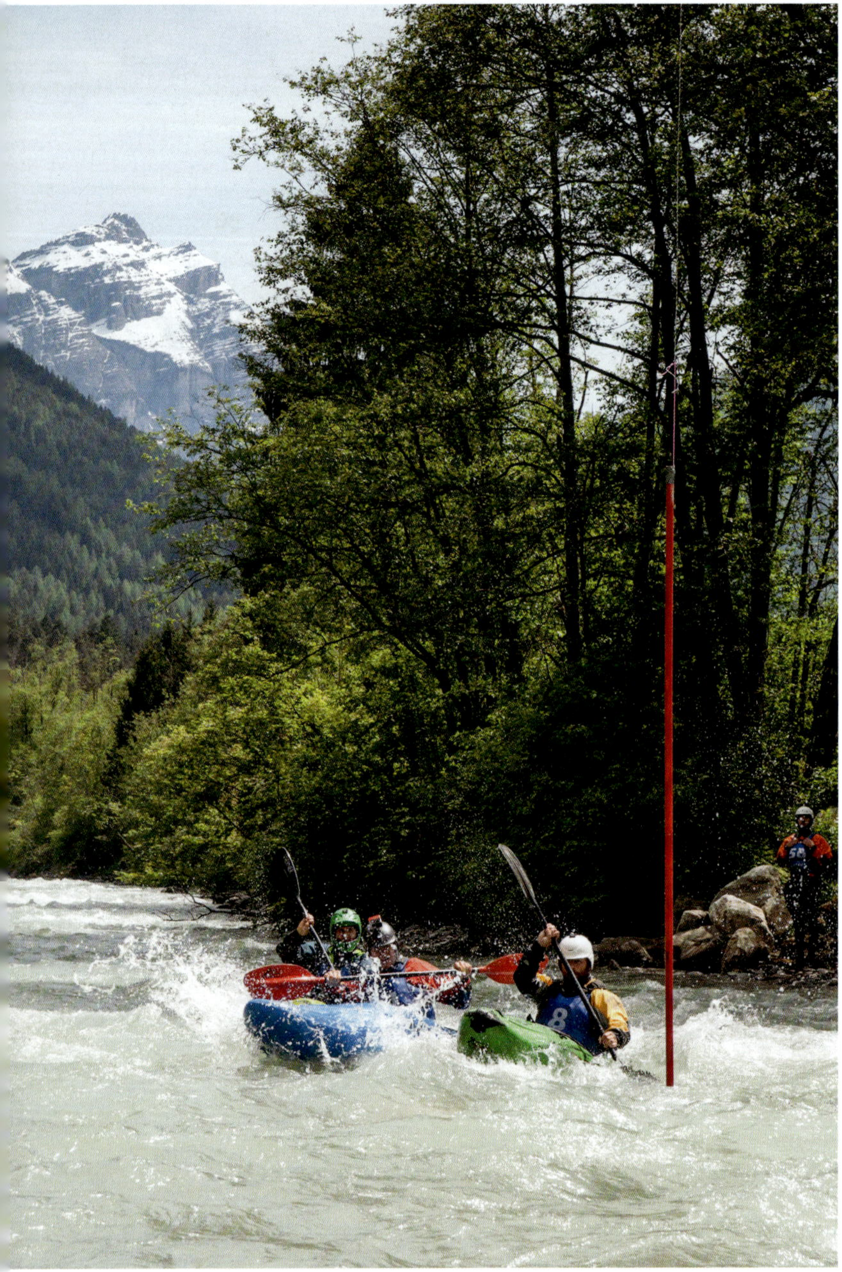

Boatercross bei Medraz beim Kajakfestival Tirol. Pegel: 105 cm

Übersicht

Mittlere Ruetz (Etappe 1)

Länge: 7 km

Schwierigkeit: WW 3/3+

Einstieg: Neustift (47.1105, 11.3124) bzw. Kampl (47.1242, 11.3305)

Ausstieg: Vor der Wehranlage Fulpmes (47.1543, 11.3574) oder Weiterfahrt

Charakter: Offenes leicht wuchtiges Wildwasser

(!)-(!!) **Gefahren:** Wehr nach dem Ausstieg

Gefälle: 13 m/km

Pegel: Ruetz Krößbach, mind. 100 cm, richtig schön ab 110 cm

Beste Zeit: An warmen Tagen von Mai bis Juli, oft auch früher oder später

Auf dem Wasser

Mittlere Ruetz (Etappe 1):

Im regulierten Flussbett geht es zunächst leicht (max. WW 2) und nur mäßig begeisternd dahin. Zum Glück ändert sich das unterhalb von Kampl. In weiten Kurven schlängelt sich die Ruetz bei Medraz durchs Tal und bietet kontinuierliches mittelschweres Wildwasser. Weniger sicheren Paddlern wird es bei viel Wasser wohl etwas zu durchgehend und wuchtig, Geübte haben dann aber am meisten Spaß. Bei Mittelwasser steigen die Schwierigkeiten der nur leicht verblockten Schwallstrecken nicht über WW 3+, während bei viel Wasser einzelne Stellen zum (unteren) Vierer werden. Vor Fulmpes wird es wieder leichter, und rechtzeitig oberhalb der Wehranlage ist auch schon der erste Ausstieg an einem großen Parkplatz an der Hauptstraße erreicht.

ÜBERSICHT

Ruetzschlucht (Etappe 2)

Länge: 7 km

Schwierigkeit: WW 4-5- (5+)

Einstieg: Unterhalb Wehranlage Fulpmes (47.1602, 11.3615)

Ausstieg: Unterberg (47.2063, 11.3894) oder Weiterfahrt

Charakter: Durchgehende wuchtige Katarakte in einer Schlucht

Gefahren: Baumhindernisse, Wehranlagen, Klemm- und Steckgefahr

Gefälle: 29 m/km

Pegel: Ruetz Krößbach ab 110 cm (besser 115 cm) bis 125 cm (darüber nur für Kenner!)

Beste Zeit: An warmen Tagen von Mai bis Juli

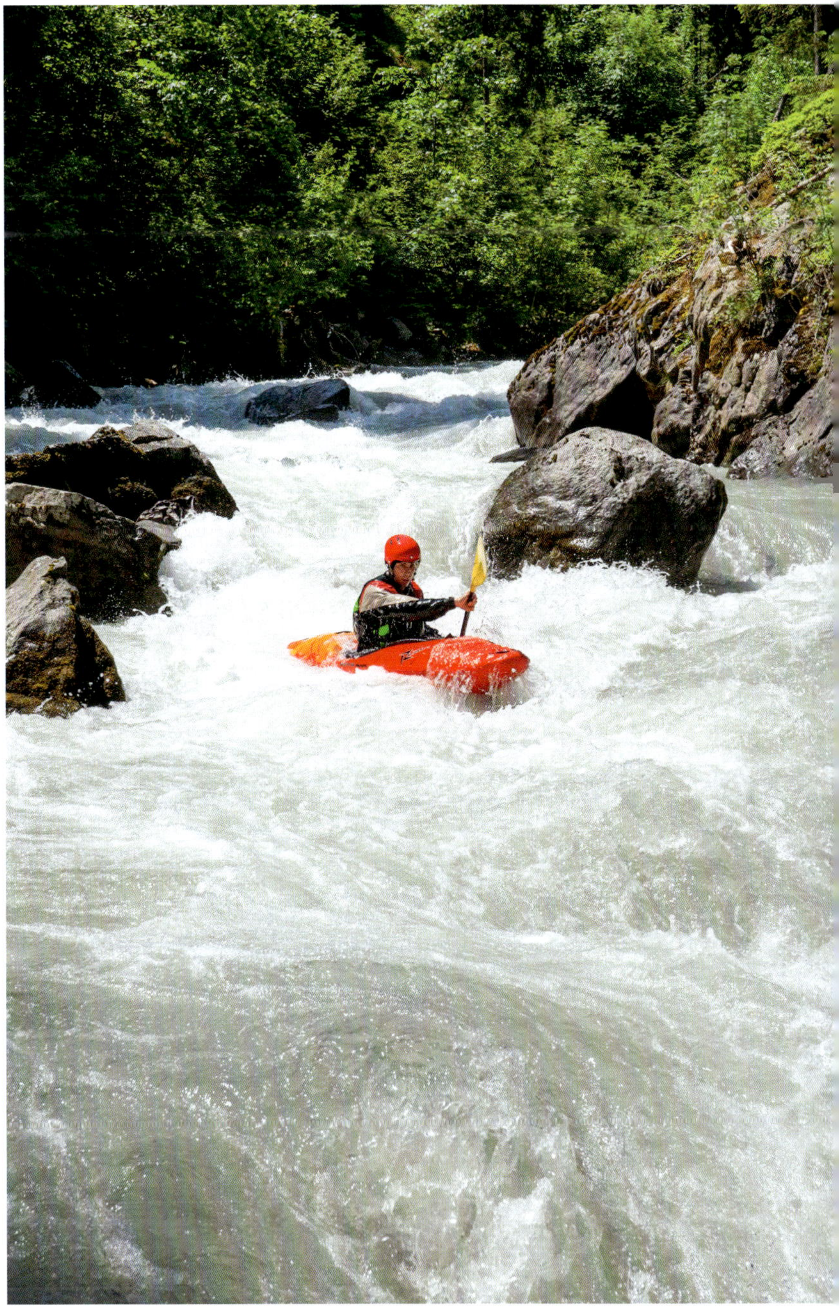

Einfahrt in die Ruetzschlucht Pegel: 125 cm

Ruetzschlucht (Etappe 2):
Wer von der mittleren Ruetz kommt, muss noch das Wehr in Fulpmes und eine Schrägstufe in der Flusskurve unterhalb überwinden (besichtigen und notfalls umtragen). Ansonsten steigt man an einer der Brücken unterhalb ein. Wie schon bei der ersten Etappe, begeistert der Flusscharakter am Anfang nur bedingt. Schnell und wuchtig, aber trotzdem etwas steinig und undefiniert rumpelt die Ruetz durchs regulierte Flussbett. Ab Schluchtbeginn wird es deutlich runder, aber auch anspruchsvoller. Gleich zu Beginn erfordern ein paar knackigere Katarakte vielleicht eine kurze Besichtigung. Anschließend wird die Schlucht wieder etwas offener, eine eher unscheinbare Stelle überrascht mich hier aber jedes Mal wieder.

Kernstelle der Schlucht ist der Klotzkatarakt, der nur rechts (gut) umtragen werden kann. Die Stelle verändert sich regelmäßig und präsentiert sich häufiger als oberer Fünfer. Baumhindernisse sind hier wie in der ganzen Schlucht leider nicht selten. Unterhalb des Klotzkatarakts folgt bis zum Ruetzwerk der vielleicht schönste Teil der Schlucht mit durchgehenden Katarakten, die bei guten Bedingungen zu weiten Teilen auf Sicht gepaddelt werden können. Am Ruetzwerk ist größte Vorsicht geboten. In der Vergangenheit war das Wehr immer wieder geöffnet und das Wasser zog ohne Anlandemöglichkeit davor unter den Wehrschützen hindurch. Am besten vor der Fahrt mal die Lage checken und unbedingt schon rechtzeitig am Beginn des Werkgeländes rechts aussteigen. Die Reststrecke bis zum Ausstieg ist dann kaum mehr der Rede wert. Ein Hinweis noch zum Wasserstand: Dieser ist mittags am niedrigsten und häufiger zu knapp und steigt am Nachmittag/Abend stark an (auch mal zu stark!).

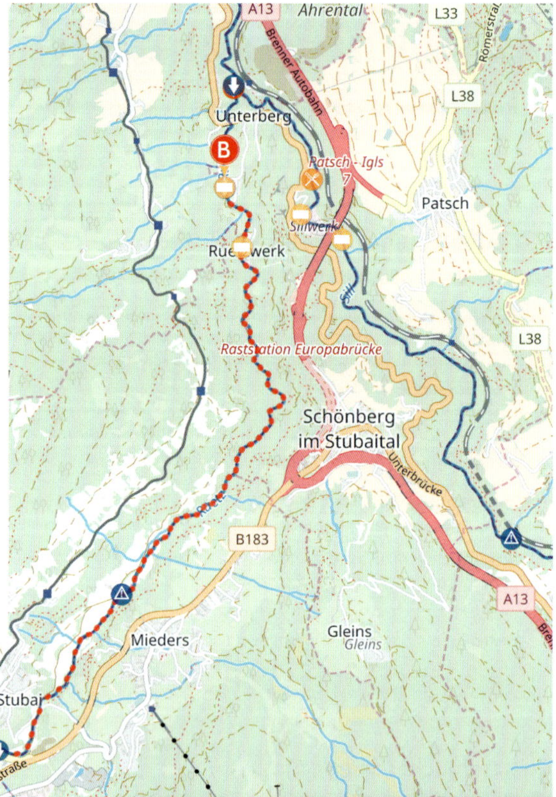
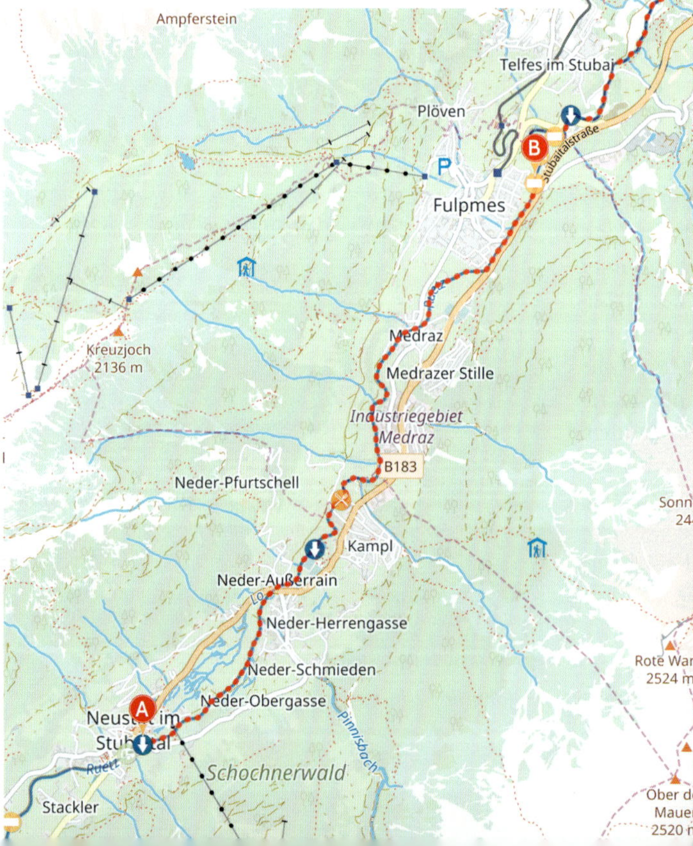

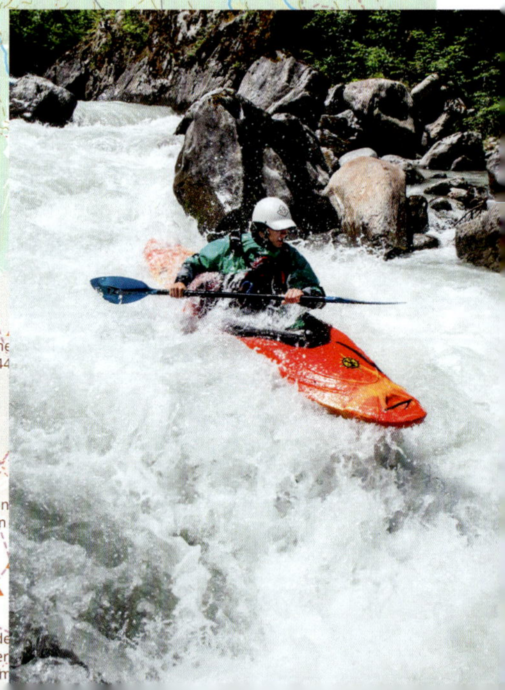

Übersicht

Untere Sill (Etappe 3)

Länge: 7 km

Schwierigkeit: WW 3 (4+/5-)

Einstieg: Unterberg unterhalb Ruetzwerk (47.2063, 11.3894)

Ausstieg: Bretterkellerwehr Innsbruck
(Ausstieg: 47.2499, 11.4030, Parkplätze 47.2537, 11.4047)

Charakter: Meist offenes wuchtiges Wildwasser in einer Schlucht

Gefahren: Schlusskatarakt bei Hochwasser, tödliches Bretterkellerwehr

Gefälle: 14 m/km

Pegel: Sill Innsbruck, mind. 270 cm, ab 300 cm Hochwasser

Beste Zeit: An warmen Tagen von Mai bis Juli, oft auch früher oder später

Untere Sill (Etappe 3):
Es scheint hier wirklich Programm zu sein: Auch die Etappe auf der unteren Sill beginnt (am Ruetzbach) eher mittelprächtig. Gut, es gibt ein paar nette Wellen und Walzen, aber gerade für schwächere Paddler ist das Ganze etwas zu durchgehend und reguliert. Unterhalb der Stefansbrücke wird es deutlich natürlicher, aber auch sportlicher und z.T. etwas unsauber (bis WW 3+). Bald mündet von rechts die oft eher wasserarme Sill, und ab hier macht es richtig Spaß. Bei viel Wasser wird es wuchtig und kontinuierlich, bei weniger Wasser bleibt zwischen den Schwällen in einer überraschend schönen Schlucht Zeit zum Verschnaufen. Vorsicht ist vor allem bei viel Wasser vor Baumhindernissen an schlecht einsehbaren Stellen geboten. Später wird die Schlucht zwischen-

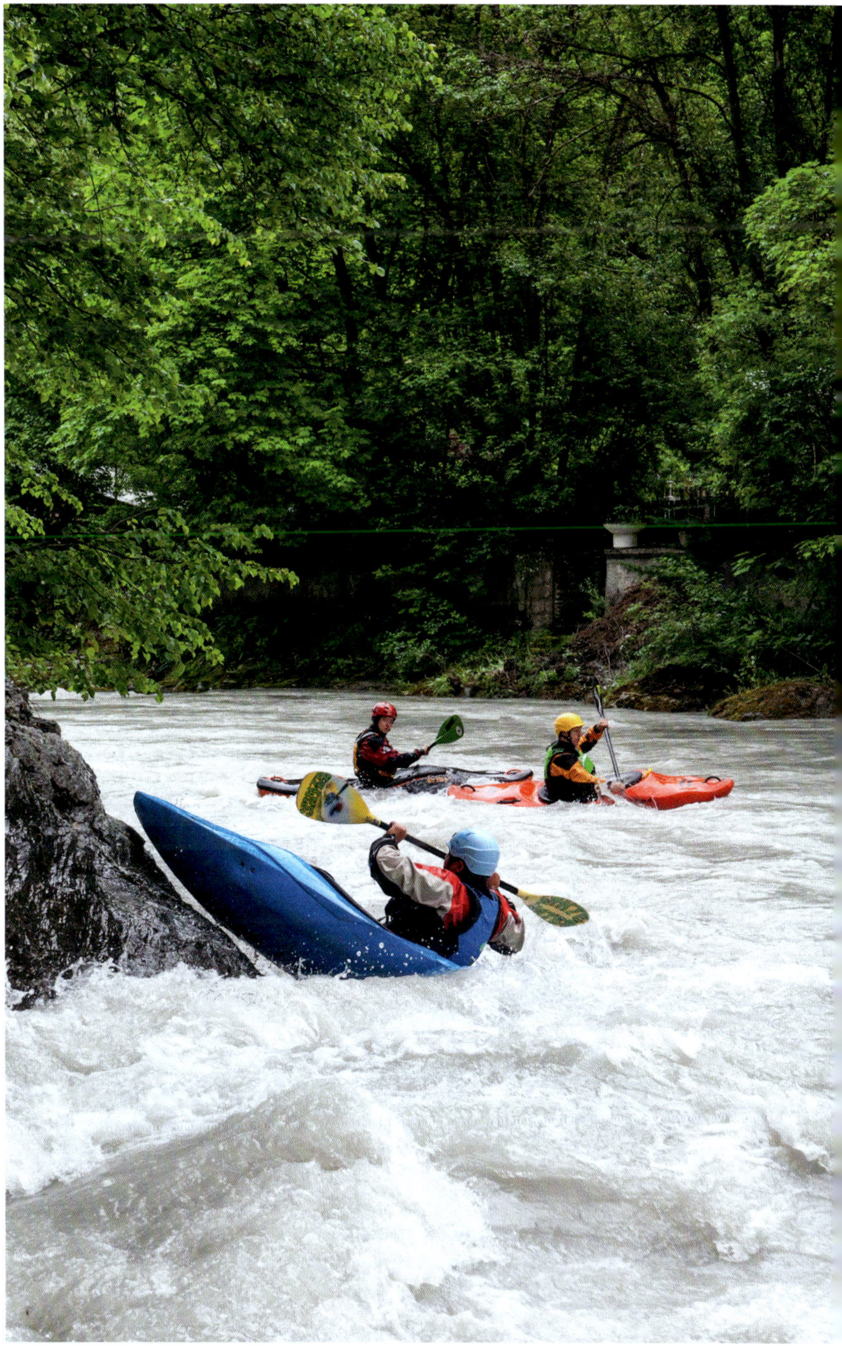

Durch die Waldschluchten der Sill bis nach Innsbruck. Pegel: 290 cm

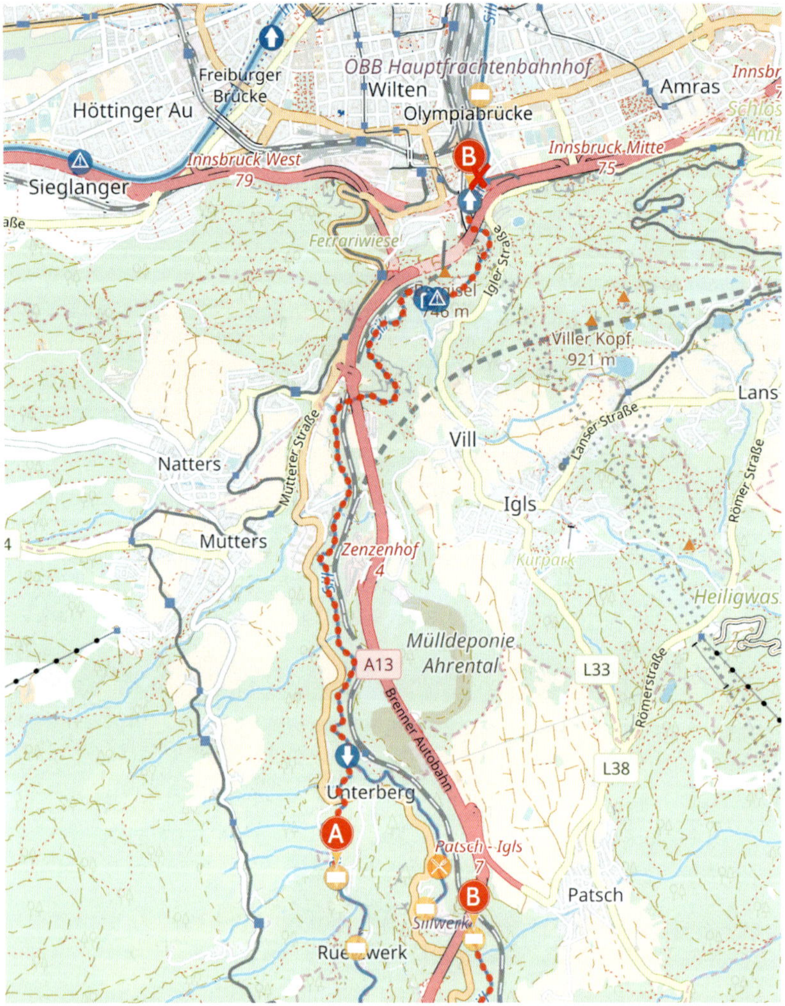

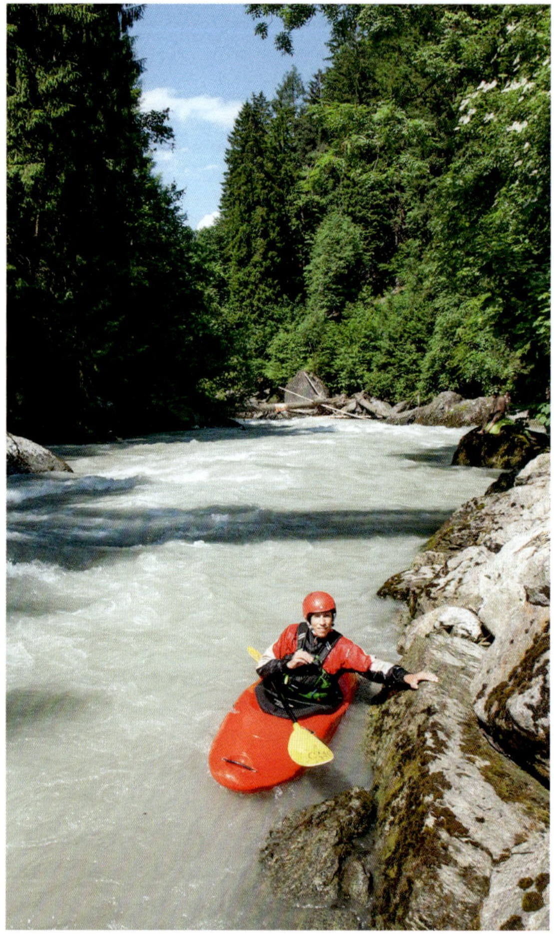

Nach dem Katarakt ist der Spaß leider schon sehr bald vorbei. Pegel: 290 cm

durch etwas offener und die Schwierigkeiten gehen zurück, gerade bei gut Wasser gibt es aber weiterhin einige schöne Wellen. Ein kleiner wuchtiger Durchbruch (Achtung auf Eisenträger am Ufer) ragt etwas heraus, ansonsten geht es flott aber ohne markante Einzelstellen Innsbruck entgegen. Das ändert sich kurz vor der Stadt. Am Ende einer längeren Geraden stürzt die Sill einen verblockten und wuchtigen Katarakt hinunter. Bei wenig Wasser nur WW 4, bei Hochwasser teilweise gespickt mit gewaltigen Walzen (WW 5). Unbedingt vom Wanderweg am rechten Ufer besichtigen. Wenige Schwälle später ist bereits die Ausstiegsstelle unterhalb einer Autobahnbrücke erreicht (am rechten Ufer). Bei wenig Wasser oder nach Vorbesichtigung kann man auch etwas unterhalb am linken Ufer aussteigen, doch Vorsicht: Das folgende Bretterkellerwehr mit seinem gewaltigen Rücklauf ist absolut tödlich!

MITTLERE SILL

Unter den echten Wildwasserklassikern in Tirol führt die mittlere Sill noch immer ein Schattendasein. Gehört haben zwar die meisten schon einmal von ihr, bei guten Bedingungen selbst gepaddelt sind diese perfekte Strecke aber – abgesehen von den Einheimischen – relativ wenige Paddler. Das mag zum einen daran liegen, dass aufgrund einer Ableitung das Wasser meist nur im Frühling und Frühsommer reicht, der Pegel für weniger extreme Vertreter unserer Zunft aber bei kräftiger Schneeschmelze auch schnell zu hoch sein kann. Andererseits fahren die meisten aus Ge-

ÜBERSICHT

Länge: 8 km

Schwierigkeit: WW 4/4+ (5-)

Einstieg: Brennerwerk unterhalb von Matrei, oberhalb unbefahrbar (47.1469, 11.4493)

Ausstieg: Sillwerk unterhalb der Europabrücke (47.2027, 11.3985)

Charakter: Wuchtige Katarakte in einer langen Waldschlucht mit einigen herausragenden Einzelstellen (u.a. lange Rutschbahn)

Gefahren: Baumhindernisse, Klemmgefahr, Walzen und Rückläufe bei viel Wasser, zu hoher Pegel, schwankender Wasserablass

Gefälle: 22 m/km

Pegel: Ab 145 cm am Pegel Sill Puig, MW bei etwa 150-155 cm, ab 160 cm nur für Kenner

Beste Zeit: Mai bis Juli, im Juni oft eher zu viel Wasser

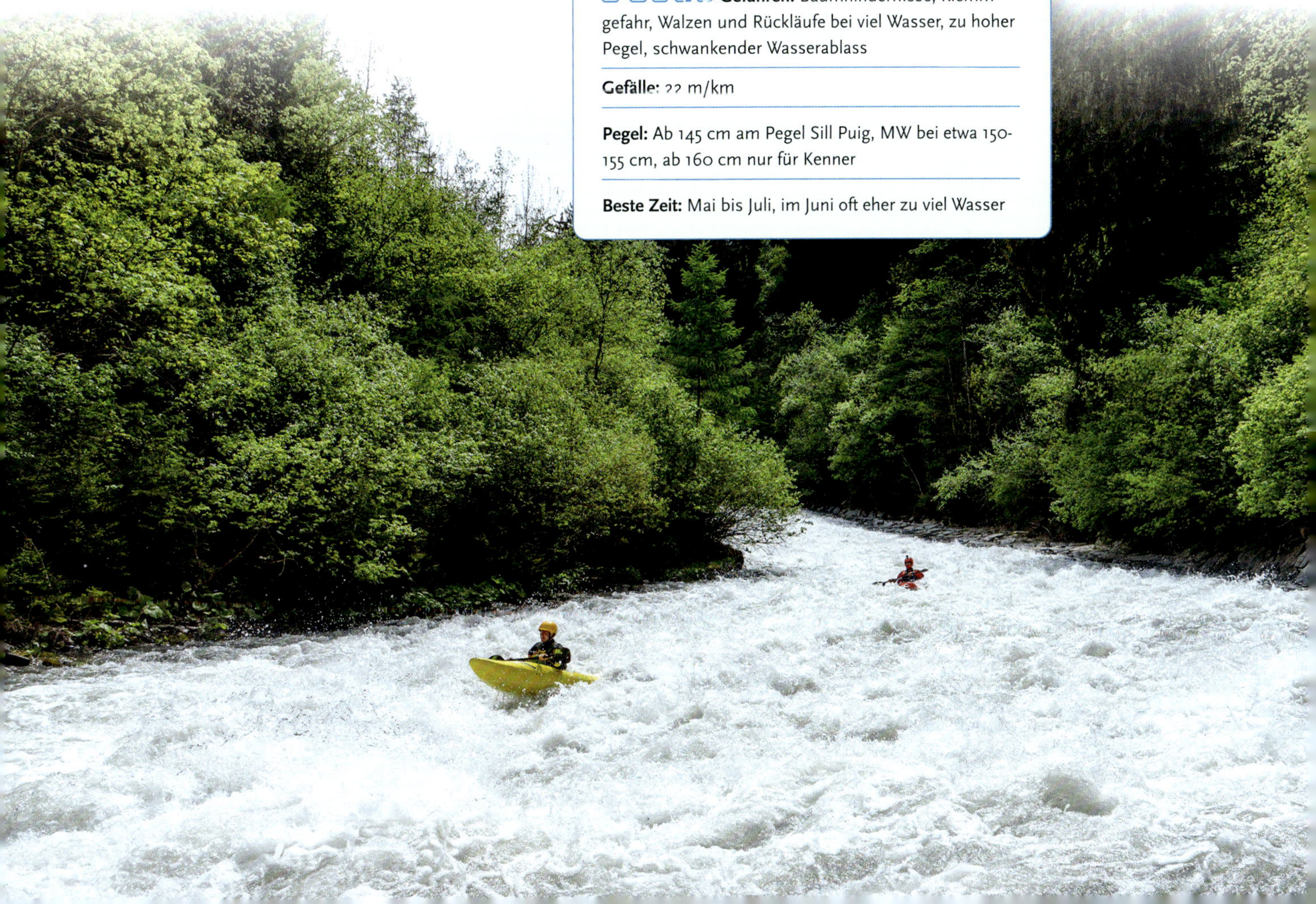

Die lange Rutsche. Pegel: 160 cm Puig

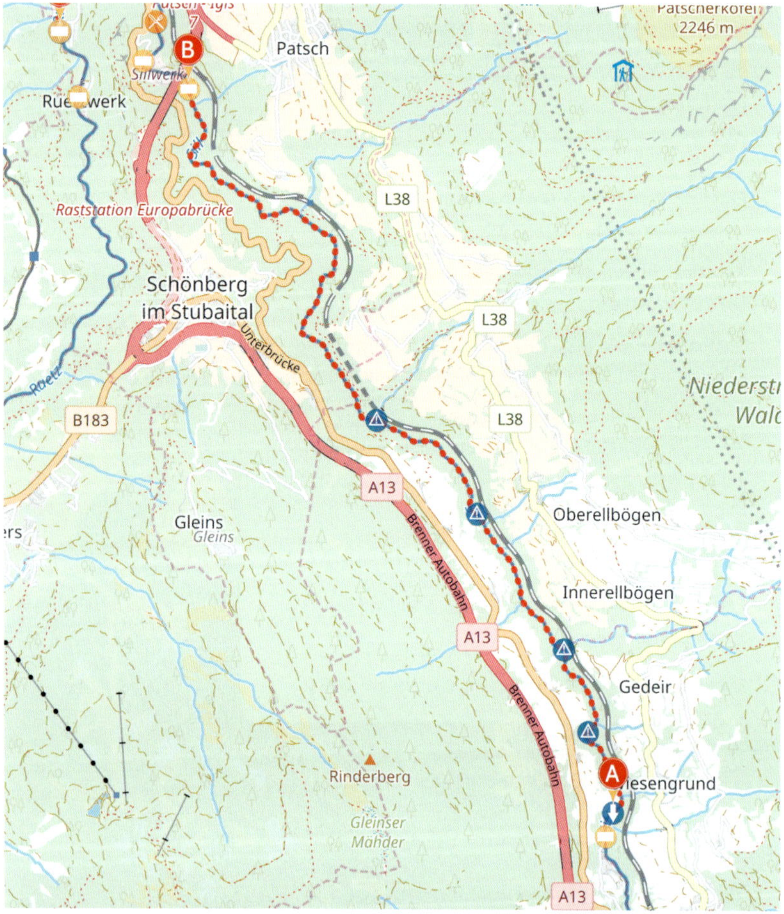

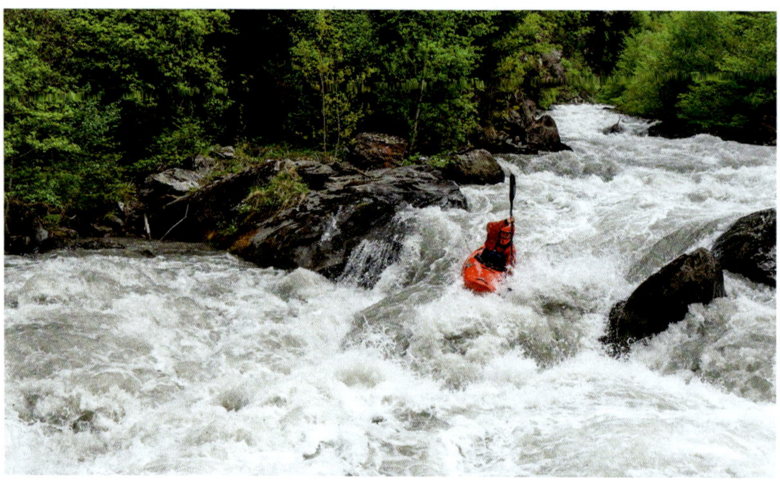

wohnheit eben doch am liebsten gleich zu Inn, Ötz, Sanna oder Brandenberger Ache, zumal sich die Sill auf der ganzen Strecke in tiefen Waldschluchten vor neugierigen Blicken versteckt, die zum Paddeln motivieren würden. Damit teilt die Sill das Schicksal des Wipptals, das höchstens als Transitroute durch die Alpen wahrgenommen wird und im Gegensatz zum Stubaital, Ötztal oder Zillertal nicht unbedingt mit großartiger Natur in Verbindung gebracht wird. Ein Fehler, denn etwas abseits der Autobahn gibt es hier und vor allem in den Seitentälern viel zu entdecken. Auch wenn die mittlere Sill mit ihren großartigen Katarakten und der berühmten langen Rutsche also nicht laufen sollte, kann sich ein Abstecher in dieses Gebiet trotzdem lohnen, auch ohne Boot und Paddel.

An Land

Zum Einstieg am Brennerwerk unterhalb von Matrei führt eine kleine Asphaltstraße von der Brennerbundesstraße hinunter (Abzweig 400 Meter oberhalb Gasser Rodel, Ziegelstadel). Bitte keine Zufahrten zuparken. Die Zufahrt zum Ausstieg am Sillwerk unterhalb der Europabrücke ist verboten, hier gibt es leicht Ärger. Auf keinen Fall am Buswendeplatz oben an der Bundesstraße parken, aber auch nicht direkt unten am Sillwerk (und erst recht nicht bis zum Wehr fahren). Nett zu fragen ist im Zweifelsfall nie verkehrt. Die Umsetzstrecke über die Brennerbundesstraße ist recht lang, höhenmeterintensiv und kurvig. Nicht gerade ideal jedenfalls zum Radeln und auch zum Trampen gibt's bessere Strecken.

Auf dem Wasser

Auf mittelschwerem Wildwasser geht es hinein in die Waldschluchten der Sill. Nicht allzu lange nach dem Einstieg lauert mit der der Kettenstufe die

Einfahrt zur Kernstelle am Ende des schönsten Teils. Pegel: 165 cm Puig

erste Überraschung. Die Stelle taucht recht plötzlich auf und nicht alle Linien sind einladend (bis WW 4+). Unterhalb geht es gemäßigter weiter, bis irgendwann die lange Rutsche auftaucht. Diese über 100 Meter lange, flache, gemauerte Rutsche ist sehr eindrucksvoll, aber nicht wirklich schwer, sofern man den Kopf über Wasser behält. Kritischer ist eine rückläufige (künstliche) Stufe in der Kurve kurz nach der Rutschbahn. Im Bereich eines Wasserfalls und einer Rohrbrücke beginnt knapp einen Kilometer später das Kernstück der mittleren Sill.

Die Schwierigkeiten liegen hier bei Mittelwasser durchgehend im (teils oberen) vierten Grad, an ein oder zwei Stellen auch leicht darüber. Vor allem die letzte schwere und teils etwas unsaubere Stelle mit einer unschönen Unterspülung (je nach Pegel) sollte unbedingt besichtigt werden. Kritisch können überall Baumhindernisse werden, die in der Waldschlucht generell nicht gerade selten sind. Bei viel Wasser wird die Sill schnell zum kontinuierlichen Wuchtwasserfünfer. Definitiv nur etwas für Paddler, die mit solchen Bedingungen souverän zurechtkommen und die Strecke gut kennen. Auf den letzten Kilometern vor dem Ausstieg am Sillwerk lassen die Schwierigkeiten allmählich nach, zwischendurch überrascht die Sill aber noch immer mit einigen sportlichen Stellen. Bei guten Wasserständen kann man nach Umtragung des Wehrs am Sillwerk noch durchs Werkgelände bis zu einer Brücke paddeln, bei niedrigen Wasserständen muss man das Boot für diese Strecke schultern.

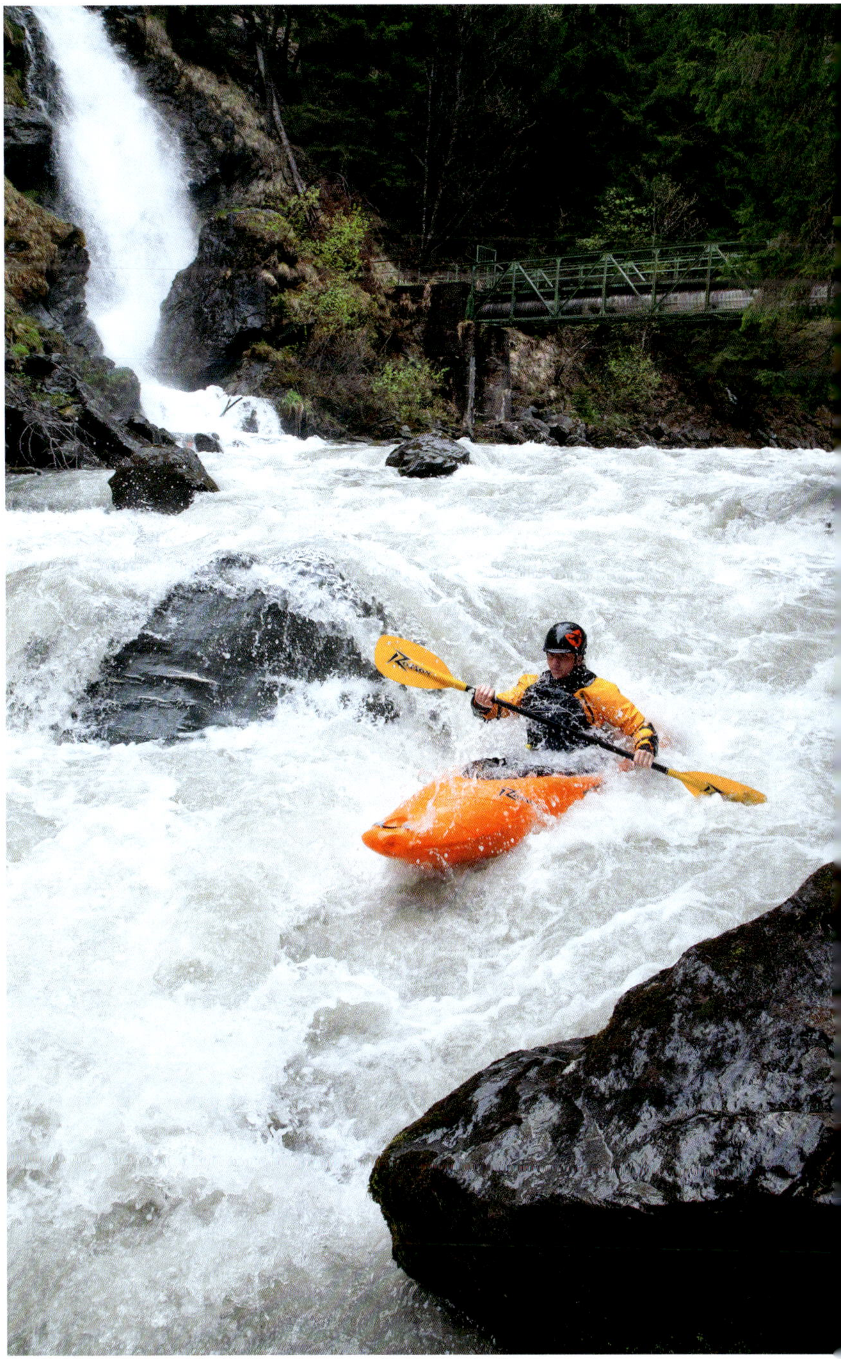

Am Beginn des Kernstücks. Pegel: 155 cm Puig

GSCHNITZBACH

Dass die Seitentäler des Wipptals, die jeder Italienurlauber auf der Fahrt in den Süden auf der Brennerautobahn passiert, zu den vielleicht schönsten der Ostalpen gehören, hat sich (zum Glück) noch nicht sehr weit herumgesprochen. Auch unter Paddlern nicht. Dabei kommen in der Postkartenidylle des Gschnitztals sowohl Genießer und Wildwassereinsteiger wie auch Freunde sportlicher Strecken auf ihre Kosten. Sogar kombinieren lassen sich die beiden Abschnitte ganz bequem: Der Ausstieg der Genussstrecke ist zugleich der Einstieg für die Sportstrecke. Kraftwerkspläne geistern aber auch in dieser Bilderbuchlandschaft herum. Also auf der Autobahn rechtzeitig Blinker setzen und nichts wie hin, solange es noch geht.

ÜBERSICHT

Strecke:	Geschnitz bis Trins	Trins bis Steinach
Länge:	bis zu 9 km	4 km
Schwierigkeit:	WW 1-2 (2+)	WW 4 (4+)

Einstieg: Für die leichte Strecke etwas oberhalb von Gschnitz (47.0418, 11.3457) bis max. hinauf zum Zufluss des Sandesbachs (frei wählbar, z.B. 47.0304, 11.3326), für die untere Strecke am Lift in Trins (47.0777, 11.4138)

Ausstieg: Lift Trins (obere Strecke) bzw. Parkplatz Bergeralm Steinach (untere Strecke) (47.0874, 11.4602)

Charakter: Leichtes Panoramawildwasser im teilweise regulierten Flussbett (obere Strecke) bzw. pausenlose schnelle Schwälle und Katarakte (untere Strecke)

Gefahren: Baumhindernisse, Holzpfosten auf der oberen Strecke, Klemmgefahr auf der unteren Strecke

Gefälle: 9 m/km (bis Trins), 32 m/km (ab Trins)

Pegel: Steinach, NW=190 cm (Minimum), MW rund 195-200 cm, geringe Unterschiede am Pegel sind am Wasser deutlich spürbar

Beste Zeit: Mitte Mai bis Mitte Juli

Leichtes Panoramawildwasser oberhalb von Trins. Pegel: 195 cm

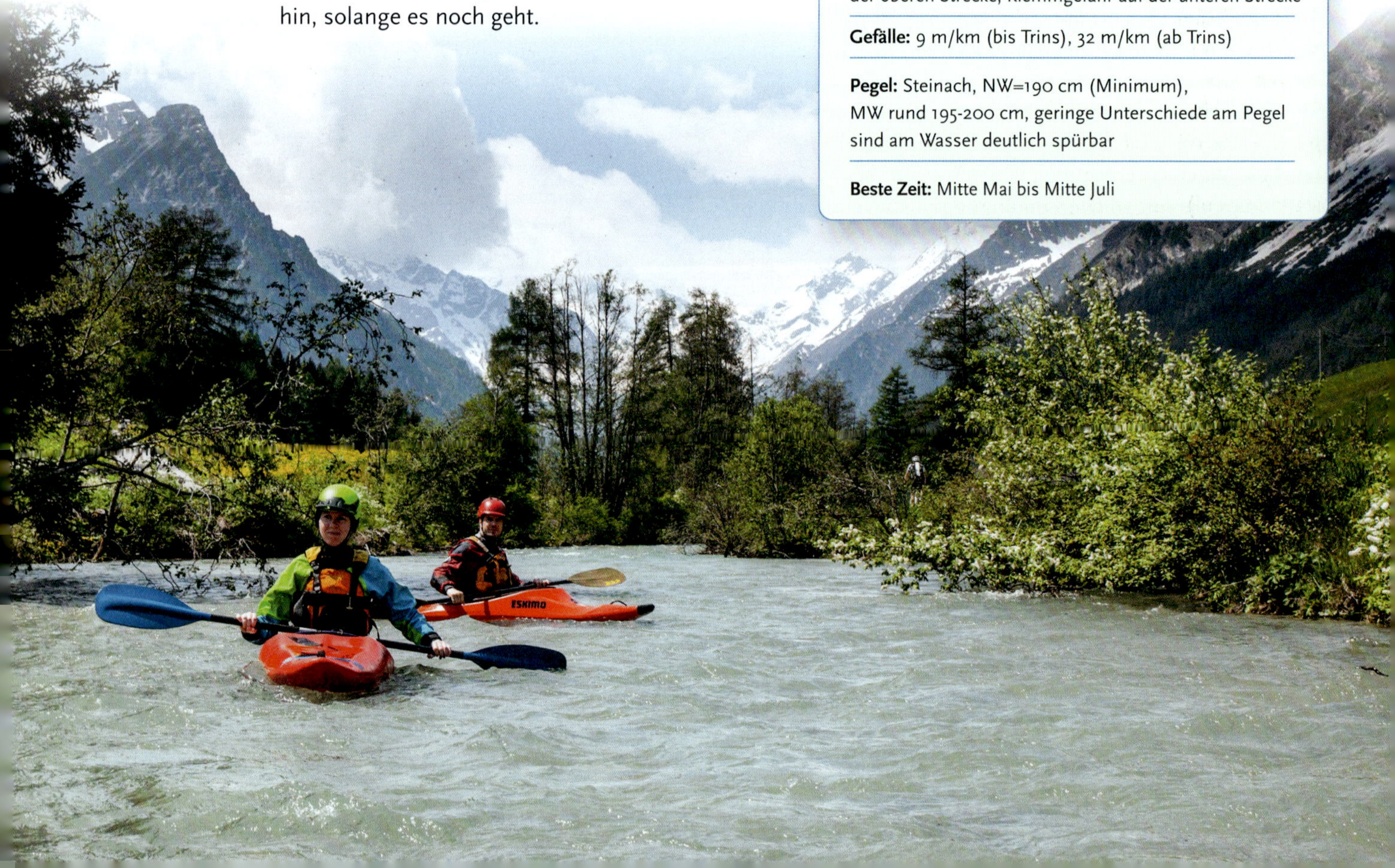

An Land

Der Einstieg für die leichte Strecke ist im Bereich des Ortes Gschnitz frei wählbar. Gut geeignet ist ein Parkkplatz etwas oberhalb des Ortes, oberster Einstieg bei guter Wasserführung im Bereich der Mündung des Sandesbachs (Achtung Wehrstufe vor der nächsten Brücke!). Bei Trins kann man am Liftparkplatz (gebührenpflichtig) aussteigen bzw. für die untere Strecke einsteigen. Zu deren Ausstieg folgt man in Steinach der Beschilderung zur Bergeralmbahn (Ausstieg am Parkplatz der Bahn). Der Gschnitzbach ist ideal zum Umsetzen mit dem Rad, die untere Strecke kann man dabei gleich zum Teil auf Baumhindernisse checken.

Auf dem Wasser

Auf der leichten Strecke bis Trins haben auch Genusspaddler und leicht fortgeschrittene Wildwassereinsteiger keine Schweißausbrüche zu befürchten. Die Schwierigkeiten steigen nicht über WW 2, lediglich Baumhindernisse und Holzpfosten alter Uferbefestigungen können gefährlich werden (unbedingt Abstand halten!). Leider ist das Flussbett teilweise begradigt, doch zwischendurch gibt es immer wieder schöne Bergblicke und auch einige kleine Übungsstellen. Etwas sportlicher wird es nur im Bereich der kurzen Talverengung unterhalb von Gschnitz, diesen Bereich sollte man mit weniger sicheren Mitfahrern vor dem Paddeln kurz erkunden (bis WW 2+). Wer ganz oben einsteigt, sollte außerdem der kleinen Wehrstufe vor der Brücke noch etwas Aufmerksamkeit schenken. Am Liftparkplatz in Trins oberhalb eines kleinen (links befahrbaren) Wehrs endet die flache obere Strecke (keine großen Kehrwasser zum Anlanden bei mehr Wasser) und die sportliche Abfahrt hinunter ins Wipptal beginnt. Hier liegen die Schwierigkeiten fast durchgehend um WW 4, die schwersten

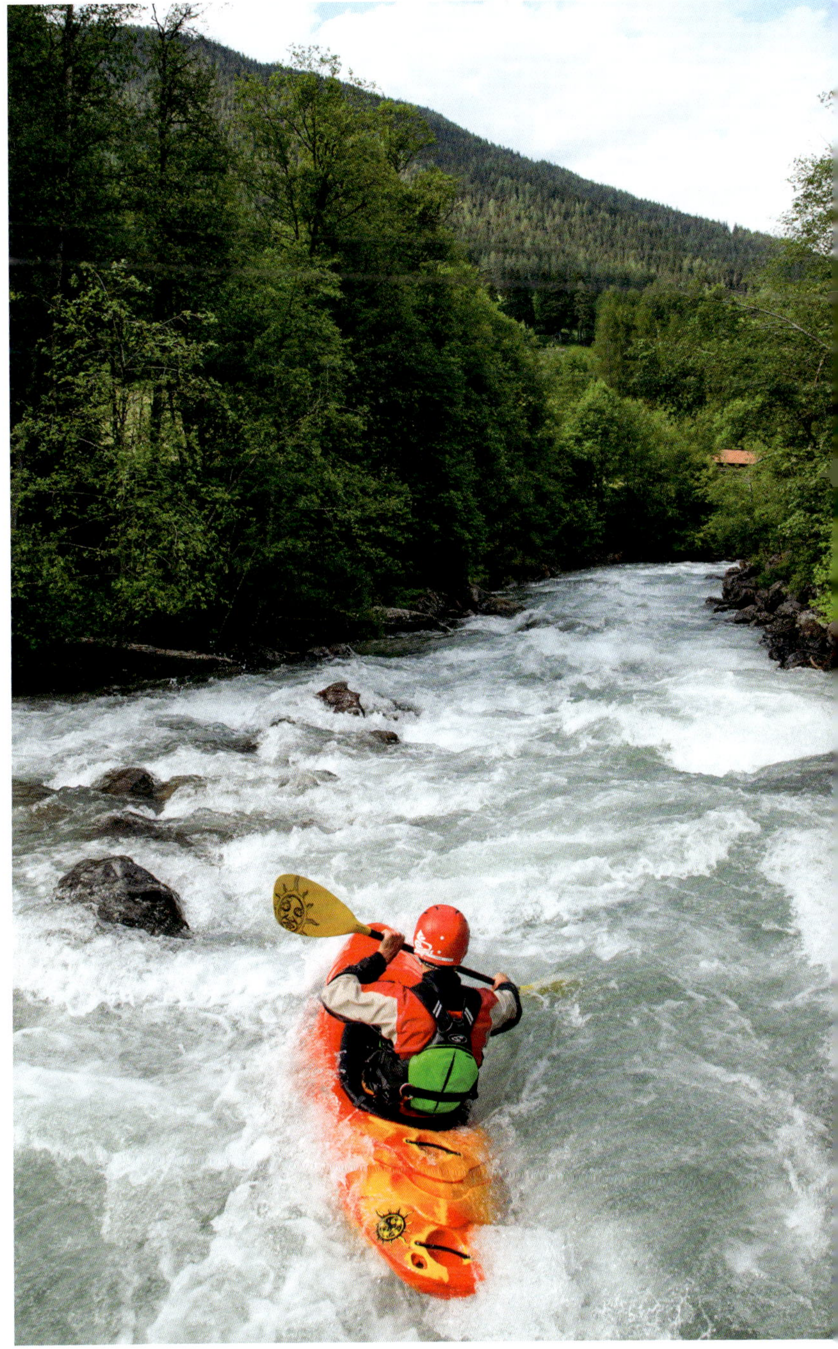

Schnelles kontiuierliches Wildwasser am unteren Gschnitzbach. Pegel: 200 cm

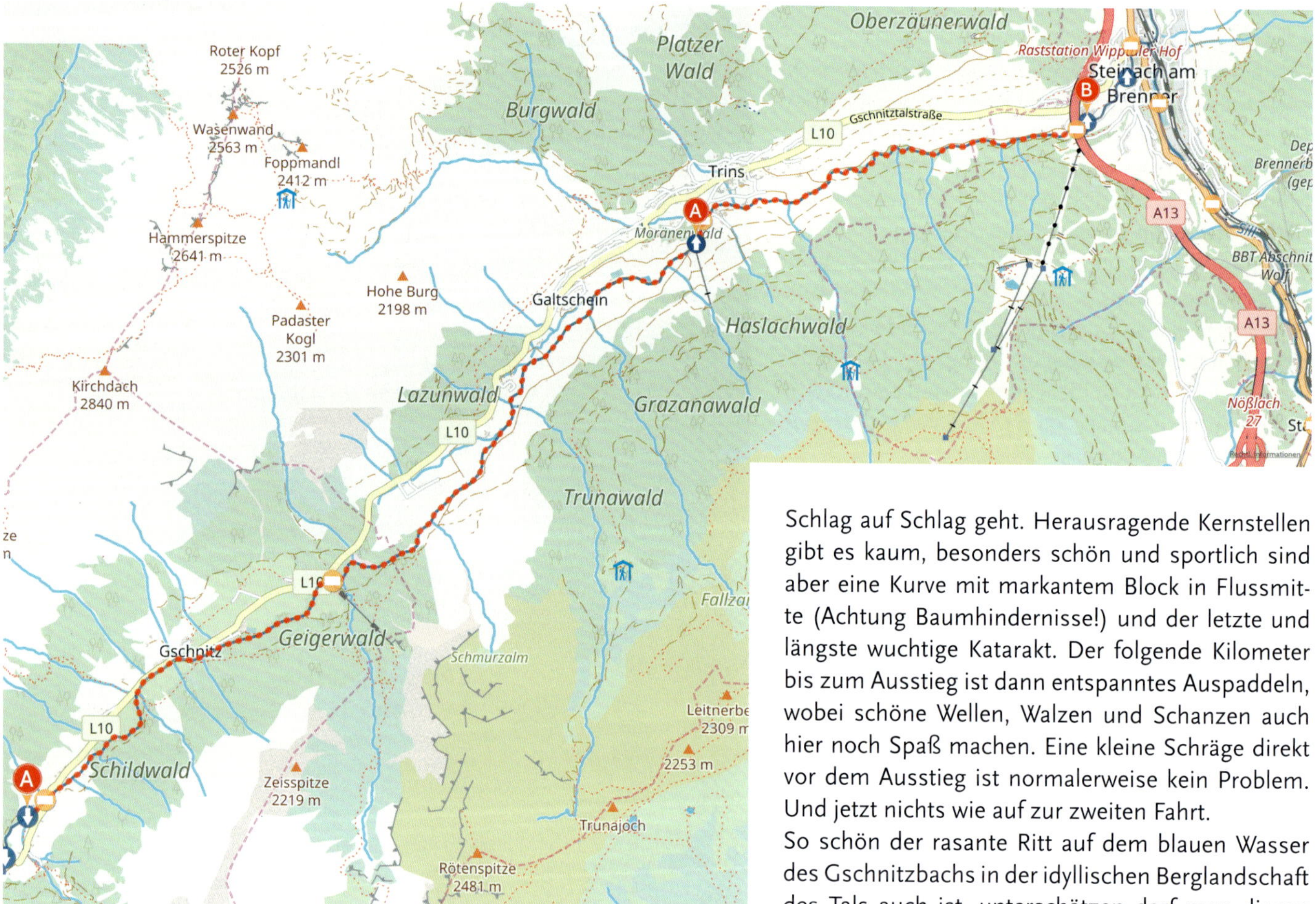

Stellen erreichen auch WW 4+ (oder sogar 5- bei gut Wasser). Der Gschnitzbach ist zwar nicht extrem schwer, aber sehr schnell und kontinuierlich. Angesichts der ständigen Gefahr von Baumhindernissen muss man sich hier bei der ersten Fahrt des Tages jedes Mal aufs Neue hoch konzentriert voranpirschen. Wer zuvor von der Straße neben dem Fluss (für Autos gesperrt) die meisten Kurven besichtigt hat, paddelt definitiv entspannter. Zu Beginn gibt es zwischen den sportlichsten Stellen noch etwas längere ruhige Abschnitte, während es in der unteren Hälfte Schlag auf Schlag geht. Herausragende Kernstellen gibt es kaum, besonders schön und sportlich sind aber eine Kurve mit markantem Block in Flussmitte (Achtung Baumhindernisse!) und der letzte und längste wuchtige Katarakt. Der folgende Kilometer bis zum Ausstieg ist dann entspanntes Auspaddeln, wobei schöne Wellen, Walzen und Schanzen auch hier noch Spaß machen. Eine kleine Schräge direkt vor dem Ausstieg ist normalerweise kein Problem. Und jetzt nichts wie auf zur zweiten Fahrt.

So schön der rasante Ritt auf dem blauen Wasser des Gschnitzbachs in der idyllischen Berglandschaft des Tals auch ist, unterschätzen darf man diesen Wildbach auf keinen Fall. Der pausenlose Charakter und die Gefahr von Baumhindernissen sind trotz der heiteren Optik unbedingt ernst zu nehmen. Immer wieder ereignen sich hier Unfälle und kritische Situationen. Sicheres Rollen und Erreichen kleiner Kehrwasser sind absolute Pflicht. Bereits kleine Veränderungen am Pegel sind am Wasser deutlich spürbar, persönlich finde ich den Gschnitzbach bei mindestens 195 cm (besser etwas mehr) runder, flüssiger und schöner als bei Niedrigwasser, wenn manche Stellen recht technisch und zum Teil etwas klemmgefährlich werden können.

EXTRATOUREN:

INN - Tösens bis Ried

Als „Oberes Gericht“ wird das Inntal zwischen Finstermünz und der Pontlatzer Brücke unterhalb von Prutz bezeichnet, ein Name, der auf die frühere Gerichtsbarkeit zurückgeht, die ihren Sitz in Ried (und vor 1920 auch in Nauders) hatte. Diese Gerichte sind längst Geschichte, und auch mit dem Paddelspaß in dieser Region ist es ab 2022 wohl meist vorbei. Ein neues Kraftwerk in der Finstermünzer Schlucht an der Grenze zur Schweiz wird dann bis zu 70 Kubikmeter Wasser pro Sekunde ableiten. Betroffen ist das gesamte Obere Gericht,

ÜBERSICHT

Länge: 7 km

Schwierigkeit: WW 3 (3+), Zwischenstrecke WW 2, vor Fertigstellung der Ableitung WW 3-4

Einstieg: Parkbucht bei Tschuppbach (oberhalb Tösens) (47.0074, 10.5979)

Ausstieg: Oberhalb der Brücke in Ried linksufrig (Kapelle, Rastplatz) (47.0551, 10.6471)

Charakter: Offenes Flussbett, durch Wasserableitung ab 2020 wohl nur noch selten echtes Wuchtwasser

!-!! **Gefahren:** Prallwände leicht unterspült, evtl. künstliche Schrägstufen unterhalb von Ried

Gefälle: 7 m/km

Pegel: Inn Kajetansbrücke

Beste Zeit: Wohl nur noch bei hohen Wasserständen zwischen Mai und Juli

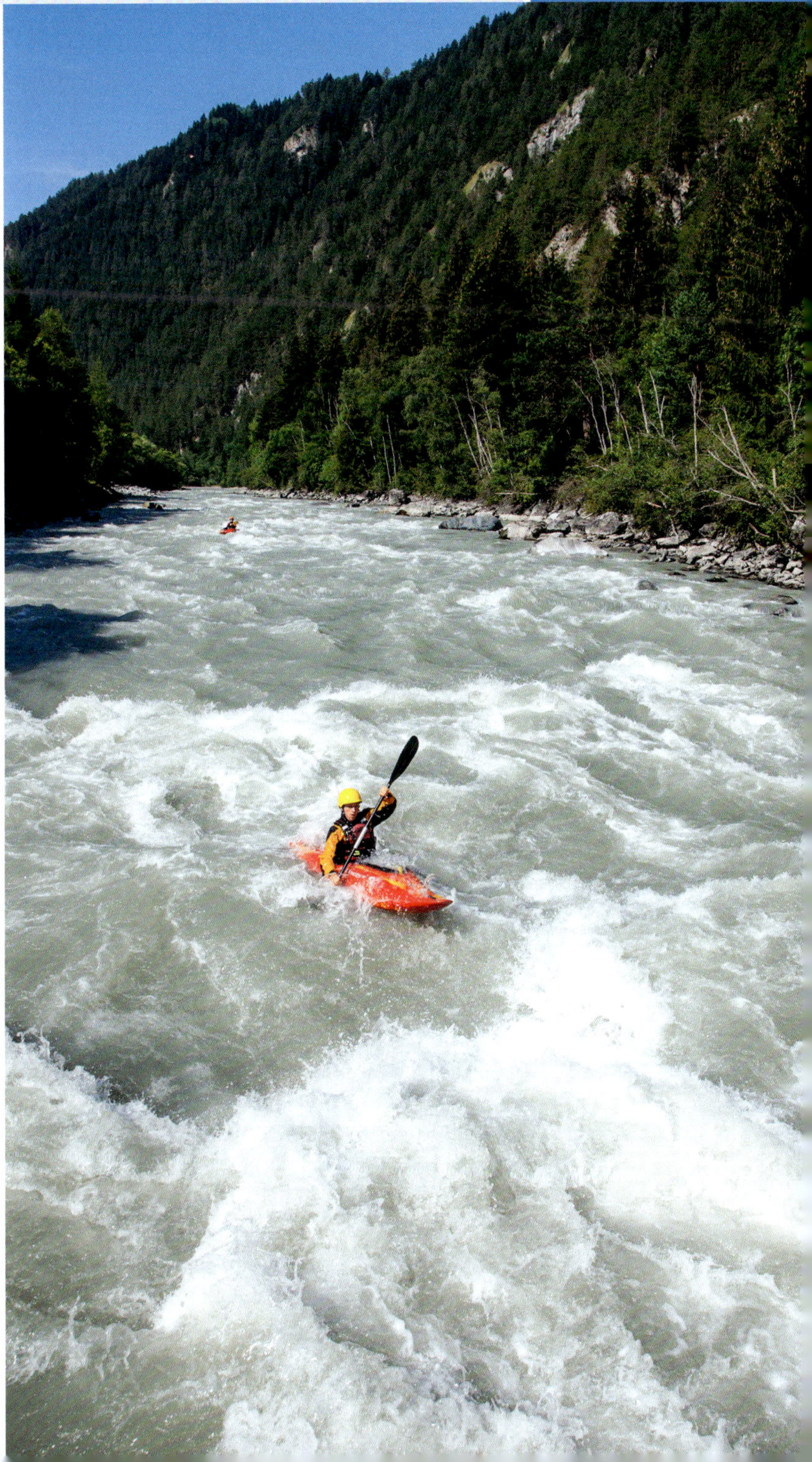

Wunderbares Wuchtwasser wird künftig zwischen Tösens und Ried wohl eher die Ausnahme sein. MW

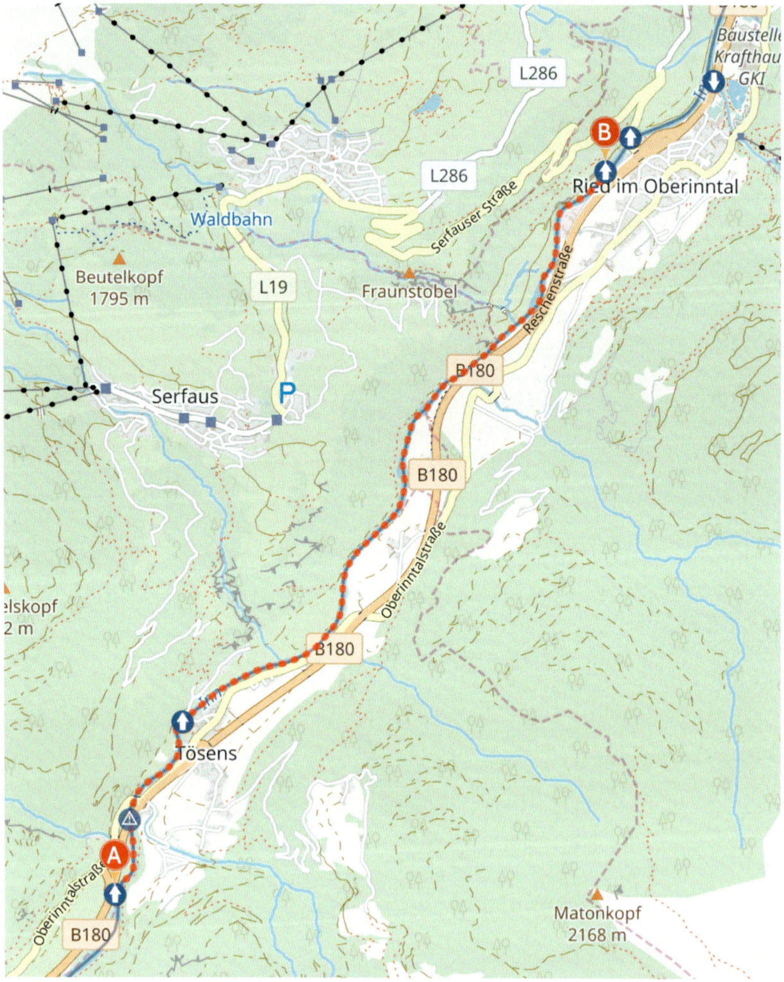

erst in Prutz, zwei Kilometer vor der nächsten Ableitung, wird das Wasser wieder in den Inn zurückgeleitet. Für uns Paddler bedeutet das für den längsten Teil des Jahres in erster Linie das Ende des Wuchtwasservergnügens bei Tösens, aber wahrscheinlich auch das Aus für die leichtere Strecke oberhalb. Da zwischen Mai und Juli aber berechtigte Chancen bestehen, dass gelegentlich genügend Wasser für lohnende Paddeltouren übrigbleibt, hier eine kurze Beschreibung der klassischen Strecke von Tösens nach Ried.

Bei gutem Mittelwasser lagen die Schwierigkeiten dieser Strecke bislang etwa einen Grad über der Imster Schlucht. Die wuchtigen Wellen und Walzen beim kleinen Dorf Tösens (welch treffender Name) waren ein perfektes Revier für fortgeschrittene Wuchtwasserfreunde. Tosen wird der Inn hier in Zukunft wohl nur noch selten, oft wird es eher ein Plätschern sein. An den meisten Tagen wird sich die Strecke wohl eher wie heute im Spätsommer oder Herbst bei Niedrigwasser präsentieren. Die Schwierigkeiten steigen dann nicht über WW 3 und sogar ein paar Steine wollen umfahren werden. Eindrucksvolles Wuchtwasser wie bisher wird es wohl nur noch bei Hochwasser geben, die Schwierigkeiten liegen dann bei WW 3-4+.

Bald nach dem Einstieg oberhalb der Brücke der Bundesstraße bei Tösens beginnen die ersten schönen Schwallstrecken. Zwei leicht unterspülte Prallwände und einzelne Löcher (in Zukunft wohl eher Steine) erfordern Aufmerksamkeit, ansonsten können die schönen Schwälle unbeschwert genossen werden. Nach der zweiten Prallwand beruhigt sich der Inn für längere Zeit (bereits heute max. WW 2), um erst in der Talverengung vor Ried nochmals schöne Wellen und Walzen (mit der einen oder anderen Spielmöglichkeit) zu bilden. Der Ausstieg befindet sich einige hundert Meter oberhalb der Brücke von Ried linksufrig, eine Weiterfahrt nach Prutz lohnt sich nur, wenn man dort am Campingplatz übernachtet (max. WW 2, künstliche Schrägstufen).
Für Paddler, denen diese Strecke bei guten Wasserständen zu schwierig ist, lohnt sich auch eine Befahrung des oberhalb gelegenen Abschnitts ab der Kajetansbrücke bei Pfunds (max. WW 2-3). Die vorgeschriebene Restwassermenge wird aber auch für eine genussvolle Befahrung dieses Abschnitts sicher nicht reichen, für eine Paddeltour muss ausreichend Wasser über das Wehr fließen.

PITZBACH - Hairlach-Wiesle

Während alle Augen auf die großen Kraftwerksprojekte im Ötz- und Inntal gerichtet waren, wurden im kleinen Pitztal ohne großes Aufheben Nägel mit Köpfen gemacht. Zwei neue Wasserkraftwerke entziehen fast der gesamten klassischen Paddelstrecke nun 4 m³/s. Um irgendetwas Positives daran zu finden: Es handelt sich um lokale Projekte der Gemeinden und privater Investoren und nicht um fremdbestimmte Segnungen gieriger Großkonzerne. Allen Paddlern, die es lieber etwas steiler, enger und technischer hatten, als nebenan im großen Ötztal, wurde durch die Ableitungen aber sicher ein (und nebenbei auch mein) Lieblingsbach in Tirol

ÜBERSICHT

Länge: 5 km

Schwierigkeit: WW 4-5

Einstieg: Holzbrücke unterhalb der Lawinengalerie vor Hairlach (47.1046, 10.8141)

Ausstieg: Parkplatz 300 Meter oberhalb der Stubenbodenbrücke (talaufwärts fahrend zweite Brücke über den Pitzbach) (47.1291, 10.7684)

Charakter: Steil, eng, dicht verblockt und bei mehr Wasser auch wuchtig

Gefahren: Baumhindernisse, Steckgefahr, Eisenträger möglich, Ausstieg vor dem neuen Wehr

Gefälle: 44 m/km

Pegel: Pitzbach Wenns, nur noch bei mehr als 50 cm befahrbar

Beste Zeit: Meist nur noch im Frühsommer und an

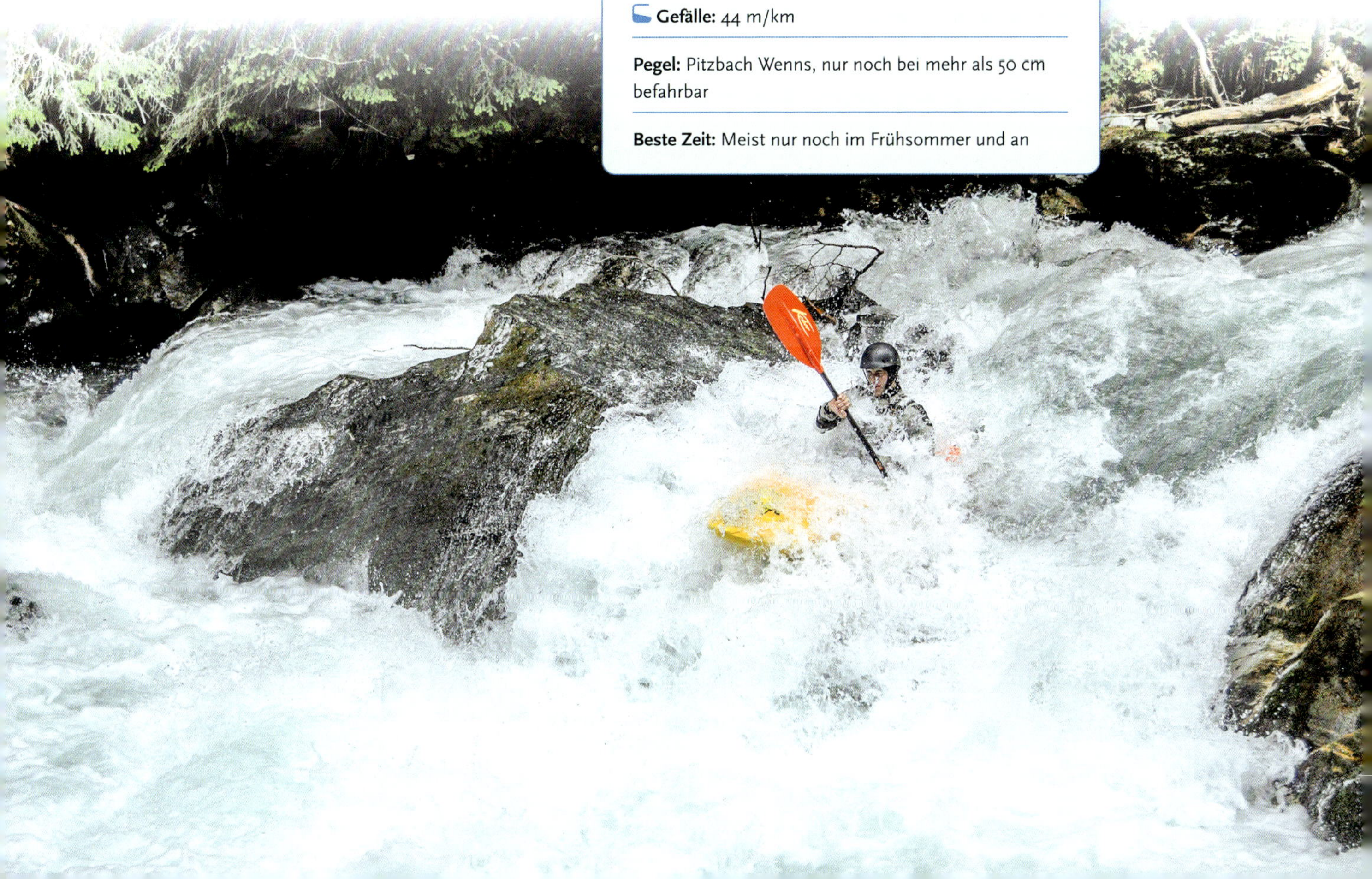

Stufe in der Waldschlucht. MW

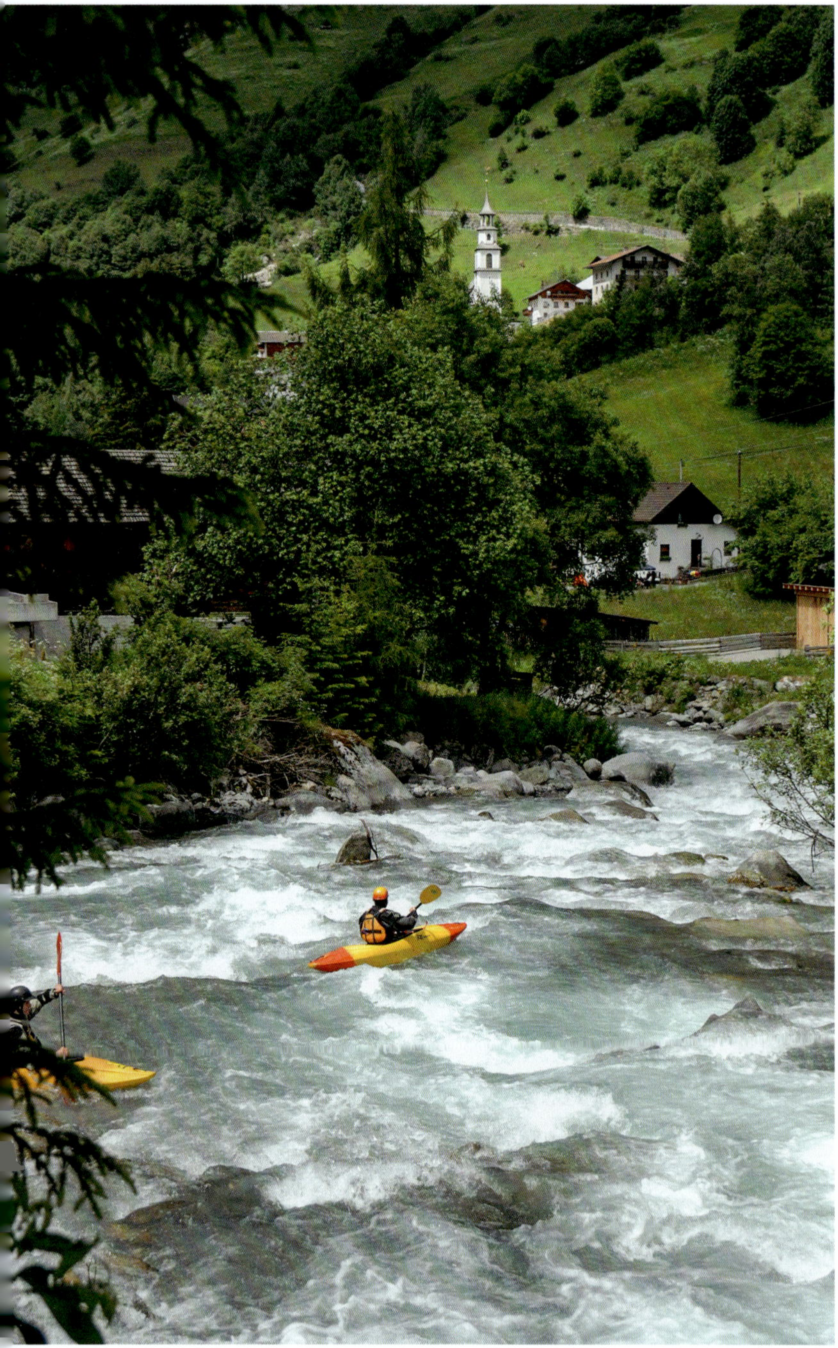

kastriert. Die Auswirkungen kann ich leider noch nicht abschließend für unterschiedliche Pegelstände bewerten. Eine relativ lange Paddelsaison am bereits in der Vergangenheit durch Ableitungen geprägten Pitzbach dürfte aber Geschichte sein. Ein Problem kann sich auch daraus ergeben, dass vor der zweiten Ableitung für eine kurze Teilstrecke die Originalwassermenge zurück ins Bachbett geleitet wird, der Ausstieg vor dem folgenden Wehr aber beim erforderlichen hohen Wasserstand für die Ableitungsstrecken kritisch werden kann.

Bald nach dem Einstieg an einer Holzbrücke unterhalb der Lawinengalerie vor Hairlach geht es los. Steil und stufig rauscht der Pitzbach talwärts, der Wald an den Ufern gehört aber ebenso der Vergangenheit an wie ein kleines Wehr, das im Zuge des Kraftwerkneubaus aufgelassen wurde. Trotzdem große Vorsicht: Vor einigen Jahren wurden etwa 100 Meter oberhalb der folgenden Straßenbrücke alte Eisenträger freigespült, Ähnliches könnte sich auch an anderen Stellen wiederholen. Unterhalb poltert der Pitzbach über pausenlose, steile Katarakte in die Kitzgartenschlucht, in der erstaunlich viel auf Sicht befahrbar ist (dies soll aber keine Aufforderung sein, sich mit langem Hals überall runter zu hauen!). Im Zweifelsfall ermöglicht ein Wanderweg eine bequeme Vorbesichtigung.

In der nach einer kurzen leichteren Strecke folgenden Waldschlucht wird es noch einmal anspruchsvoller und stufenförmiger. An mehreren Stellen ist hier eine Besichtigung nur zu empfehlen, auch gefährliche Baumhindernisse sind keine Seltenheit. Wer also bereits in der Kitzgartenschlucht am Limit war, hat hier nichts mehr verloren und sollte vor der Waldschlucht den Rückzug zur Straße antreten (kleine Brücke beim Weiler Wiese). Mitten in der

Offener Abschnitt vor der Kitzgartenschlucht. MW

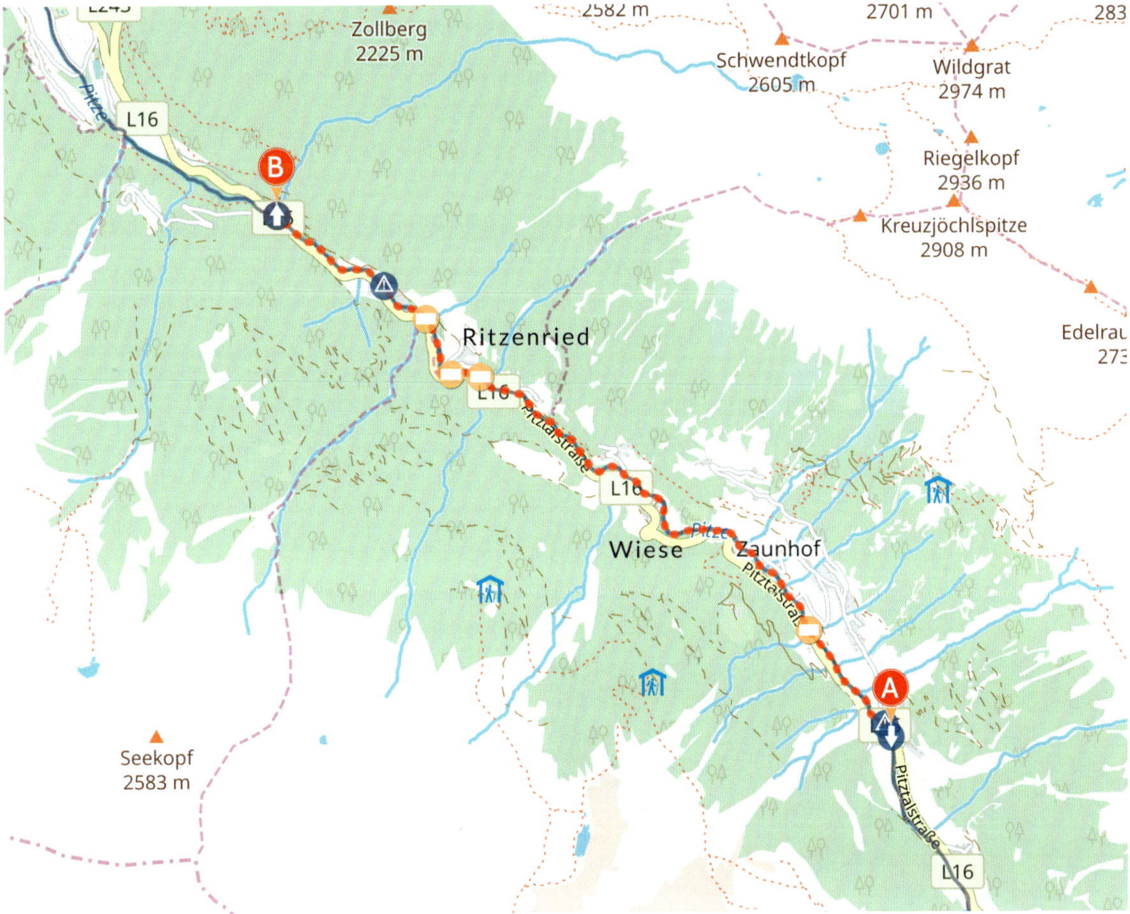

Waldschlucht wird das abgeleitete Wasser des Gemeindekraftwerks St. Leonhard zurückgeleitet. Im unteren Teil der Waldschlucht hat man es also mit der Gesamtwassermenge zu tun; eine Tatsache, die man nicht vergessen darf, zumal der Ausstieg vor dem folgenden unbefahrbaren Wehr (die zweite Wasserableitung) nicht unkritisch ist (unbedingt vorab besichtigen).

Auf der zweiten Ableitungsstrecke folgt bald das Steilwehr von Ritzenried (ohne Ableitung), quasi ein Klassiker unter den befahrbaren Steilwehren (trotzdem vor der Fahrt besichtigen, kanalisierte Ufer). Bis zum Ausstieg oberhalb der Stubenbodenbrücke (nicht verpassen!) ist der Charakter zwar etwas offener, einige knackige Katarakte lauern aber auch hier. Nach der Brücke folgt die schwer zugängliche und oft extrem holzige Pitzschlucht (WW 5), die nicht zu Unrecht nicht mehr zur Standardstrecke zählt (seit Bau der Ableitung nicht selbst gepaddelt).

OBERE VENTER ACHE -
Vent bis vor Winterstall

Die obere Venter Ache oberhalb der finsteren Heiligkreuzschlucht hätte definitiv das Zeug zum Klassiker: Geniale Landschaft, sportliches, aber bei Mittelwasser nicht extrem schweres Wildwasser und statt bloßer Wasserwucht auch technische Katarakte. Wäre da nicht der große Haken an der Sache: Die Uferbereiche im unteren schwierigen Teil der Strecke sind gespickt mit Altmetall. Im Wasser konnten wir zuletzt zwar keine gefährlichen Eisenteile entdecken, doch scheint es nicht abwegig, dass sich das Trauerspiel an den Ufern auch unter Wasser fortsetzt.
Daher belasse ich es bei dieser kurzen Beschreibung und rate zu großer Vorsicht gerade auch in Ufernähe. Genießen darf man zwischendurch aber auch,

ÜBERSICHT

Länge: 5 km

Schwierigkeit: WW 3-4+ (5-)

Einstieg: Liftparkplatz Vent (5 Euro Gebühr, auch alle anderen Parkplätze sind gebührenpflichtig) (46.8601, 10.9149)

Ausstieg: Vor der Brücke der Hauptstraße bei Winterstall, darunter gefährliche steile Klamm (WW 5-6-X) (46.8925, 10.9532)

Charakter: Schnell und kontinuierlich mit zum Teil verblockten Katarakten im engen V-Tal

Gefahren: Sehr viel Eisen an den Ufern und ggf. auch teilweise unter Wasser, Steckgefahr, über Mittelwasser sehr reißend, Ausstieg keinesfalls verpassen

Gefälle: 28 m/km

Pegel: Bezugspegel Ötz Tumpen: MW 205 cm, unter 200 cm meiner Ansicht nach wenig lohnend.
Achtung: Die Gletscherschmelze kommt naturgemäß an der oberen Venter Ache zuerst an und erst mehrere Stunden später am Pegel in Tumpen. Daher Pegelverlauf der Vortage studieren und früh einsteigen. Zusätzlich Pegel in Vent beachten.

Beste Zeit: Juni bis September bei nicht zu hohen Pegelständen, also nicht an zu heißen Tagen und im Sommer nur morgens bzw. am Vormittag

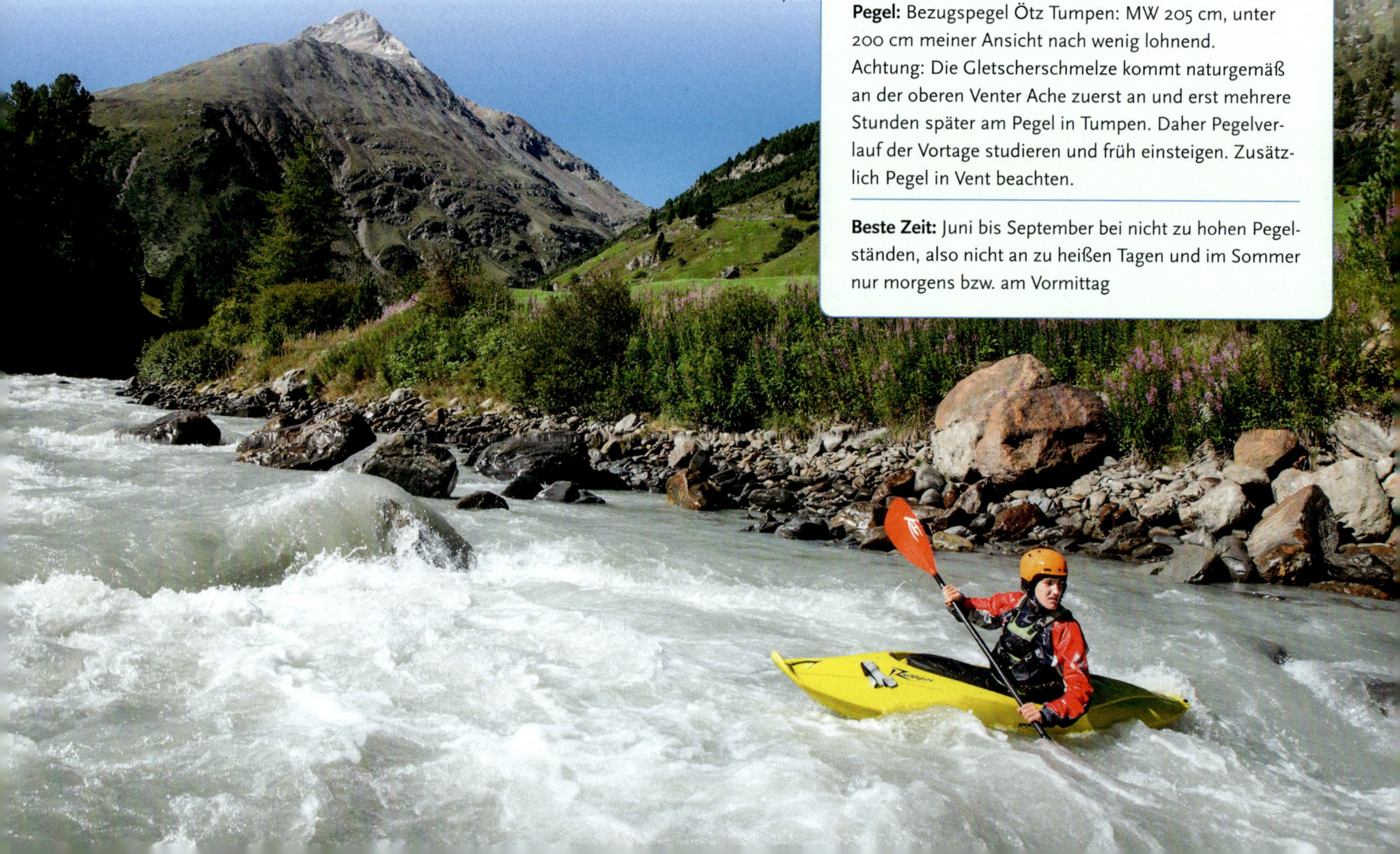

Leichter Beginn unterhalb von Vent. Pegel: ca. 205 cm Tumpen

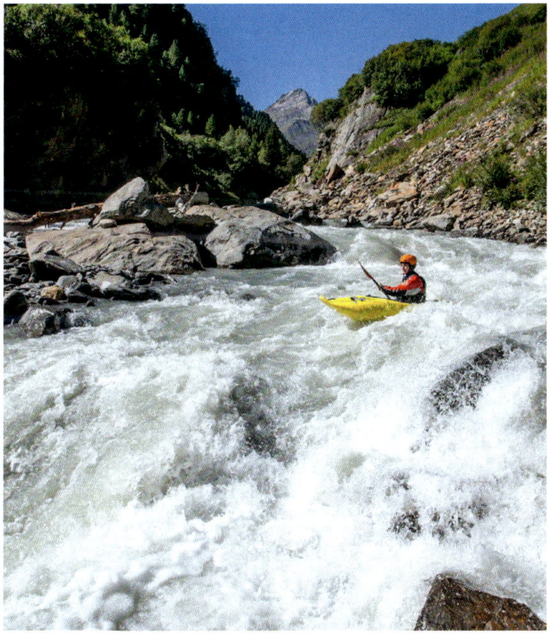

Kontinuierliche Katarakte im Kernstück.
Pegel: ca. 205 cm Tumpen

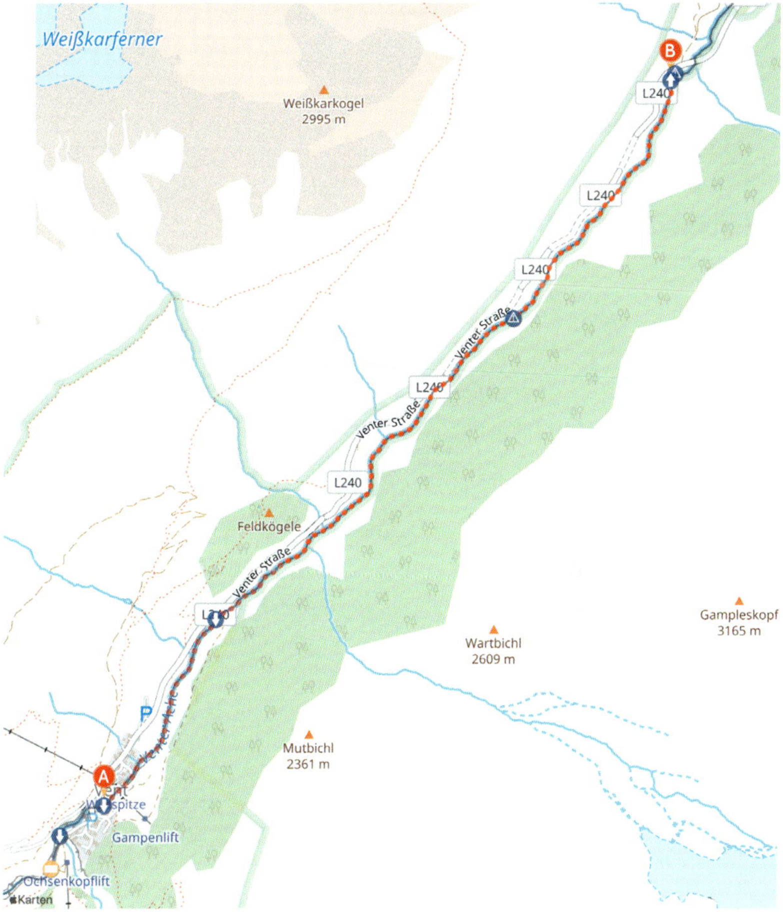

denn eigentlich bietet die Ache ein wirklich schönes alpines Paddelerlebnis. Die ersten Kilometer von Vent bis oberhalb der langen Lawinengalerie führen teilweise durch eine erste Schlucht. Die Schwierigkeiten bleiben moderat und erreichen bei Mittelwasser kaum den vierten Grad, dafür ist die Kulisse erste Sahne. Eisen haben wir hier oben keins gesichtet. Nachdem die Straße in der langen Lawinengalerie verschwunden ist, wird es bald deutlich sportlicher. Steile verblockte Katarakte im engen Flussbett lassen durchaus die eine oder andere Besichtigung ratsam erscheinen, gerade wegen der Eisenproblematik. Später wird das Tal wieder etwas offener, das Gefälle bleibt aber hoch. Was bei Mittelwasser noch ein Vierer mit maximal zwei Stellen knapp darüber ist, wird bei höheren Wasserständen schnell extrem reißend und wuchtig (Steigerung der Schwierigkeiten über WW 4-5 auf WW 5). Schwimmen oder auch nur Rollen sollte aber auch bei weniger Wasser keine Option sein. Bei niedrigen Pegelständen unter 200 cm (in Tumpen) ist die obere Venter Ache für meinen Geschmack zu steinig und scharfkantig.

Den Ausstieg vor einer kleinen, steilen, unsauberen und gefährlichen Klamm (WW 5-6-X) unter der Brücke der Hauptstraße sollte man sich gut einprägen und daran denken, dass der Pegel während der Fahrt an schönen Tagen spürbar steigt. Die Venter Ache ist dann auch hier im offeneren Gelände schnell und wuchtig. Den Ausstieg zu verpassen, dürfte jedenfalls der letzte Fehler im Leben gewesen sein.

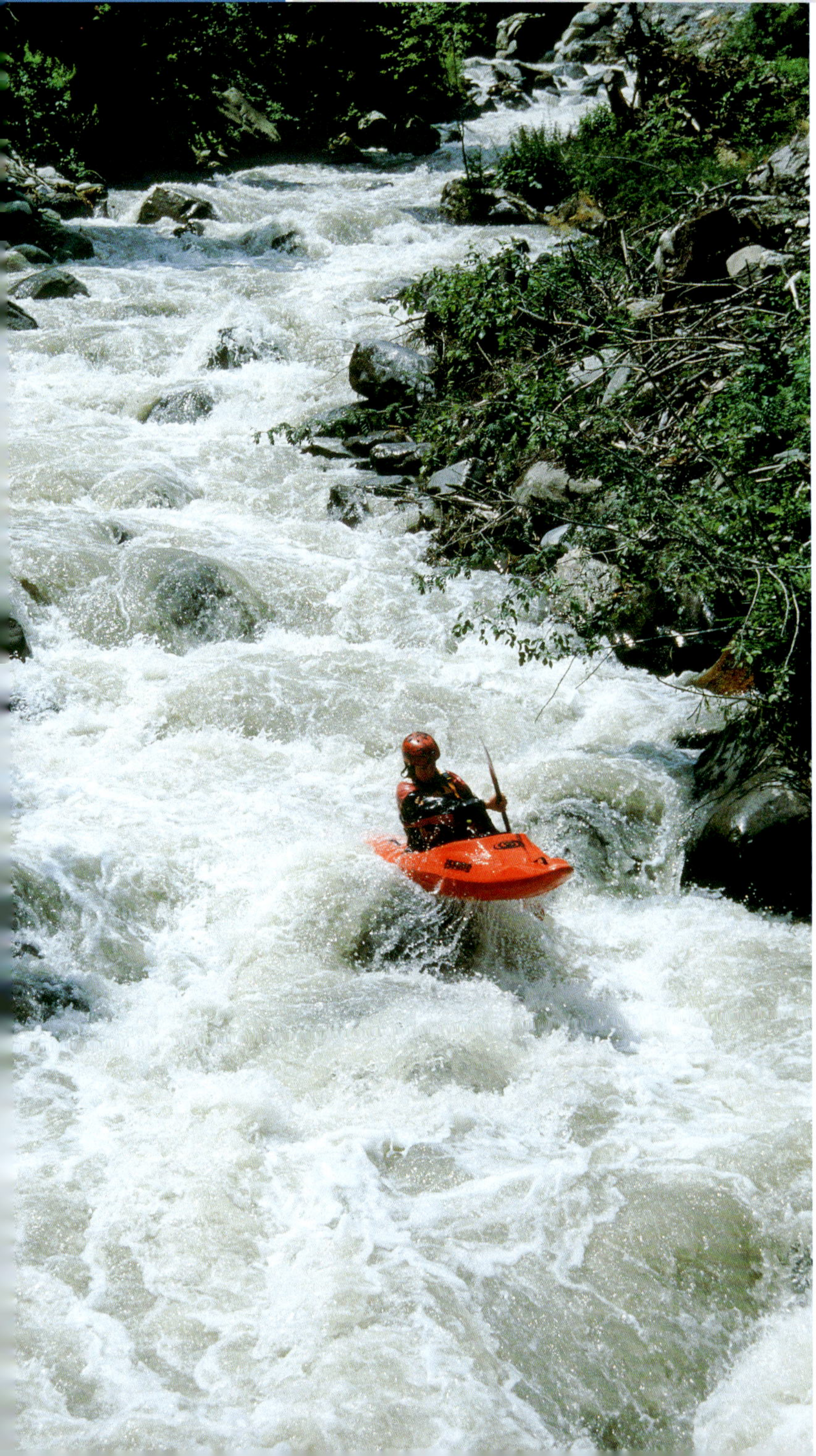

MELACH

Im Winter zählt das Sellraintal zu den bekanntesten und beliebtesten Skitourengebieten der Alpen. Alleine ist man zu vielen eher leichten bis mittelschweren Tourenzielen mit eigentlich viel Platz hier schon lange nicht mehr unterwegs. Auf der Melach, über die im Frühling und Sommer der ganze Schnee den Bach runtergeht, sieht das alles ganz anders aus. Leicht bis mittelschwer ist hier gar nichts und sehr viel Platz gibt es auch nicht, aber dafür hält sich der Andrang der Paddler meist in höchst überschaubaren Grenzen. Die unterhalb des Lüsener Ferners entspringende Melach ist geradezu ein Synonym für steiles, schnelles (und je nach Pegel auch steiniges) Geröllbettwildwasser. Die Schwierigkeiten liegen durchgehend im oberen vierten Grad mit einem Ka-

ÜBERSICHT

Länge: 4 km

Schwierigkeit: WW 4+ (5)

Einstieg: Beliebig unterhalb von Sellrain (z.B. 47.2191, 11.2246)

Ausstieg: Wehr oberhalb von Kematen (wenig Parkraum) (47.2407, 11.2579)

Charakter: Steiles, rasend schnelles Geröllbettwildwasser

Gefahren: Baumhindernisse, Steckgefahr, evtl. Eisenteile, Schwimmen!!!

Gefälle: 55 m/km

Pegel: Melach – In der Au, gut 60-65 cm

Beste Zeit: Meist im Juni und Juli. Am besten bei Mittelwasser.

Katarakt am Einstieg bei Sellrain.

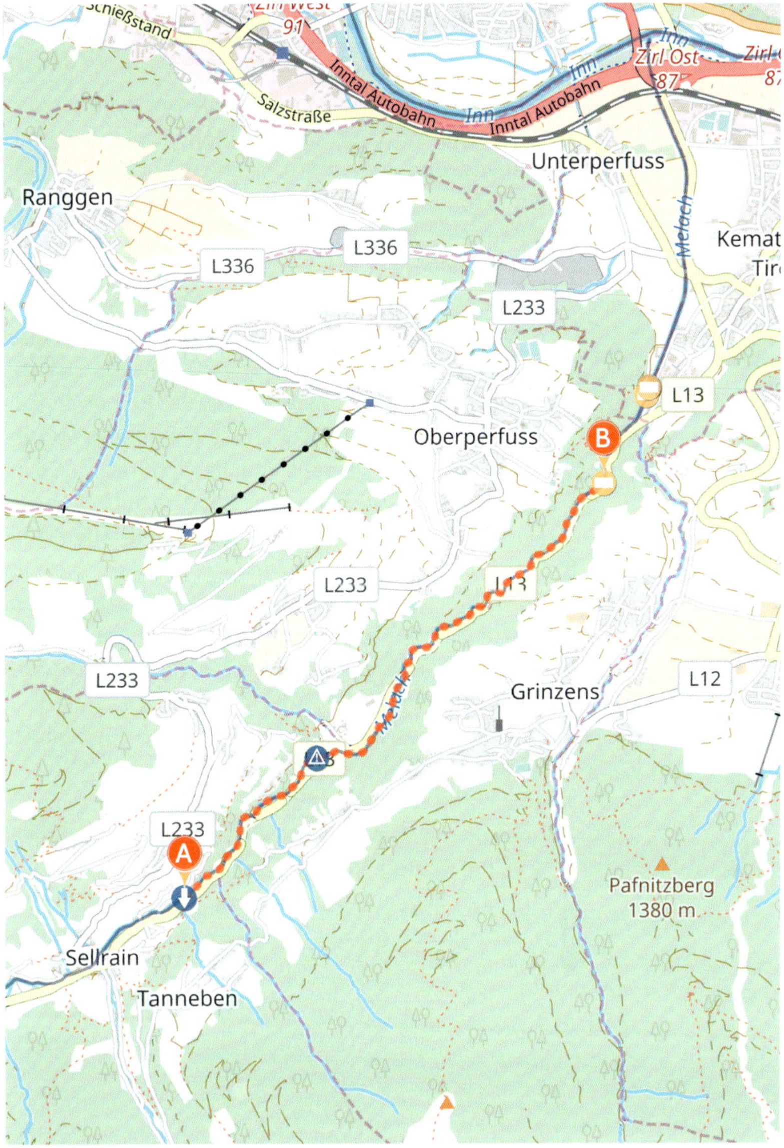

tarakt darüber, was zwar nicht allzu eindrucksvoll klingt, angesichts des pausenlosen Charakters aber deutlich ernstzunehmender ist, als manch anderer Fluss mit schwererer Bewertung. Ein Kehrwasser verpassen oder gar Schwimmen ist auf der Melach wirklich tabu.

Immer wieder suchen Muren oder Hochwasser das enge Tal heim, in deren Folge der Wald an den Ufern mittlerweile größtenteils verschwunden und einem (fast) durchgehend befestigten Flussbett gewichen ist. Optisch ist die Melach keine Schönheit und ihr Charakter bleibt Geschmackssache, für Könner lohnt sich aber bei einem mittleren Wasserstand auf jeden Fall einmal ein Versuch, um sich ein eigenes Bild zu machen. Zu wenig Wasser gestaltet die Angelegenheit sehr steinig und steckgefährlich, während bei viel Wasser endgültig keinerlei Raum für Fehler mehr bleibt. Persönlich finde ich Sill, Ruetzbach, Gschnitzbach und Pitzbach offen gesagt attraktiver.

Den Einstieg kann man unterhalb des Ortes Sellrain beliebig wählen. Grob gesagt wird es umso heftiger, je weiter oben man einsteigt. Die kanalisierte Ortsdurchfahrt und die sehr enge und holzige Strecke oberhalb kann ich nicht empfehlen, aber wer im unteren Teil nicht ausgelastet ist, kann ja mal einen Blick darauf werden. Von Anfang an zeigt die Melach ihren wahren Charakter. Reaktionsschnelligkeit und absolute Sicherheit im Erreichen kleinster Kehrwasser sind wichtige Grundvoraussetzungen, um die Tour nicht zum Horrortrip werden zu lassen, auch wenn die Schwierigkeiten zunächst wieder etwas abnehmen.

Der lange Katarakt nach der folgenden Straßenbrücke ist die Kernstelle der Melach und ohne vorherige Besichtigung definitiv keine gute Idee. Unterhalb lässt das Gefälle zwar wieder etwas nach, doch auch die weitere Strecke von der nächsten Straßenbrücke bis zum Ausstieg bleibt eine wuchtige Schussfahrt ohne Verschnaufpausen. Gut, wenn man sich auf dem Weg zum Einstieg (ideal per Fahrrad) die Lage möglicher Problemstellen gemerkt hat. Auch den Ausstieg vor einem Wehr sollte man besser nicht verpassen.

WEITERE PADDELMÖGLICHKEITEN

So groß das Tiroler Oberland ist, so vielfältig sind auch die weiteren Paddelmöglichkeiten. Richtig lohnend sind aber in erster Linie die anspruchsvollen Extratouren.

Offenes und einfaches Wildwasser findet man am Inn zwischen der Kajetansbrücke und Tösens sowie zwischen Landeck und Imst. Erstere Strecke wird nach Fertigstellung der Ableitung bei Martina aber wohl nur noch im Juni und evtl. Juli zur Zeit der Hochschmelze genügend Wasser für lohnende Touren führen (um WW 2 (3)). Auch die Strecke ab Landeck (um WW 2) macht in erster Linie dann Spaß, wenn neben dem Wasser der Sanna auch Innwasser aus der Landecker Schlucht das Flussbett füllt. Wer im **Ötztal einfaches Wildwasser** sucht, wird im Bereich des flachen Talbodens von Längenfeld fündig (außer bei Hochwasser). Die Schwierigkeiten liegen hier im meist kanalisierten Flussbett um WW 2 (3), den Ausstieg vor der mittleren Ötz darf man keinesfalls verpassen. Einen kurzen Seitenblick lohnt der Fischbach in Längenfeld (Achtung Eisen), ansonsten ist dieser Abschnitt eher eine Verlegenheitslösung. Deutlich attraktiver ist meines Erachtens die **mittlere Rosanna** ab St. Anton. Die Schwierigkeiten liegen hier am Anfang und Ende bei WW 3, dazwischen meist bei WW 2. Auf jeden Fall eine gute Trainingsstrecke, optisch aber im teilweise regulierten Flussbett kein absolutes Muss. Den Ausstieg vor dem Wehr bei Flirsch sollte man vor der Fahrt festlegen.

Auch auf der **Trisanna** liegen die Schwierigkeiten auf längeren Abschnitten nur bei WW 2-3. Da dazwischen aber einige schwerere Passagen warten (bis WW 4+), das Flussbett meist reguliert und das Tal durch schwere Hochwasser und Murenabgänge gezeichnet ist, kann ich diese Etappe nur entdeckungsfreudigen Paddlern mit großer Lust auf neue Strecken empfehlen. Achtung Eisenteile! Die früheren Seestufen beim Ort See und der Ausstieg dahinter (es folgt ein unbefahrbares Wehr im kanalisierten Flussbett und ein aufgrund unzähliger Eisenträger sehr gefährlicher bzw. unbefahrbarer Abschnitt) sollten unbedingt vorab besichtigt werden. Die **Wolfsschlucht auf der Rosanna**, früher eine echte Perle, ist aufgrund einer neuen Ableitung – wenn überhaupt – nur noch bei sehr viel Wasser lohnend (um WW 4, Gefahr von Eisenträgern). Optisch und paddeltechnisch hat die Strecke seit dem Katastrophenhochwasser 2005 aber schwer gelitten.

Der **obere Pitzbach** (oberhalb der beschriebenen Standardstrecke) bietet bei guten Wasserständen recht interessantes Wildwasser, allerdings mit stark schwankenden Schwierigkeiten. Meist WW 2-3+, einzelne, z.T. längere Stellen erreichen aber auch WW 4 bis 5 (Katarakt von St. Leonhard). Für Fortgeschrittene zu sportlich, für Könner insgesamt eher langweilig. 2016 waren an mehreren Stellen Bauarbeiten im Gange, daher bei Interesse vor dem Paddeln gründlich besichtigen und auch auf Drahtseile im Wasser achten. Wirklich empfehlen kann ich für Freunde technischer, alpiner Wildbäche die ersten Kilometer **ab Plangeross** im schmalen Bachbett (um WW 4).

Richtig interessant wird es im oberen und obersten Schwierigkeitsbereich: Die **obere Landecker Schlucht** (auch als unteres Gericht bekannt) bietet 2 km sehr wuchtiges Wildwasser (um WW 5). Die Schwierigkeiten sind stark vom Wasserstand abhängig. Ideal ist die goldene Mitte, denn bei viel Wasser warten riesige Walzen und Rückläufe, bei zu wenig Wasser wird es eher unsauber und steckgefährlich. Vor einer ersten Befahrung sollte man das enge Kernstück (ohne Ausstiegsmöglichkeit) auf jeden Fall von der Straße besichtigen.

Die **oberste Rosanna** im Verwalltal ist für routinierte Paddler gut machbar, landschaftlich eine Wucht und mit ein paar sehr schönen Passagen gespickt (WW 3-5). Dazwischen verstecken sich aber auch ein paar unsaubere und unbefahrbare Stellen. Eine Beschreibung gibt es auf *www.4-paddlers.com*, Zufahrt ins Verwalltal nur vor 9 Uhr, der Einstieg ist nur zu Fuß oder per Bootswagen erreichbar. Recht geheimnisvoll ist die folgende **Schlucht vor St. Anton** (unterhalb des Stausees). Bei Schwierigkeiten teils um WW 5 und Zwangspassagen sind vorherige intensive Erkundungen unbedingte Pflicht!

Eine weitere interessante Schlucht befindet sich auf der **Gurgler Ache** unterhalb von Obergurgl. Auch hier gibt es je nach Wasserstand Zwangspassagen und Schwierigkeiten bis WW 5, eine vorherige Besichtigung (vom Schluchtrand) ist aber gut möglich. Ausstieg an der Liftstation in Pill, im unteren Teil liegen die Schwierigkeiten maximal bei WW 4. Nach dem folgenden Steilabbruch ist vor der Schlussklamm noch ein Teilstück größtenteils im offenen steilen Geröllbett befahrbar, den aktuellen Zustand kenne ich aber nicht. Nebenan sind im Venter Tal auch die nur zu Fuß erreichbaren Quellflüsse der Venter Ache zum Paddeln geeignet, Infos dazu gibt es im Ötztal Kajak Guide, der auf *www.oetztal.com/kanu-kajak* heruntergeladen werden kann.

Die ausgesetzte **Kühtrainschlucht auf der Ötz** (vor Sölden) ist nur bei Niedrigwasser etwas für sehr routinierte Paddler, die auch vor langwierigen und schwierigen Umtragungen im alpinen Gelände nicht zurückschrecken. Im Ötztal gehört sie wohl zu den am seltensten befahrenen Strecken. Die **Wellerbrückenstrecke** ist dagegen durch die jährlich hier stattfindende Sickline-WM zu einem echten Klassiker geworden. Die Rennstrecke kann im Unterschied zum oberen Teil bequem von einem Wanderweg besichtigt werden, so dass ich mir eine nähere Beschreibung sparen kann. Die Schwierigkeiten liegen (konservativ bewertet) bei WW 5-5+, die Kernstelle vor der Brücke verändert sich oft, ist aber meist eher WW 6. Ein guter Pegel für eine erste Befahrung liegt bei 170-180 cm. Die **Achstürze** oberhalb sind dann wirklich WW 6, in den letzten Jahren waren viele Passagen durch ungünstige Felsverschiebungen aber völlig unbefahrbar. Beide Strecken stehen durch den Neubau eines Kraftwerks bei Tumpen vor dem Aus (die Achstürze durch die Ableitung, die Wellerbrücke durch die Gefahr plötzlicher Pegelanstiege). Wer Herausforderungen im obersten Schwierigkeitsbereich sucht, findet diese auf der **oberen Ruetz**, besonders auf der Wasserfallstrecke. Besichtigen ist dank eines gut ausgebauten Wanderwegs einfach möglich, erste Eindrücke gibt es auch auf *www.4-paddlers.com*.

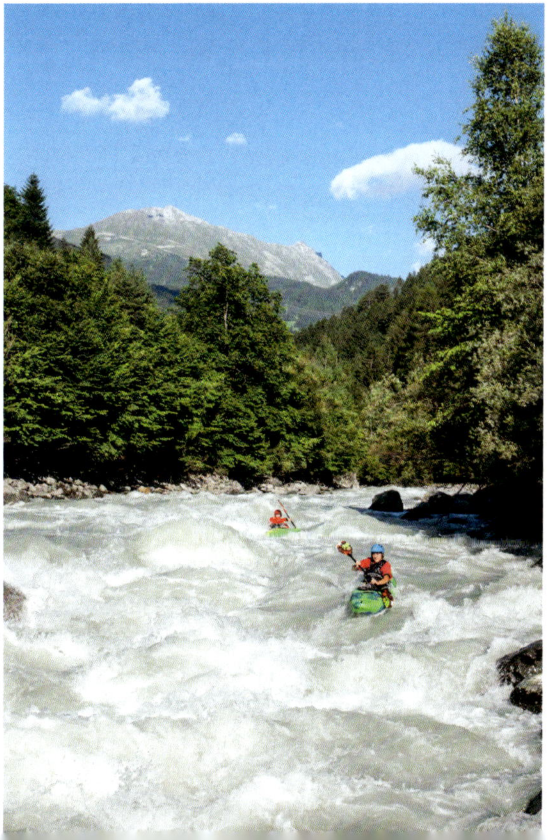

Wenn der Pegel stimmt, ist die obere Landecker Schlucht eine kurzer Wuchtwasserklassiker. Pegel: 340 cm Perjen

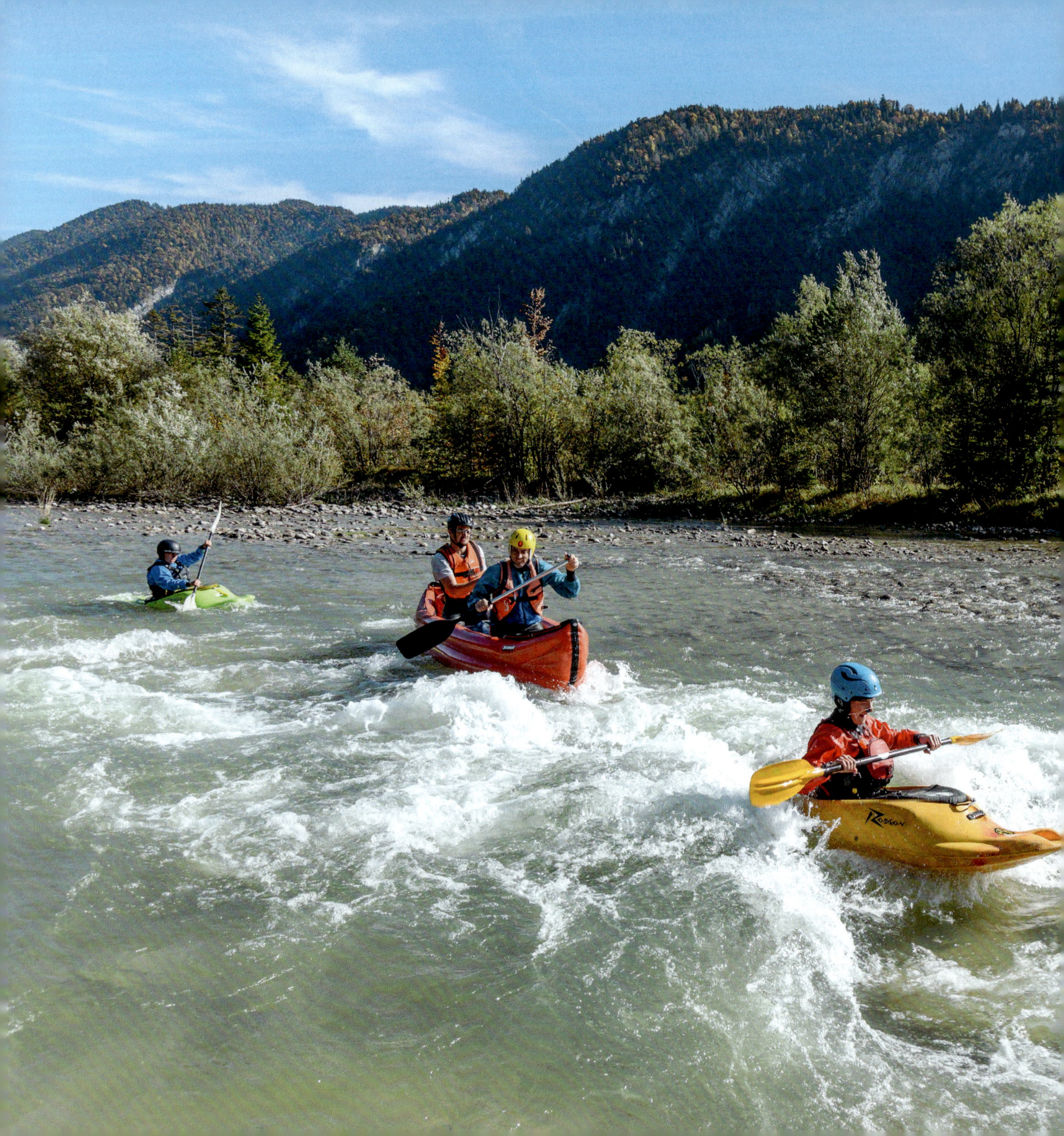

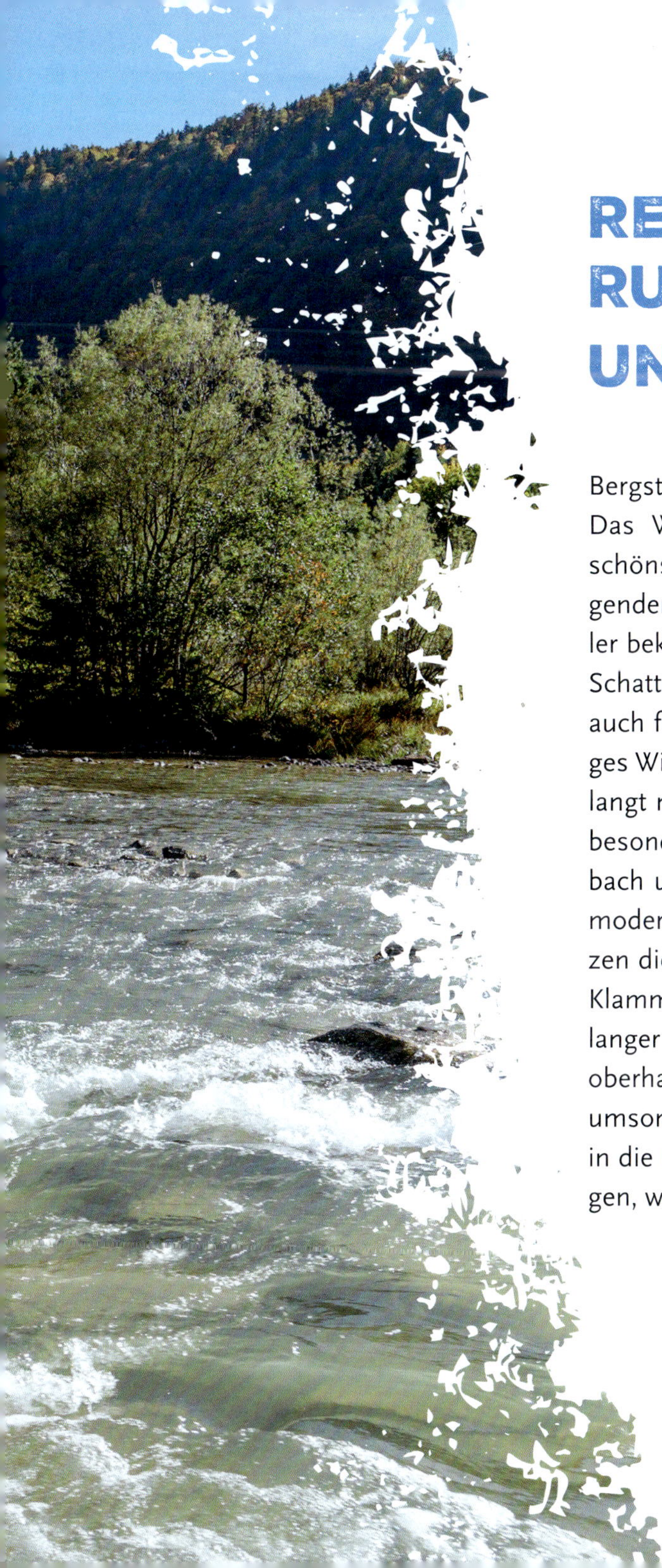

REGION 5: RUND UM WETTERSTEIN UND KARWENDEL

Bergsteiger, Wanderer und Mountainbiker wissen es schon längst: Das Wetterstein- und das Karwendelgebirge gehören zu den schönsten Regionen der nördlichen Kalkalpen. Die hier entspringenden Flüsse sind vor allem als Hausbäche der Münchner Paddler bekannt, stehen aber gerade bei Könnern manchmal etwas im Schatten der schwereren Flüsse der Zentralalpen. Dabei gibt es auch für sie in den versteckten Klammen des Karwendels knackiges Wildwasser zu entdecken. Zum Einstieg dieser Flussperlen gelangt man meist jedoch nur zu Fuß. Ein Eldorado ist die Gegend besonders für Einsteiger und Fortgeschrittene. Isar, Ammer, Rißbach und Loisach bieten reichlich Abwechslung bei geringen bis moderaten Schwierigkeiten. Statt brüllender Wasserwucht glänzen die Flüsse mit idyllischer Bilderbuchlandschaft in pittoresken Klammen und Schluchten oder ursprünglichen Kiesbetten. Ein langer Naturslalom durch den Blockparcours der Griesenschlucht oberhalb von Garmisch-Partenkirchen macht die Loisach nicht umsonst zu Deutschlands bekanntestem Wildwasser. Warum also in die Ferne schweifen und viele lange Kilometer im Auto verbringen, wenn das Gute so naheliegt?

REGION-INFOS
WETTERSTEIN UND KARWENDEL

Anfahrt:
Von München auf der A 95 Richtung Garmisch-Partenkirchen und Mittenwald. Für die Flüsse im Karwendel alternativ auf der A 8 bis Holzkirchen und via Bad Tölz zum Sylvensteinspeicher. Mangfall und Leitzach erreicht man direkt über die A 8.

Basislager:
Ideal gelegen ist der Naturcampingpark Isarhorn an der Bundesstraße vor Mittenwald: Schöne Stellplätze teilweise direkt an der Isar, allerdings sehr beliebt und eher hochpreisig.
▲ Tel.: 08823/5216, *www.camping-isarhorn.de*
Eine Alternative ist der Platz „Camping Erlebnis Zugspitze" etwas unterhalb des Ausstiegs der Griesenschlucht bei Grainau.
▲ Tel: 08821/9439111, *www.pure-camping.de*
Auch am Kochelsee und Staffelsee finden sich schön gelegene Campingplätze.
▲ Paddler mit Wohnmobil oder VW-Bus können auch am Waldparkplatz im Ort Fall am Sylvensteinstausee übernachten.

Beste Zeit:
Zur Zeit der Schneeschmelze von April bis Juni (abhängig von Temperaturen und Schneelage), die größeren Flüsse sind auch später (meist) noch befahrbar. Oder aber spontan nach Regenfällen!

Weitere Aktivitäten:
Landschaftlich zählt die Region zu den Schönsten der Alpen. Es bietet sich daher an, auch die Wanderschuhe zu schnüren oder sich aufs Rad zu schwingen.

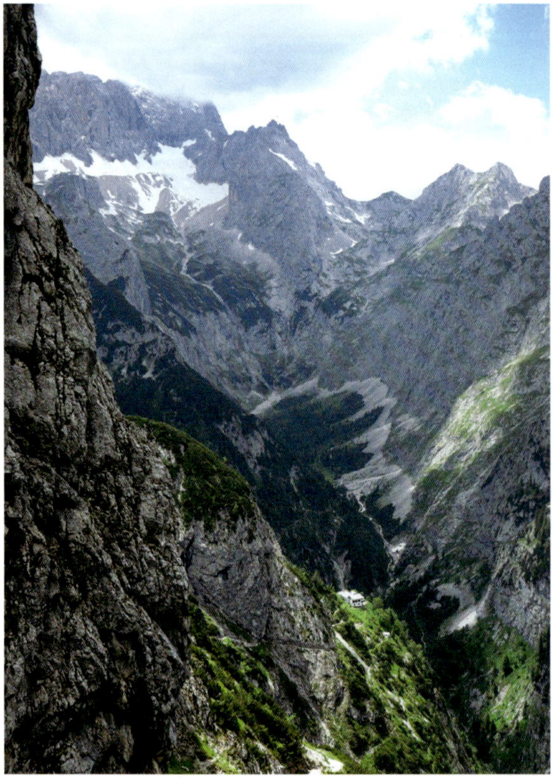

Im Angesicht von Deutschlands höchstem Berg: Das wilde Höllental.

Mountainbiketouren:
Besonders lohnend sind die beiden Klassiker Karwendel- und Wettersteinrunde. Die Karwendeltour führt von Mittenwald über Scharnitz zum Karwendelhaus und weiter ins Rißbachtal. Von hier über den Fereinsattel zurück nach Mittenwald (1800 hm). Die Wettersteinrunde führt von Garmisch-Partenkirchen über den Eibsee nach Ehrwald und durch das Gaistal und Leutaschtal nach Mittenwald. Von hier über Lautersee und Ferchensee zurück nach Garmisch (2000 hm, Abkürzung durch Auffahrt mit der Ehrwalder Almbahn möglich). Etwas kürzer, aber ebenfalls sehr schön ist die Umrundung des Estergebirges ab Garmisch-Partenkirchen. Leicht, aber landschaft-

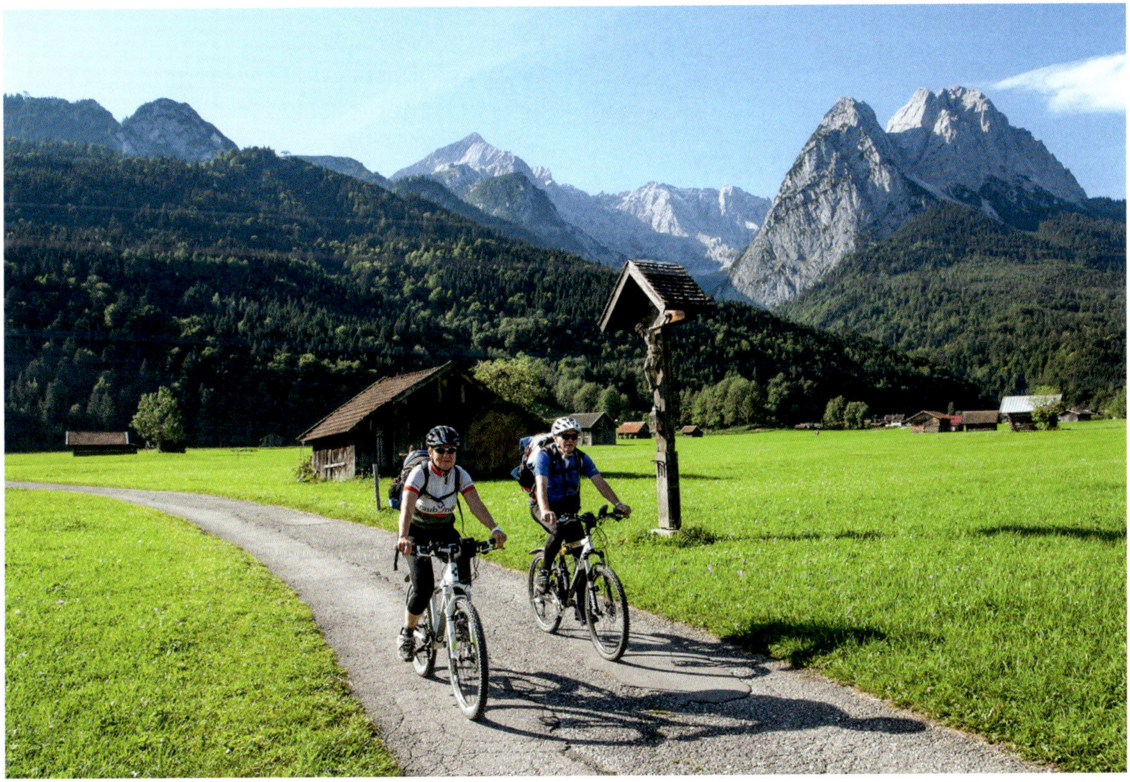

Nur zu paddeln, wäre rund um Wetterstein und Karwendel ein schwerer Fehler!

lich besonders eindrucksvoll sind die verschiedenen Stichtouren von Scharnitz in die Karwendeltäler. Wer lieber abwärts unterwegs ist, findet in Oberammergau einen kleinen, aber feinen Bikepark.
www.bikepark-oberammergau.de

Wanderungen, Bergtouren, Klettersteige:
Von Garmisch führen zwei Wege auf Deutschlands höchsten Berg, die Zugspitze (2962 Meter). Leicht, aber lang ist der Anstieg durchs Reintal; kürzer, aber deutlich schwieriger der durchs Höllental (Klettersteig). Am besten als 2-Tagestour, außerhalb der Ferien und möglichst nicht am Wochenende. Leichte, aber landschaftlich eindrucksvolle Klettersteige führen auf die Alpspitze und über die Linderspitzen (Mittenwalder Klettersteig ab Bergstation Karwendelbahn). Nur etwas für Könner sind der sehr schwierige Mauerläufer-Klettersteig am Bernadeinkopf sowie der Seeben-Klettersteig und die Taja-Kante bei Ehrwald. Gemütlichere Naturen sollten die Wanderung auf den Jochberg am Walchensee ins Auge fassen, der ein herrliches Panorama auf Karwendel und Alpenvorland bietet. Etwas ruhiger ist es am Hirschhörnlkopf über der Jachenau. Und im Karwendel ist eigentlich fast jeder Gipfel und jedes Tal eine Perle.

Baden:
Im Sommer laden Eibsee, Walchensee, Sylvensteinspeicher, Staffelsee und kleine Bergseen überall zum Baden ein. Wenn die kleineren Wildbäche zu wenig Wasser führen, finden sich hier mit etwas Gespür auch tolle Badegumpen.

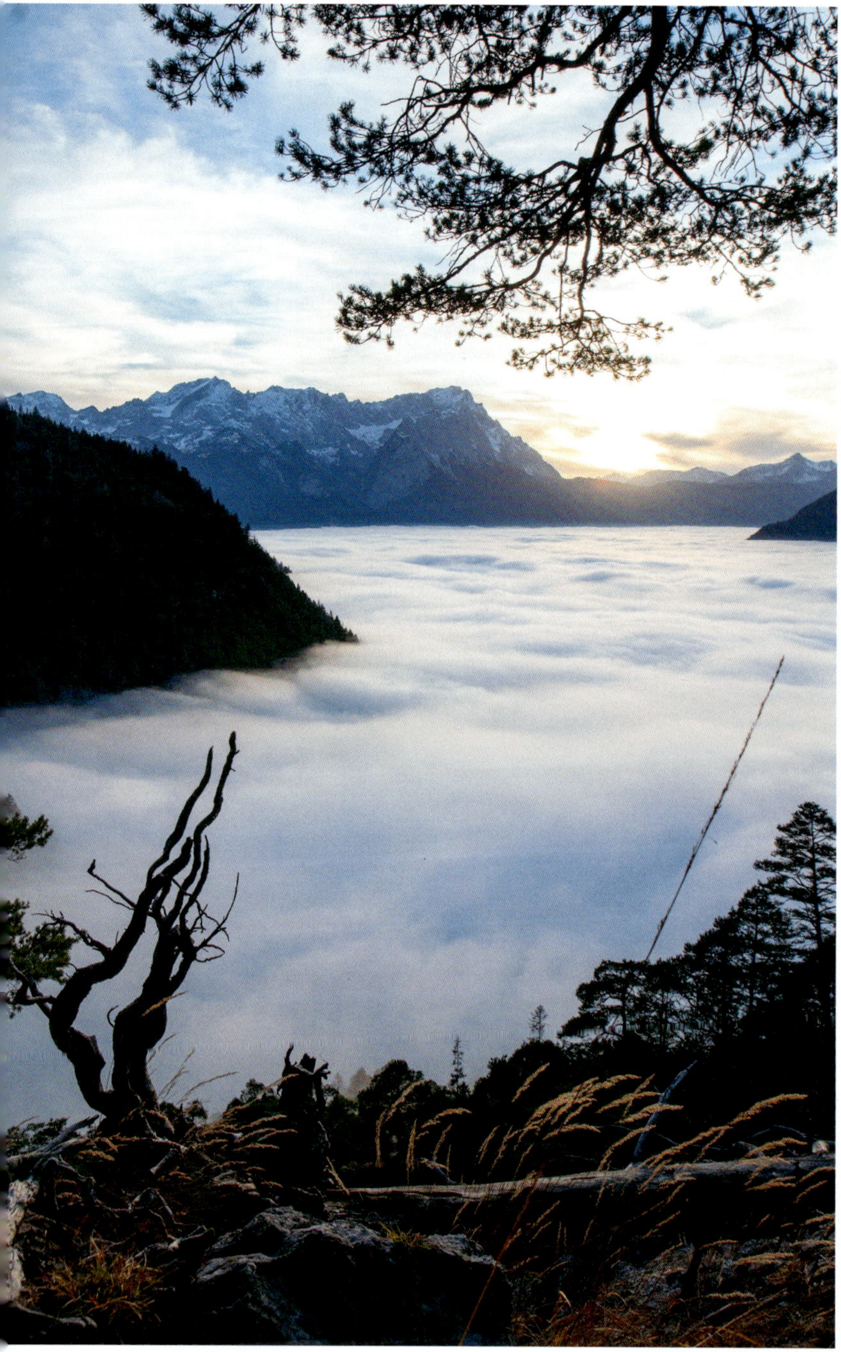

Sehenswürdigkeiten:

Für Kulturinteressierte: Lüftlmalereien in den Ortszentren von Partenkirchen und Mittenwald, Schloss Linderhof, Berghaus am Schachen, Kloster Ettal
Für Naturfreunde: Partnachklamm, Höllentalklamm, Leutaschklamm, Zugspitze und Eibsee, Großer Ahornboden in der Eng.

Gastro-Tipp:

- Eine Institution nicht nur unter Paddlern ist die Pizzeria Da Renzo in Partenkirchen am Rathausplatz mit ihren riesigen Pizzen zu günstigen Preisen. Tel: 08821/4171, *www.ristorante-renzo.de*
- Gute bayerische Küche in gemütlicher Atmosphäre gibt es in der Post in der Vorderriß Tel: 08045/277, *www.post-vorderriss.de*
- Das beste Eis bekommt man bei Eis 2000 am Marienplatz in Garmisch.
- Beliebt in der Region ist auch das große Ludwig-Ganghofer-Frühstück an Sonn- und Feiertagen von 8-12 Uhr im Hotel Jäger von Fall in Fall am Sylvensteinspeicher *www.jaeger-von-fall.de*

Shop und Schulung:

- Kajakhütte Peissenberg, Zur alten Bergehalde 3 in Peissenberg, *www.kajak-huette.de*
- Wildwasserschule Garmisch, *www.ww-gap.com*
- Mein Tipp: Toros Outdoors, *www.toros-outdoors.de*

Weitere Infos::

Umfangreiche Infos zur Region gibt es unter anderem auf:
www.gapa.de
www.alpenwelt-karwendel.de
www.ammergauer-alpen.de
www.lenggries.de

Über den Dingen: Traumpanoramen über dem Loisachtal.

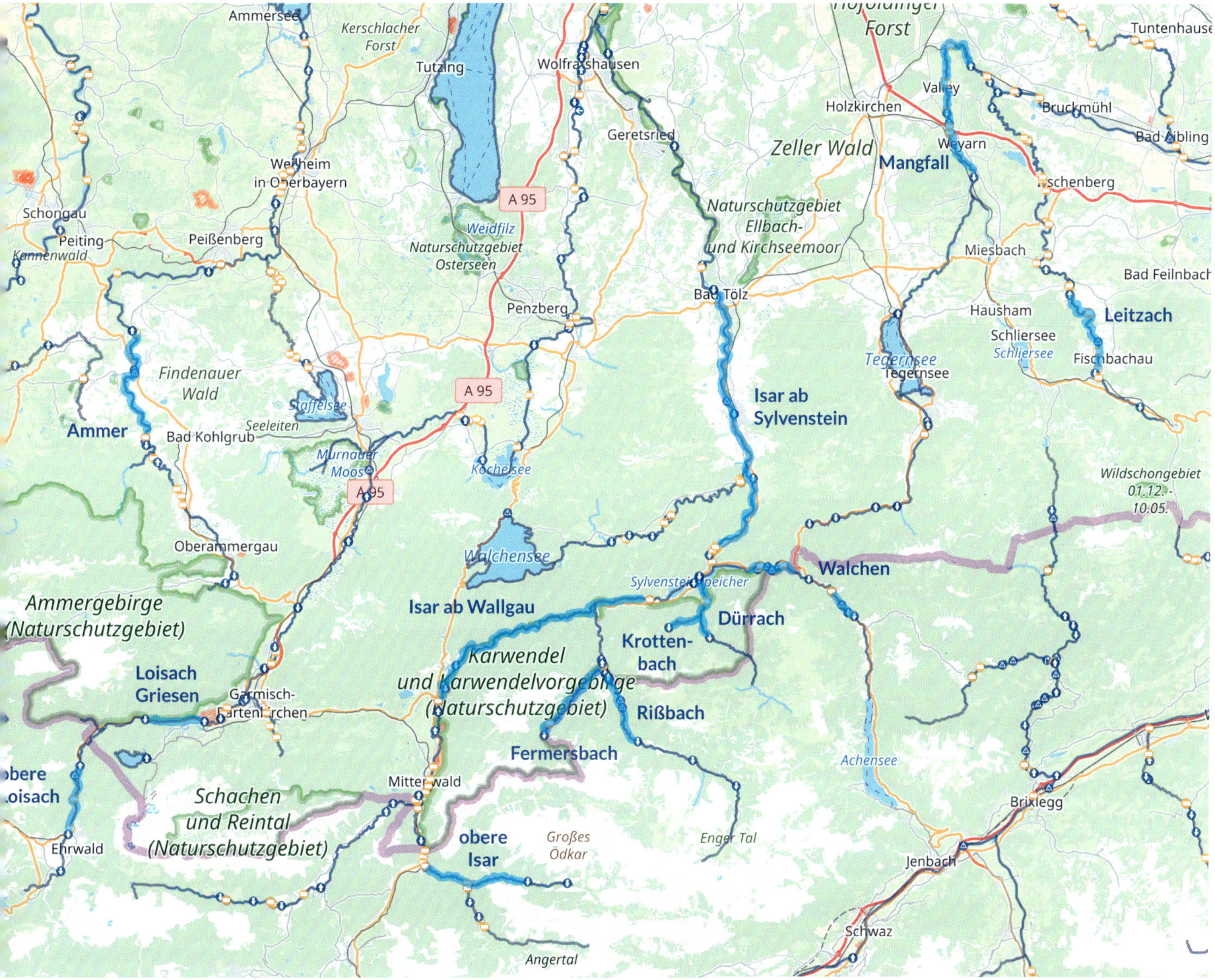

✚ Im Notfall:

Krankenhäuser in Garmisch-Partenkirchen,
Murnau (Unfallkrankenhaus) und Agatharied
Europaweiter Notruf 112
Alpinnotruf Österreich 140

DIE KLASSIKER:

AMMER - Kammerl-Rottenbuch

Ist von der Ammer die Rede, wird meist mit Superlativen nicht gegeizt. Egal, ob schönste Schlucht, beste und beliebteste Wildwasserstrecke Bayerns oder gar Deutschlands, über all diese Auszeichnungen ließe sich unter Kennern trefflich streiten. Tatsache aber ist, dass an der Ammer auch fortgeschrittene Wildwassereinsteiger und Genusspaddler eine wunderbare Schluchtlandschaft auf nur mäßig schwierigem Wildwasser erleben können. Auch diese Mischung aus moderaten Schwierigkeiten und großartiger Natur ist sicher nicht einzigartig, aber doch selten und im Kreis dieser Flüsse gebührt der Ammer – rein subjektiv natürlich – auf jeden Fall ein Platz auf dem

ÜBERSICHT

Länge: 12 km

Schwierigkeit: WW 2 (3)

Einstieg: Kraftwerk Kammerl (47.6619, 10.9884)

Ausstieg: Brücke Rottenbuch (47.7358, 10.9747)

Charakter: Kurvenschwälle und Felsrippen mit einigen niedrigen Stufen im meist offenen Flussbett in einer Waldschlucht

Gefahren: Hochwasserfahrten, Kraftwerkseinlass am Wehr

Gefälle: 8 m/km

Pegel: Ammer Peißenberg, *www.hnd.bayern.de* verpflichtender Mindestpegel 6 m^3/s, empfehlenswert sind 8-20 m^3/s, darüber nur für routinierte Paddler mit sicherer Rolle (anfangs um WW 3/3+).

Beste Zeit: Mai und Juni und nach Regenfällen, Befahrung nur zwischen 1. Mai und 15. Oktober von 9 bis 17:30 (Einstieg bis 16 Uhr) über dem Mindestpegel (6 m^3/s) erlaubt

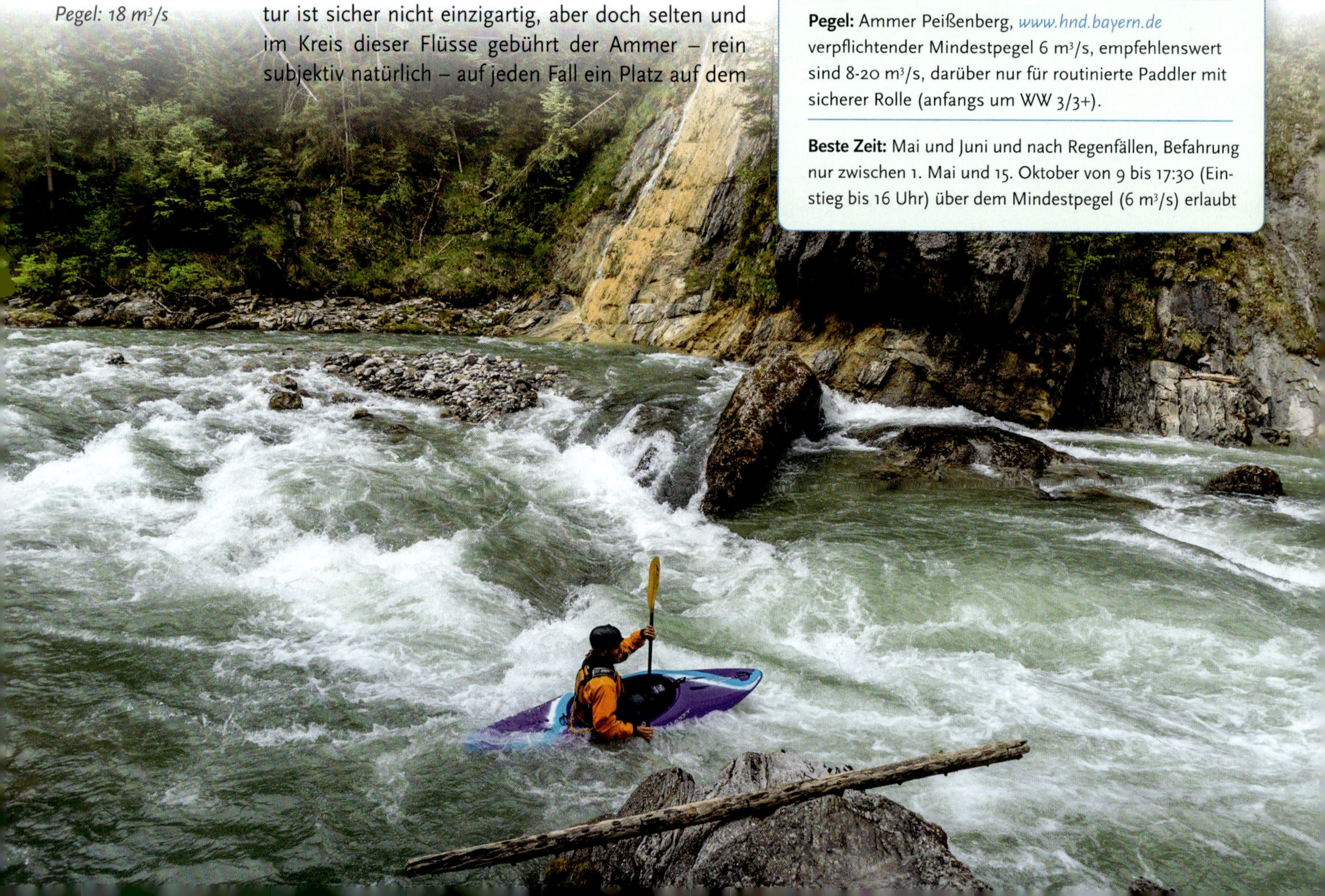

Wenige hundert Meter nach dem Einstieg ist die Scheibum die erste kleine Bewährungsprobe. Pegel: 18 m^3/s

Siegertreppchen. Interessant wird es auf der Ammer für Paddler nicht in den Bergen, sondern erst im Alpenvorland. Im breiten Tal zwischen dem Passionsspielort Oberammergau und Unterammergau hat die Ammer mit einem Wildfluss noch nichts gemeinsam. Flach strömt sie durch ein kanalisiertes Bett, das von breiten Spazierwegen gesäumt wird. Erst unterhalb von Altenau, die erste Reihe der Alpengipfel noch in Sichtweite, hat sich der Fluss bis zu 100 Meter tief in die Molasse des Alpenvorlands gegraben und dabei lange Schluchten geschaffen, die erst nahe Peißenberg wieder enden. Die Schluchteinfahrt mitsamt den eindrucksvollen Stufen des Ammerkatarakts (WW 4) wird durch ein Wehr trockengelegt, so dass die Ammer außer bei Hochwasser erst ab dem Kraftwerk Kammerl befahrbar ist. Auf der folgenden klassischen Strecke bis Rottenbuch liegen die Schwierigkeiten meist um WW 2, nur zu Beginn wird es an der Scheibum und am Naturwehr etwas sportlicher. Unterhalb von Rottenbuch setzen sich die Waldschluchten mit gemütlichem Wildwasser (WW 1-2) fort, landschaftlich weiterhin toll, aber nichts für Wildwassersüchtige. Noch einmal zurück zu den Superlativen und deren Kehrseite: Die große Beliebtheit der Ammer führte dazu, dass umfangreiche Befahrungsregelungen notwendig wurden, um Naturschutz und Freizeitnutzung unter einen Hut zu bringen. Die Beachtung der mittlerweile etablierten Regeln ist Ehrensache, detailliert informieren kann man sich im Internet oder direkt an den Einstiegsstellen.

An Land

Die Einstiegstelle am Kraftwerk Kammerl wird auf einer schmalen Straße von der Ortschaft Saulgrub aus erreicht (Achelestraße). Hier befindet sich auch eine Pegelampel, die anzeigt, ob die Befahrung erlaubt ist. In Saulgrub nicht die neue Umgehungsstraße nutzen, sondern

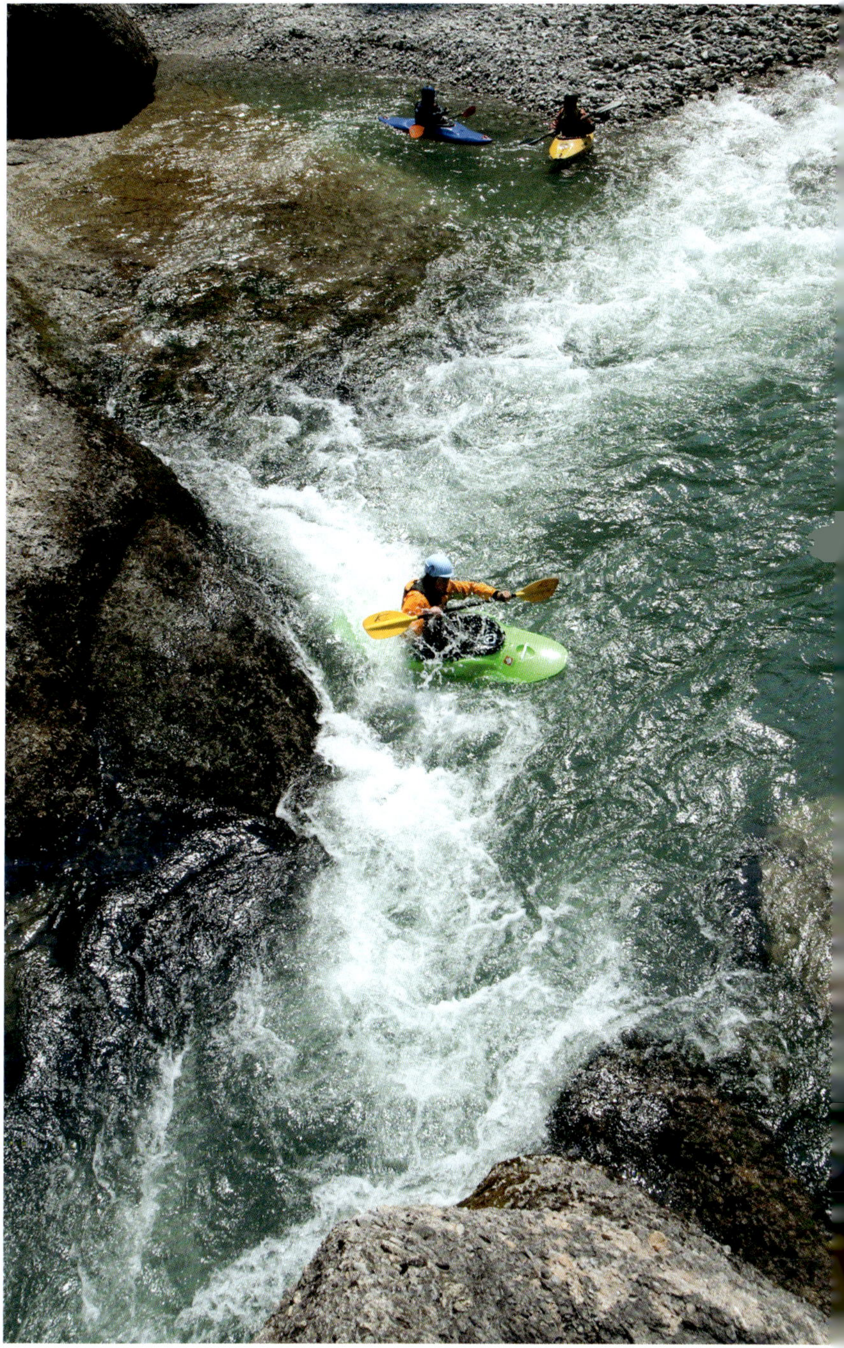

Die Engstelle Kammerl ist das Tor zur Ammerschlucht. Pegel: 8 m³/s

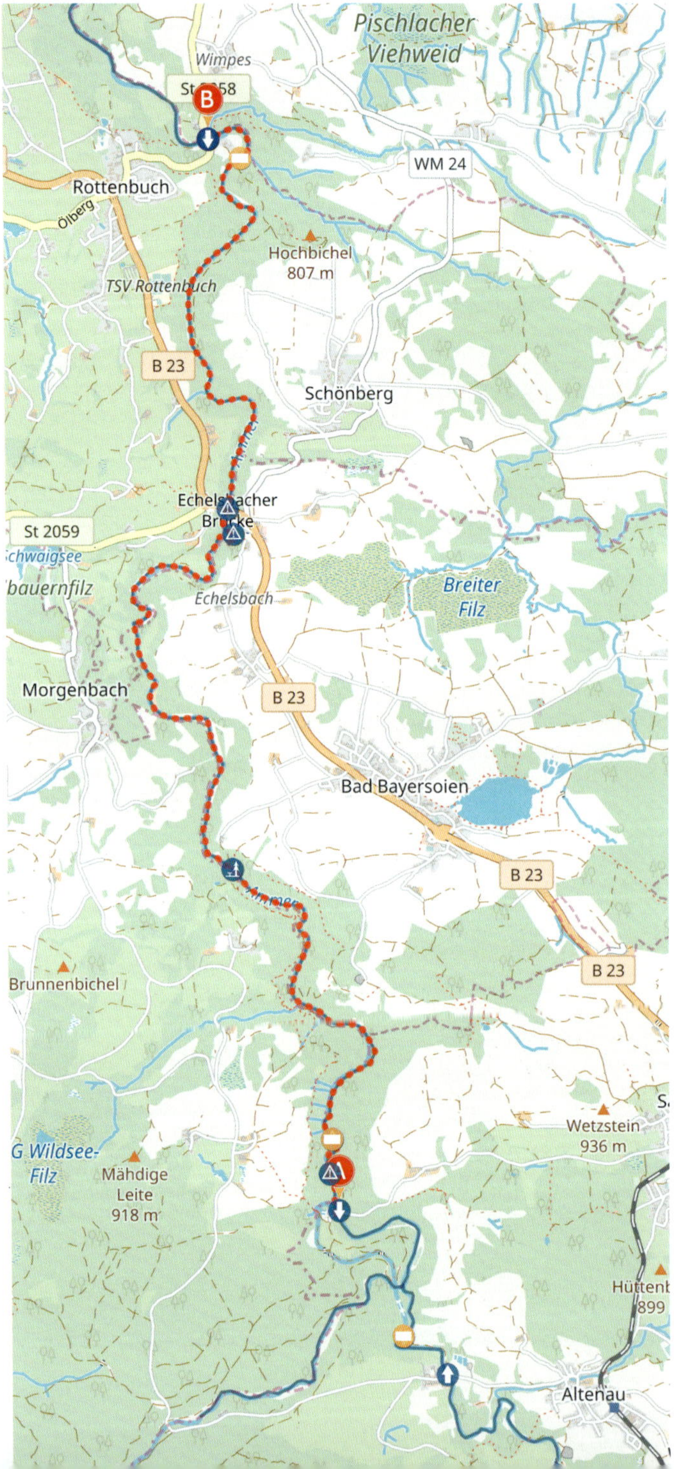

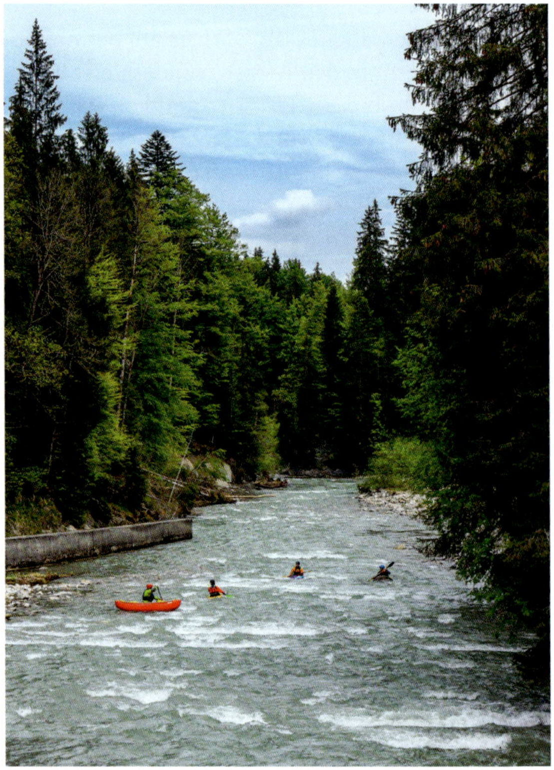

Start der Tour durch die Ammerschluchten am Kraftwerk Kammerl. Pegel: 18 m³/s

durch den Ort fahren. Die Ausstiegsstelle an der Brücke zwischen Rottenbuch und Böbing erreicht man über die B 23 (in Rottenbuch Richtung Böbing abzweigen).

Auf dem Wasser

Bevor man in die Boote steigt, sollte man sich an den Schautafeln über die genauen Befahrungsregeln informieren. Gruppenfahrten mit mehr als fünf Booten sind untersagt, ebenso das Anlanden mit Ausnahme weniger Stellen. Gleich in der ersten Kurve wartet mit der Scheibum die schwerste Stelle der Ammer. Ein quer zum Fluss verlaufender Felsriegel bildet je nach Wasserstand eine Walze und für weniger Geübte etwas tückische Strömungsverhältnisse, die schon Auslöser für so manches kühle Bad waren. Sollte die Nervosität zu groß sein, lässt sich die Stelle am rechten Ufer auch gut umtragen (hier ebenso besichtigen). Über einen flotten Schwall zieht die Ammer ins ruhige Becken des Kammerls hinein. Diese von Felswänden begrenzte Engstelle ist einer der landschaftlichen Höhepunkte der Schlucht. Zwischen spritzigen Schwällen über Felsrippen aus Konglomeratgestein fällt die Ammer wenig später über das niedrige Naturwehr, das links befahren wird. Kurz danach gehen die Schwierigkeiten zurück und auch weniger geübten Paddlern bleibt Zeit, zwischendurch einen Blick auf die steilen Waldhänge mit einzelnen Felspartien zu werfen. Besonders schön sind die Schleierfälle, die über moosbewachsene Felsdächer in die Ammer rieseln (bitte nicht anlanden!).

Ab der Brücke an der Soyermühle öffnet sich die Schlucht zunehmend und die Ammer erlaubt sich einen gewissen Durchhänger, bevor sich Landschaft und Wildwasser im Bereich der hohen Echelsbacher Brücke wieder von ihrer schönsten Seite präsentieren. Kleine Stufen und verblockte Schwälle (bis WW 2+) leiten unter der Brücke hindurch in eine erneute Verengung der Schlucht (Vorsicht Baumhindernisse). Mit Ausnahme einer von Felsriegeln gebildeten Walze plätschert die Ammer sehr gemütlich durch den dicht bewaldeten Durchbruch. Kurz vor dem Ausstieg kann das Wehr an der Ammermühle über eine Bootsrutsche meist gut befahren werden. Allerdings ist die Rutsche im linken Drittel des Wehrs von oben für Unkundige nicht ganz leicht zu erkennen und es gilt, unbedingt dem Kraftwerkseinlass am linken Ufer fernzubleiben. Bis zum Ausstieg ist es von hier nur noch eine letzte, aufgrund der Wasserableitung oft etwas holprige Kurve, nicht gerade ein würdiger Abschluss der Tour.

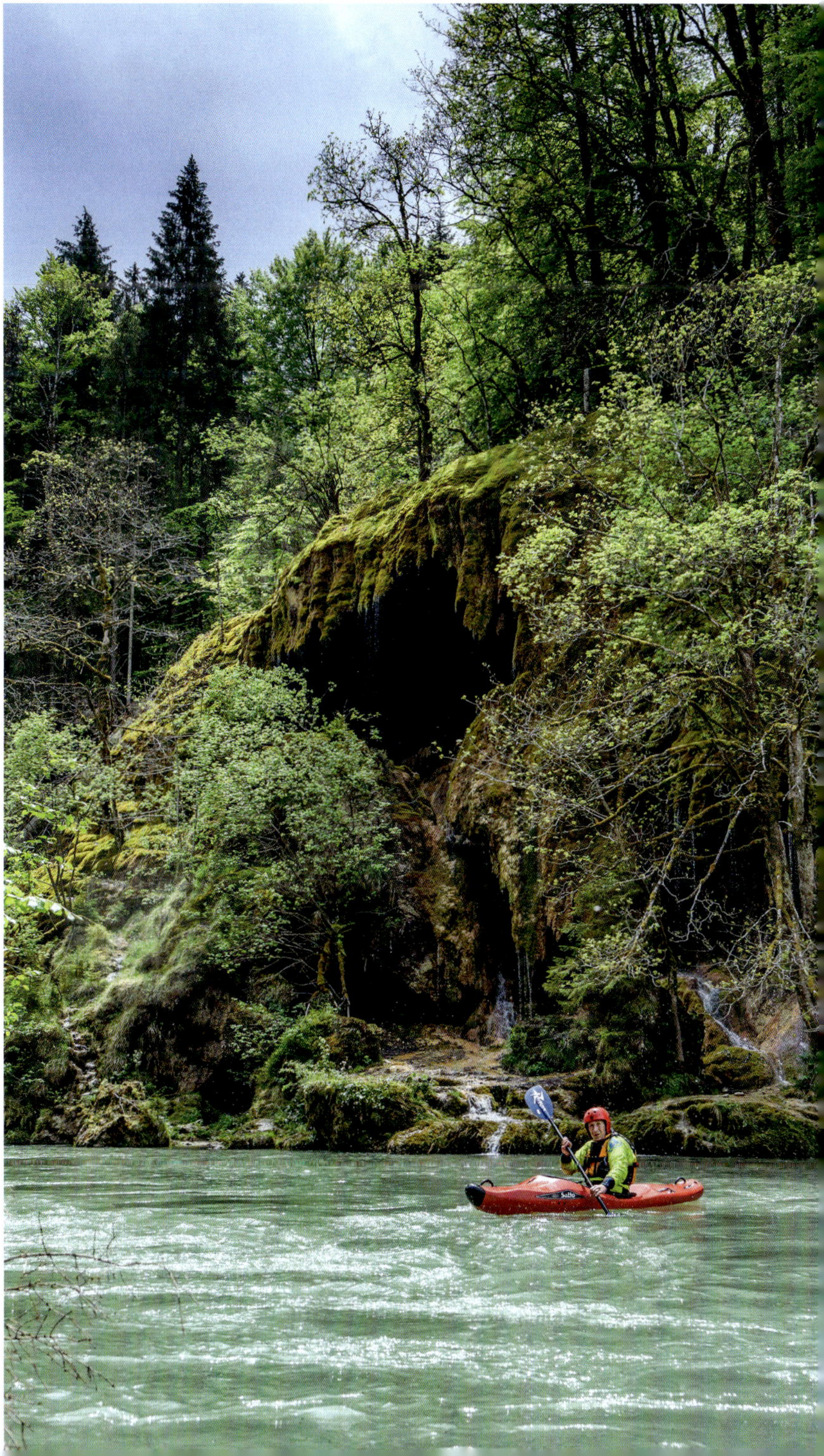

Einfach schön: Die Schleierfälle. Pegel: 18 m³/s

LOISACH - Griesenschlucht

Die Griesenschlucht der Loisach oberhalb von Garmisch-Partenkirchen ist die Referenzstrecke der Nordalpen für mittelschweres verblocktes Wildwasser. Bis heute wird die Strecke gerne als Maßstab herangezogen und muss immer wieder für mehr oder weniger passende Vergleiche herhalten. Legendär ist der Versuch, für eine Charakterisierung der deutlich schwierigeren (und gefährlicheren) Ardezer Schlucht im Engadin die Griesenschlucht zu bemühen: „Wie die Loisach, nur erheblich steiler, wuchtiger und damit schwieriger", lautete anno dazumal die Beschreibung. Die Loisach war eben schon immer ein echter Klassiker, bekannt wie beliebt, und daran wird sich auch in Zukunft wenig ändern. Wer als Wildwassereinsteiger nach einiger Lehrzeit die Loisach souverän meis-

ÜBERSICHT

Länge: 5 km

Schwierigkeit: WW 3/3+

Einstieg: Parkplatz Gschwand (47.4823, 10.9888)

Ausstieg: Parkplatz Zielhaus (47.4814, 11.0463)

Charakter: Dicht verblockter Naturslalom mit vielen Kehrwassern

Gefahren: Baumhindernisse

Gefälle: 14 m/km

Pegel: Loisach oberhalb der Partnachmündung
www.hnd.bayern.de
Mittelwasser ca. 10 m³/s, Mindestpegel: 95 cm

Beste Zeit: Frühling bis Herbst, in trockenen Jahren nur nach Niederschlägen und während der Schneeschmelze

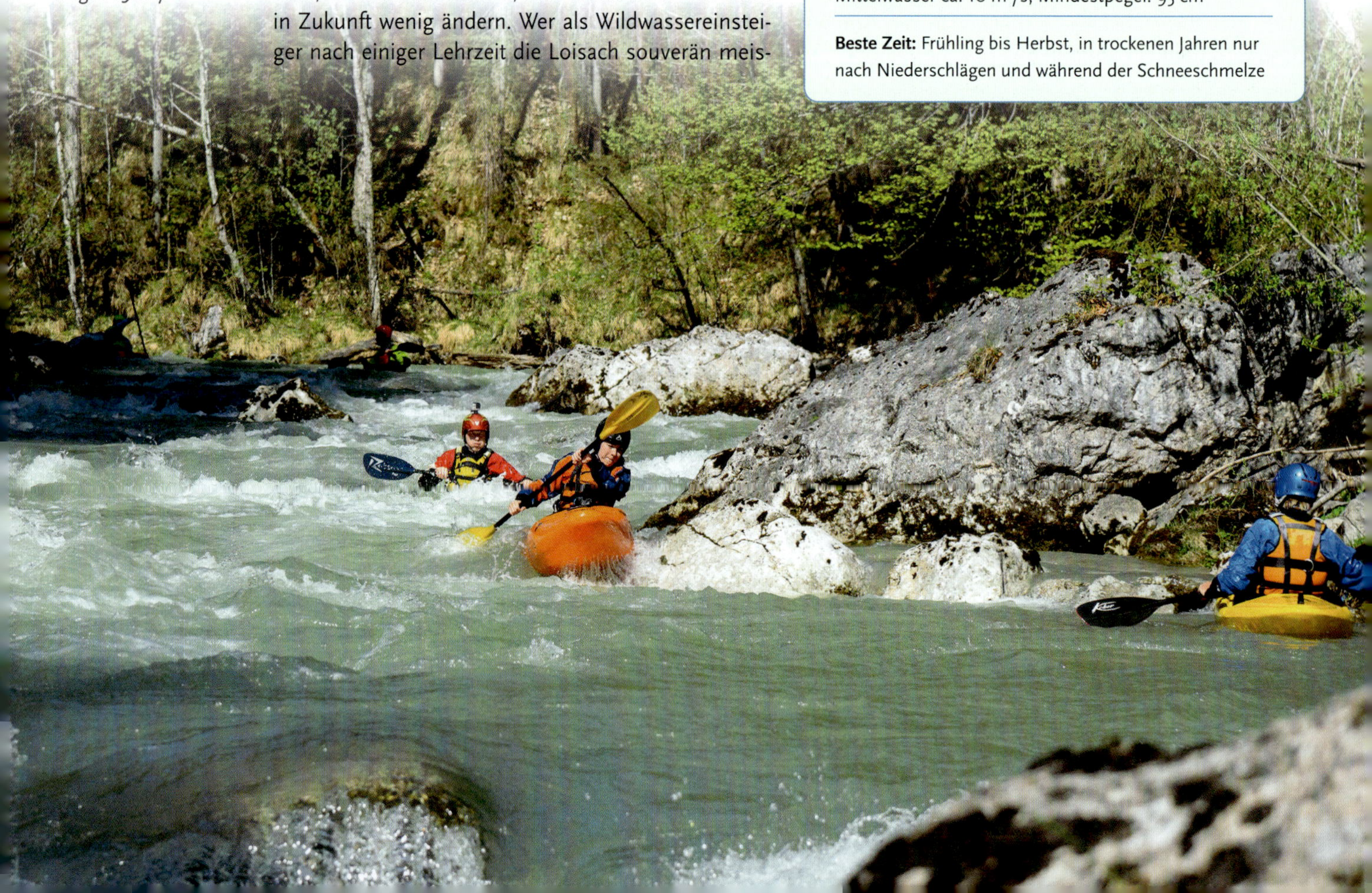

Nicht umsonst die Loisach eine Lieblingsstrecke vieler Wildwasserpaddler. Pegel: 15 m³/s

tert, hat nach wie vor einen Meilenstein der eigenen Wildwasserkarriere erreicht und darf sich von da an stolz zum Kreis der Fortgeschrittenen zählen. Der aus dem Münchner Raum schnell erreichbare Blockparcours ist die erklärte Lieblingsstrecke vieler „Normalpaddler", die bei guten Bedingungen regelmäßig zur Loisach kommen. Dabei galt die Loisach lange Zeit als schwerstes Wildwasser in Deutschland. Für Faltbootfahrer war die starke Verblockung mit zahlreichen engen Durchfahrten eine echte Herausforderung und nicht umsonst wurde die Loisach mit WW 5 bewertet. Erst, als kürzere Kunststoffboote Einzug hielten, wurde die Strecke allmählich zur beliebten Fortgeschrittenentour. Wer die frühere Herausforderung zumindest ansatzweise nachvollziehen möchte, organisiere sich (entsprechendes Können vorausgesetzt) einfach einmal ein altes Kajak der 4-Meter-Klasse samt alter Ausrüstung. Garantiert eine spannende Erfahrung!

An Land

Der Ausstieg befindet sich am Zielhaus bei Grainau. Gegenüber der Abzweigung der Straße Richtung Grainau und Eibsee führt ein Schotterweg zum Parkplatz. Der Einstieg am Parkplatz Gschwand liegt etwa zwei Straßenkilometer oberhalb der (einzigen) Brücke über die Loisach. Ein zweites Auto zum Umsetzen ist meist nicht notwendig, da fast immer andere Paddler vor Ort sind und ein Fahrradweg (auch mit Inline-Skates befahrbar) die Straße begleitet.

Auf dem Wasser

Trügerisch sanft plätschert die Loisach am Einstieg durch ein breites Kiesbett mit schöner Aussicht Richtung Zugspitze. Am ehemaligen Gschwandtsteg (zerstört beim Pfingsthochwasser 1999) verengt sich das Flussbett und der Kies wird durch große Felsen abgelöst. Auf den ersten Blick erscheint der Fluss zwar sehr

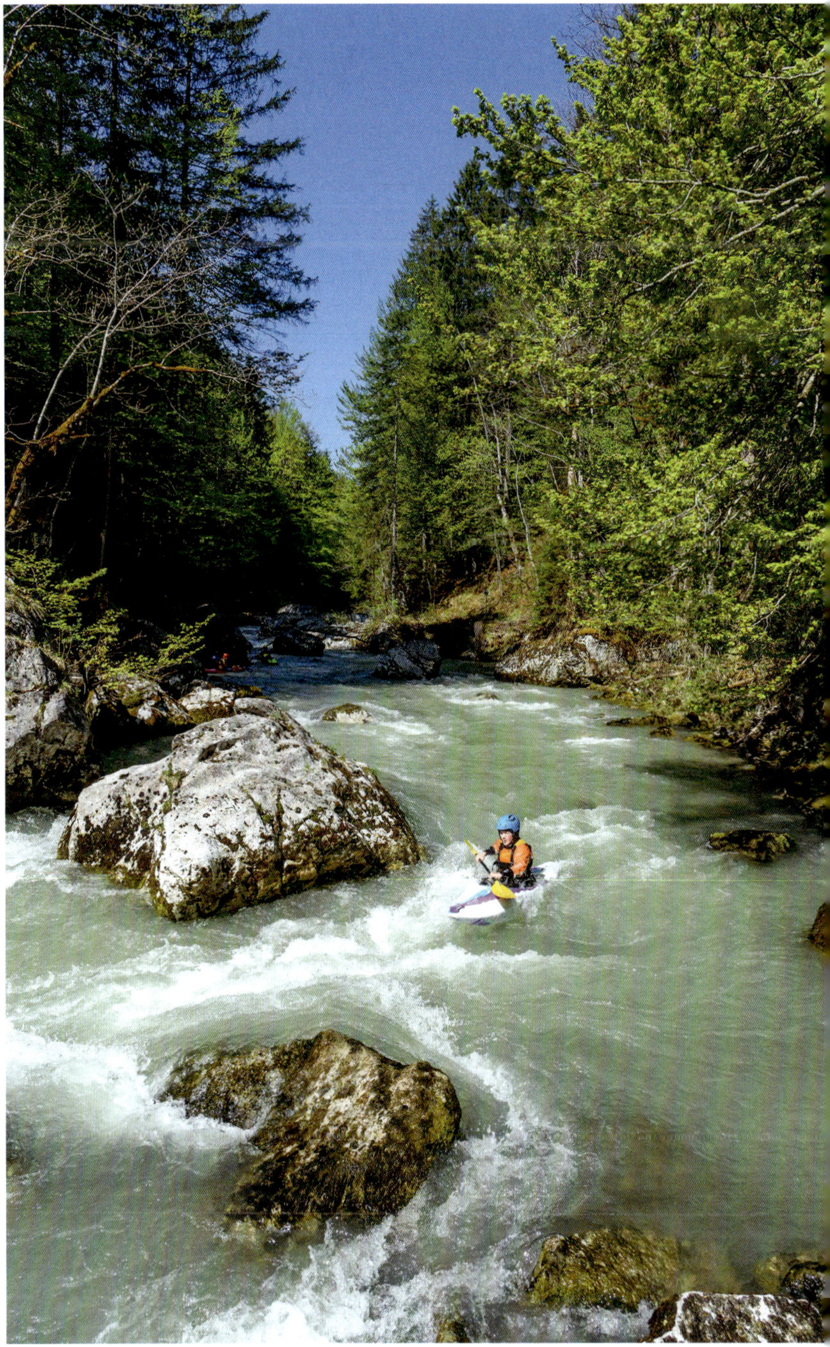

Nicht nur am Dom geht es auf der Loisach unübersichtlich ums Eck. Pegel: 15 m³/s

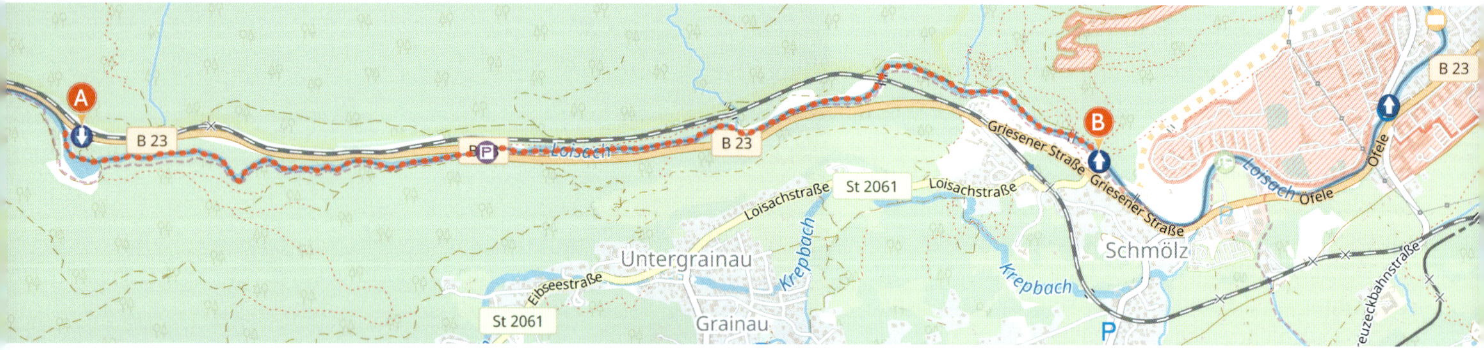

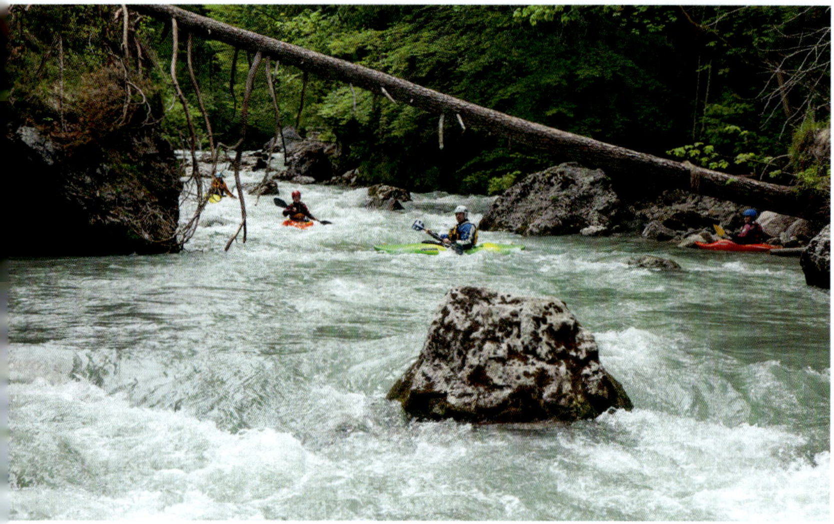

Von Beginn an ist die Loisach dicht verblockt. Pegel: 11 m³/s

unübersichtlich, glücklicherweise geizt die Loisach jedoch nicht mit Kehrwassern. Von Kehrwasser zu Kehrwasser springend lässt sich die weitere Route stets gut einsehen. Blinde Ecken sollte man vorsichtig angehen, da immer gefährliche Baumhindernisse lauern können. Besonders im Frühjahr sowie nach Stürmen und Hochwassern ist mit bösen Überraschungen zu rechnen, regelmäßig kommt es leider auch zu Unfällen.

Am meisten Spaß machen die pausenlosen Blockstrecken bei gutem Mittelwasser: Darunter nimmt die Verblockung und die Enge der Durchfahrten deutlich zu, darüber wird der Fluss zwar schnell und sportlich, der slalomartige Charakter geht aber etwas in den Fluten unter. Nach etwa einem Kilometer kündigt eine deutliche Linkskurve mit ruhigem Wasser den Beginn des schönsten und sportlichsten Teils der ersten Streckenhälfte an. Mehr „Schlucht" als die niedrigen Felswände am rechten Ufer gibt es übrigens auch im weiteren Verlauf nicht. Einige dicht verblockte Passagen und schließlich eine enge S-Kurve leiten zum „Dom". Ein kapitaler Felsblock teilt den Fluss hier in zwei mögliche Durchfahrten (Achtung: Baumversperrungen), die Ausfahrt bildet eine niedrige Stufe.

Anschließend nimmt die Verblockung ab und bis weit hinter der folgenden Straßenbrücke fließt die Loisach leicht dahin. Zunehmende Verblockung markiert den Beginn des Treppenhauses, das eine der schwersten Passagen darstellt. Zu diesen gehört auch der folgende steile Schwall, der bei wenig Wasser manchmal etwas unsauber ist und bei viel Wasser erstaunlich wuchtig wird. Die Reststrecke bis zum Ausstieg wurde zwar vom Pfingsthochwasser 1999 völlig umgekrempelt und mit Kies aufgefüllt, hat sich in den letzten Jahren langsam aber sicher wieder zu einem schönen Naturslalom entwickelt. Vor allem die letzte Stelle kurz vor der Eisenbahnbrücke mit scharfen Richtungswechseln an einem leicht unterspülten Felsen ist durchaus nicht zu unterschätzen. Dann ist es geschafft, gemütlich geht es dem Ausstieg entgegen. An ein paar Stellen gibt es aber durchaus auch hier noch Möglichkeiten zum Stylen.

OBERE ISAR - Hinterautal bis Scharnitz

Fast alle der insgesamt knapp 300 Flusskilometer der Isar bis zur Mündung in die Donau unterhalb von Plattling führen durch Bayern. Die schönsten und für Wildwasserpaddler interessantesten Kilometer aber liegen ganz im Oberlauf in Tirol, das müssen auch wir Bayern (vielleicht etwas zähneknirschend) zugeben. Während weiter unten der Fluss in der Vergangenheit durch menschliche Eingriffe gezähmt und erst in den letzten Jahren durch aufwändige Maßnahmen teilweise wieder renaturiert wurde, ist die kurze Strecke im Hinterautal oberhalb von Scharnitz seit jeher weitgehend naturbelassen. Zusammen mit der grandiosen Bergkulisse der Karwendelgipfel bildet der junge Fluss hier eine jener seltenen, nahezu perfekten Landschaften. Die grünlichen Wasser gluckern über den hellen Kies der zahlreichen Geröllreißen und

ÜBERSICHT (Klamm)

Länge: 9 km

Schwierigkeit: WW 2 (3)

Einstieg: Taxi-Wendeplatz (47.3771, 11.3648) oder vor der Schlucht (47.3797, 11.3391)

Ausstieg: Karwendelparkplatz in Scharnitz (47.3861, 11.2670)

Charakter: Spritzige kaum verblockte Schwälle im offenen Kiesbett und in engen Klammen, schnelle Strömung

Gefahren: Kiesbagger, einzelne Unterspülungen

Gefälle: 12 m/km

Pegel: Isar Scharnitz, ab etwa 115 cm, MW 130-135 cm

Beste Zeit: Im Frühsommer. Taxi-Service von 1. Juni bis 15. Oktober

Offenes Kiesbett im Hinterautal. NW

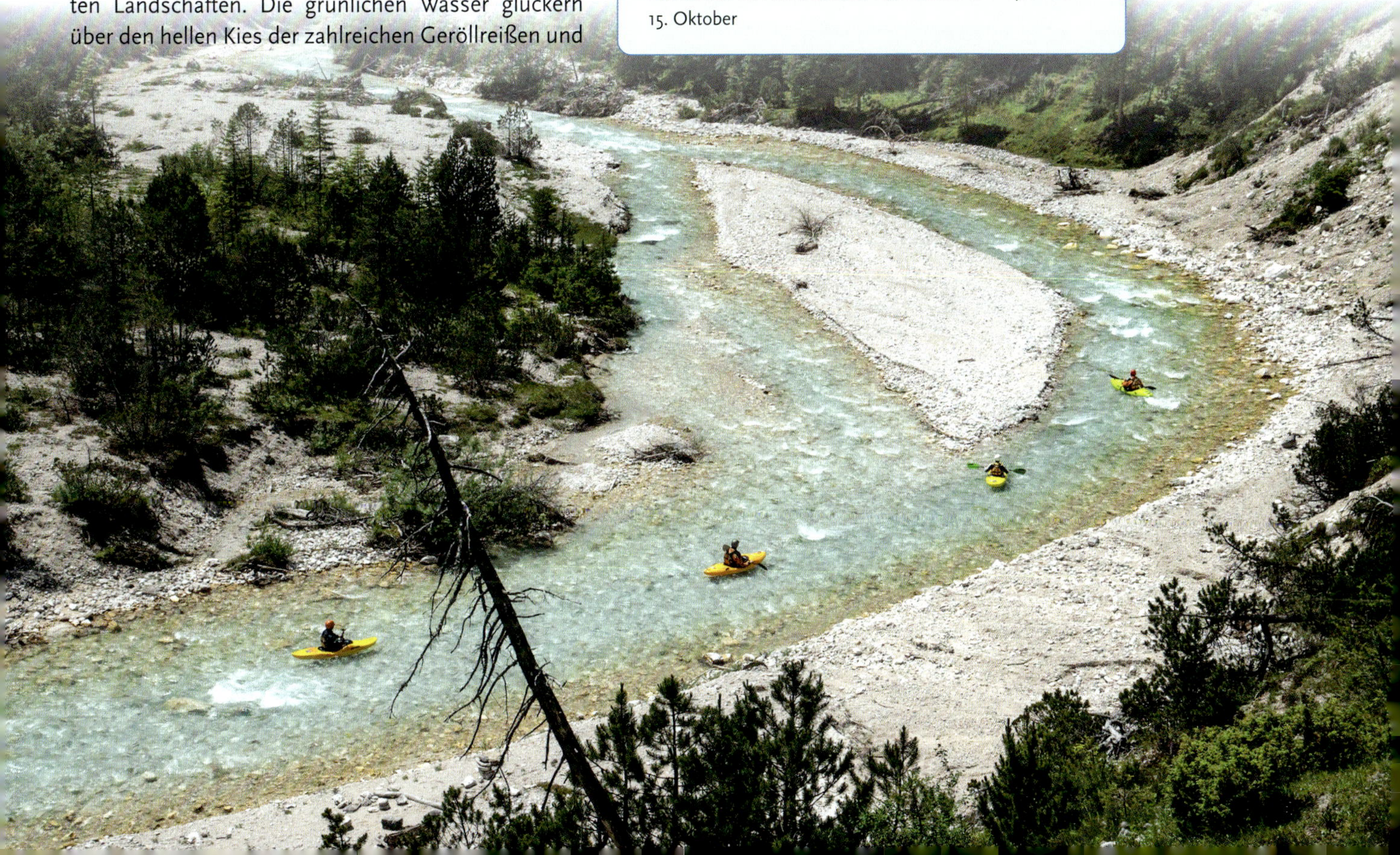

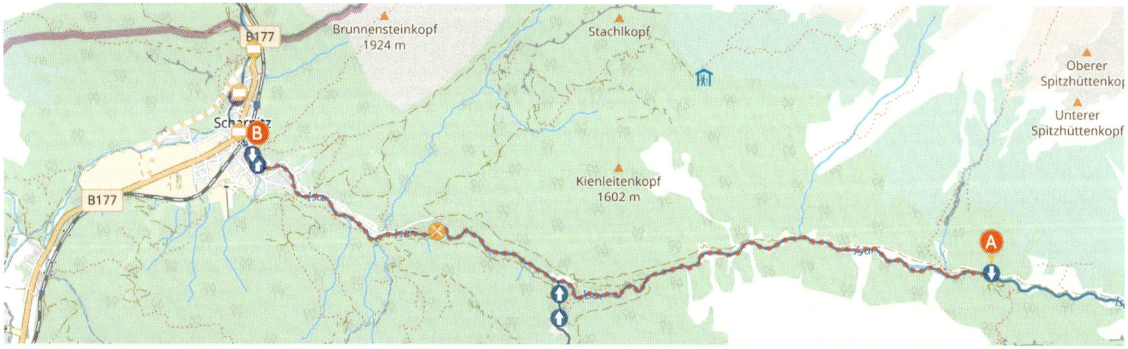

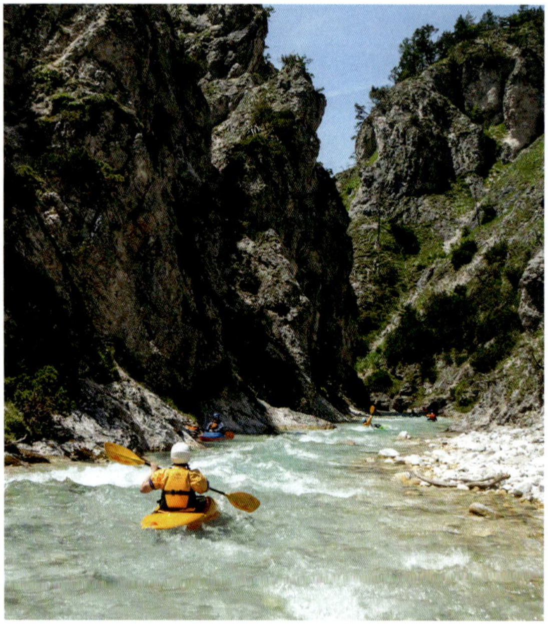

Einfahrt in die große Klamm. NW

rauschen später durch eine feingliedrige Klamm aus Kalkgestein mit bizarren Felstürmchen. Durch die Zuflüsse von Gleirschbach und Karwendelbach wird der junge Wildbach bald zu einem ansehnlichen Fluss, der bei Scharnitz auf die ersten künstlichen Hindernisse trifft und vor dem Massiv der Arnspitzen seine Laufrichtung ändert und Richtung Norden strömt. Zu Fuß oder mit dem Mountainbike lohnt es sich, die Ursprünge dieses Gewässers im obersten Hinterautal zu erkunden. Hier gibt sich der sonst so zielstrebige Fluss ein wenig rätselhaft. Es gibt nicht nur eine Isarquelle, sondern auch die Isarursprünge. Wer sich auf die Suche nach den Zusammenhängen begibt, wird mit Sicherheit zumindest herrlich idyllische Plätzchen an den leise plätschernden Wassern finden.

An Land

Da die Forststraße ins Hinterautal für den privaten Verkehr (völlig zu Recht) gesperrt ist, wurde ein Taxi-Service ab dem großen Karwendelparkplatz in Scharnitz eingerichtet, der auch Paddler zum Einstieg bringt (Karwendeltaxi Mair Tel. 0043/5213/5363 oder Taxi Ramona Tel. 0043/5213/5541). Die Zahl der Taxi-Fahrten pro Tag ist begrenzt (besser nicht zu spät kommen), der Preis abhängig von der Zahl der Mitfahrer (pro Fahrt mind. 35 Euro bzw. 7 Euro pro Person). Sportlicher und schöner ist es, das Boot zu Fuß per Bootswagen zur Einstiegsstelle zu karren. Dazu folgt man stets der Beschilderung Richtung Hallerangerhaus. Anfangs ist der Weg noch asphaltiert, erst hinter dem Steilanstieg am Gasthof Wiesenhof wird er zur Forststraße. Diese verläuft hoch über der Isarklamm und senkt sich oberhalb zum Fluss ab. Bequem ansteigend erreicht man nach maximal 2 Stunden die Einstiegsstelle am Taxi-Wendeplatz. Oberhalb ist eine Befahrung der Isar ganzjährig verboten. Bei niedrigeren Wasserständen empfehle ich, auf den oberen Teil zu verzichten und direkt vor der Schlucht einzusteigen.

Auf dem Wasser

Nach kurzer ruhiger Fahrt (Büsche und evtl. niedrige Stege) erreicht man eine kurze Gefällzone. Schnell und spritzig, aber auch etwas steinig rauscht die Isar hier über größere Felsen hinab (bis WW 3). Mögliche Baumhindernisse erfordern eine kurze Besichtigung. Unsichere Einsteiger sollten besser umtragen, da ein Schwimmen an dieser Stelle recht schmerzhaft sein kann. Unterhalb nimmt die Wellenbildung etwas zu, und hinter dem ersten Futterstadel verengt sich das Tal. Die Einfahrt in die folgende kurze Klamm mit mehreren kleinen Walzen ist leicht verblockt und bei höherer Wasserführung auch etwas wuchtiger (max. WW 3-). Vom Bergpanorama muss man sich nun zwar allmählich verabschieden, dafür zieht aber die Schluchtlandschaft bald jeden Paddler in ihren Bann.

Nach der ersten kurzen Klamm öffnet sich das Tal nochmals für einen Kilometer, bevor die Isar in die eigentliche Schlucht hineinfließt. Diese Klamm aus hellem Kalkgestein ist der landschaftliche Höhepunkt des Flusses. Im engsten Teil mündet von links der Gleirschbach, der geübten Paddlern mit guter Beinmuskulatur längst kein Unbekannter mehr ist. Flott strömen die vereinten Wasser weiter durch die bald wieder etwas offenere Schlucht. Wer sich dem Vorwärtsdrang der Isar nicht anschließen und in Ruhe genießen will, findet einzelne gute Kehrwasser, an denen auch Oldschool-Freestyler ihren Spaß beim Unterschneiden haben können. Einzelne leicht unterspülte Prallwände verlangen mit weniger sicheren Mitstreitern etwas Vorsicht.

Am Ende der Schlucht mündet von rechts der Karwendelbach und bildet eine interessante Verschneidung, die zum Pirouettendrehen einlädt und mit Anfängern durchaus für eine nasse Überraschung gut sein kann. Kurz darauf ist die Zivilisation erreicht und erfordert gleich gebührende Vorsicht. Die Drahtseile von Kiesbaggern im Flussbett sind eine echte Gefahr, da sie unerwartet hochschnellen können. Die Reststrecke ist nur noch gemütliches Auspaddeln, zunächst im offenen Kiesbett, später dann im regulierten Flussbett (den Ausstieg nicht verpassen).

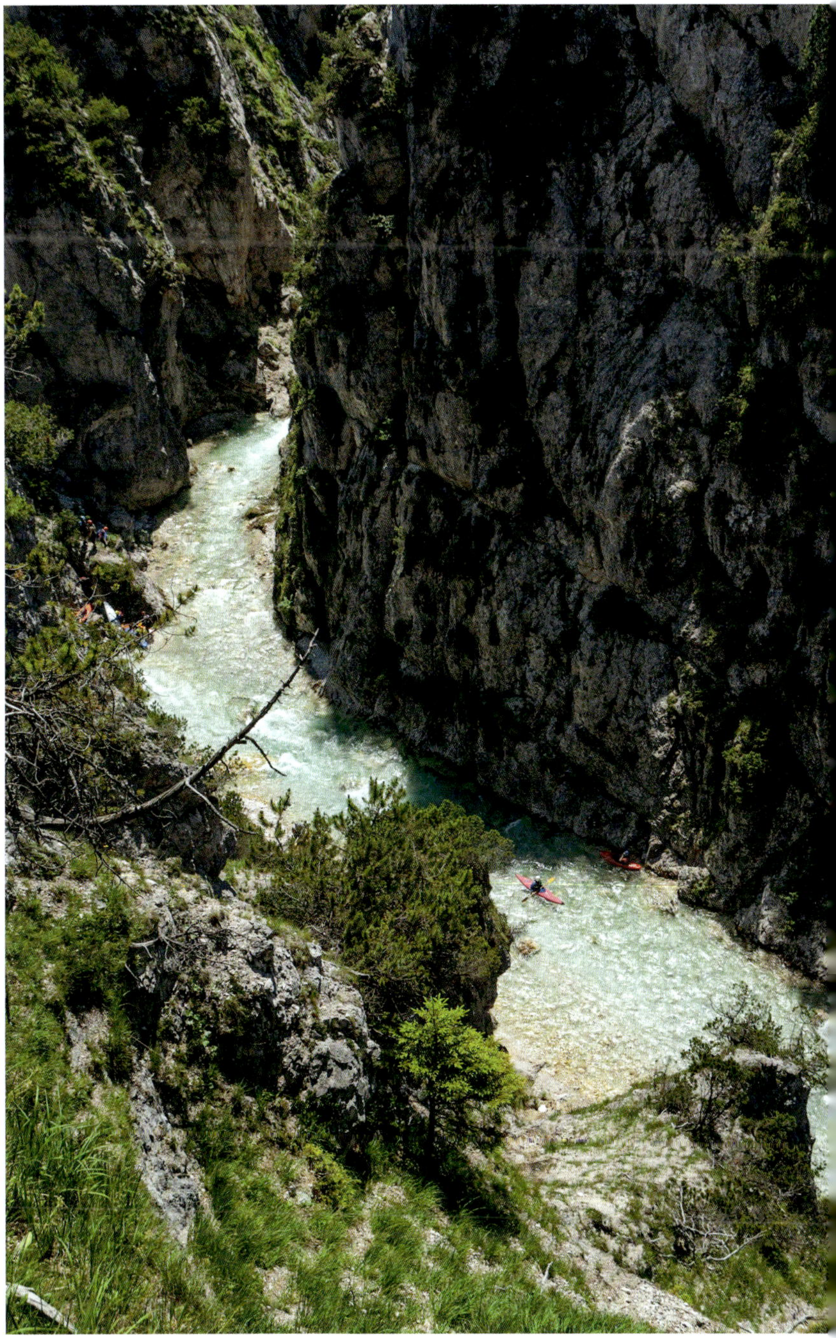

Blick von der Forststraße hinunter zur Gleirschbachmündung. NW

ISAR - Sylvensteinspeicher Bad Tölz

Wer gerne leichtes, landschaftlich schönes Wildwasser paddelt, findet auf der Isar ein kleines Paradies. Unterhalb des Sylvensteinspeichers, der neben dem Hochwasserschutz auch der Energiegewinnung dient, ist die Isar ganzjährig befahrbar. Normalerweise wird (außer bei Hochwassern und Bauarbeiten) recht gleichmäßig Wasser abgelassen, so dass man auch nach längeren Trockenperioden noch Paddeln kann. Leider sind aber, das sei nicht verschwiegen, die negativen Auswirkungen der Sperre für die Gewässerökologie und den Geschiebehaushalt gravierend, auch wenn die Flusslandschaft der Isar für Laien an manchen Stellen nahezu unberührt wirkt. Bis Bad Tölz fließt die Isar im offenen Tal zwischen den Ausläufern der Bayerischen Alpen durch ein Kiesbett.

ÜBERSICHT

Länge: 23 km

Schwierigkeit: WW 1 (2+)

Einstieg: Brücke Sylvenstein (47.5907, 11.5482) oder Bretonenbrücke (47.6597, 11.5860) oder Brücke Lenggries (47.6817, 11.5705)

Ausstieg: Vor dem Wehr in Fleck (47.6398, 11.5933), Brücke Lenggries (47.6817, 11.5705), Parkplatz Bad Tölz (47.7632, 11.5500)

Charakter: Leichter Wildfluss im offenen Kiesbett, ein Katarakt über eine Felsschwelle

Gefahren: Hochwasserfahrten (u.a. Wehr in Fleck)

Gefälle: 3,5 m/km

Pegel: Isar Lenggries www.hnd.bayern.de, Mittelwasser und Mindestpegel für Ausleistungsstrecke ca. 20 m³/s

Beste Zeit: Aufgrund einer neuen Verordnung ist die Befahrung nur noch vom 1. Juni bis 15. Oktober von 7:30 bis 20:00 Uhr erlaubt.

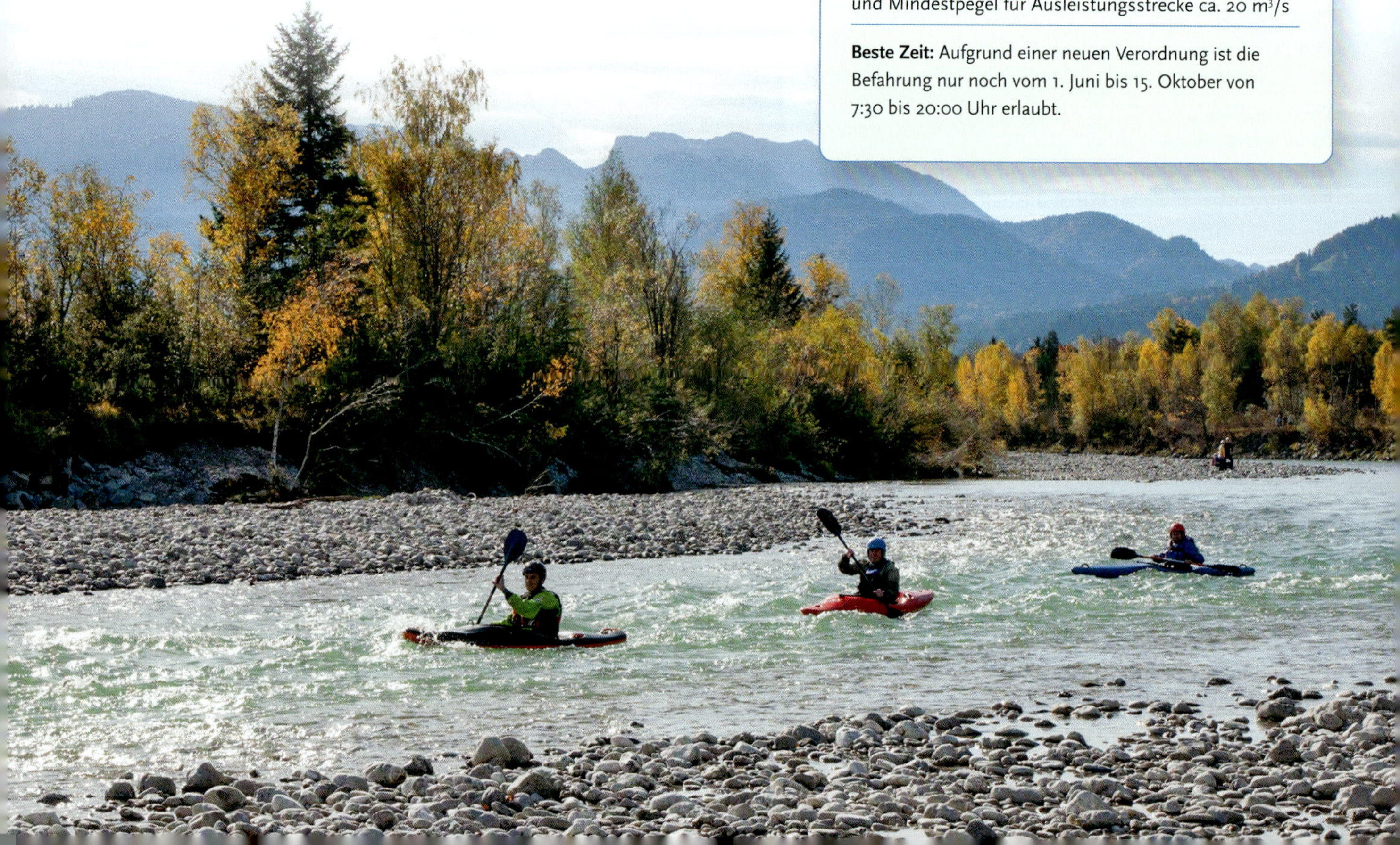

Herbstour mit Blick auf die Gipfel der Bayerischen Voralpen. Pegel: 20 m³/s

Leichte Kehrwasser und kleine Schwälle machen die Strecke zum optimalen Trainingsrevier für Einsteiger. Höhepunkt für Fortgeschrittene ist der sogenannte Isar-Katarakt hinter Lenggries, wo der Fluss über einen ausgewaschenen Felsriegel rauscht (mittlerweile entschärft). Im Herbst bilden leuchtende Mischwälder eine besonders schöne Kulisse für diese gemütliche Tour, die aber leider nur noch bis zum 15. Oktober erlaubt ist.

An Land

Mögliche Einstiegstellen befinden sich an der Brücke unterhalb des Sylvensteindamms, am Parkplatz an der Bretonenbrücke oberhalb von Lenggries (Unterführung zum Fluss) sowie an der Brücke in Lenggries (wenig Parkraum). Bei wenig Wasser kann man an einem Parkplatz an der B 13 oberhalb von Fleck aussteigen (vor dem Wehr mit Wasserableitung), ansonsten an der Brücke in Lenggries oder am großen Parkplatz in Tölz (an der Straße Richtung Königsdorf).

Auf dem Wasser

Die Fahrt beginnt mit drei künstlichen Blockstufen von ganz niedrig (Nummer 1) bis hin zu recht hoch und spritzig (Nummer 3). Die Durchfahrten sind bei normalen Wasserständen gut erkennbar. Schöne Kehrwasser neben steil aufragenden Felswänden am linken Ufer bilden interessante Trainingsstellen für Einsteiger und Fortgeschrittene. Die früher beliebte Übungsstelle am „Wandl" mit scharfen Kehrwassern und Prallwand ist zwar schön länger im Kiesbett untergegangen, doch vielleicht verändert sich der Flussverlauf hier eines Tages auch wieder. Nach knapp 8 Kilometern Fahrt muss das unbefahrbare Flecker Wehr links umtragen werden. Da das Wehr in einer langgezogenen Kurve liegt, ist bei hoher Wasserführung hier Vorsicht geboten.

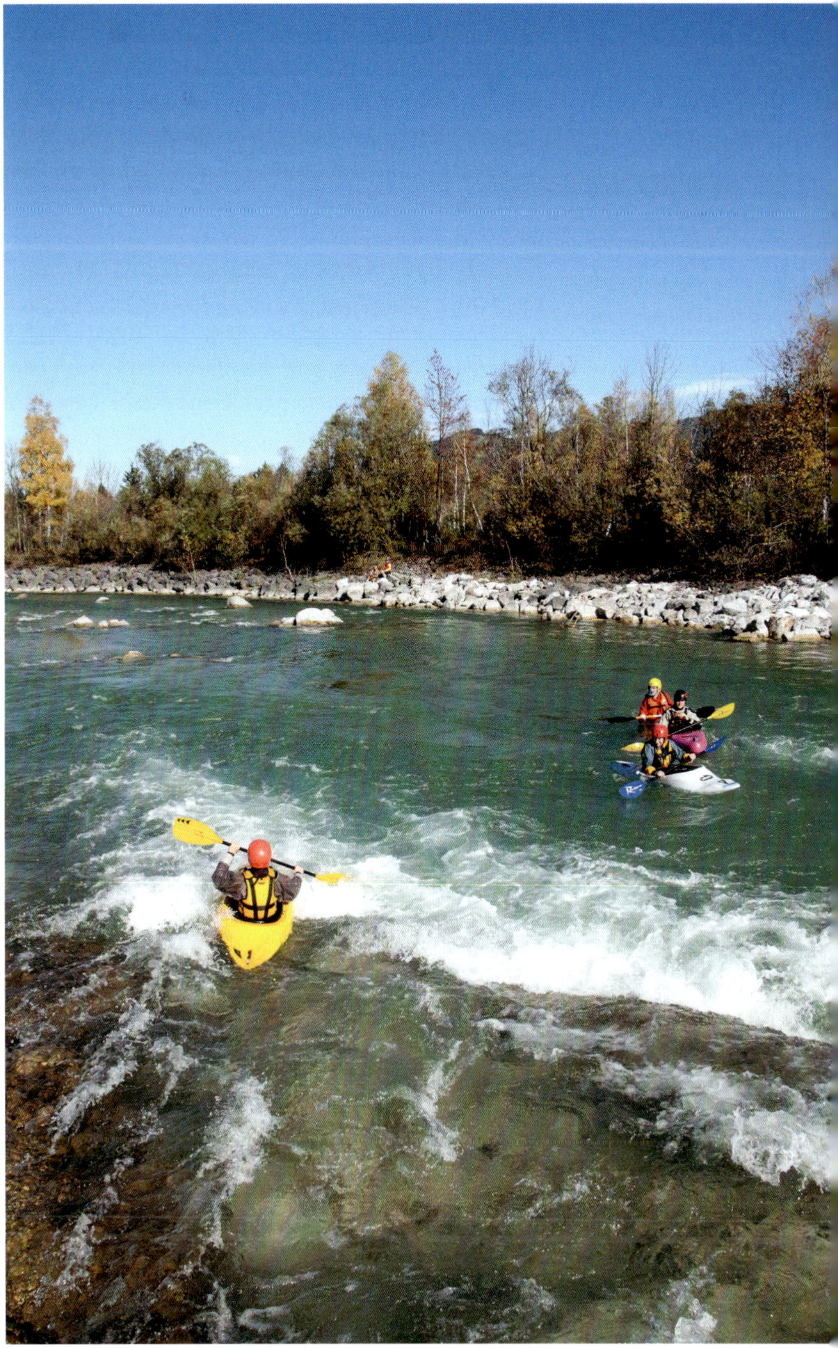

Unterhalb des Isarkatarakts: Pegel: 20 m³/s

Bei wenig Wasser ist die folgende abgeleitete Strecke kein Vergnügen, ich empfehle dann, mit der kurzen Strecke bis hier Vorlieb zu nehmen oder erst an der Bretonenbrücke einzusteigen. Während der Ableitungsstrecke mündet von links die Jachen, deren Ausfluss aus dem Walchensee beim Bau des Kraftwerks gesperrt wurde. Für eine ansprechende Kajaktour führt der Fluss heute nur selten genug Wasser, doch wenn die Bedingungen passen, lohnt sich ein Versuch für Genießer auf jeden Fall. Nach der Rückkehr des abgeleiteten Wassers geht die Fahrt flott bis zur Lenggrieser Brücke, sogar ein paar kleine Felsen liegen im Flussbett.

Der wenig später folgende Isar-Katarakt stellt die größte Herausforderung der Etappe dar, auch wenn sich die Stelle gegenüber früheren Jahren nach Bauarbeiten in der rechten Flusshälfte deutlich entschärft präsentiert. Eine kurze Besichtigung ist je nach Können trotzdem zu empfehlen. Weitere Höhepunkte der Strecke bis Bad Tölz stellen Kiespyramiden dar, die jährlich neu errichtet werden, und schließlich als Finale die Stadtkulisse von Bad Tölz aus der Bootsperspektive. Selbst bei Niedrigwasser gibt es neben guten Kehrwässern zum Üben mit etwas Glück (abhängig von Veränderungen des Flussbetts) übrigens auch die eine oder andere kleine Surfwelle, die motivierten Aufsteigern garantiert ein Lächeln ins Gesicht zaubert.

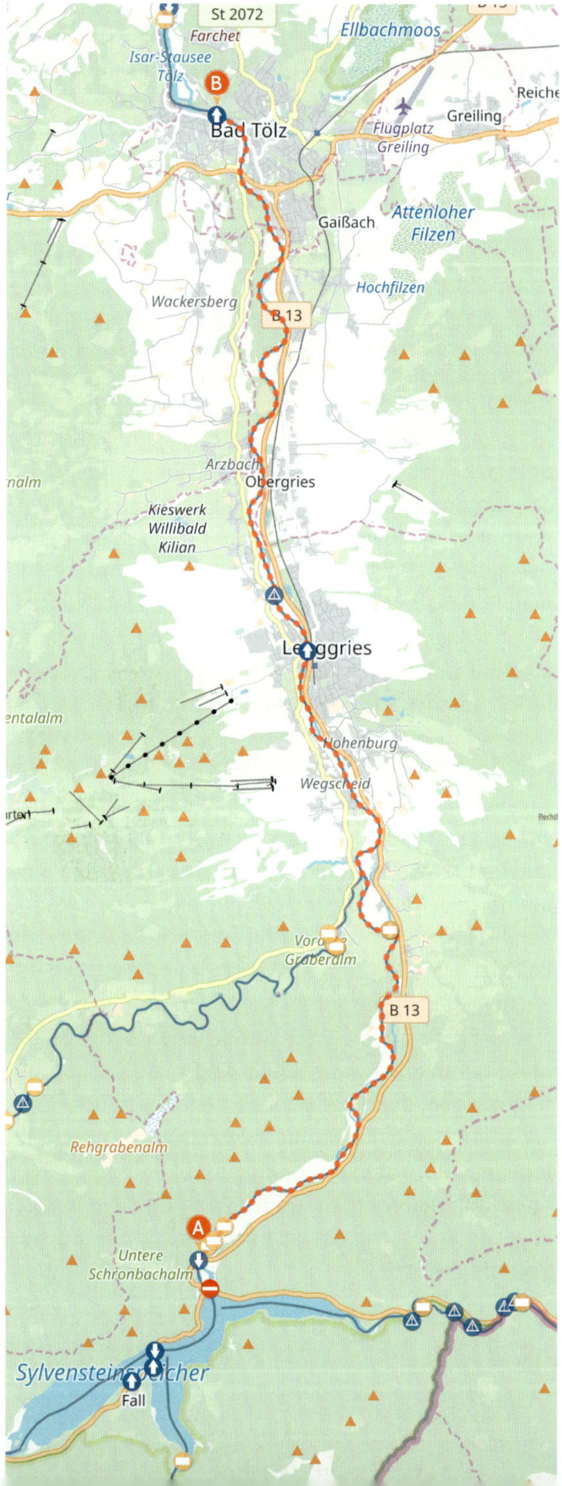

RISSBACH

Der große Ahornboden in der Eng erfreut sich dank seiner landschaftlichen Schönheit und zugleich bequemen Erreichbarkeit über eine Mautstraße großer Beliebtheit bei Flachlandtirolern und Bustouristen. Unbeachtet von den meisten Besuchern verschwinden die Sturzbäche, die sich hier sammeln, unter dem Kies des Talgrunds. Erst oberhalb der Hagelhütten sprudeln sie wieder oberirdisch und stürzen durch eine kurze Schlucht. Die folgende Strecke im Kiesbett bis vor Hinterriß ist aus Vogelschutzgründen vom 15.4 bis 15.8 gesperrt. Da der Wasserstand im Herbst kaum ausreicht und das Wildwasser weniger attraktiv ist, wird dieser Abschnitt nur selten befahren. Bei

ÜBERSICHT

Länge: 6 km

Schwierigkeit: WW 2-3 (4)

Einstieg: Brücke oberhalb Hinterriß (47.4686, 11.4771)

Ausstieg: 500 Meter nach Beginn der Klamm an einem Parkplatz (47.5128, 11.4440)

Charakter: Spritzige Schwälle mit zwei herausragenden Kernstellen und einer kurzen verwirbelten Klamm am Ende

Gefahren: Steck-/Klemmgefahr im „Straßen-S" (und an den Schrägen Rippen), Ausstiegsstelle in der Klamm kritisch (besonders bei mehr Wasser)

Gefälle: 11 m/km

Pegel: Rißbach, Rißbachklamm auf www.hnd.bayern.de, Mindestpegel etwa 100 cm, 5-6 m³/s, Mittelwasser 130 cm, rund 15 m³/s

Beste Zeit: Von Frühjahr bis Herbst außer in Trockenperioden

Unterhalb der schrägen Rippen beruhigt sich der Rißbach. Pegel: 8 m³/s

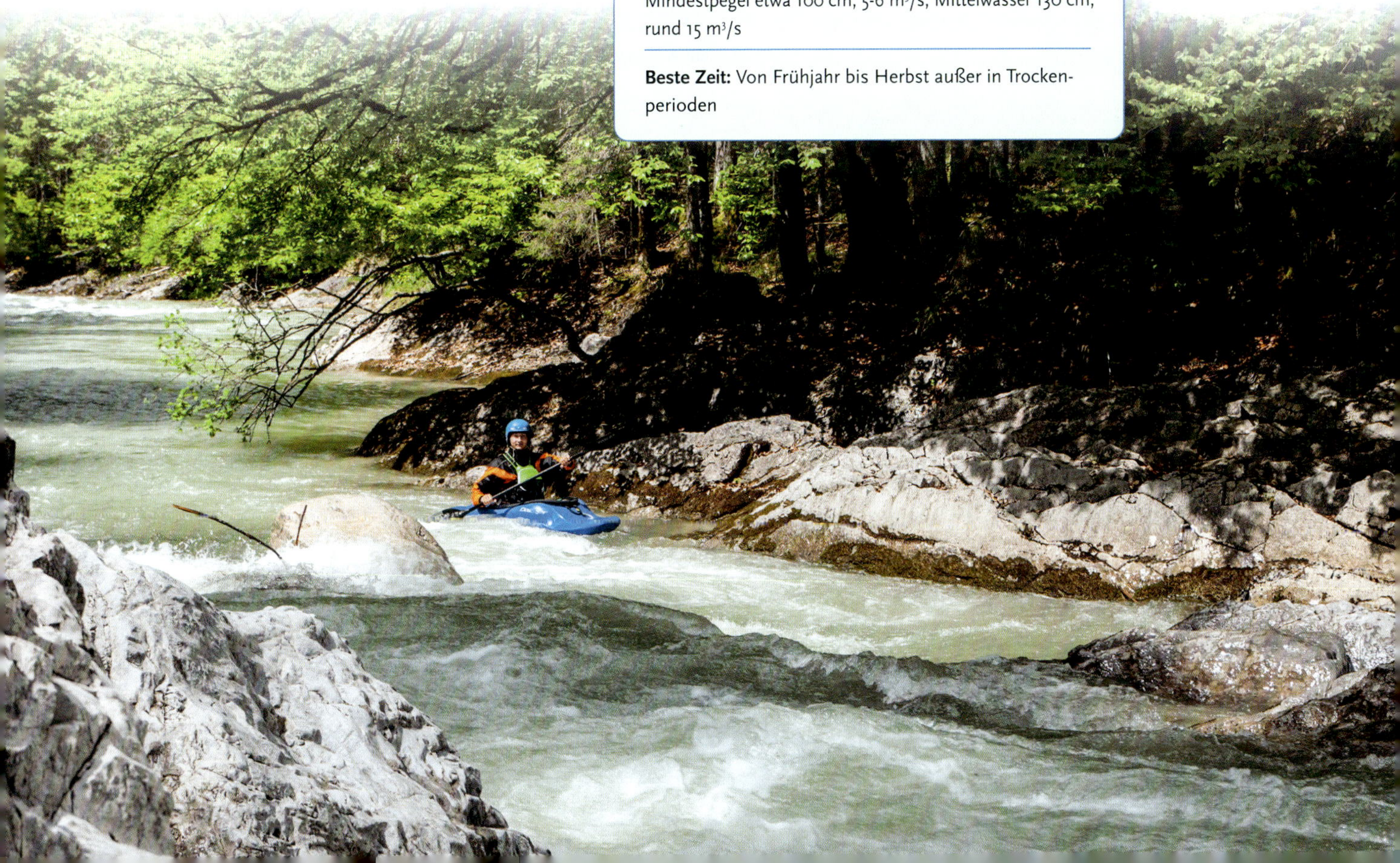

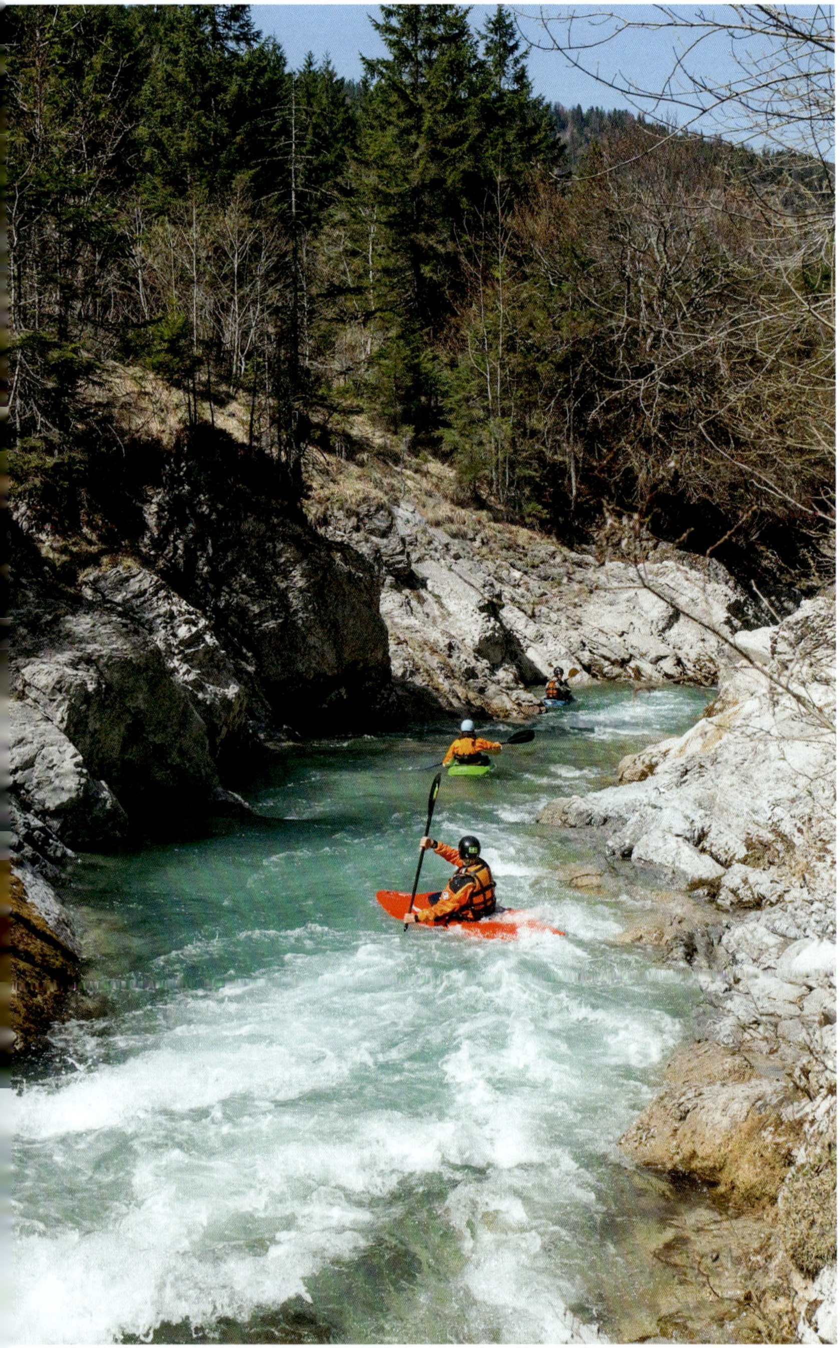

Hinterriß aber beginnt ein echter Wildwasserklassiker. Auf 6 Kilometern Länge führt der Rißbach im etwas engeren Tal durch kurze Waldschluchten und offene Abschnitte mit herrlichem Panoramablick auf die schroffen Karwendelgipfel. Mit Ausnahme des „Straßen-S" und der „Schrägen Rippen" bleiben die Schwierigkeiten stets moderat. Erst an der Grenze zwischen Österreich und Deutschland startet der Rißbach sein dramatisches Finale in einer engen Klamm, ehe sein Wasser in den Walchensee abgeleitet wird und das Flussbett auf den letzten Kilometern meist trocken liegt. Genusspaddler beenden die Fahrt nach den ersten 500 Metern der Klamm vor einem sehr gefährlichen Abfall. Die folgenden Stufen in der 1978 von Sepp Strohmeier erstbefahrenen Rißbachklamm sind im Herbst längst Standardstrecke der Pros. Das ändert aber nichts daran, dass hier gefährliche Unterspülungen und Rückläufe lauern (WW 5+) und nur wirkliche Könner einsteigen dürfen.

An Land

Der Ausstieg befindet sich rund 350 Meter oberhalb der Grenzbrücke über die Rißbachklamm an einem großen Parkplatz. Ein paar Stufen führen zum Fluss hinunter. Felsrippen am Ufer bilden hier natürliche Garagen, in denen angelandet wird. Diese Ausstiegsstelle muss unbedingt vorher besichtigt werden, da unmittelbar danach ein sehr gefährlicher, bei wenig Wasser absolut unbefahrbarer Abfall folgt. Mehrere Unfälle mit zum Teil tragischem Ausgang mahnen zur Vorsicht. Wer sich unsicher ist, beendet die Paddeltour einfach schon an der Brücke wenige hundert Meter oberhalb. Auf der Fahrt zum Einstieg sind die „Schrägen Rippen" und das „Straßen-S" gut sichtbar. Die Einstiegsstelle befindet sich kurz oberhalb des Ortes Hinterriß an der Brücke, noch vor Beginn der

Die kurze Klamm vor dem Pflichtausstieg bei Niedrigwasser. Pegel: 8 m³/s

Mautstraße. Zeitweise kann der Zugang zum Fluss hier wegen der Brut des Flussuferläufers auf den Schotterbänken mit Bändern abgesperrt sein. Bitte die Kiesbänke nicht betreten und in diesem Fall an anderer geeigneter Stelle einsteigen, z.B. an einem Parkplatz am unteren Ortsrand von Hinterriß.

Auf dem Wasser

Auf den ersten Metern fließt der Rißbach flott durch ein offenes Kiesbett. Im Ort Hinterriß hat sich der Fluss eine kleine, aber durchaus idyllische

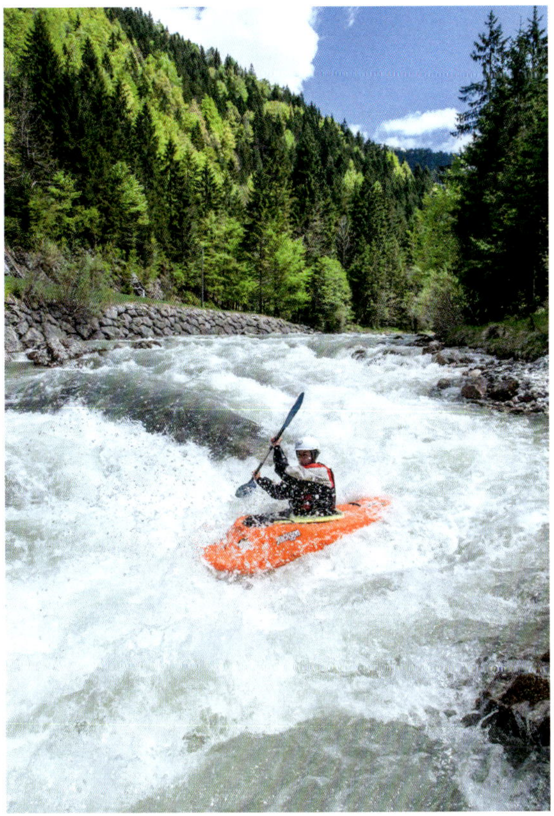

Die schrägen Rippen sind die markanteste Stelle der Standardstrecke. Pegel: 18 m³/s

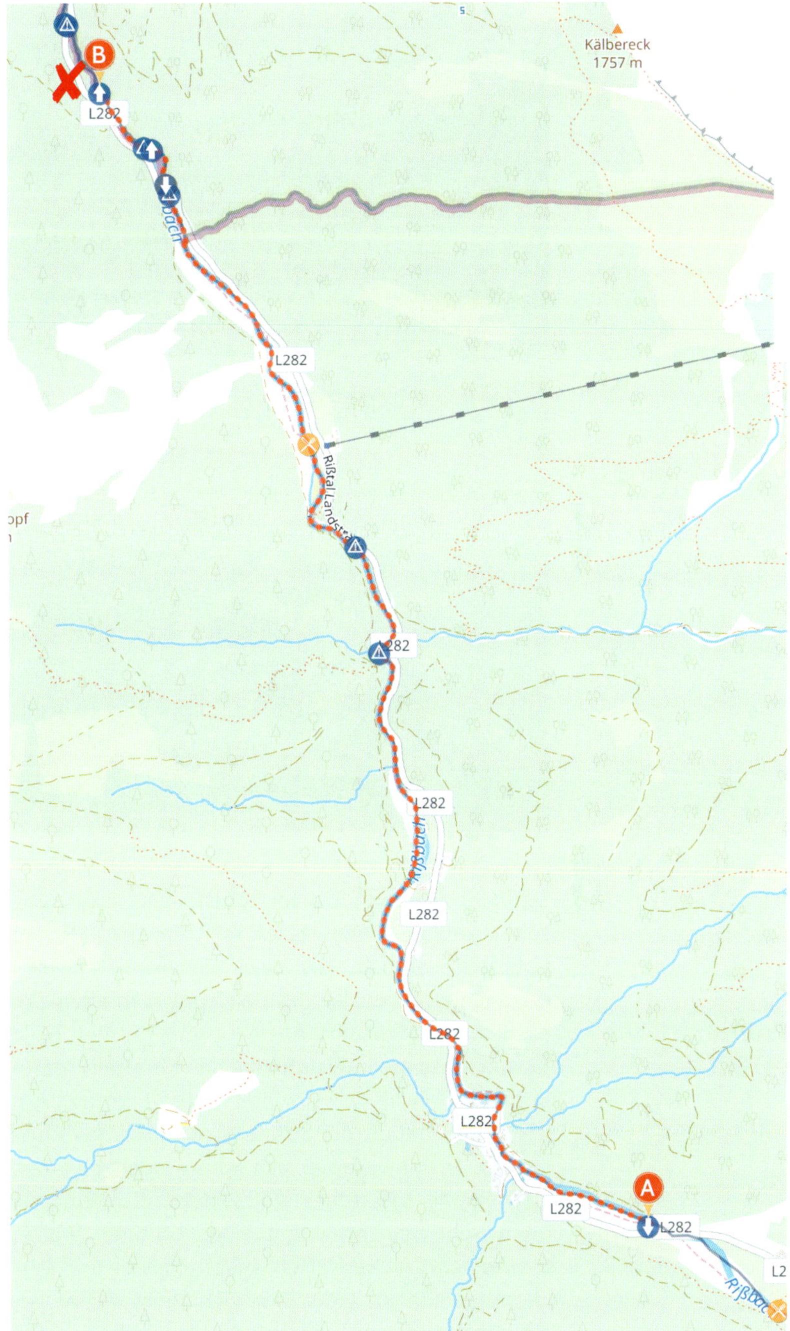

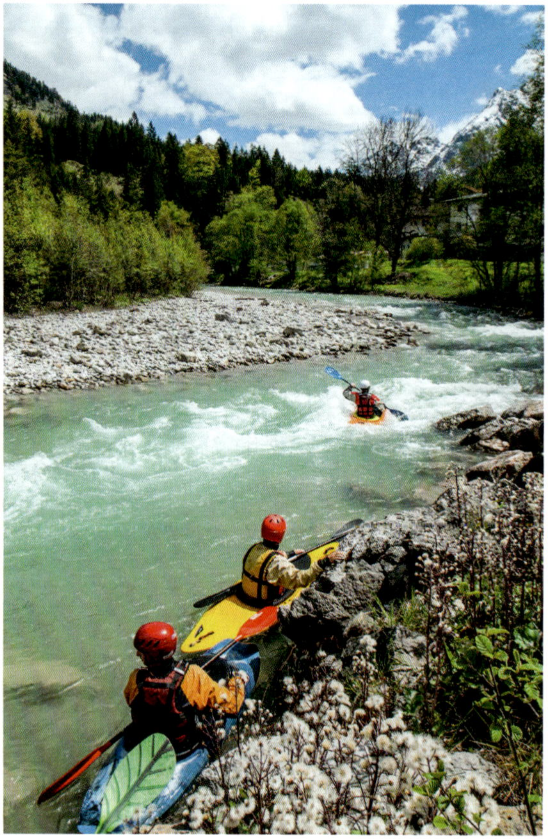

Große Spielstellen fehlen zwar, doch ein bißchen was geht immer! Pegel: 18 m³/s

Schlucht gegraben, die bei höherer Wasserführung sehr spritziges Wildwasser mit mancher kleinen Spielstelle enthält. Bis zum „Straßen-S" lassen die leichten Schwälle viel Zeit zum Genießen der herrlichen Landschaft. Abwechselnd säumen helle Kiesufer und steile Waldhänge das Flussbett, darüber ragen gewaltige Felsgipfel in den Himmel. Am „Straßen-S" kürzt die Straße eine Kurve des Flusses ab. In ihr verbirgt sich wenig spektakuläres, aber häufig tückisches Wildwasser. Die Einfahrt überrascht manchmal mit einer kräftigen Walze, die Ausfahrt ist technisch anspruchsvoll und verklemmgefährlich. Jeder, der sich nicht sicher ist, die geplante Route auch genau einzuhalten, sollte besser umtragen. Ob die Stelle wirklich ein leichter Vierer oder noch ein Dreier ist, bleibt Ansichtssache. Fakt ist aber, dass hier leider immer wieder Unfälle passieren und der böse Schlitz in letzter Zeit wieder mal besonders böse aussah.

Nach einigen 100 Metern mit etwas stärkerem Gefälle, leichter Verblockung und Wasserwucht steht man vor der zweiten schwierigen Stelle der Strecke, den „Schrägen Rippen". Schäumend wirft sich der Rißbach hier über quer verlaufende Felsrippen und bildet kräftige Walzen. Das Ganze sieht zwar viel imposanter aus, als das „Straßen-S", doch dafür weiß man hier, woran man ist. Kenterungen in der Einfahrt sollte man angesichts der geringen Wassertiefe und der Felsrippen tunlichst vermeiden, doch nach der Stelle beruhigt sich bei moderater Wasserführung der Rißbach. Umtragen ist bei Bedarf ganz einfach.

Bis zur Klamm rauscht der Rißbach mit vielen kurzen Wellen erneut durch ein sonniges Kiesbett. Schwächere und unsichere Fahrer sollten unbedingt schon hier die Fahrt beenden, denn die kurze Klamm mit dem folgenden Pflichtausstieg ist psychologisch etwas heikel. Nach der erstaunlich wuchtigen Einfahrt über eine kleine Stufe verlangen Presswasser und Verschneidungen etwas Sattelfestigkeit. Für den Fall eines Falles muss der Ausstieg an den „Garagen" in jedem Fall gut abgesichert werden. Wer ein bisschen Stylen will, kann sich bei niedriger Wasserführung noch an einer kleinen Cartwheelstelle austoben oder mit den Verschneidungen spielen, Schwimmeinlagen sind jedoch hier nicht angesagt!

FERMERSBACH

Der Fermersbach, ein Zufluss des Rißbachs, ist für mich die Nummer eins im Karwendel. Der kleine Wildbach mit seinen einsamen Klammen ist typisch für diese wilde Region. Im Guten wie im Schlechten, wobei das natürlich immer Ansichtssache bleibt. Zuerst die weniger guten Nachrichten: Der Einstieg ist nur nach einem längeren Fußmarsch (am besten mit Bootswagerl) samt einigen Höhenmetern zu erreichen, die Gefahr von Bäumen in den engsten Stellen ist allgegenwärtig und umtragen (auch wegen Bäu-

ÜBERSICHT

Länge: 7 km

Schwierigkeit: WW 5- mit leichten Zwischenstrecken

Einstieg: Oberhalb der Hauptklause an beliebiger Stelle (z.B. 47.4737, 11.3852)

Ausstieg: Am Rißbach vor der Wasserableitung (47.5199, 11.4435)

Charakter: Teils hohe Stufen sowie Rutschen und Katarakte in engen Klammen aber auch leichtere Zwischenstrecken

Gefahren: Baumhindernisse, zu hoher Wasserstand, zu große Gruppen

Gefälle: 35 m/km

Pegel: Kein eigener Pegel, befahrbar oft bei MW am Rißbach (Rißbachpegel ca. 125-135 cm), grob abschätzen an der Mündung und ein weiteres Mal am Einstieg

Beste Zeit: Mai und Juni, nicht zur Hauptschmelze und bei hohen Wasserständen nach starken Niederschlägen, nicht bei Gewittergefahr!

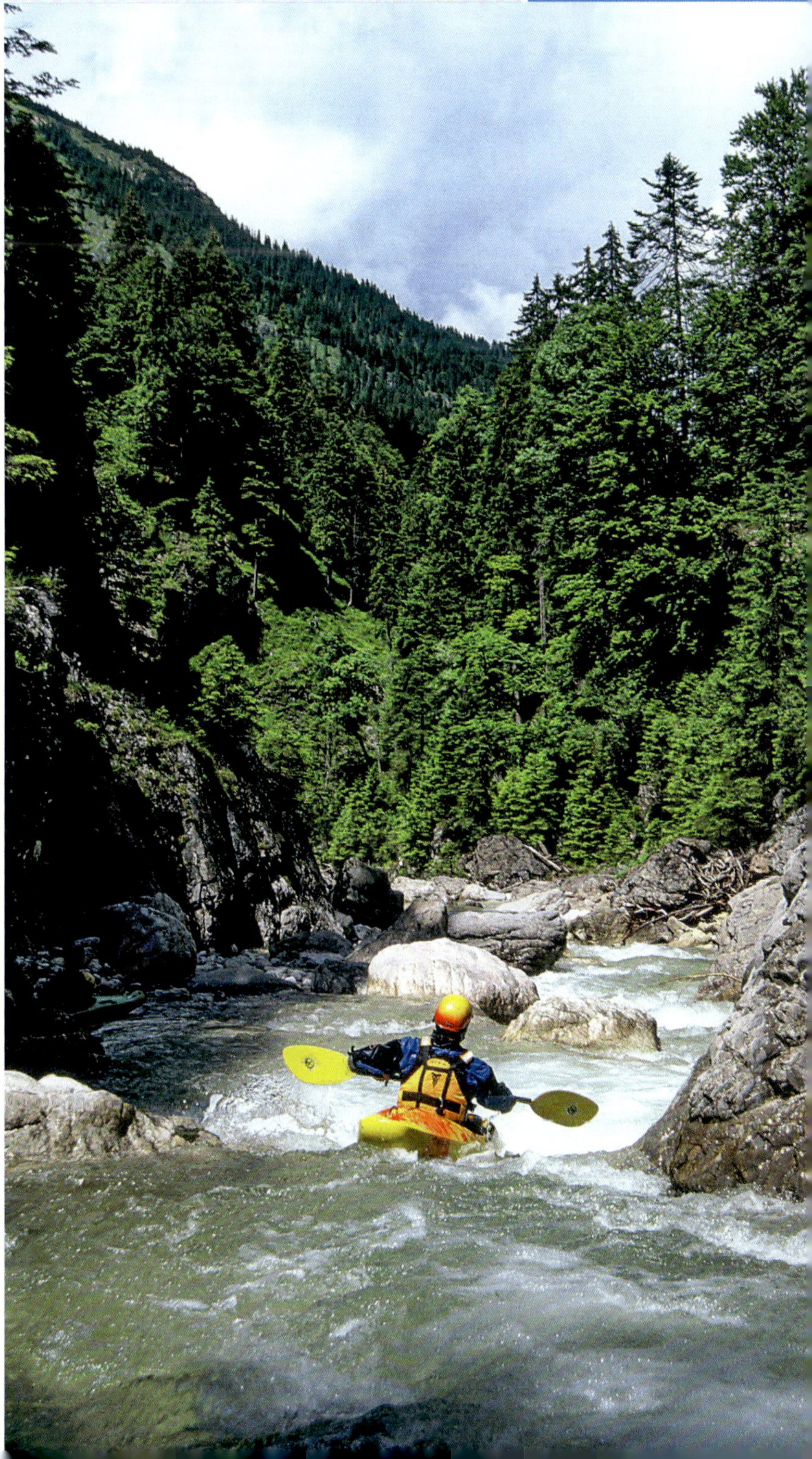

Zwischen den Klammen gibt es immer wieder offenere Zwischenstrecken. Pegel: 130 cm Rißbach

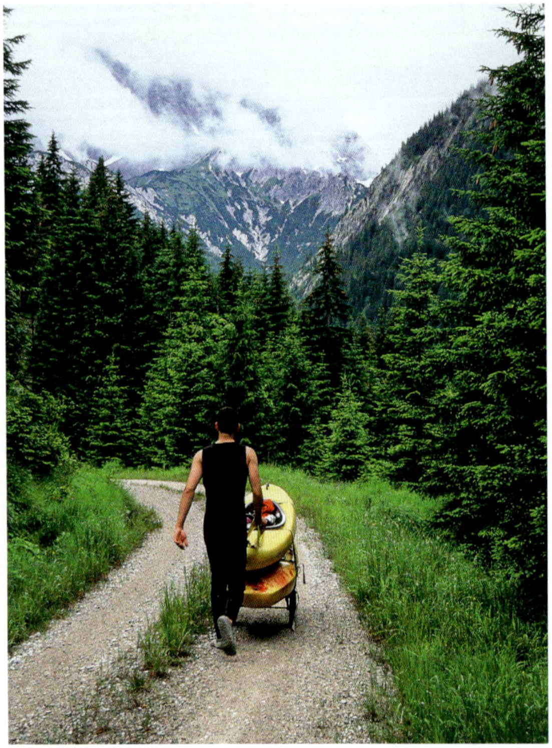

Der Weg zum Einstieg ist lang, aber er lohnt sich.

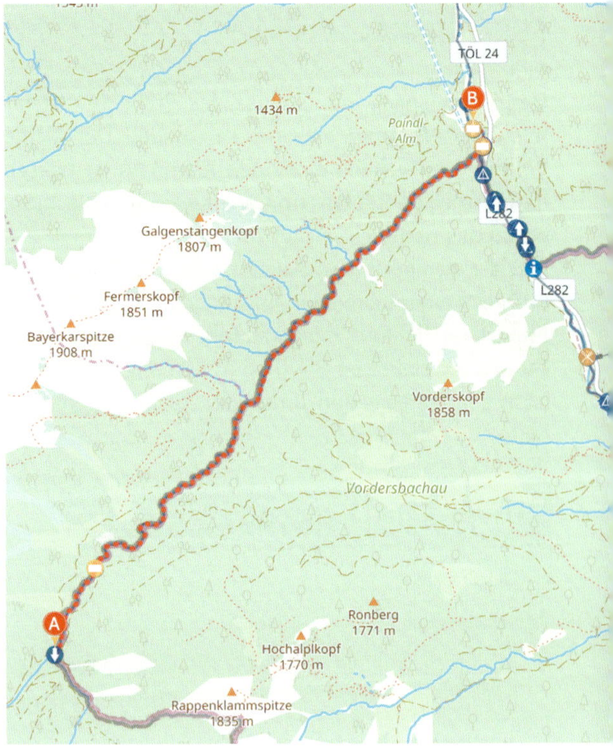

men) kann an manchen Stellen zum Problem werden. Von einem Fahrtabbruch ganz zu schweigen. Wer mit all dem kein Problem hat, sollte sich die übrigen Zutaten des Fermersbachs auf der Zunge zergehen lassen: Viele anspruchsvolle Stufen, Rutschen und Katarakte in langen, ausweglosen Klammen und Schluchten, aber auch leichtere Strecken zur Erholung und zum Schauen. Zusammen ergibt sich eine faszinierende, perfekt ausgewogene Mischung. Aber Vorsicht: Die maximale Gruppengröße sollte vier Paddler nicht übersteigen, sonst werden die Kehrwasser vor schwierigen oder gar unbefahrbaren Passagen vielleicht zu knapp. Wer vor allem schwer, schnell und viel paddeln möchte, wird am Fermersbach eher nicht glücklich werden und mit etwas Pech kann das (meiner Meinung nach) tolle ganzheitliche Befahrungserlebnis auch schnell zum persönlichen Waterloo werden.

An Land

Zumindest den Ausstieg erreicht man noch bequem mit dem Auto. Er befindet sich etwas oberhalb der Oswaldhütte am Ausgangspunkt der Wanderung zum Schafreuther. Von hier ist auch die Fermersbachmündung oberhalb der Pegelanlage am Rißbach zum Abschätzen des Wasserstands erreichbar. Die Wanderung zum Einstieg beginnt an der dritten Brücke über den Rißbach in Richtung Hinterriß (47.4761, 11.4648). Hier zweigt rechts ein Forstweg ab (Pflanzgartenstraße, Wegweiser Fereinalm). Alternativ kann man die Wanderung auch etwas unterhalb bei Brandau beginnen, der Zeitaufwand für den Weg zum Einstieg ändert sich wenig. Je nach Kondition und Motivation variiert dieser erheblich von eineinhalb bis zu drei Stunden.

Man folgt stets der Beschilderung Fereinalm. 350

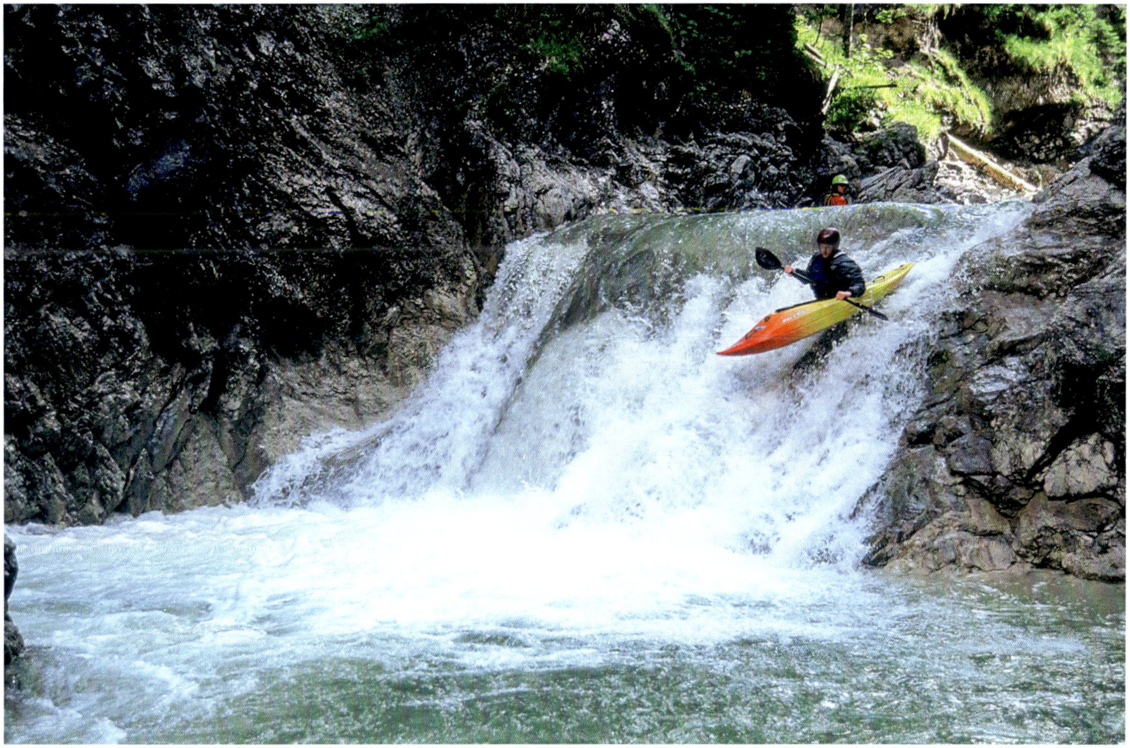

Gegen Ende häufen sich die sportlichen Passagen. Pegel: 130 cm Rißbach

Höhenmeter Anstieg sind es bis zu einem flachen Sattel (Vordersbachau). Hier ist der mühsamste Teil geschafft. Die gute Forststraße führt anfangs fallend, später dann wieder sanft ansteigend das Fermersbachtal hinauf. Wenn der Weg nur noch wenig oberhalb des Kiesbetts des Fermersbachs verläuft, sucht man sich eine möglichst bequeme Einstiegsstelle, ohne die Vegetation zu zertrampeln. Und bitte nicht auf dumme Ideen kommen: Das Fahrverbot wird streng überwacht, auch, falls die Schranke mal offen sein sollte. Wir alle wollen hier schließlich auch in Zukunft noch paddeln.

Auf dem Wasser

Bis zur Hauptklause plätschert der Fermersbach flott, aber auch recht steinig durch ein offenes Kiesbett. Sollte schon diese Strecke eher reißend (und richtig rund) sein, ist der Pegel zumindest für eine erste Befahrung wohl zu hoch. Dann gilt es, konsequent zu sein und rechtzeitig den Rückzug anzutreten. Die etwas verfallene Konstruktion der zur Holztrift errichteten Klause ist eventuell fahrbar. Das Unterwasser ist allerdings flach und unsauber. Am linken Ufer kann man auch vergleichsweise einfach umtragen. Gleich im Anschluss an die Klause führt uns der Fermersbach durch eine erste kurze und noch recht einfache Klammpassage. Viele Paddler steigen erst unterhalb ein, der Weg zum Einstieg ist dann zwar etwas kürzer, der Abstieg zum Wasser aber etwas sportlicher.

Im weiteren Verlauf nimmt das Gefälle langsam, aber stetig zu, und klemmgefährliche Schlitze sowie kleinere Stufen erfordern erste Besichtigungen. Eine schwer umtragbare Stufe mit recht kräftigem Rücklauf lässt

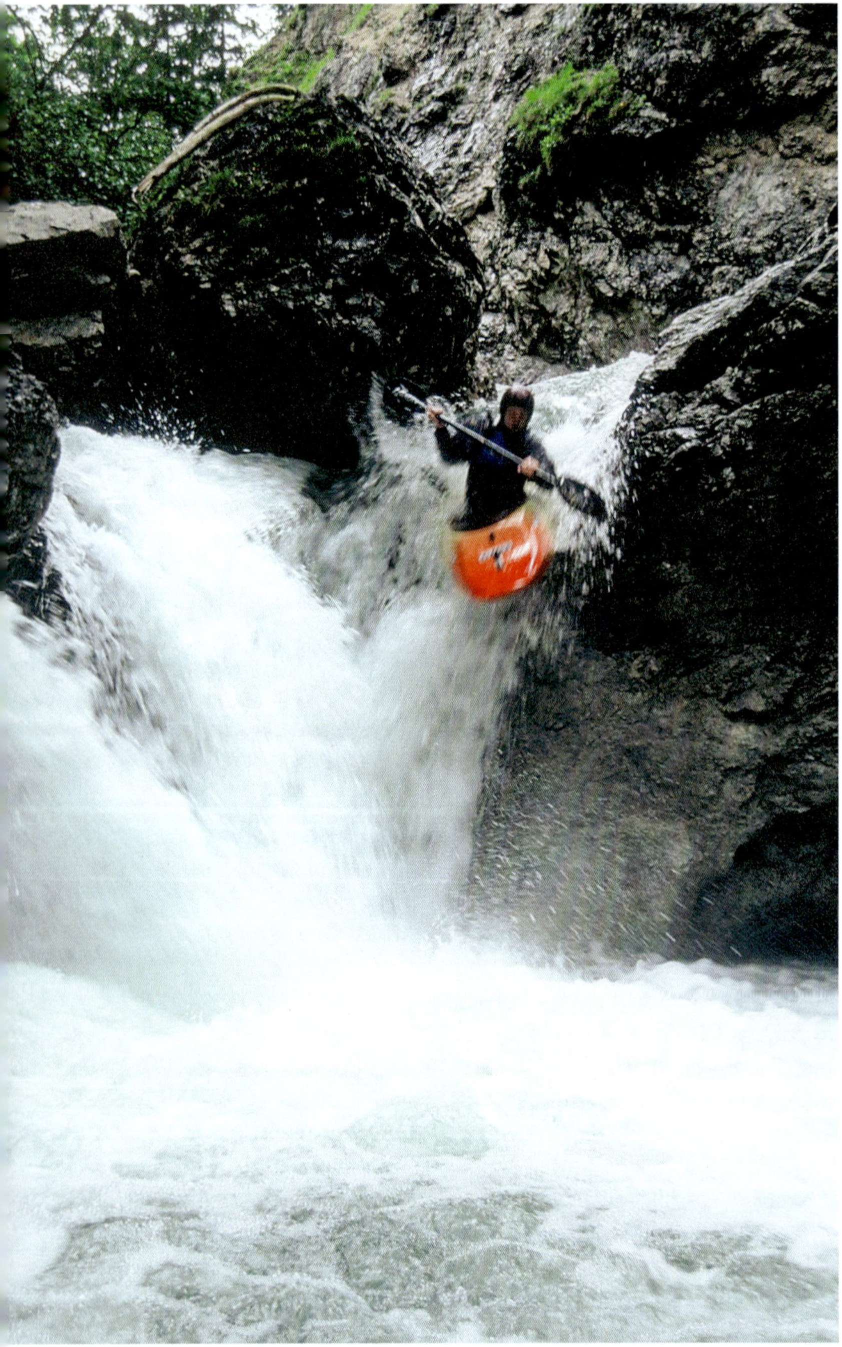

erahnen, was noch alles kommt. Da ohnehin jeder für sich sorgfältig besichtigen muss, verzichte ich auf eine genaue Beschreibung aller Schwierigkeiten. Blinde Kurven sollten unbedingt gründlich erkundet werden, auch wenn es mühsam ist.

Für die knapp 7 Kilometer lange Paddelstrecke benötigt man bei einer ersten Befahrung schnell 4 Stunden, je nach Können, Hindernissen und Umtragungen auch länger. Früh aufstehen ist daher Pflicht! Die Schwierigkeitsbewertung (WW 5-) mag recht hoch erscheinen, zumal es wenig herausragende Zwangspassagen gibt, sie berücksichtigt aber, dass der Fermersbach wenig Spaß und Sinn macht, wenn man zu viele der schweren Passagen (aufwendig und z.T. nicht ungefährlich) umtragen muss. Mehrere dieser Stellen kratzen für mich, gerade bei guten Wasserständen, deutlich am Fünfer. Hinzu kommt, dass die schwersten Passagen erst kurz vor der Mündung in den Rißbach kommen. Etwas Zeitreserve kann daher nicht schaden, denn eine Nacht in der Schlucht des Fermersbachs möchte, wie auch ein Gewitter, wohl wirklich keiner erleben. Bei gutem Wetter und mit einer kleinen fitten Gruppe wähnt man sich dagegen im Paddelparadies. Besonders in Erinnerung bleiben eine, durch einen Felsblock geteilte, hohe Stufe und ein gedrehter, bobbahnartiger Abfall mit unterspülter Felsnase im Unterwasser. Die unterspülte Kombination etwas oberhalb animiert dagegen eher zum Umtragen. Wenn sich nach all diesen Passagen die Schlucht öffnet, scheint die Mündung schon zum Greifen nahe. Doch der Eindruck täuscht. Der letzte gefällstarke Durchbruch mit mehreren hohen Abfällen ist der schwerste Teil des Fermersbachs. Direkt nach der Mündung in den Rißbach darf man vor lauter Euphorie keinesfalls den tödlichen Rücklauf an der Pegelstufe übersehen.

Die vielleicht schönste Stufe. Pegel: 130 cm Rißbach

OBERER WALCHEN (Wasserfallstrecke)

Auch wenn der Name anderes vermuten lässt: Der Walchen, in Österreich auch Seeache oder Achenbach genannt, ist der natürliche Abfluss des Achensees, nicht etwa des Walchensees, den die Jachen entwässert. Beide Gewässer haben jedoch eine Gemeinsamkeit: Ihre Ausflüsse aus den Seen wurden zum Nutzen der Energiewirtschaft gesperrt. Während das Wasser aus dem Walchensee das berühmte gleichnamige Kraftwerk speist, wird das Achenseewasser nach Jenbach im Inntal geleitet, um die Turbinen des Achensee-Kraftwerks anzutreiben. Auf den ersten Kilometern ist der Walchen daher die meiste Zeit des Jahres ein eher kümmerliches

ÜBERSICHT

Länge: 2,5 km

Schwierigkeit: WW 4/4+ (5)

Einstieg: Im Bereich der Avanti-Tankstelle (Privatgrund respektieren!) (47.5516, 11.6895)

Ausstieg: Brücke unterhalb Gasthof Marie (47.5668, 11.6706)

Charakter: Kleine Klamm mit mehreren Stufen

Gefahren: Klemmgefahr, Unterspülungen, Rückläufe bei starker Wasserführung

Gefälle: 18 m/km

Pegel: Walchen, befahrbar meist ab 10 m³/s bei Regen, bei Schneeschmelze meist mehr Wasser erforderlich, ideal bei 20 m³/s (und für Kenner auch mehr)

Beste Zeit: Nur bei starker Schneeschmelze oder nach kräftigen Regenfällen

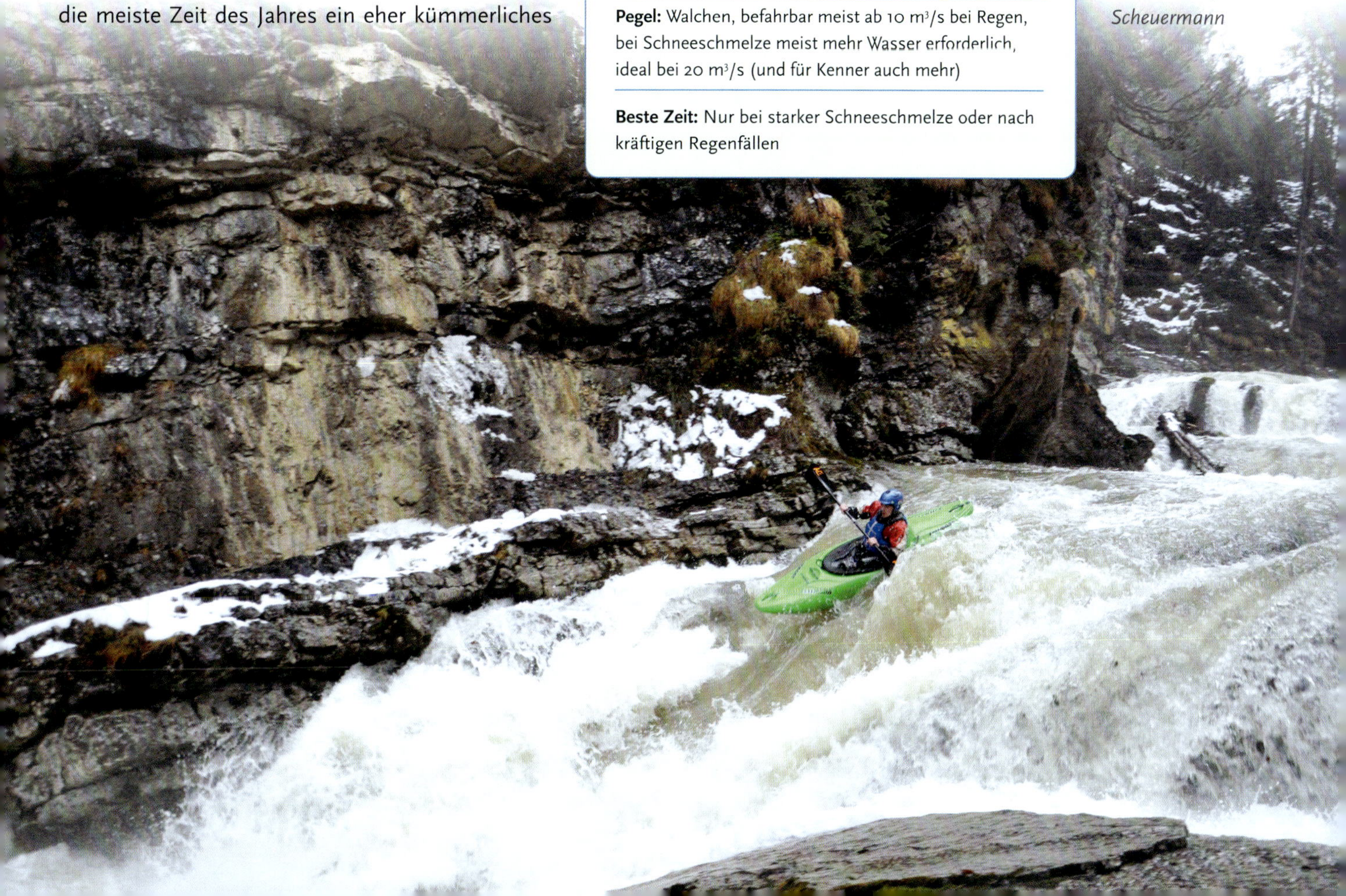

Die letzte Doppelstufe bei hohem Pegel, im Boot Lukus Wilhelm. Bild: Christoph Scheuermann

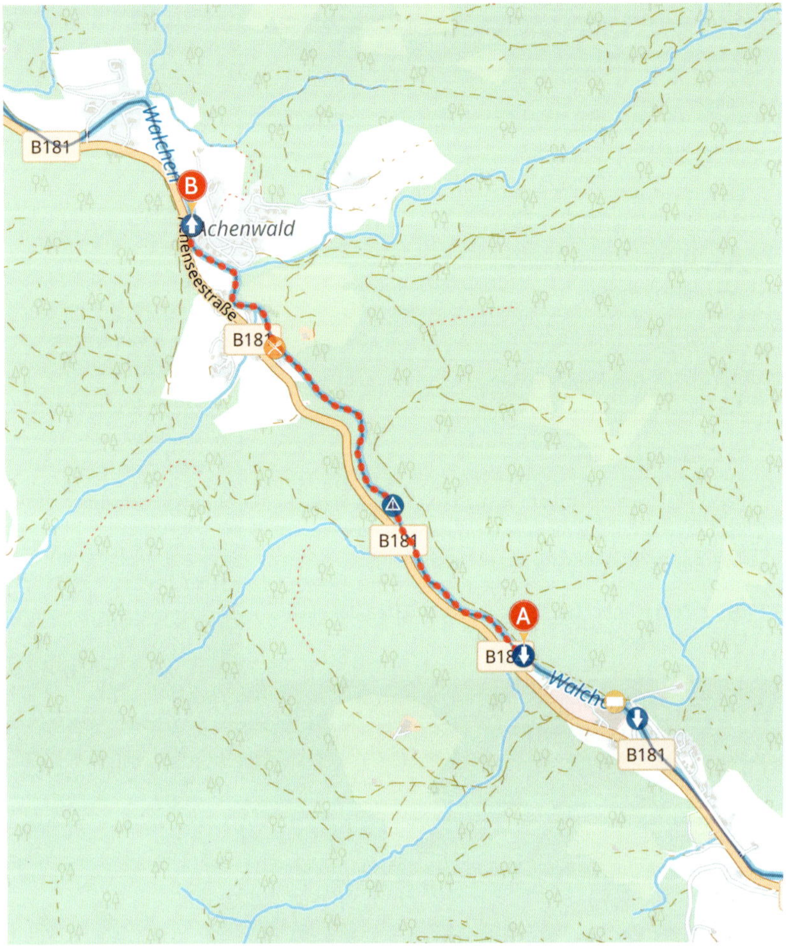

Rinnsal. Bei starker Schneeschmelze oder nach längeren Regenfällen verbirgt sich hier aber eine erstaunliche Ansammlung sportlicher Stufen und Wasserfälle in einer hübschen Miniklamm. Die blumige Bezeichnung Wasserfall-Garten, die der Strecke bereits verliehen wurde, ist zwar vielleicht etwas dick aufgetragen, eine derartige Häufung leicht zugänglicher und gut befahrbarer Stufen auf kurzer Strecke findet man am nördlichen Alpenrand aber tatsächlich eher selten, schließlich sind wir hier weder im Piemont noch in Kalifornien.

An Land

Am Einstieg im Bereich einer Avanti-Tankstelle rund fünf Straßenkilometer von der Grenze entfernt bitte Privatgrund unbedingt respektieren (Veränderungen sind hier jederzeit möglich). Etwas weiter oben am Jassteg verläuft die Hauptstraße zwar direkt am Bach, ein Einstieg bereits hier lohnt sich aber nicht. Als Ausstiegsstelle bietet sich die flussabwärts gesehen erste Brücke unterhalb des Gasthofs Marie an. Umsetzen zu Fuß macht entlang der viel befahrenen Straße trotz der kurzen Strecke wenig Spaß, auf der anderen Flussseite bietet ein Forstweg (mit ein paar Höhenmetern) aber eine deutlich längere Alternative für Fußgänger und/oder Radler (4 km).

Auf dem Wasser

Schon bald nach dem Einstieg lebt der zuvor begradigte Fluss in einer erstaunlich idyllischen Klammlandschaft wieder auf. Felsriegel bilden interessante, bei zu wenig Wasser allerdings sehr klemm- und steckgefährliche Stufen. In schönster „Pool and Drop"-Manier baut der Walchen Höhenmeter ab. Zwischen den Abfällen, die sich hinsichtlich ihrer Höhe und Schwierigkeit zunehmend steigern, befinden sich außer bei Hochwasser recht ruhige Becken. Eine insgesamt etwa fünf Meter hohe Doppelstufe markiert das Ende der Schwierigkeiten. Wer hier bestehen will, sollte sich seiner Sache wirklich sicher sein. Auf detaillierte Beschreibungen der übrigen Stufen verzichte ich, um nicht den Reiz einer ersten Befahrung der ohnehin kurzen Strecke zu zerstören. Explizit gewarnt sei aber bei wenig Wasser vor dem unscheinbaren, aber tückischen Schlitz kurz vor der Doppelstufe und bei allen Wasserständen vor dem „umarmenden" Wasserfall davor.

UNTERE WALCHENKLAMM

Vor der Mündung in den Sylvensteinspeicher hat der Walchen sich seinen Weg durch geheimnisvolle kleine Klammen gegraben. Eingeschlossen zwischen steilen Felswänden wechseln sich ruhige, fast schon meditative Passagen mit anspruchsvollen und teilweise gefährlich unterspülten Stufen und Wasserfällen ab. Dank mehrerer Zuflüsse aus dem Vorkarwendel im Süden und den Tegernseer Bergen im Norden reicht der Pegel recht oft zum Paddeln. Bei niedrigen Wasserständen können auch etwas weniger erfahrene Paddler am Walchen den Zauber der Karwendelflüsse erleben. Wenn man auf die Schlussklamm in den Sylvensteinspeicher verzichtet und den berüchtigten „Saugumpen" umträgt,

ÜBERSICHT

Länge: 2-3 km

Schwierigkeit: WW 3-4 (5)

Einstieg: Zweite Brücke oberhalb des Sylvensteinspeichers (47.5841, 11.6196)

Ausstieg: Parkplatz am Sylvensteinspeicher (47.5819, 11.5880) oder an der Geschiebesperre (47.5847, 11.6015)

Charakter: Enge Klammen mit einzelnen hohen Abfällen und kleineren Blockstellen

Gefahren: Rückläufe und Unterspülungen, Baumhindernisse, zu hoher Wasserstand

Gefälle: 17 m/km

Pegel: Walchen, paddelbar ab 2-3 m³/s, Mittelwasser 5 m³/s

Beste Zeit: Außer bei zu viel Wasser oder nach längerer Trockenheit

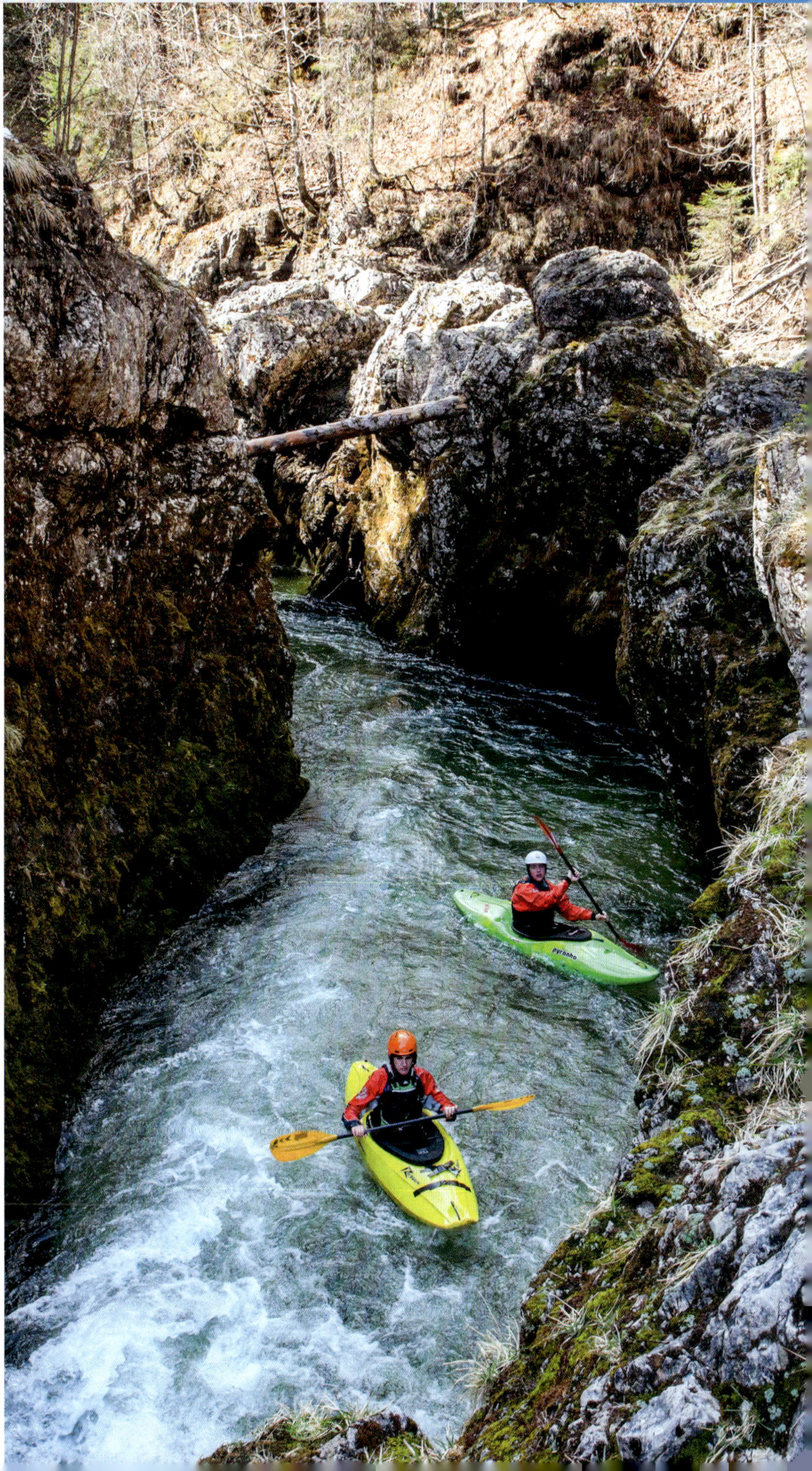

Die Niedrigklammen am unteren Walchen sind landschaftlich traumhaft schön. Pegel: 5 m³/s

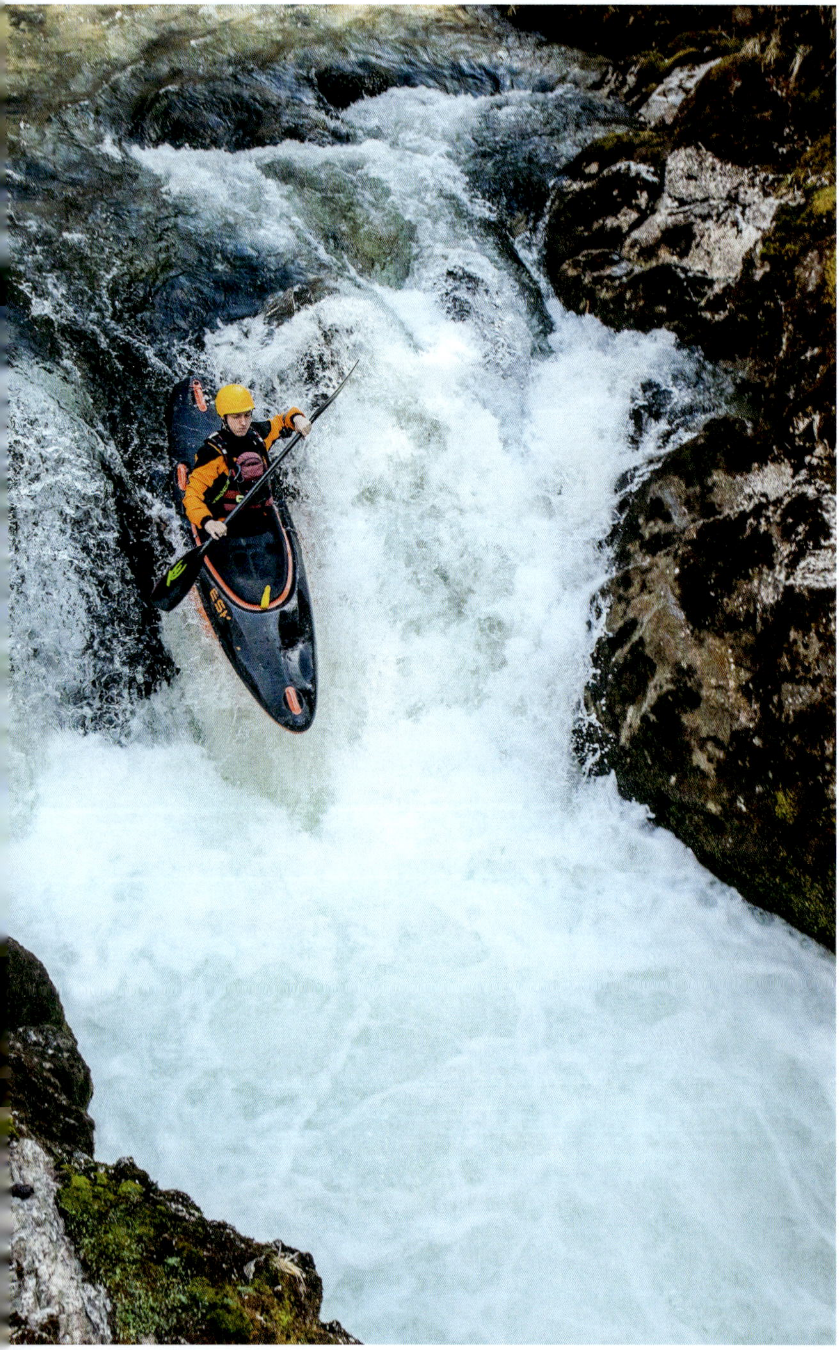

übersteigen die Schwierigkeiten nicht den vierten Grad. Im Gegensatz zu Dürrach, Krottenbach und Fermersbach wird auch kein Bootswagen benötigt, da die vielbefahrene Bundesstraße direkt oberhalb der Schluchten verläuft. Wenn sich an warmen Frühlingsnachmittagen jedoch die Schmelzwasser reißend durch die Schlucht zwängen, beginnen die Unterspülungen stark zu saugen, und viele Rückläufe werden zu gefährlichen Fallen. An solchen Tagen ist der obere Walchen die bessere Wahl.

An Land

Der untere Ausstieg befindet sich am letzten Parkplatz am Ende des Sylvensteinspeichers. Einige 100 Meter oberhalb zweigt rechts ein Wanderweg zur Walchenklamm (Wegweiser Demeljoch) ab. Vom Klammrand oberhalb der Wegbrücke kann der hohe und stark unterspülte Schlussabfall eingesehen werden. Er wird bereits bei Mittelwasser problematisch. Wer diese Stelle nicht fahren möchte, kann auch wenig oberhalb am Stausee einer Geröllsperre aussteigen (großer Schotterparkplatz rechts, Weg zum See, Radwegbrücke). Von der folgenden Straßenbrücke sollte man einen Blick in die erste enge Klamm oberhalb der Brücke werfen, um sicherzugehen, dass keine Baumhindernisse die Durchfahrt versperren. Bei der zweiten Straßenbrücke wenig oberhalb befindet sich der Einstieg (Parkplatz vor der Brücke rechts). Ein zweites Auto zum Umsetzen ist angesichts der kurzen Strecke nicht erforderlich.

Auf dem Wasser

Das kleine Wehr am Einstieg oberhalb der Brücke sieht zwar harmlos aus, erweist sich aber immer wieder als tückisch (Rücklauf, Unterspülung). Also besser zwei Mal drauf schauen und im Zweifelsfall gerade bei mehr Wasser unterhalb einsteigen. Die unmittelbar folgende erste Klamm beeindruckt

Die erste höhere Stufe ist einfach schön. Pegel: 5 m³/s

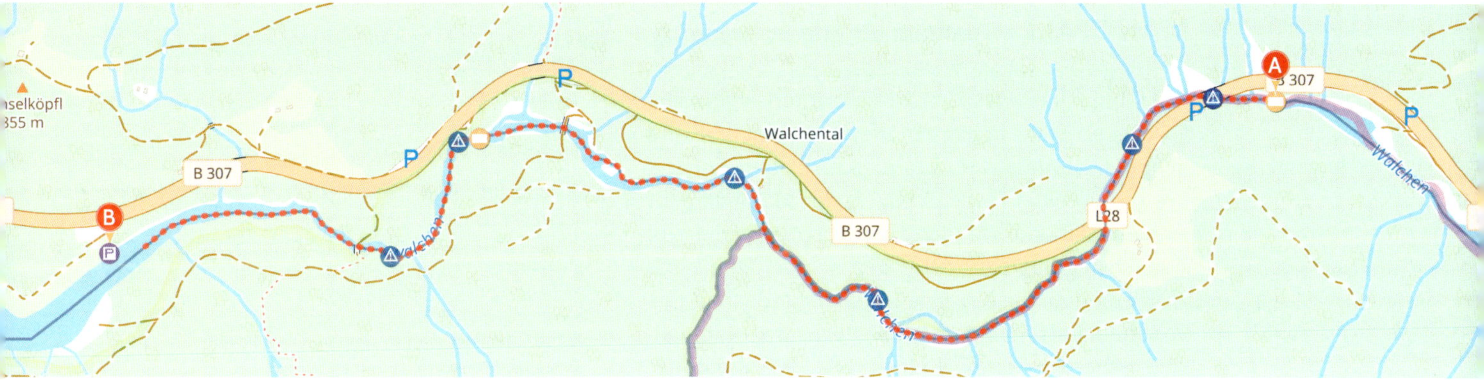

durch ihre hohen Steilhänge. Zwei Abbruchkanten erhöhen den Pulsschlag, entpuppen sich aber als gut machbare Katarakte (wegen möglicher Baumhindernisse besichtigen!). Ein Umtragen der zweiten Stelle ist aber kaum möglich, ein Fahrtabbruch zumindest sehr aufwendig. Hinter der nächsten Straßenbrücke öffnet sich die Schlucht, und die Boote gleiten über tiefgrüne Gumpen durch eine ursprüngliche Waldlandschaft.

Ein Felsriegel, in dem der Fluss enge Rinnen ausgespült hat, beendet die ruhige Strecke. Er wird normalerweise kurz rechts umtragen, ist aber für Könner bei höheren Wasserständen durchaus befahrbar (Steckgefahr!). Über eine zwei Meter hohe Stufe fällt der Walchen unmittelbar danach in eine niedrige, bizarr ausgewaschene Klamm, die eine weitere Engstelle enthält, in der sich regelmäßig Bäume verkeilen. Da ein Umtragen bei mehr Wasser nur weiträumig möglich ist, sollte man in der Kurve nach der Eingangsstufe links zum Klammrand hinaufsteigen und die Situation erkunden. Kurz vor dem Pegel mündet von links der Hühnerbach. Der folgende „Saugumpen“ wird nicht umsonst manchmal auch „Riesenklo“ genannt. Nach einer hinterlistigen Schragwälze donnert der Walchen über eine schräge Rampe in einen tief ausgewaschenen und unterspülten Tumpf mit je nach Wasserstand gewaltigem Rücklauf. Bereits bei Mittelwasser kann dieser schnell zur gefährlichen Falle werden. Zum Glück kann man rechts aber bequem umtragen.

Nach dem nächsten (einfachen) Klammdurchbruch ist bereits der Stausee der Geschiebesperre erreicht. Falls die Sperre siphoniert und der See leer ist (kommt immer wieder vor!), muss unbedingt rechtzeitig angelandet werden. Bei höheren Wasserständen sollte hier die Tour beendet werden. Ansonsten umträgt man rechts über einen kleinen Pfad und lässt die Boote mit Wurfsackhilfe in die nächste Klamm hinunter. Echte Pros boofen die zehn Meter hohe Sperre bei viel Wasser übrigens lässig hinunter in die enge Klamm, zur Nachahmung kann das aber natürlich nicht empfohlen werden.

Eine anspruchsvolle Stufenfolge führt zum hohen Schlussabfall mit seinem beidseitig stark unterspülten Gumpen. Auch hier kann der Rücklauf bei höheren Wasserständen leicht zur tödlichen Falle werden. Ein Umklettern des Abfalls, wie wir es früher gelegentlich praktiziert haben, ist mühsam und nicht unkritisch, da es in der Anfahrt zur großen Stufe kaum noch Kehrwasser gibt. Daher besser vor der Geschiebesperre aussteigen, wenn man diese Stelle nicht paddeln möchte. Je nach Füllstand des Sylvensteinspeichers befindet sich der folgende geheimnisvoll düstere Klammabschnitt bereits im Staubereich, auch ein kleiner Paddelausflug von unten vom See in die Klamm ist möglich.

MANGFALL - Thalham bis Niederaltenburg

Die Mangfall entwässert den bekannten Tegernsee, an dessen dicht bebauten Ufern die Reichen und Schönen bevorzugt ihr Domizil errichten. Entlang des 58 Kilometer langen Verlaufs der Mangfall geht es deutlich bodenständiger und ursprünglicher zu. Zunächst gräbt sich der Fluss seinen Weg nach Norden durch die hügelige Moränenlandschaft des Voralpenlands, um sich schließlich am Mangfallknie nahe der Station Kreuzstraße der Münchner S-Bahn nach (Süd-)Osten zu wenden und am Ende ihres Wegs bei Rosenheim in den Inn zu münden. Zwischen Thalham bei Weyarn und dem Mangfallknie wurden umfangreiche Renaturierungsmaß-

ÜBERSICHT

Länge: 15 km

Schwierigkeit: WW 1 (2+)

Einstieg: Brücke bei Thalham (47.8366, 11.8125) oder oberhalb der Maxlmühle (47.8737, 11.7868)

Ausstieg: ca. 500 Meter unterhalb der Brücke in Niederaltenburg (47.9090, 11.8099)

Charakter: Flotte Strömung mit kleinen Blockstufen und zwei höheren Schrägrutschen

Gefahren: Baumhindernisse, Fahrten bei höherer Wasserführung mit unsicheren Paddlern (Rückläufe, schnelle Strömung).

Gefälle: 5 m/km

Pegel: Mangfall Feldolling *www.hnd.bayern.de*
Mittelwasser ca. 15 m³/s Mindestpegel: 55 cm

Beste Zeit: April bis Mai und nach Regenfällen

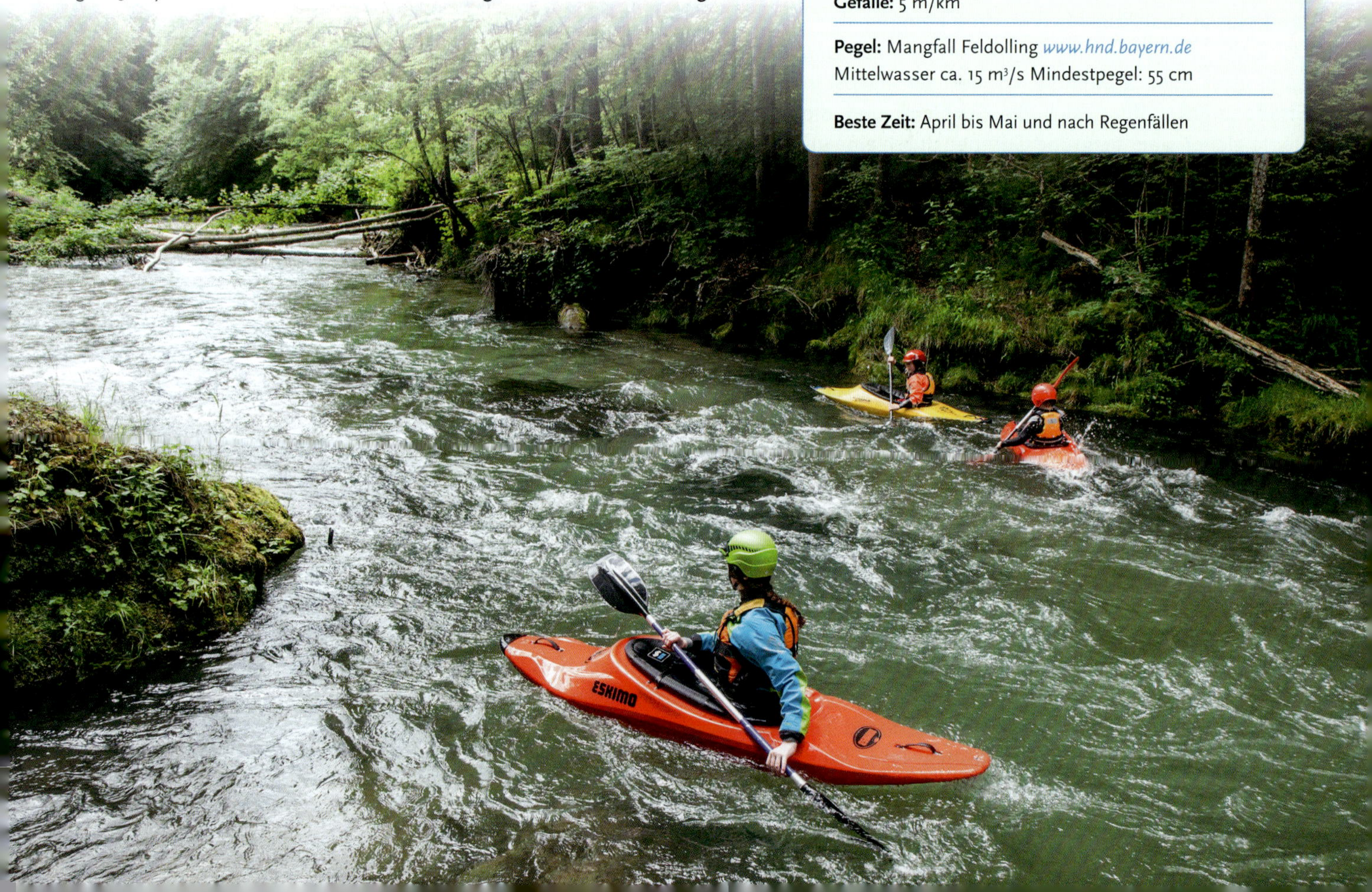

In der idyllischen Waldschlucht unterhalb der Maxlmühle. Pegel: 15 m³/s

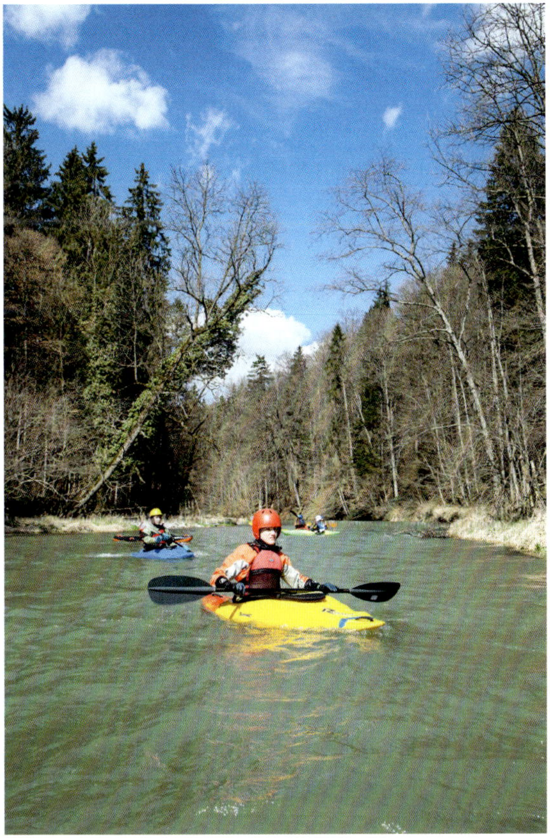

Vor Niederaltenburg öffnet sich die Waldschlucht allmählich. Pegel: 23 m³/s

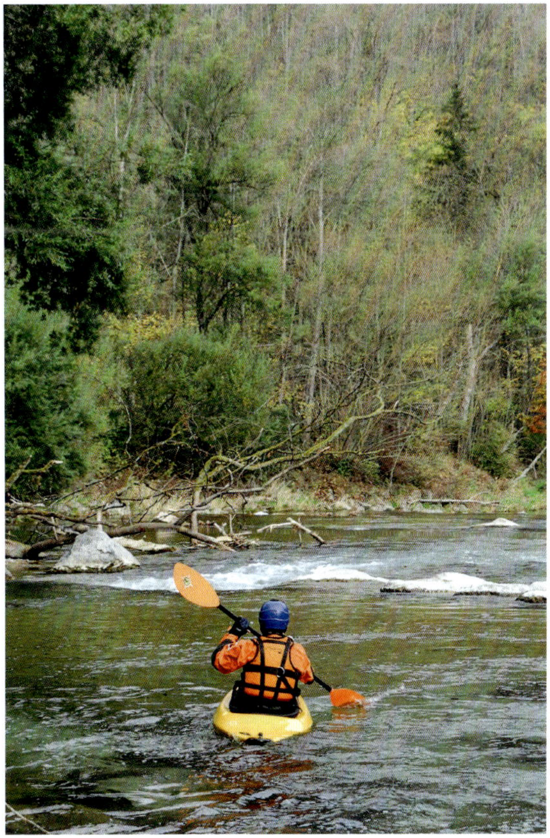

Indian Summer am Mangfallknie. Pegel: 10 m³/s

nahmen durchgeführt, die aus der einst stark verbauten Mangfall wieder einen idyllischen, leichten Wildfluss gemacht haben. Viele kleine befahrbare Blockstufen sorgen in den idyllischen Waldschluchten für spritzige Einlagen. Auch ein Teil der Wehranlagen wurde zurückgebaut, und nur zwei unbefahrbare Wehre behindern heute noch die freie Fahrt. Für Münchner Paddler ist die Mangfall innerhalb von 30 Minuten erreichbar und bei ausreichenden (aber nicht zu hohen) Wasserständen gerade für Wildwassereinsteiger und Genießer eine echte Empfehlung.

An Land

Die Einstiegsstelle an der Brücke bei Thalham erreicht man ab der Autobahnausfahrt Weyarn der A 8 über die Bundesstraße nach Miesbach. Im kleinen Ort Thalham rechts abbiegen zum Fluss. Ein alternativer Einstieg befindet sich an der Zufahrtstraße zur Maxlmühle. Dazu in Weyarn der Straße Richtung Valley ins Mangfalltal folgen und hinter der hohen Autobahnbrücke rechts abbiegen Richtung Maxlmühle. Den Ausstieg ca. 500 Meter unterhalb der Brücke bei Niederaltenburg (Parkbuchten, Flusszugang) erreicht man via Sonderdilching und

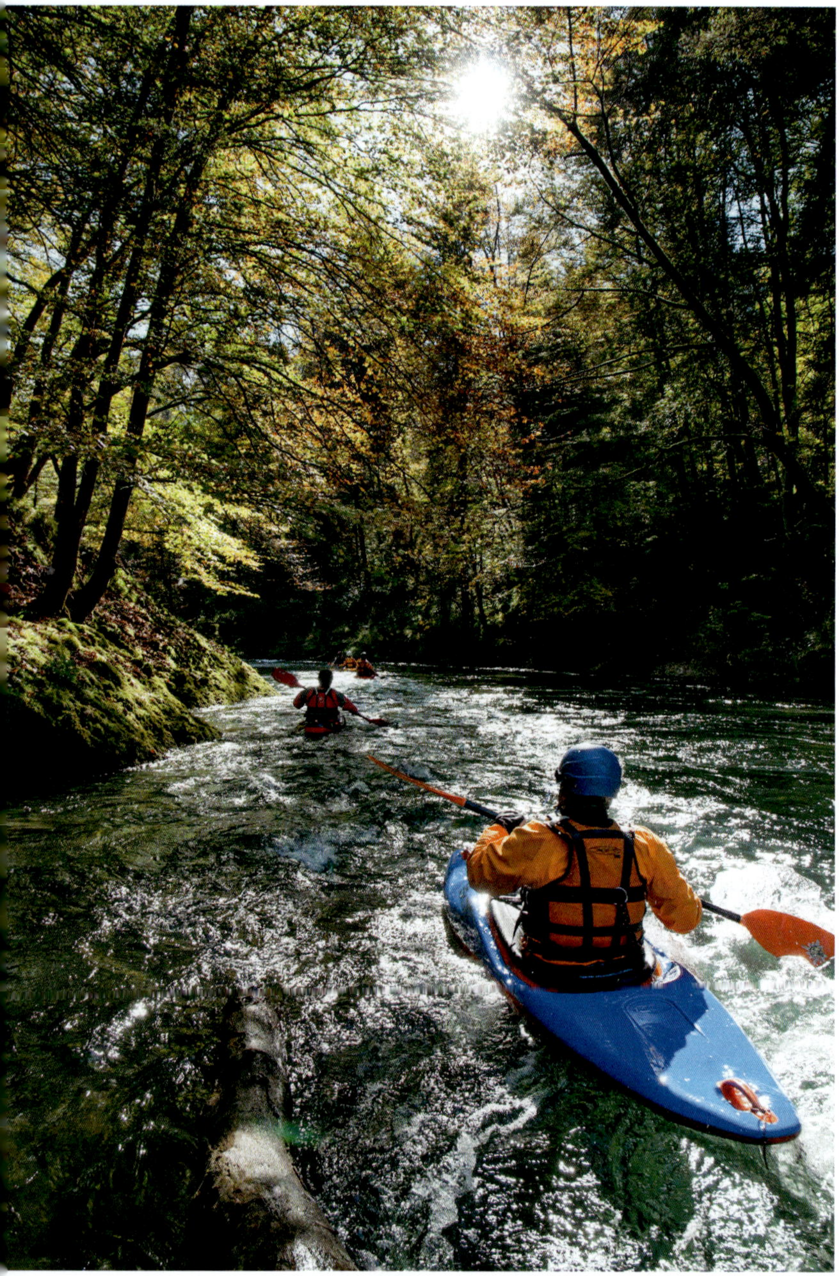

Herbstnachmittag im letzten Durchbruch vor Niederaltenburg. Pegel: 15 m³/s

Kleinhöhenkirchen oder alternativ via Westerham. Bitte nicht an der Brücke in Niederaltenburg aussteigen (Privatgrund). Trampen ist eher aufwendig, wer steile Anstiege nicht scheut, kann aber schön mit dem Fahrrad umsetzen.

Auf dem Wasser

Auf den ersten drei Kilometern wechseln sich kleine Schwälle in schöner Waldlandschaft mit niedrigen künstlichen Stufen ab, deren Rückläufe bei Hochwasser problematisch werden können. Etwas sportlicher präsentiert sich eine einzelne etwas höhere Schrägstufe, die je nach Wasserstand auch geübteren Paddlern mit einer Surfwelle Spaß machen dürfte. Spielkinder finden immer wieder tiefe Kehrwasser, um zwischendurch ein paar Cartwheels zu schlagen oder Pirouetten zu drehen. Nach der Straßenbrücke von Mühltal muss das erste unbefahrbare Wehr umtragen werden (rechts), wenig später unter der hohen Brücke der Autobahn A 8 ein zweites Wehr (ebenfalls rechts), wobei Könner je nach Wasserstand hier sicher eine Alternativroute entdecken werden.

In einer sehr schönen Waldschlucht folgen nun zahlreiche renaturierte Blockstufen, die einen ansprechenden, leichten Slalomparcours bilden. Eine anspruchsvollere Blockstrecke und eine weitere höhere Schrägstufe lassen den Puls von Anfängern sicher etwas in die Höhe schnellen. Einsame Waldabschnitte wechseln sich auf der Weiterfahrt mit offeneren Abschnitten mit renaturierten Stufen ab. Besonders schön ist ein kleiner Durchbruch, in dem von links ein Bächlein über dicke Moospolster in die Mangfall plätschert. Gerade in diesem Bereich sollte man jedoch nicht nur auf die Landschaft schauen, sondern auch ein wachsames Auge für mögliche Baumhindernisse haben, die häufig an den schönsten Stellen lauern.

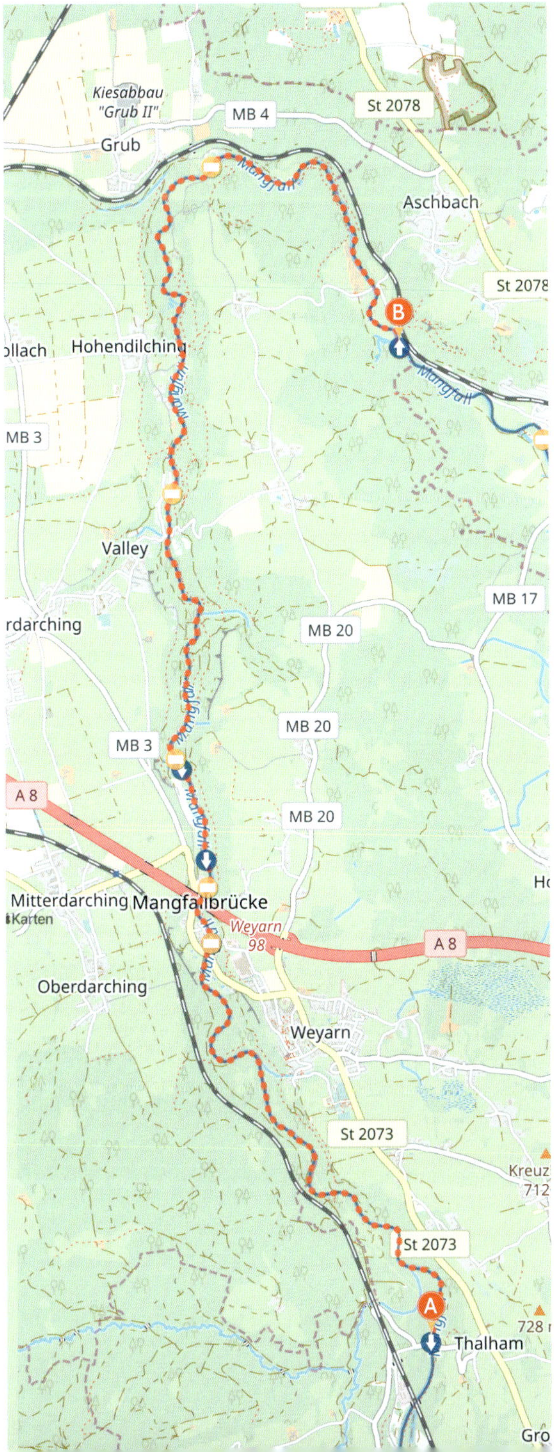

Die früheren Wehre Aumühle und Grubmühle wurden ebenfalls renaturiert und zu ansprechenden Folgen kleiner Blockstufen umgestaltet. Besonders die ersten Stufen im Bereich der ehemaligen Grubmühle am Mangfallknie bilden bei höheren Wasserständen kräftige Walzen und Rückläufe, bei unkontrollierten Schwimmeinlagen besteht an den Blockstufen die Gefahr von Fußklemmern. Sind Wildwassereinsteiger oder weniger sichere Paddler mit von der Partie, empfehle ich einen Maximalpegel von etwa 70 cm am Pegel Feldolling. Bis zum Ausstieg folgt am Mangfallknie noch einmal eine wildromantische Durchbruchstrecke, ohne Stufen zwar, aber dafür immer wieder mit Baumhindernissen.

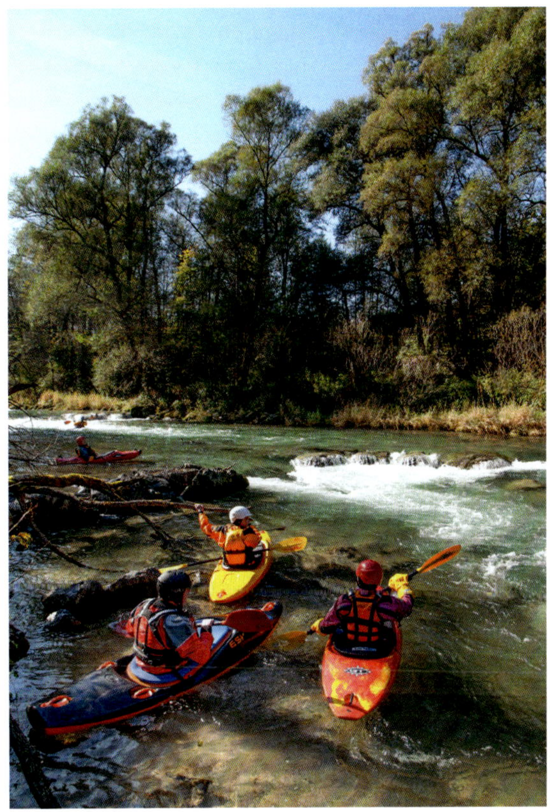

Kleine Blockstufen an der Grubmühle. Pegel: 12 m³/s

LEITZACH - Fischbachau - Wörnsmühl

Die im Bereich des Ursprungsattels oberhalb von Bayrischzell entspringende Leitzach ist der beste Beweis dafür, dass verbaute und begradigte Flüsse wieder zu ihrer natürlichen Schönheit zurückfinden können, wenn Wille und Kompetenz (hier beim Wasserwirtschaftsamt Rosenheim) vorhanden sind. Zu Beginn des 20. Jahrhunderts wurde der Fluss auf weiten Strecken kanalisiert. Um der verstärkten Tiefenerosion im verengten Flussbett entgegen zu wirken war es notwendig, Sohlschwellen und zusätzliche Wehranlagen zu errichten. Diese wurden mittlerweile zurückgebaut und durch Blockrampen ersetzt oder zumindest mit Umgehungsgerinnen für die Fischwanderung ver-

ÜBERSICHT

Länge: 8 km

Schwierigkeit: WW 1-2 (2+)

Einstieg: Brücken Mühlau (47.7131, 11.9381) oder Point (47.7192, 11.9359) bei Fischbachau

Ausstieg: Wörnsmühl – Abzweigung Drachental (47.7675, 11.9089)

Charakter: Flotte Strömung mit kleinen Sohlstufen und Blockstellen, im zweiten Teil naturbelassene Waldschlucht mit hübschen Schwallstrecken

Gefahren: Baumhindernisse, Hochwasserfahrten

Gefälle: 6 m/km

Pegel: Leitzach-Stauden auf *www.hnd.bayern.de* Mindestpegel 35 cm unbedingt beachten, besser mind. 40 cm

Beste Zeit: Im Frühling und nach längeren Regenfällen außer bei Hochwasser

Diese schönen kleinen Blockstufen bei Fischbachau waren früher ein Steilwehr. Pegel: 9 m³/s

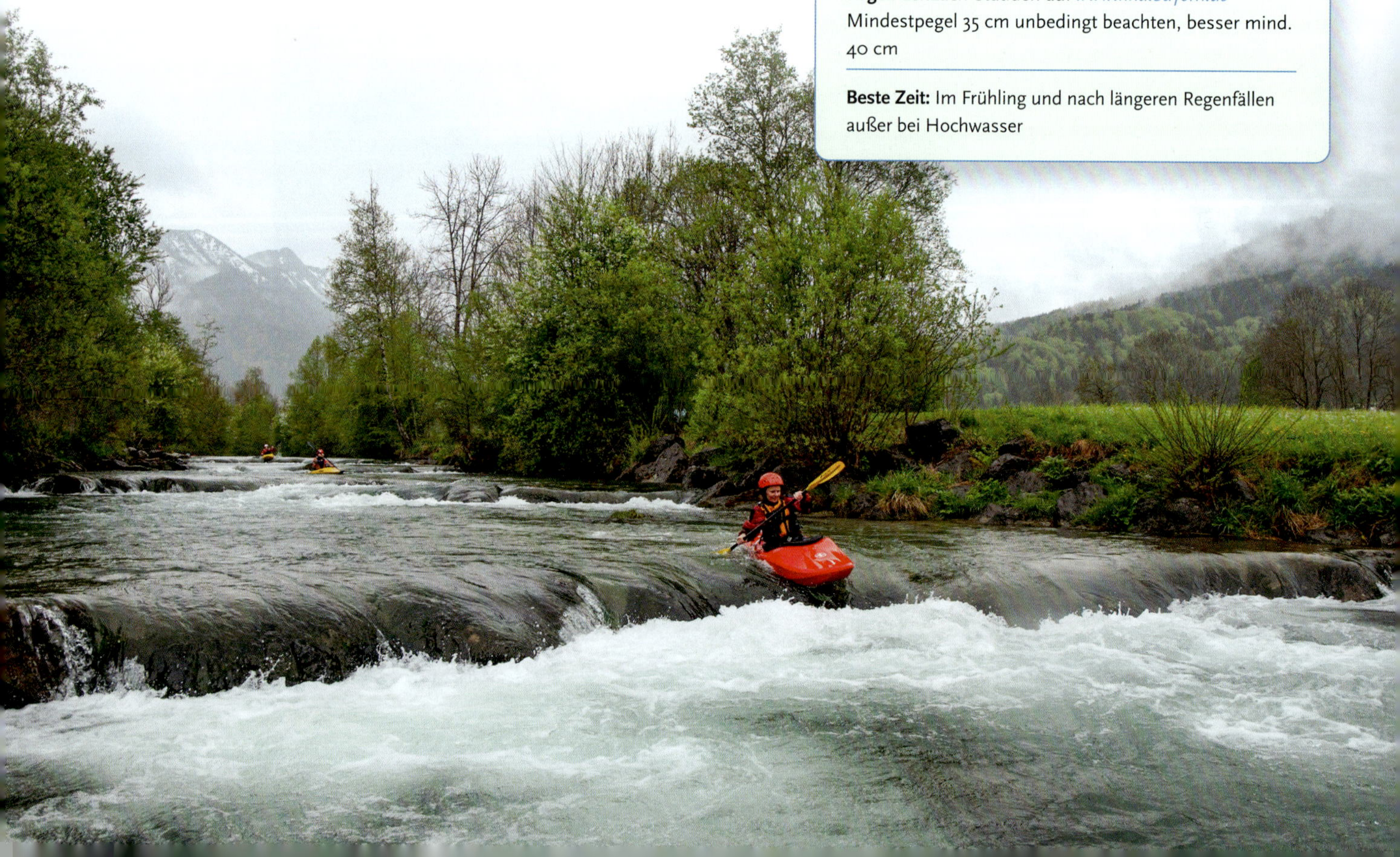

sehen. Die neu entstandenen Blockstellen wirken sehr natürlich, sind gut befahrbar und lockern die leichte Kajaktour auf, ohne die Gefahren der früheren Wehre aufzuweisen. Dabei präsentiert sich der Fluss als ideales Revier für Wildwassereinsteiger und Genießer. Adrenalinjunkies werden hier sicher nicht glücklich. Im ersten Teil der Strecke fließt die Leitzach ruhig durch ein breites Wiesental. Landschaftlicher Höhepunkt der Fahrt ist die idyllische Waldschlucht des Drachentals, in der die Leitzach im meist breiten, naturbelassenen Flussbett durch kleinere Schwallstrecken rauscht.

An Land

Mögliche Einstiegsstellen befinden sich an den Brücken bei Mühlau oder Point (Lehenpointstraße) bei Fischbachau. Erstere verlängert die Paddelstrecke um rund 500 Meter und ein paar kleine Stufen. Hier gibt es aber kaum Parkraum, während an der unteren Brücke ein großer Parkplatz zur Verfügung steht (auf keinen Fall in den Wiesen parken!). Den Ausstieg erreicht man, wenn man in Wörnsmühl vor der Brücke links in die Straße „Drachenthal" abbiegt (begrenzte Parkmöglichkeiten nur am Beginn der Straße). Schöne Wege und Nebenstraßen im Flusstal bieten sich zum Umsetzen mit dem Fahrrad an.

Auf dem Wasser

Zu Beginn der Fahrt bilden einige kleine, teilweise naturnahe Sohlstufen hübsche Übungsstellen. Lediglich bei starker Wasserführung können die entstehenden Rückläufe evtl. problematisch werden. Das Steilwehr, das früher das Ende der Sohlschwellen markierte, ist einer sehr ansprechenden, problemlos befahrbaren Blockstrecke gewichen. Gleiches gilt für ein ehemaliges Kastenwehr hinter der folgenden Brücke. Da die zweite Stelle etwas anspruchsvoller ist (WW 2+), empfiehlt sich mit Neulingen unter Umständen eine kurze Besichti-

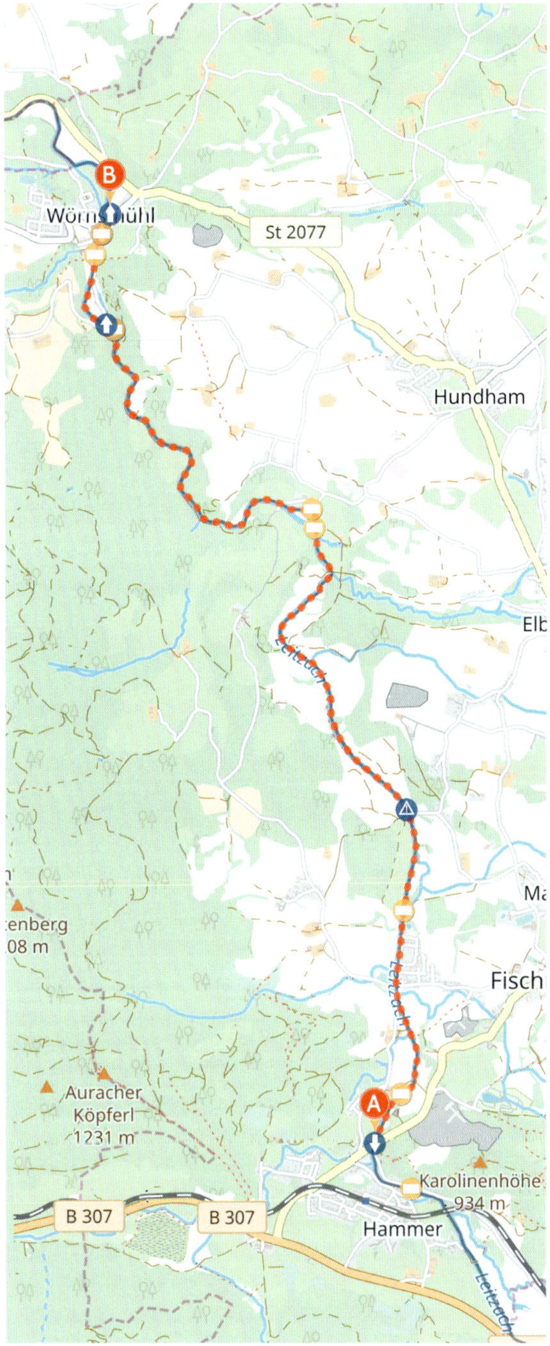

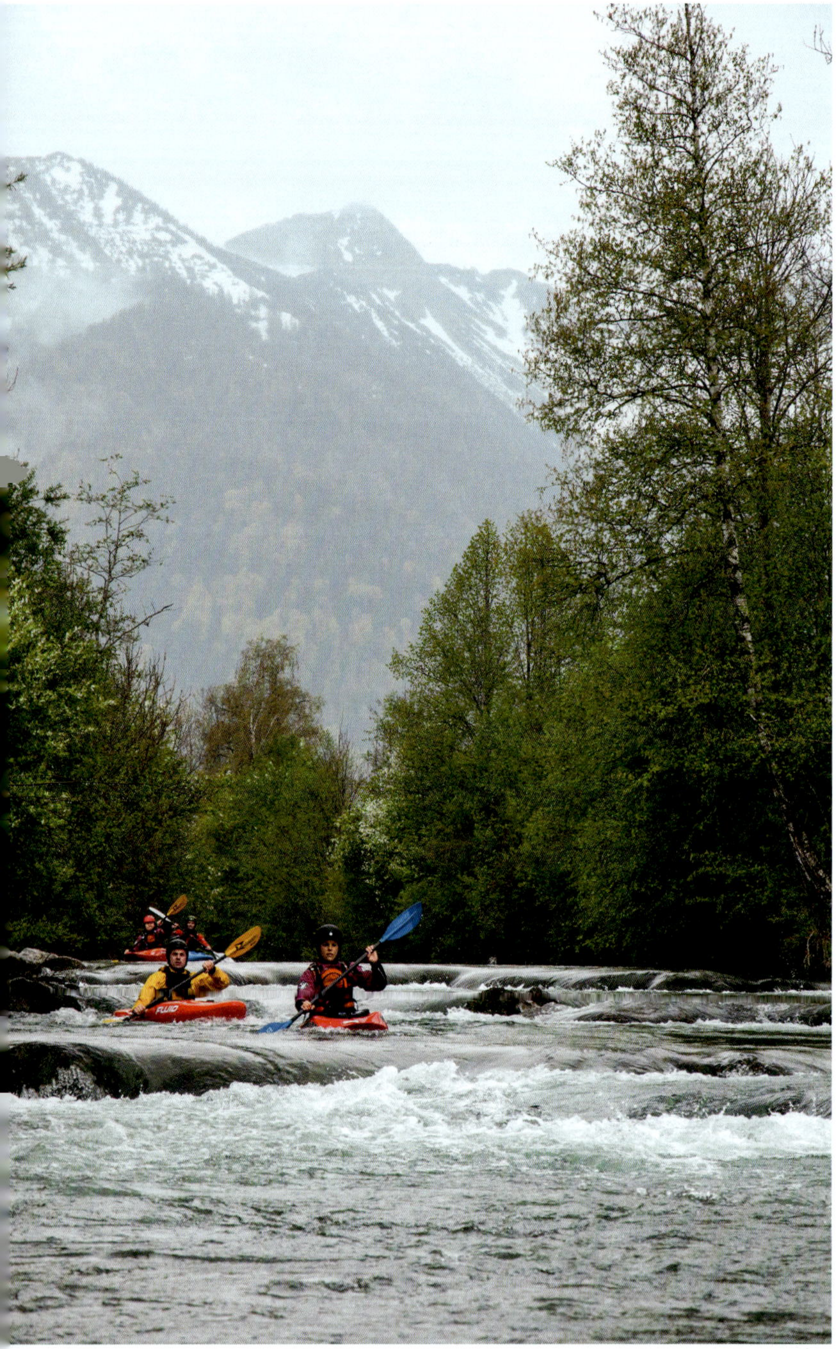

gung. Auf den nächsten Kilometern fließt die Leitzach weiterhin zwischen steilen Uferböschungen durch das früher kanalisierte Flussbett, nur teilweise schweift der Blick über die umgebenden Wiesen. Eine Insel teilt den Fluss am folgenden Wehr in zwei Arme. Im ersten Arm wurde links ein Umgehungsgerinne angelegt, das für Kajakfahrer bei normalen Wasserständen gut befahrbar ist. Gerade bei (zu) wenig Wasser sollte aus ökologischen Gründen aber besser kurz umtragen werden.

Nach einigen weiteren kleinen Blockstufen beginnt die landschaftlich schönere Hälfte der Tour, das idyllische Drachental. In weiten Kurven windet sich hier die Leitzach zwischen steilen Moränenhängen des ehemaligen Mangfallgletschers durch ein einsames, dicht bewaldetes Tal. Trotz der Talverengung bleibt das Gefälle gering, und die leichten Schwallstrecken im breiten Flussbett stellen keine größeren Anforderungen. Lediglich das „Kanonenrohr" im linken Arm an einer Flussinsel überrascht mit einigen etwas wuchtigeren Wellen. Am Ende der Waldschlucht sollte ein Tennenwehr am Ortsbeginn von Wörnsmühl kurz links umtragen werden (manchmal nach Besichtigung befahrbar). Die abgeleitete Strecke bis zum Ausstieg vor dem nächsten, nicht befahrbaren Wehr ist bei Niedrigwasser leider sehr flach, überrascht aber noch mit einer kleinen Stufe. Am Ende muss man die Boote noch ein kurzes Stück auf der Straße flussabwärts tragen, da am Ausstieg selbst ein Parkverbot gilt.

Leichtes Wildwasser mit Blick auf die noch schneebedeckten Gipfel im Mangfallgebirge. Pegel: 9 m³/s

EXTRATOUREN

LOISACH - Ehrwald Strecke

Die obere Loisach unterhalb von Ehrwald steht klar im Schatten der Griesenschlucht. Dennoch war dieser Abschnitt in jungen Jahren eine meiner Lieblingsstrecken im näheren Umfeld von München. Das flotte Wildwasser auf den ersten Kilometern, die geheimnisvoll düsteren Nadelwälder und der sagenumwobene „Wasserfall“ am Gumpen hatten es mir angetan. Objektiv betrachtet gibt es neben diesen Glanzlichtern aber auch viel Schatten an der oberen Loisach: Der Pegel reicht nur selten für eine genussvolle Befahrung, das lange Zwischenstück vor dem Gumpen ist eher langweilig, aber gleichzeitig durch Baumversperrungen nicht ungefährlich, und auch der Gumpen selbst ist mit den Jahren irgendwie kleiner geworden, aber immer noch gerne von bösartigen Baumhindernissen versperrt.

ÜBERSICHT

Länge: 6 km

Schwierigkeit: WW 3/3+ (4-) (Zwischenstrecke WW 2)

Einstieg: Brücke Ehrwald (47.4074, 10.9118)

Ausstieg: Brücke unterhalb der ehemaligen Grenzstation (heute Tankstelle) (47.4535, 10.9233)

Charakter: chnelles kontinuierliches Wildwasser im schmalen Flussbett mit leichter Zwischenstrecke und niedrigem Abfall am Ende.

Gefahren: Baumhindernisse

Gefälle: 17 m/km

Pegel: Loisach oberhalb der Partnachmündung www.hnd.bayern.de, Mindestpegel: 125-130 cm

Beste Zeit: Nur nach kräftigen Regenfällen (oder bei sehr starker Schneeschmelze).

Wenn Pegel, Können und Erwartungen passen, kann die obere Loisach aber nach wie vor eine schöne Abwechslung zur Standardstrecke darstellen. Die ersten flotten Kilometer neben der Straße machen schon ab einem Pegel von 120 cm (in Garmisch) durchaus Spaß, für die Gesamtstrecke empfehle ich einen Mindestpegel von 125 oder besser noch 130 cm. Die ersten Kilometer vom Einstieg an der Brücke in Ehrwald (neben der Tankstelle) bis zur ehemaligen österreichische Grenzstation sind eine flotte spritzige Abfahrt mit einer netten Stufe. Ein kleines Schrägwehr am Anfang ist zu einer Blockstufe umgebaut worden, die aber häufig durch Bäume blockiert ist.

Wer nur die ersten sportlichen Kilometer paddeln möchte, beendet die Fahrt spätestens nach der zweiten Straßenbrücke. Unterhalb lassen die Schwierigkeiten deutlich nach (WW 2) und die Baumhindernisse nehmen leider (meistens) zu. Ein kleines Wehr im Bereich der Tankstelle muss besichtigt und meist kurz umtragen werden. Wenn sich der Fluss den Hängen nähert, die das Tal auf der linken Seite begrenzen, ist Vorsicht geboten. Bis zum Gumpen mit seinem niedrigen Abfall ist es zwar noch ein Stück, doch die Schwierigkeiten nehmen wieder zu und die Kehrwasser werden kleiner und anspruchsvoller. Am Gumpen kippt der Fluss nach rechts ab und fällt über eine niedrige Stufe, die auf der linken Seite eigentlich schön befahrbar ist, wenn nicht gerade Baumhindernisse die Engstelle in eine Todesfalle verwandeln. Wenig später ist bereits der Ausstieg an der nächsten Straßenbrücke erreicht. Die (eher langweilige) Weiterfahrt bis zur Griesenschlucht sollte aus Naturschutzgründen tabu sein.

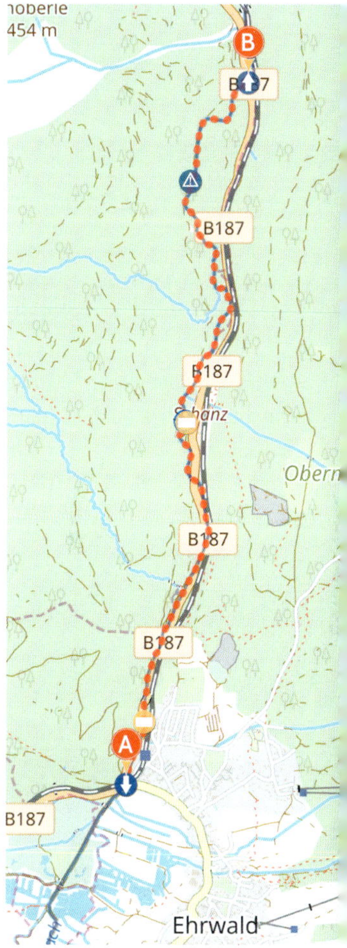

ISAR: WALLGAU-VORDERRISS

Zwischen Wallgau und dem Sylvensteinspeicher hat die Isar eine der schönsten Flusslandschaften der Nordalpen geschaffen. Im nahezu unbesiedelten Tal darf sich der Fluss hier seinen eigenen, immer wieder neuen Weg durch ein breites Kiesbett bahnen. Das Ergebnis verdient an stillen Tagen wirklich die inflationär gebrauchte Bezeichnung „Klein-Kanada". Leise plätschert das (manchmal) glasklare Isarwasser durch sanfte Schwälle mit grandiosem Bergpanorama. Die vollkommene Idylle täuscht leicht darüber hinweg, dass auch diese Landschaft nicht so ursprünglich ist, wie es scheint. Der Großteil des Isarwassers wird vom Krüner Stausee in den Walchensee geleitet, im Flussbett bleibt nur

Nicht nur Bayrisch-Kanada sondern auch ein bißchen Kabarik kurz vor dem Sylvensteinspeicher.

ÜBERSICHT

Länge: 13-17 km

Schwierigkeit: WW 1

Einstieg: Parkplatz am Ende der Isarstraße in Wallgau (47.5188, 11.2952)

Ausstieg: Brücke Vorderriß (47.5595, 11.4363) oder alternativ Geschiebesperre vor dem Sylvensteinspeicher (47.5601, 11.4887) oder Brücke Fall (47.5741, 11.5367)

Charakter: Leichte Schwälle mit Verzweigungen im breiten Kiesbett

Gefahren: Geschiebesperre vor dem Stausee, evtl. Gefahr am Rißbachdüker möglich

Gefälle: 5 m/km

Pegel: Isar Rißbachdüker, *www.hnd.bayern.de* mind. 5 m^3/s, besser mehr

Beste Zeit: Aufgrund einer neuen Verordnung ist die Befahrung nur noch vom 1. Juni bis 15. Oktober von 7:30 bis 20:00 Uhr erlaubt, genügend Wasser gibt es aber meist nur früher im Jahr und nach Regenfällen.

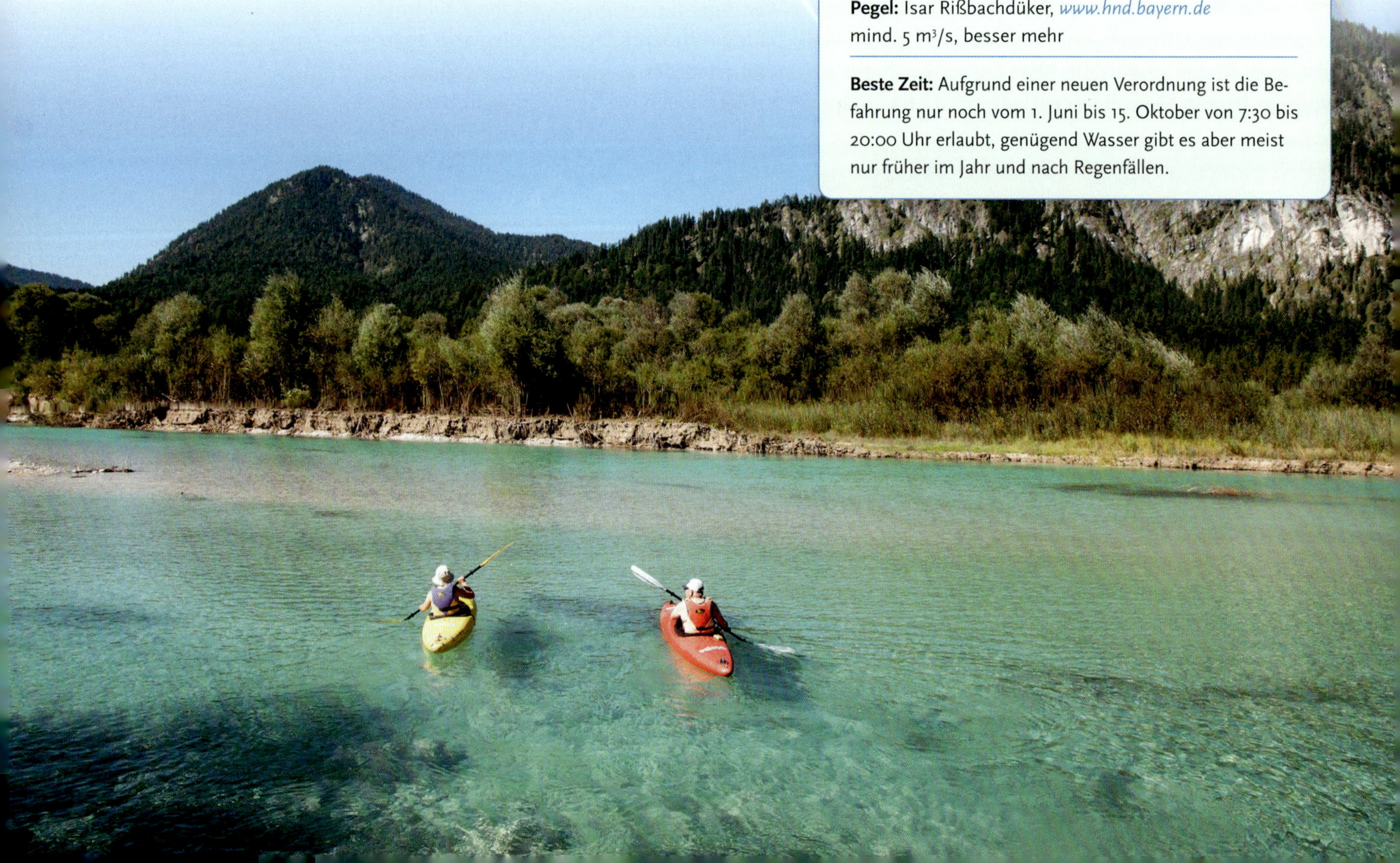

eine bescheidene Mindestwassermenge. Dadurch ist die natürliche Dynamik des Flussbetts und der Auen gestört, schön ist die Landschaft aber noch immer. Zum Paddeln empfiehlt sich etwas mehr Wasser nach Regenfällen, sonst wird es streckenweise arg flach oder gar trocken. Wer echtes Wildwasser sucht, blättert am besten gleich weiter, normalerweise wird hier nicht einmal der zweite Schwierigkeitsgrad erreicht. Damit ist diese Strecke die wohl leichteste in diesem Buch, die tolle Landschaft war für mich aber Grund genug für eine Beschreibung.

Diese kann recht knappgehalten werden, denn abgesehen von Baumhindernissen verdienen nur zwei Stellen besondere Beachtung. Zum einen der Rißbachdüker, in dem das abgeleitete Wasser unter der Isar hindurchgeführt wird. Im Normalfall befindet sich an dieser Stelle, erkennbar (auch von der Straße) an einem Pegelhäuschen, nur eine kleine Stufe bzw. Mini-Rutsche. In der Vergangenheit bildete sich hier aber auch schon mal ein tödlicher Rücklauf, also im Zweifelsfall kurz vorher anschauen. Die zweite potentielle Gefahrenstelle befindet sich am Ausstieg an einer Geschiebesperre vor dem Sylvensteinspeicher, hier fließt das Wasser unterirdisch durch Rohre unter einem Damm hindurch (gefährlicher Sog). Daher sollte ein sicherer Ausstieg vor der Paddeltour erkundet werden.

Ansonsten prägen vom Einstieg an leichte Schwälle und Verzweigungen im Kiesbett den Flusscharakter. Lediglich Büsche oder Baumhindernisse können die Fahrt behindern. Aus Naturschutzgründen dürfen die Inseln nicht betreten werden und an Verzweigungen sollte (sowieso im eigenen Interesse) der Hauptarm gewählt werden. Vor Vorderriß mün-

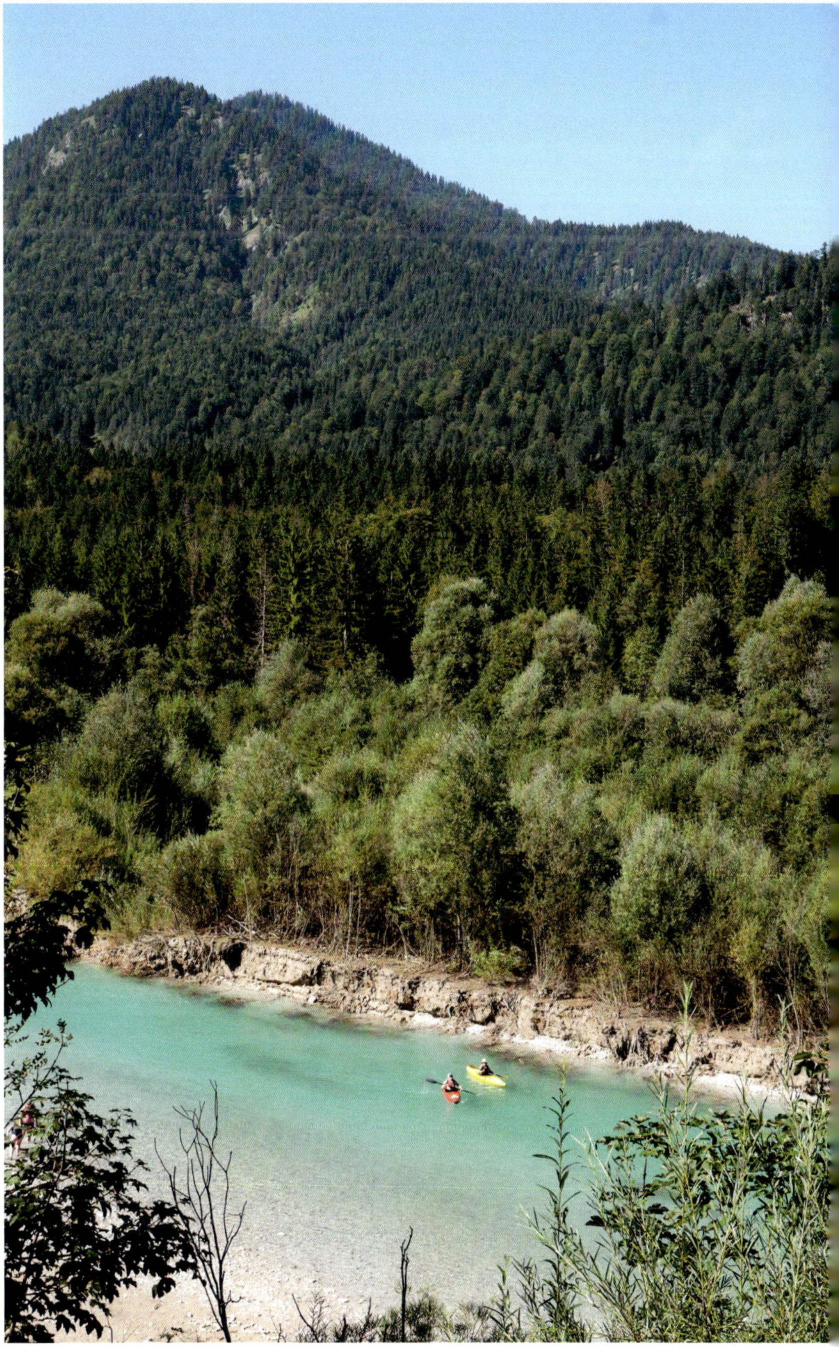

Bald ist der Sylvensteinspeicher erreicht.

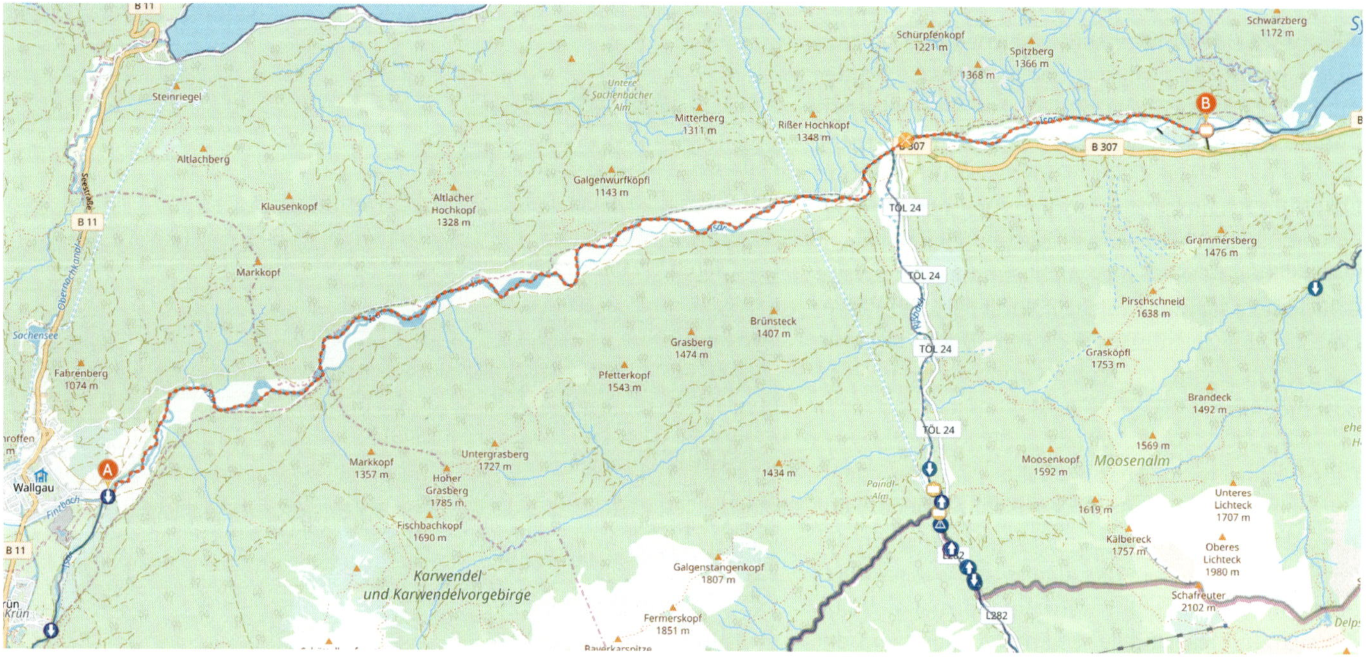

det das trostlose, meist völlig trockene Flussbett des Rißbachs, dessen Wasser ebenfalls in den Walchensee geleitet wird. Ein Extratipp bei Hochwasser (Rißbachpegel mind. 150 cm): Dann erwacht der Rißbachunterlauf kurzzeitig zum Leben und bietet erfahrenen Paddlern sehr schnelles WW 2 und die interessante, landschaftlich höchst lohnende Erfahrung, durchs sonst trockene Kiesbett zu paddeln.

Genussmenschen werden an der Brücke in Vorderriß aussteigen und den Tag im Biergarten des empfehlenswerten Gasthofs Post ausklingen lassen. Wer die Tour verlängern will, kann bis zur Geschiebesperre vor der Mündung in den Sylvensteinspeicher weiter paddeln. Der Flusscharakter bleibt auf dieser Strecke ähnlich, die Verzweigungen nehmen aber zu. Auch eine Weiterfahrt über den See bis Fall (Ausstieg unterhalb der Brücke) ist möglich, vor allem der Mündungsbereich der Isar in den See belohnt diese zusätzliche Trainingseinheit. Die kann man aber auch beim Umsetzen mit dem Fahrrad, wahlweise auf der Mautstraße oder auf Forstwegen am südlichen Ufer, absolvieren, hier allerdings mit etwas mehr Höhenmetern.

KROTTENBACH UND DÜRRACH

Freunde wirklich enger Klammen finden auf Dürrach und Krottenbach südlich des Sylvensteinspeichers, was sie suchen. Beide sind aber nur etwas für Entdecker und Spezialisten, die sicher im alpinen Gelände unterwegs sind und das Gesamterlebnis bei der Erkundung und Befahrung einsamer Klammen suchen. Wem es in erster Linie um gutes sportliches Wildwasser geht, der wird hier nicht unbedingt glücklich, denn zumindest bei einer ersten Befahrung darf der Wasserstand keinesfalls zu hoch sein. Zumindest sofern man nicht sicher weiß, dass keine Baumhindernisse in den engsten Stellen lauern, und wer außer einem Local weiß das schon sicher? Erreichbar sind die beiden landschaftlich äußerst eindrucksvollen Wildbäche nur mit dem Bootswagen ab Fall. All diese Faktoren begrenzen auf natürliche Weise die Zahl der Befahrungen von Dürrach und Krottenbach, so dass ich trotz einer freiwilligen Selbstbeschränkung die folgende Kurzbeschreibung der beiden Bäche für vertretbar erachte. Die Entscheidung, hier zu paddeln oder nicht, sollte jeder für sich selbst treffen, korrektes umweltschonendes Verhalten aber ist Ehrensache.

Der Fünfmeterfall ist leider seit einiger Zeit durch einen Baum versperrt. NW Bild: Christian Paffenholz

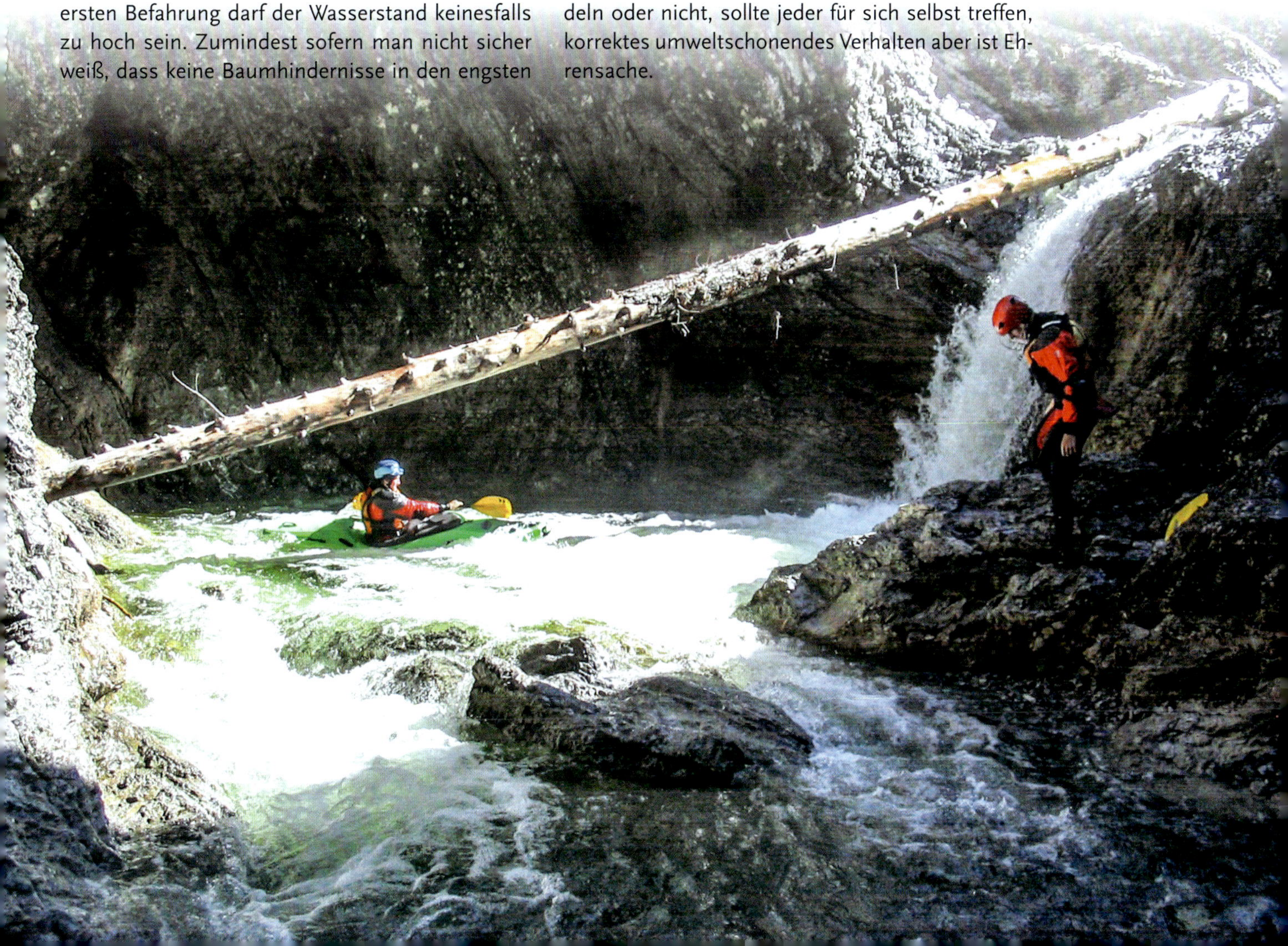

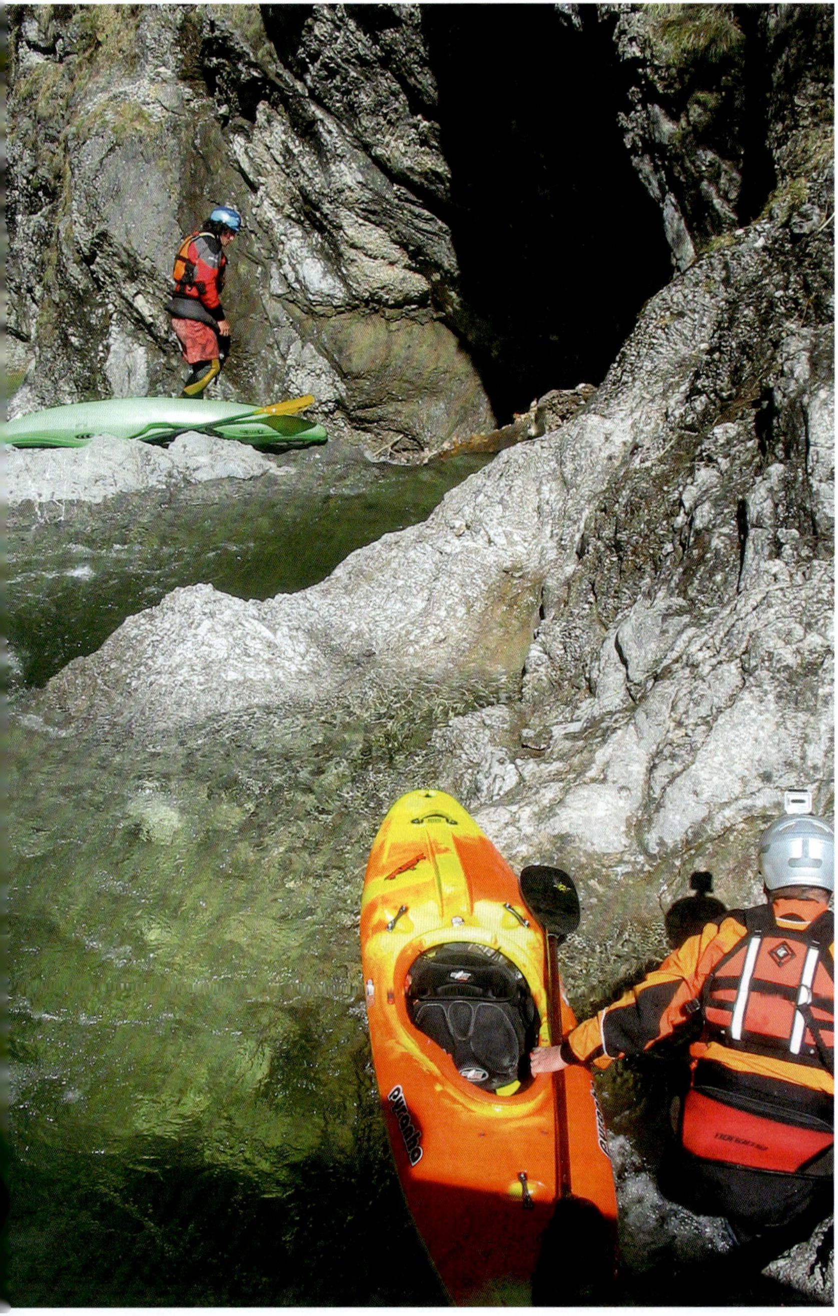

Besichtigen ist oft nur direkt im Bachbett möglich. NW Bild: Christian Paffenholz

Übersicht

Dürrach

Länge: 3 km (+2 km See)

Schwierigkeit: WW 3+ (4,4+, X)

Einstieg: Geschiebesperre (47.5371, 11.5470)

Ausstieg: Brücke Fall (47.5741, 11.5367), oberhalb Waldparkplatz (47.5720, 11.5340)

Charakter: Enge Klammen mit Stufen und Zwangspassagen

Gefahren: Baumhindernisse, Zwangspassagen, zu viel Wasser, Schlussabfälle auf der Dürrach, zu große Gruppen (max. 4 Paddler)

Gefälle: 21 m/km

Pegel: Der Dürrach-Pegel verändert sich regelmäßig und ist nur sehr begrenzt aussagekräftig. Mehr als 2-3 Kubik dürfen es hier (Summe beider Bäche) für eine Erstfahrt aber keinesfalls sein (außer mit einem Kenner der beiden Bäche).

Beste Zeit: Frühling und Frühsommer, aber nicht zur Hauptschmelze und nur bei stabiler Wetterlage!

Dürrach: Die Dürrach ist paddeltechnisch leichter, aber auch etwas weniger interessant. Ab Fall folgt man mit dem Bootswagen (keinesfalls mit dem Auto!) der asphaltierten Straße nach Süden Richtung Bächental/Dürrach. Die nicht unproblematischen Schlussstufen unter der Brücke vor der Mündung sollte man unbedingt schon beim Anmarsch besichtigen. Der Einstieg ist an einer Geschiebesperre erreicht (zum Wasser abseilen). Schon recht bald mündet über einen Wasserfall der Kotzenbach (davor befindet sich eine steckgefährliche Engstelle) und später wird es richtig eng. Unsaubere Felsverhaue können z.T. (nicht ganz einfach!) umhoben bzw. umklettert werden, enge Bobbahnen definitiv nicht. Am Pegel ist der engste Teil geschafft, doch erfordern die Abfälle an der Brücke vor dem See noch einmal Konzentration.

ÜBERSICHT

Krottenbach

Länge: 4 km (+2 km See)

Schwierigkeit: WW 3-4+ (X)

Einstieg: Oberhalb 5-Meter-Fall (z.B. 47.5436, 11.5068)

Ausstieg: Brücke Fall (47.5741, 11.5367), oberhalb Waldparkplatz (47.5720, 11.5340)

Charakter: Enge Klammen mit Stufen und Zwangspassagen

Gefahren: Baumhindernisse, Zwangspassagen, zu viel Wasser, Schlussabfälle auf der Dürrach, Eisendrähte im Wasser möglich, zu große Gruppen (max. 4 Paddler)

Gefälle: 24 m/km

Pegel: Siehe Dürrach

Beste Zeit: Siehe Dürrach

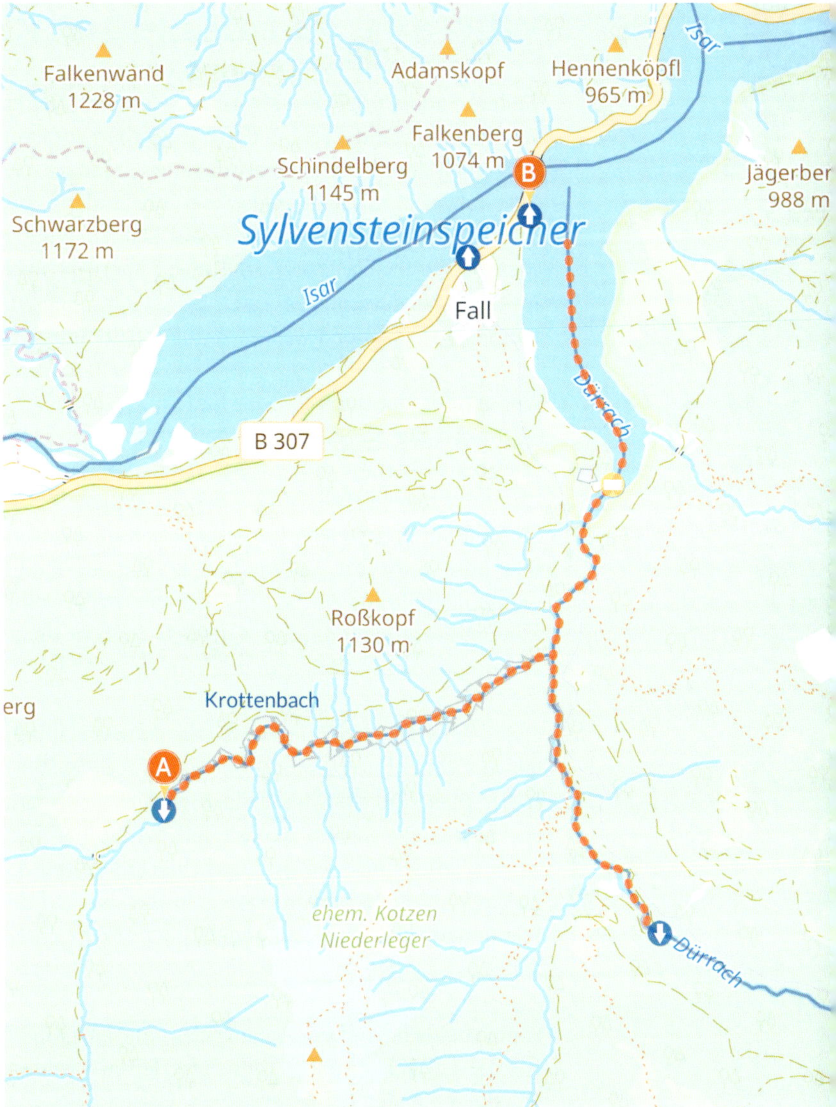

Krottenbach: In Sachen Wildwasser hat der Krottenbach gegenüber der Dürrach klar die Nase vor. Zum Krottenbach biegt man vor der Dürrachbrücke nach rechts auf die (anfangs recht steile) Schotterstraße Richtung Tölzer Hütte ab. Die Stufen auf der Dürrach unter der Brücke sollte man auf einem kurzen Abstecher vorab besichtigen. Der Einstieg am Krottenbach ist erreicht, wenn die Forststraße wieder abwärts führt und sich dem Bach nähert. Ungefähr am tiefsten Punkt der Forststraße gelangt man links von einem Seitenbach hinunter zum Krottenbach (schwache Pfadspuren), an der Brücke uber den Ödbach ist man bereits zu weit. Bald nach dem Einstieg folgt mit der ersten Klamm samt 5-Meter-Fall (oft Baumhindernis oder zu flaches Unterwasser, vom Forstweg sichtbar) und eher unbefahrbarer Engstelle das erste Kriterium. Im weiteren Verlauf wechseln sich enge Klammstrecken mit offeneren Abschnitten im Kiesbett ab. Höhe- und Knackpunkt ist die immer enger werdende Klammstrecke vor der Dürrachmündung. Auf der Dürrach sollten die Schlussstufen nicht unterschätzt werden, bevor es über den See zum Auto zurückgeht.

WEITERE PADDELMÖGLICHKEITEN

Weitere Paddelmöglichkeiten gibt es rund um Wetterstein und Karwendel bzw. in den Bayerischen Voralpen zum einen unterhalb der beschriebenen Standardstrecken auf meist leichtem Wildwasser mit Tendenz zum sportlichen Tourenpaddeln oder auf kleinen Wildbächen von leicht bis schwer, die meist aber nur nach kräftigen Niederschlägen oder bei starker Schneeschmelze ausreichend Wasser zum Paddeln führen.

Wer auf der **Isar** oberhalb von Bad Tölz glücklich ist, wird auch die Strecken unterhalb des Tölzer Stausees bis München mögen. Auf fast 50 Kilometern Länge ist hier leichtes WW 1 bzw. sportliches Tourenpaddeln in wunderschöner Landschaft geboten. Erst unterhalb von Wolfratshausen gibt es einige Wehre. Detailinfos zur Isar bis München gibt es auf www.kanu-info-isar.de und natürlich auch in diversen Büchern zum Tourenpaddeln in Bayern.

Etwas schwerer ist der untere Teil der **Ammerschluchten** von Rottenbuch bis zur Böbinger Brücke (WW 1-2 (2+)). Zwar sind die Waldschluchten hier nicht ganz so spektakulär wie im oberen Teil, wildromantisch ist das Tal der Ammer aber auch hier. Es gelten die gleichen strengen Befahrungsregelungen wie auf der Standardstrecke, das nicht ungefährliche Wehr unterhalb des Kalkofenstegs sollte links umtragen werden.

Landschaftlich kann der Anhang der Griesenschlucht auf der **Loisach** da nicht mithalten. Für Wildwassereinsteiger bietet die Strecke von Grainau bis Farchant trotzdem einige gute Übungsstellen und zwischendurch sehr schöne Bergblicke (WW 1-2, die kanalisierte Ortsdurchfahrt von Garmisch um WW 2). Zwei Wehre im oberen Teil von Garmisch sowie vor Farchant werden links umtragen, eine etwas unsaubere Geröllrampe bald nach dem Wehr in Garmisch sollte besichtigt werden. Ideal ist diese Strecke vor allem dann, wenn die Griesenschlucht auf dem Plan steht und zugleich etwas schwächere Mitfahrer auch noch eine Runde paddeln wollen. Bitte aber nicht bei Hochwasser einsteigen! Ab 2021 sollte eine durchgehende Befahrung wieder möglich sein (derzeit baustellenbedingte Sperrung zwischen Grainau und Garmisch).

WW 2-3 mit zahllosen renaturierten Blockstufen bietet die **Weißach,** die in den Tegernsee mündet. Befahrbar ist dieser kleine Wildfluss nur bei guten Wasserständen ab mind. 10 m^3/s. Obwohl die Blockstufen zahlreich und zum Teil durchaus sportlich sind, kann ich persönlich mich mit der Weißach nicht wirklich anfreunden. Vielleicht fehlt mir hier einfach eine echte Flusslandschaft bzw. „echtes" Wildwasser. Trotzdem hat die Weißach einige Anhänger. Einsteigen kann man unterhalb der Klamm beim Weiler Klamm (welch Überraschung) oder bei Wildbad Kreuth, aussteigen an der Brücke der Straße zur Wallbergbahn. Die kurze Klamm ist WW 4 mit einer extrem steckgefährlichen Passage (bis WW 5-X, je nach Pegel), die nicht einfach umtragbar ist. Wer dieses Zuckerl mitnehmen möchte, sollte WW 4 beherrschen und sehr gründlich besichtigen! Auf der Strecke bis Wildbad Kreuth können einige nicht renaturierte Stufen mit verfallenen Holzkonstruktionen gefährlich werden (Siphone bzw. Steckgefahr möglich). Hier unbedingt größte Vorsicht bzw. gerade mit etwas schwächeren Paddlern am besten erst bei Wildbad Kreuth einsteigen. Vorsicht auch an der letzten Brücke vor dem Ausstieg: Hier lauert eine niedrige Stufe mit evtl. gefährlichem Rücklauf, im Zweifelsfall links umtragen (Ausstieg ggf. problematisch).

Überraschend gut gefallen hat mir dagegen die **Jachen,** obwohl die Schwierigkeiten hier kaum über WW 1 steigen. Der natürliche Ausfluss des Walchensees ist durch ein Wehr versperrt, so dass das Wasser hier

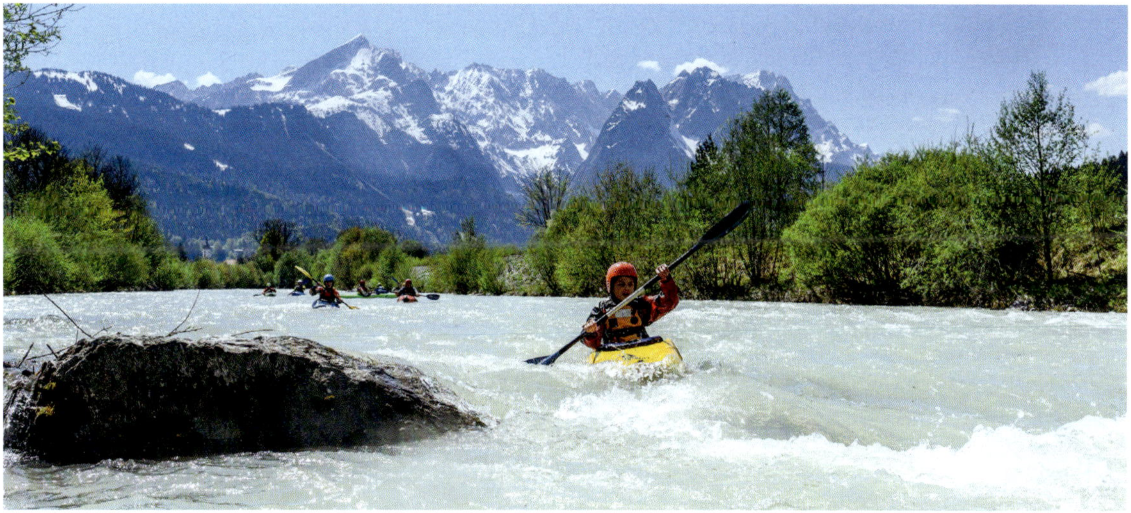

Einsteigerfreundliches Wildwasser mit großartiger Aussicht auf der Loisach zwischen Garmisch und Farchant. Pegel: ca. 20 m³/s

nur bei massiver Schneeschmelze oder nach starken Regenfällen zum Paddeln reicht. Dann kann man eine gemütliche Fahrt auf diesem landschaftlich sehr schönen Kleinfluss durch die Jachenau genießen. Einstieg an der Brücke Bäcker-Niggeln, Ausstieg bei Leger oder Weiterfahrt auf der Isar. Lediglich einige Blockrampen sollten besichtigt und im Zweifelsfall ebenso wie das Wehr bei Leger kurz umtragen werden.

Die **Leutascher Ache** führt zwar relativ viel Wasser und die Bergkulisse ist fantastisch, zum Paddeln kann ich diesen Fluss aber trotzdem nicht unbedingt empfehlen. Oberhalb der unbefahrbaren Leutaschklamm liegen die Schwierigkeiten zwar auf langen Strecken nur bei WW 1-2, ein Tipp für Einsteiger ist die Ache wegen möglicher gemeiner Baumhindernisse (wohl nicht immer) und einiger richtig böser Eisenträger (v.a. in Blockstufen) aber nicht. Oberhalb von Leutasch steigen die Schwierigkeiten zwar an, wirklich attraktives Wildwasser ohne künstliche Einbauten habe ich aber bislang nicht bzw. nur auf zu kurzer Strecke gefunden.

Wer aber die Eigenheiten der kleinen Wildbäche im Karwendel mag, sollte auch mal dem **Gleirschbach,** einem Zufluss der oberen Isar, einen Besuch abstatten. Der Zugang ist natürlich auch hier nur zu Fuß (mit dem Bootswagen) möglich und die Klammen sind eng und sportlich. Die Schwierigkeiten liegen meist zwischen WW 3 und WW 5; der anspruchsvolle Mittelteil mit mehreren unbefahrbaren und unschönen Stellen, aber auch ein paar schönen Stufen, kann im Gegensatz zur ersten und letzten Klamm einfach von einem Wandersteig aus besichtigt werden. Am bequemsten gelangt man mit dem Bootswagen erst auf der Forststraße ins Hinterautal und dann auf der breiten Hauptforststraße ins Gleirschtal zum Bach (oberster Einstieg an der Brücke bei einer Futterstelle, alternativ eine Brücke unterhalb). Der Gleirschbach hat ein großes Einzugsgebiet und führt zur Zeit der Hauptschneeschmelze eher zu viel als zu wenig Wasser.
Natürlich gibt es gerade im Karwendel, aber auch in der weiteren Umgebung noch den einen oder anderen Geheimtipp. Diese sollen aber auch Geheimtipps bleiben, denn sie sind für Veröffentlichungen einfach zu wertvoll und sensibel. Und ich will mir nicht vorwerfen müssen, dass es hier durch einen zu großen Andrang oder das Fehlverhalten einzelner zu weiteren Einschränkungen kommt.

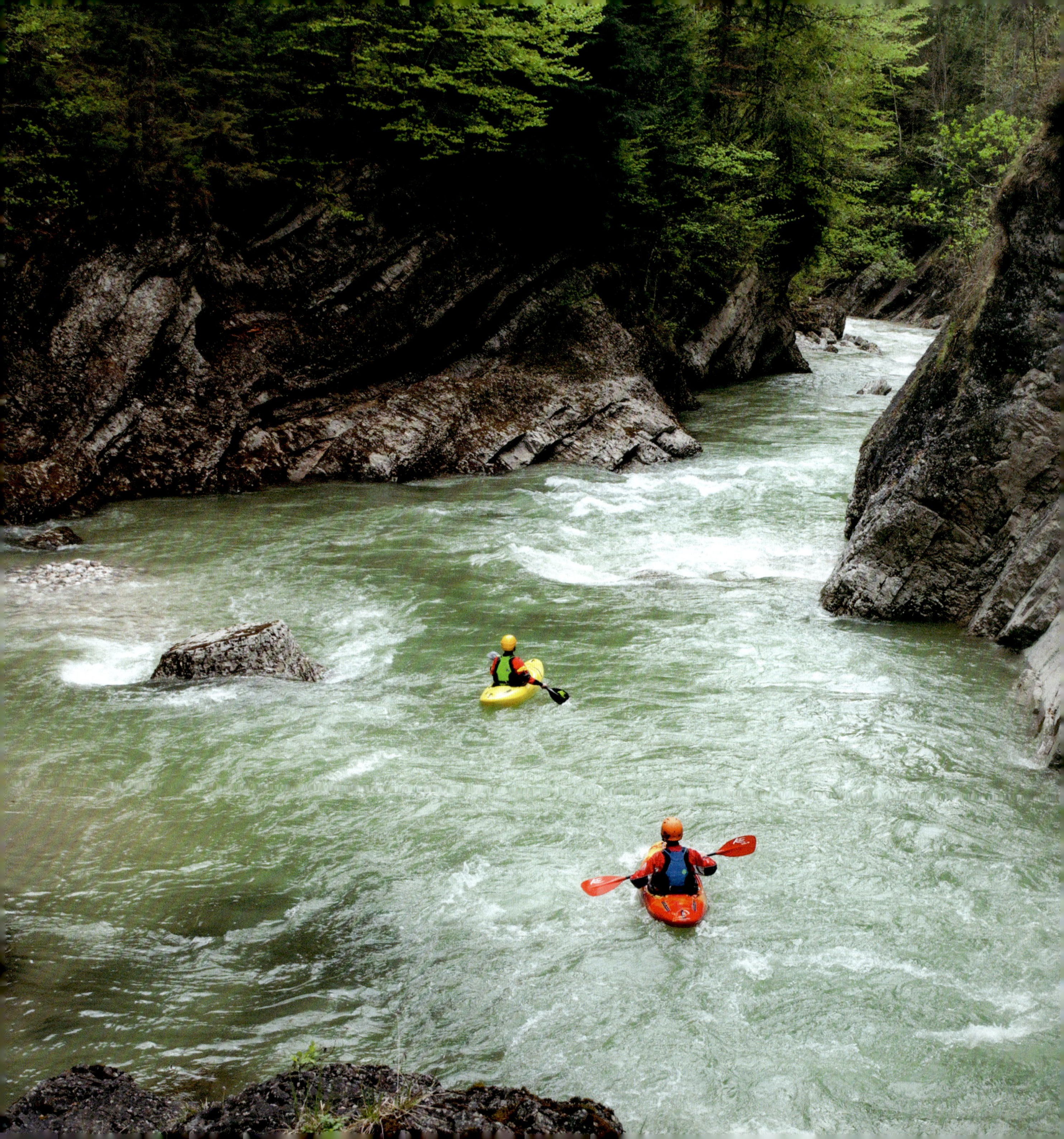

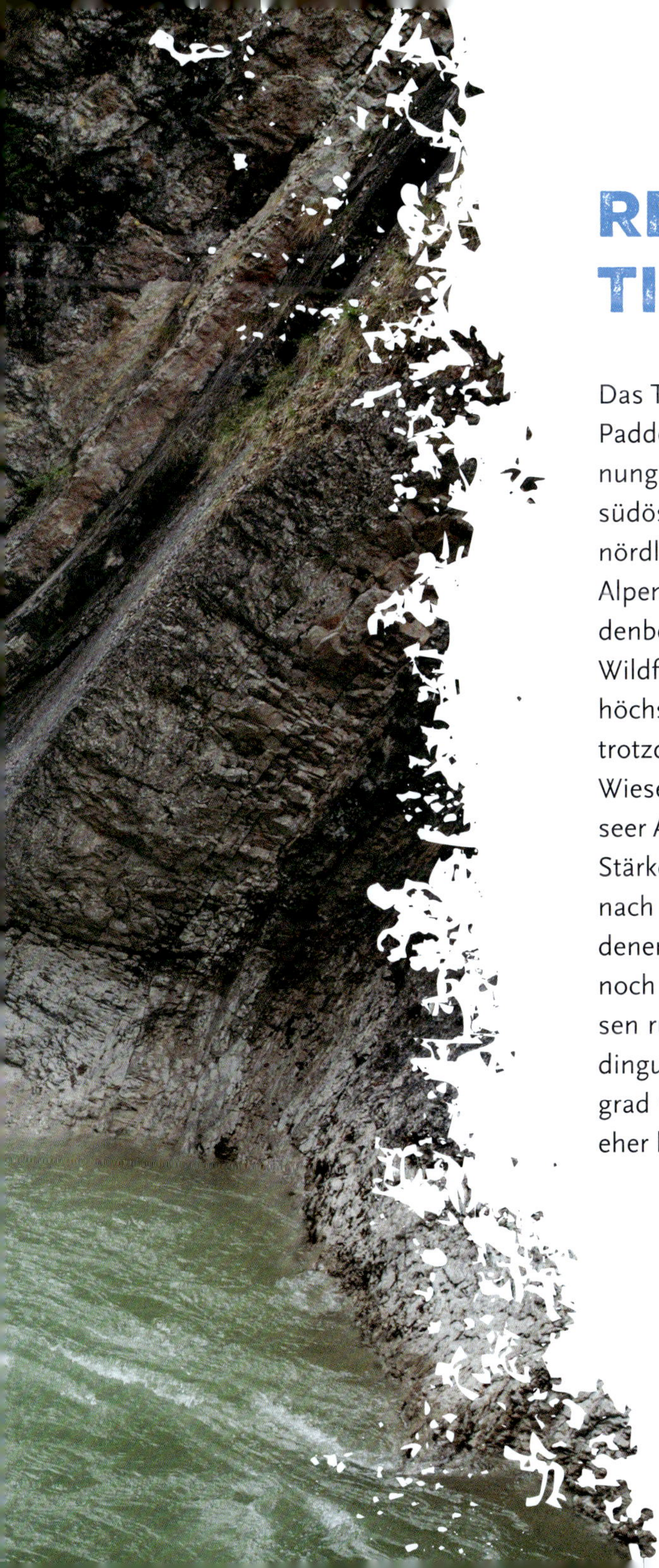

REGION 6: TIROLER UNTERLAND

Das Tiroler Unterland ist die Region der Achen. Nahezu jeder zum Paddeln geeignete Wildbach oder -fluss trägt hier diese Bezeichnung. Die meisten der Achen entspringen in den Kitzbüheler Alpen südöstlich des Inntals, die schönste Ache aber hat ihren Ursprung nördlich des Inns in Bayern und durchfließt die Brandenberger Alpen. Die gerne kurz und bündig als Brandy bezeichnete Brandenberger Ache gehört ohne Wenn und Aber zu den schönsten Wildflüssen der Nordalpen. Die anderen Achen erreichen dieses höchste Level zwar nicht, bieten bei passenden Bedingungen aber trotzdem viel Abwechslung und Paddelspaß zwischen saftigen Wiesen (Kelchsauer Ache), in idyllischen Waldschluchten (Thierseer Ache) oder im engen Felsschlund (Wildschönauer Ache). Ihre Stärken kann die Region nur zur Zeit der Schneeschmelze oder nach Regenfällen ausspielen, doch profitiert man bei eher bescheidenen Pegelständen von der zentralen Lage. Weder ins Oberland noch zu den bayerischen Klassikern oder den wassersicheren Flüssen rund um Lofer ist man lange unterwegs. Passen aber die Bedingungen, gibt es vor allem im dritten und vierten Schwierigkeitsgrad viel zu entdecken, wobei der Charakter der Flüsse meist ein eher kontinuierlicher und damit sportlicher ist.

REGION-INFOS
TIROLER UNTERLAND

Anfahrt:
Auf der A 8 bis zum Inntaldreieck und weiter auf der Inntalautobahn bis Wörgl. Von hier weiter Richtung Hopfgarten zum Camping bei Itter. Zur Brandenberger Ache weiter auf der Autobahn bis zur Ausfahrt Kramsach.

Basislager:
Ⓐ Mein Favorit bleibt der Terrassencamping Schlossberg Itter: Zentral gelegen zwischen Wörgl und Hopfgarten an der Brixentaler Ache wirkt der Platz zwar etwas bieder, in der Vorsaison aber gibt es viel Platz und Komfort zu sehr fairen Preisen. Sehr freundliches Personal, toller Spielplatz und das Waschland (Duschbereich) ist nach kalten Paddeltouren ein Traum.
Tel:0043/5335/2181, *www.camping-itter.at*
Ⓐ Alternativen sind die Zeltplätze an den Seen bei Kramsach und der Zeltplatz Reiterhof (*www.campingreiterhof.at*) im Tal der Kelchsauer Ache.

Beste Zeit:
Hochsaison für Paddler ist im Mai. Auch im April findet man oft schon gute Bedingungen, mit etwas Glück nach Regenfällen auch im Juni. Danach muss es schon kräftig regnen, um mehrere Tage lang ausreichende Wasserstände zu haben. Die Schneeschmelze ist oft eher unzuverlässig und hält nur kurz an.

Weitere Aktivitäten:
Die sanften Grasberge der Kitzbüheler Alpen bieten unzählige Möglichkeiten für **Wanderungen und Mountainbiketouren,** mein Favorit liegt aber wie bei den Flüssen in den Brandenberger Alpen.

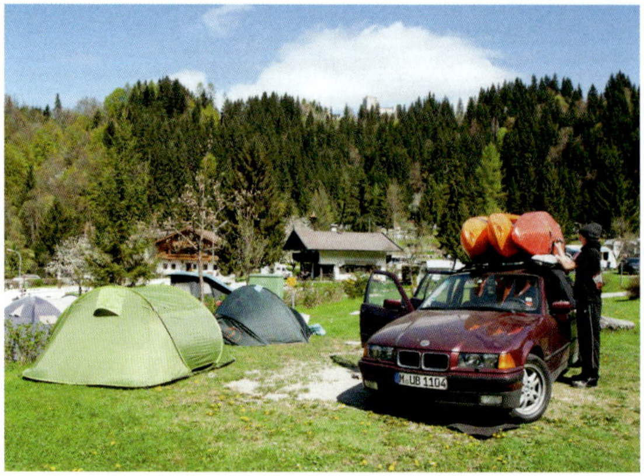

Idealer Ausgangspunkt in der Vorsaison: Der Campingplatz Schlossberg Itter.

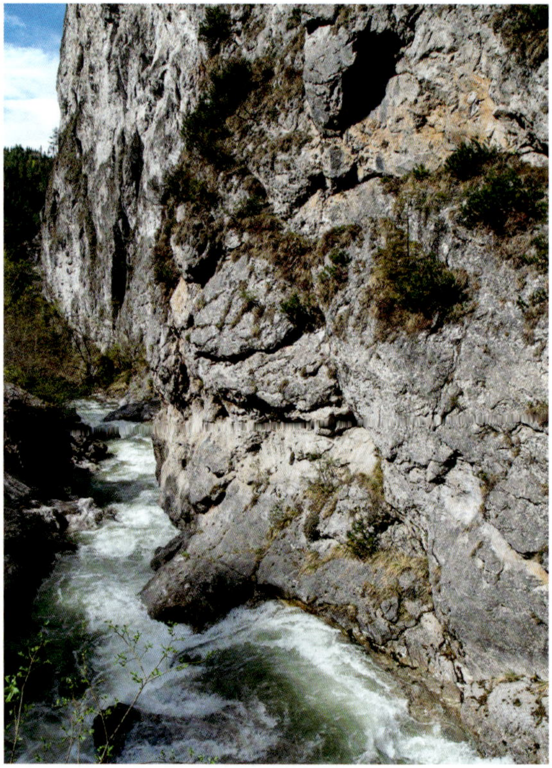

Eine Wanderung durch die Kundler Klamm lohnt sich nicht nur für Paddler.

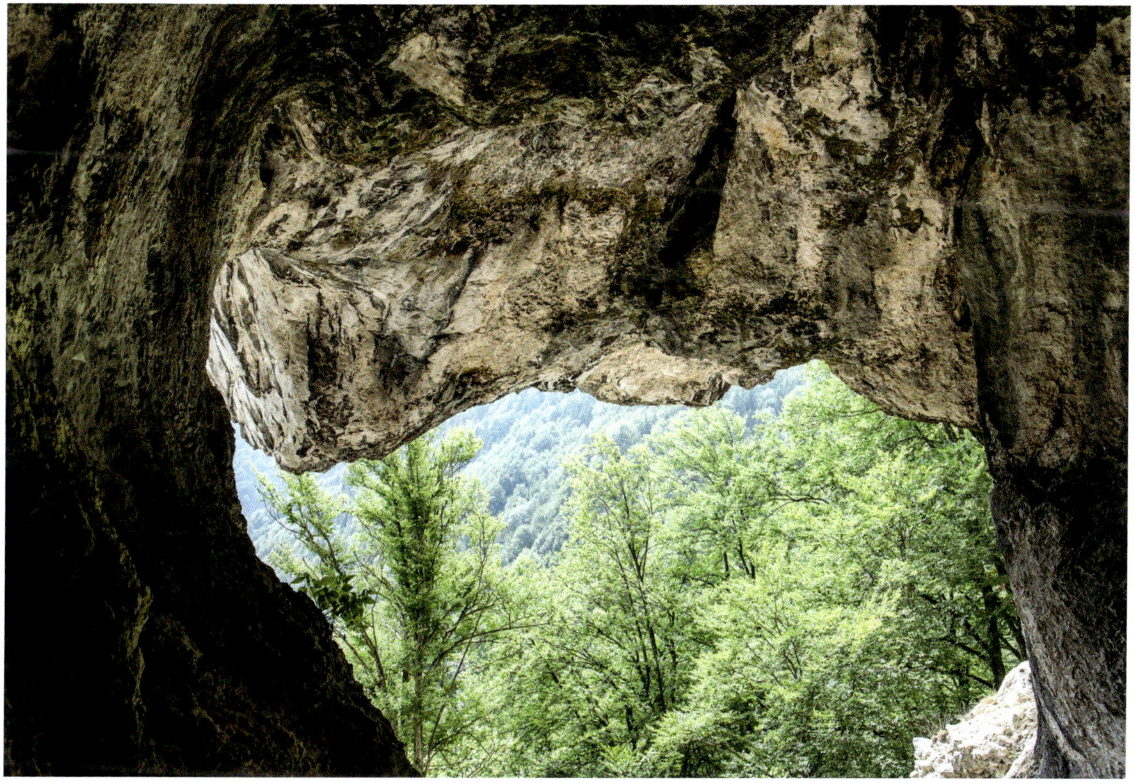

Die Höhlen rund ums Inntal sind ideal für einen kurzen Abstecher nach dem Paddeln.

Es ist die Mountainbiketour vom Kaiserhaus in die Valepp und zurück über den Elendsattel, den Ursprungpass und die Riedenberger Wiesen. Auch die Tour via Bayrache und Lange Au zum Tegernsee und zurück via Valepp ist zu empfehlen. Strecken für Abfahrer gibt es (zu relativ gesalzenen Preisen) bei Kitzbühel und Kirchberg.

Für **Kletterer und Klettersteigfans** stellt das schroffe Felsmassiv des Wilden Kaisers ein echtes Eldorado dar. Ein toller, exponierter Klettersteig mit eindrucksvollen Tiefblicken findet sich aber auch am Reintaler See unweit der Brandenberger Ache. Sommerrodelbahnen sorgen in Oberaudorf und am Walchsee (mein Tipp!) für Spaß bei Kindern und jung gebliebenen Erwachsenen.
www.hocheck.com bzw. zahmerkaiser.com

Der Reintalersee bei Kramsach ist im Mai zum **Baden** wohl noch zu kalt, im Juni hat er sich aber meistens schon auf angenehme Temperaturen erwärmt.

Sehenswürdigkeiten:

Besichtigenswert sind die Altstädte von Kufstein und Rattenberg bei Kramsach. Nahe dem Reintaler See bei Kramsach liegt das Tiroler Bauernhöfemuseum, das sich sehr schön in die Landschaft einfügt. *www.museum-tb.at*

Die eindrucksvollen Klammen der Brandenberger Ache (Kaiser- und Tiefenbachklamm) können auf gesicherten Triftsteigen leicht durchwandert werden. Noch bequemer ist die Besichtigung der Kundler Klamm der Wildschönauer Ache auf einer breiten Schotterstraße (kein Autoverkehr). Vier

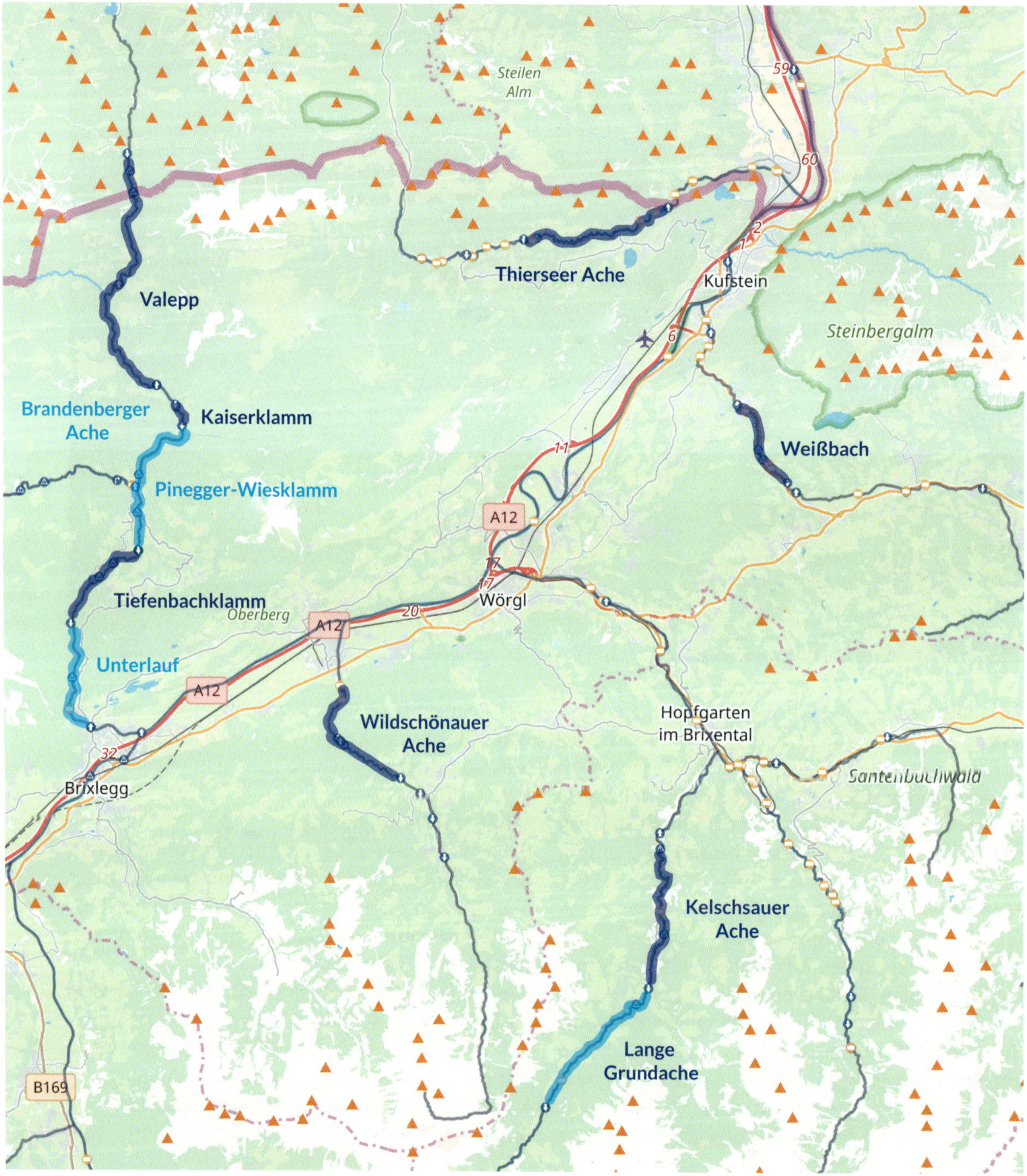
Steilen Alm
Valepp
Thierseer Ache
Kufstein
Steinbergalm
Brandenberger Ache
Kaiserklamm
Weißbach
Pinegger-Wiesklamm
A12
Tiefenbachklamm
Oberberg
Wörgl
A12
Unterlauf
A12
Wildschönauer Ache
Hopfgarten im Brixental
Santenbuchwald
Brixlegg
Kelchsauer Ache
Lange Grundache
B169
59
60
2
1
6
11
17
17
20
32

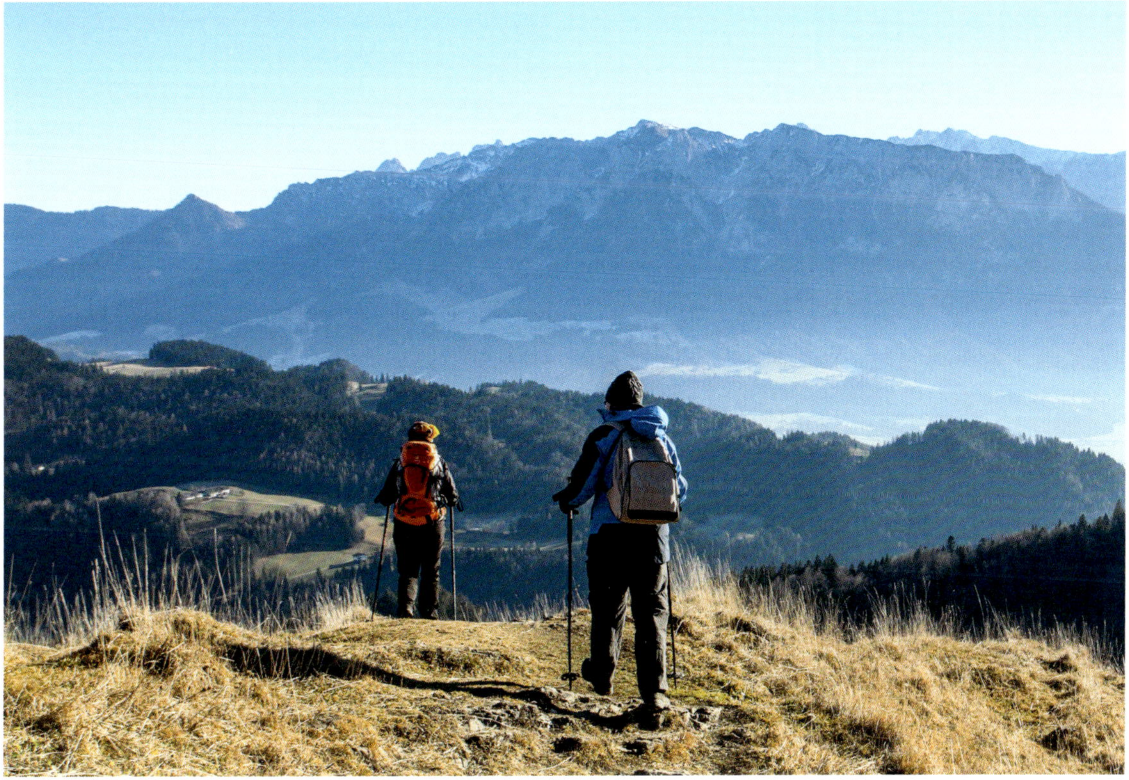

Schöne Aussichten über dem Inntal für Wanderer und Mountainbiker.

sehr unterschiedliche Höhlen im Tiroler Inntal und nebenan in Bayern sind längst nicht nur bei Schlechtwetter interessante Ziele, die sich teilweise auch nach dem Paddeln noch bequem mitnehmen lassen (Tischoferhöhle, Grafenloch), teilweise einen eigenen Ausflug wert sind.
Hundalm Eishöhle: *www.unterwelten.com*

Gastro-Tipp:

Direkt am Ausgang der Kaiserklamm lädt das Kaiserhaus zu einer Einkehr im idyllischen Gastgarten ein (nur bis 18 bzw. 19 Uhr geöffnet).
Tel. 0043/5331/5271, *www.kaiserhaus.eu*
Ebenfalls empfehlenswert ist das Gasthaus Wachtl am Ausstieg der Thierseer Ache.

Shop und Schulung:

- Kurse bietet Sport Ossi in Kramsach am (derzeit geschlossenen) Sessellift, auch bei vergessener Ausrüstung war er bereits unsere Rettung. *www.sport-ossi.at*
- Nicht weit entfernt hat Franz Puckl mit der Kanuschule Kitzalp seinen Sitz, mit idealen Übungsstrecken für Einsteiger und Fortgeschrittene quasi vor der Haustüre. *www.kanuschule-kitzalp.at*
- Der nächste größere Kanushop ist „Blue and White“ in Niedermoosen (Riedering) bei Rosenheim in Deutschland. *outdoorcenter.de*

Im Notfall:

Krankenhäuser in Kufstein und Schwaz
Europaweiter Notruf 112
Alpinnotruf Österreich 140

DIE KLASSIKER

BRANDENBERGER ACHE - Kaiserklamm

Es mag längere und schwerere Klammen geben, doch die Kaiserklamm ist und bleibt einfach **die** Klamm in den Nordalpen. Sogar im Taurusgebirge in der Türkei trägt eine Etappe auf der Alara mittlerweile den Beinamen „Türkische Kaiserklamm“. Das Original wurde nach Kaiser Franz Josef I benannt, der vom nahe gelegenen Kaiserhaus aus auf die Jagd ging und der Überlieferung zufolge gerne vom Triftsteig aus das Spektakel der Holztrift durch die enge Klamm bewunderte. Im Jahr 2006 verschlug

ÜBERSICHT

Länge: 1 km

Schwierigkeit: WW 5- (Zwangspassage)

Einstieg: Klammeingang (47.5446, 11.9133), Parkplatz (47.5463, 11.9092)

Ausstieg: Klammausgang oder Weiterfahrt (Parkplatz Kaiserhaus 47.5372, 11.9141)

Charakter: Enge Klamm mit bei gut Wasser wuchtigen Abfällen und Katarakten

Gefahren: Rückläufe, unterspülte Kolke, Schwimmen

Gefälle: 30 m/km

Pegel: Mariathal, Mindestpegel 50 cm, Mittelwasser 60-70 cm

Beste Zeit: April (nur über 60 cm) und Mai und nach Regenfällen.

Der Schlussabfall ist der letzte echte Prüfstein. Pegel: 70 cm Mariathal

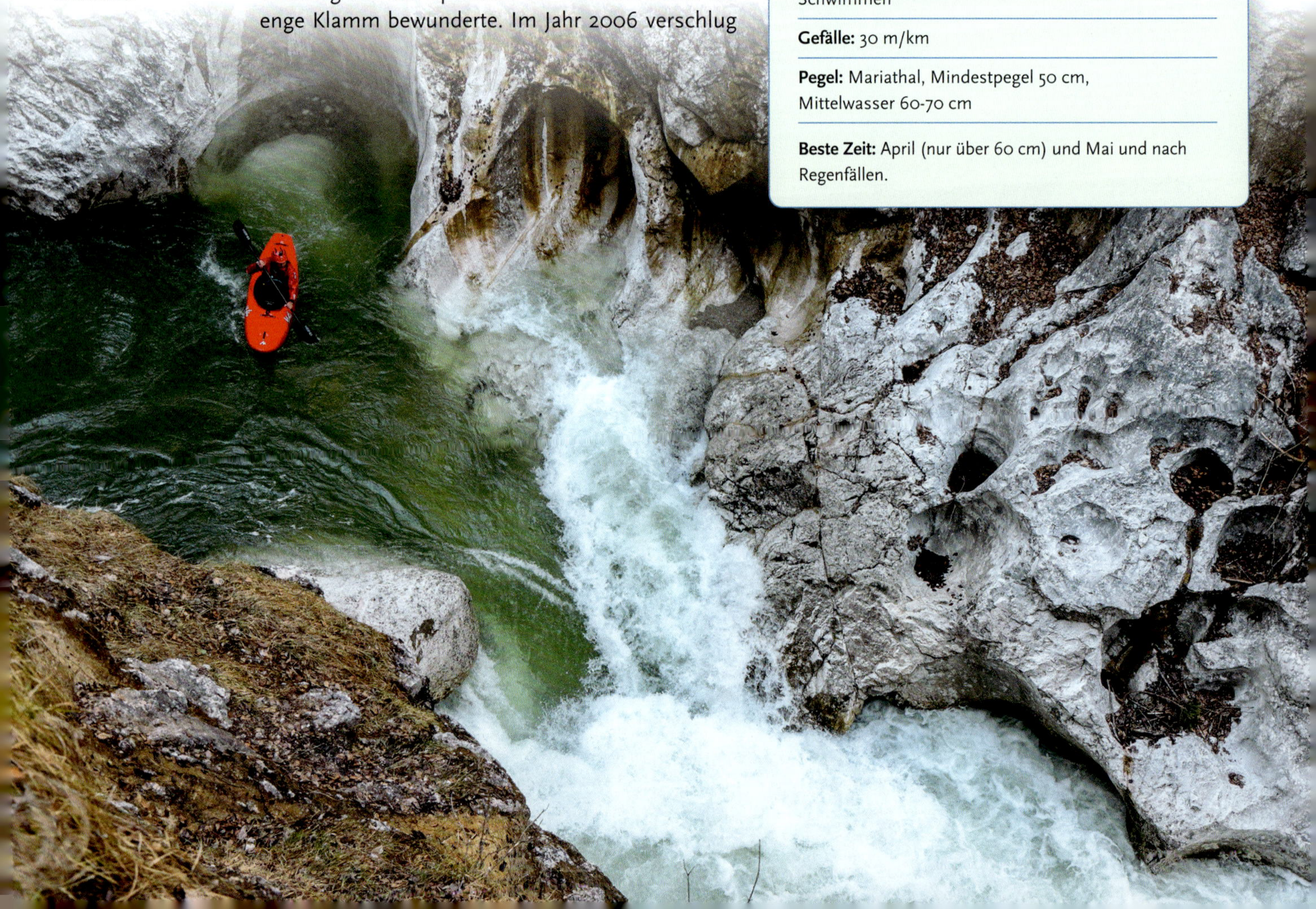

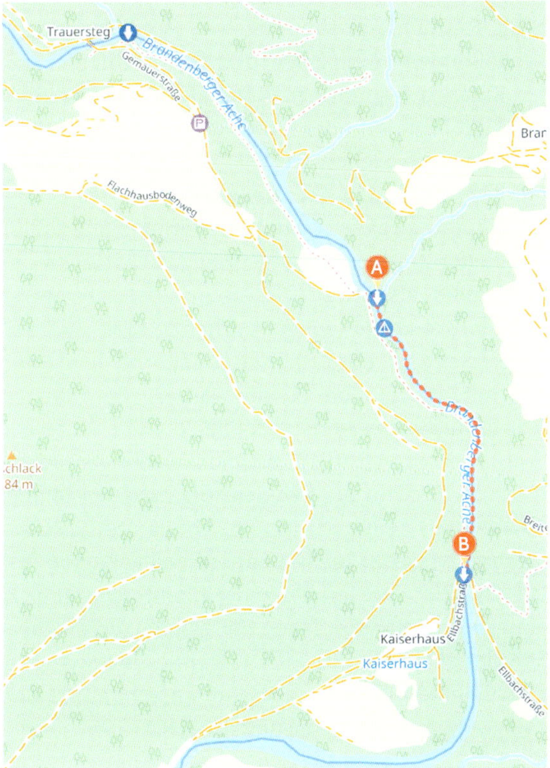

es einen ganz anderen prominenten Besucher in diese herrlich wilde und ursprüngliche Ecke der Alpen. Auch Bär Bruno (JJ1) gefiel es offenbar auf seiner Wanderung durch die Nordalpen an der Brandenberger Ache, wo er am Kaiserhaus einkehrte (und Schafe und Hühner riss), bevor er schließlich an der Rotwand in Bayern erschossen wurde. Doch genug von Kaisern und Bären, zum Bootfahren: Der Triftsteig (den auch der Kaiser und vielleicht auch der Bär nutzte) ermöglicht eine bequeme Besichtigung aller Schwierigkeiten. Wer sich danach eine Befahrung zutraut, sollte in seiner Kalkulation nicht vergessen, dass die Abfälle und Katarakte auf Wasserhöhe deutlich steiler und wuchtiger wirken. Da die Klamm nach der Einfahrt eine einzige

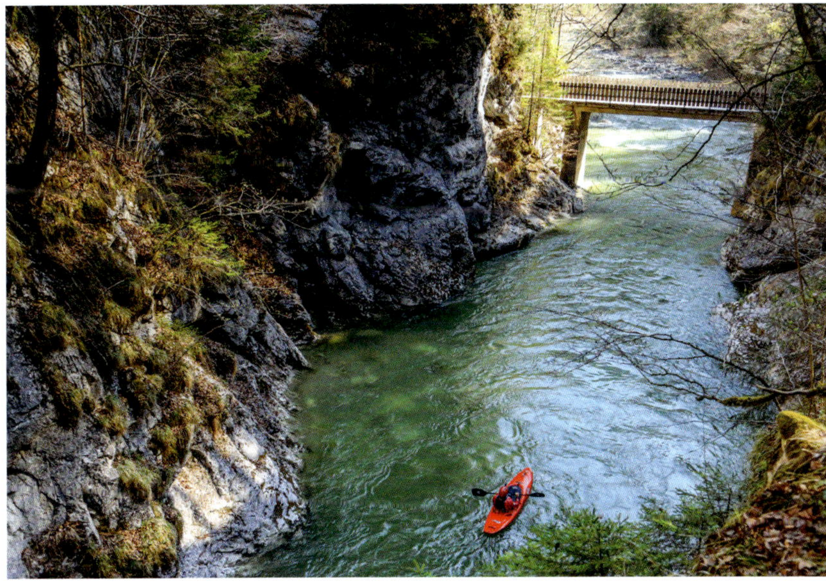

Das Ende der Kaiserklamm ist erreicht. Pegel: 70 cm Mariathal

Zwangspassage darstellt, sollten sich nur wirklich sichere Fahrer hier aufs Wasser wagen, auch wenn der Fluss meines Erachtens eigentlich fairer ist als in der späteren Tiefenbachklamm.

An Land

Angesichts möglicher Baumhindernisse ist eine Besichtigung vom Triftsteig aus nur zu empfehlen. Bei wenig Andrang kann man sein Boot gleich schultern und zum Einstieg tragen (Parken am Kaiserhaus). Dabei bitte unbedingt auf Wanderer Rücksicht nehmen! Bei Hochbetrieb oder Tragephobie sollten bzw. können die Boote auch auf der weiterführenden Forststraße bis zu einer Verzweigung gefahren und von dort kurz hinunter zum Wasser getragen werden.

Auf dem Wasser

In den ersten Kehrwassern vor den Eingangsstufen bestehen gute Möglichkeiten, sich warmzupaddeln. Die Eingangsabfälle sind bei allen Wasserständen eine der sportlichsten Stellen, die jeweils

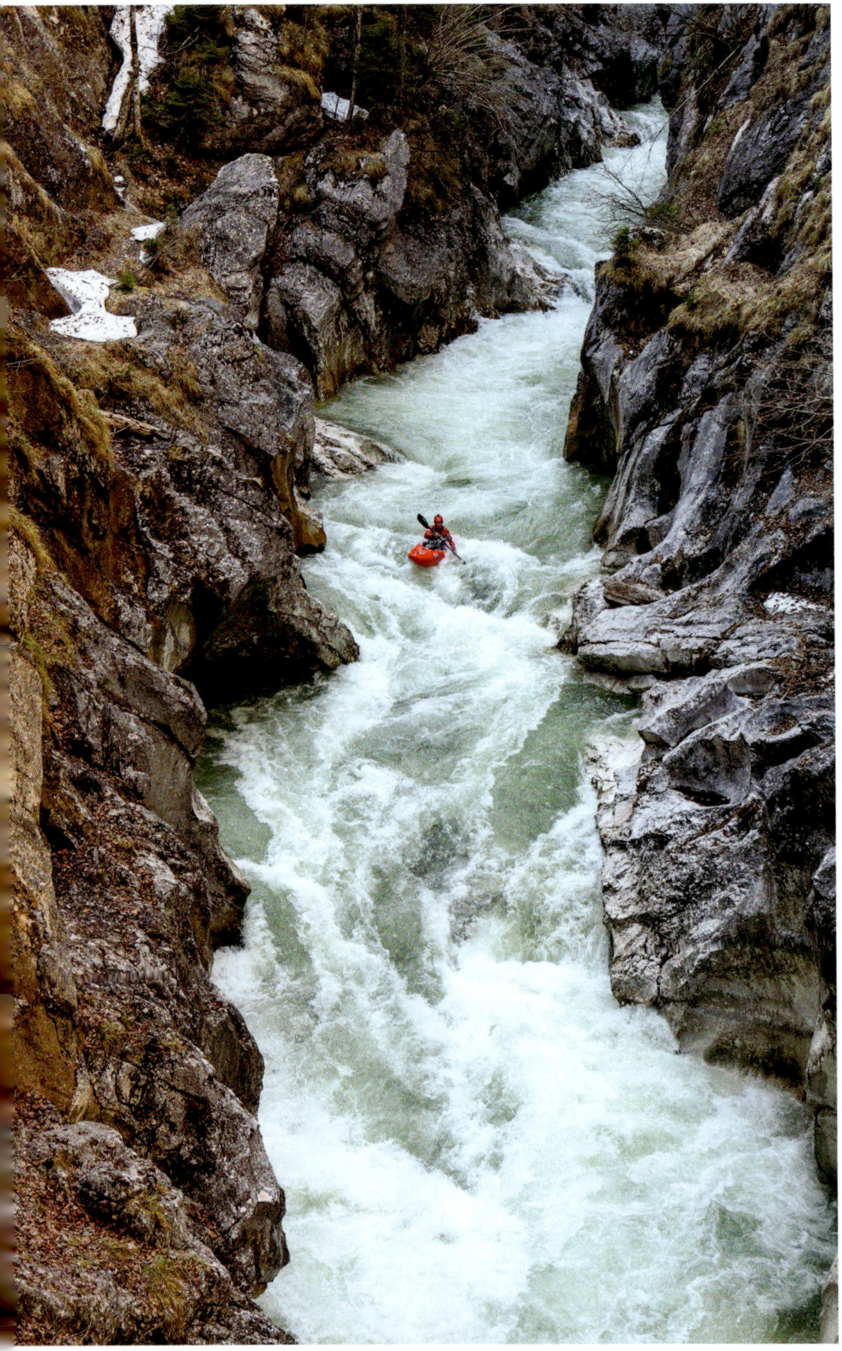

beste Route hängt vom Pegel ab. Auf den sich anschließenden verblockten und gerne unterschätzten Katarakt folgt eine manchmal stark rückläufige, niedrige Stufe, die bei hoher Wasserführung allerdings ausgewaschen wird. Hinter einer bildschönen S-Kurve ist die Kernstelle bei moderaten Wasserständen erreicht. Hauptproblem des knackigen Katarakts, der sich vom Wasser aus natürlich als viel steiler als erwartet entpuppt, ist ein unterspülter, kreisrund ausgewaschener Kolk auf der linken Seite, in dem man sich ungerne wiederfinden möchte (nur bei Niedrigwasser). Bei höherer Wasserführung wird diese Stelle gefühlt eher etwas leichter, aber natürlich deutlich wuchtiger. Allerdings kann dann die Schlussstufe zu einer echten Bewährungsprobe werden. Bei moderater Wasserführung ist dieser recht eindrucksvoll wirkende Abfall nach der engsten Stelle der Klamm erstaunlich einfach zu befahren. Nach den vorausgegangenen Schwierigkeiten wird die folgende Blockstrecke zum reinsten Genuss, und viel zu schnell ist der völlig ruhige Klammausgang erreicht.

Für eine erste Fahrt durch die Klamm ist ein Pegelstand von 55 bis 65 Zentimetern in Mariathal gut geeignet. Darunter wird es zunehmend hakelig (oder technisch-diffizil, je nach Betrachtungsweise), darüber nimmt die Wasserwucht deutlich zu und damit der Raum für Fehler ab. Ob lieber mehr oder weniger Wasser ist natürlich auch eine Frage der persönlichen Vorlieben, besichtigen und entscheiden, ob es passt, muss man letztlich sowieso vor Ort.

Die Kernstelle oberhalb des Tunnels des Triftsteigs. Pegel: 70 cm Mariathal

BRANDENBERGER ACHE -
Pinegger und Wiesklamm

Für viele Könner ist der Mittellauf der Brandenberger Ache kaum mehr als die bloße Verbindung von Kaiser- und Tiefenbachklamm beim klassischen Top-Bottom-Run bis hinunter nach Mariathal. Doch damit wird man dieser Strecke nicht gerecht, ist sie doch gerade für Fortgeschrittene ein echtes Filetstück. Auf den ersten beiden Kilometern vom Ende der Kaiserklamm bis vor Pinegg strömt der Fluss zwar nicht allzu aufregend durch ein breites Kiesbett, doch dann wird es umso lohnender. Die kurze Pineggerklamm ist abgesehen von der kniffligen, aber bei normalen Wasserständen gut umtragbaren Eingangsstufe leicht. Das Sahnehäubchen der Tour stellt aber die bald folgende Wiesklamm dar, die mittlere Schwie-

ÜBERSICHT

Länge: 5 km

Schwierigkeit: WW 2-3+ (4)

Einstieg: Ausgang der Kaiserklamm am Kaiserhaus (47.5372, 11.9141) oder vor der Pinegger Klamm (47.5245, 11.8958)

Ausstieg: Brücke am Ende der Wiesklamm (Stegen) (47.5014, 11.8968)

Charakter: Erst flaches Kiesbett, dann leichte Klamm mit kniffliger Stufe, später Katarakte und Blockstellen

Gefahren: Steckgefahr am Rifflkatarakt mittig, unterspülte Felsen

Gefälle: 11 m/km

Pegel: Mariathal, Mindestpegel 50 cm, Mittelwasser 60-70 cm

Beste Zeit: April (nur über 60 cm) und Mai und nach Regenfällen

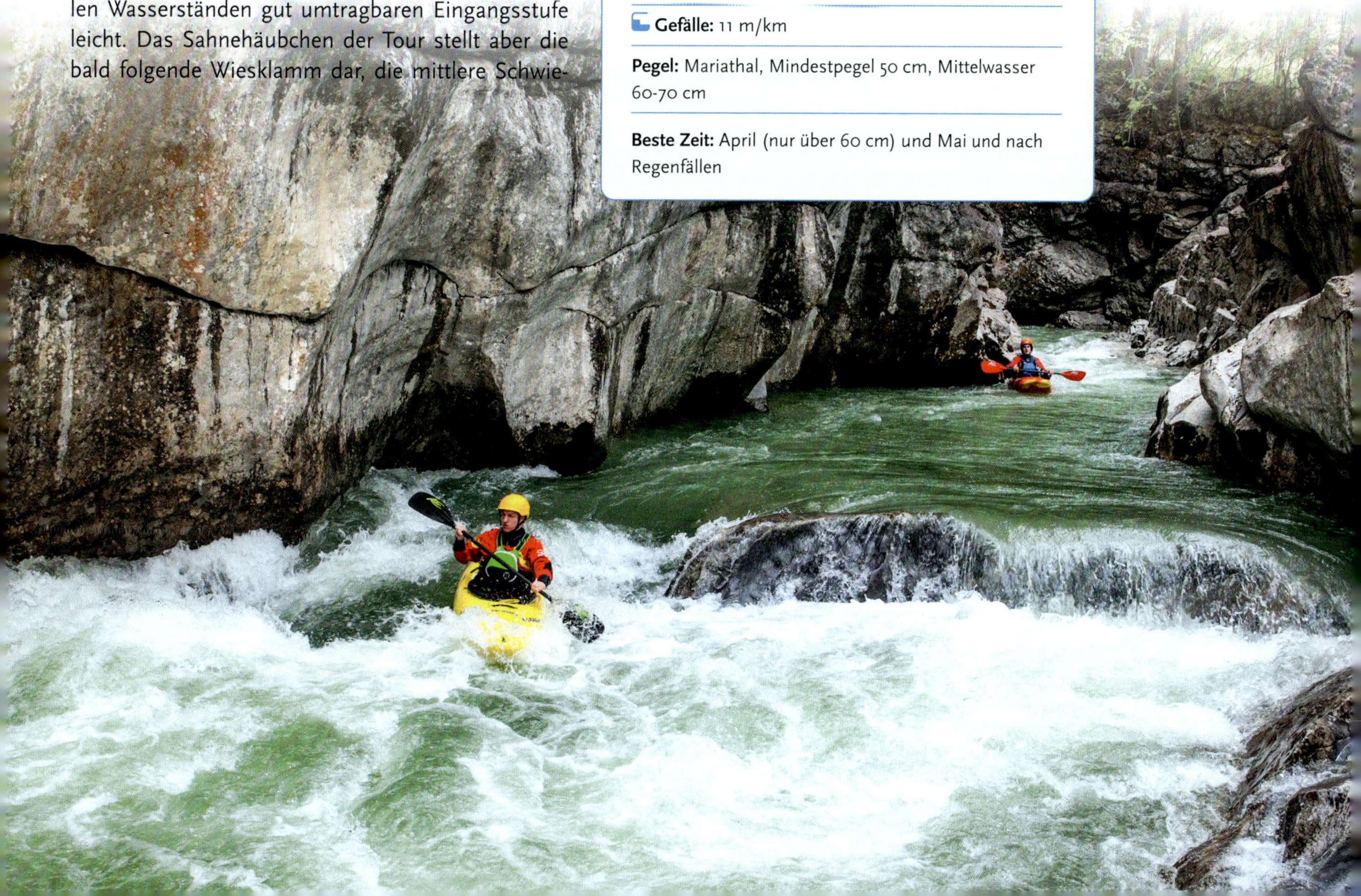

Im schönsten Teil der Wiesklamm. Pegel: 62 cm

Offenes Kiesbettwildwasser zwischen der Kaiserklamm und Pinegg.
Pegel: 70 cm Mariathal

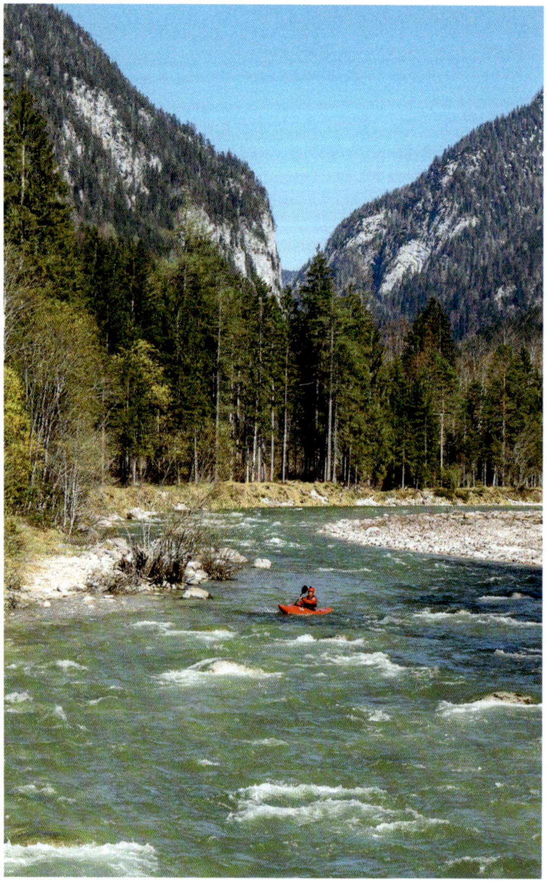

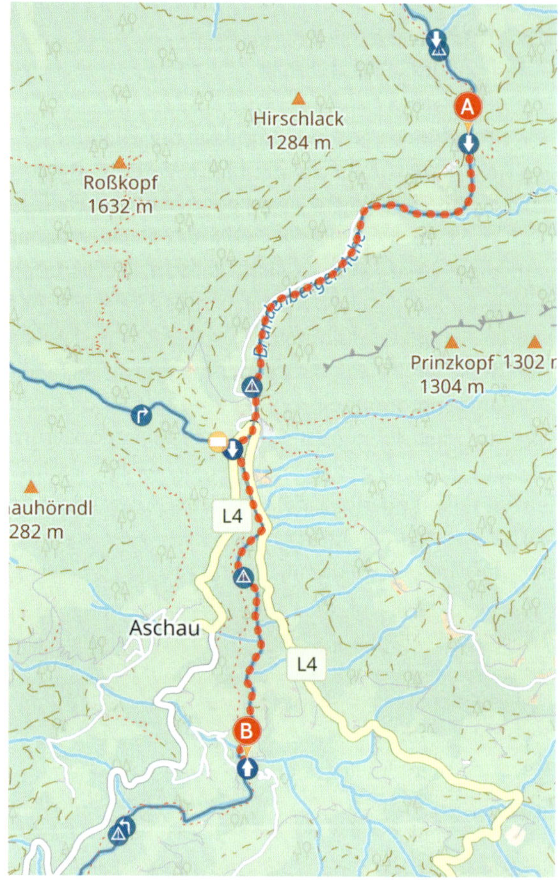

rigkeiten und tolle Landschaft vereint. Mal in kurzen, düsteren Klammen, mal in lichtdurchfluteten idyllischen Waldschluchten schäumt die „Brändi“ durch klar definierte Blockstellen wie kleine Katarakte und über niedrige Abfälle. Zwischendurch beruhigt sich das Wasser bei moderaten Pegelständen immer wieder in ruhigen Gumpen, die Zeit zum Verschnaufen lassen. Wer nur diese kurze Etappe paddeln möchte und auf die schweren Strecken verzichtet, sollte sich unbedingt viel Zeit zum Üben, Spielen und Genießen nehmen. Erst dann erschließt sich der wirkliche Reiz des Abschnitts, bei normalen Pegelständen gerne auch im Spielboot oder Riverrunner.

An Land

Der Einstieg am Ausgang der Kaiserklamm nahe dem Kaiserhaus ist nicht zu verfehlen, ebenso der alternative Einstieg bei niedrigen Pegelständen an einem kleinen Parkplatz direkt oberhalb der Pinegger Klamm. Zum Ausstieg folgt man zunächst der Straße via Aschau talauswärts (orographisch rechts) und biegt später auf eine schmale Straße Richtung Brandenberg ab (unterhalb der Jausenstation Stegerstall). Der Ausstieg befindet sich an der Brücke über den Ausgang der Wiesklamm, bitte keinesfalls die Straße oder Privatgrund zuparken.

Auf dem Wasser

Das breite Kiesbett bis zum Beginn der Pinegger Klamm weist, abgesehen von möglichen Baumhindernissen, keine Schwierigkeiten auf. Bei wenig Wasser (Pegel Mariathal unter 60 cm) empfehle ich, erst am Klammeingang bei Pinegg einzusteigen. Die Eingangsstufe der Klamm ist knapp zwei Meter hoch und im rechten Eck durchaus rückläufig, aber perfekt zu boofen. Wer es kann, wird kaum nass, alle anderen können hier (bei normalen Pegelständen) ihre Flugkünste verfeinern. Die kurze Pinegger Klamm selbst ist mit Ausnahme eines einfachen Schwalls ruhig und entspannend, dabei landschaftlich aber sehr eindrucksvoll.

Auf den wenigen offenen Metern zwischen der Pinegger Klamm und der Wiesklamm mündet von rechts die Steinberger Ache, deren eindrucksvolle Klammen mit mühsamen Umtragungen auch im Kajak befahrbar sind. Sobald sich das Tal wieder verengt, sollte man keinesfalls eine kleine Spielstelle und viele gute Kehrwasser auslassen. Der wenig später folgende Rifflkatarakt wird wie viele Stellen an der Brandenberger Ache durch Felsrippen gebildet, die das Wasser ausgewaschen hat. Da die mittlere Rinne steckgefährlich ist (ein tödlicher Unfall), hält man sich nach einer kurzen Besichtigung am besten links. Alternativ kann man auch ganz rechts kneifen. Kurz darauf lauert eine nicht ungefährliche Stelle. Der Fluss rauscht wuchtig gegen einen stark unterspülten Felsen, dessen Tücke von oben kaum erkennbar ist. Gerade mit schwächeren Paddlern ist hier etwas Vorsicht geboten!

Was folgt, ist Genuss pur: Abwechslungsreiches, nicht ganz leichtes aber auch nie zu schweres, vom Boot aus gut einsehbares Wildwasser mit etwas Spielpotential in toller Landschaft. Kurzzeitig wird es sogar richtig eng und bei viel Wasser durchaus spannend (Gefahr von Baumversperrungen!), bei Mittelwasser aber wird der dritte Grad nicht überschritten. Nur von einer markanten Felswand, an der wir früher mit Vorliebe unsere Rocksplats perfektionierten, sollte man besser Abstand halten, hier hat sich in den letzten Jahren ein gemeiner Siphon gebildet.

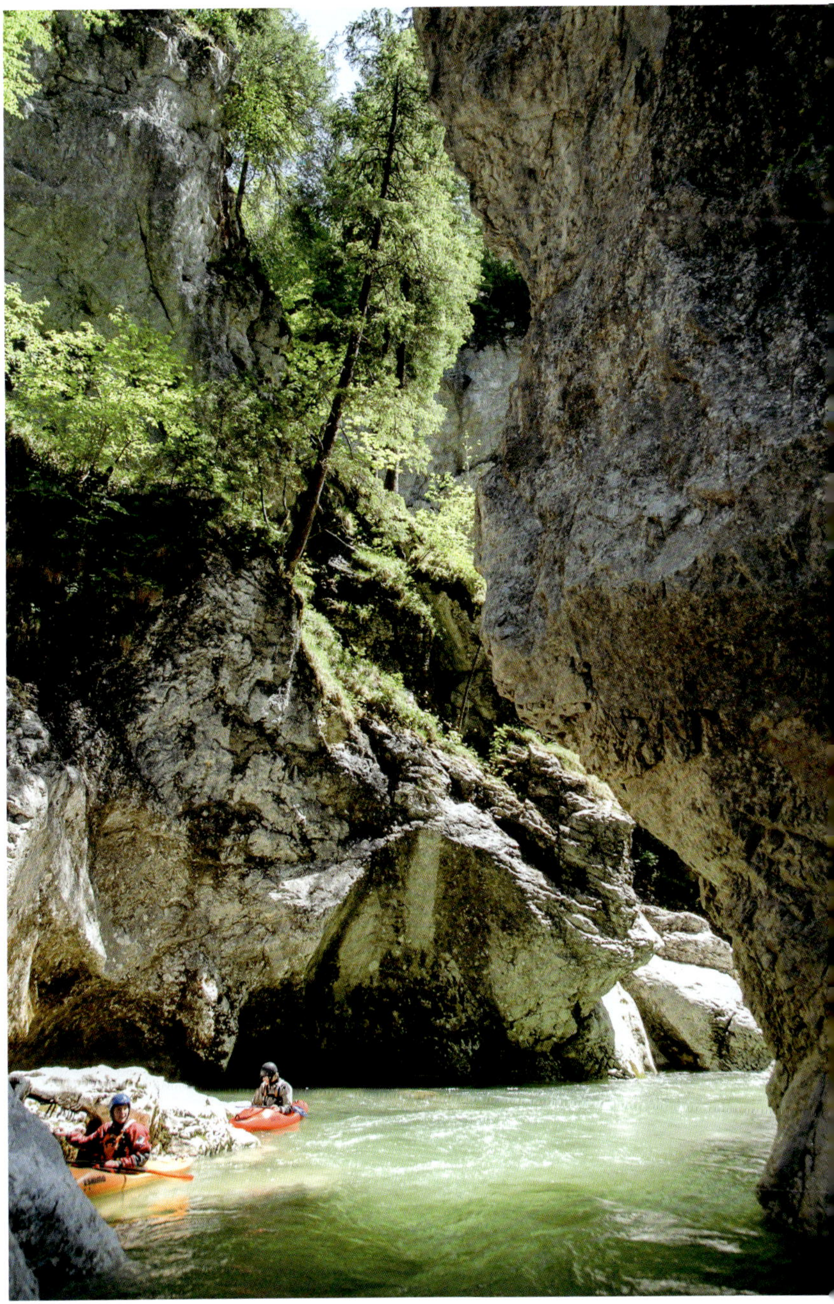

Die Pinegger Klamm ist kurz aber eindrucksvoll. Pegel: 55 cm

BRANDENBERGER ACHE - Tiefenbachklamm

Die Schluchtstrecke der Tiefenbachklamm ist der zweite Höhepunkt der Brandenberger Ache. Ob die Kaiserklamm oder die Tiefenbachklamm die schönere ist, lässt sich eigentlich nicht beantworten, zu unterschiedlich sind die beiden. Mit Ausnahme des letzten Klammabschnitts fehlt der Tiefenbachklamm zwar die Enge der Kaiserklamm, doch obwohl längere Abschnitte dicht bewachsen sind, ist ihr Charakter meiner Empfindung nach ernster, wohl auch weil die Dimensionen der Landschaft gewaltiger sind. Wild tobt die Brandenberger Ache

ÜBERSICHT

Länge: 4 km

Schwierigkeit: WW 4+ (5-, 5+)

Einstieg: Brücke am Ende der Wiesklamm (47.5014, 11.8968)

Ausstieg: Ende der Schlucht (Parkplatz, Bushaltestelle, 47.4794, 11.8653)

Charakter: Katarakte und Abfälle zum Teil über Felsrippen in einer bewaldeten Schlucht mit Klammstrecke gegen Ende

Gefahren: Steck- und Klemmgefahr, Rückläufe, Kernstelle Strahl

Gefälle: 18 m/km (gesamte Strecke)

Pegel: Mariathal, ideal sind 55-70 cm, darunter zunehmend steinig und steckgefährlich, ab 65 cm wuchtiger

Beste Zeit: April (nur über 60 cm) und Mai sowie nach Regen

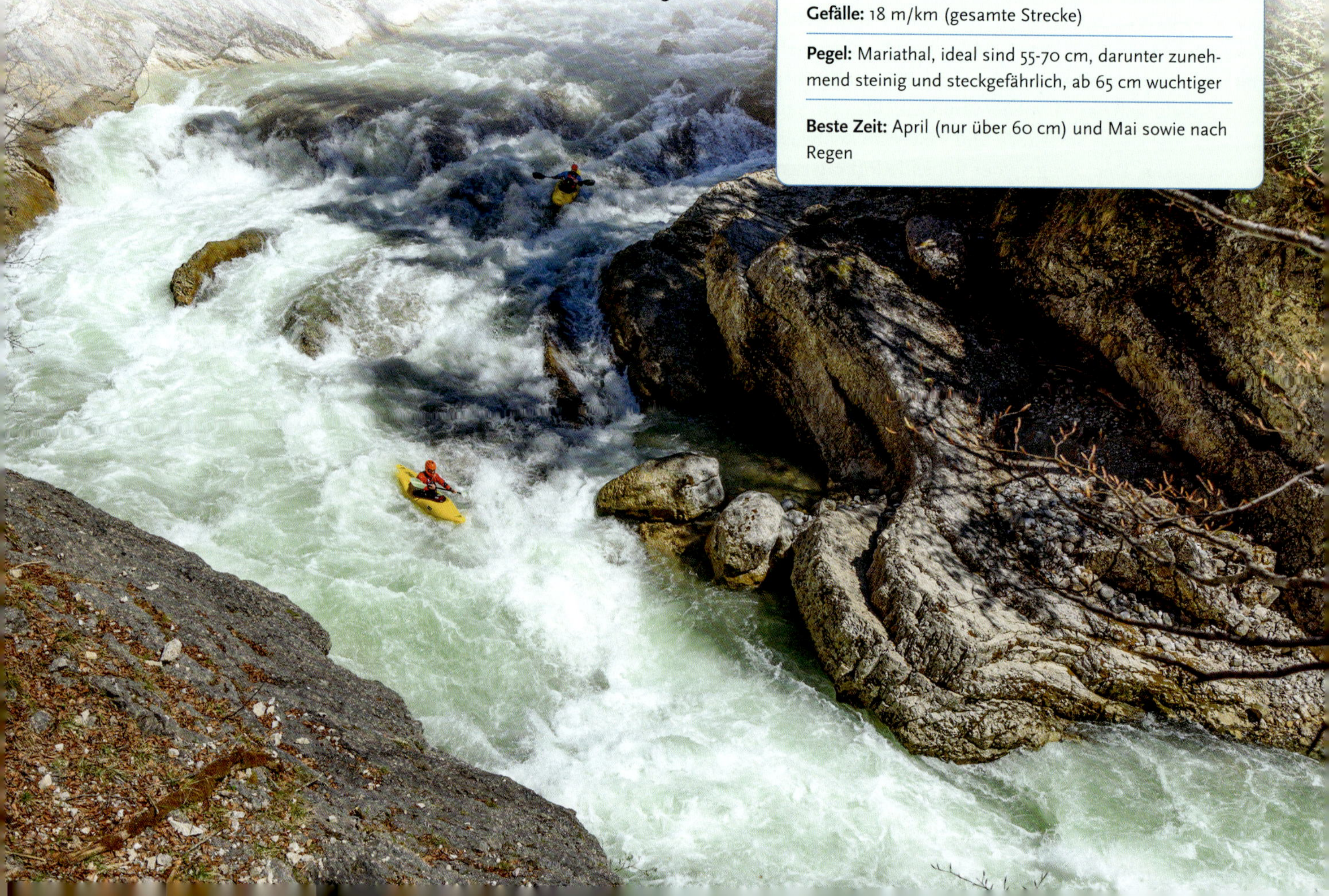

Der Silberkatarakt ist abgesehen vom Strahl die sportlichste Stelle der Tiefenbachklamm. Pegel: 65 cm

durch lange Katarakte und schäumt wütend über Felsrippen im Flussbett. Die Schwierigkeiten sind zwar meist etwas niedriger als in den Kernstellen der Kaiserklamm, die Tücken des Flusses aber ungleich höher. Wer sich den Anforderungen der Schlucht nicht gewachsen fühlt, braucht auf das Erlebnis dieser eindrucksvollen Landschaft nicht zu verzichten. Ein gut ausgebauter früherer Triftsteig führt durch die Klamm, die 1987 wie der gesamte Fluss durch einen Gemeinderatsbeschluss zum Naturdenkmal erklärt wurde. Zuvor drohte der Ache das gleiche Schicksal wie vielen anderen Flüssen. Auf Höhe der Wiesklamm sollte ein Stausee errichtet werden, der die gesamte Tiefenbachklamm trockengelegt hätte. Umfangreiche Protestaktionen trugen dazu bei, dass es nicht so kam und glücklicherweise weiterhin wildes Rauschen statt müdes Plätschern durch die Schlucht hallt.

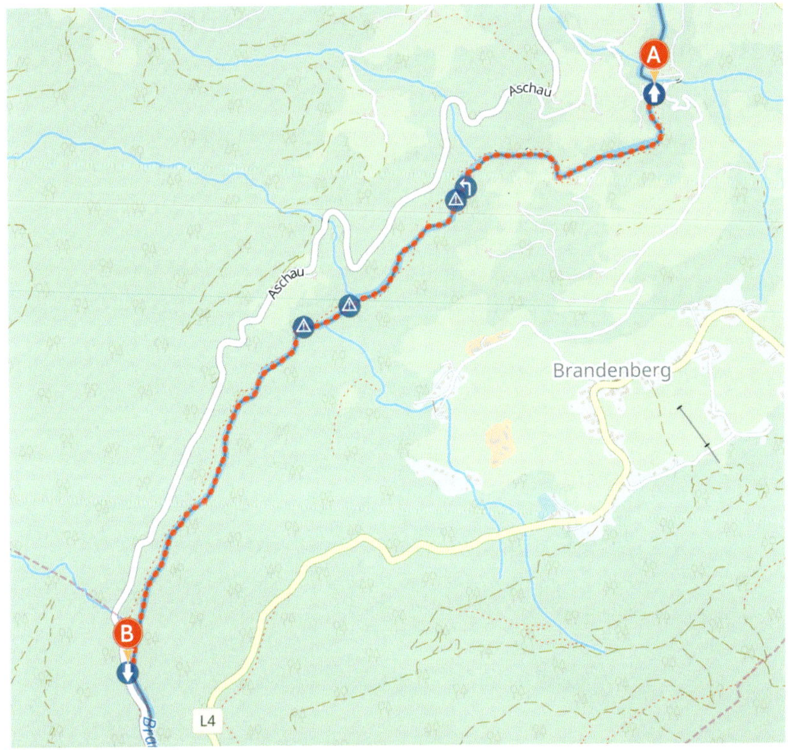

An Land

Wer nicht vom Einpaddeln aus der Wiesklamm kommt, kann an der kleinen Brücke am Ende dieser Klamm einsteigen (Straße nach Aschau, dann rechts Richtung Brandenberg abbiegen und hinunter zum Fluss). Der Ausstieg befindet sich am Parkplatz am Ende der Schlucht (mit gleichnamiger Bushaltestelle).

Auf dem Wasser

Nach einem Kilometer leichtem Wildwasser im offenen Tal beginnt mit einem kurzen ruhigen Felsdurchbruch die Schluchtstrecke. Kaum treten die Felswände etwas zurück, geht es schon los. Die ersten kleinen Stufen sind bei wenig Wasser etwas steckgefährlich, aber nach kurzer Besichtigung findet sich meist eine sichere Linie. Bei mehr Wasser wird es deutlicher runder, aber natürlich auch wuchtiger mit manchmal dicken Walzen. Fantastische, wuchtige und dicht verblockte Katarakte ma-

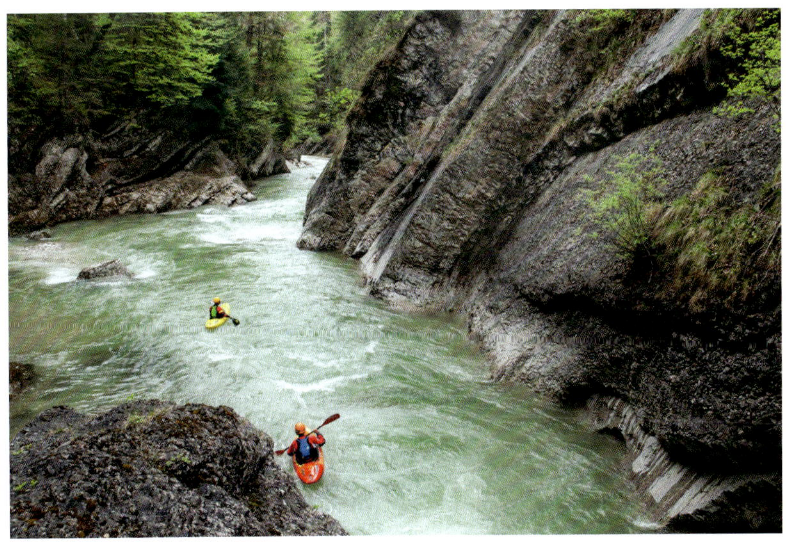

Im offeneren Mittelteil nach dem Strahl. Pegel: 62 cm

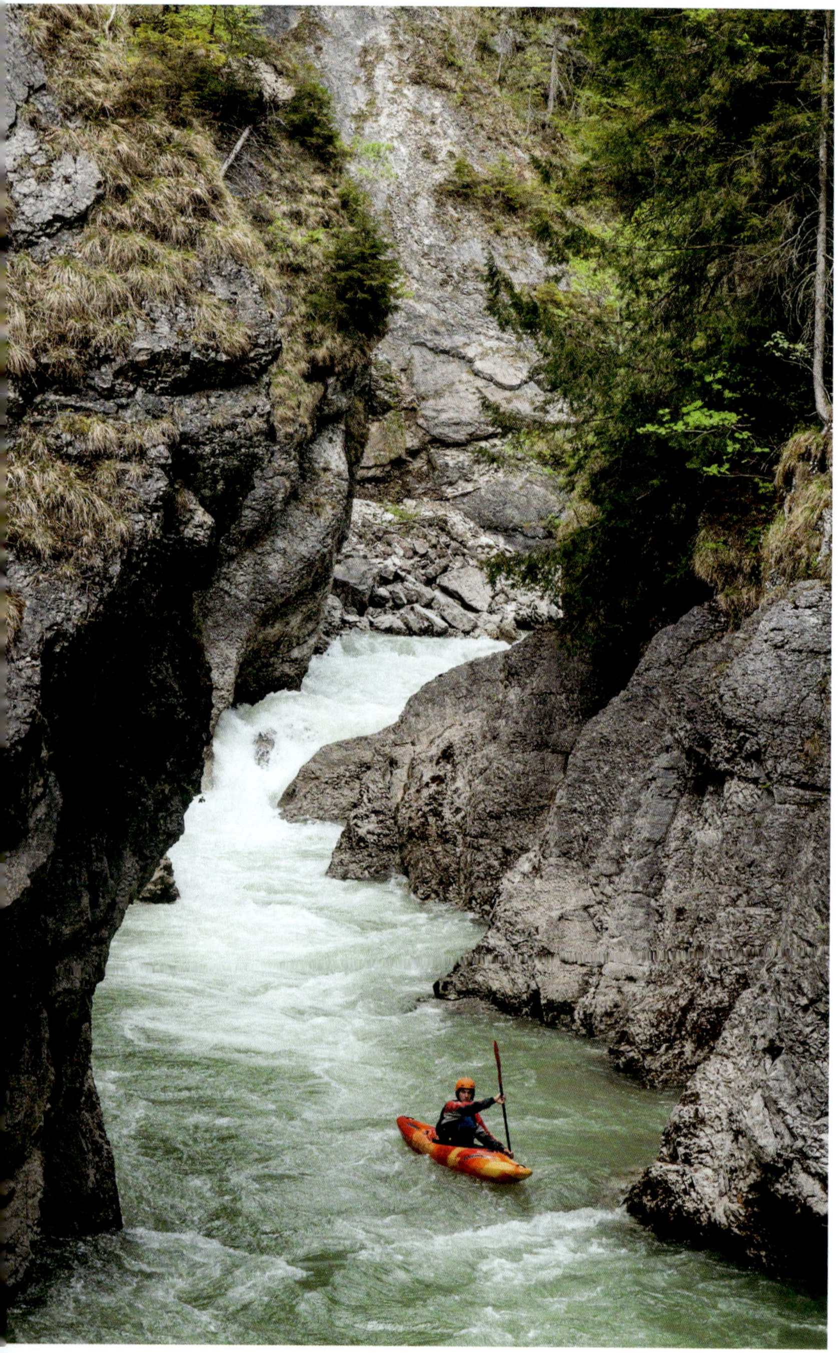

chen die Weiterfahrt bis zum nächsten Steg über den Fluss zum ungetrübten Vergnügen für gute Paddler. Vor dem Steg muss man links aussteigen und zum Weg hinaufklettern, um die Kernstelle „Strahl“ zu besichtigen, die wenige Meter unterhalb beginnt. Der Strahl verändert sich häufig und wird in den letzten Jahren regelmäßig mehr oder weniger souverän runtergebombt. Ich rate auf jeden Fall dazu, hier nur dann ins Boot zu steigen, wenn man sich seiner Linie sicher ist, denn das Unterwasser ist unsauber und die Wasserwucht nicht zu unterschätzen. Umtragen ist recht schnell und schmerzlos möglich, denn hinter dem Abfall gelangt man durch eine steile Rinne ohne größere Schwierigkeiten (aber recht rutschig) wieder hinab zum Fluss

Interessante Abfälle über Felsrippen in einer tollen Schlucht (Augen auf vor Rückläufen und Klemmstellen) führen zur nächsten Problemstelle, die sich wiederum an einem Steg befindet. Der sogenannte Maier-Gumpen unter dem Steg ist auf der rechten Seite unsauber und gefährlich (ein tödlicher Unfall vor vielen Jahren). Die Tücke der Stelle liegt darin, dass das meiste Wasser nach dem Katarakt vor dem Steg nach rechts zieht, man aber links über schräge Platten fahren will, ohne gleichzeitig in der linken Wand (unterspült) einzuschlagen. Wer die Stelle noch nicht kennt, sollte auf alle Fälle vorher besichtigen.

Wenig später beginnt mit dem Silberkatarakt, der auch als „S“ bekannt ist, das großartige Finale der eigentlichen Tiefenbachklamm. Der durch Felsrippen gegliederte Katarakt, bei niedrigen bis mittleren Wasserständen abgesehen vom Strahl der einzige

Unterhalb des Strahls.
Pegel: 62 cm

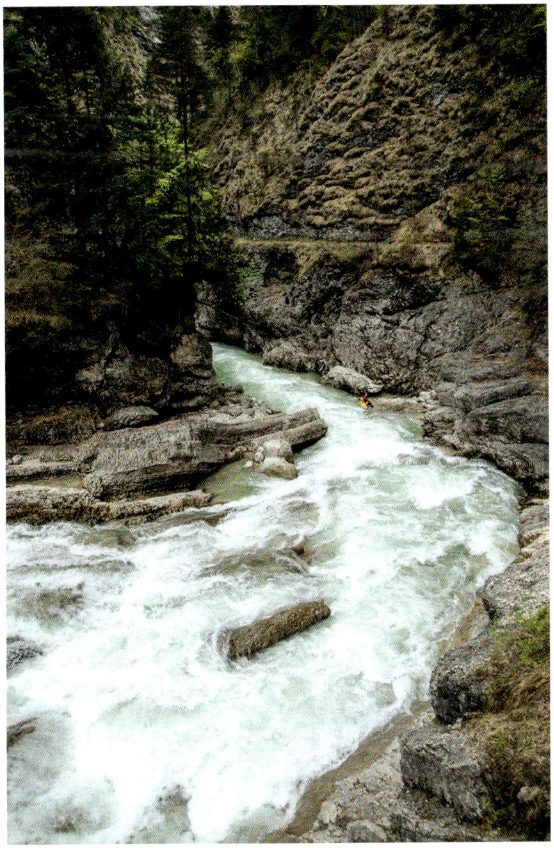

Blick vom Triftsteig auf den Silberkatarakt (samt kleinem Paddler zum Größenvergleich). Pegel: 58 cm

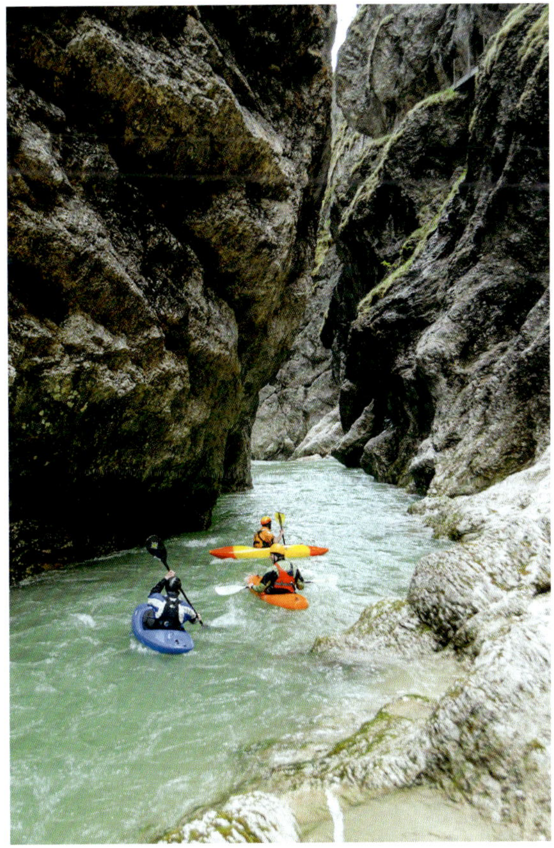

Der engste (aber meist einfache) Teil der Tiefenbachklamm. Pegel: 58 cm

(untere) Fünfer der Schlucht, kann nach Besichtigung vom Triftsteig auf verschiedenen Routen befahren werden. Zur Besichtigung steigt man bereits im großen Kehrwasser gegenüber einem Wasserfall aus, denn aus dem letzten Kehrwasser vor der Kante ist die richtige Linie nicht mehr sicher erreichbar. Was vom Ufer recht übersichtlich wirkt, sieht aus Bootsperspektive aber ganz anders aus: Es ist hier gar nicht so leicht, die geplante Route zunächst überhaupt zu erkennen und dann auch einzuhalten. Und falsch abbiegen sollte man besser nicht!

Zwischen den Felswänden der folgenden Klammstrecke lauern noch zwei Abfälle. Die erste Stufe ist rückläufig und unterspült, kann bei niedriger Wasserführung aber notfalls links mit einem Felsstart umgangen werden. Der zweite Abfall kurz vor dem Ende der Klamm ist nicht schwer, kann aber nicht umtragen werden (vorher klären, ob baumfrei). Auf deutlich leichterem Wildwasser darf dann bis zum Ausstieg unbeschwert gestylt und genossen werden.

BRANDENBERGER ACHE - Unterlauf

Im Gegensatz zu vielen anderen Flüssen bleibt die Brandenberger Ache sogar im Unterlauf bis kurz vor der Mündung sowohl landschaftlich wie auch paddeltechnisch sehr interessant. Das enge und von dichten Mischwäldern bewachsene Flusstal öffnet sich erst bei Mariathal vor Kramsach, wo die Brandenberger Ache vom großen Inn verschluckt wird. Nach den imposanten Schluchten wirkt der Unterlauf zwar auf den ersten Blick wenig spektakulär, begeistert aber aus Bootsperspektive mit abwechslungsreichem, spielerischem Wildwasser mit vielen guten Übungsstellen. Der im Vergleich zu den anderen Abschnitten offenere und großzügigere Flusscharakter ermöglicht auf dieser Strecke

ÜBERSICHT

Länge: 4 km

Schwierigkeit: WW 2-3+ (4)

Einstieg: Ende Tiefenbachklamm (Bushaltestelle Tiefenbachklamm 47.4794, 11.8653)

Ausstieg: Brücke Mariathal (47.4538, 11.8646) oder Brücke in Kramsach (47.4483, 11.8745)

Charakter: Ruhigere Abschnitte im Wechsel mit verblockten Schwallstrecken, Kernstelle „Saugraben" mit stark verblockter Einfahrt und wuchtiger Ausfahrt

Gefahren: Kernstück mit Saugraben und Hennenstein (z.T. Klemmgefahr), bei viel Wasser starke Wasserwucht

Gefälle: 14 m/km

Pegel: Brandenberger Ache Mariathal, MW ca. 60-70 cm

Beste Zeit: April (nur über 60 cm) und Mai und nach Regenfällen

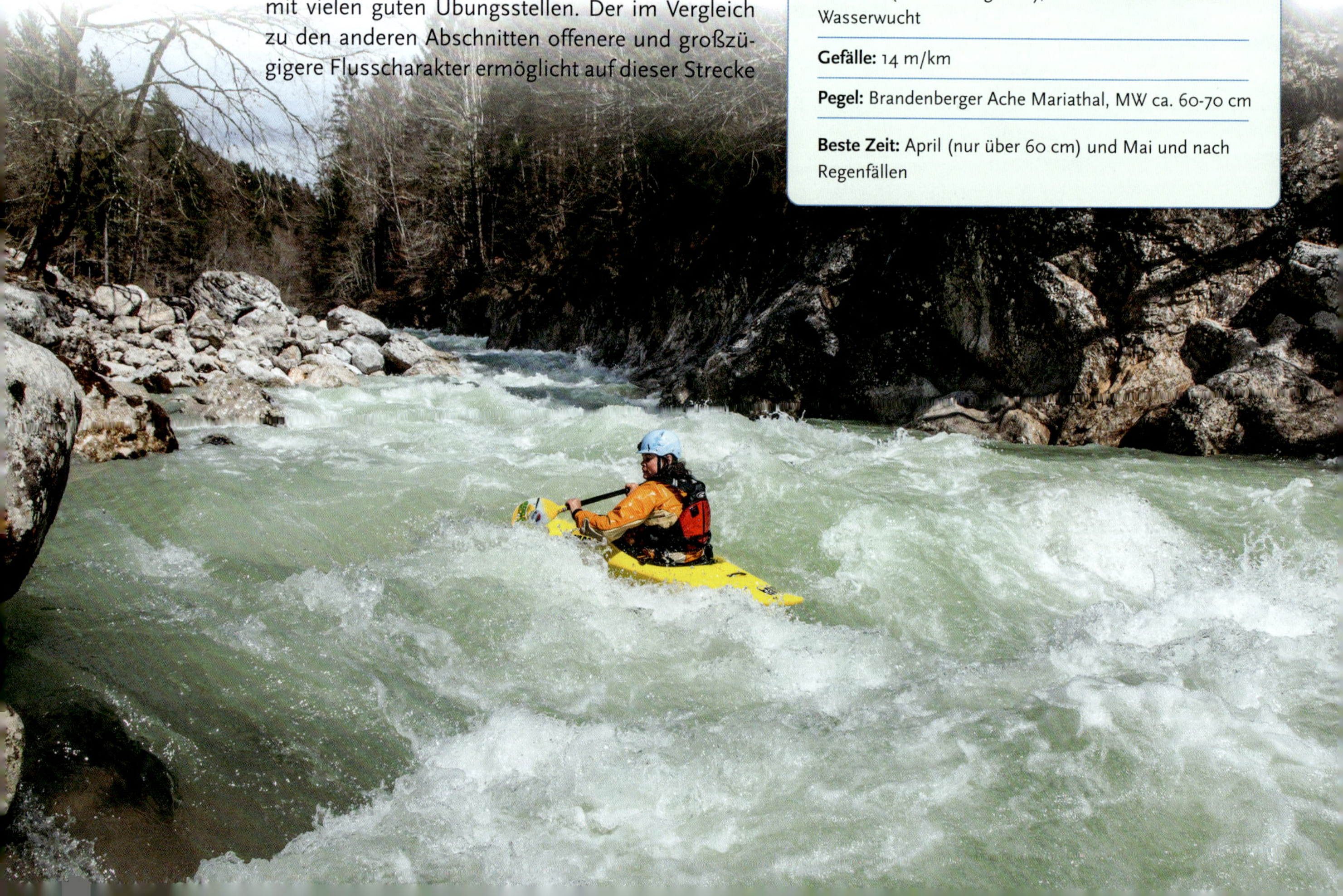

Auf Schleuderkurs durch den Saugraben. Pegel: 65 cm

auch die regelmäßige Durchführung von Abfahrtsrennen. Der „Saugraben“, eine wuchtige Felsgasse mit stark verblockter Einfahrt, bleibt dabei mittlerweile aber außen vor, da die Stelle für Abfahrtsboote derzeit meist zu steinig und technisch diffizil wäre und sich wohl als Bootskiller erweisen würde. Diese Gefahr besteht im kurzen Wildwasserboot nicht, ganz einfach ist der Saugraben und auch der folgende Hennenstein aber auch so nicht. Zumindest können Freizeitsportler aber ohne Zeitdruck gelassen besichtigen und notfalls auch umtragen.

An Land

Der untere Ausstieg befindet sich in Kramsach an der Brücke der Hauptstraße (Richtung Reintaler See, wenig öffentlicher Parkraum), der klassische Ausstieg an der Kirche Mariathal (der Straße Richtung Aschau folgen). Der Straße nach Aschau folgt man auch bis zum Einstieg am Ende der Tiefenbachklamm (Parkplatz und Bushaltestelle), bevor die Straße steil ansteigt. Unterwegs kann man einen kurzen Blick auf den Saugraben werfen und gerade bei viel Wasser eine sichere Ausstiegsstelle vor dieser Kernstelle festlegen.

Auf dem Wasser

Nach leichtem Beginn nehmen die Schwierigkeiten nur allmählich zu. Eine gute Trainings- und Übungsstelle folgt auf die nächste, kaum eine andere Strecke bietet derart optimale Bedingungen, an der eigenen Kehrwasser- und Seilfährentechnik zu arbeiten. Bei guter Wasserführung können sich auch die Freerider unter den Paddlern so richtig austoben. Ungefähr auf halber Strecke kündigt ein wuchtiger Schlitz im ausgewaschenen Gestein den folgenden „Saugraben“ an. Mit schwächeren Fahrern sollte auch der Schlitz eventuell besichtigt werden. Für Paddler, denen Schlitz, Saugraben und

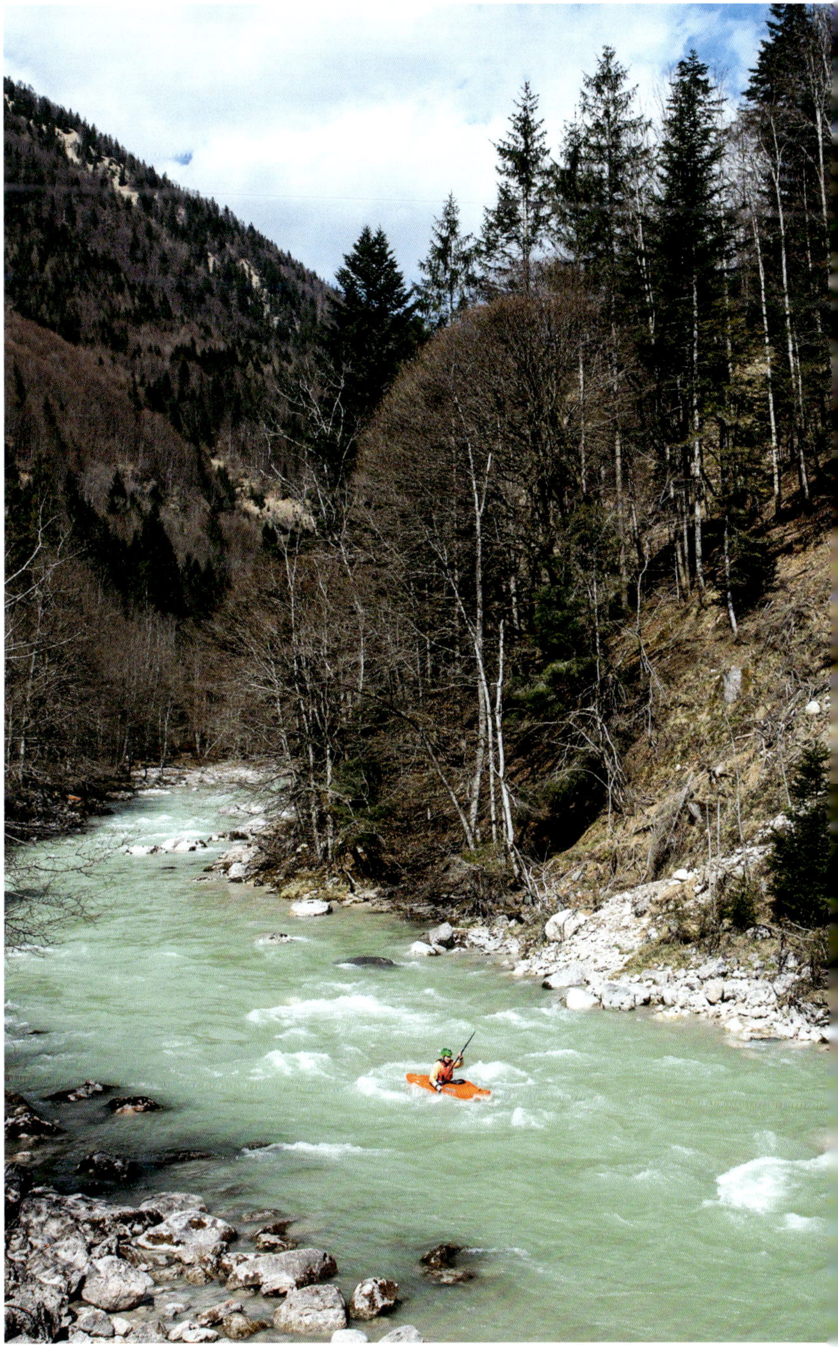

Schöne Aussichten am Einstieg. Pegel: 65 cm

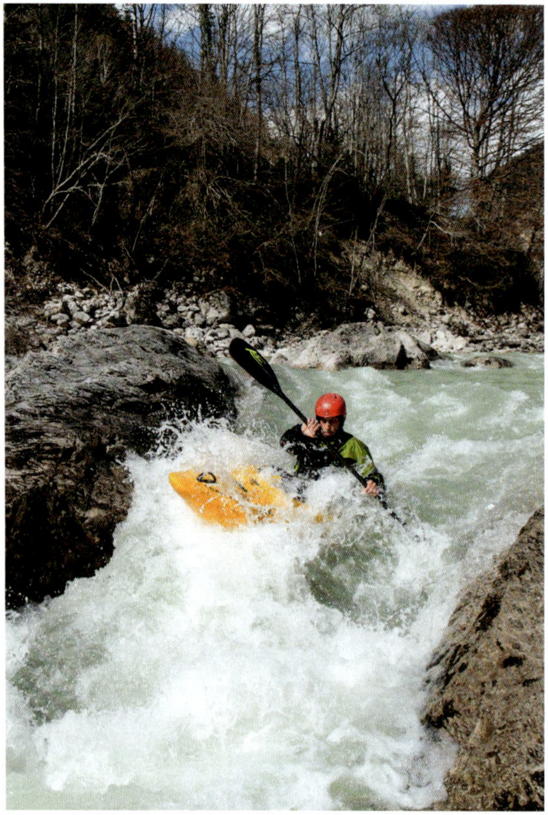

Der Schlitz vor dem Saugraben. Pegel: 65 cm

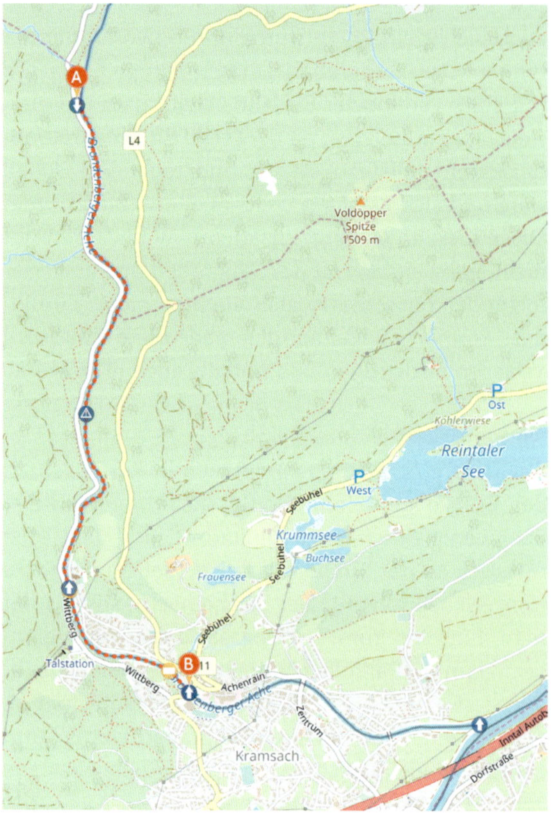

Hennenstein bei guten Wasserständen zu sportlich sind, lohnt es sich, statt einer großen Umtrageaktion lieber den oberen Teil ein zweites Mal zu fahren. Zwar ist diese Strecke sehr kurz, dafür aber wirklich eine perfekte Trainingsstrecke, auf der man (mit entsprechendem Willen) einige Zeit verbringen kann.

Der Saugraben (WW 4) wartet mit zwei Kriterien auf: Zuerst mit einer bei wenig Wasser recht steinigen Einfahrt und anschließend mit manchmal kräftigen Walzen in einer breiten Felsgasse. Bei viel Wasser wird es hier eindrucksvoll wuchtig, zum Glück kann aber rechts leicht umtragen werden. Die nächste Stelle, der Hennenstein, ein bei wenig Wasser dicht verblockter Katarakt, präsentierte sich in den letzten Jahren anspruchsvoller und teilweise etwas unsauberer als früher (WW 4-), das kann sich aber auch rasch wieder ändern. Der anspruchsvollste Teil des Unterlaufs ist damit geschafft; auf schnellem, spritzigem Wildwasser mit tollen Surfwellen bei viel Wasser geht es bis zur Kirche von Mariathal. Vor der Holzbrücke bildet sich manchmal links ein kleiner Siphon, also Vorsicht in diesem Bereich. Eine Weiterfahrt zum unteren Ausstieg lohnt sich eigentlich nur bei guten Wasserständen, um die leider recht kurze Strecke etwas zu verlängern. Höhepunkte gibt es hier keine mehr, eine ehemalige Wehranlage aus den Zeiten der Holztrift vor der Brücke am Ausstieg ist normalerweise gut befahrbar, erfordert aber etwas Vorsicht (Holzpfähle).

KELCHSAUER ACHE

In den besonders im Winter von den Auswüchsen des Massentourismus geprägten Kitzbüheler Alpen mit ihren skifreundlichen Grasbergen nimmt das ruhige Kelchsauer Tal eine Sonderstellung ein. Den großen Skizirkus der Umgebung gibt es hier nicht, dafür aber eine noch recht ursprüngliche Bergidylle. Umgeben von prächtig blühenden Bergwiesen und dunklen Wäldern strahlt der Ort Kelchsau mit seinen schönen Holzhäusern eine wohltuende Ruhe aus, die einzig etwas außerhalb durch das Rauschen der Kelchsauer Ache unterbrochen wird. Die Befürchtung, dass der Neubau eines Kraftwerks unterhalb von Kelchsau dem Rauschen des Wassers ein Ende bereiten würde, hat sich zum Glück nicht bestätigt. Zwar wird ein Teil des Wassers nun erst unterhalb von Kelchsau zurück ins Flussbett geleitet, doch zur Zeit der Schneeschmelze oder nach Regenfällen

ÜBERSICHT

Länge: 7 km

Schwierigkeit: WW 3-4 (4+)

Einstieg: Unterhalb der Mautstelle Zwiesel (47.3712, 12.1299)

Ausstieg: Brücke Hörbrunn (47.4172, 12.1356)

Charakter: Lange, meist übersichtlich verblockte und bei mehr Wasser recht wuchtige Schwallstrecken und Katarakte, sehr kontinuierlich.

Gefahren: Baumhindernisse, Schwimmen (Felsen teils recht scharfkantig)

Gefälle: 21 m/km

Pegel: Hörbrunn, Mindestpegel 80 cm, Mittelwasser ca. 90 cm

Beste Zeit: Im Mai und Juni und nach Regenfällen

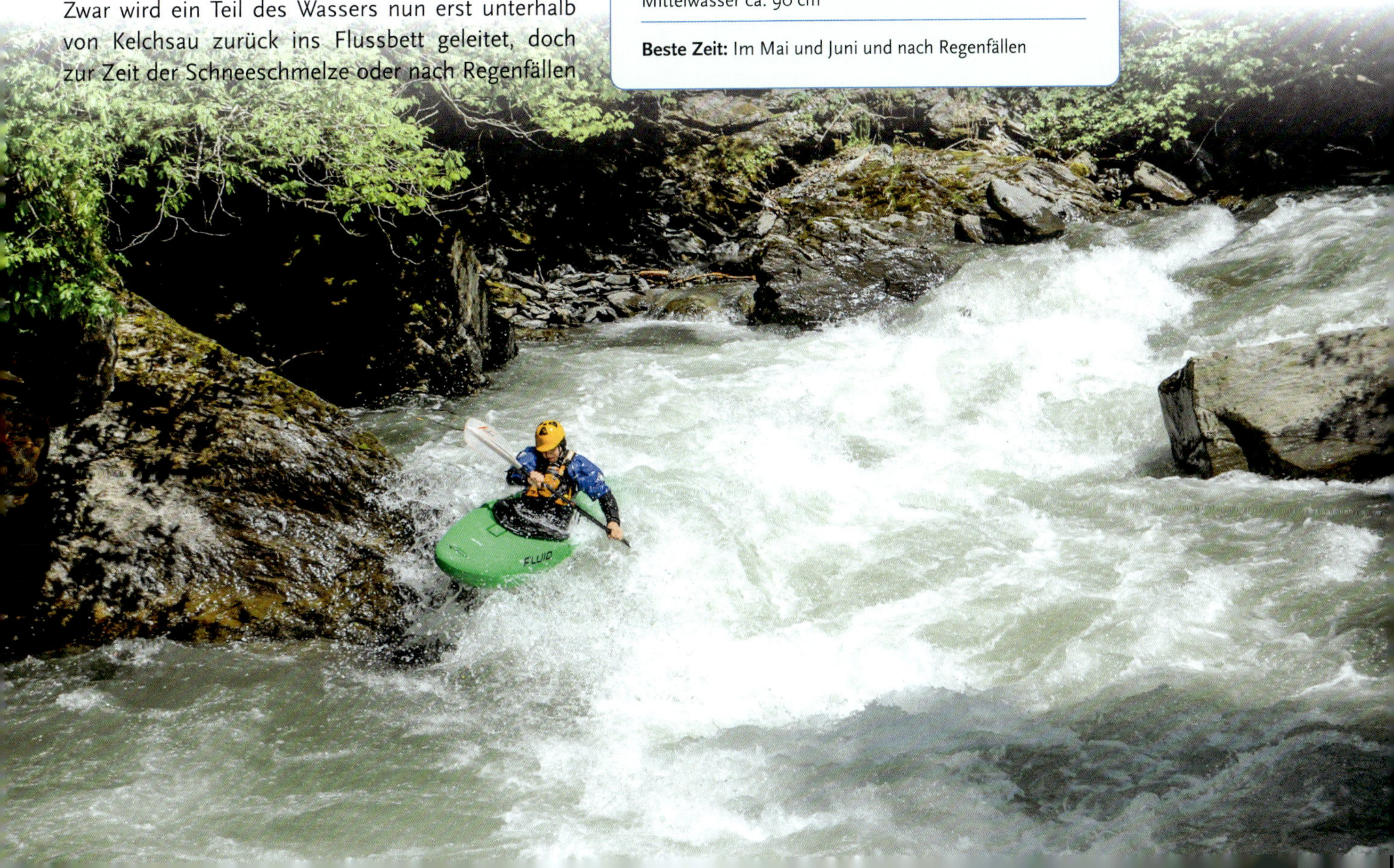

Wunderbar rundes Wildwasser nach Rückkehr des abgeleiteten Wassers. Pegel: 90 cm

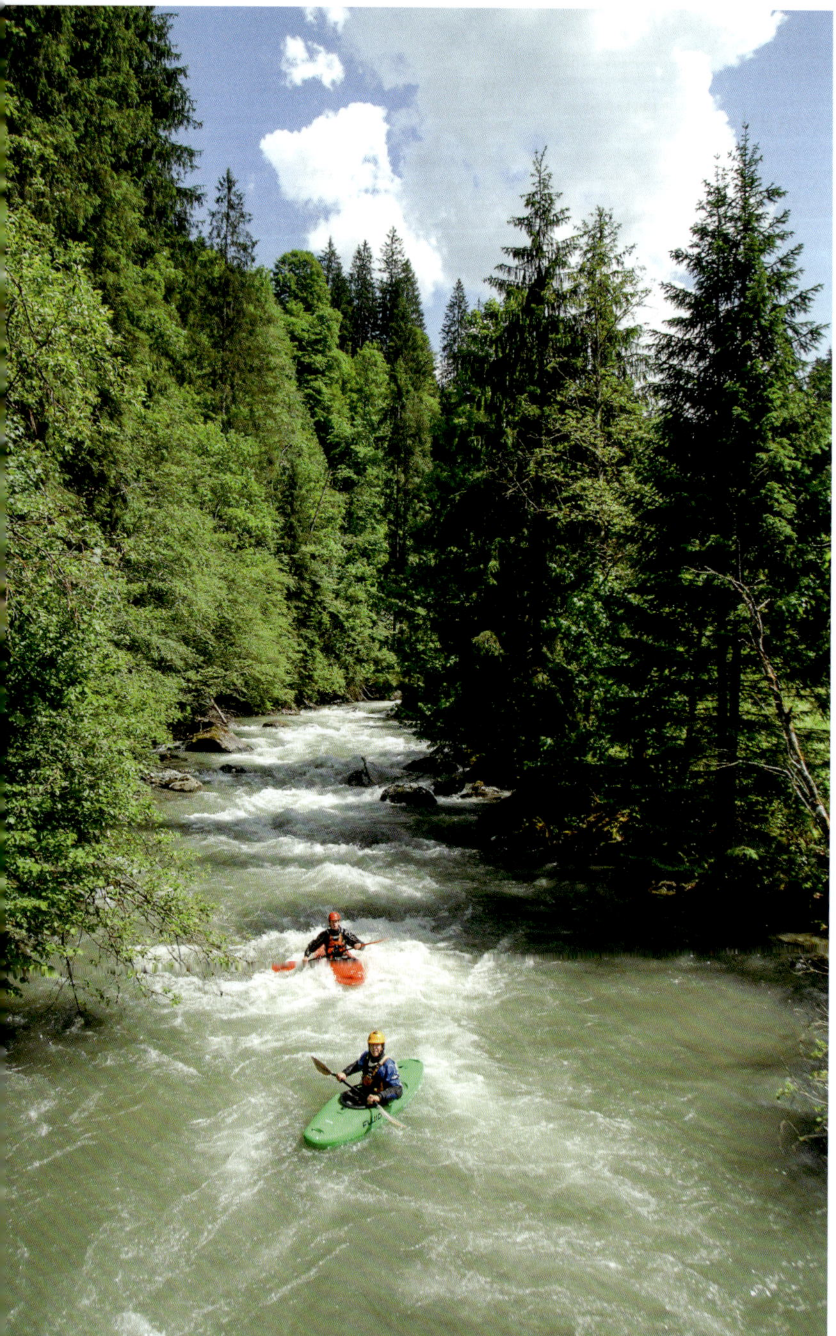

präsentiert sich die Kelchsauer Ache weiterhin auf der gesamten Strecke als herrlich sportlicher Wildfluss. Konstant starkes Gefälle sorgt dafür, dass die Ache einer jener seltenen Flüsse ist, die vom Einstieg bis zum Ausstieg pausenlos fordern und begeistern. Wer es gerne noch etwas anspruchsvoller und steiler mag, sollte einmal der Langen Grundache, einem der beiden Quellflüsse, einen Besuch abstatten (WW4-4+, oft viele Baumhindernisse).

An Land

Der Ausstieg befindet sich an der Brücke in Hörbrunn, der Einstieg unterhalb der Mautstelle bei Zwiesel oberhalb der Ortschaft Kelchsau. Ideal zum Umsetzen mit dem Fahrrad!

Auf dem Wasser

Im breiten sonnigen Tal lässt die Kelchsauer Ache zu Beginn noch etwas Zeit, sich an das hohe Tempo zu gewöhnen. Der Fluss rauscht von Blumenwiesen umrahmt schnell, aber meist übersichtlich abwärts. Auf Höhe des Ortes Kelchsau wird es mit einigen verblockten Passagen deutlich sportlicher. Die Schwierigkeiten liegen aber weniger in den Einzelstellen, sondern vielmehr im kontinuierlichen Flusscharakter der Ache. Vor einem unangenehm steckgefährlichen Wehr bei Kelchsau beruhigt sich der Fluss spürbar (rechts kurz umtragen).

Die folgende Ausleitungsstrecke mit einigen niedrigeren Blockwurfstufen ist bei niedrigen bis mittleren Wasserständen recht steinig, doch schon bald mündet von rechts das Wasser, das aus den Quellbächen ausgeleitet wird. Ab hier wird es spürbar wuchtiger und runder.

Das folgende „S" ist sicherlich eine der schönsten und sportlichsten Stellen der Kelchsauer Ache, doch

Nachlassende Schwierigkeiten in untersten Teil.
Pegel: 90 cm

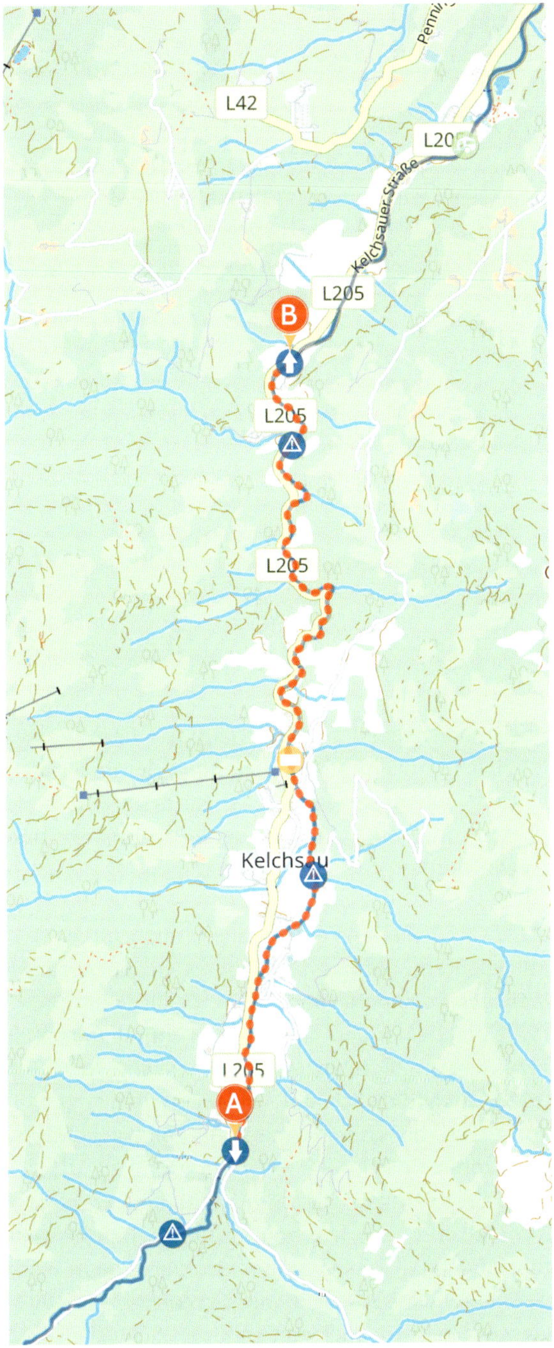

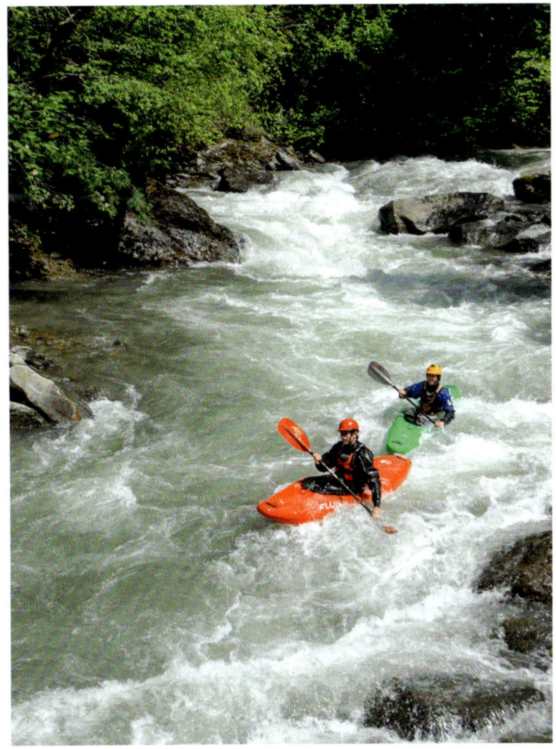

Kontuierliche Schwallstrecken im unteren Teil. Pegel: 90 cm

auch die Folgestrecke mit vielen scharfen Kurven präsentiert sich sehr lohnend und sportlich. Reaktionsschnelligkeit und eine saubere Technik sind jederzeit gefragt, denn das Tempo bleibt flott, auch wenn herausragende Einzelstellen weitgehend fehlen. Die große Ausnahme ist ein verblockter Katarakt, der in einer markanten Rechtskurve beginnt, manchmal etwas klemmgefährlich ist und nichts ahnende Paddler in der Ausfahrt gern mit einem großen Felsen genau im Stromzug konfrontiert (ggf. kurz von links besichtigen). Vor Baumhindernissen an den ungünstigsten Stellen sollte man nicht nur hier immer auf der Hut sein. Bis zum Ausstieg in Hörbrunn bleibt die Kelchsauer Ache zwar schnell, böse Überraschungen sind aber normalerweise nicht mehr zu erwarten. Mehrere schräge Gefällbremsen am Ende sind meist problemlos befahrbar.

EXTRATOUREN

VALEPP - Unbekannter Oberlauf der Brandenberger Ache

Die Valepp, der Oberlauf der Brandenberger Ache, ist einer der wenigen verbliebenen Geheimtipps in den Nordalpen, über die man ohne schlechtes Gewissen schreiben kann. Denn so oder so besteht keine Gefahr, dass die Kehrwasser in der Schlucht zwischen Bayern und Tirol zukünftig überfüllt sein werden. Dafür ist die Tour zu aufwändig, sind die Zeitfenster mit günstigen Bedingungen zu kurz und schweres Wildwasser für Könner gibt es auch nur auf kurzer Strecke. Knackpunkt ist die extrem lange Umsetzstrecke von über 90 Kilometern (auf legalen Wegen) vom Einstieg am Forsthaus Valepp bis zum Ausstieg vor der Kaiserklamm (google. maps empfiehlt z.T. gesperrte Routen mit geschlossenen Schranken). Bleibt also nur die Strecke zwischen Ein- und Ausstieg mit etwa 300 Metern Höhendifferenz (nicht am Fluss) zu Fuß oder per Rad zurückzulegen. Wer dazu bereit ist, wird mit einer unvergesslichen, meist leichten Kajaktour durch eine fantastische, unberührte Landschaft belohnt. Gewaltige Wasserfälle stürzen in die Schlucht, in der das grüne Wasser der Valepp meist freundlich über Kiesbankschwälle und durch kleine Blockstellen rauscht. Lediglich am Schluchtende erfordert ein langer (umtragbarer) Katarakt Wildwasserkönnen.

Idealerweise hat man zwei Autos zur Verfügung, mit denen man sowohl Kajaks als auch Räder transportieren kann. Ein Auto steuert via Tegernsee den Einstieg am Forsthaus Valepp an (Mautstraße erst ab 1. Mai geöffnet), das zweite Auto den Ausstieg am Parkplatz oberhalb der Kaiserklamm (siehe Beschreibung Kaiserklamm). Von hier geht es per Rad auf einer Forststraße erst am Fluss und später

ÜBERSICHT (oben)

Länge: 11 km

Schwierigkeit: WW 2-3 (4, X)

Einstieg: Forsthaus Valepp in die rote Valepp (unterhalb Gefällbremse) (Parkplatz: 47.6200, 11.8911)

Ausstieg: Brücke vor der Kaiserklamm (47.5506, 11.9037)

Charakter: Einsame Schluchten mit Kiesbankschwällen und kleinen Blockstrecken, ein längerer anspruchsvoller Katarakt

Gefahren: Zwei unbefahrbare gefährliche Wehre

Gefälle: 13 m/km

Pegel: Brandenberger Ache Mariathal, Minimum 60 cm, gut 70 cm, darüber nur für erfahrene Paddler

Beste Zeit: Mai und nach längeren Regenfällen

hoch über diesem zum Einstieg. Auf dem Wasser ist gleich Vorsicht geboten, denn in der ersten Verengung neben der weißen Kirche beim Forsthaus Valepp muss ein hohes, unbefahrbares Wehr umtragen werden (rechtzeitig aussteigen).

Damit sind aber erst einmal alle Mühen vorbei, und auf leichtem Wildwasser geht es in die einsame Welt der Schluchten hinein. In dieser völlig unberührt erscheinenden Gegend steht die Landschaft ganz klar im Vordergrund. Graue Schrofenhänge und Felswände wechseln sich mit steilen Grasflanken ab, auf denen im Frühling Bergblumen blühen. Das fröhlich dahin plätschernde grünliche Wasser bildet zusammen mit dem tiefblauen Frühlingshimmel und dem frischen Grün der Bäume eine fantastische Kulisse. Später stürzen sogar noch gewaltige Wasserfälle in die Schlucht. Das Wildwasser bleibt friedlich mit schönen Schwällen und kleinen Blockstrecken. Erst ein etwas anspruchsvollerer Klammabschnitt am Schluchtende kündigt die kurzzeitige Steigerung der Schwierigkeiten an. Bei viel Wasser kann es hier für Genusspaddler zu sportlich werden. Umtragen ist in diesem Bereich nicht immer möglich. Der folgende 500 Meter lange Katarakt, nachdem sich die Schlucht geöffnet hat, ist unübersichtlich und erstaunlich wuchtig mit kleineren Abfällen. Nicht nur wegen möglicher Baumhindernisse ist hier eine Besichtigung angebracht, notfalls kann auch etwas mühsam umtragen werden.

Die folgende alte Triftklause (Erzherzog-Johann-Klause) muss großräumig umtragen werden, dazu unbedingt rechtzeitig aussteigen. Wenig später mündet von rechts die Bayrache, und die Valepp wird zur Brandenberger Ache. Spritzige Schwallstrecken in einer schönen, felsigen Schluchtlandschaft kennzeichnen die weitere Strecke bis zum Ausstieg. Dieser befindet sich an einer Brücke der Forststraße, die den Fluss hier stets begleitet. Von hier trägt man die Boote kurz ein paar Meter hinauf zum Parkplatz vor der Schranke. Für mindestens einen Mitpaddler gilt es jetzt noch, die Radtour zum Einstieg in Angriff zu nehmen und das dort geparkte Auto nach Hause zu chauffieren.

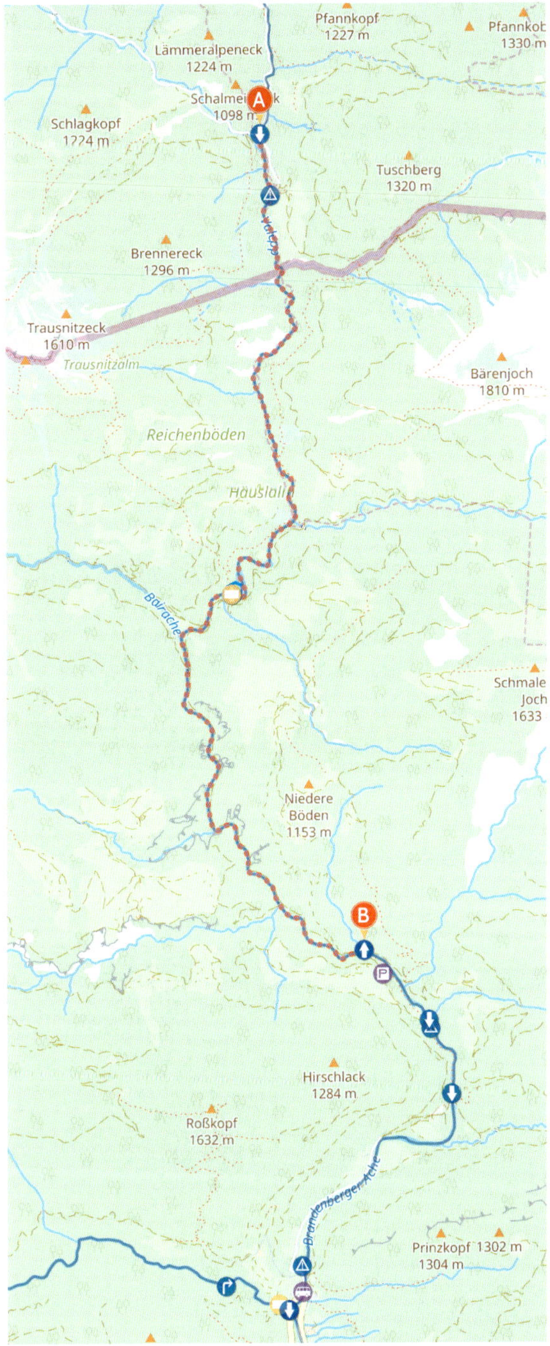

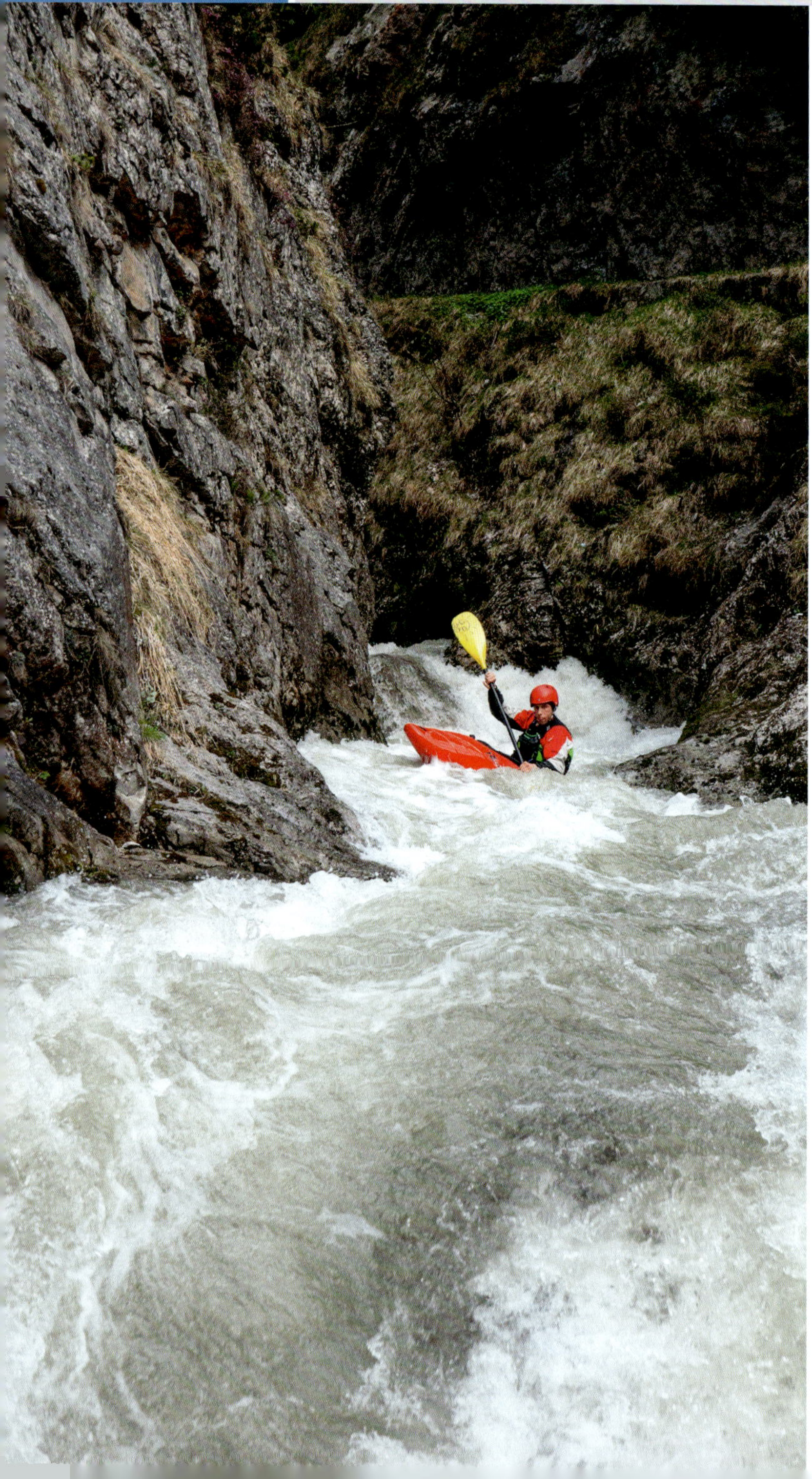

WILDSCHÖNAUER ACHE - Kundler Klamm

Wilde Klammen sind selten in den eher sanften Grasbergen der Kitzbüheler Alpen. Auch in der Wildschönau, einem von Wanderern, Skifahrern und Tourengehern viel besuchten Hochtal mit allen Segnungen des alpinen Tourismus, deutet zwischen saftigen Wiesen und dichten Wäldern wenig

ÜBERSICHT

Länge: 6 km

Schwierigkeit: WW 3+/4+ (X,5-X)

Einstieg: Nahe dem Gasthof Klammrast, Zufahrt ab Mühltal über die Klammstraße (47.4323, 12.0183)

Ausstieg: Holzbrücke am Klammende (in Kundl der Beschilderung zur Klamm folgen, 47.4614, 11.9890)

Charakter: Vor der Klamm kontinuierliches schnelles (und steiniges) Wildwasser, in der Klamm nach zwei nur eventuell befahrbaren gefährlichen Problemstellen runder und schöner

Gefahren: Baumhindernisse, meist unbefahrbarer Katarakt am Schluchtbeginn, sehr zweifelhafter Schlitz in der Klamm, Felssturz, Welle am Ende der Klamm

Gefälle: 33 m/km

Pegel: Unbekannt, oberhalb der Wasserableitung am Wehr wenige hundert Meter oberhalb des Ausstiegs abschätzen, die nahe Brandenberger Ache sollte Mittelwasser (oder darüber) haben (nur grober Anhaltspunkt)

Beste Zeit: Nur bei kräftiger Schneeschmelze (April/Mai) und nach Regen

Nach der Umtragung des engsten Teils der Klamm lockt eine tolle Stufe. MW

auf einen engen Felsdurchbruch hin. Ein paar Kilometer unterhalb des touristischen Trubels aber hat sich die Wildschönauer Ache ihren Weg hinab ins Inntal gegraben und mit der Kundler Klamm eines der beliebtesten Ausflugsziele der Region geschaffen. Eher untypisch für eine Klammtour begleitet den Fluss auf der gesamten Strecke ein Schotterweg, der Anfang des 20. Jahrhunderts als flache Zufahrt in die Wildschönau geschaffen wurde. Das Wildwasser vor und in der Kundler Klamm ist Geschmackssache. Recht ruppig, sehr kontinuierlich und nicht immer fair zeigt sich die Ache, und auch der Wasserstand stimmt eher selten. Für mich kein Fluss, der zum alljährlichen Pflichtprogramm gehört, aber zwischendurch (für routinierte Paddler) immer wieder eine interessante Abwechslung zu den großen Klassikern.

Da die Umsetzstrecken recht lang oder sehr steil sind und Vorbesichtigungen angesichts des Flusscharakters die Paddeltour definitiv entspannter machen, empfehle ich, erst die Boote zum Einstieg in der Wildschönau zu fahren und dann gemeinsam vom Ausstieg bei Kundl zum Einstieg zu wandern (oder zu radeln) und sich alle möglichen Problemstellen gut einzuprägen. Bis zum Beginn der Schlucht rauscht die Ache kehrwasserarm und schnell durch endlose Schwälle, die bei wenig Wasser recht steinig sind und bei viel Wasser bald reißend werden (Zuschusswasser gibt's bald aus einer Ableitung).

Wer den Ausstieg vor dem (auch durch Holzversperrungen) oft eher unbefahrbaren Eingangskatarakt nicht kennt, hat guten Grund, sich höchst konzentriert und vorsichtig voranzutasten, denn Gefälle und Schwierigkeiten nehmen bereits zuvor

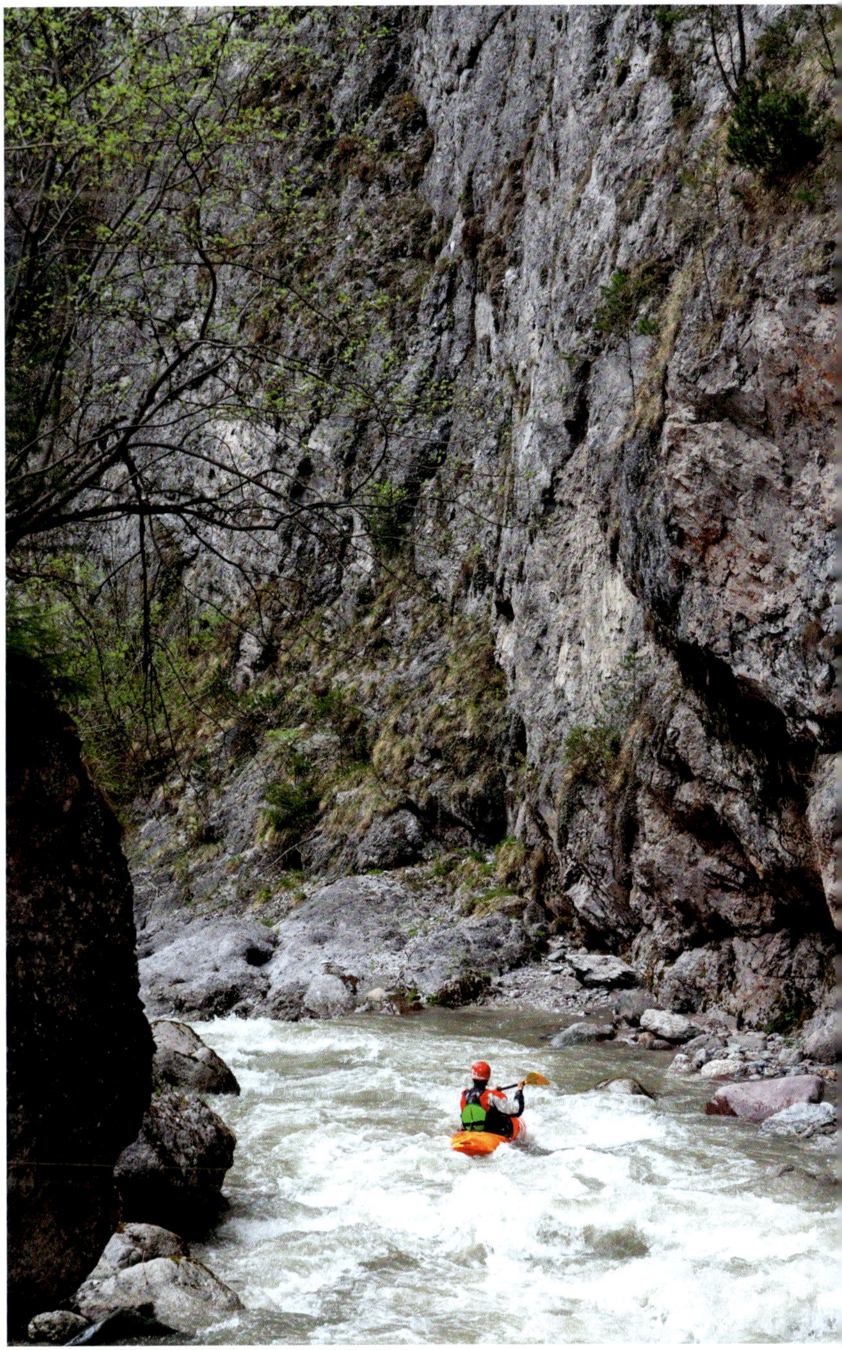

Im schönsten Teil der Kundler Klamm. MW

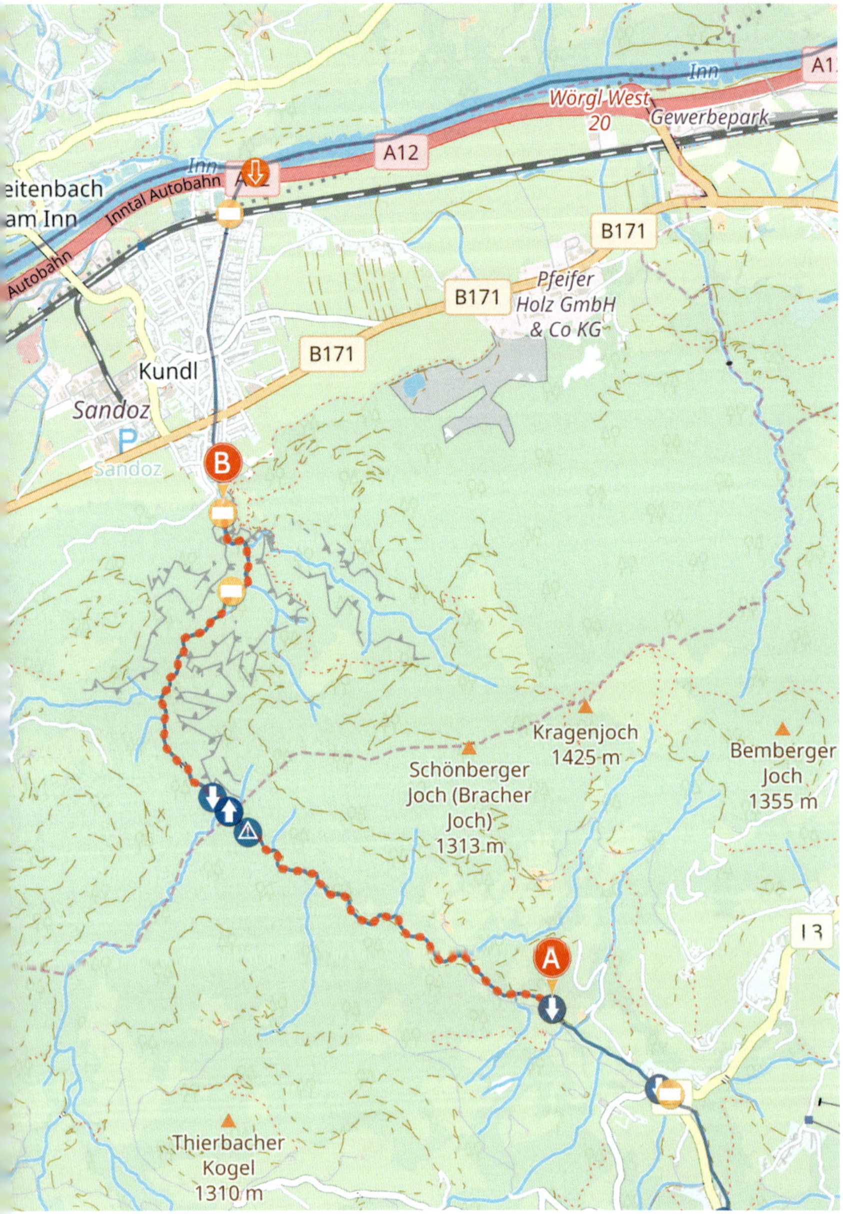

zu. Nach der (wahrscheinlichen) Umtragung darf man keinesfalls gleich an der Brücke wieder in die Boote steigen, ohne die folgenden 500 Meter besichtigt zu haben. Hinter einigen anspruchsvollen Passagen verschwindet die Ache in einem engen Felsspalt, der gegen Ende durch einen mächtigen Felsen in zwei enge Schlitze geteilt wird, die leicht zur tödlichen Falle werden können. Also gut besichtigen und im Zweifelsfall weiträumig, aber bequem auf der Schotterstraße umtragen. Unbedingt mitnehmen sollte man aber die letzte Stufe am Ende des engsten Klammstücks vor der Mündung eines Seitenbachs, die wohl schönste Stelle der Ache.

Umrahmt von schroffen Felswänden versöhnt die Ache ab hier etwaige Nörgler und begeistert bis zur nächsten Brücke mit zackigen Katarakten samt kleineren Abfällen. Rund, schön und landschaftlich toll, nur leider nicht von langer Dauer. Bald schon wird es offener und die Schwierigkeiten lassen nach, doch es lauert noch ein Felssturz mit scharfkantigen Felsen (im Zweifelsfall umtragen). Am Gasthof Klamm endet der schönste Teil. Ein Steilwehr ist meist unbefahrbar (rechtzeitig aussteigen), und auch die folgende Schräge kann einen beachtlichen Rücklauf aufweisen (besichtigen). Aufgrund der Wasserableitung am Wehr sind die letzten Meter zum Ausstieg oberhalb eines absolut unbefahrbaren Wehrs vor der Holzbrücke am Klammende zwar bei weniger Wasser etwas flach, die Kulisse bleibt aber noch eindrucksvoll.

LANGE GRUNDACHE

Oberhalb von Kelchsau verzweigt sich das Kelchsauer Tal in den kurzen und den langen Grund. Unter Skitourengehern ist diese Gegend längst kein Geheimtipp mehr, Paddler verirren sich aber nur selten hierher. Dabei bietet die Lange Grundache bei guten Wasserständen durchgehend interessantes und sportliches Wildwasser. Größtes Manko sind die oft recht zahlreichen Baum- und Asthindernisse, die im engen und recht gefällstarken Flussbett schnell unangenehm bis gefährlich werden können.

Als eigene Tour lohnt sich ein Besuch an der Langen Grundache meines Erachtens nur bedingt, in Kombination mit einer Weiterfahrt auf der Kelchsauer Ache aber in jedem Fall. Den vierten Schwierigkeitsgrad sollte man dafür aber beherrschen und vor allem auch kleine Kehrwasser sicher erreichen. Der

ÜBERSICHT

Länge: bis zu 8 km

Schwierigkeit: WW 4 (4+)

Einstieg: Beliebig wählbar (z.B. an einem Wehr, ab hier etwa 5 km, 47.3431, 12.0909)

Ausstieg: Parkplatz am Beginn der Mautstraße (47.3712, 12.1299) oder Weiterfahrt

Charakter: Kontinuierliches, teils verblocktes und schnelles Wildwasser im engen Flussbett

Gefahren: Baumhindernisse, Klemmgefahr, Wehranlage

Gefälle: 43 m/km

Pegel: Kelchsauer Ache, Hörbrunn: MW 90-95 cm, unter 90 cm aus meiner Sicht weniger lohnend (Untergrenze etwa 80-85 cm)

Beste Zeit: Schneeschmelze (meist im Mai) und nach Regenfällen

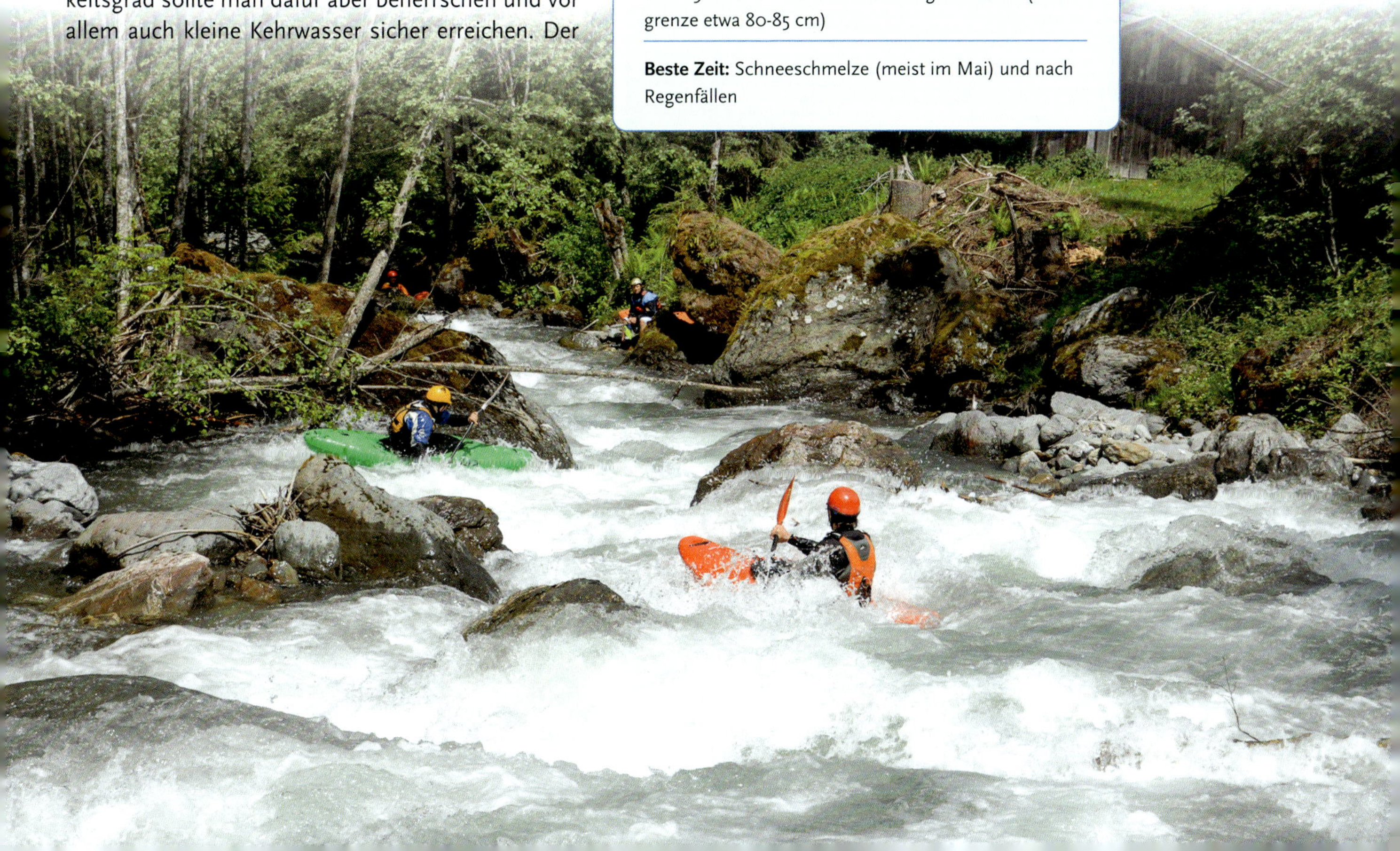

Reichlich Gefälle und teilweise dichte Verblockung. Pegel: 95 cm Hörbrunn

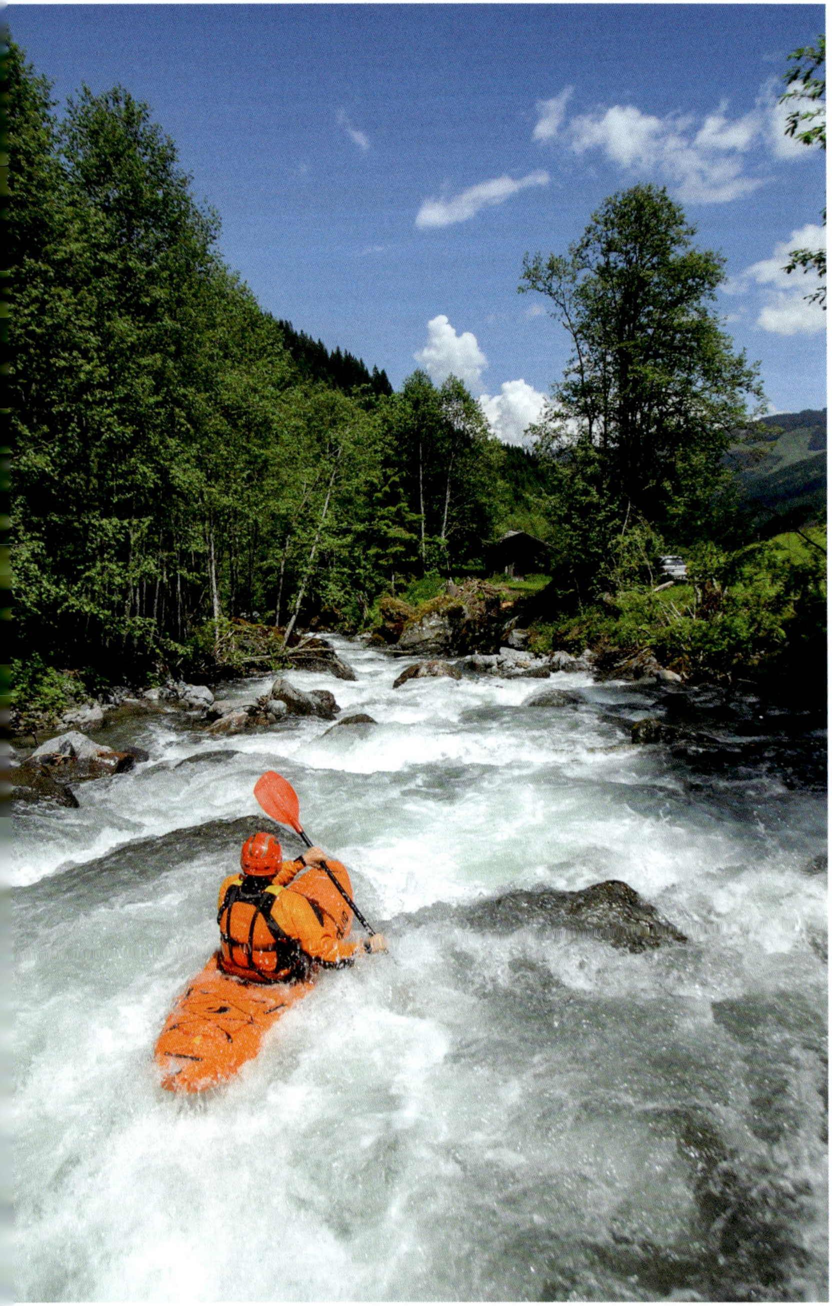

Zum Träumen bleibt keine Zeit. Pegel: 95 cm Hörbrunn

Einstieg kann entlang der Mautstraße in den langen Grund beliebig gewählt werden, z.B. an einer (nur evtl. befahrbaren) Wehranlage. Auch ein Einstieg weiter oben ist möglich. Auf der Fahrt zum Einstieg sieht man immer wieder den Fluss samt möglicher Baumhindernisse, deren Lage man sich möglichst gut merken sollte.

Herausragende Einzelstellen sind die Ausnahme, die Ache ist aber durchgehend schnell, kehrwasserarm und teilweise dicht verblockt. Überdurchschnittlich anspruchsvoll sind ein längerer Katarakt etwas oberhalb der Brücke der Mautstraße sowie einige recht zackige Kurven unterhalb dieser Brücke bis zur Mündung der Kurzen Grundache. Die Weiterfahrt auf der offeneren und runderen Kelchsauer Ache ist nach der engen und teils unübersichtlichen Grundache eine schöne Abwechslung und die perfekte Abrundung der Tour.

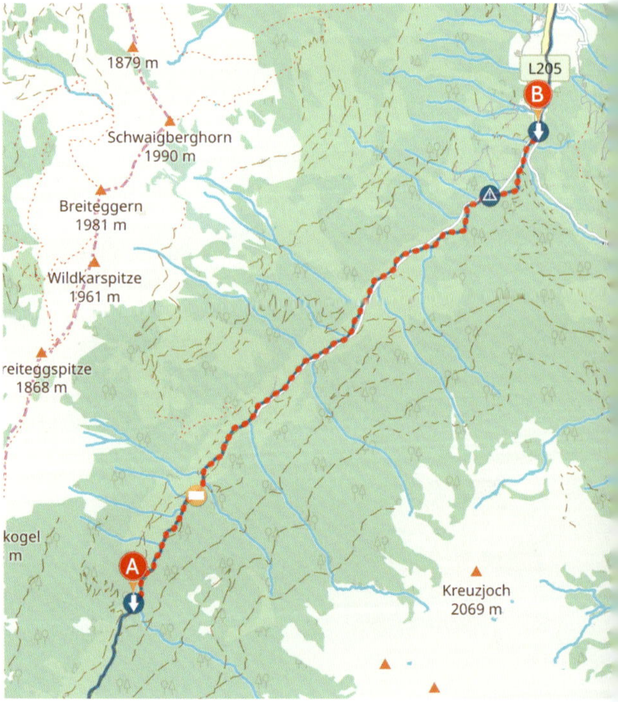

WEISSACH (AM KAISERGEBIRGE)

Auf den ersten Blick lädt die bei Kufstein in den Inn mündende Weißach sicher nicht zum Paddeln ein. Verbaut, abgeleitet, reguliert oder einfach langweilig, so wirkt der unscheinbare Bach von der Eibergstraße aus betrachtet. Wer aber etwas genauer hinschaut, dem wird nicht entgehen, dass die Straße oberhalb der Eibergwerke steil ansteigt und wenig später über eine Brücke führt. Darunter verbirgt sich unbeachtet von den meisten Touristen auf Durchreise eine zwar kurze aber ganz enge Klamm mit moderaten Schwierigkeiten. Eine gute Gelegenheit für aufstrebende Paddler, einmal eine ech-

ÜBERSICHT

Länge: 3,5 km

Schwierigkeit: WW 3 (Zwangspassage)

Einstieg: Kläranlage oberhalb der Klamm (47.5194, 12.1968)

Ausstieg: Markante Straßenkurve oberhalb der Eibergwerke (47.5446, 12.1716), Schotterweg zum Fluss (Zufahrt verboten)

Charakter: Enge, technisch einfache, aber ab Mittelwasser überraschend wuchtige Klamm, weitere Strecke offener und einfacher.

Gefahren: Felssturz 2018, Baumhindernisse in der Klamm, künstliche Stufe nach dem Ausstieg

Gefälle: 14 m/km

Pegel: Weißache Kaiserwerk *https://apps.tirol.gv.at/hydro* Mittelwasser etwa 6 m³/s, Mindestpegel etwa 4 m³/s

Beste Zeit: Nur bei kräftiger Schneeschmelze meist im April und nach Regen

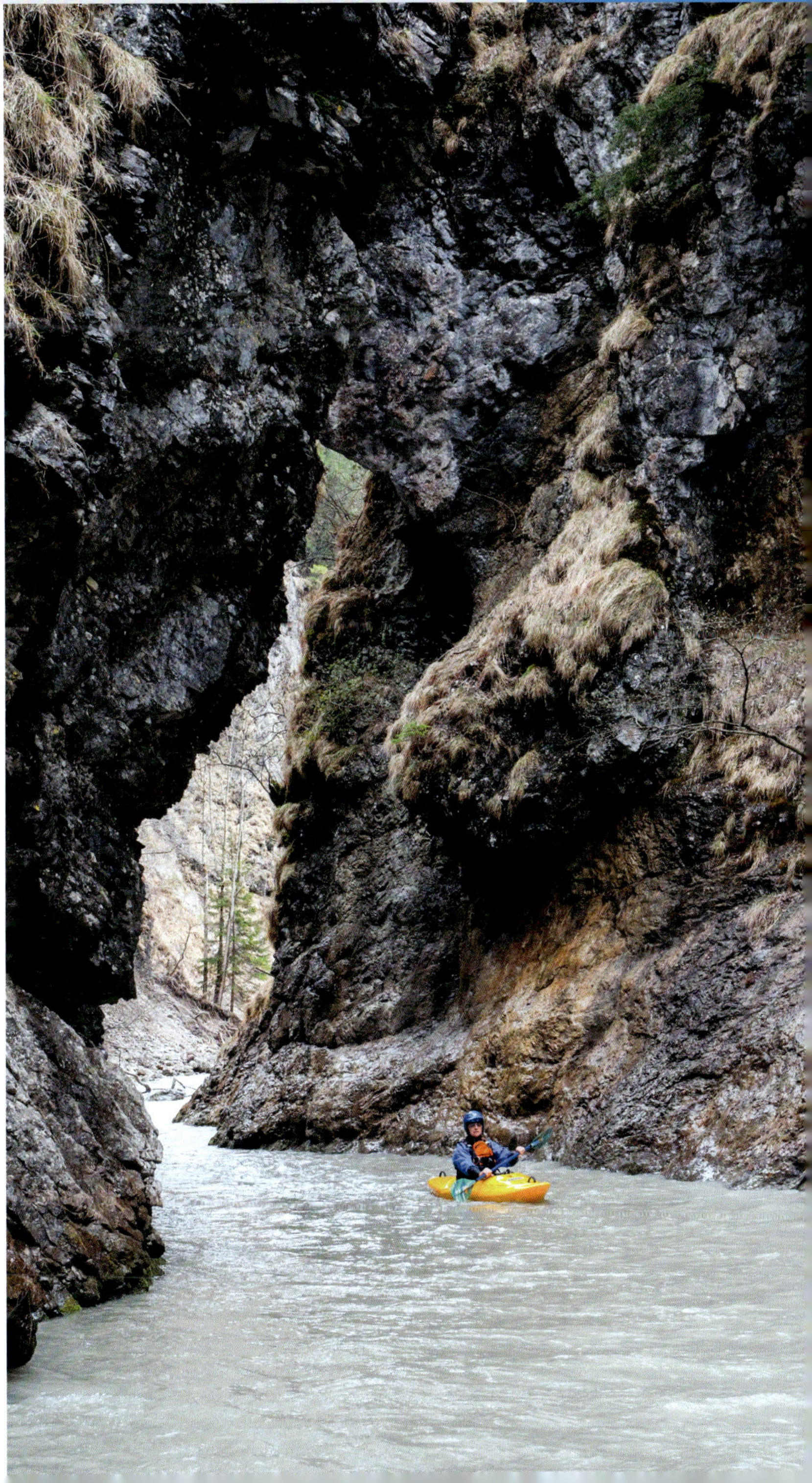

Eindrucksvolle Felskulissen auch im unteren Teil der Schlucht. Pegel: 5 m³/s

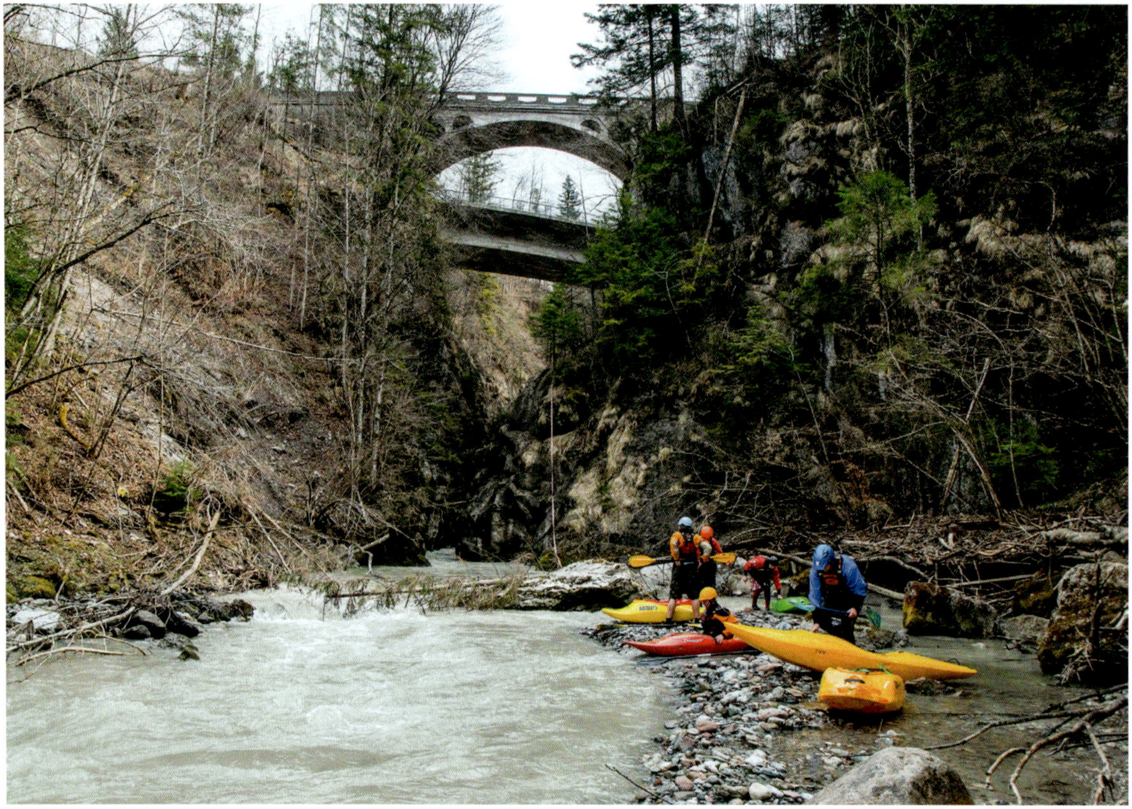

Baumhindernis unterhalb der engen Klamm. Pegel: 5 m^3/s

te eindrucksvolle Klamm zu paddeln. Da der kurze Durchbruch die schwerste Stelle der kurzen Paddelstrecke darstellt, ist dabei aber durchaus etwas Sattelfestigkeit im dritten Schwierigkeitsgrad gefragt. Umtragen ist hier nicht, also unbedingt schon bei der Anfahrt prüfen, ob die Klamm baumfrei ist, um nicht fröhlich ins Verderben zu paddeln. Achtung: 2018 war der Fluss durch einen Felssturz blockiert!
Bis zur Klamm ist die Weißach kaum der Rede wert. Von der reizenden Einstiegsstelle direkt an einer Kläranlage geht es flott bis zu einem kleinen See mit einer künstlichen Schrägstufe an der Einfahrt (normalerweise problemlos) und einer weiteren kleinen Stufe an der Ausfahrt. Bei meiner letzten Befahrung war der See allerdings ausgelaufen und die zweite Stufe nicht vorhanden. Lohnend wird es ohnehin erst unterhalb. Flott rauscht die Weißach in die Schlucht hinein und die Schwierigkeiten steigen auf WW 3 (eine unterspülte Felswand). Auch die Landschaft begeistert nun. Bei zaghafteren Naturen dürfte die Spannung steigen, denn nach einer kleinen Stufe geht es ohne Umschweife hinein in die eigentliche Klamm. Anlanden ist nicht mehr möglich und bei guten Wasserständen erreichen die Schwierigkeiten auch WW 3+. Wer von der Brücke gründlich besichtigt hat, ist jetzt fein raus.
Viel zu schnell ist die Klamm wieder zu Ende. In der folgenden Blockstelle verkeilen sich häufiger

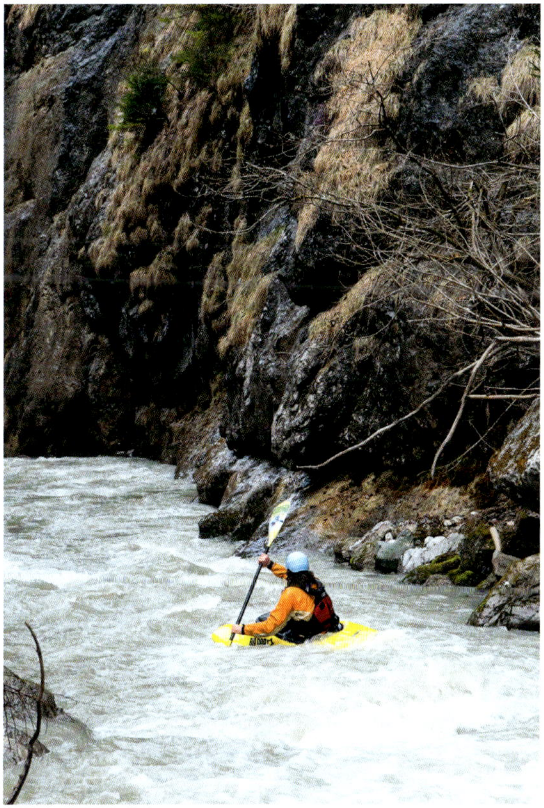

Kurz vor der Einfahrt in den engsten Teil der Klamm. Pegel: 5 m³/s

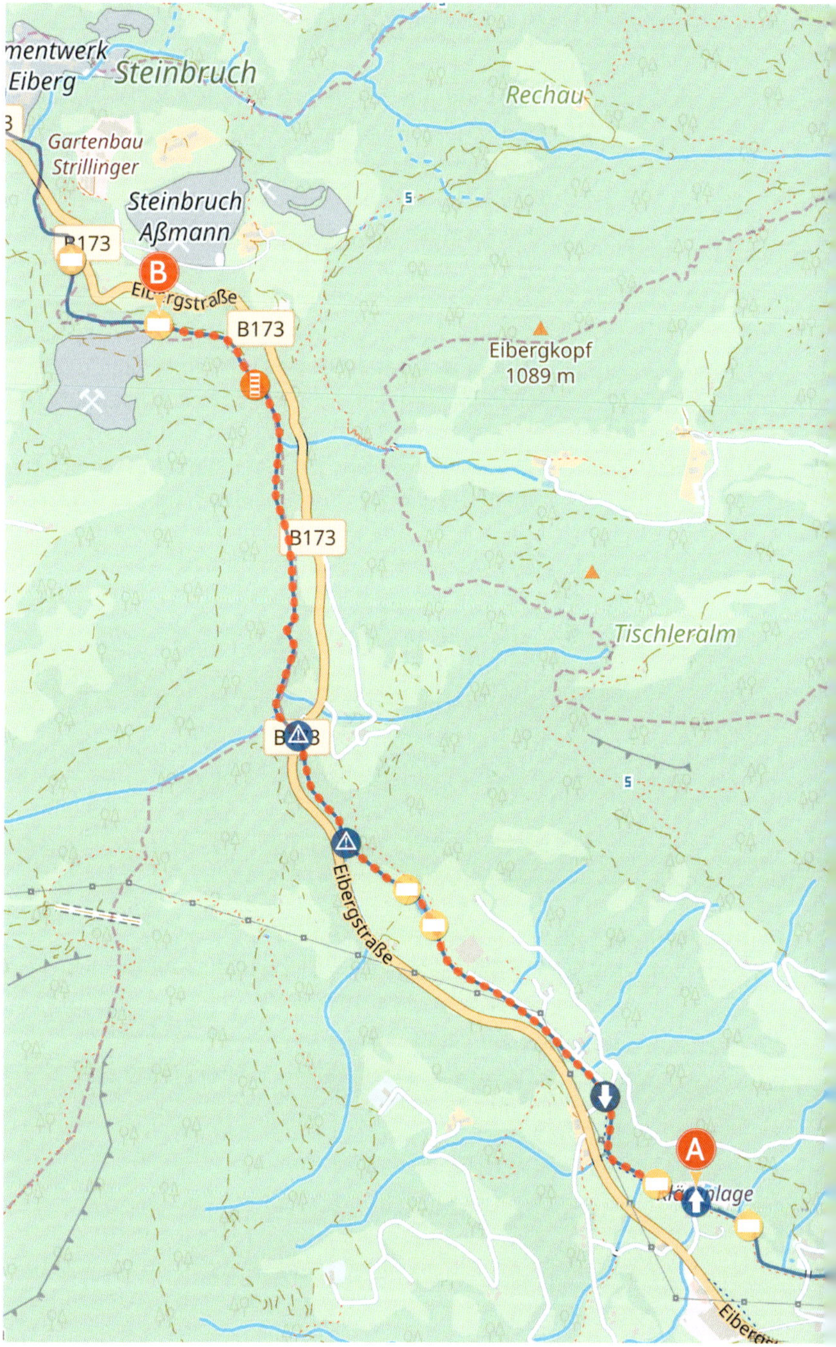

Baumhindernisse, die ggf. einen schnellen Ausstieg am Klammausgang erfordern (Umtragen hier möglich). Im weiteren Verlauf plätschert die Weißach wieder gemächlicher durch eine überraschend schöne felsige Schlucht (um WW 2). Der Ausstieg befindet sich vor einer Brücke (unterhalb eines Kraftwerks am rechten Ufer). Nach der Brücke folgt eine kleine Kunststufe mit Eisenteilen und Rücklauf, daher auf jeden Fall vor der Brücke aussteigen. Am orographisch rechten Ufer führt neben einem Stollen der Zementwerke Eiberg ein Schotterweg hinauf zur Straße.

THIERSEER ACHE

Bevor der Inn aus den Bergen hinaus ins Alpenvorland strömt, mündet bei Kiefersfelden an der Grenze zwischen Bayern und Tirol noch ein letzter kleiner Wildfluss, der bei ausreichenden Wasserständen einen Besuch lohnt. Die Thierseer Ache (in Bayern als Kieferbach bezeichnet) kann zwar weder mit den Schwierigkeiten, noch mit der Wassermenge anderer Innzuflüsse konkurrieren, begeistert Genusspaddler dafür jedoch mit spritzigen Schwallstrecken moderater Schwierigkeit in dicht bewaldeten Waldschluchten. Nur die oft (zu) geringe Wasserführung und die allgegenwärtige Gefahr von Baumhindernissen können einem entspannten Saisonauftakt auf der Thierseer

Genusswildwasser in idyllischen Waldschluchten.
Pegel: 12 m³/s

ÜBERSICHT

Länge: 14 m/km

Schwierigkeit: WW 2-3

Einstieg: Schmied im Tal (z.B. 47.5946, 12.0720)

Ausstieg: Eisenbrücke unterhalb Wirtshaus Wachtl (Zufahrt zum Wirtshaus über Forststraße beschildert) (47.6043, 12.1373)

Charakter: Leicht verblockte Schwallstrecken und kleine Abfälle im Wechsel mit kurzen ruhigen Passagen in einer schönen Waldschlucht

Gefahren: Baumhindernisse, Wehr am Einstieg, Vorsicht generell bei höheren Wasserständen

Gefälle: 14 m/km

Pegel: Kieferbach Bleyerbach, www.hnd.bayern.de, Mittelwasser ca. 12 m³/s, empfohlener Mindestpegel 8 m³/s

Beste Zeit: April bis Anfang Mai bei kräftiger Schneeschmelze und nach stärkeren Regenfällen

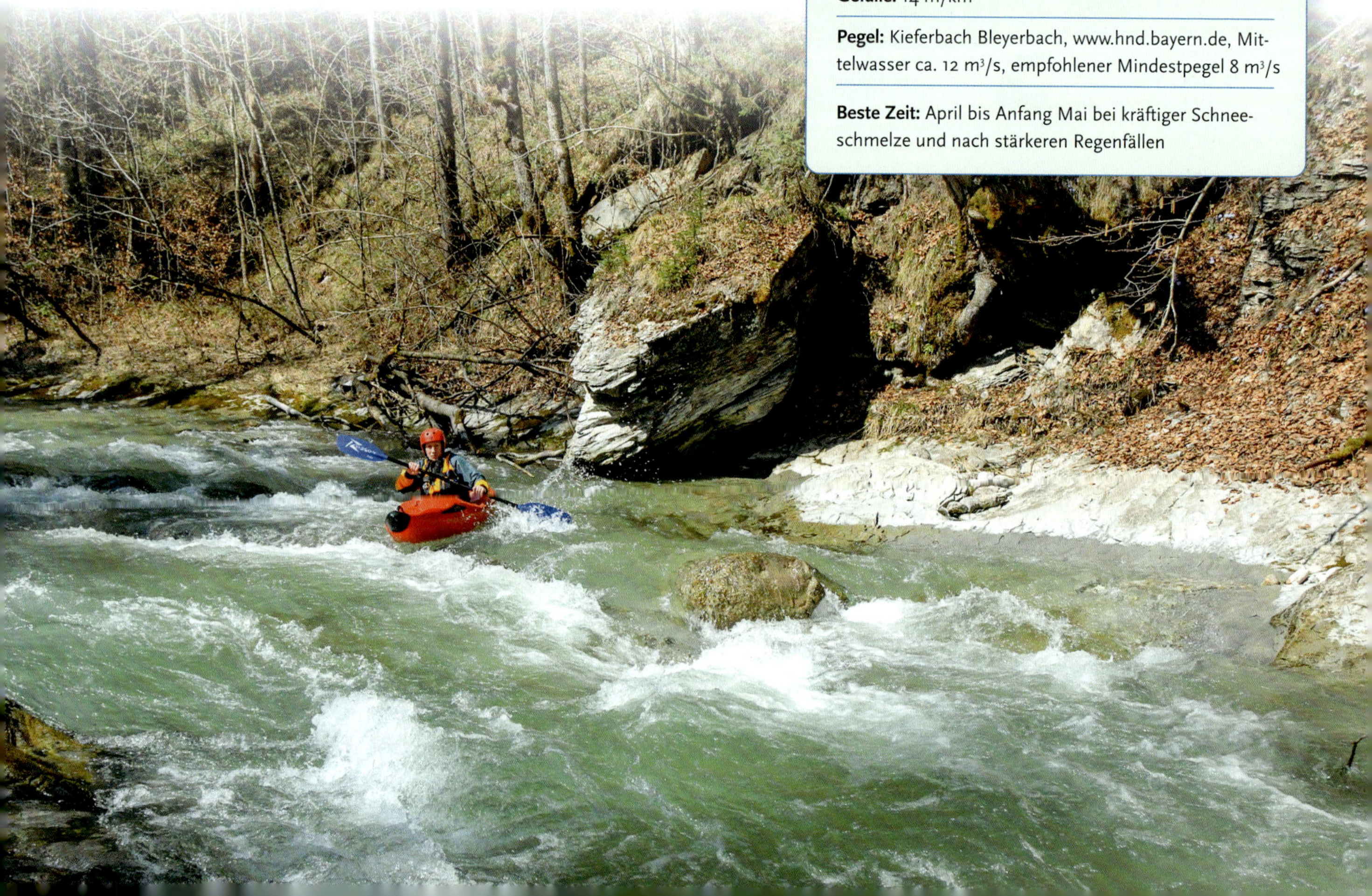

Ache im Weg stehen. Wenn aber die Bedingungen passen, kann die Ache auch am Ausstieg noch einmal richtig punkten: Das idyllisch gelegene Wirtshaus „Wachtl“ lädt hier dazu ein, die Tour bei gutem Essen und kühlen Getränken Revue passieren zu lassen.

Die Paddeltour beginnt etwa 500 Meter oberhalb der Brücke am Beginn der Waldschlucht bei Schmied im Tal. Ein Einstieg weiter oben lohnt sich meines Erachtens nicht (Wehre unbedingt vorab besichtigen). Kaum im Boot, muss schon das Wehr am Sägewerk von rechts besichtigt werden. Entsprechendes Einschätzungsvermögen vorausgesetzt, findet sich bei moderaten Wasserständen oft eine sichere Route. Über hübsche Schwallstrecken folgen wir der Ache bald hinein in die schöne Waldschlucht. Unterm dichten Blätterdach sorgen mehrere Prallwände und leicht verblockte Schwälle mit einigen kleinen Abfällen für Abwechslung. Ruhige Gumpen und Kehrwasser lassen – falls erforderlich – bei moderaten Pegelständen immer wieder genügend Zeit zum Durchatmen. Wirklich gefährlich können vor allem Baumhindernisse werden, die auch auf der Thierseer Ache oft an den dümmsten Stellen und besonders gerne hinter unübersichtlichen Kurven lauern. Und davon gibt es hier einige. Nach dem Landschaftshöhepunkt der Tour, einem Wasserfall, der über steil aufragende Felswände in die Ache stürzt, wird das Flussbett etwas offener. Wenig später markiert der Beginn eines riesigen Steinbruchgeländes das Ende der idyllischen Flusslandschaft. Zum Ausgleich fordert nun das Wildwasser etwas stärker. Kleinere Stufen und etwas überraschende Strömungsverhältnisse sorgen zum Abschluss der Tour eventuell für eine kleine Überraschung, versprechen aber in erster Linie noch einmal Paddelspaß. Vom Ausstieg an einer Eisenbrücke (am besten vor Fahrtantritt kurz besichtigen) trägt man die Boote kurz auf steilem Weg hinauf zum Wirtshaus, wo man sich für die „Mühen“ des Anstiegs belohnen kann.

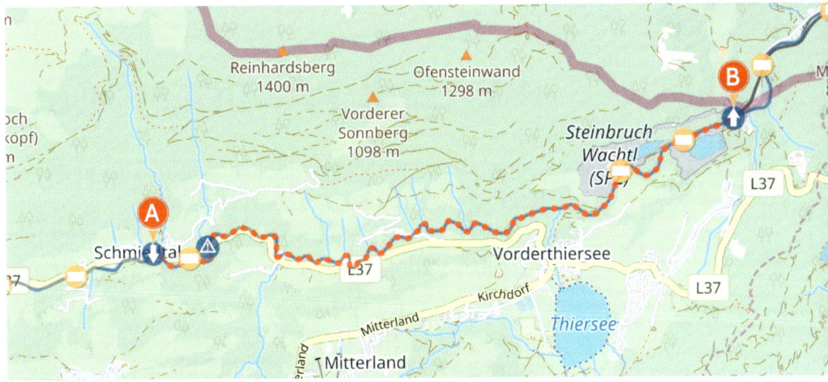

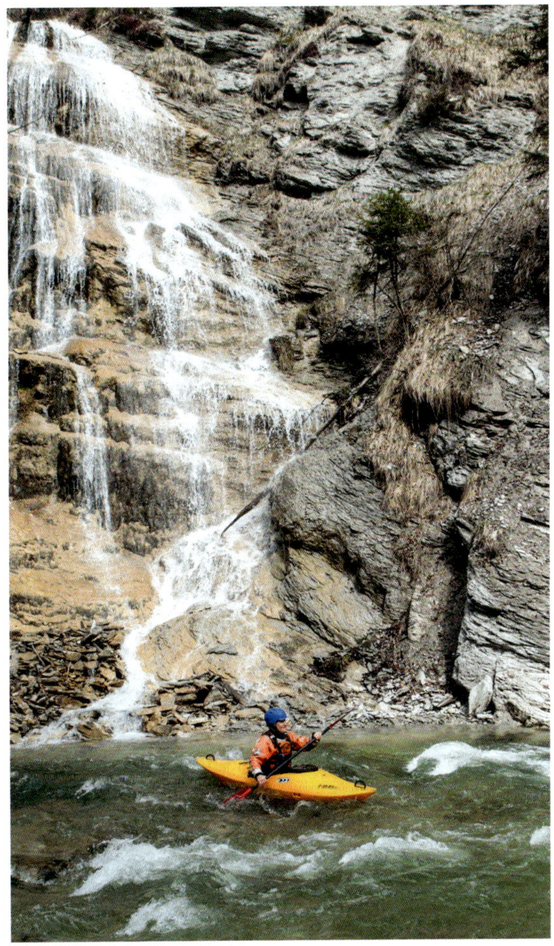

Der optische Höhepunkt der Strecke. Pegel: 8 m³/s

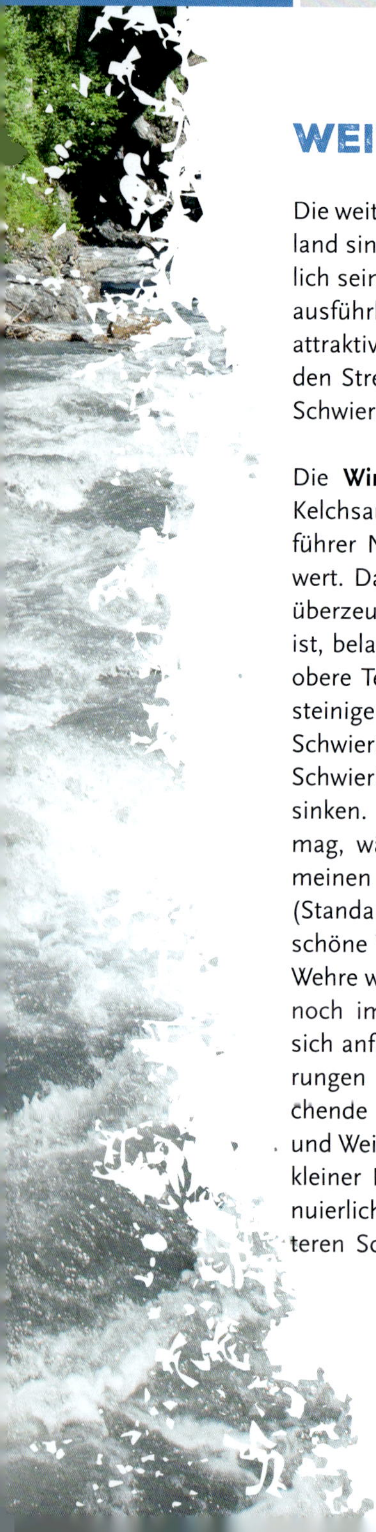

WEITERE PADDELMÖGLICHKEITEN

Die weiteren Paddelmöglichkeiten im Tiroler Unterland sind relativ begrenzt und, da will ich ganz ehrlich sein, meiner Meinung nach verglichen mit den ausführlich beschriebenen Touren nicht besonders attraktiv. Dafür führt zumindest ein Teil der folgenden Strecken relativ oft genügend Wasser und die Schwierigkeiten sind überschaubar.

Die **Windauer Ache,** die kleinere Schwester der Kelchsauer Ache, war mir im ersten Wildwasserführer Nordalpen noch eine eigene Beschreibung wert. Da mich dieser Wildbach aber einfach nicht überzeugen konnte und er nicht immer ganz fair ist, belasse ich es bei ein paar knappen Infos. Der obere Teil bis zum Steinberghaus ist ein ruppiger steiniger Sturzbach mit einer markanten Stufe und Schwierigkeiten von WW 4-5-, während danach die Schwierigkeiten bis zum Jägerhäusl auf WW 3-4 sinken. Eigentlich ganz nett, wenn man so etwas mag, wären da nicht mehrere Drahtverhaue (bei meinen Befahrungen). Unterhalb des Jägerhäusls (Standardeinstieg) fließt die Ache durch eine recht schöne Waldschlucht. Zwei früher sehr gefährliche Wehre wurden zwar umgebaut, schön sind sie aber noch immer nicht. Die Schwierigkeiten bewegen sich anfangs um WW 3/3+ (4-). Bei meinen Befahrungen verlangten unerwartete, plötzlich auftauchende Gefahrenstellen der heimtückischen Art und Weise aber ein absolut sicheres Erreichen auch kleiner Kehrwasser. Der Charakter ist recht kontinuierlich, mehrere flache Gefällbremsen im leichteren Schlussteil sind meist befahrbar, aber auch nicht besonders ansprechend. Ich empfehle, mit dem Fahrrad am Fluss umzusetzen (Forstweg für Autos gesperrt) und sich mögliche Problemstellen gut einzuprägen. Ansonsten ist die Umsetzstrecke über Westendorf sehr lang. Im oberen Teil ist die Straße mautpflichtig. Eine ältere, aber gute Detailbeschreibung gibt es auf *www.kajaktour.de.*

Die **Brixentaler Ache** im dicht besiedelten und von Industrie geprägten Brixental bietet recht nettes WW 2/2+, ist optisch aber nur kurzzeitig attraktiv. Ein niedriges Wehr bei Hopfgarten sollte umtragen werden, ein riesiges Wehr am Ende der Talverengung unterhalb des Campingplatzes Schlossberg Itter muss umtragen werden (oder ggf. hier aussteigen). Ein sicherer Ausstieg vor diesem Wehr sollte vor allem bei mehr Wasser unbedingt vor dem Paddeln festgelegt werden (das Wehr ist von der Straße sichtbar). Letzter Ausstieg allerspätestens in Bruckhäusl, unterhalb folgen wohl potentiell sehr gefährliche künstliche Stufen. Detailinfos ebenfalls auf *www.kajaktour.de.*

An der **Aschauer Ache** konnte ich mich bislang nicht dazu durchringen, das Boot vom Dach zu laden. Oberhalb von Kirchberg fanden wir beim Besichtigen einfach zu viele Regulierungen, Gefällbremsen und Wehre. Objektiv betrachtet liegen die Schwierigkeiten abgesehen davon wohl zwischen WW 2 und 4. Ausstieg rechtzeitig vor Kirchberg, die Ortsdurchfahrt ist unbefahrbar. Bilder und Infos gibt es auf *www.4-paddlers.com.* Zum **Reither Ache** genannten Unterlauf liegen mir keine aktuellen Infos vor, das oft begradigte Flussbett mit einigen möglicherweise gefährlichen künstlichen Stufen sieht aber nicht sehr vielversprechend aus.

Ähnlich ist die Situation am Oberlauf der Großache (Tiroler Ache). Der hier als Jochberger bzw. **Kitzbüheler Ache** bezeichnete Fluss bietet zwar auf Teilstrecken ganz nettes WW 2, dazwischen aber auch teils unbefahrbare oder gefährliche Wehre. Natürliche Flusslandschaften sind im begradigten Flussbett nicht zu finden, eine Durchfahrt durch Kitzbühel wegen Wehren problematisch. Generell gilt hier bei viel Wasser: Finger weg! Lediglich die kurze, leicht schluchtartige Strecke auf Höhe von Jochberg sieht auf dem Luftbild interessanter aus, ob und in welchem Schwierigkeitsgrad man hier Paddeln kann, weiß ich aber nicht.

Künstliche Stufen (unzählige) und Regulierungen gibt es leider auch auf der **Prien** in Bayern, die in den Chiemsee mündet. Genügend Wasser führt sie nur bei kräftiger Schneeschmelze oder nach heftigeren Niederschlägen. Lange Abschnitte sind kanalisiert und die niedrigen Stufen oft gefährlich rückläufig und in Einzelfällen auch siphoniert. Auf Höhe von Grattenbach ist die Prien kurzzeitig noch ein natürlicher Fluss und mit einer unsauberen Fünferstelle samt anschließender Rutsche gespickt. Eindeutig der schönste Teil ist eine kleine Schlucht unterhalb von Bach bei Aschau (im Chiemgau) mit sehr schönem WW 3. Diese wenigen hundert Meter machen wirklich Spaß, der Rest leider weniger (Ausstieg bei Aschau).

Ein ganz anderes Kaliber ist die **Steinberger Ache,** ein Nebenfluss der Brandenberger Ache. Ihre Klammen zählen zu den schönsten der Nordalpen. Da zwei Abschnitte aber unbefahrbar (und alles andere als einfach umtragbar sind), wird diese kleine Expedition eher selten unternommen. Leider fehlt die Ache auch in meinem Fahrtenbuch, so dass ich mich mit Halbwissen zurückhalte. Wer dieses Abenteuer angehen will, sollte sich vorher auf jeden Fall um aktuelle Infos bemühen, alpine Erfahrung besitzen und besser paddeln, als es die rein technischen Schwierigkeiten von WW 3+ erfordern, denn manche Ausstiegsstellen sind wohl nicht ohne und die Ache ist eine einzige Zwangspassage. Seit der Forstweg zwischen Pinegg und Steinberg durch eine massive Schranke versperrt wird, ist es zudem zwischen Ein- und Ausstieg mit dem Auto eine halbe Weltreise.

Natürlich wurden in der Region noch verschiedene weitere Einzelstellen und kleine Wildbäche irgendwann schon mal gepaddelt. Massentauglich sind sie aber nicht, und was davon wirklich lohnend ist, darüber kann man auch diskutieren. Wer aber die Karten studiert und sich zu Fuß z.B. mit einem Packraft aufmacht, kann vielleicht noch die eine oder andere lohnende Entdeckung machen. Weniger aufwändig ist ein Ausflug ins Zillertal, siehe dazu der folgende Überblick „Wildwasser im Zillertal".

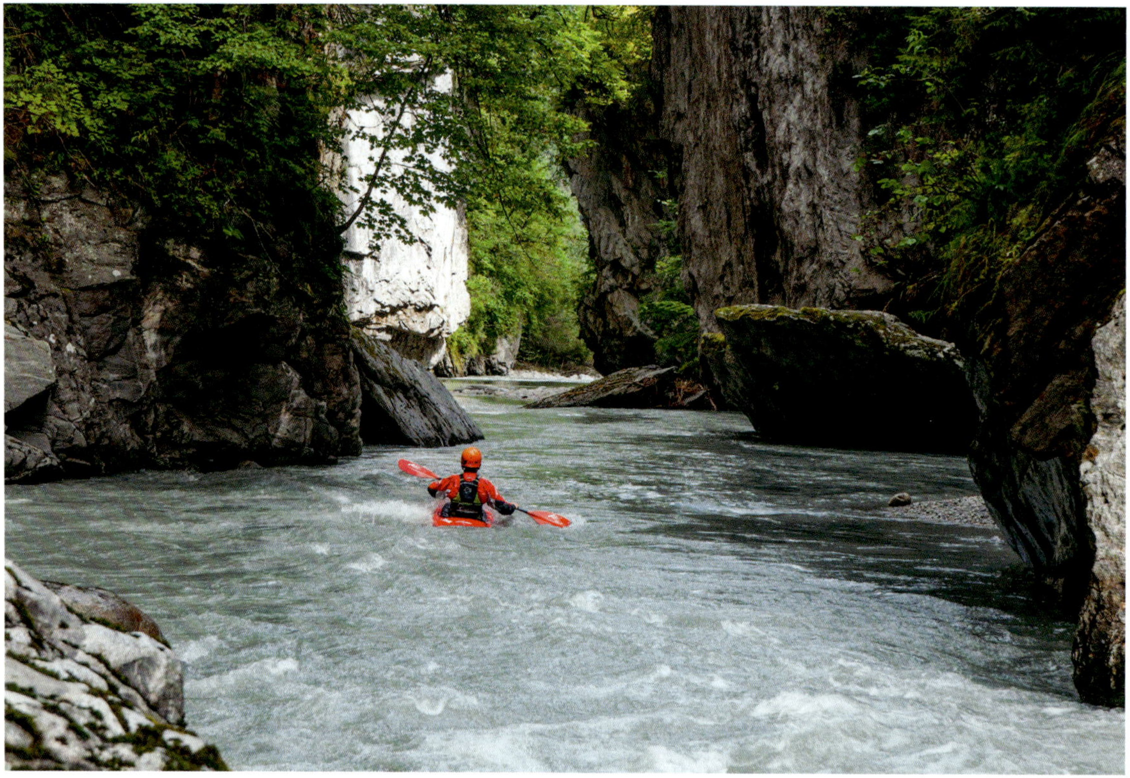

Durch die kurze Schlucht der Zemm.

EXKURS: WILDWASSER IM ZILLERTAL – EIN WEISSER FLECKEN MITTEN IN TIROL

Nicht nur Geographen werden es bemerkt haben: Zwischen den beschriebenen Flüssen im Tiroler Unterland und im Tiroler Oberland tut sich ein weißer Flecken auf der Paddellandkarte auf. Das Zillertal, Urlaubsregion Nummer 1 in Tirol und unter Skifahrern wie Bergsportlern ein echter Klassiker, ist für die meisten Paddler terra incognita. Das liegt zum einen an der Topographie mit einem sehr flachen Haupttal und oft engen, steilen und kurzen Seitentälern. Mittelschweres Wildwasser ist da naturgemäß eher Mangelware. Zum anderen ist das Zillertal aber auch ein Hotspot der Wasserkraftnutzung, und viele Strecken sind abgeleitet oder zumindest stark beeinflusst.

Ein paar lohnende Entdeckungen sind für Könner wie auch für Ottonormalpaddler aber doch möglich. Die meisten Abschnitte bin ich selbst allerdings nicht gepaddelt, daher belasse ich es an dieser Stelle bei ein paar Hinweisen, wo es sich lohnen könnte, selbst einmal genauer nachzuschauen. Für alle schwereren Strecken ist es sicher kein Fehler, zuvor einmal beim sehr aktiven Mayrhofener Kajak-Club nachzufragen, der sein Bootshaus direkt am Ausstieg der Zemmschlucht hat.

Die leider gerade mal 700 Meter lange **Zemmschlucht** war der Klassiker im Zillertal. Schwierigkeiten um WW 3, eine überraschend schöne Schluchtlandschaft und eigentlich immer ausreichend Wasser machten sie zur perfekten Tour für zwischendurch. Leider ist die Strecke seit 2020 abgeleitet. Der Einstieg befindet sich am Kraftwerk oberhalb des Hochstegs, der Ausstieg am Bootshaus des Mayrhofener Kajak-Clubs oder an der folgenden Brücke (dann ist es immerhin rund 1 km Paddelstrecke). Im Gegenzug wurde die Strecke bis zur Mündung in die Ziller, die früher aufgrund zweier Wehre mit tödlichem Rücklauf nicht befahrbar war, zur Paddelstrecke mit zwei Rutschen umgebaut. Da es mit einer Befahrung vor Fertigstellung des Buches leider nicht mehr geklappt hat, empfehle ich bei Interesse eine Besichtigung vor Ort bzw. die Einholung von Infos beim Mayrhofener Kajak-Club.

Nach der Mündung der Zemm in die **Ziller** folgt auf jeden Falle eine mehrere Kilometer lange Schwallstrecke, die anfangs recht wuchtig und durchgehend kehrwasserarm ist. Ob man die Schwierigkeiten zu Beginn mit WW 2+ oder sogar 3- bewertet, ist Nebensache, Schwimmen ist aber ungünstig und viele Übungsstellen gibt es auch nicht (später WW 1-2). Auch, wenn man hier gut Wasser unterm Boot und einen netten Blick auf die Berge hat, ist mir diese Strecke im begradigten Flussbett etwas monoton und langweilig in Erinnerung geblieben. Nur kurz vor dem Ausstieg an der Brücke zwischen Ramsau und Hippach gibt es mal zwei große und kräftige Kehrwasser, an denen man sich etwas länger aufhalten kann. Eine Weiterfahrt bis zur Mündung in den Inn ist zwar möglich (meist WW 1), hat mich im dicht besiedelten und industrialisierten Talboden aber nie gereizt.

Paddeltechnisch attraktiver ist der **Gerlosbach** vom Kraftwerk oberhalb von Gerlos bis zum Stausee unterhalb des Orts. Die Schwierigkeiten liegen wohl um WW 2-3, wobei mehrere kleinere Stufen und Wehre beachtet werden müssen. Sehr gefährlich ist das Wehr am Beginn des Stausees am Ende der Paddelstrecke mit tödlichem Rücklauf. Unbedingt vorab besichtigen, zumal sich davor die sportlichsten Schwälle der Strecke befinden. Ich hatte am kraftwerksgeregelten Gerlosbach noch nie das Glück, ausreichend Wasser vorzufinden, dann könnte die Strecke aber durchaus Spaß machen, auch wenn die landschaftlichen Qualitäten sehr überschaubar sind.

Für Genusspaddler sind die Möglichkeiten damit erschöpft, für Kenner und Könner gibt es aber noch mehr Entdeckungen. Im **Zillergrund** versteckt sich höchst lohnendes Wildwasser für Könner, die Zufahrt ist aber streng reglementiert, so dass man im Normalfall wohl den Bootswagen bemühen muss (langer Anmarsch). Animierende Bilder und Videos findet man im Netz, konkrete Infos gibt's vielleicht beim Kajakclub vor Ort. Den letzten Durchbruch vor Mayrhofen habe ich selbst besichtigt, er ist mit einer Abseilaktion an der großen Geschiebesperre eine kleine Expedition (mit kurzer Paddelstrecke).

Noch sportlicher und expeditioneller wird es in der Durchbruchschlucht des Gerlosbachs (WW 5-6). Auch am Tuxbach sieht es ähnlich aus, die straßennahen Teilstrecken sind hier für meinen Geschmack leider zu verbaut. Auch auf der Zemm im Bereich Ginzling geht wohl bei entsprechenden Bedingungen (Schneeschmelze bzw. nach Regen) etwas, mehr Infos kann ich hierzu aber nicht beitragen. Eine kurze, nur zu Fuß oder per Bootswagen erreichbare Strecke ginge auch am Zamserbach oberhalb des Schlegeisspeichers, das Verhältnis zwischen Aufwand und Paddelspaß stimmt hier für mich aber nicht.

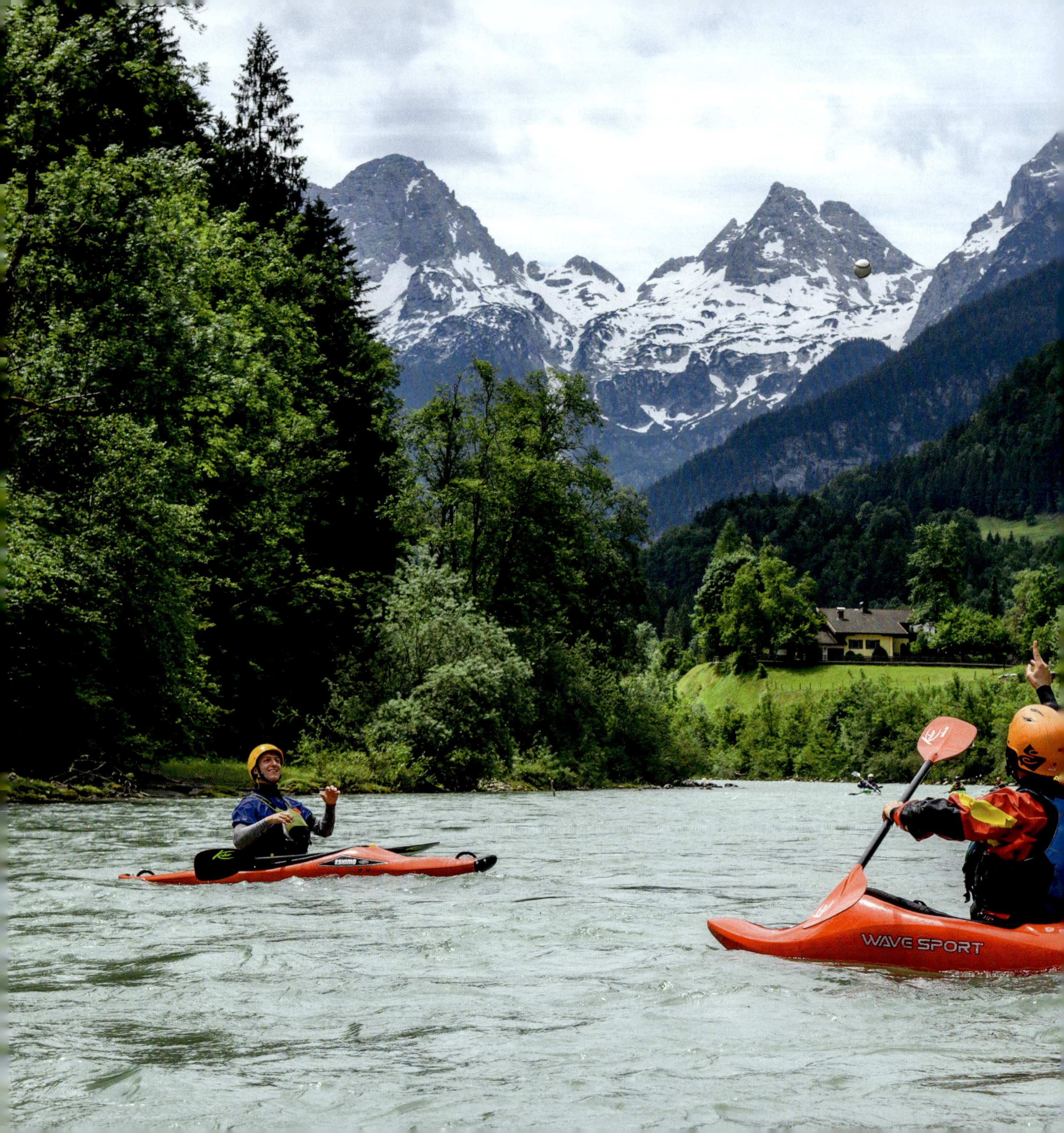
WAVE SPORT

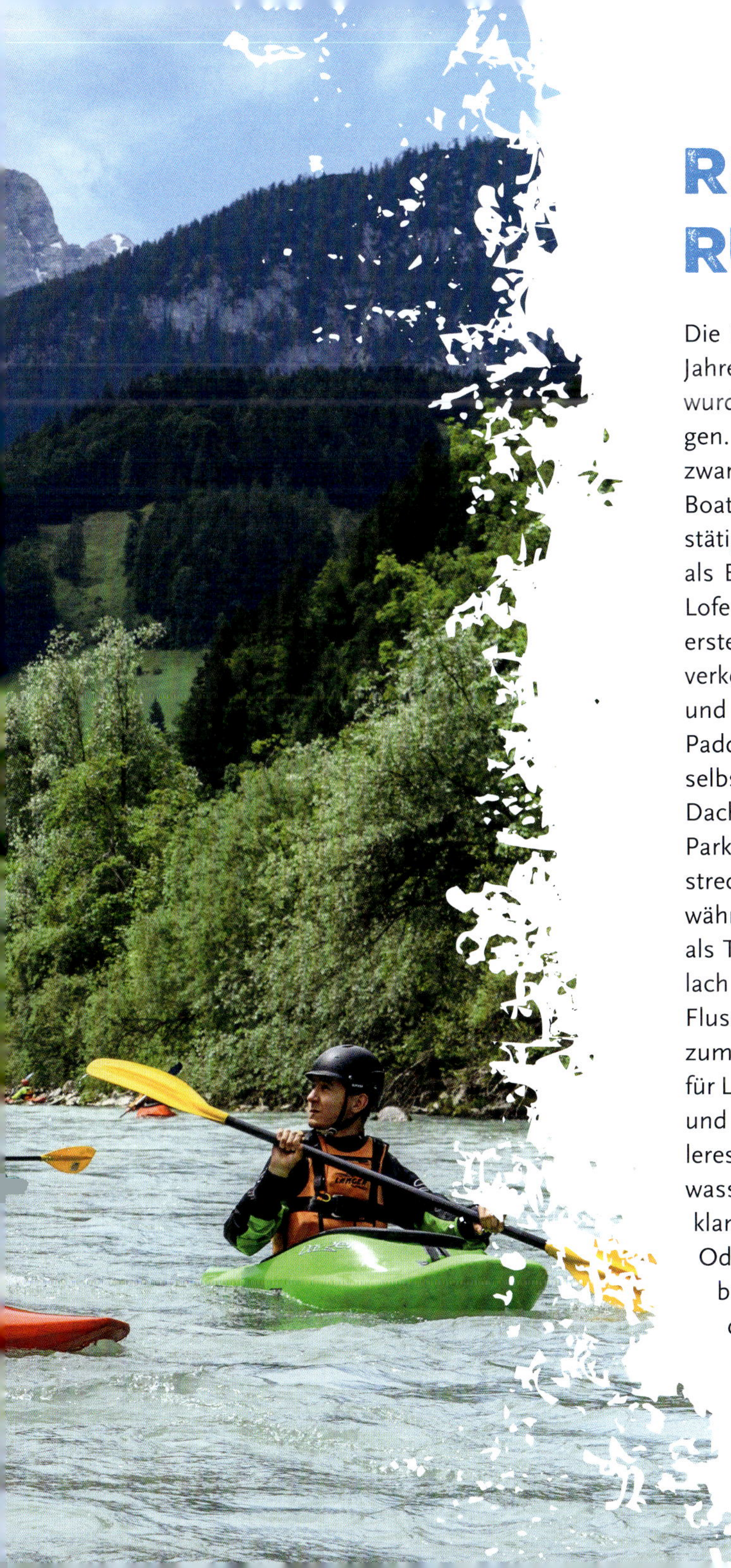

REGION 7: RUND UM LOFER

Die idyllische Marktgemeinde Lofer im Saalachtal ist seit vielen Jahren ein wahres Pilgerziel für Wildwasserjünger. Bereits 1990 wurde in der Hubertuswalze das erste Wildwasserrodeo ausgetragen. Nach längerer Pause ist das Loferrodeo seit einigen Jahren zwar ohne Freestylewettbewerb, aber dafür mit hochkarätigem Boatercross, Flutlichtpaddeln und legendärer Party zurück und bestätigt neben Wildwasser- und Slalomrennen einmal mehr den Ruf als Epizentrum des Wildwassersports. Dabei wirkt der zwischen Loferer Steinbergen und Reiteralm gelegene Marktflecken auf den ersten Blick eher wie ein ruhiger, sogar ein wenig braver Fremdenverkehrsort. Ein familienfreundliches Skigebiet, gediegene Cafés und Restaurants, gepflegte Spazierwege, macht so etwas etwa ein Paddler-Mekka aus? Nicht unbedingt, und doch sieht man in Lofer selbst bei Schnee und Eis fast immer Autos mit Booten auf dem Dach (und natürlich Paddler auf der Saalach). Treffpunkt sind die Parkplätze rund um die Tourismusinformation nahe der Slalomstrecke. Fortgeschrittene und Freerider feilen hier an ihren Linien, während die Routiniers sich für die folgende Loferschlucht (auch als Teufelsschlucht bekannt) aufwärmen. Die Beliebtheit der Saalach ist auch der Wassersicherheit geschuldet, denn solange der Fluss nicht zugefroren ist, reicht das Wasser fast immer irgendwie zum Paddeln aus. Doch das ist längst nicht das einzige Argument für Lofer. So gibt es auch einen herrlichen Zeltplatz direkt am Fluss und perfekte Übungsstrecken für Ein- und Aufsteiger. Lust auf steileres Wildwasser? Gibt es auf den Nebenbächen! Leichtes Wildwasser in schöner Landschaft? Wie wäre es mit der Entenlochklamm oder der grünen Königsseer Ache, beide gut zu erreichen! Oder auch mal über den Süllrand hinausschauen? Gut, dann braucht es eigentlich noch eine Woche Urlaub zusätzlich, um die Biketrails abzustrampeln, einige Gipfel zu besteigen und die größten Sehenswürdigkeiten zu besichtigen! Wem hier langweilig wird, dem ist kaum zu helfen!

REGION-INFOS

RUND UM LOFER

Anfahrt:

Auf der A 8 bis zur Ausfahrt Inzell und über Inzell und Schneizlreuth nach Lofer oder alternativ auf der A 93 bis zur Ausfahrt Oberaudorf/Niederndorf und über Walchsee, Kössen und Waidring nach Lofer (etwa gleiche Fahrzeit).

Basislager:

Der luxuriöse Campingpark Grubhof in St. Martin bei Lofer bietet mit der Saalachwiese auch für freiheitsliebende Paddler das richtige Angebot. In der Nebensaison moderate Preise, in der Hauptsaison teurer, aber dafür mit Inklusivleistungen der Salzburger Saalachtalcard. Perfekte Sanitäranlagen, viel Komfort und direkter Flusszugang machen den Platz sehr beliebt, im Sommer daher unbedingt reservieren Tel: 0043/6588/82370, *www.grubhof.com*.

Eine Alternative bietet in der Hochsaison (nur von 1. Juni bis 15. September geöffnet) der kleinere Camping Steinpass in Unken, ebenfalls für Paddler günstig gelegen Tel: 0043/6589/20051, *www.camping-steinpass-unken.at*. Weitere Campingplätze gibt es u.a. in Kössen und Waidring

Beste Zeit:

Die Saalach hat fast ganzjährig genügend Wasser zumindest für die schwereren Abschnitte (zur Zeit der Schneeschmelze manchmal eher zu viel). Auch die Kössener Ache und die Salzach sind außer bei Hochwasser eigentlich fast immer befahrbar. Die kleineren Seitenbäche wie der Weißbach laufen nur zur Zeit der Schneeschmelze und nach Regenfällen, die Königsseer Ache hingegen oft bis in den Sommer. Lofer ist eigentlich fast immer eine Reise wert.

Weitere Aktivitäten:

Die landschaftliche Schönheit der Gegend lohnt einen Perspektivwechsel garantiert. Fast schon Pflicht sind Mountainbiketouren wie zum Beispiel zum Dießbach-Stausee, Richtung Reit im Winkl oder Ruhpolding (übers Heutal) oder – gute Kondition vorausgesetzt – rund um die Reiteralpe. Tolle kleine Naturpfade gibt es zwischen Schneizlreuth und Thumsee, am besten an ruhigen Tagen außerhalb der Saison selbst erkunden. In Leogang befindet sich einer der bekanntesten Bikeparks der Alpen, nebenan in Saalbach locken diverse Freeridetrails und die 5-Gondel-Tour (am besten außerhalb der Hochsaison, *www.bikepark-leogang.com* und *freeride.bike-circus.at*

Für erfahrene Bergsteiger stellen das Birnhorn, das Mitterhorn und die Gipfel der Reiteralpe lohnende Ziele dar. Auch das „Steinerne Meer" und der Nationalpark Berchtesgaden bieten eine Fülle fantastischer Möglichkeiten. Als Ziel für eine kurze Wanderung bietet sich Maria Kirchental an, gelegen oberhalb von St. Martin vor der Kulisse der Loferer Steinberge. Im Frühjahr lockt das Loferer Skihörndl hier mit einer rassigen Skitour. Leicht erreichbare Klettersteige und Klettergebiete gibt es an der Steinplatte, am Pillersee und in Weißbach.

Die üblichen Outdoor-Angebote wie Canyoning, Paragliden, Hydrospeed etc. gibt es natürlich auch in Lofer. Erschwinglicher und gerade mit Jugendlichen und Kindern ebenfalls ein großer Spaß ist die Sommerrodelbahn in Durchholzen am Walchsee. Neben diversen Seen und Freibädern sei noch eine Besonderheit erwähnt: In der Lamprechtshöhle (siehe Sehenswürdigkeiten) werden auch Führungen im Forscherteil angeboten, längere Touren sind aber nur im Winterhalbjahr möglich *www.lamprechtshoehle.at*.

Sehenswürdigkeiten:

Allein schon die Liste der sehenswerten Klammen und Schluchten rund um Lofer ist lang: Zur Auswahl stehen zum Beispiel die kleine Innersbachklamm, die Vorderkaserklamm, die idyllische Strowollner Schlucht und die berühmte Seisenbergklamm. Manche sind genau das richtige für einen Abendspaziergang, andere auch für einen längeren Ausflug. An trüben Tagen ist eine kurze Besichtigung der Lamprechtshöhle (Schauhöhlenteil) immer eine gute Idee.

Touristisch recht überlaufen, aber trotzdem sehenswert, ist der Königssee unter der gewaltigen Watzmann-Ostwand. Wer vor lauter Naturerlebnissen zur Abwechslung mal etwas städtischeres Flair sucht, hat es nicht weit bis Salzburg.

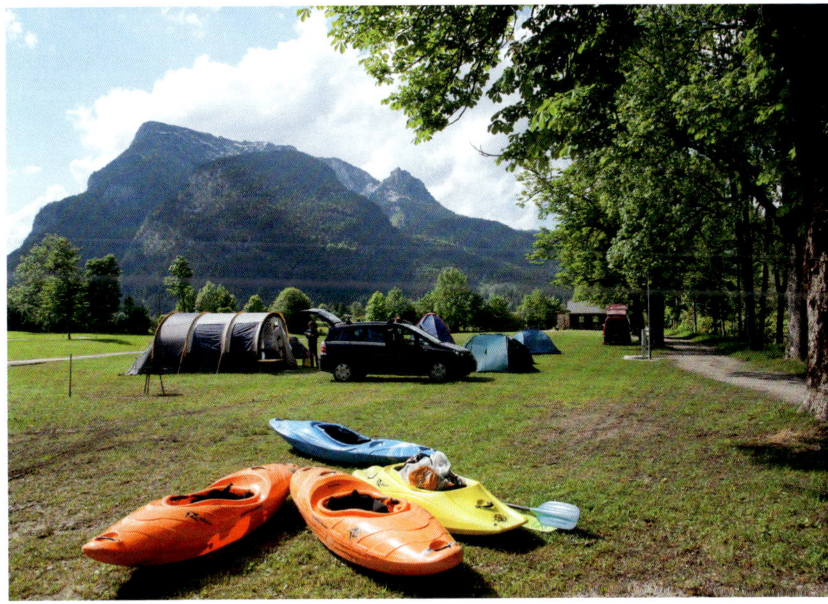

Für alle der richtige Platz: Der Camping Grubhof an der Saalach.

Shop und Schulung:

Hier gibt es die gleichen Empfehlungen wie für das Tiroler Unterland: Zum Einkaufen „Blue and White“ in Riedering (outdoorcenter.de), zum Lernen die nahe gelegene Kanuschule Kitzalp, *www.kanuschule-kitzalp.at*

Gastro-Tipp:

Zwar kein Wirtshaus, aber einfach gut: Kenner schwören – völlig zu Recht – auf die Würste und Vinschgerl, die in der Shell-Tankstelle in Lofer (nahe dem Kreisverkehr an der Strubbachmündung) verkauft werden.

Weitere Infos:

www.lofer.com

Im Notfall:

Krankenhäuser in St. Johann in Tirol,
Bad Reichenhall, Berchtesgaden und Zell am See
Europaweiter Notruf 112
Alpinnotruf Österreich 140

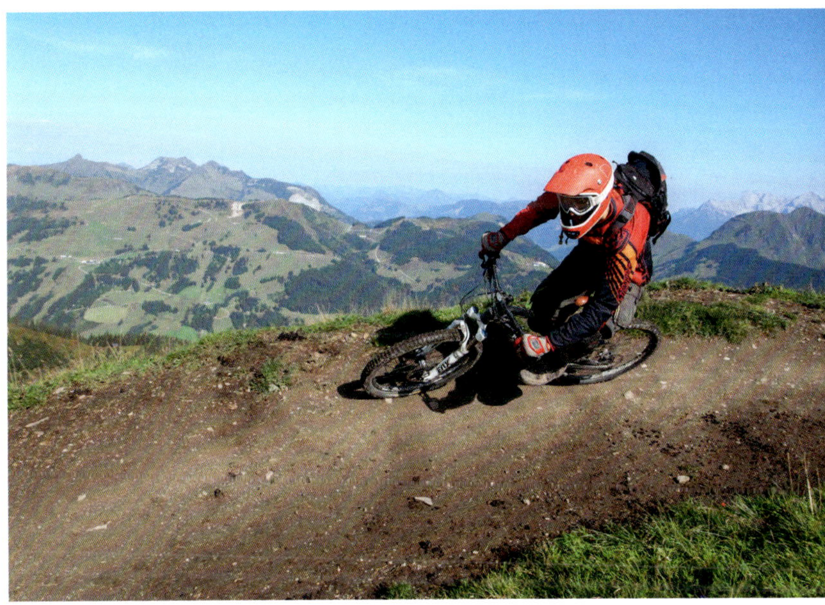

Abwechslung zum Wildwasser: Das Mountainbike-Eldorado Leogang-Saalbach.

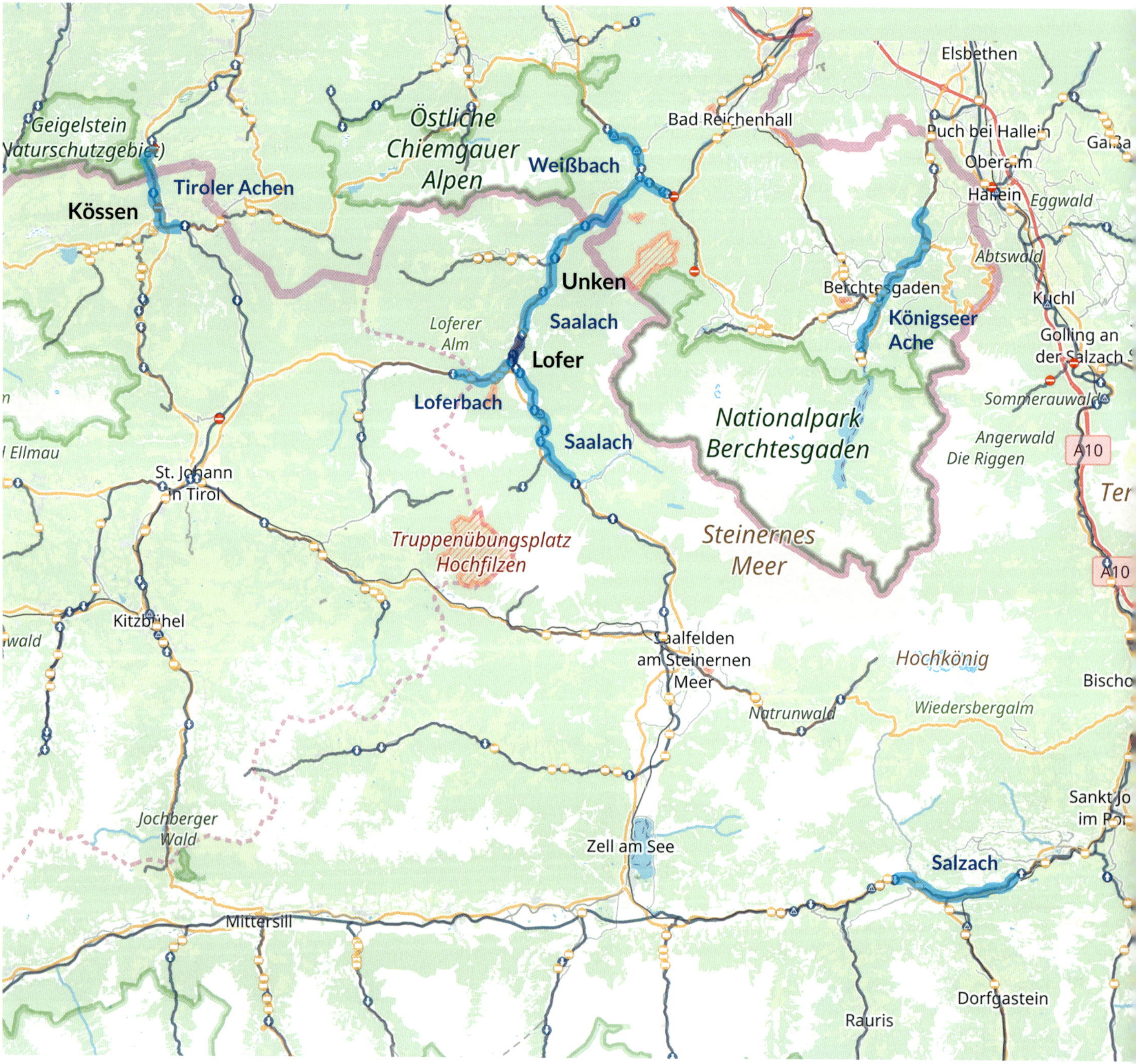

Geigelstein
Naturschutzgebiet
Östliche Chiemgauer Alpen
Weißbach
Bad Reichenhall
Elsbethen
Puch bei Hallein
Oberalm
Hallein
Eggwald
Tiroler Achen
Kössen
Unken
Saalach
Loferer Alm
Lofer
Loferbach
Saalach
Berchtesgaden
Abtswald
Kuchl
Königseer Ache
Golling an der Salzach
Sommerauwald
Nationalpark Berchtesgaden
Angerwald
Die Riggen
A10
St. Johann in Tirol
Truppenübungsplatz Hochfilzen
Steinernes Meer
Kitzbühel
Saalfelden am Steinernen Meer
Hochkönig
Natrunwald
Wiedersbergalm
Jochberger Wald
Zell am See
Salzach
Mittersill
Dorfgastein
Rauris

DIE KLASSIKER

TIROLER ACHE - Entenlochklamm

In ungefähr 8000 Jahren wird vom Chiemsee nichts mehr übriggeblieben sein. Schuld daran ist die Tiroler Ache, der größte Zufluss des Sees. Die von ihr transportierten Sedimente aus den Kitzbüheler Alpen haben den größten Anteil daran, dass der See seit dem Ende der letzten Eiszeit bereits zwei Drittel seiner ursprünglichen Größe eingebüßt hat. An ihrer Mündung bildet die Ache ein großes Flussdelta, das aufgrund seines ökologischen Werts zum Naturschutzgebiet erklärt wurde. Kajakfahrten in diesem Bereich sind heute strengstens verboten. Der zweite Landschaftshöhepunkt, den die Tiroler Ache auf ihrem etwa 80 Kilometer langen Lauf geschaffen hat, kann dagegen per Boot entdeckt werden. Zwischen Kössen und Schleching durchbricht der auch Kössener Ache genannte Fluss die Chiemgauer Berge in der idyllischen Entenlochklamm. Die außer bei Hochwasser geringen technischen Schwierigkeiten gefallen Einsteigern ebenso wie die beeindruckende landschaftliche Umrahmung. Völlig zu Recht gilt die Strecke daher als die perfekte Schlucht für Wildwassereinsteiger und Genießer. Dass Einheimische und Könner die Schlucht manchmal eher derb nach dem Hinterteil der Ente benennen, lässt sich da leicht verschmerzen.

ÜBERSICHT

Länge: 7 km

Schwierigkeit: WW 1-2

Einstieg: Mündung Schwarzlofer oberhalb Adventure Club Kaiserwinkl (47.662808, 12.416685)

Ausstieg: Brücke Schleching (47.7083, 12.3934)

Charakter: Leichte Schwälle, Verschneidungen und einzelne Prallwände in einer breiten Schlucht

Besondere Gefahren: Schwimmen bei Hochwasser

Gefälle: 3 m/km

Pegel: Tiroler Achen – Staudach, www.hnd.bayern.de, Niedrigwasser etwa 25 m^3/s, Mittelwasser 45-50 m^3/s

Beste Zeit: Solange keine neue Einstiegsstelle ausgewiesen wird (siehe „An Land") ist eine Befahrung nur vom 1. Juni bis 14. September erlaubt, da die ersten zwei Kilometer eine Laichschonstätte darstellen.

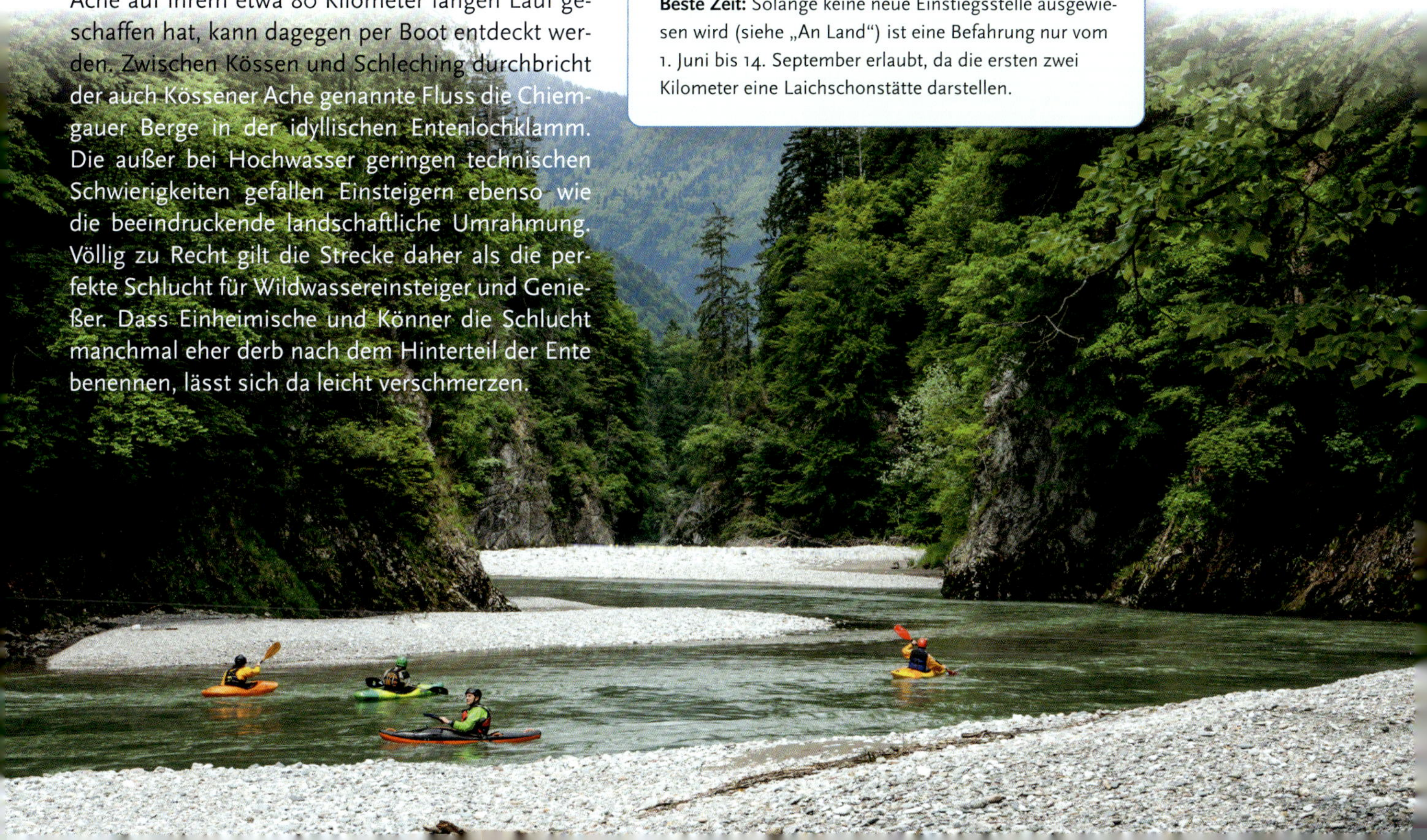

Zwischen Kiesbänken mäandert die Ache durch die Schlucht. Pegel: 40 m^3/s

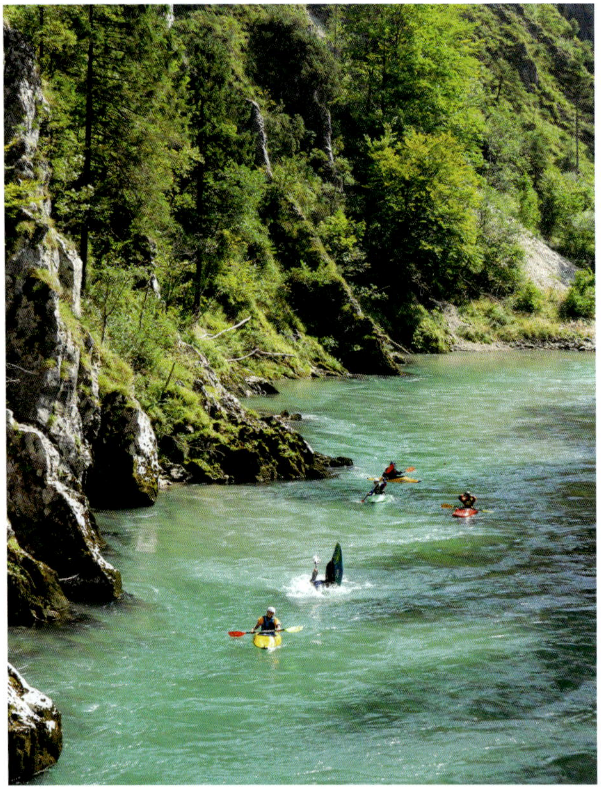

Blick vom Steg in die Schluchtmitte. Pegel: 25 m³/s

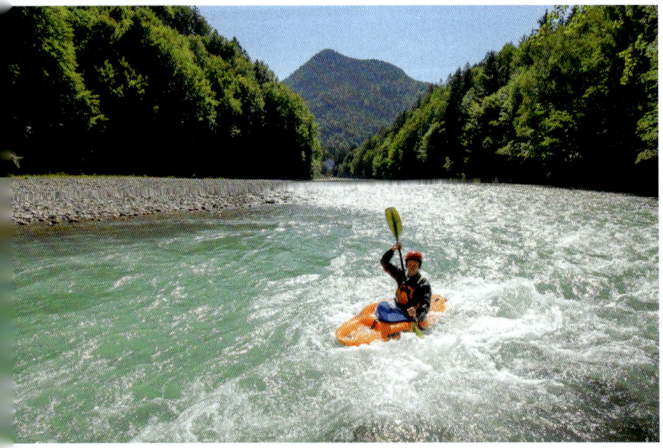

Viel zu schnell öffnet sich die Schlucht wieder. Pegel: 30 m³/s

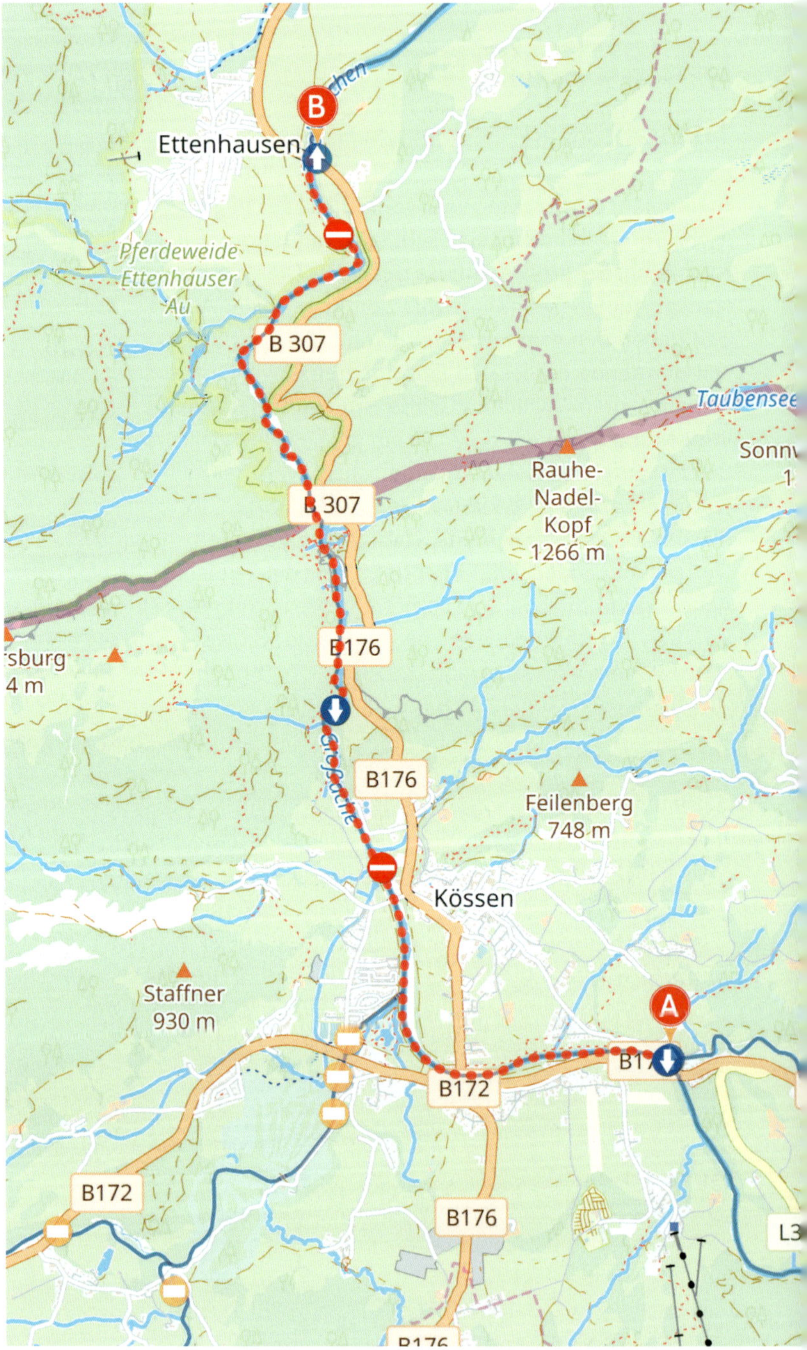

An Land:

Die bisherigen Einstiegsstellen am Bauhof bzw. an der Staffenbrücke wurden gesperrt bzw. sind nicht mehr zugänglich. Der einzig mögliche Einstieg befindet sich derzeit oberhalb der Brücke beim Adventure Club Kaiserwinkl an der Mündung der Schwarzlofer. Der Ausstieg an der Brücke in Schleching ist unverändert, von der Umsetzstrecke gibt es schöne Ausblicke auf den oberen Teil der Schlucht.

Auf dem Wasser:

Solange keine neue Einstiegsstelle unterhalb der Staffenbrücke ausgewiesen wird, gilt es zunächst zwei Kilometer im offenen renaturierten Flussbett (WW 1-2) zu überwinden. Optisch kann dieser Abschnitt trotz schöner Aussichten nur begrenzt überzeugen, eine Befahrung dieser als Laichschonstätte definierten Strecke ist nur in Flussmitte erlaubt. Dann aber strömt die Tiroler Ache in die felsige, aber meist breite Schlucht hinein. In der Einfahrt stehen manchmal einige kleine Surfwellen. Später liegen die überschaubaren Schwierigkeiten nicht in den Schwallstrecken, sondern gerade für Anfänger eher in den kräftigen Verschneidungszonen an den Kehrwassern. Für Freestyler stellen sie den größten Reiz der Entenlochklamm dar. Klassische Hecksquirts, Cartwheels und weitere Flachwassertricks lassen sich auf wenigen anderen Flüssen so perfekt üben. Die interessantesten Passagen liegen in der Schluchtmitte nach einem Steg, der zum Gasthof Klobenstein führt.

Wer mag, kann von hier hinaufsteigen zum Wirtshaus samt Wallfahrtskirche. Ein interessanter idyllischer Ort, keine Frage, doch die Zeit uriger, günstiger Brotzeiten ist leider längst vorbei. In nassen Paddelklamotten ist man hier im schicken Touri-Idyll mit recht internationaler Küche mittlerweile eher fehl am Platze. Doch auch der gespaltene Klobenstein und der Steg über die Ache, von dem man einen schönen Blick auf die wildromantische Schluchtlandschaft mit steilen Felspartien und dichten Mischwäldern hat, lohnt eine kurze Pause an dieser Stelle. Besonders schön ist die Tour im Herbst, wenn sich das Laub bunt verfärbt, aber auch an Tagen mit eher trübem oder kaltem Wetter, an denen man die Schlucht manchmal ganz für sich alleine hat. An schönen Sommertagen ist das Gegenteil der Fall, allerlei mehr oder weniger schwimmfähige Gefährte treiben dann die Ache hinunter.

Nach einigen wunderschönen Kurven treten wenig später die Felswände bereits etwas zurück und mühelos geht es dem Ausstieg entgegen. Wer noch nicht genug hat, kann bis zur Brücke nach Unterwössen weiterfahren (plus 5 km). Mit der Schlucht kann diese Strecke aber weder landschaftlich noch paddeltechnisch mithalten, teilweise ist das Flussbett reguliert (WW 1). **Das Wichtigste zum Schluss: Sollte in Zukunft wieder eine Einstiegstelle unterhalb der Laichschonstätte ausgewiesen werden, ist eine Befahrung der eigentlichen Schlucht vom 15. Mai bis 15. Oktober von 9 bis 19 Uhr erlaubt.**

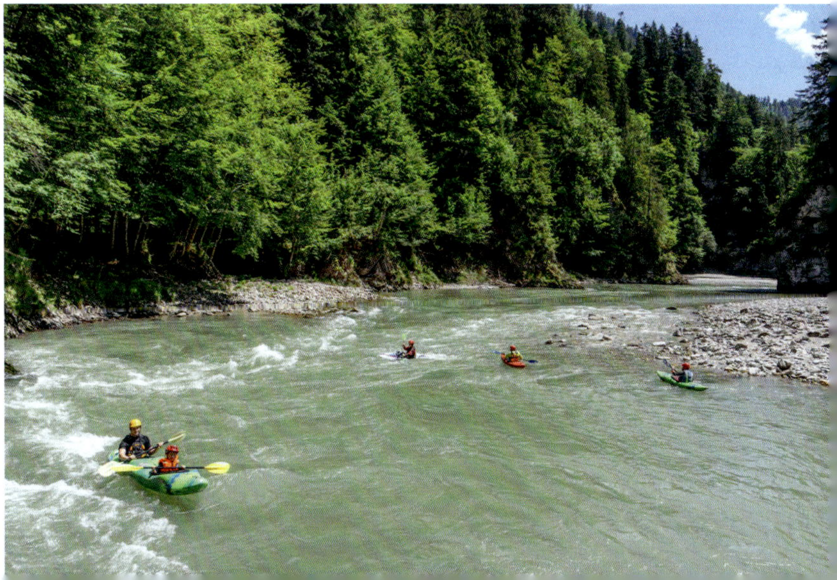

Prallwände, Kiesbänke und große Kehrwasser sind typisch für die Entenlochklamm. Pegel: 40 m^3/s

SAALACH: Weißbach bis Lofer

Der für Wildwasserpaddler interessanteste Teil der Saalach ist die Strecke zwischen den Orten Weißbach und Schneizlreuth. Rund um Lofer findet hier wirklich jeder, egal ob Anfänger oder Könner, die passende Strecke. Oberhalb von Weißbach ist die Saalach dagegen eher etwas für Entdecker oder sportliche Tourenpaddler. Ihr Oberlauf im sehr touristischen Glemmtal bietet zwar ebenfalls recht nettes WW 2-3, ist aber landschaftlich weniger berauschend und lohnt die längere Anfahrt nur bei ausgeprägter Lust auf neue Abschnitte. In Maishofen erreicht die Saalach den breiten flachen Talboden zwischen Zell am See und Saalfelden und strömt ruhig und durch mehrere Wehre verbaut Richtung Norden. Routinierte Tourenpaddler mit etwas Wildwassererfahrung steigen bei Euring ins Boot. Ab hier plätschert der Fluss zwischen Leoganger Steinbergen und Steinernem Meer über harmlose Kiesbankschwälle Richtung Lofer.

ÜBERSICHT

Weißbach bis Brücke B 311

Länge: 3 km

Schwierigkeit: WW 1-2

Einstieg: Brücke Weißbach (47.5221, 12.7501)

Ausstieg: Brücke B 311 oberhalb Wehr Pass Luftenstein (47.5444, 12.7203) oder Weiterfahrt

Charakter: Leichte Kiesbankschwälle

Gefahren: keine

Gefälle: 4 m/km

Pegel: Saalach Unterjettenberg, hier sind mind. 50 cm empfehlenswert.

Beste Zeit: Bei guten Wasserständen von April bis Juni und nach Regenfällen.

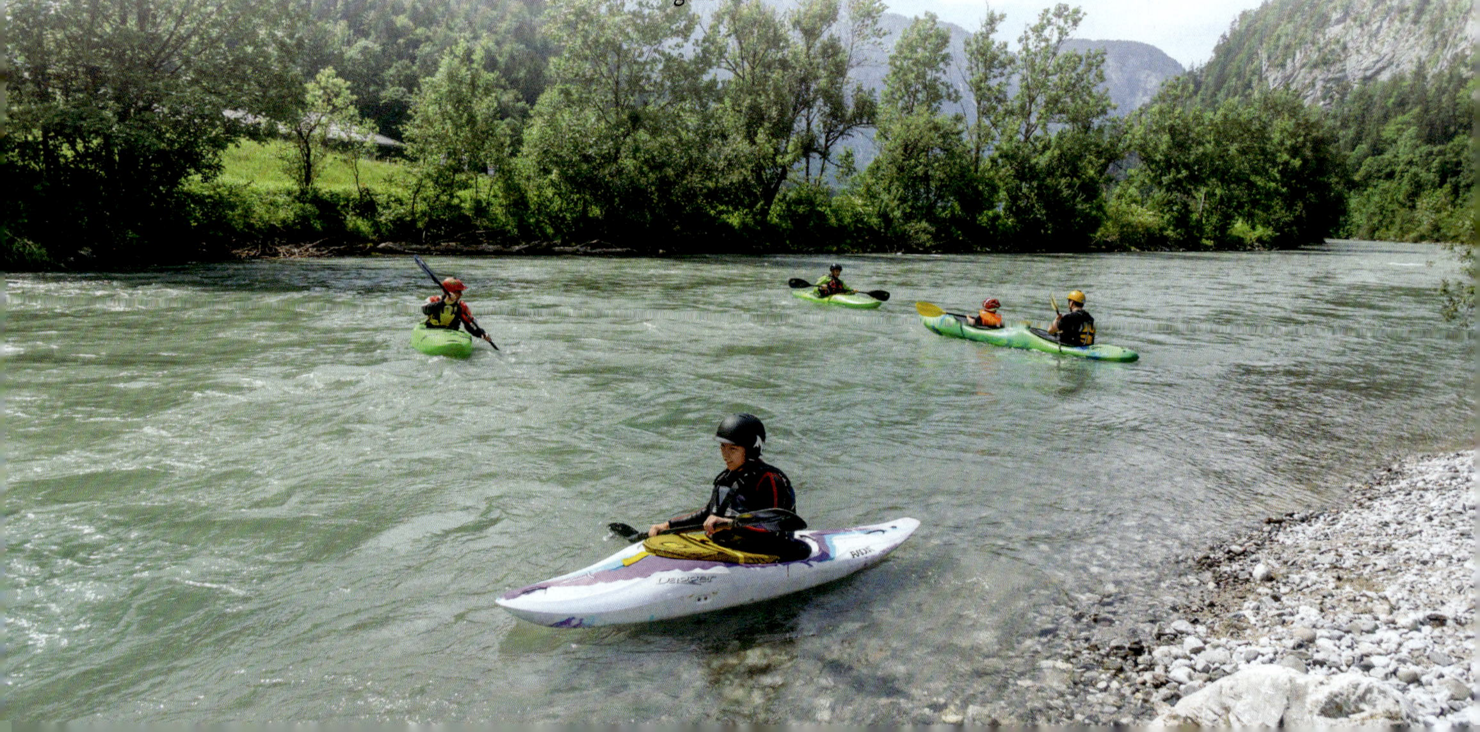

Die ersten Kilometer unterhalb von Weißbach sind eine ideale Einsteigerstrecke mit toller Aussicht. Pegel: 60 m^3/s Unterjettenberg

Wirklich lohnend für Einsteiger mit Wildwasserambitionen wird es ab Weißbach, da sich das zuvor recht deutlich regulierte Flussbett ab hier wieder natürlicher und abwechslungsreicher präsentiert. Die Schwierigkeiten beginnen erst am Pass Luftenstein (ein Talpass) mit der kurzen, leider zum Teil abgeleiteten Luftensteinklamm (eher eine kleine Schlucht). Große Blöcke versperren hier die Durchfahrt und bilden am „Korkenzieher" eine durchaus ernstzunehmende Wildwasserpassage. Bis zur Mündung des Loferbachs beruhigt sich Saalach nochmals, bietet aber bereits einige sehr gute Trainingsstellen. Am Ortsbeginn von Lofer nimmt das Gefälle endgültig zu und die Saalach verschwindet in der schwierigen und gefährlichen Loferschlucht, die nur etwas für Könner ist. Der Auftakt in Form einer Slalomstrecke im dritten bis vierten Schwierigkeitsgrad samt der früher berühmten Spielstelle Hubertuswalze macht aber auch Fortgeschrittene glücklich.

An Land

Alle Ein- und Ausstiegsstellen erreicht man bequem über die Landstraße zwischen Lofer und Saalfelden. In Weißbach kann man an der Brücke einsteigen, wer Strecke machen will, kann die Tour auch bereits in Euring (ebenfalls an der Brücke) beginnen. Der Einstieg bzw. Ausstieg vor der Luftensteinklamm befindet sich von Lofer stromaufwärts fahrend nach der zweiten Brücke über die Saalach. Hier zweigt links ein Schotterweg zum Fluss ab. Wer am Camping Grubhof übernachtet, kann auch hier bequem ein- oder aussteigen. Alle, die erst nach der Slalomstrecke aufhören oder nur diese paddeln möchten, parken am großen Parkplatz bei der Tourismusinformation in Lofer (Einstieg an der Brücke über den Strubbach oder am Hubertussteg).

Auf dem Wasser

Zwischen Euring und Weißbach fließt die Saalach mit einzelnen kleinen Schwallstrecken durch ein reguliertes Flussbett (meist WW 1), eher etwas für Touren- als für Wildwasserpaddler. Unterhalb von Weißbach werden die Schwallstrecken etwas sportlicher, bleiben aber unproblematisch. Im meist natürlichen Flussbett auf der leider nur kurzen Strecke bis zur Luftensteinklamm finden Wildwasseranfänger einige gute Übungsstellen. An der (oberen) Brücke vor der Schlucht müssen Einsteiger die Fahrt schon wieder beenden, während Fortgeschrittene meist erst hier einsteigen. Die große Wehranlage, die leider meist nur eine kümmerliche Restwassermenge ins Flussbett abgibt, kann nach vorheriger Besichtigung ganz rechts durch eine Bootsgasse befahren werden.

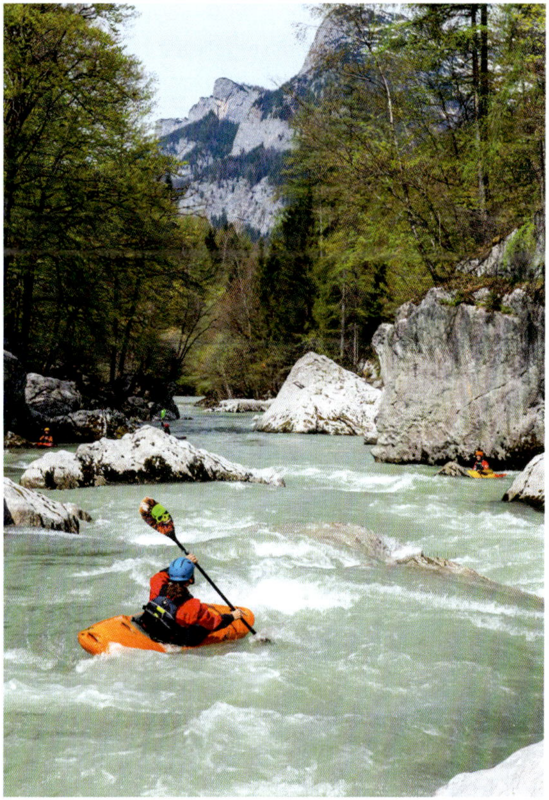

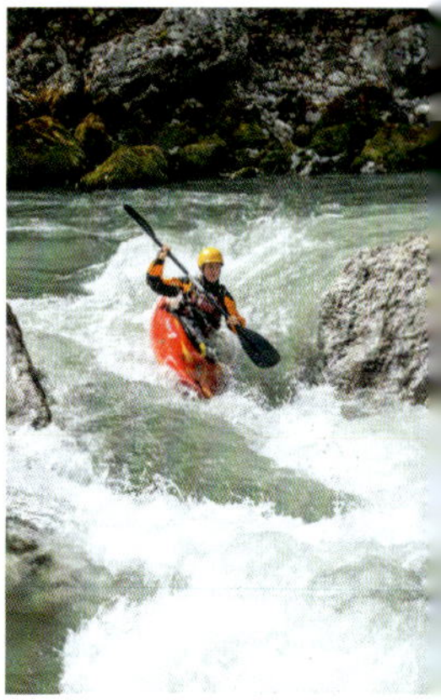

Oben:
Der Korkenzieher sieht leichter aus, als er ist!
Pegel: 45 m³/s Unterjettenberg

Links:
Verblocktes Wildwasser in der Lufteinsteinklamm.
Pegel: 45 m³/s Unterjettenberg

Die folgenden Meter bis zum Beginn der Schlucht sind außer bei Hochwasser etwas kratzig. Dann aber treten die Waldhänge dicht ans Ufer und große (teilweise auch unterspülte) Blöcke bilden auch bei wenig Wasser recht interessante Wildwasserpassagen mit engen Durchfahrten. Nach etwa 500 Metern kommt das abgeleitete Wasser zurück und rauscht sofort in die Kernstelle „Korkenzieher" hinein. Der kleine Abfall ist nicht ganz ohne und sollte kurz besichtigt werden, da auch einige Unterspülungen lauern und es Bereiche gibt, von denen man sich besser fernhält.

Am Ende der Schluchtstrecke kann ein weiteres Wehr meist gut auf einer recht sportlichen Bootsrutsche mit oft satter Walze befahren werden. Wer den aktuellen Zustand nicht kennt, sollte aber immer kurz (vom linken Ufer aus) besichtigen. Rechts zieht reichlich Wasser zum Kraftwerk und neben der Rutsche ist das Wehr nicht befahrbar.

Die Weiterfahrt vorbei am Camping Grubhof ist wieder deutlich leichter (WW 2), lediglich einige Felsriegel bilden kleine Walzen und Schwälle. An der folgenden Scheffsnother Brücke sorgen größere Blöcke für gute Kehrwasser und Verschneidungen, die sich durchaus auch für ein längeres Techniktraining anbieten. Weitere gute Übungsstellen gibt es auch auf den folgenden Metern bis zur Mündung des Strubbachs. Hier können Oldschool-Akrobaten zwischen den klaren Fluten des Strubbachs und den oft eher trüben Wassern der Saalach hervorragend Pirouetten drehen.

Der Ausklang der Luftensteinklamm. Pegel: 35 m³/s Unterjettenberg

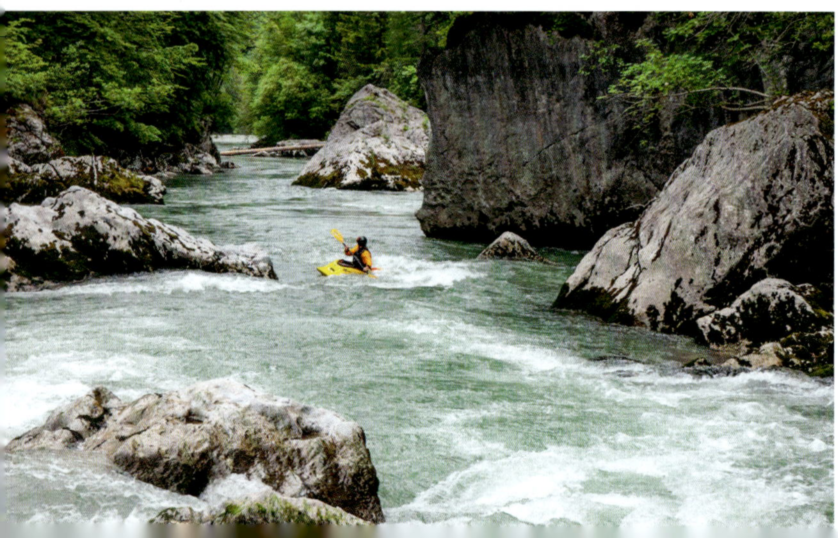

ÜBERSICHT

Brücke B 311 bis Hubertussteg

Länge: 5 km

Schwierigkeit: WW 2-3, mit Abschnitt WW 3 (3+)

Einstieg: Brücke B 311 oberhalb Wehr Pass Luftenstein (47.5444, 12.7203)

Ausstieg: Camping Grubhof (für Gäste), am Hubertussteg (47.5855, 12.6992)

Charakter: Luftensteinklamm stark verblockt mit einem schwierigeren Abfall, sonst offenes Wildwasser.

Gefahren: 2 Wehre, Unterspülungen Luftensteinklamm

Gefälle: 6 m/km bis Hubertussteg

Pegel: Saalach Unterjettenberg, bis Lofer sind mind. 50 cm empfehlenswert. Die Ausleistungsstrecke ist außer bei Hochwasser fast immer steinig.

Beste Zeit: Bei guten Wasserständen von April bis Juni und nach Regenfällen.

Auch die gute alte Hubertuswalze ist zwar schon längst kein Playspot von Weltformat mehr, aber ein bisschen Spaß kann man hier je nach Wasserstand noch immer haben. Für „Freerider" ist die folgende Slalomstrecke ein perfekter Spielplatz. Kleine Wellen, die eine oder andere Walze und natürlich Felsen für Rocksplats, Swipes und 360er bieten genügend Möglichkeiten, das eigene Können zu beweisen (am besten bei moderaten bis mittleren Wasserständen). Da die Schwierigkeiten von oben nach unten zunehmen und der Fluss direkt danach

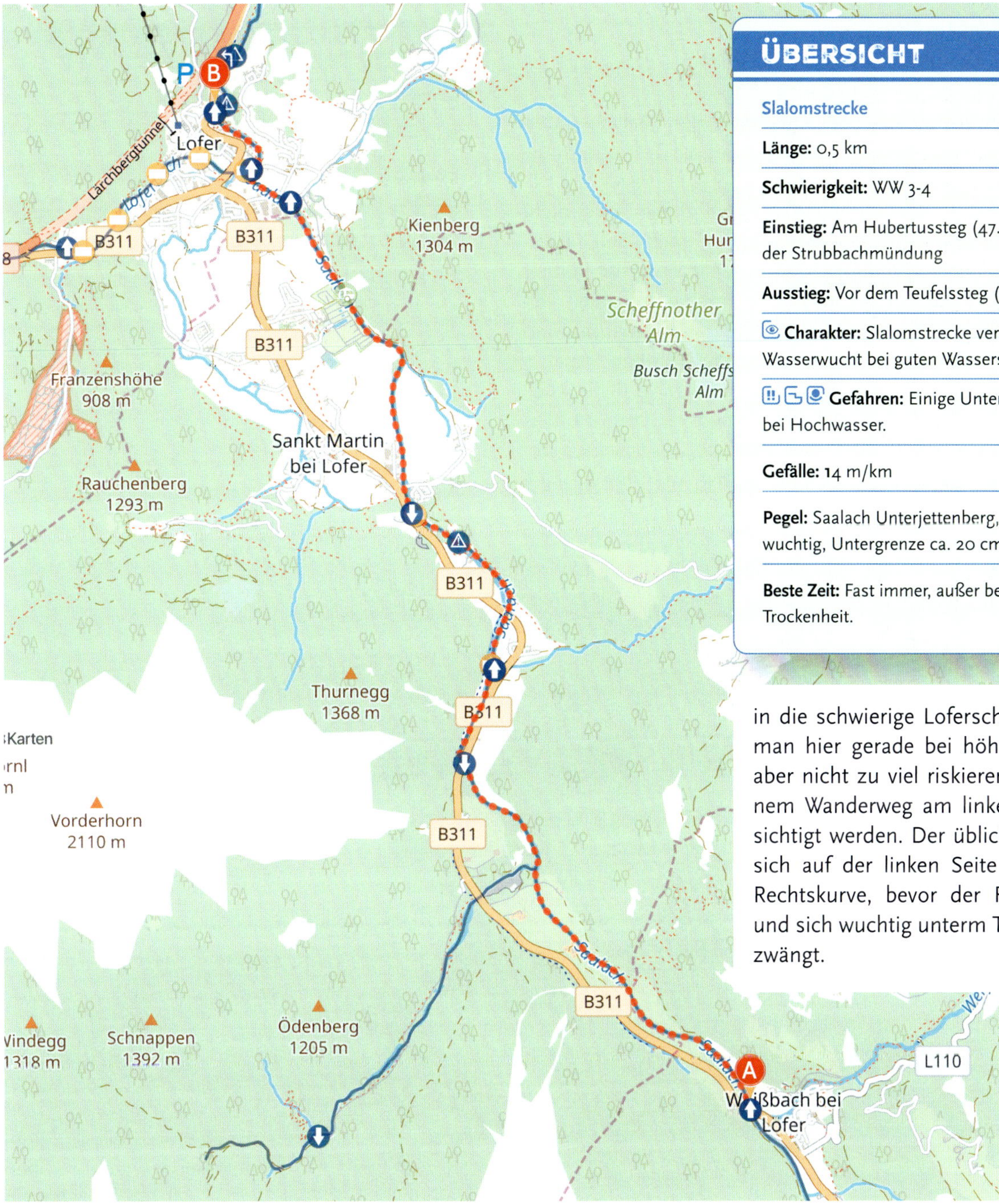

Übersicht

Slalomstrecke

Länge: 0,5 km

Schwierigkeit: WW 3-4

Einstieg: Am Hubertussteg (47.5855, 12.6992) oder vor der Strubbachmündung

Ausstieg: Vor dem Teufelssteg (47.5885, 12.6949)

Charakter: Slalomstrecke verblockt mit erheblicher Wasserwucht bei guten Wasserständen

Gefahren: Einige Unterspülungen, Schwimmen bei Hochwasser.

Gefälle: 14 m/km

Pegel: Saalach Unterjettenberg, ab 50 cm zunehmend wuchtig, Untergrenze ca. 20 cm.

Beste Zeit: Fast immer, außer bei Hochwasser und Trockenheit.

in die schwierige Loferschlucht rauscht, sollte man hier gerade bei höheren Wasserständen aber nicht zu viel riskieren. Alles kann von einem Wanderweg am linken Ufer bequem besichtigt werden. Der übliche Ausstieg befindet sich auf der linken Seite in einer deutlichen Rechtskurve, bevor der Fluss Anlauf nimmt und sich wuchtig unterm Teufelssteg hindurchzwängt.

SAALACH:
Loferschlucht (Teufelsschlucht)

In der kurzen Schluchtstrecke der Saalach unterhalb von Lofer, die der Fluss durch Trümmermaterial eines Bergsturzes gegraben hat, liegen sportliches Paddelvergnügen und gefährlicher Ernst dicht beisammen. Einerseits ist die Strecke seit Jahren beliebter Trainings- und Styleparcours für Könner und wird oft zahllose Male am Tag gepaddelt, andererseits kommt es trotz bester Ausrüstung und Paddeltechnik immer wieder zu knappen Situationen und tragischen Unfällen. Zwar wird die auch als Teufelsschlucht bezeichnete Strecke mittlerweile meist „nur“ noch mit WW 4-5 bewertet, auf die leichte Schulter nehmen darf man die Saalach aber auf keinen Fall. Die Erstbefahrung der Schlucht gelang bereits 1956 mit Faltbooten, bis Mitte der 70er Jahre aber galt die Strecke allgemein als unbefahrbar und noch im DKV-Führer aus dem Jahr

ÜBERSICHT

Länge: 2,5 km

Schwierigkeit: WW 4-5 (5+)

Einstieg: Strubbachmündung in Lofer (47.5849, 12.6969)

Ausstieg: Brücke Au (47.6031, 12.7038)

Charakter: Grob verblocktes, unübersichtliches und wuchtiges Wildwasser mit schwierigen Stufen und leider auch Siphonen und Unterspülungen

Gefahren: Siphone, Unterspülungen, Rückläufe.

Gefälle: 20 m/km

Pegel: Unterjettenberg, Untergrenze ca. 12-15 m³/s, NW 18-25 m³/s, MW 35-40 m³/s, Achtung: der Pegel verändert sich häufiger, auch die Abflusswerte.

Beste Zeit: Fast immer, außer bei Hochwasser und in trockenen Wintern.

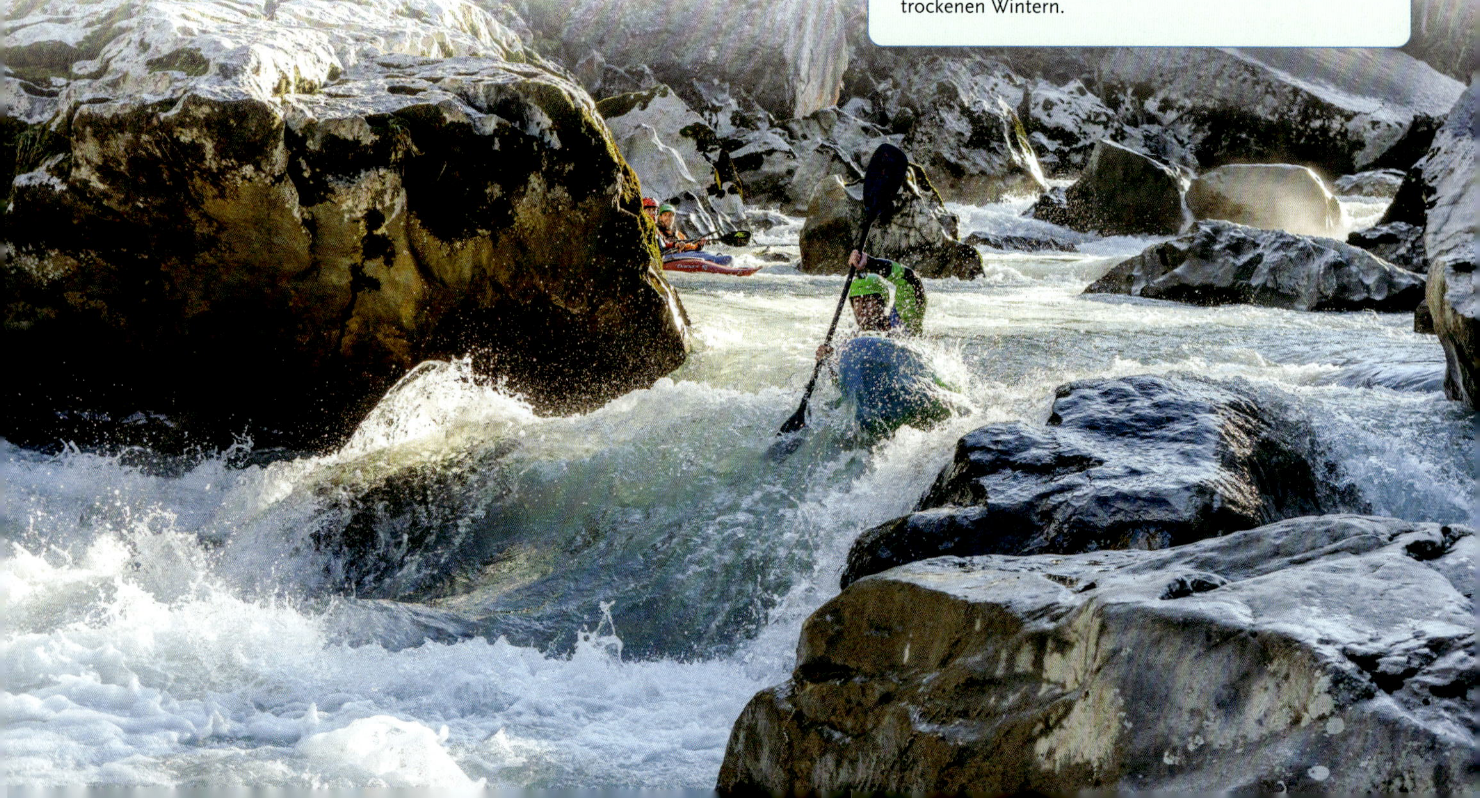

Schöner Sprung am Ende der Kernstelle. Pegel: 14 m³/s

2000 wird die Schlucht als WW 6 bezeichnet. In der Hochphase des Spielbootfahrens änderte sich das und das Kanumagazin veröffentlichte sogar einen „Spielplan durch die Lofer-Schlucht". Heute sind Spielboote (nicht zu Unrecht) wieder weitgehend aus der Schlucht verschwunden, doch gestylt wird noch immer, jetzt eben im Creeker oder Riverrunner. Und das ist auch besser so. Denn die Schlucht ist zwar sicher nicht extrem schwer, dafür aber mit vielen Gefahren gespickt. Mit der großen Schlucht der Soca und der Kummerbrückenstrecke der Enns hat die Saalach nicht nur die riesigen Blöcke gemein, sondern auch die Unterspülungen und Siphone darunter. Unzählige Auswaschungen im weichen Gestein verbieten in der Schlucht Fahrfehler und Schwimmeinlagen.

An Land

Zum Einstieg trägt man die Boote vom großen Parkplatz an der Tourismus-Information in Lofer ein paar Meter hinauf bis zur Straßenbrücke über den Strubbach. Der Triftsteig durch die Schlucht (zerstört beim Hochwasser 2013), wurde 2019 wieder teilweise neu errichtet. In Zukunft kann man also wieder bequem vom Ausstieg durch die Schlucht zum Einstieg wandern, im unteren Teil (zunächst) auf der alten Straße, die auch eine gute Alternative für Fußgänger und Radler darstellt und in der Straßenkehre oberhalb der Ausstiegsbrücke (Straße nach Au) abzweigt.

Auf dem Wasser

Die Slalomstrecke ist ideal zum Warmpaddeln. An der wuchtigen Schwallstrecke unterm Teufelssteg sollte dann die notwendige Betriebstemperatur erreicht sein. Bis zur Kernstelle, vor der sich der Fluss

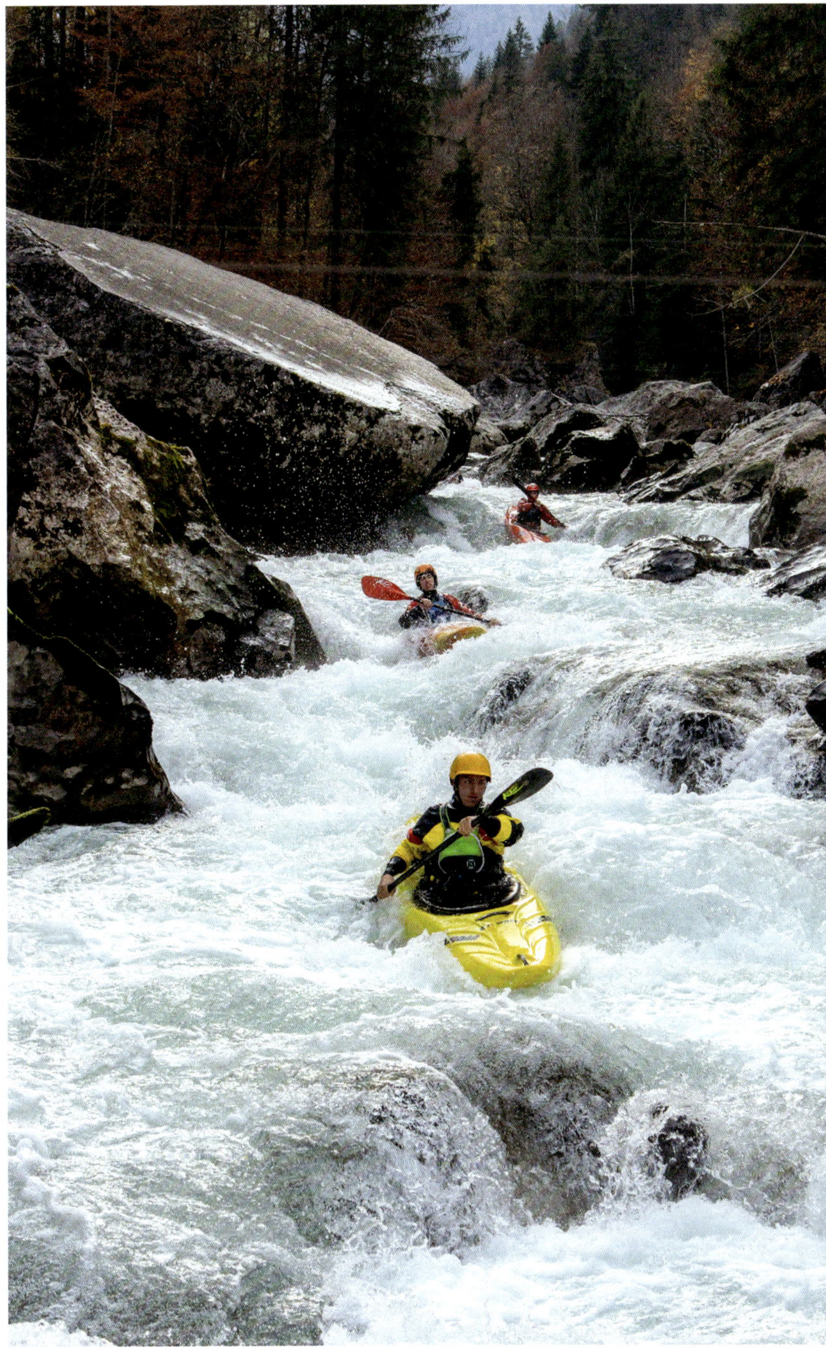

Mittelteil der Dreierkombi bei herbstlichem Niedrigwasser. Pegel: 17 m³/s

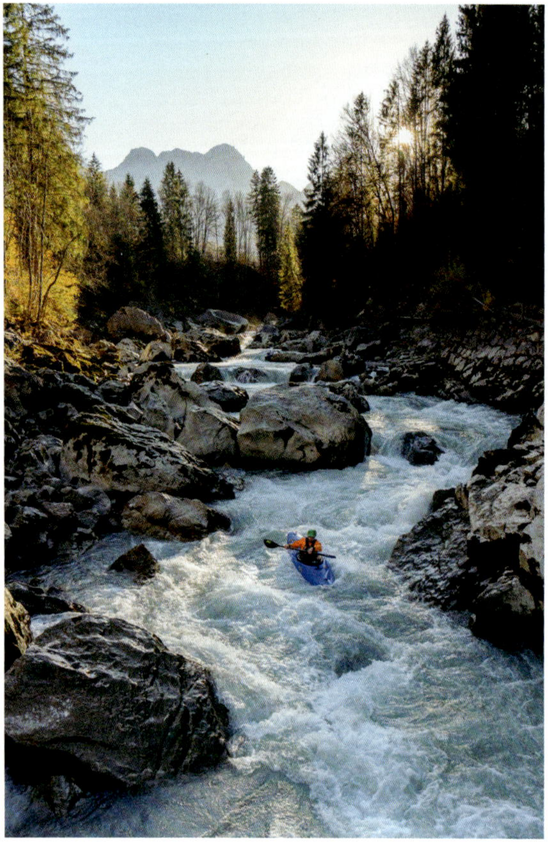

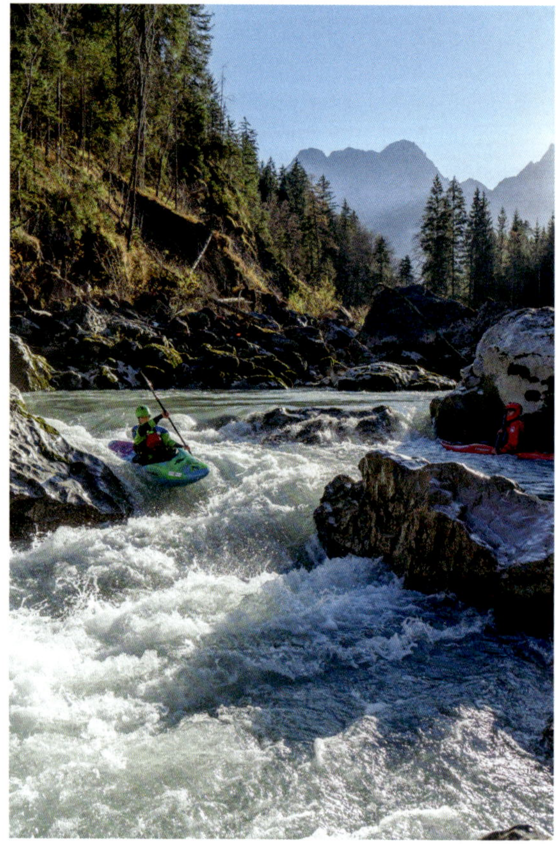

Bild links: Bitte nicht unterschätzen: Das „S“ unterhalb der Kernstelle. Pegel: 14 m³/s

Bild rechts: Technikpaddeln vom Feinsten im unteren Teil der Schlucht. Pegel: 14 m³/s

etwas beruhigt und dann unübersichtlich leicht nach links abknickt, bleibt die Saalach noch recht übersichtlich und fair, einige Siphone und Unterspülungen lauern aber auch hier. Bei höheren Wasserständen pumpt und pulsiert das Wasser bereits kräftig.

Die Kernstelle ist aufgrund mehrerer Siphone sehr gefährlich, verändert sich immer wieder und sollte auf jeden Fall besichtigt werden. Auf Befahrungstipps verzichte ich daher an dieser Stelle. Mindestens ebenso schön, aber ebenfalls tückisch präsentiert sich das „S“ unterhalb einer tollen kleinen Boofstufe. Die Folgestrecke ist leichter, mindestens ein großer Siphon und bei mehr Wasser auch giftige Rückläufe lauern aber auch hier. Nach bzw. in einer Rechtskurve wird es wieder anspruchsvoller. Die erste Stufe hat sich im Herbst 2020 verändert. Der Lieferanteneingang links ist keine gute Option mehr. Gerade bei mehr Wasser ist der große Block dahinter stark angespült. Knifflig geht es weiter bis zur Schlussstufe, die aufgrund eines „neuen“ Siphons links derzeit rechts gepaddelt wird. Wie immer sollte auch hier im Zweifelsfall erst einmal gescoutet werden, denn Veränderungen sind keine Seltenheit.

Die sogenannte „Mystery Stufe“, in der Vergangenheit perfekt für lange Tauchfahrten geeignet, mar-

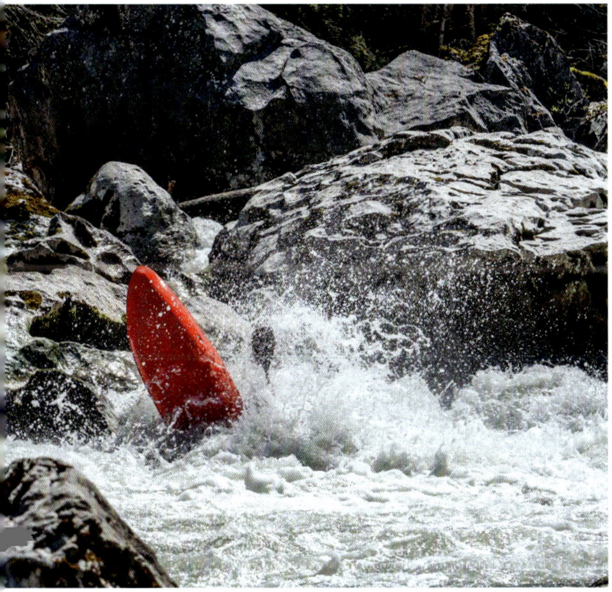

Actionline im unteren Teil der Kernstelle. Pegel: 60 m³/s

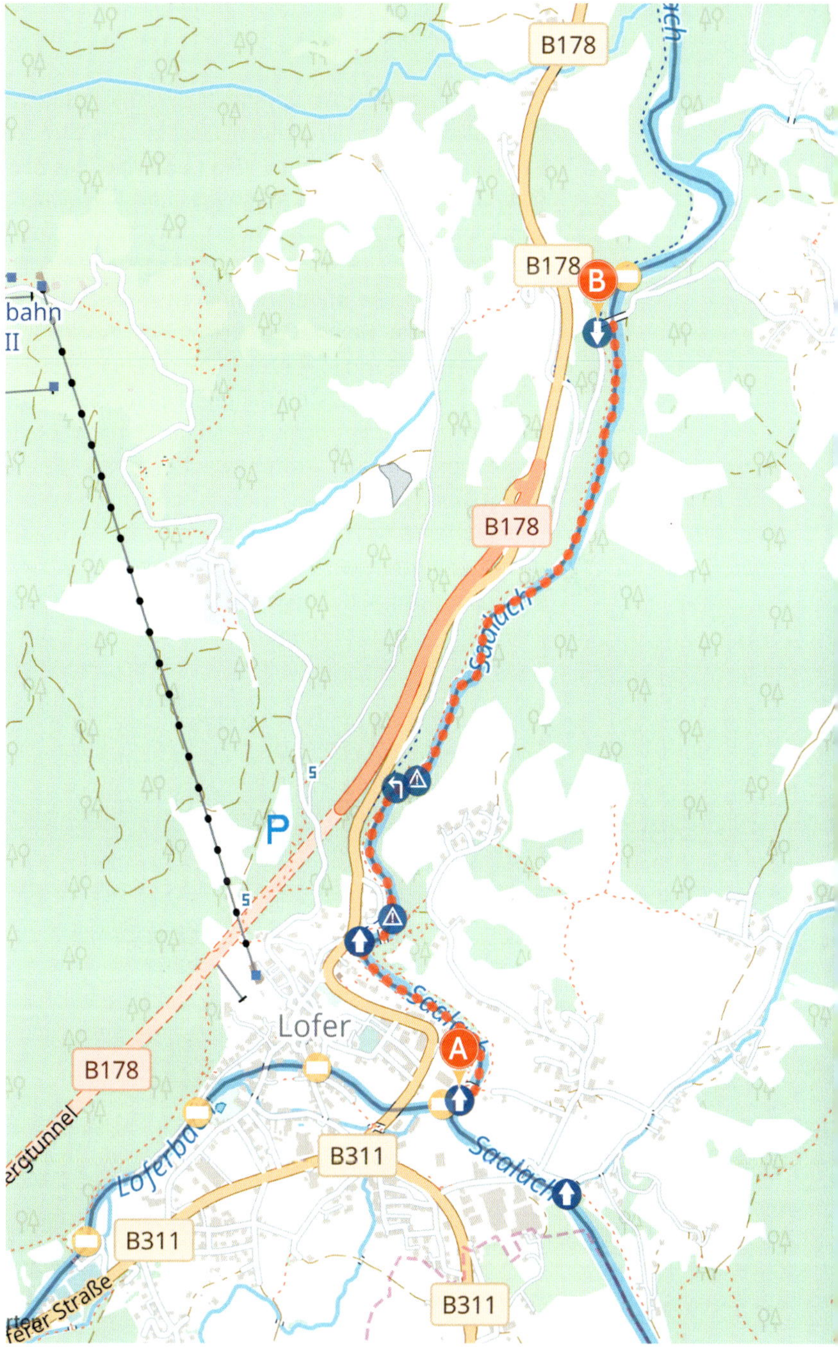

kiert das Nachlassen der Schwierigkeiten. Eine hinterhältige Unterspülung gibt es aber auch unterhalb noch. Der Charakter der Schlucht ist stark vom Wasserstand abhängig. Bei Niedrigwasser noch technisches WW 4 (5), wird es bereits bei Mittelwasser wuchtig (WW 4-5). Die technischen Schwierigkeiten steigen mit mehr Wasser zwar zunächst nur leicht an, der Wasserdruck aber nimmt enorm zu, Ruhepausen verschwinden, und es schiebt und pulsiert überall mächtig. Manche Stellen werden aber auch erst bei ganz wenig Wasser so richtig tückisch oder fordernd. Daher empfehle ich für eine persönliche Erstbefahrung einen gemäßigten Wasserstand zwischen 20 und 30 m3/s. Alleinstellungsmerkmal der Schlucht bleibt, dass sie auch dann meist geht, wenn sonst alles trocken liegt. Diverse wunderbare Novembertage habe ich in der Loferschlucht verbracht. Dass manche Stellen dann recht technisch werden, nehme ich da gerne in Kauf.

SAALACH: Ab Au

An der Brücke von Au unterhalb der Loferschlucht beginnt ein echter Nordalpenklassiker. Die Strecke von hier bis Unken ist ohne Wenn und Aber das perfekte Ziel für motivierte Aufsteiger und Nachwuchspaddler. Hier gibt es ganz umsonst Spiel, Spaß und Spannung, jedenfalls für Besitzer einer Gästekarte, denn alle anderen müssen in der Hauptsaison für die Benutzung der etwas großspurig „Wildwasser-Marina" bezeichneten Einstiegstelle einen kleinen Obolus entrichten. Dieser lässt sich aber verschmerzen, denn die Saalach macht auch geübteren Paddlern immer wieder richtig Spaß. Selbst wenn es anfangs wie im Taubenschlag zugeht, verteilen sich die Massen am Fluss recht gut, und es gibt garantiert genügend Kehrwasser, Wellen und Felsen für alle. Unterhalb von Unken wird es sowieso fast immer ruhig und idyllisch, ein echter Tipp für Genusspaddler, die auch auf leichtem Wild-

ÜBERSICHT

Au bis Reith: **Länge:** 3 km. **Schwierigkeit:** WW 2-3

Reith bis Unken: **Länge:** 3 km. **Schwierigkeit:** WW 2 (3-)

Unken bis Fronau: **Länge:** 10 km. **Schwierigkeit:** WW 1-2 (2+)

Einstiege: Brücke Au (47.6031, 12.7038), Brücke Reith (47.6268, 12.7222), Schwimmbad Unken (47.6455, 12.7316)

Ausstiege: Schwimmbad Unken (47.6455, 12.7316), Brücke Fronau (47.6813, 12.8243)

Charakter: Anfangs wuchtige, leicht verblockte Schwallstrecken, später zunehmend leichtere Kiesbankschwälle und kräftige Kehrwasser.

Gefahren: Hochwasserfahrten

Gefälle: 6 m/km (bis Unken), 4 m/km (ab Unken)

Pegel: Saalach-Unterjettenberg, www.hnd.bayern.de, Mindestpegel etwa 20-25 m^3/s, Mittelwasser 50 m^3/s

Beste Zeit: Außer bei Hochwasser oder in Trockenzeiten.

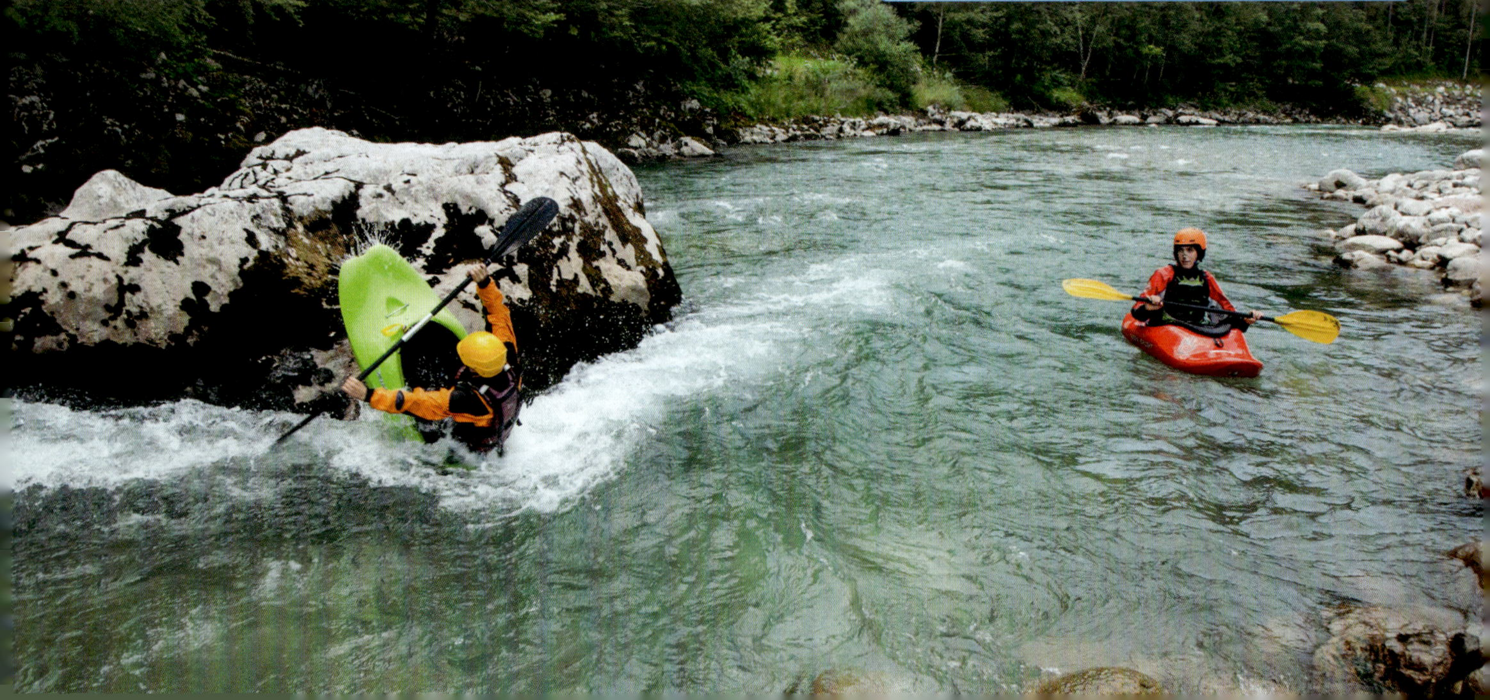

Perfekter Rocksplatfelsen bald nach dem Start. Pegel: 17 m^3/s

wasser ihr Glück finden. Vor Fertigstellung dieses Buchs wurden aber leider auch für diese Strecke Kraftwerkspläne bekannt, doch vielschichtiger Protest hat sich bereits formiert.

An Land

Die Einstiegstellen an den Brücken nach Au bzw. Reith sind kaum zu verfehlen. Wer in Unken ein- oder aussteigen möchte, zweigt vor dem Tunnel von der Hauptstraße in den Ort ab und folgt der Beschilderung zum Schwimmbad zu einem großen Schotterparkplatz etwas unterhalb eines Holzstegs. Zur Ausstiegsstelle an der Holzbrücke in Fronau biegt man vor der markanten Brücke der Hauptstraße bei Unterjettenberg links nach Fronau ab (bitte rücksichtsvoll verhalten, Wohngebiet).

Auf dem Wasser

Gleich nach dem Einstieg folgt eine künstliche schräge Ebene, die normalerweise gut zu befahren ist und von der Brücke auch eingesehen werden kann. Nur umkippen ist hier keine so gute Idee. Hinter der nächsten Kurve erwarten uns bald die beiden schwersten Stellen der Strecke. Die wuchtigen, leicht verblockten Stromschnellen sind gerade bei höheren Wasserständen mit einigen etwas bissigeren Walzen gespickt. Wer im Spielboot unterwegs ist, sollte sich ruhig etwas Zeit nehmen, denn hier gibt es unzählige Möglichkeiten zum Stylen und Spaß haben, man muss sie nur sehen. Nach einer markanten Felswand am rechten Ufer beruhigt sich die Saalach allmählich, nicht nur für den Geschmack hoch motivierter Nachwuchspaddler meist viel zu schnell, das nur am Rande. Bis zur Brücke von Reith gibt es weniger Gründe, sich länger aufzuhalten, die Saalach strömt meist einfach

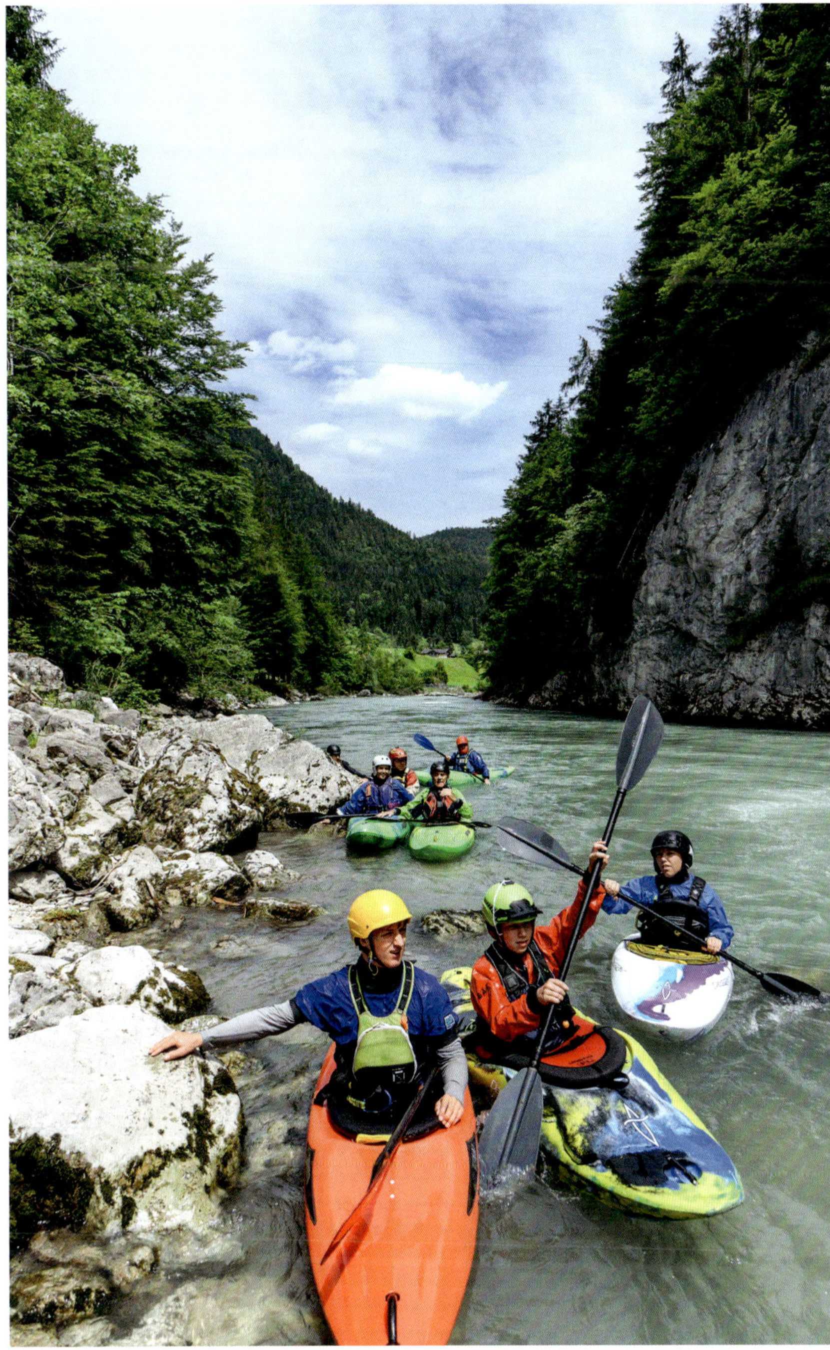

Bald lassen die Schwierigkeiten nach, doch die Kulisse stimmt. Pegel: 50 m³/s

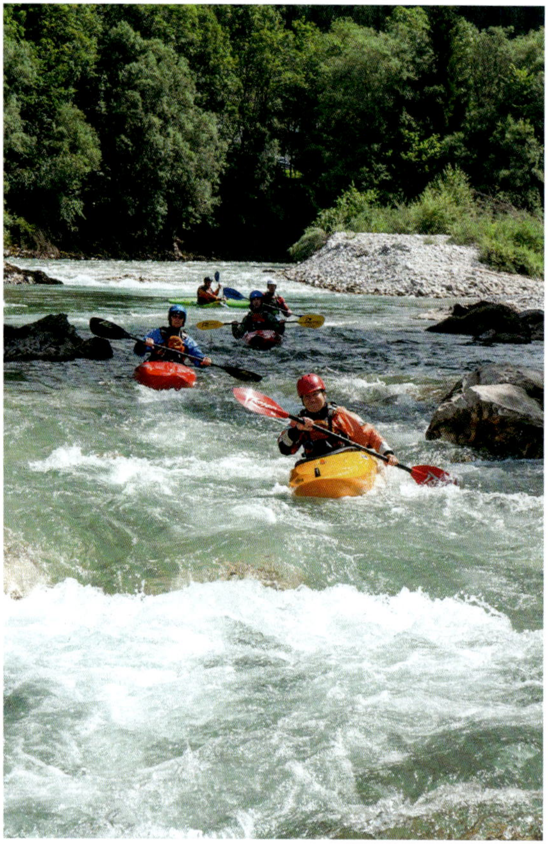

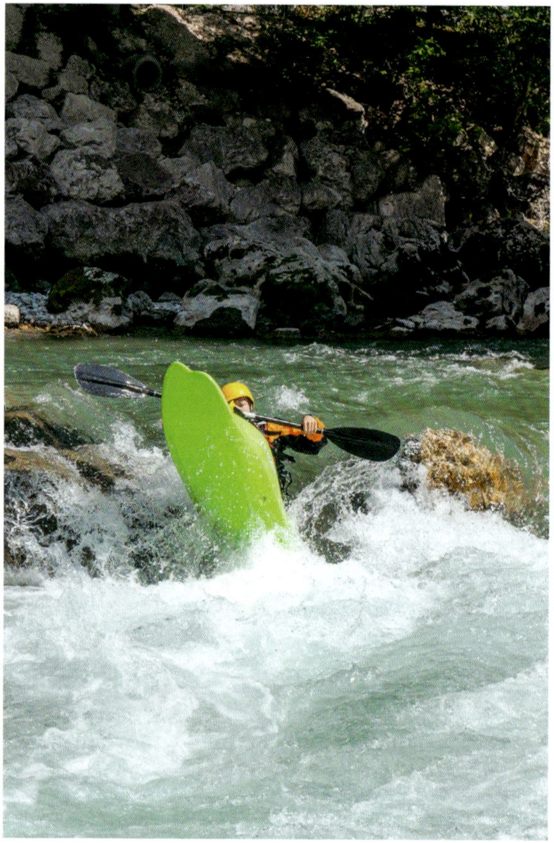

Bei Niedrigwasser durch den Unkener Schwall. Pegel: 17 m³/s

und geradlinig dahin, doch mit motivierten Mitpaddlern fällt einem sicher irgendein Blödsinn ein, um auch hier Spaß zu haben.

Etwas unterhalb von Reith mündet von rechts der kleine Innersbach. Es lohnt sich unbedingt, an der Mündung einen kurzen Stopp einzulegen und die kleine, aber feine Klamm zu erkunden, die der Bach in die Felsen gefräst hat. Hauptanziehungspunkt aber ist der letzte Gumpen, der (bei moderaten Wasserständen) ein echter Spaßgarant ist. Keine Ahnung, was gemeint ist? Dann einfach selbst anschauen und kreativ sein!

Der anschließende kurze Durchbruch des Kniepasses beglückt Spielkinder erneut mit tollen Kehrwassern und Verschneidungen, aber auch der einen oder anderen kleinen Boof-Schanze. Mit einem wuchtigen Schwall (je nach Wasserstand auch Surfwellen) vor Unken endet der anspruchsvollere Teil der Strecke. Viele beenden hier die Fahrt, wer es aber gemütlicher mag, kann auch erst hier zusteigen. Der einsamere zweite Streckenteil wartet abgesehen von einer wuchtigeren Engstelle in Unken (WW 2+) mit keinen größeren Schwierigkeiten mehr auf. Mit Ausnahme einiger recht spritziger Kurven vor allem im ersten Teil und zahlreicher kräftiger Kehrwasser und Verschneidungslinien geht es meist über harmlose Kiesbankschwälle flussabwärts bis Fronau.

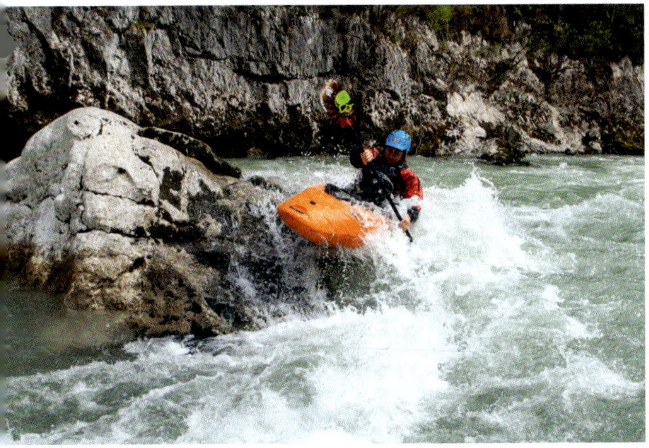

Auf den ersten Kilometern finden sich viele schöne Linien. Pegel: 45 m³/s

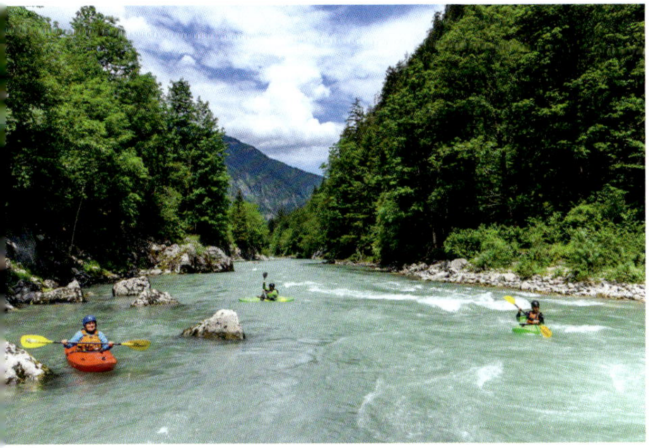

Die kurze Durchbruchstrecke am Kniepass vor Unken bietet noch einmal faires Bilderbuchwildwasser. Pegel: 50 m³/s

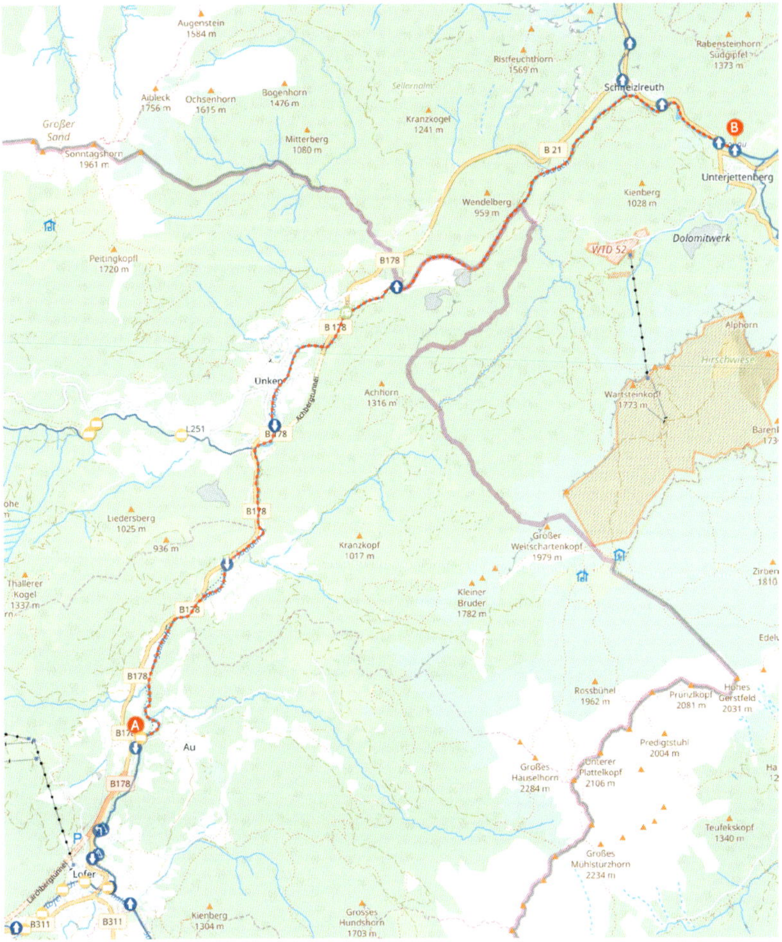

Perfekter Rocksplatfelsen bald nach dem Start. Pegel: 17 m³/s

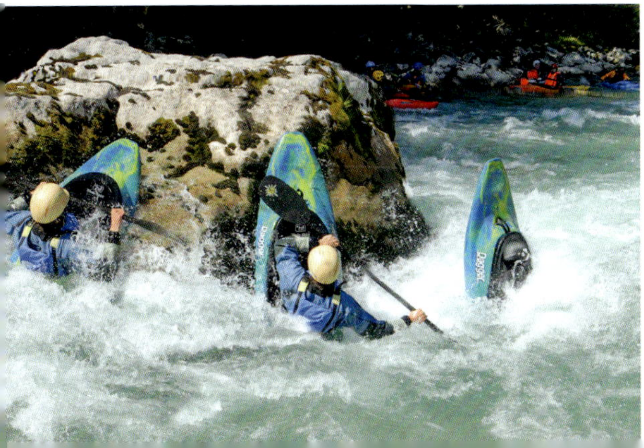

Surfwelle am Ende des sportlichsten Teils. Pegel: 40 m³/s

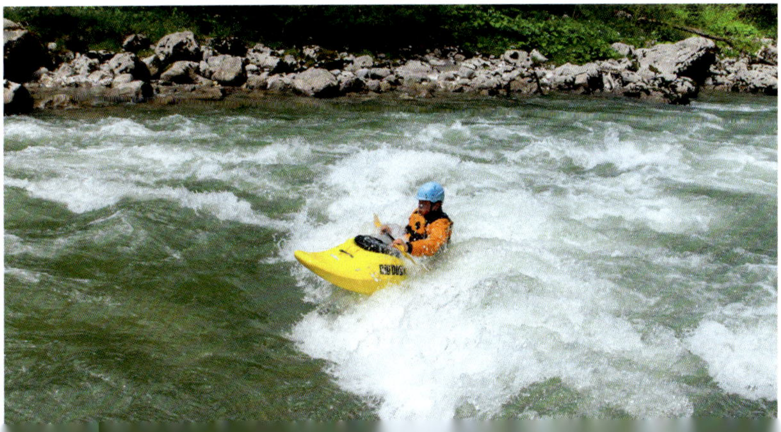

STRUBBACH (LOFERBACH)

Der kleine aber steile Strubbach (auch als Loferbach bekannt) ist das perfekte Kontrastprogramm zur wasserreichen Saalach, in die er im Ort Lofer mündet. Steile verblockte Katarakte machen ihn quasi zum Synonym für pausenloses gefällstarkes Wildwasser, das zwar nicht extrem schwer, aber doch immer rasant ist. Die schnelle Fahrt hinunter nach Lofer beginnt am Pass Strub, einem Talpass mit bewegter Geschichte an der Grenze zwischen den Bundesländern Salzburg und Tirol. Oberhalb dieser Engstelle fließt der Strubbach im kanalartigen Flussbett durch das flache Hochtal bei Waidring. Lediglich die ersten Kilometer unterhalb des Ausflusses aus dem sehr idyllischen Pillersee könnten für Entdeckernaturen bei guten Wasserständen und nach gründlicher Erkundung (Gefahrenstellen möglich) vielleicht einen Versuch wert sein. Paddeltechnisch lohnender ist es auf jeden Fall, die Standard-

ÜBERSICHT

Länge: 3-5 km

Schwierigkeit: WW 4 (4+)

Einstiege: Brücke oberhalb Pass Strub (47.5814, 12.6458)

Ausstiege: Wehr am Ortseingang Lofer (47.5793, 12.6820) oder an der Saalach

Charakter: Gefällstarke, teils dicht verblockte Katarakte, bei hoher Wasserführung extrem schnell und reißend.

Gefahren: Baumhindernisse, Klemmgefahr, Wehre, Schwimmen insbesondere bei höheren Wasserständen.

Gefälle: Im Schnitt 35 m/km, im Kernstück deutlich steiler.

Pegel: Endlich hat auch der Loferbach einen Online-Pegel (Loferbach-Lofer), 10 m³/s sind Niedrigwasser (Untergrenze ca. 9 m³/s), 12 bis 15 m³/s Mittelwasser.

Beste Zeit: Schneeschmelze im April/Mai oder nach Regenfällen, nicht bei Hochwasser!

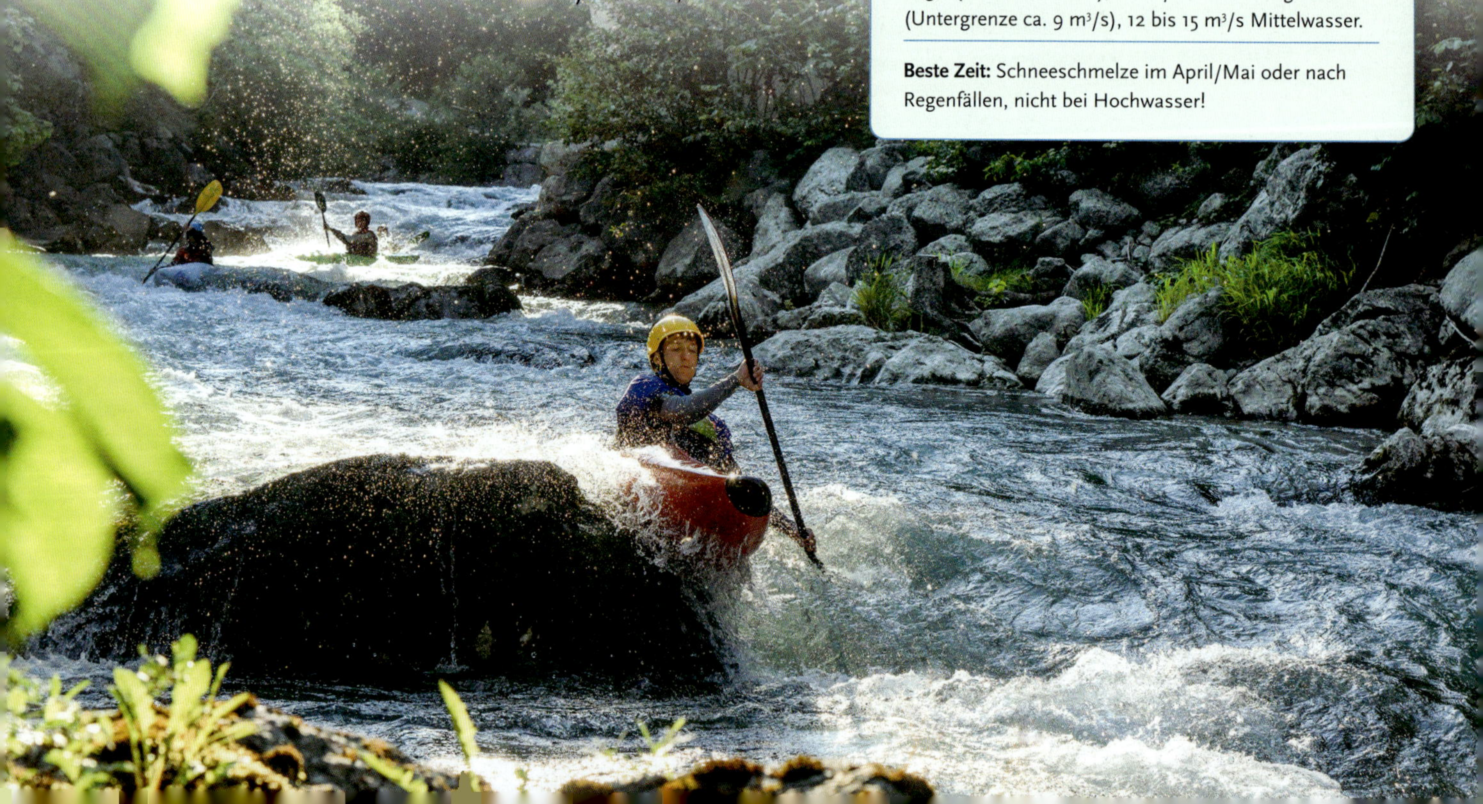

Nachmittagstour am Loferbach. Pegel: 10 m³/s

strecke noch mit der Slalomstrecke auf der Saalach zu kombinieren, eine perfekte wuchtige Ergänzung zum eher technischen Strubbach. Der wurde übrigens nach Hochwassern und Straßenbauarbeiten bereits diverse Male totgesagt, hat sich aber jedes Mal aufs Neue wieder zum lohnenden Wildwasser zurückverwandelt.

An Land

Weder der Ausstieg an einer markanten Wehranlage am Ortseingang von Lofer (markierte Parkplätze für Paddler) noch der Einstieg oberhalb des Pass Strub an der Brücke der Bundesstraße Richtung Waidring (Nebenstraße nach links) sind zu übersehen. Für eine Besichtigung des Kernstücks und des ersten Wehrs kann man auf der Fahrt zum Einstieg bei einem Haus rechts der Straße einen kurzen Stopp einlegen (Parkverbote). Ein Fuß- und Radweg begleitet den Strubbach fast durchgehend, ideal, um Laufschuhe oder Fahrrad fürs Umsetzen zu benutzen. Positiver Nebeneffekt: Baumhindernisse und sonstige Gefahrenstellen entdeckt man nicht erst im Boot.

Auf dem Wasser

Die Strecke gliedert sich in zwei Abschnitte, die durch ein unschönes Wehr voneinander getrennt sind. Der erste Teil bis zum Wehr ist leichter (WW 3-4) und erinnert, um mal einen anderen Loisach-Vergleich zu bemühen, vom Charakter ein wenig an die ersten Kilometer der obersten Loisach ab Ehrwald. Das Gefälle ist noch vergleichsweise moderat und die Verblockung bleibt übersichtlich. Das Wehr wurde saniert, präsentiert sich aber definitiv nicht einladender als früher, und entwickelt bei hoher Wasserführung wohl schnell einen gemeingefährlichen Rücklauf. Die Ausstiegsstelle sollte dann abgesichert werden.

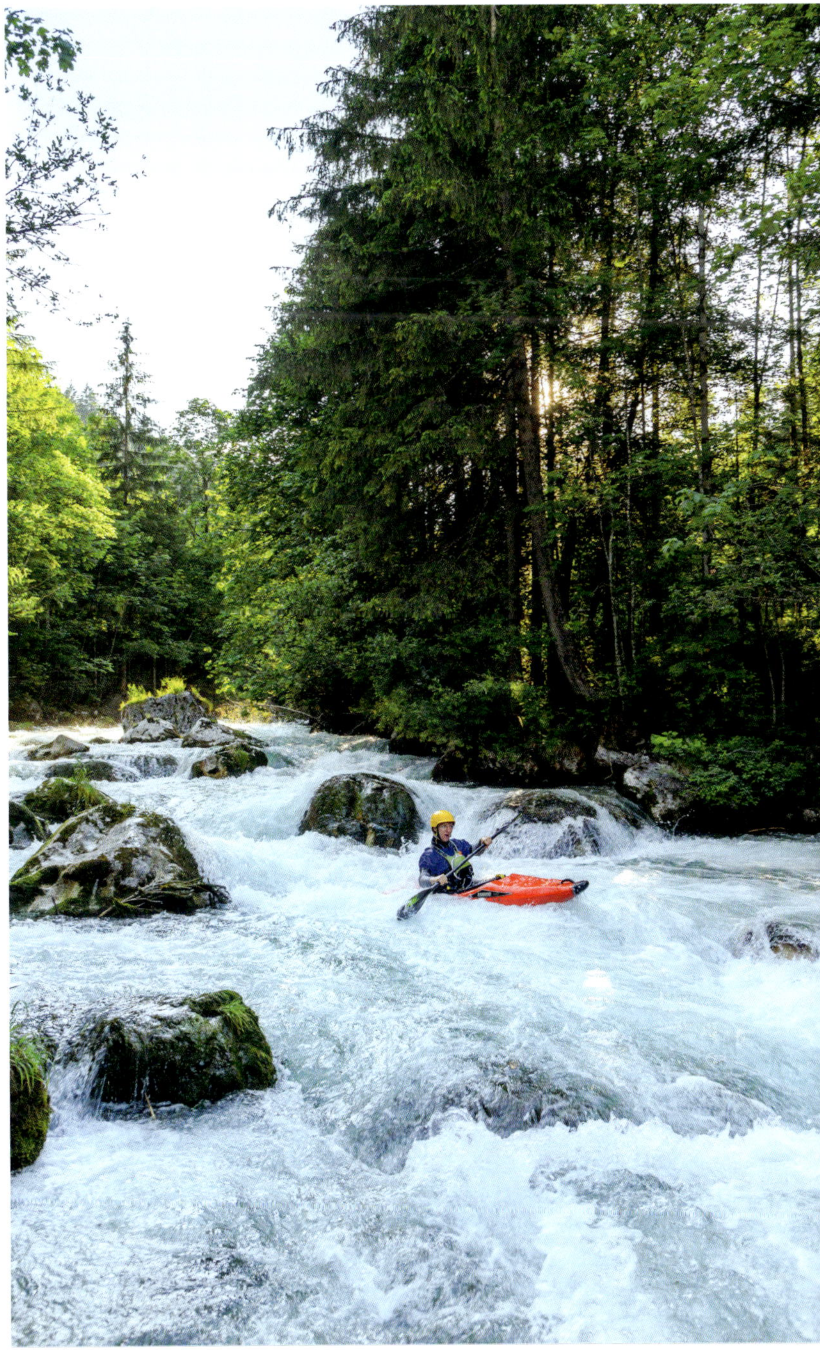

Dicht verblockte Katarakte im unteren Teil bei Niedrigwasser. Pegel: 10 m³/s

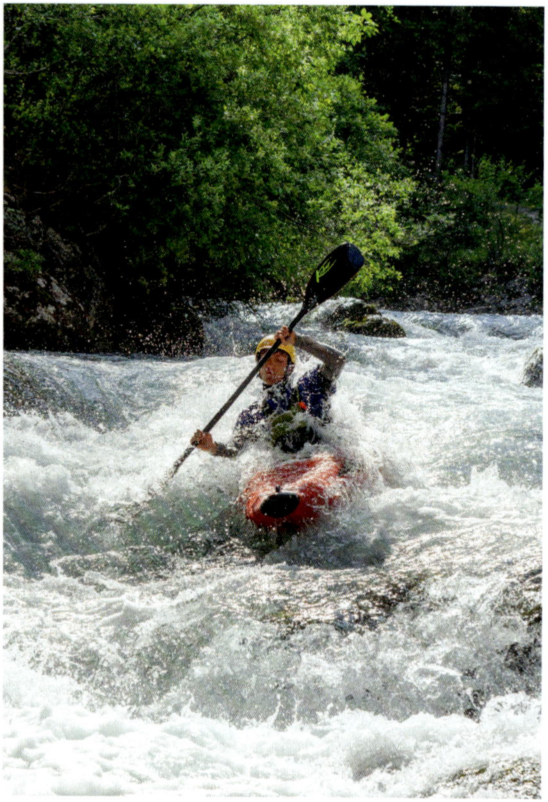

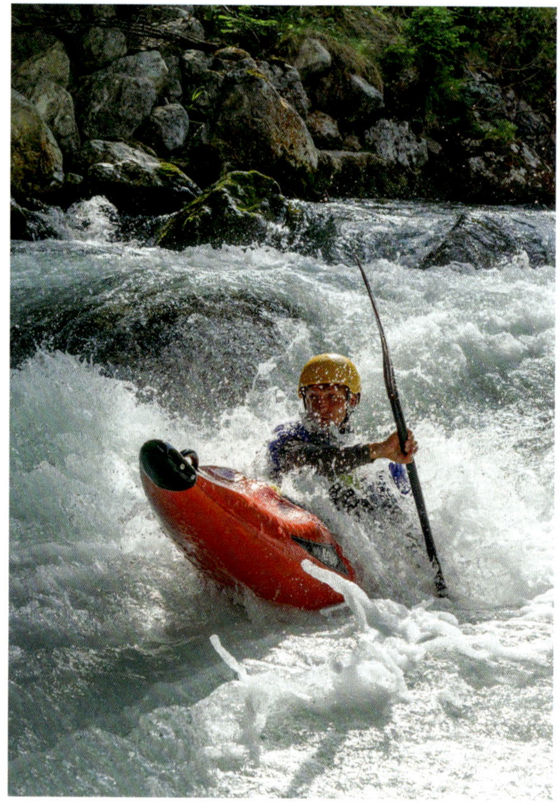

Bild links:
Wer sicher im Boot sitzt, erlebt am Loferbach Wildwasserspaß pur. Pegel: 10 m³/s

Bild rechts:
Auch bei Niedrigwasser geht es am Loferbach höchst dynamisch zu. Pegel: 10 m³/s

Mit einer unübersichtlichen und etwas klemmgefährlichen Blockstelle macht der Loferbach nach dem Wehr klar, dass nun die Anforderungen steigen. Bei niedrigen Wasserständen ist der folgende schöne Abschnitt entlang einer steilen Felswand wegen der Wasserableitung leider etwas holprig und kraftlos. Ein Steg markiert den Beginn des Kernstücks, jetzt wieder mit der vollen Wassermenge.
Das folgende Treppenhaus wird erst nach der ersten Brücke der Schnellstraße allmählich flacher, bleibt aber bis kurz vor dem Ausstieg schnell und sportlich. Besondere Beachtung verdienen gefährliche Baumhindernisse und die reißende Strömung samt bissigen Walzen bei höheren Wasserständen. Mehrere Todesfälle sollten Mahnung genug sein, den Bach gerade bei viel Wasser keinesfalls zu unterschätzen.

Steht nur der Strubbach auf dem Programm, steigt man am normalerweise unbefahrbaren Wehr am Ortseingang von Lofer aus. Soll es weitergehen bis zur Slalomstrecke auf der Saalach, umträgt man kurz am rechten Ufer. Wenig später bildet ein niedriges Wehr bei viel Wasser einen gefährlichen Rücklauf (Achtung: kanalartiges Bachbett davor, ggf. vor der Fahrt besichtigen). Ein weiteres unsauberes Wehr nach einer einfachen Panoramastrecke wird normalerweise rechts umtragen, bevor es mitten durch den Ort Lofer der Saalach entgegengeht, in die der Strubbach über eine kleine Blockstufe mündet.

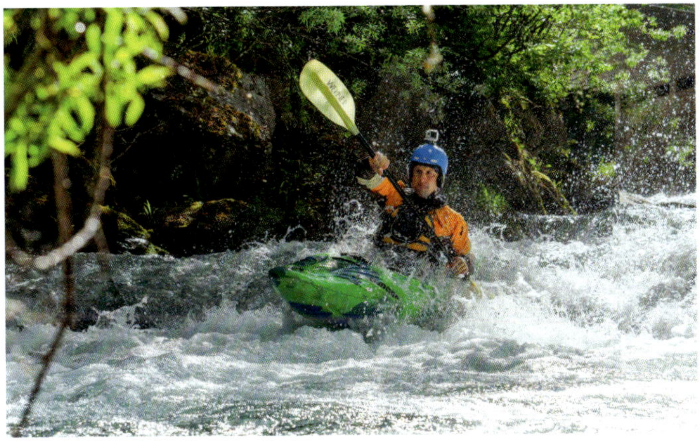

Schnell und sportlich ist der Loferbach bereits auf den ersten Metern.
Pegel: 10 m³/s

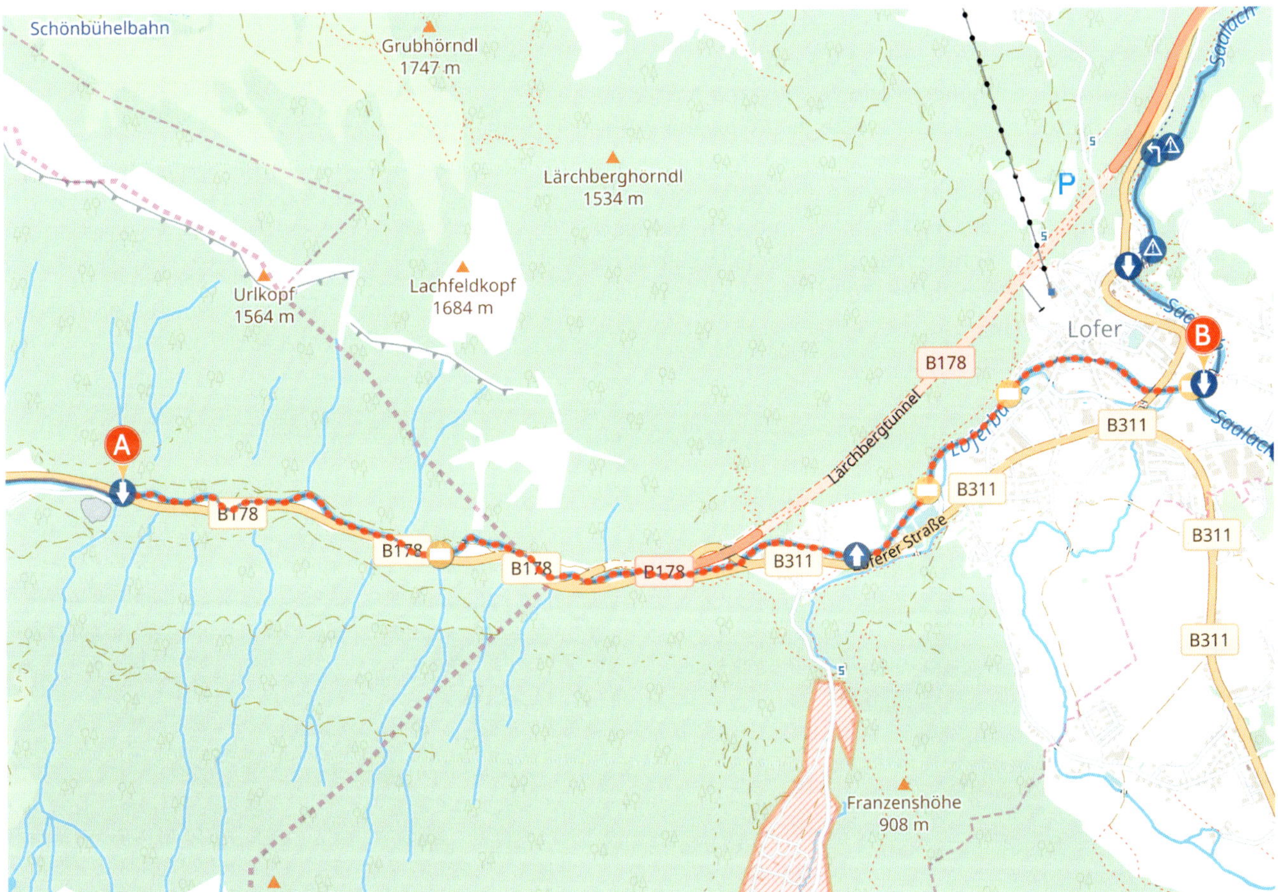

WEISSBACH

Schweres Wildwasser ist selten in Deutschland. Und zum Leidwesen der Bayern in erster Linie im Schwarzwald zu finden und nicht in den Alpen, wo wir die wenigen Kracher (Fermersbach, Rißbachklamm, Walchen) im Sinne eines grenzenlosen Europas mit den Tirolern teilen. Doch ganz im Südosten der Republik münden oberhalb von Bad Reichenhall noch zwei bemerkenswerte Wildbäche in die Saalach, der Schwarzbach und der Weißbach. Schon bald nach ihrer Entdeckung erlangten beide unter Wildwassercracks einen hervorragenden Ruf als schönste Stufenbäche Deutschlands. Der kleinere Weißbach stand dabei ein wenig im Schatten der höheren und wuchtigeren Abfälle des Schwarzbachs. Leider ereilte den Schwarzbach jedoch bald das Schicksal anderer Traumflüsse. Aus Naturschutzgründen wurde eine Befahrung ganzjährig verboten. Also heißt es, mit dem Weißbach Vorlieb zu nehmen, der aber ebenfalls eine echte Perle und für mich persönlich einer der schönsten

ÜBERSICHT

Länge: 4 km

Schwierigkeit: WW 3+/4+ (5-,6)

Einstiege: Brücke am unteren Ortsende von Weißbach (47.7158, 12.7744)

Ausstiege: Parkplatz am Klammende bei Schneizlreuth (unterhalb der ersten Brücke, 47.6949, 12.8029)

Charakter: Zahlreiche Stufen meist in einer engen Klamm.

Gefahren: Baumhindernisse, Rückläufe, Steckgefahr, 6er-Stelle.

Gefälle: 23 m/km.

Pegel: An der letzten Stufe abschätzen, diese sollte rund befahrbar sein, auch das offene Flussbett vorher anschauen! Unter einem Saalach-Pegel von 60 m³/s in Unterjettenberg hatte ich noch nie ausreichend Wasser am Weißbach, mehr ist aber auch keinerlei Garantie.

Beste Zeit: Je nach Schneeschmelze April bis Anfang Mai und nach Regenfällen. Der Weißbach hat ein relativ kleines und niedriges Einzugsgebiet.

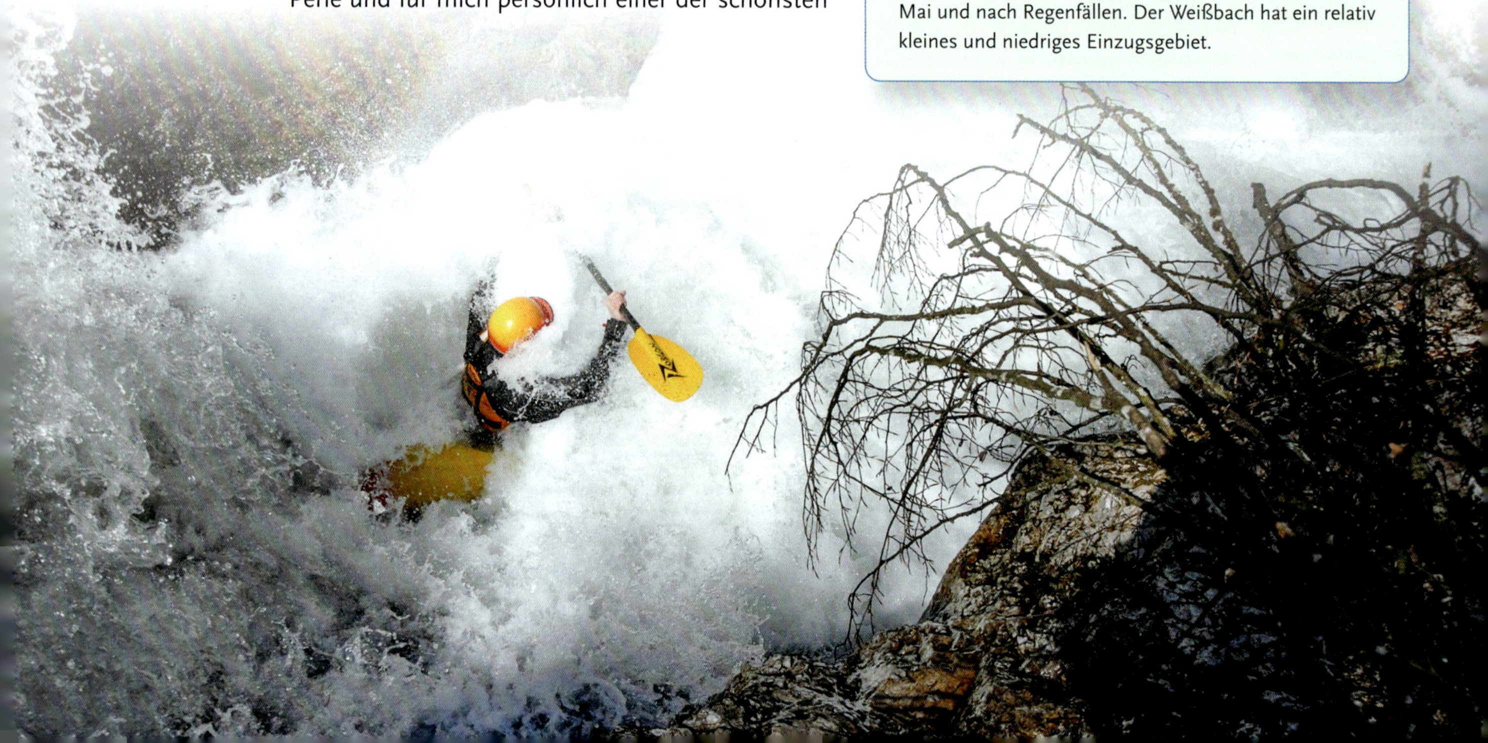

Landung nach der ersten hohen Stufe. MW-HW

sportlichen Wildbäche Deutschlands ist. In der romantischen Weißbachschlucht stürzt der kleine Wildbach über mehrere kleine und einige größere Stufen und Abfälle, die zuvor von einem Wanderweg bequem besichtigt werden können. Auf eines möchte ich aber unbedingt hinweisen: Korrektes und umweltschonendes Verhalten ist erste Paddlerpflicht am Weißbach. Es gibt zu wenige Perlen wie diese und ich will nicht noch eine verlieren! Also anständig bleiben!

An Land:

Meine Empfehlung: Erst die Boote am Einstieg an der untersten Brücke von Weißbach abladen und dann zum Ausstieg bei Schneizlreuth fahren. Von dort gemeinsam auf dem Klammsteig zum Einstieg wandern und sich dabei die Lage von Baumhindernissen und schweren Stellen gut merken. So vorbereitet kann man den Weißbach stressfrei und ohne langwierige Besichtigungen genießen. Nur die oberste Klammstrecke, die sich etwas im Wald versteckt, sollte man beim Scouten nicht übersehen.

Auf dem Wasser:

Die flachen ersten hundert Meter im Wald sind bei weniger Wasser etwas holprig, dann aber nehmen Fließgeschwindigkeit und Gefälle bald zu. Über einige kleinere Stufen geht es in die erste Klamm hinein, die vom Wanderweg nicht vollständig einsehbar ist (bis WW 4). In diesem Bereich ist häufiger mit Baumhindernissen zu rechnen. Nach der Ausfahrt aus der kleinen Klamm fließt der Weißbach mit leichten Schwällen durch eine liebliche Waldschlucht. Ein höherer Abfall mit nicht ganz sauberem Unterwasser und einer kleinen rückläufigen Stufe samt Unterspülung in der Ausfahrt (WW 5-) beendet die leichte Strecke. Umtragen ist möglich, dabei aber bitte nicht die Vegetation zertrampeln. Auf der weiteren Strecke in schrofferen Klammen

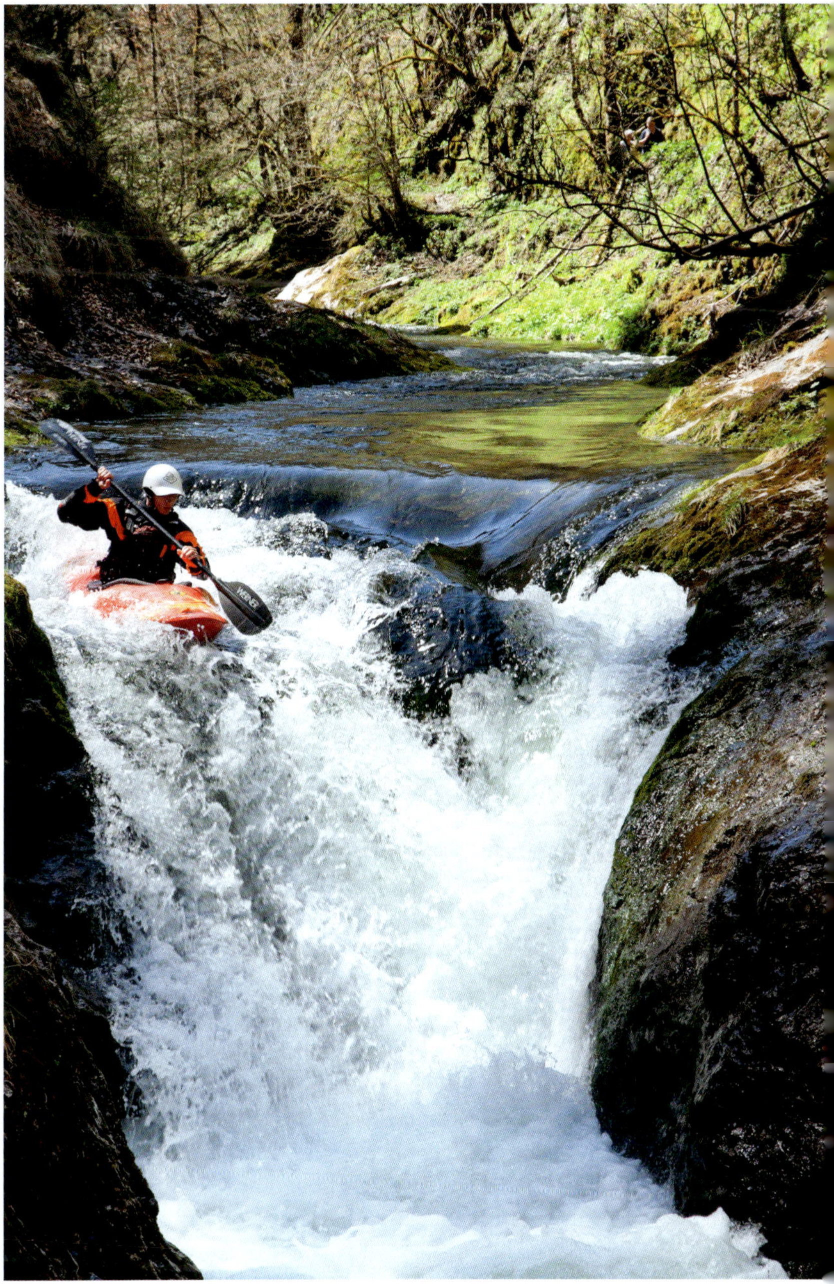

Die erste hohe Stufe leitet den schönsten Teil ein. NW

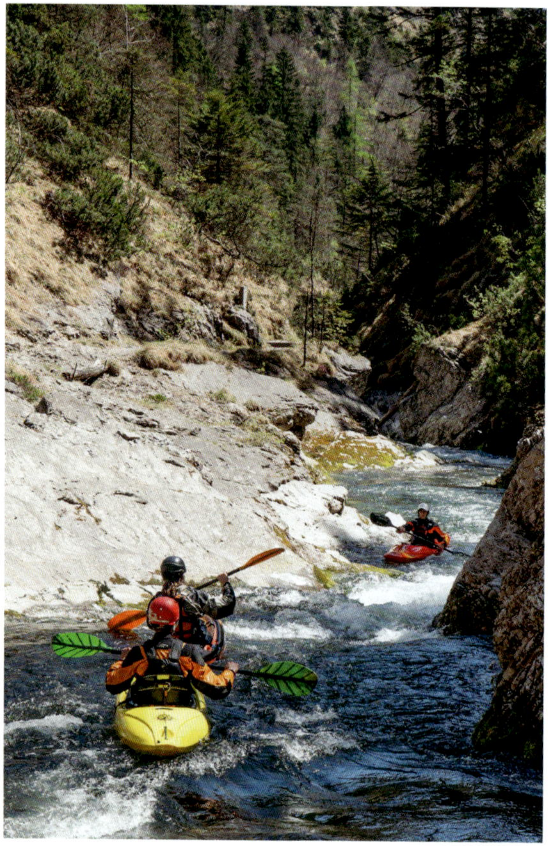

Bild links:
Das Kehrwasser vor der Kernstelle ist Pflicht. NW

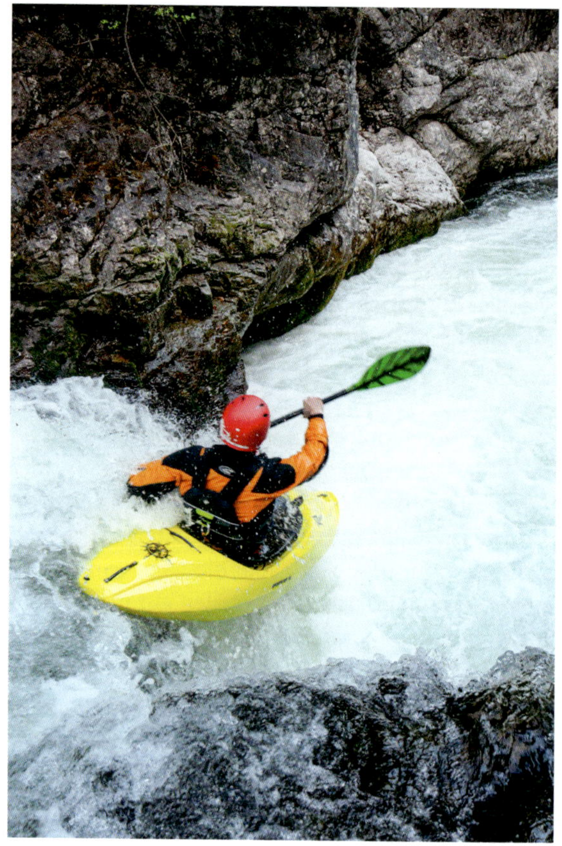

Bild rechts:
Die letzte Stufe vor dem Ausstieg. NW

wechseln sich enge, teils quirlige Felsgassen mit wunderschönen Stufen ab. Wer nicht sauber booft, wird bei so manchem scheinbaren Genusshupfer gehörig ins Rotieren kommen. Klar im Vorteil sind jetzt alle, die den Bach während der Wanderung zum Einstieg gründlich angeschaut haben.

Unterhalb einer markanten, auf der rechten Seite unterspülten Stufe beginnt die Einfahrt zur 6er-Stelle. Gerade bei höheren Wasserständen sollte man rechtzeitig aussteigen und über den Klammsteig umtragen. Der hohe, gedrehte Wasserfall ist nur etwas für Pros, und auch die fahren die Stelle nicht bei allen Wasserständen. Die einfache Umtragung versüßt der Weißbach gleich darauf mit einer wunderschönen, rechts gut befahrbaren Stufe. Wer angesichts des folgenden Flachstücks glaubt, die Schwierigkeiten seien zu Ende, sieht sich getäuscht. Gerade bei höheren Wasserständen ist die rückläufige und unterspülte Stufe vor der Straßenbrücke oberhalb des Ausstiegs nochmals ein echter Prüfstein (WW 4+).

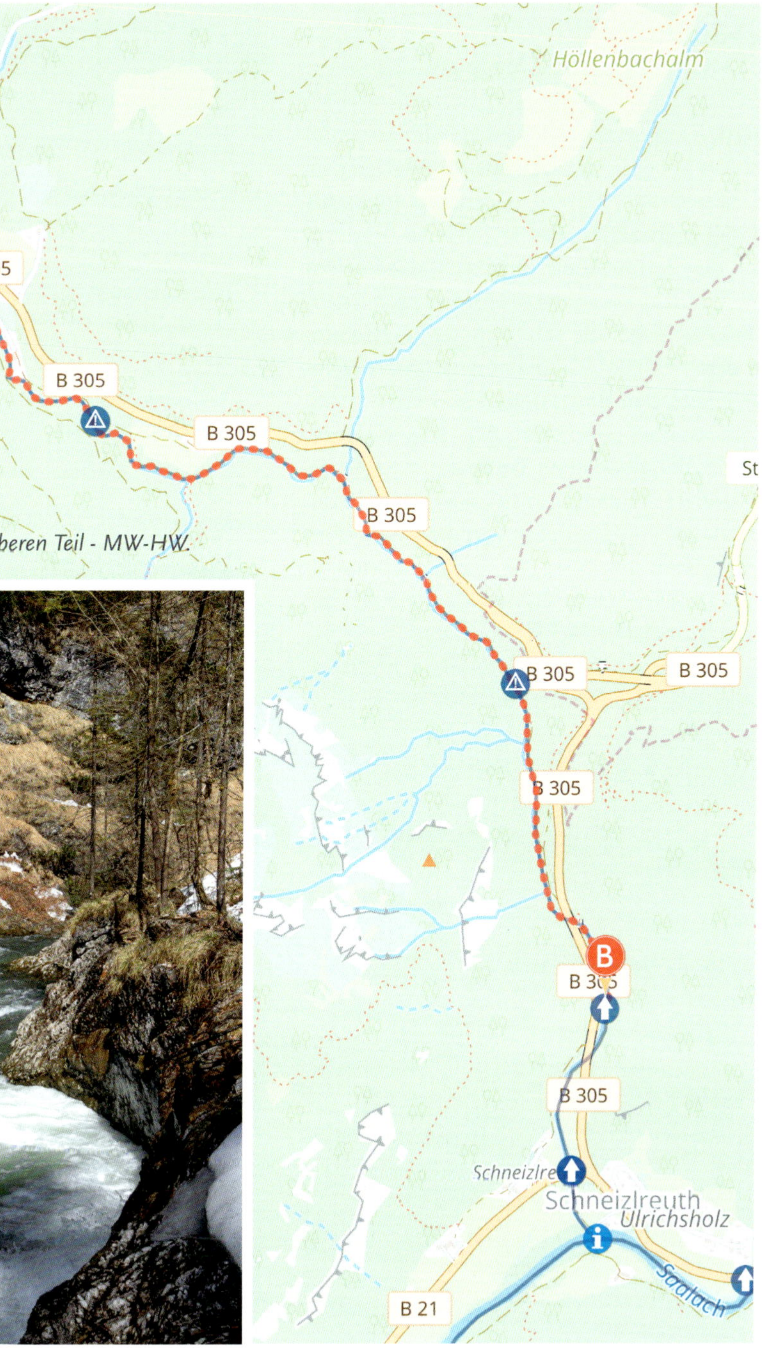

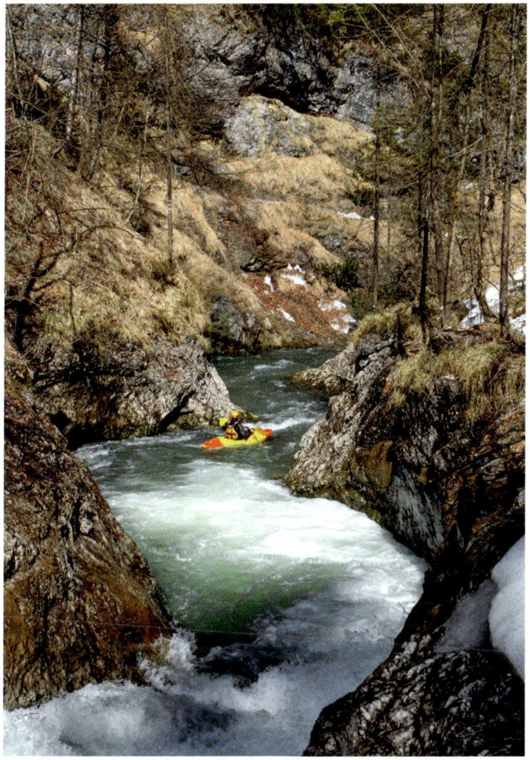

Entspannter Abschnitt im oberen Teil - MW-HW.

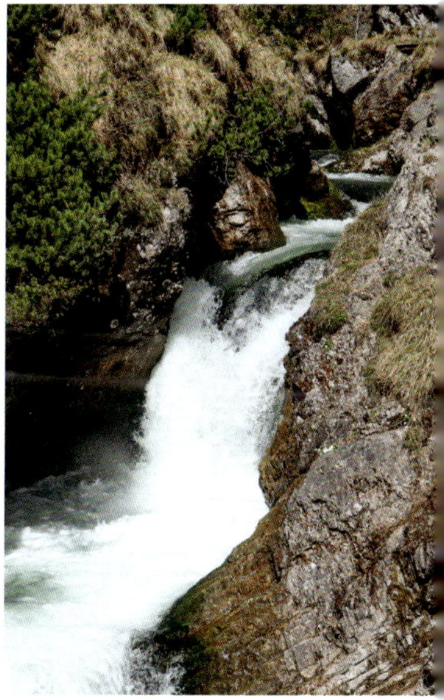

Wildwasser 5+ oder 6? Der hohe Fall der Kernstelle am Klammende. NW

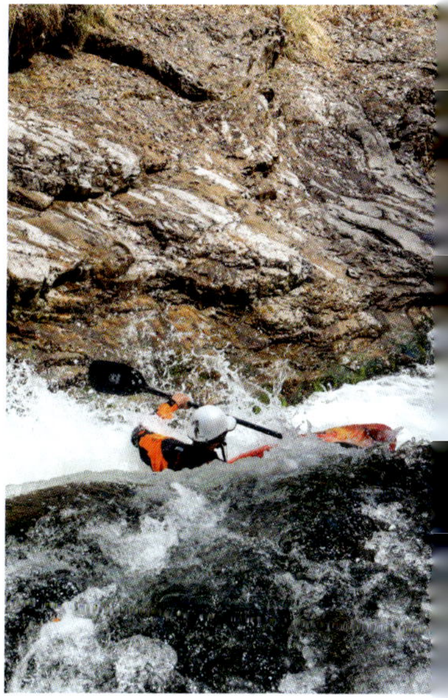

Schöne Stufe unterhalb der Kernstelle. NW

Königsseer und Berchtesgadener Ache

Der fjordartige Königssee mit dem kleinen Kirchlein St. Bartholomä unter der gewaltigen Watzmann-Ostwand ist weit über Bayerns Grenzen hinaus als landschaftliche Attraktion der Extraklasse bekannt. Die Folgen der Berühmtheit kann sich jeder selbst ausmalen, doch an schönen Sommertagen übertrifft die Realität sogar die schlimmsten Vorstellungen. Von den riesigen Parkplätzen strömen Menschenmassen zu den Bootsstegen und lassen sich per Elektroboot über den See zu Plätzen schippern, von deren Zauber an solchen Tagen kaum mehr etwas zu spüren ist. Kajaktouren auf dem See sind dagegen aus Naturschutzgründen verboten! Wer dem Rummel entgehen will, ohne die Wanderschuhe zu schnüren, kann eine nette Wildwassertour auf der kristallklaren Königsseer Ache unternehmen. Selbst wenn alle anderen Flüsse im Umkreis schmutzigbraunes Hochwasser führen, leuchtet deren Was-

Übersicht

Länge: bis zu 15 km

Schwierigkeit: WW 2/2+ (3+,3-), später WW 1-2 (2+)

Einstieg: Obere Brücke Königssee – Schönau (47.5932, 12.9857) bzw. unterhalb des Wasserfalls (47.5921, 12.9853).

Ausstieg: Beliebig wählbar an den Brücken unterhalb Berchtesgaden, z.B. an der Zufahrt zur Almbachklamm (47.6725, 13.0362).

Charakter: Schöne flotte Schwallstrecken, auf der Berchtesgadener Ache längere ruhige Abschnitte.

Gefahren: Wehre

Gefälle: 8 m/km, nur Königsseer Ache 12 m/km

Pegel: Königsseer Ache Schwöbbrücke, Minimum rund 10 m3/s, MW rund 15 - 20 m3/s, Berchtesgadener Ache Klärwerk Berchtesgaden, MW etwa 25-30 m3/s, jeweils auf www.hnd.bayern.de

Beste Zeit: Mai und Juni und nach längeren Regenfällen

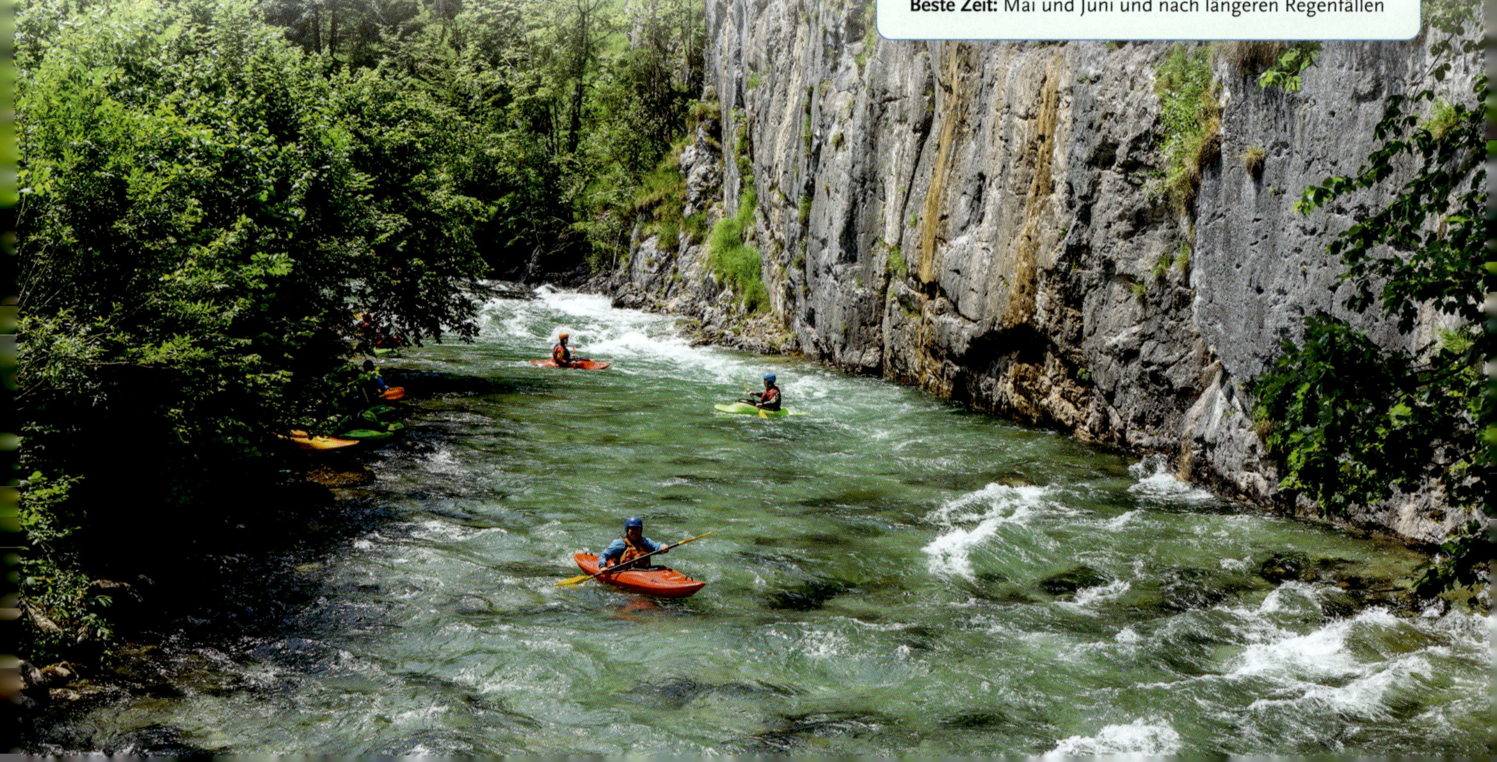

Idyllische Flusslandschaft kurz vor Berchtesgaden. Pegel: rund 20 m³/s

ser, dem Königssee sei Dank, noch immer in herrlichem Grün. Über spritzige Schwallstrecken geht es umrahmt von üppiger Vegetation Berchtesgaden entgegen, wo von links die Ramsauer Ache mündet. Die Weiterfahrt auf der Berchtesgadener Ache kann zwar weder in Sachen Wildwasser noch landschaftlich mithalten, verlängert die sonst arg kurze Strecke aber zu einer Paddeltour, für die sich die Anfahrt lohnt (mehrere Wehre).

An Land

Der übliche Einstieg befindet sich unterhalb der Brücke der Straße, die von den großen Parkplätzen vor dem Königssee nach Schönau führt (an der Zufahrt zum Campingplatz). Oberhalb der Brücke befindet sich ein großer Parkplatz. Wer mag, kann von hier sein Boot zum oberen Einstieg direkt unterhalb des Wasserfalls tragen.

Die Ausstiegsstelle kann unterhalb von Berchtesgaden grundsätzlich frei gewählt werden. Allerdings sind (legale) Parkplatze manchmal etwas knapp. Für eine kurze Tour empfehle ich einen Ausstieg gleich an der Brücke vor der Salzbergbahn, für eine längere Tour einen Ausstieg an der Zufahrt zur Almbachklamm. Die Wehranlagen auf der Berchtesgadener Ache sind von der Straße teilweise einsehbar, zumindest deren Lage sollte man sich schon beim Autoumsetzen merken.

Auf dem Wasser

Leider ist der etwas sportlichere Katarakt unterhalb des (für Könner beim passenden Wasserstand durchaus befahrbaren) Wasserfalls abgeleitet und das Wasser reicht nicht immer für diesen schönen Auftakt (bis WW 3+ bei guten Pegelständen). Mit etwas Glück aber kann man direkt im Tumpf unterhalb des gischtenden Wasserfalls einsteigen und die lange, leicht verblockte Schwallstrecke genießen, die erst nach der Brücke allmählich ausläuft. Vorsicht: Unter der Brücke befindet sich ein weite-

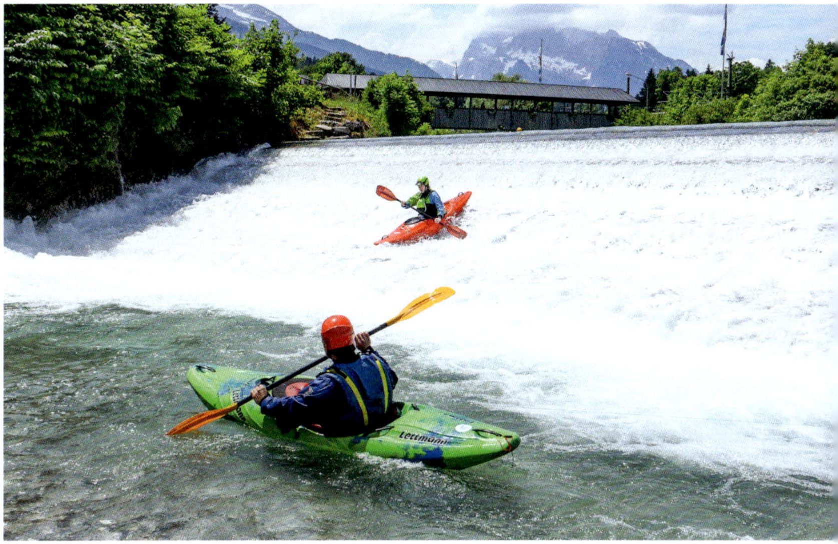

Erstes Wehr in Berchtesgaden. Pegel: 35 m³/s

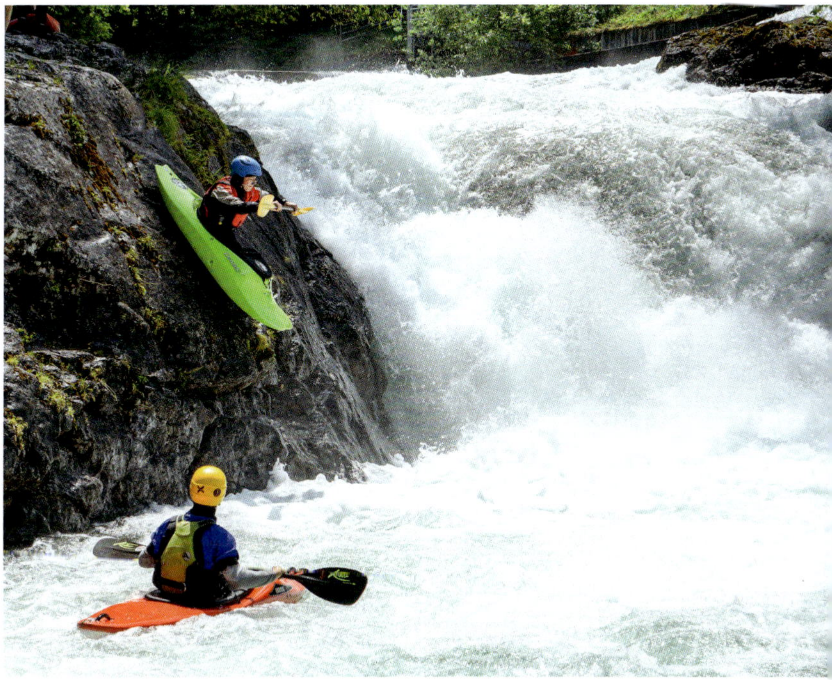

Alpinstart am Wasserfall am Einstieg. Pegel: rund 20 m³/s

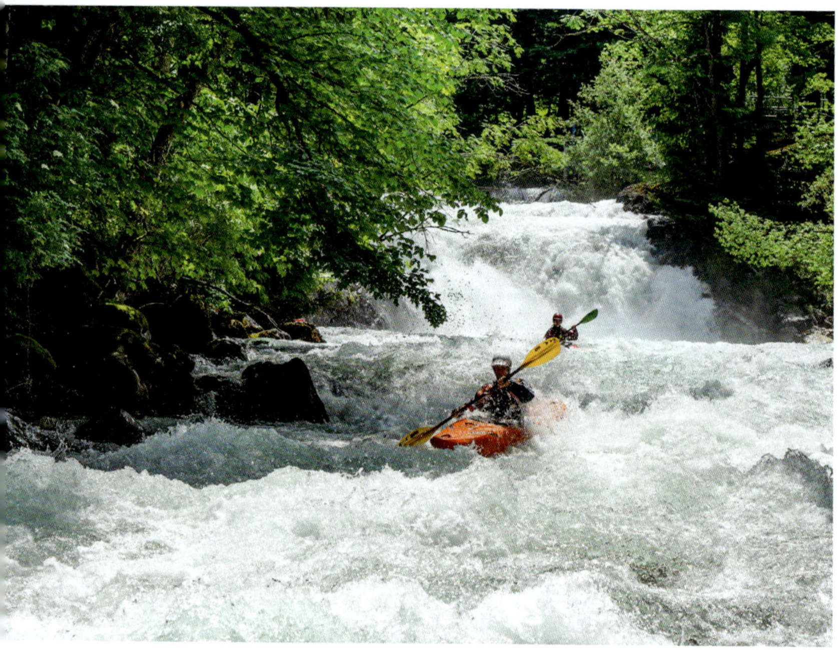

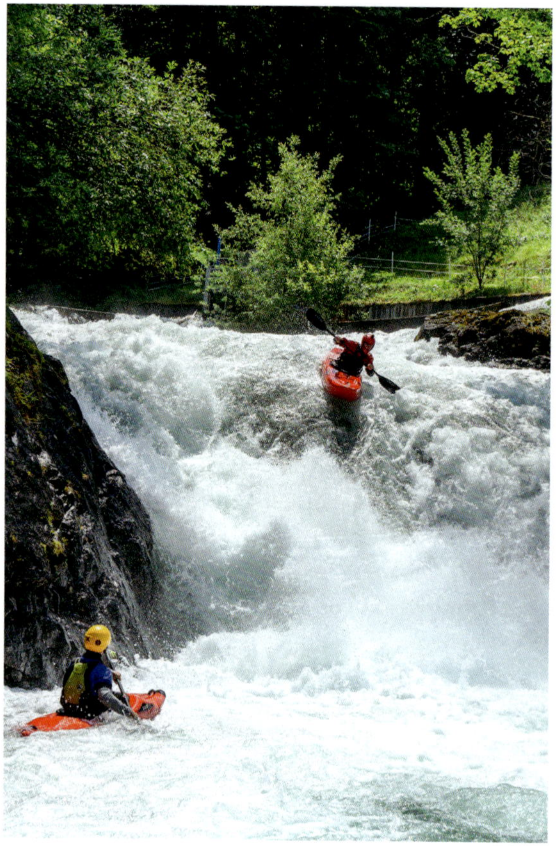

Bild oben:
In der wuchtigen Schwallstrecke unterhalb des Wasserfalls.
Pegel: rund 20 m³/s

Bild rechts:
An den Wasserfall dürfen sich nur echte Profis wagen!
Pegel: rund 20 m³/s

res (neues Wehr) mit Wasserableitung und Gefahr von Eisen. Später lassen die Schwierigkeiten schnell nach, der Fluss bleibt aber gerade bei etwas mehr Wasser flott und spritzig mit einigen guten Kehrwassern und kleinen Surfwellen für Einsteiger. Vor Berchtesgaden bildet eine hohe Felswand am linken Ufer einen überraschenden Kontrast zu den saftig grünen Bäumen und Wiesen, die sonst die Ache säumen. Zugleich markiert die Wand den Beginn einer wuchtigeren Schwallstrecke mit schönen Wellen (WW 3-). Etwas oberhalb der Mündung der Ramsauer Ache kann ein flaches, rutschenartiges Wehr meist gut befahren werden.

Das folgende mehrstufige Wehr in Berchtesgaden wird unter Umständen besser umtragen. Nur wenig später nähern wir uns dem Wehr am Salzbergwerk. Wegen der regulierten Ufer sollte man sich frühzeitig nach einer Ausstiegsstelle umsehen und besichtigen, da der Rücklauf bei mittleren und hohen Wasserständen schnell gefährlich werden kann. Nach einer kurzen Besichtigung ist das Wehr ganz links aber häufig befahrbar. Anschließend wird die dichte Bebauung wieder lockerer und es bleibt Platz für die Natur. Allerdings unterbricht bald ein weiteres Wehr (rechts umtragen) das leichte Wildwasser. Für Abwechslung sorgen noch einige etwas anspruchsvollere Passagen vor der Almbachklamm (bis WW 2+, mit Anfängern ggf. besichtigen!). Spätestens in Markt Schellenberg (vor einem weiteren Wehr) sollte man die Fahrt beenden, denn bis zum nächsten unbefahrbaren Wehr samt Wasserableitung an der Grenze sind es von hier ohnehin nur noch rund zwei Kilometer direkt neben der Straße.

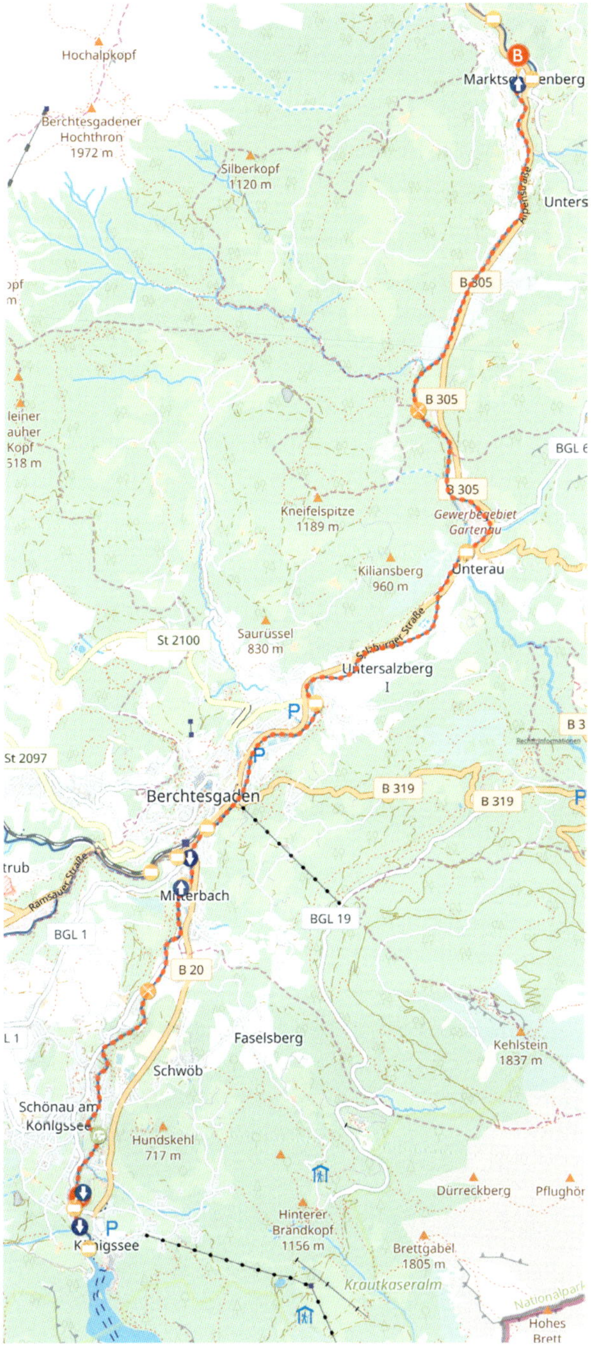

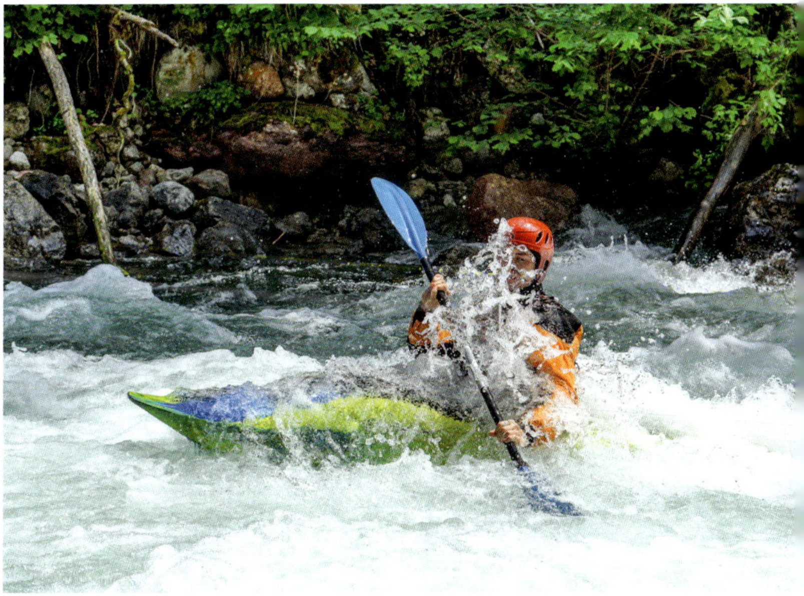

In der wuchtigen Schwallstrecke unterhalb des Wasserfalls. Pegel: rund 20 m³/s

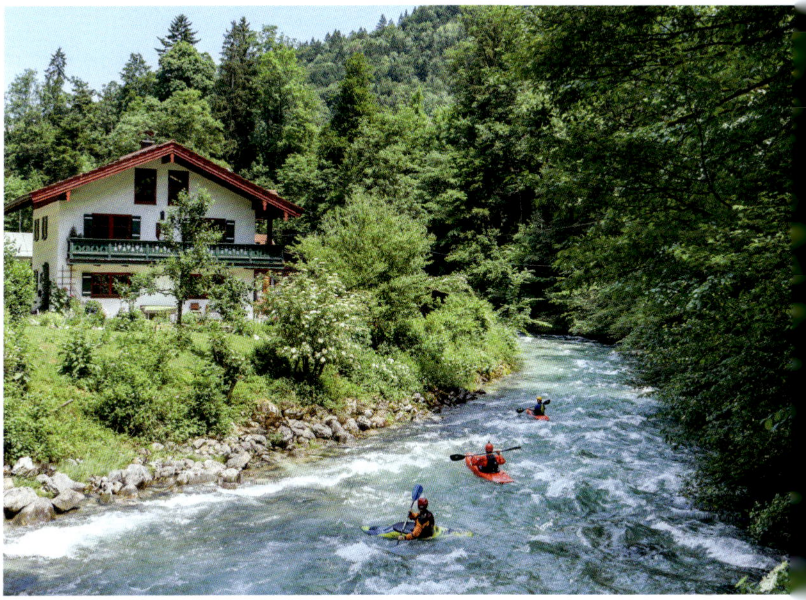

Paddeln in der Kitschpostkarte. Pegel: rund 20 m³/s

EXTRATOUREN

FIEBERBRUNNER ACHE

Die Fieberbrunner Ache war für mich lange Zeit einer der letzten weißen Flecken in dieser Region. Vor einigen Jahren aber war ich mit einer Gruppe Jugendlicher dann doch einmal auf diesem Fluss, der im DKV-Auslandsführer noch als Pillersee Ache bezeichnet wird, aber nicht in direkter Verbindung mit dem schönen Pillersee steht. Optisch war die Tour auf der trüben, auf längeren Strecken regulierten Ache keine Offenbarung, als Trainingsstrecke fand die Tour aber beim Nachwuchs durchaus Anklang, so dass ich mich letztlich für diese Kurzbeschreibung entschieden habe.

ÜBERSICHT

Oberhalb von Fieberbrunn

Länge: 2-3 km, **Schwierigkeit:** WW 3 (3+)

Ab Fieberbrunn

Länge: 7 km, **Schwierigkeit:** WW 2-3-

Einstiege: An beliebiger Stelle unterhalb des Gasthofs Eiserne Hand (obere Strecke, z.B. 47.4625, 12.5767) bzw. am oberen Ortsende von Fieberbrunn (vor der Brücke rechts abbiegen Richtung Eiserne Hand, 47.4726, 12.5565).

Ausstieg: Beliebig wählbar unterhalb von Fieberbrunn, z.B. an der Brücke 400 Meter unterhalb der Kläranlage (47.4996, 12.4878).

Charakter: Zunächst künstliche Blockstufen im engen Flussbett, dann gute (anfangs kanalisierte) Übungsstrecke mit kleinen Schwällen und Stufen.

Gefahren: Rückläufe (im oberen Teil), Baumhindernisse, Wehr am Schwimmbad.

Gefälle: 20 m/km (ob. Teil) bzw. 11 m/km (unt. Teil)

Pegel: Almdorf Fieberbrunner Ache, der Pegel hat sich offenbar verändert, daher sind keine cm-Angaben möglich, 15 m3/s waren unteres MW, im oberen Teil etwas steinig, unten für schwächere Paddler bereits recht flott.

Beste Zeit: Nur bei kräftiger Schneeschmelze (April bis Mai) oder nach stärkeren Regenfällen.

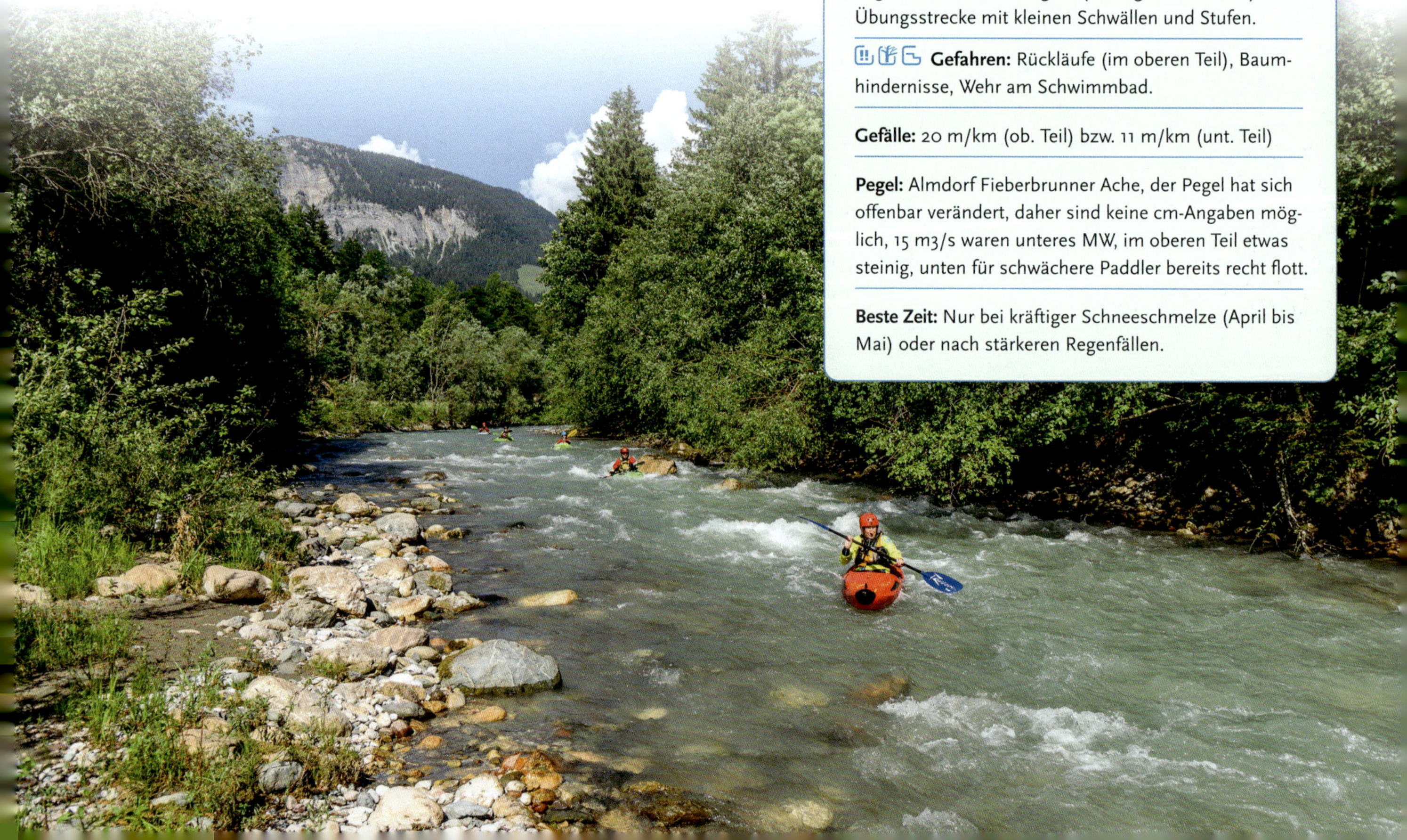

Offenes Wildwasser unterhalb von Fieberbrunn. NW

Oberhalb des Ortes Fieberbrunn liegen die Schwierigkeiten meist im dritten Grad. Attraktiv wird die Ache in erster Linie durch einige meist niedrige künstliche Stufen (schräg und senkrecht), die teilweise dazu einladen, die Technik des Boofens zu erlernen oder zu verfeinern. Vorsicht vor Rückläufen und Baumhindernissen ist aber immer geboten. Da ein längerer Teil dieser Strecke abgleitet ist, braucht es einen guten Wasserstand, um hier Spaß zu haben. Den obersten Teil ab dem Gasthof Eiserne Hand bis zur Ableitung kenne ich persönlich nicht, da wir erst unterhalb eingestiegen sind.

Am Ortseingang von Fieberbrunn können auch WW 2-3-Paddler zusteigen. Die folgende Ortsdurchfahrt ist zwar völlig kanalisiert, bietet aber viele erstaunliche gute Übungskehrwasser. Ein etwas unsauberes schräges Doppelwehr (beim Aubad, oberhalb der Brücke der Hauptstraße) besichtigt man am besten schon vor der Tour und sucht sich gerade bei weniger Wasser eine Umtragemöglichkeit. Unterhalb des Ortes wird das Flussbett wieder natürlicher, und zwischendurch gibt es sogar den einen oder anderen schönen Ausblick Richtung Kaisergebirge. Ein paar kleine Stüfchen, Blockstellen und Schwälle sorgen für Abwechslung und gute Übungsstellen und sogar kleine Surfwellen gibt es weiterhin, für mich fast der lohnendste Teil der Ache.

Eine Weiterfahrt wäre zwar grundsätzlich bis St. Johann möglich, aber unterhalb der Kläranlage wird es im sehr geradlinigen Flussbett bei nur noch geringen Schwierigkeiten arg monoton, so dass ich empfehle, spätestens an der nächsten Brücke auszusteigen.

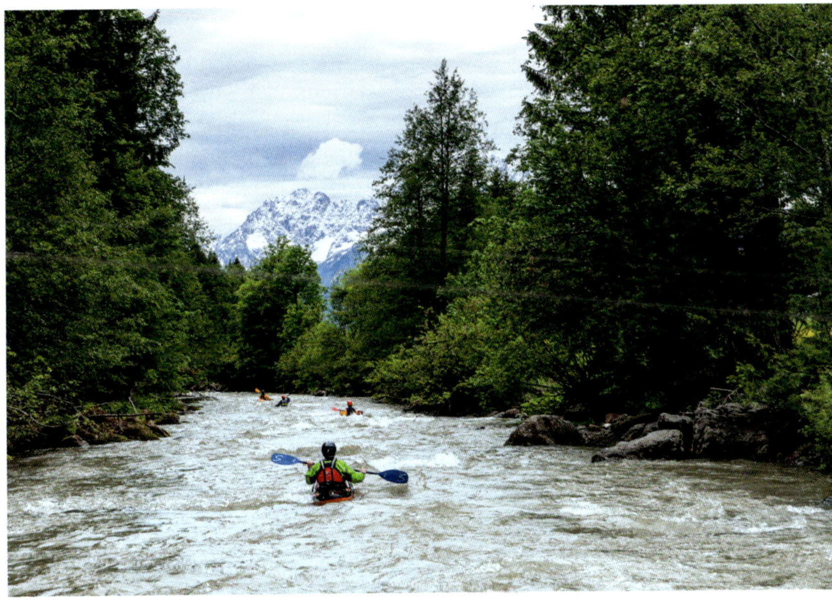

Einfaches Wildwasser mit Kaiserblick. Pegel: 15 m^3/s

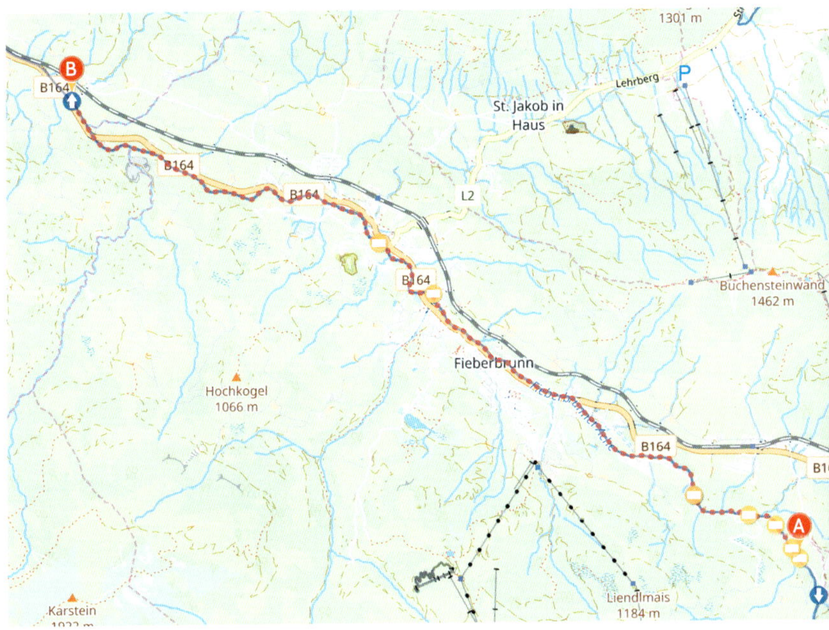

SALZACH: Eschenau bis Schwarzach

Das Tal der Salzach oberhalb von Bischofshofen ist seit jeher für die meisten Wildwasserpaddler Terra Incognita. Als wasserreichster Nebenfluss des Inn führt die Salzach zwar selbst im Hochsommer oft genug Wasser, lohnendes Wildwasser ist zwischen flachen, regulierten und abgeleiteten Strecken aber leider Mangelware. Auch die zahlreichen kleinen Zuflüsse lohnen sich in erster Linie für Locals und Flusssammler. Zwischen der Wehranlage Högmoos oberhalb von Taxenbach und dem Stausee von Schwarzach versteckt sich aber doch noch eine lange und durchaus lohnende mittelschwere Wildwasserstrecke, die leider durch ein tödliches Wehr unterbrochen wird, das recht großräumig umtragen werden muss. Ich beschreibe daher nur den unteren Teil der Strecke ab Eschenau. Wer hier auf den Geschmack gekommen ist und am oberen, zeitweise vielleicht etwas sportlicheren Teilstück interessiert ist, findet eine sehr gute

ÜBERSICHT

Länge: 9 km

Schwierigkeit: WW 3-3+

Einstieg: Rafteinstieg oberhalb der Brücke in Eschenau (47.3065, 13.0147), bitte Wendestelle der Rafter nicht blockieren.

Ausstieg: Stausee vor Schwarzach linksufrig (Schnellstraße an der Tunneleinfahrt verlassen, 47.3168, 13.1339) oder Rastplatz rund einen Kilometer oberhalb (47.3102, 13.1209).

Charakter: Spielerisches wuchtiges Wildwasser mit längerer ruhiger Zwischenstrecke

Gefahren: Eisenträger (am Ufer), tödliches Wehr oberhalb des Einstiegs

Gefälle: 6 m/km

Pegel: Salzach Wallnerau, Mindestpegel ca. 50 m³/s, empfehlenswert für Wuchtwasserfreunde sind mindestens 75-100 m³/s

Beste Zeit: Von Frühjahr bis Herbst, stärkste Wasserführung zur Zeit der Schneeschmelze.

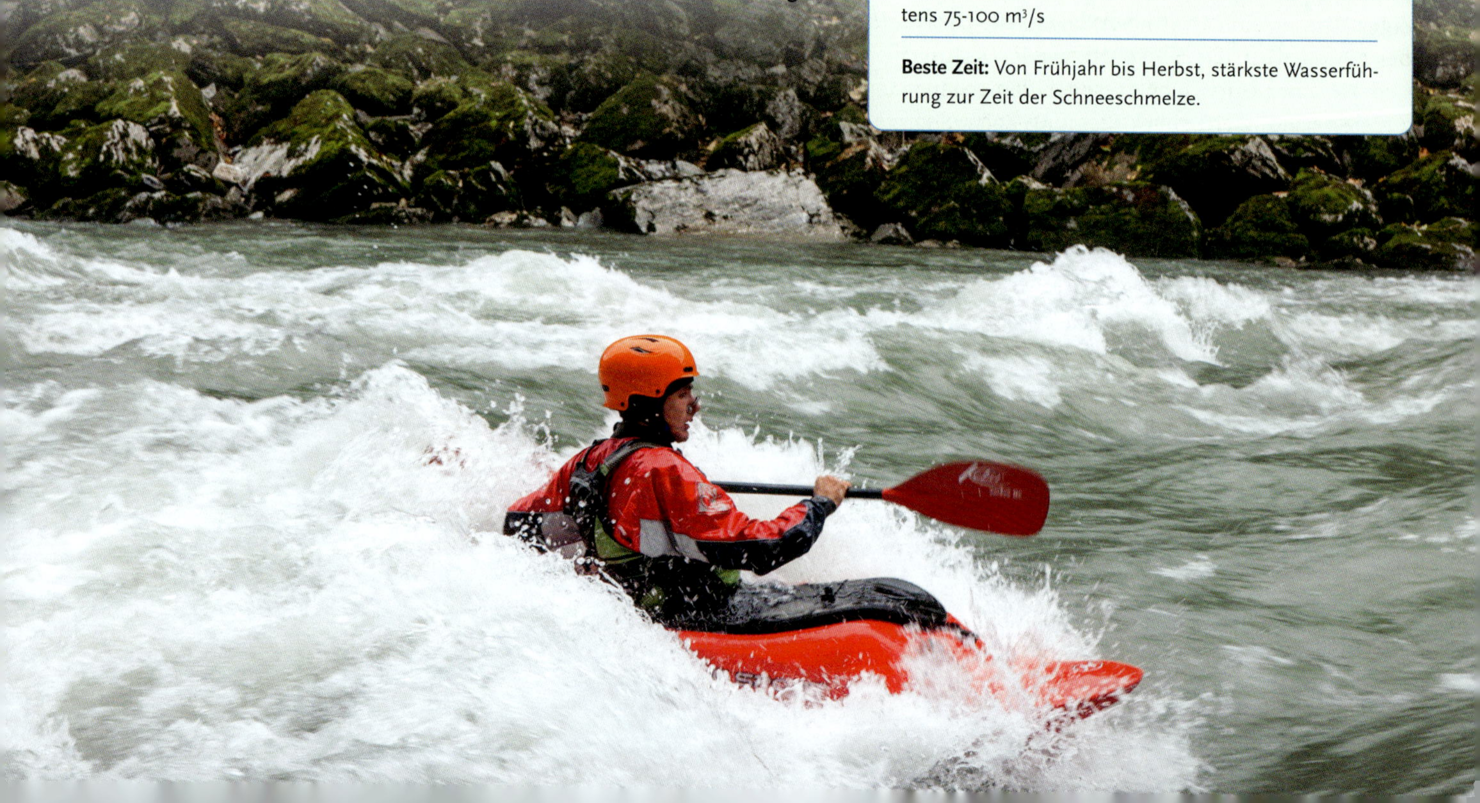

Selbst bei Niedrigwasser finden sich lohnende Surfwelle. Pegel: 60 m³/s

Beschreibung auf www.kajaktour.de. Bleibt die Frage, ob sich die knappe Stunde Anfahrt ab Lofer überhaupt lohnt. Wer Wert auf schöne einsame Flusslandschaften legt, braucht sicher nicht ins Auto zu steigen. Alle, die gerne wuchtiges und zugleich spielerisches Wildwasser paddeln, dürfen den Abstecher zur Salzach aber durchaus mal riskieren.

Los geht's in Eschenau am steilen Rafteinstieg (Boote ggf. abseilen). Spektakuläre Einzelstellen kann die Salzach zwar auf den nächsten Kilometern kaum bieten, dafür ist der Charakter aber selbst bei wenig Wasser wunderbar verspielt. Mit offenen Augen findet man immer wieder ordentliche bis gute (und oft auch einfach erreichbare) Surfwellen und kleine Walzen. Wavewheelen, Schanzen und Kehrwasserturns gehen fast überall. Ein sportlicherer wuchtiger Schwall mit ein paar Löchern und eine künstliche Schräge hinter der ersten Eisenbahnbrücke ragen etwas heraus. Letztere Stelle sollte man kurz besichtigen. Bei wenig Wasser wirkte hier das Unterwasser nicht überall sauber (evtl. gefährliche Eisenträger), bei mehr Wasser war die Durchfahrt wuchtig, aber unproblematisch. Bei viel Wasser zieht es flott in die Stelle hinein.

Die Ortsdurchfahrt von Lend ist optisch keine Perle, das Potential für schöne Linien und Spieleinlagen hat mich aber selbst bei Niedrigwasser positiv überrascht. Die Schwierigkeiten erreichen bei diesen Bedingungen bis auf ganz wenige Stellen höchstens knapp den dritten Grad. Im Gegensatz beispielsweise zur Imster Schlucht kann man an den wenigen schwereren Passagen aber kaum kneifen und die Schwierigkeiten umfahren. Auch Umtragen ist angesichts der Länge dieser Passagen keine echte Option. Insgesamt haben schwächere Paddler bei Niedrigwasser also kaum Stressmomente zu befürchten, für vereinzelte (echte) Dreierstellen sollten Courage und Können aber ausreichen. Richtig lohnendes Wuchtwasser gibt es dagegen erst bei höheren Wasserständen, bei wenig Wasser liegt der Fokus klar auf spielerischem Paddeln.

Die Mündungswasserfälle der Gasteiner Ache direkt hinter einem Fabrikgelände lohnen es in jedem Fall, einmal kurz auszusteigen und vielleicht auch die im Spielboot eingeschlafenen Füße wieder auszuschütteln. Unterhalb wird es für längere Zeit recht ruhig, doch bevor ernsthaft Langweile droht, sorgt die Salzach auf den letzten Kilometern wieder mit einigen Schwallstrecken und Spielstellen für Unterhaltung und Abwechslung. Für mich neben dem Auftakt klar der beste Teil der Strecke. Kräftige Verschneidungen und schöne Wellen machen wirklich Laune und an mindestens einer Stelle kann man sogar samt Boot richtig abheben. Den ersten möglichen Ausstieg stellt ein (recht lauter) Rastplatz an der vielbefahrenen Schnellstraße dar. Ruhiger ist es rund einen Kilometer unterhalb am Stausee von Schwarzach (von der Schnellstraße an der Tunneleinfahrt in den Ort abzweigen), allerdings will bis hierhin noch etwas Flachwasser überwunden werden, seit der frühere gewaltige „Schwarzacher Naturkatarakt" im Stausee verschwunden ist.

Wellenspaß kurz vor dem Ausstieg. Pegel: 60 m^3/s

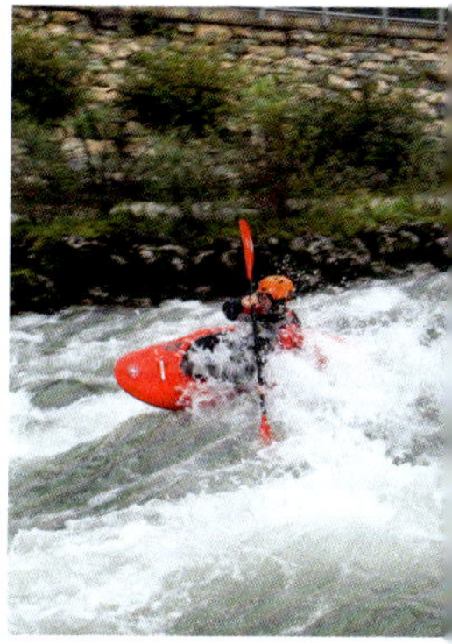

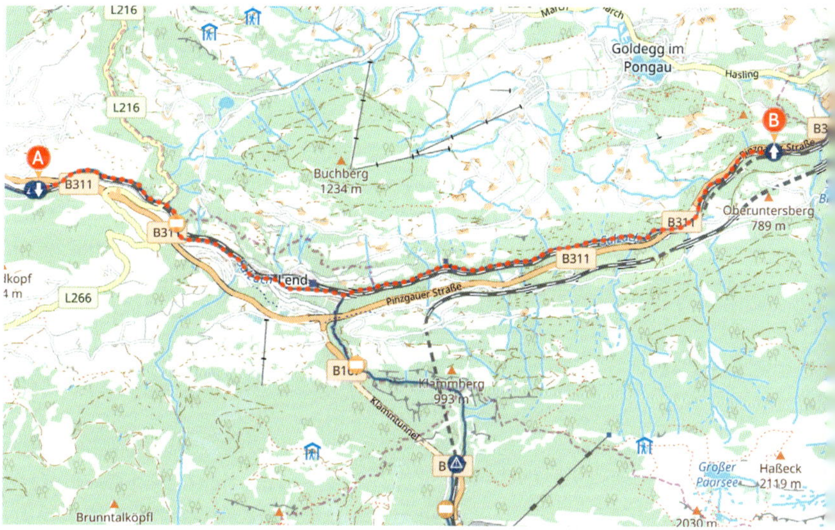

WEITERE PADDELMÖGLICHKEITEN

Die folgenden Wildbäche und Paddelstrecken haben auch langjährige Loferfans oft nicht oder zumindest nicht oft im Fahrtenbuch stehen. Dabei gibt es gerade im oberen Schwierigkeitsbereich durchaus noch ein paar kleinere Schmankerl zu entdecken. Allerdings stimmen hier die Wasserstände meist nur selten, die Strecken sind kurz oder etwas mühsam und die altbewährten Klassiker sind bei guten Bedingungen eben doch mit weniger Aufwand verbunden und machen auf Dauer den meisten Paddlern auch mehr Spaß.

Für Paddler mit Lust auf Neues dennoch ein paar Empfehlungen: Im unteren und mittleren Schwierigkeitsbereich gibt es keine weiteren Strecken, die man zwingend gepaddelt sein muss. Natürlich kann man die **Saalach** bereits ab **Euring** paddeln (WW 1), echtes Wildwasser darf man sich im teilweise regulierten Flussbett aber ebenso wenig erwarten wie auf der **Großache (Kössener Ache) ab Kirchdorf.** Hier liegen die Schwierigkeiten zumindest auf den letzten Kilometern vor Kössen auch mal bei WW 1-2 mit einigen guten Übungsstellen für Anfänger, zuvor ist das Flussbett aber monoton begradigt und von Holzpfosten begrenzt (die im ungünstigsten Fall auch gefährlich werden könnten). Zudem gilt hier eine Befahrungsregelung, erlaubt ist Paddeln nur vom 1.6 bis 14.9 von 9 bis 19 Uhr. Sportlicher wird es auf der **oberen Saalach** bei Saalbach-Hinterglemm (WW 2-3), die zwar flott und spritzig ist, aber landschaftlich eher zur soliden Mittelklasse gehört und von einigen Wehren (nur teilweise befahrbar) gebremst wird. Gute Detailinfos zu den beiden letztgenannten Strecken finden sich auf *www.kajaktour.de*.

Während diese Strecken, die richtigen Erwartungen vorausgesetzt, eine schöne Abwechslung darstellen können, ist der **Urslaubach** bei Saalfelden (bis WW 2-3, mehrere ggf. gefährliche Wehre) meines Erachtens zum Paddeln nicht besonders attraktiv.

Auf der gegenüberliegenden **Leoganger Ache** lohnt es sich definitiv nicht, ins Boot zu steigen. Anders sieht dies auf der **Ramsauer Ache** aus. Zwar nicht mein Lieblingsfluss, aber mehrere Mitpaddler fanden die Ache sehr nett. Unterhalb von Ramsau lauern in einer Talverengung mehrere eher unbefahrbare und nicht umtragbare Wehre mit Rückläufen, also unbedingt unterhalb einsteigen,

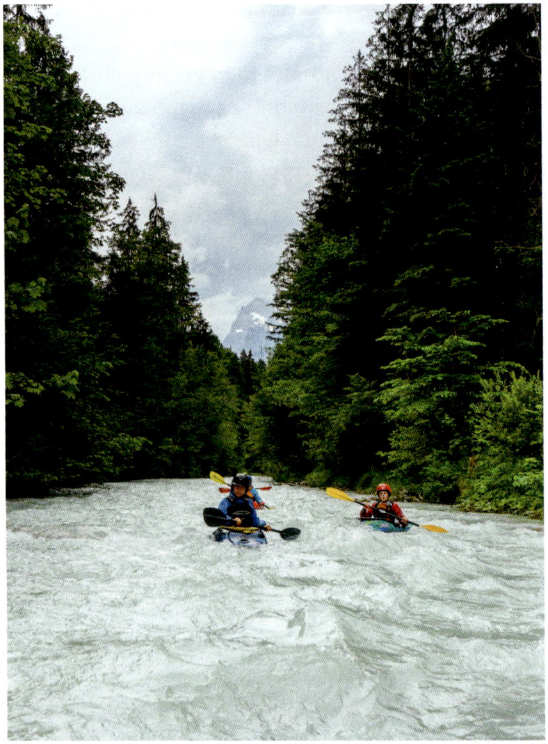

Einfaches Panoramawildwasser im Grünen auf der Ramsauer Ache. Pegel: rund 10 m³/s

z.B. an einem kleinen Wasserkraftwerk am oberen Ortsende von Engedey oder im Ort Engedey unterhalb eines unbefahrbaren Wehrs (das sonst noch umtragen werden muss). Je nach Einstieg sind es knapp bzw. rund fünf schöne und spritzige Kilometer bis Berchtesgaden, oft sogar abseits der Straße in grüner Natur mit einigen Bergblicken (WW 2 (2+), Fortsetzung auf der Berchtesgadener Ache sinnvoll). Größte Vorsicht jedoch an einer niedrigen künstlichen Stufe etwa 500 Meter oberhalb der Mündung, die einen mächtigen Rücklauf bildet und mit Gruppen kaum sicher umtragen werden kann (regulierte Ufer bzw. Gebüsch). Unbedingt in der Innenkurve fahren und hier auch absichern (am besten vor der Fahrt besichtigen, mit etwas Gespür auf Luftbildern und von der Straße aus gut erkennbar). Unterhalb folgen dann die sportlichsten Meter der unteren Ramsauer Ache mit ausgewaschenen Felsrinnen und niedrigen Stufen. Für Könner gibt es zusätzlich oberhalb von Ramsau ein bisschen sportliches (und steiniges) Wildwasser und eine kurze, aber eindrucksvolle Klamm (unbedingt zuvor besichtigen), doch lohnt es sich dafür wirklich, ins Boot zu steigen? Das muss jeder für sich beantworten.

Freunde steiler Rinnen und unbekannter Klammen können bei guten Wasserstanden mit ziemlicher Sicherheit noch die eine oder andere persönliche Erstbefahrung unternehmen. Geheimtipps für Stürzer finden Kenner am einfachsten beim Kartenstudium und natürlich in den Weiten des Netzes. Ein paar Bäche darf man aber durchaus auch hier nennen. Da wäre zunächst der **Unkenbach** mit der kurzen, aber geologisch faszinierenden Eiblklamm (WW 5, Zufahrt mit dem Auto verboten) und einer niedrigen Schlucht im Unterlauf unterhalb des Friedlwirts (1,5 km um WW 4-5 (5-X), bei ausreichend Wasser eigentlich durchaus lohnend, aber meist stark verholzt, Weiterfahrt bis zur Mündung möglich (ein Kilometer mit einer Gefällbremse mit starkem Rücklauf bei viel Wasser).

Die bei Kössen in die Tiroler Ache mündende **Schwarzlofer** bietet im Unterlauf ein paar nette Wildwasserpassagen (WW 4-5-, z.T. unangenehme Unterspülungen) und mehrere Wehrstufen. Das Problem ist der Pegel: Ein guter Wasserstand für die Wildwasserpassagen lässt die Rücklaufe an den Wehren schnell gefährlich werden. Bei wenig Wasser (und nur dann!) eignet sich gerade das letzte hohe Wehr aber für Geübte auch gut zum Perfektionieren der Booftechnik. Die Strecke ist von der Straße nach Reit im Winkl gut einsehbar. Ein paar interessante Stufen gibt es auch am **Hammerbach (Wössener Bach)** bei Unterwössen. Aktuelle Infos, ob sich Paddeln hier überhaupt noch lohnt (Kleinkraftwerk), habe ich aber nicht. Der wunderbare Schwarzbach bei Unterjettenberg, wohl das schönste Wildwasser Bayerns mit hohen Stufen und schwierigen Passagen, ist leider seit vielen Jahren ganzjährig gesperrt. Bei Missachtung des Verbots drohen empfindliche Strafen.

Sofern das Wasser reicht und nicht Holz den Fluss versperrt, ist der Unterlauf des Unkenbachs für Könner durchaus eine lohnende Entdeckung.

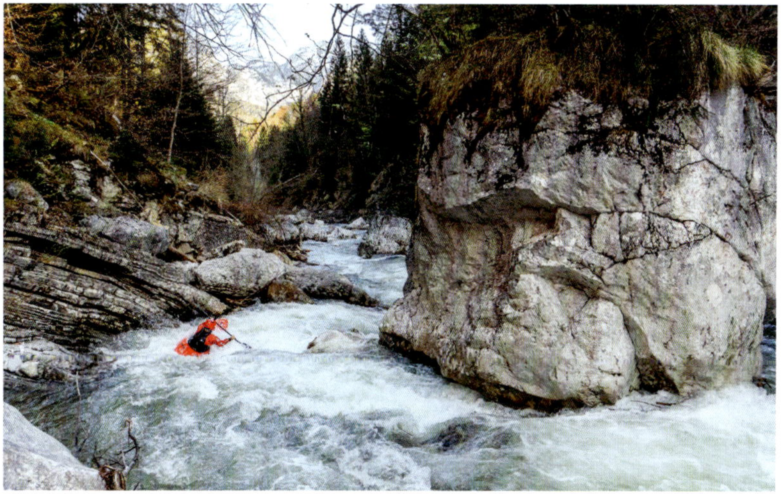

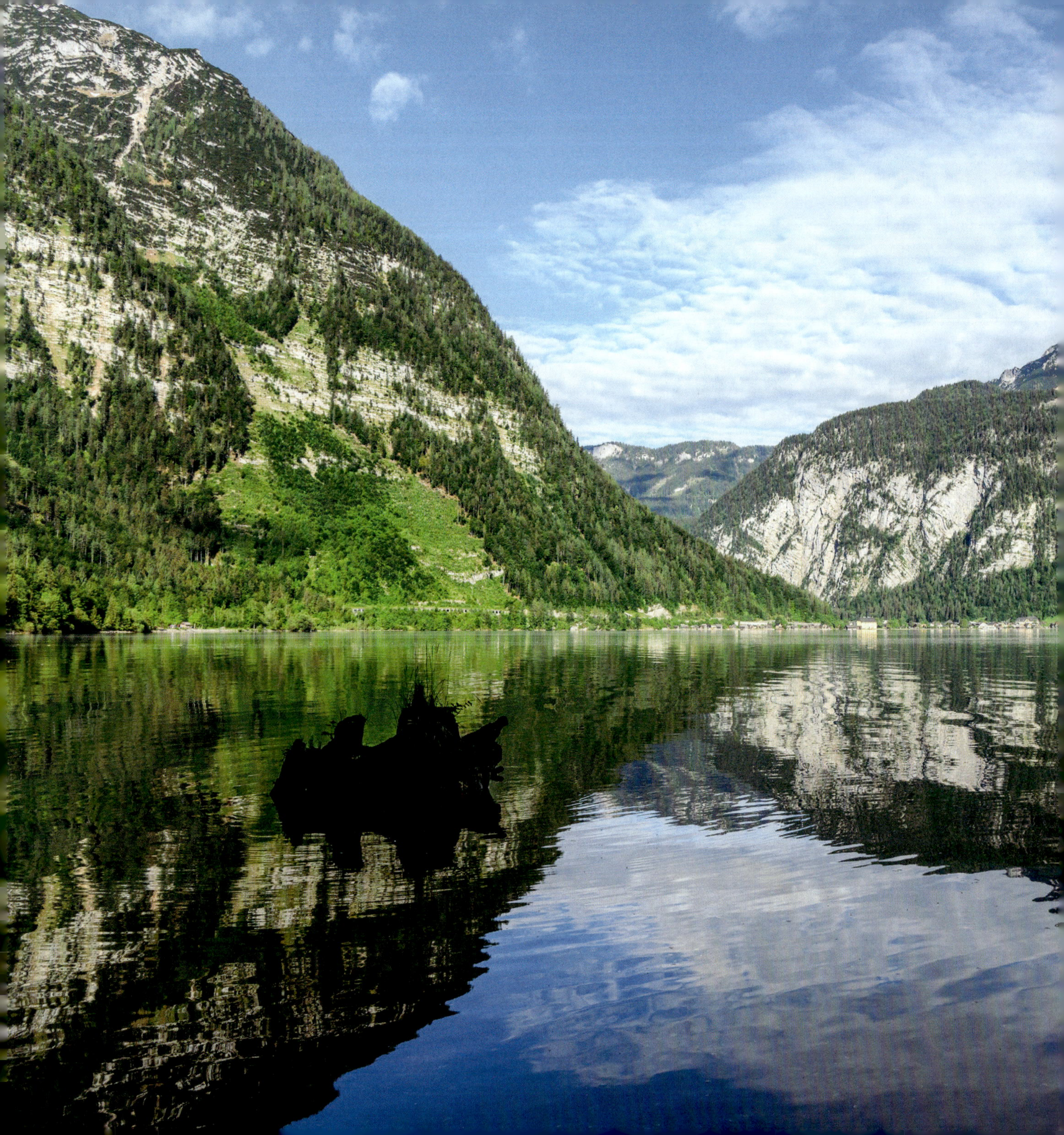

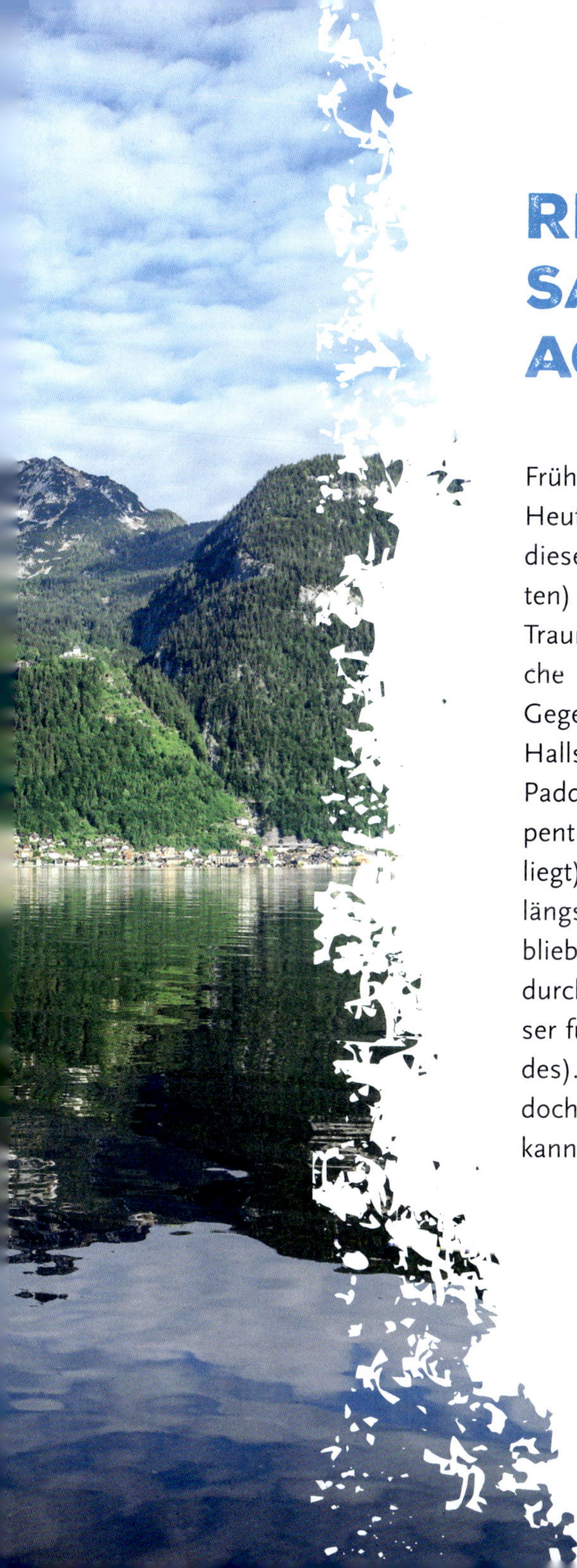

REGION 8: SALZKAMMERGUT, SALZACHTAL UND LAMMERTAL

Früher war der Salzreichtum der größte Schatz des Salzkammerguts. Heute sind es die Seen, Berge, Klammen und historischen Schätze, die diese Gegend zu einer der bekanntesten (und nebenbei auch schönsten) Urlaubsregionen der Nordostalpen machen. Zwischen Dachstein, Traunsee und Wolfgangsee erstrecken sich äußerst abwechslungsreiche Natur- und Kulturlandschaften von lieblich bis wild. Dass diese Gegend etwas Besonderes ist, beweist auch die Aufnahme der Region Hallstatt – Dachstein ins Welterbe der UNESCO im Jahr 1997. Unter Paddlern wurde das Salzkammergut mit Ausnahme der Klassiker Koppentraun und Lammer (die aber gar nicht im Salzkammergut selbst liegt) viele Jahre als Geheimtipp gehandelt. Diese Zeiten sind zwar längst vorbei, ein echtes Traumziel im Frühling ist die Region aber geblieben. Zur Zeit der Schneeschmelze sprudelt meist reichlich Wasser durch die kleinen und großen Klammen und Schluchten, die Wildwasser für jeden Geschmack bieten, egal ob wuchtig oder steil (oder beides). Die Auswahl an lohnenden leichteren Strecken ist zwar kleiner, doch auch eine kleine Runde im Wildwasserboot auf einem der Seen kann für Genießer zwischendurch ein schönes Erlebnis sein.

Region-Infos
Salzkammergut, Salzachtal und Lammertal

Anfahrt:
Auf der A 8 bis Salzburg. Ich bevorzuge die weitere Route via A 10 (Tauernautobahn Richtung Villach) bis Golling und über Abtenau, Rußbach, Pass Gschütt und Gosau nach Hallstatt. Den Nordteil des Gebiets (Bad Ischl) erreicht man schneller über die A 1 und B 158, sofern hier nicht gerade Stau ist (was häufiger vorkommt).

Basislager:
Rund um den Hallstätter See gibt es leider keine für Paddler empfehlenswerten Campingplätze. Vom Camping Klausner-Höll in Hallstatt, den ich früher gerne besucht habe, muss bis auf Weiteres dringend abgeraten werden (einfach die Bewertungen im Netz ansehen...). Der örtliche Tourismusverband empfiehlt als Alternative Privatunterkünfte. *dachstein.salzkammergut.at*

⛺ Auch ansonsten ist die Auswahl früh im Jahr mager. Umso empfehlenswerter ist der höchst komfortable Campingplatz Berau am Wolfgangsee, der ganzjährig geöffnet ist und im Frühling und Herbst zusätzlich mit sehr fairen Preisen punkten kann (in der Hauptsaison unbedingt reservieren!). Ein Restaurant gibt es am Platz und die Anfahrt zu den meisten Flüssen dauert nicht allzu lang.
Tel: 0043/6138/2543, *www.berau.at*

⛺ In der ganzen Region gibt es (ab Mai) zahlreiche weitere Campingplätze (allerdings nicht in zentraler Lage), die unter Umständen eine gute Alternative sein können, z.B. bei Bad Aussee, Golling oder Abtenau.

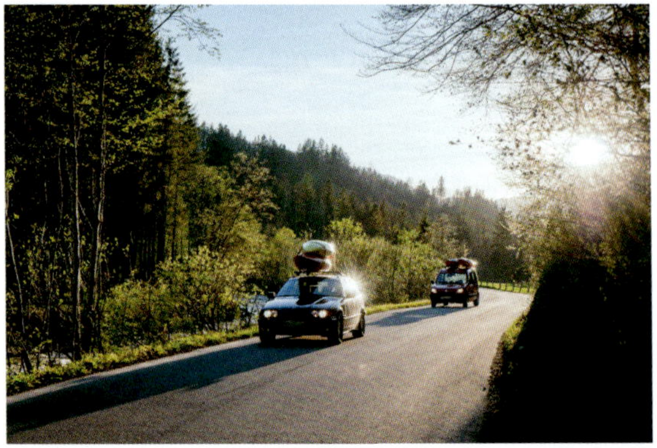

Da macht selbst das Autofahren Spaß: Kleiner Roadtrip ins Salzkammergut.

Beste Zeit:
Das Salzkammergut ist ein klassisches Frühjahrs- bzw. Regenrevier. Am meisten Möglichkeiten hat man regelmäßig im April und Mai. Dann laufen bei kräftiger Schneeschmelze mit etwas Glück auch kleine Bäche wie der Gimbach; für die Lammeröfen ist es dann aber ziemlich sicher zu viel des Guten. Im Juni und Juli kann man auf Rettenbach, Lammer und Koppentraun noch auf seine Kosten kommen. Mit etwas Glück erwischt man auch im Herbst gute Bedingungen. Von einem Besuch im Hochsommer rate ich angesichts meist eher bescheidener Pegel und zu vieler Touristen eher ab.

Weitere Aktivitäten:
Allein mit den Möglichkeiten zum **Wandern und Mountainbiken** ließe sich leicht ein ganzer Urlaub füllen, dies aber über viele Jahre hinweg. Vorschläge findet man zum Beispiel im Netz auf *www.salzkammergut.at*. Gemütlich ist die Tour vom vorderen Gosausee zum idyllischen hinteren Gosausee, besonders aussichtsreich die Wanderung von Weißenbach am Attersee auf den Schoberstein. Erfahrene Wanderer und Bergsteiger finden zwischen Krippenstein und Dachstein ein weites, aber ernstzunehmendes Betätigungsfeld. Interessante Klet-

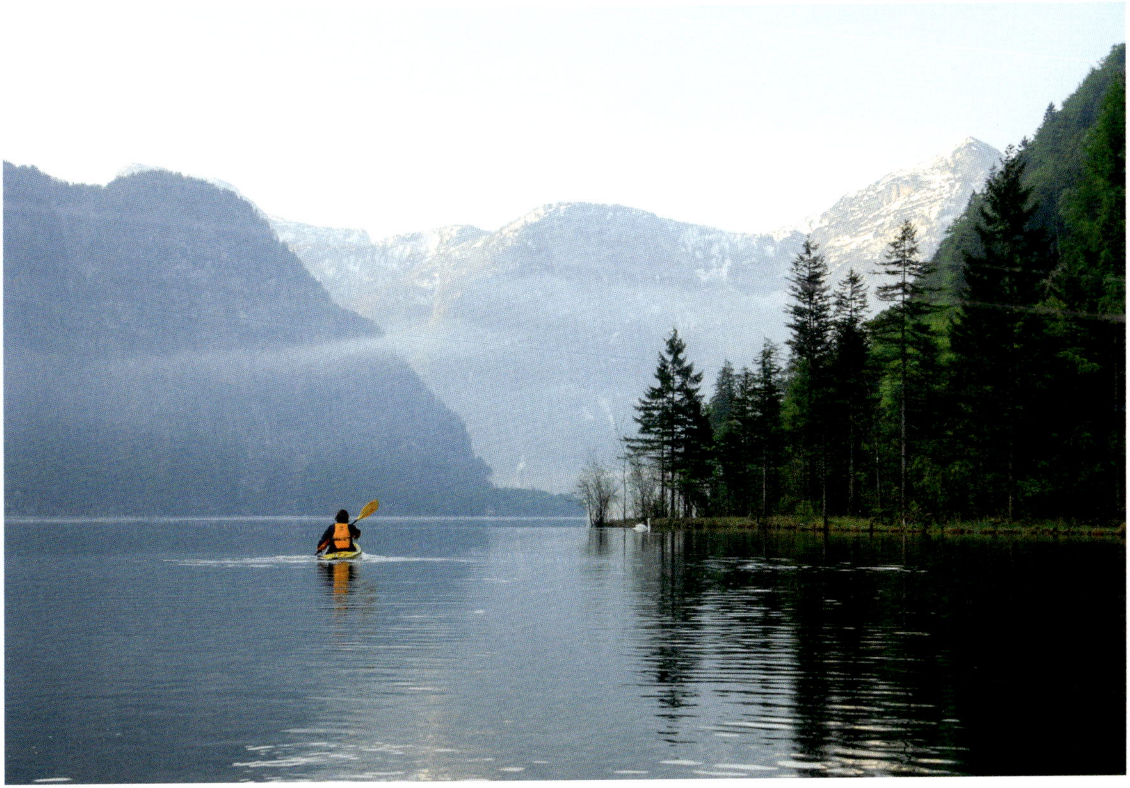

Morgendliche Runde über den Hallstätter See.

tersteige von leicht bis schwer gibt es fast überall, so unter anderem am Gosausee, bei Hallstatt, bei Bad Goisern sowie rund um den Wolfgangsee und bei Bad Ischl.

Außerdem stellen die **Seen** natürlich auch ausgezeichnete Reviere für viele Formen von Wassersport dar, von Tourenpaddeln über Segeln bis hin zum Tauchen. Wer früh im Jahr unterwegs ist, kann bei guten Schneeverhältnissen vormittags noch am Krippenstein oder Loser skifahren oder snowboarden und sich dann am Nachmittag ins Schmelzwasser stürzen. Auch Skitouren (am Morgen) können im Frühling gut mit Paddeltouren kombiniert werden.

Sehenswürdigkeiten:

Auch die Sehenswürdigkeiten der Region füllen ganze Bücher, doch an dieser Stelle muss ich mich auf ein paar persönliche Empfehlungen beschränken. Unbedingt sehenswert sind das einmalige Ortsbild von Hallstatt, die Koppenbrüller Höhle (Wasserhöhle), die Mammut- und Eishöhle (mit der Krippensteinseilbahn erreichbar, *www.dachstein-salzkammergut.com*) und natürlich das älteste Salzbergwerk der Welt in Hallstatt.
www.salzwelten.at/de/hallstatt/bergwerk

Wer die Klammen der Salzach und Lammer nicht im Boot bezwingen will oder kann, findet hier auch gut ausgebaute, gefahrlose Wanderwege (gebührenpflichtig). Mit der Schafbergbahn, der steilsten

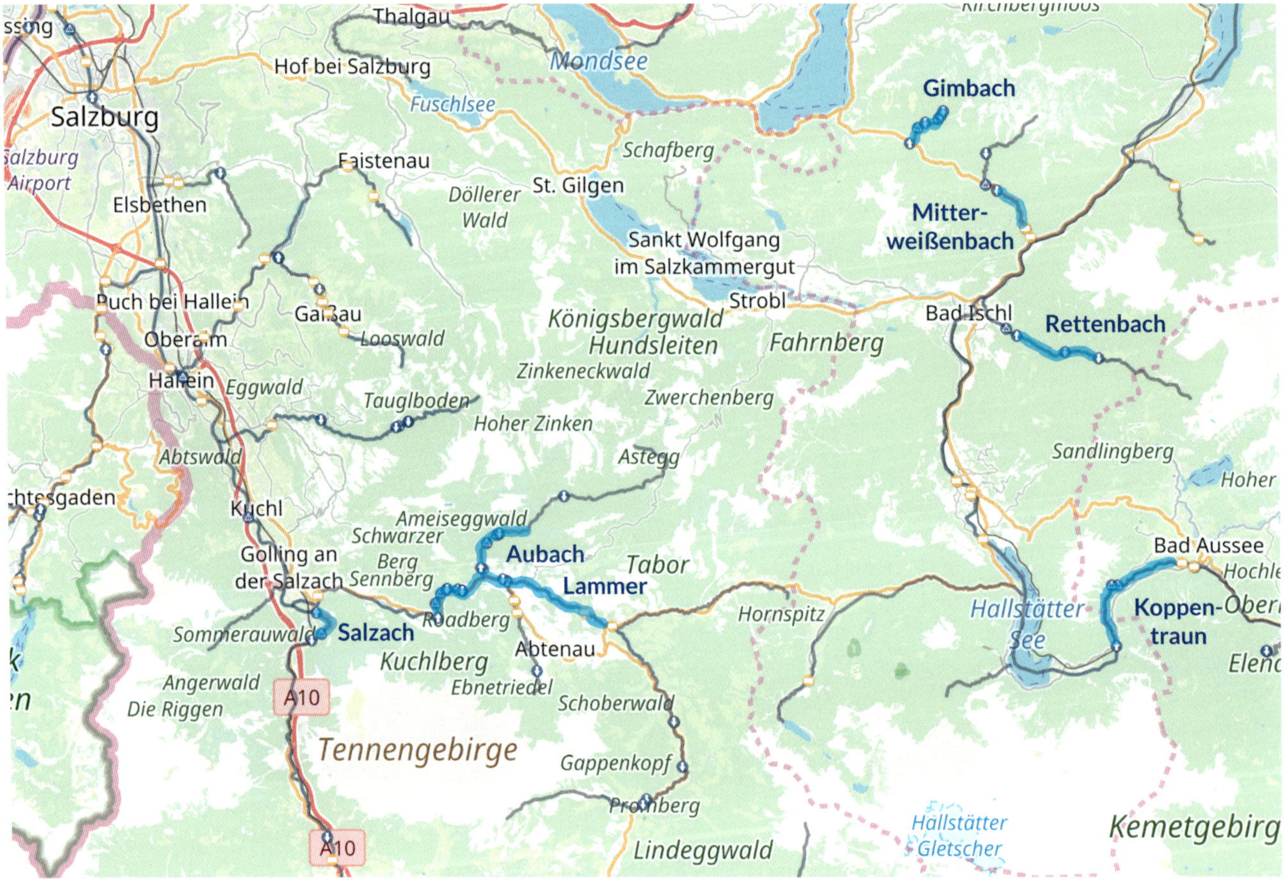

Zahnradbahn Österreichs, erreicht man einen tollen Aussichtsberg und ein interessantes Wandergebiet. Noch mehr spannende Ziele findet man auf *www.salzkammergut.at*.

Gastro-Tipp:

Hier wird bzw. wurde man nahe der Ausstiegsstellen fündig. Sowohl die „Koppenrast" am Ausstieg der Koppentraun (*www.koppenrast.at*) wie auch die Rettenbachmühle haben einen sehr guten Ruf. Die Rettenbachmühle ist zwar seit Dezember 2016 aus Altersgründen geschlossen; in der Hoffnung auf einen guten Nachfolger erwähne ich diesen Klassiker aber trotzdem. Wer sein Lager am Camping Berau aufschlägt, kann hier auch guten Gewissens einkehren.

Im Notfall:

Krankenhäuser in Bad Aussee, Bad Ischl und Salzburg
Europaweiter Notruf 112
Alpinnotruf Österreich 140

DIE KLASSIKER

LAMMER - Mündung Rußbach bis vor den Lammeröfen

Wer als Paddler Lammer sagt, meint meist die eindrucksvollen Lammeröfen. Dass der Rest des Flusses klar im Schatten der Paradeklamm steht, ist verständlich, aber nicht unbedingt gerecht. Denn auch weniger geübte Paddler erwartet auf der Lammer ansprechendes Wildwasser. Oberhalb der wilden Öfen verhält sich der Fluss meist durchaus manierlich. Eine klammartige gefällstarke Schlucht im Oberlauf unterhalb von Annaberg und die kurze Voglauer Klamm stellen Fortgeschrittene nicht vor unlösbare Aufgaben. Von der Rußbachmündung bis zum Beginn der Voglauer Klamm können bei normaler Wasserführung selbst

ÜBERSICHT

Strecke: Rußbachmündung bis Voglau
Länge: 6 km
Schwierigkeit: WW 2/2+ (3-)

Strecke: Voglauer Klamm
Länge: 3 km
Schwierigkeit: WW 3/3+

Einstieg: Straßenbrücke Abtenau-Rußbach (47.5739, 13.3854) oder Brücke Voglau (47.5942, 13.3115)

Ausstieg: Brücke Voglau (47.5942, 13.3115) oder Straßenbrücke oberhalb der Lammeröfen (47.5889, 13.2830)

Charakter: Anfangs leichte Schwälle und einzelne niedrige, künstliche Blockstufen im offenen Flussbett, Voglauer Klamm je nach Wasserstand technisch bis wuchtig

Gefahren: Leichte Unterspülungen in der Voglauer Klamm

Gefälle: 10 m/km (Gesamtstrecke)

Pegel: Lammer Obergäu bzw. Schwaighofbrücke auf www.rivermap.ch, die Werte verändern sich häufig

Beste Zeit: April bis Anfang Juni, bei Niedrigwasser vor der Voglauer Klamm steinig.

Kehrwasserpause in der Voglauer Klamm bei Mittelwasser.

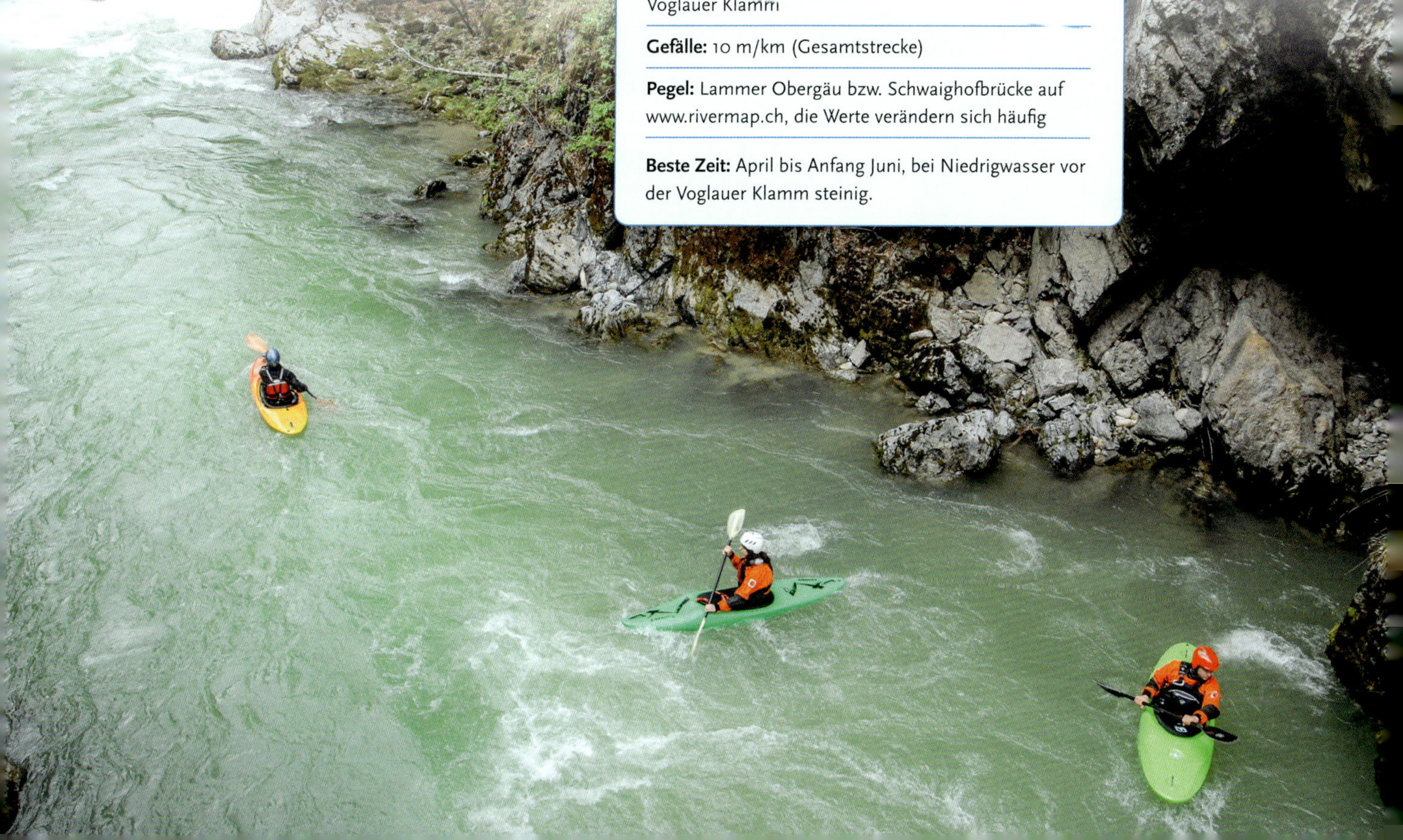

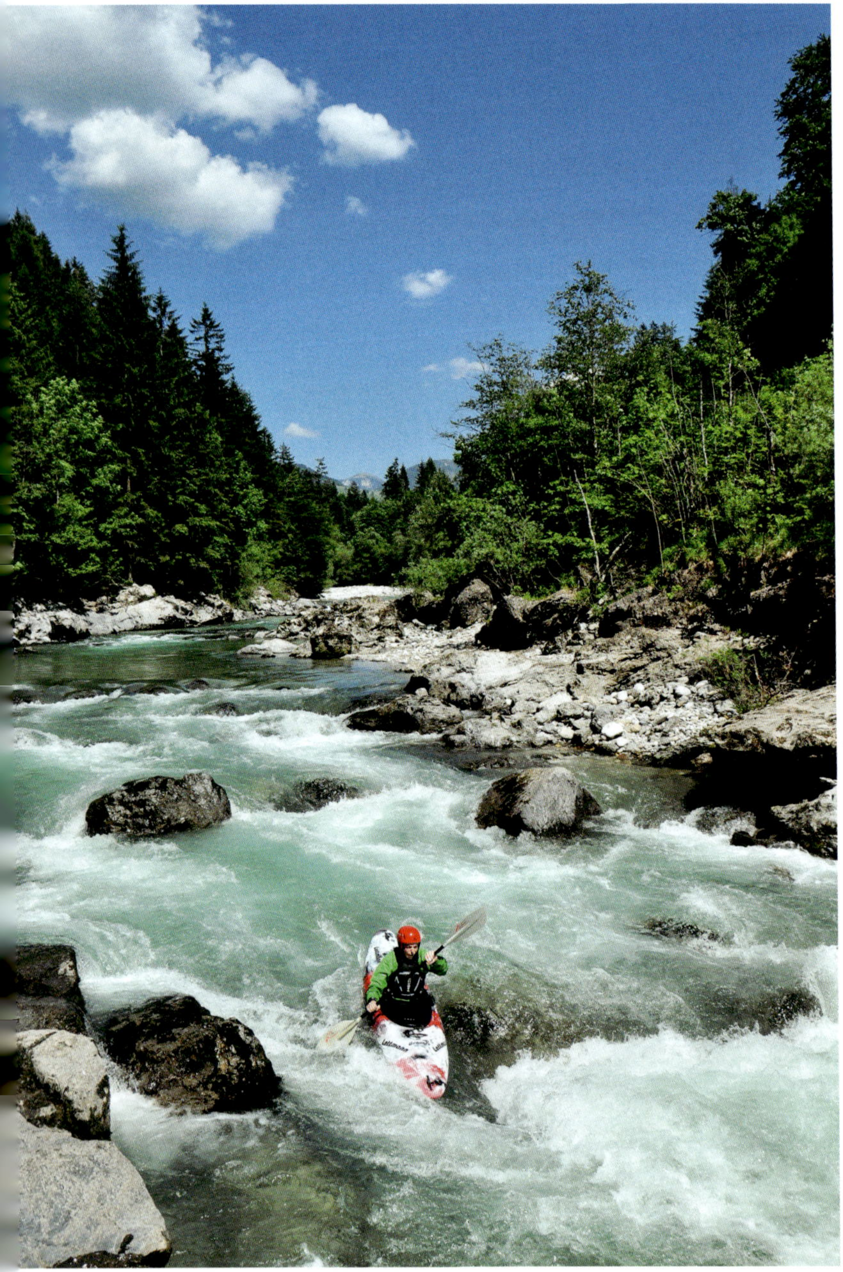

Ein kleines Stück Salzburger Soca nach der Voglauer Klamm. NW. Bild: Christoph Scheuermann

talentierte Einsteiger ihren Erfahrungshorizont erweitern. Schade ist einzig und allein, dass die lohnende Dreierstrecke durch die Voglauer Klamm so kurz ist.

An Land

Die Ein- und Ausstiegsstellen im Bereich der Brücken können recht flexibel gewählt werden. Zum Umsetzen (auch per Rad) empfiehlt sich die kleine Nebenstraße, die zwischen Voglau und der Einstiegsstelle dem Flussverlauf folgt (Hauptstraße über Abtenau).

Auf dem Wasser

Bis Voglau sind im offenen Tal keine größeren Schwierigkeiten zu erwarten, lediglich eine Sohlschwelle direkt am Einstieg kann je nach Wasserstand einen kräftigen Rücklauf bilden. Bei guter Wasserführung gibt es immer wieder hübsche, flotte Schwallstrecken mit einigen Übungsstellen. Einzelne niedrige, künstliche Blockstufen und ein etwas überraschend auftauchender anspruchsvollerer kleiner Katarakt (um WW 3-) sind normalerweise gut befahrbar, sollten im Zweifelsfall aber trotzdem besichtigt werden. Landschaft und Wildwasser präsentieren sich zwar nicht von ihrer spektakulären Seite, an einem schönen Frühlingsnachmittag macht die recht flotte Fahrt auf den Schmelzwassern der Lammer aber durchaus Spaß. Mit erfahrenen Begleitern haben auch talentierte Einsteiger nichts zu befürchten und Fortgeschrittenen bleibt immer Zeit, an der eigenen Technik zu feilen.

Am Beginn der Voglauer Klamm ändert sich der Flusscharakter grundlegend. Mit Anfängern sollte man rechtzeitig vor der Brücke am Klammeingang die Fahrt beenden. Auch für etwas bessere Paddler lohnt es sich, die Klamm zumindest bei viel Wasser von der Straße kurz zu besichtigen. Derart vorbereitet sind die wuchtigen Schwälle gut zu meistern.

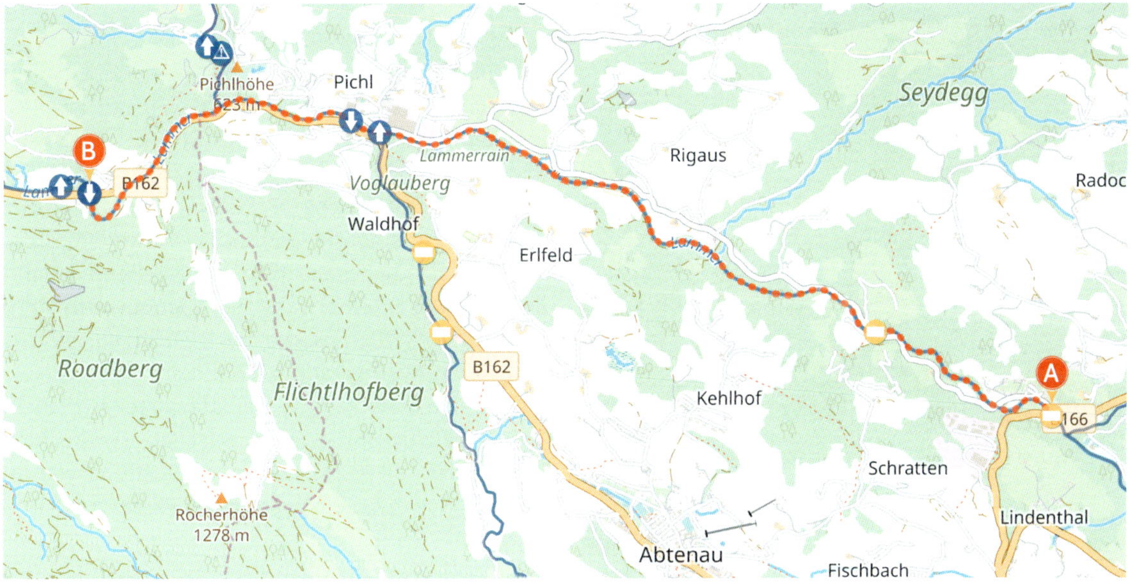

Spieler finden besonders nahe der Mündung des Aubachs von rechts einige schöne Wellen, Walzen und Kehrwasser (unter anderem die Aubachwalze). Das Vergnügen ist leider ein kurzes und schon bald ist der Ausstieg oberhalb der Lammeröfen erreicht. Bei hoher Wasserführung sollten sich auch Cracks eine Weiterfahrt durch die Öfen gut überlegen und unbedingt zuvor vom Klammsteig besichtigen. Alternativ lohnt sich bei guter Wasserführung auch die Strecke von Annaberg bis zur Mündung des Rußbachs. Mit Ausnahme einer einen Kilometer langen klammartigen Schlucht (WW 3-3+) liegen die Schwierigkeiten meist bei WW 2-3 (Gefahr von Baumhindernissen, ein nur evtl. befahrbares Wehr). Da ich diese Strecke aber immer noch nicht selbst gepaddelt bin, verzichte ich auf eine nähere Beschreibung.

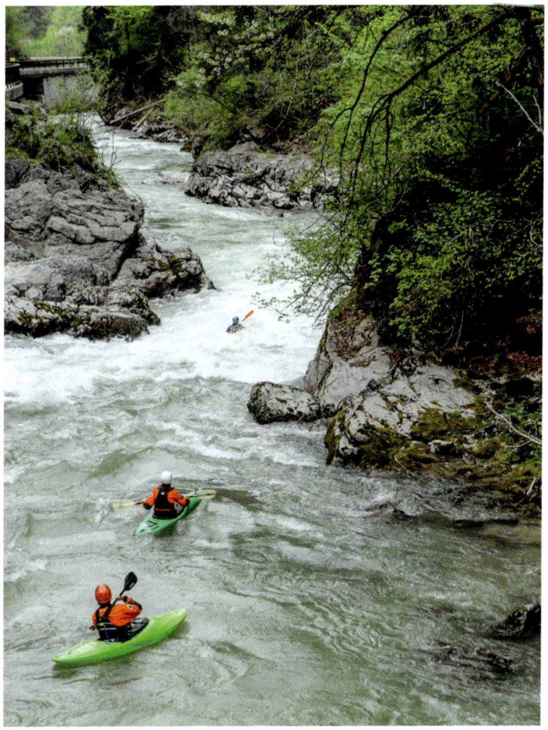

Nach dem engsten Teil der Vogluuer Klamm lauert noch eine wuchtige Engstelle. MW

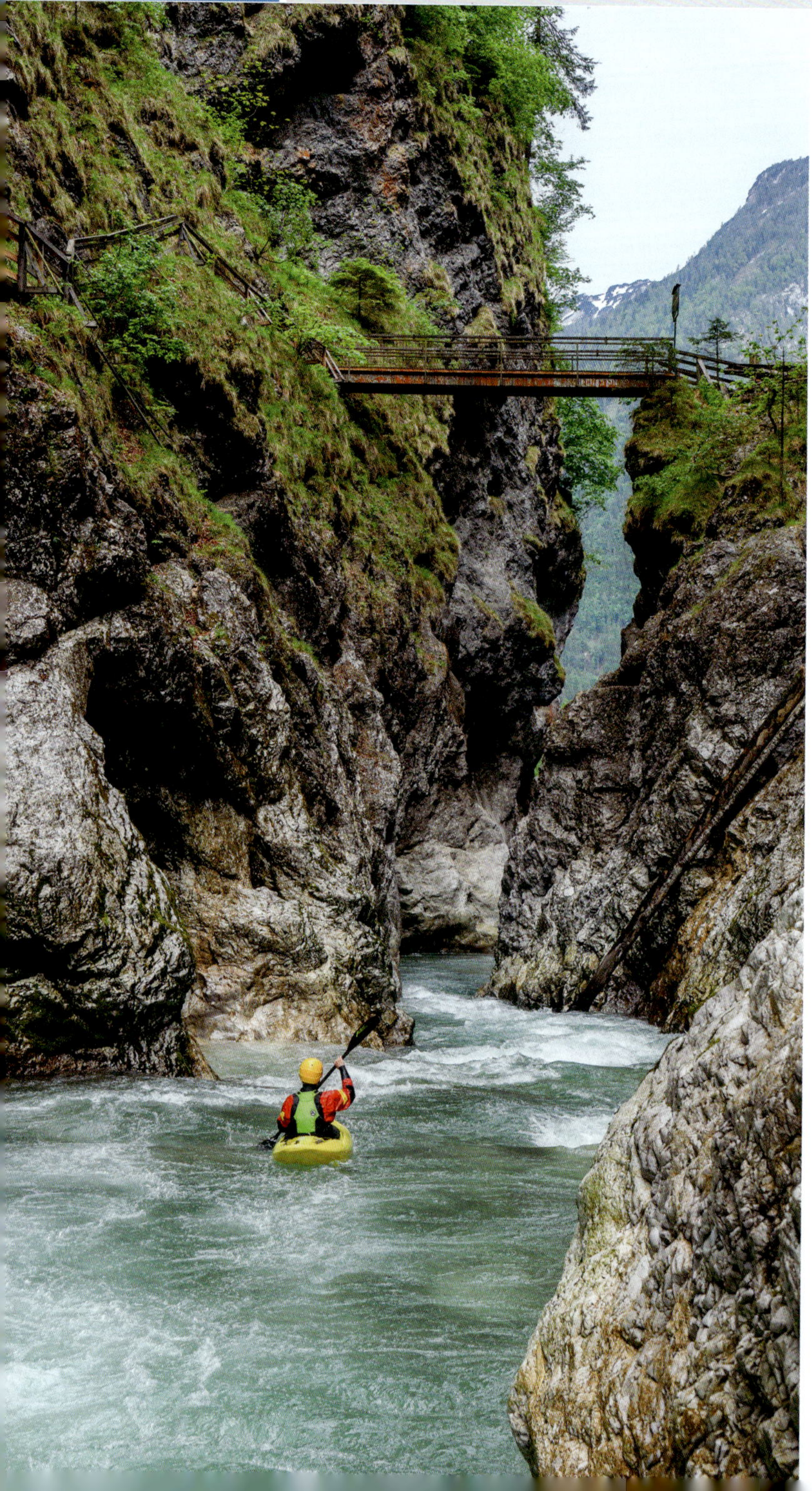

LAMMER - Lammeröfen

Die Klamm der Lammeröfen ist zwar nur zwei Kilometer kurz, doch auf dieser Strecke legen sich Fluss und Landschaft mächtig ins Zeug. Auch wenn man mit Superlativen vorsichtig sein sollte: Die Lammeröfen sind die wohl beste Viererklamm der Nordalpen. Knackiges, aber durchgehend befahrbares WW 4 in einer rassigen Klamm, noch dazu bequem vom Klammsteig zu besichtigen, gibt es schließlich nicht gerade wie Sand am Meer. Gleichzeitig sollte man diese Kombination aber auch nicht unterschätzen. Ein Vierer zwischen senkrechten Felswänden ist eben etwas anderes als WW 4 im offenen Flussbett. Ein moderater Wasserstand und

ÜBERSICHT

Länge: 2 km

Schwierigkeit: WW 4 (4+)

Einstieg: Straßenbrücke bzw. Parkbucht oberhalb der Öfen (47.5894, 13.2739)

Ausstieg: Straßenbrücke unterhalb der Öfen (47.5767, 13.2674)

Charakter: Wuchtige, technisch anspruchsvolle Katarakte und Engstellen in einer Felsklamm

Gefahren: Steckgefahr (bei wenig Wasser), Rückläufe, Baumhindernisse, Klammausfahrt bei viel Wasser, zu hohe Wasserstände

Gefälle: 24 m/km (nur Klamm)

Pegel: Lammer Obergäu auf *www.rivermap.ch* da sich die Werte häufig verändern bitte aktuelle Bezugswerte im Internet verwenden

Beste Zeit: Von Frühling bis Herbst, außer bei Hochwasser oder in Trockenperioden

Das Ende der Öfen scheint nicht mehr weit, doch nach dem Steg lauert noch die schwierige Ausfahrt. Pegel: 68 cm Obergäu

eine gründliche Vorbesichtigung sind wichtige Voraussetzungen dafür, dass eine erste Fahrt durch die Öfen als schönes Erlebnis in Erinnerung bleibt. Bei echtem Hochwasser wird die Klamm zur Tabuzone und selbst Experten lassen dann die Finger davon. Leider ist das meist dann der Fall, wenn die kleinen Bäche im Salzkammergut perfekt laufen. Dafür bleiben die Öfen oft bis in den Herbst hinein befahrbar. Da dann aber weitere Paddelmöglichkeiten in der Umgebung rar sind, stehen die Öfen leider viel zu selten in meinem Fahrtenbuch. Als Münchner liegt Lofer an solchen Tagen einfach näher, sprich mehr Zeit am Wasser, weniger Zeit im Stau. Ein echter Experte für die Öfen bin ich also nicht, doch soll und kann diese kurze Beschreibung eine eigene Besichtigung vor der ersten Fahrt ohnehin nicht ersetzen.

An Land

Die üppig beschilderte Klamm ist nicht zu übersehen. Nach dem Abladen der Boote oberhalb der Klamm (Brücke oder Parkbucht vor den Öfen) stellt man am besten das Auto am Ausstieg unterhalb der Öfen (Brücke) ab und wandert auf dem Klammsteig zum Einstieg. Der Steig kostet Eintritt, also Geld nicht vergessen. Mit Ausnahme der Einfahrt sind alle Stellen gut einsehbar; die Einfahrt kann man vom Klammrand an der Brücke am Kassenhäuschen besichtigen (und später z.T. auf Wasserniveau).

Auf dem Wasser

Die bei wenig Wasser eher stufenförmige und bei mehr Wasser mit satten Walzen versehene Einfahrt in die enge Klamm ist gleich zu Beginn ein Garant für (An-)Spannung. Ist der Auftakt gemeistert, folgt mit dem gewaltigen, höhlenartigen Dom sogleich der landschaftliche Höhepunkt der Klamm. Bei moderaten Wasserständen ist die Durchfahrt weitgehend problemlos, bei mehr Wasser allerdings beginnen die Unterspülungen zu saugen, und kräftige Presswasser lassen keine Träumereien zu. Nach

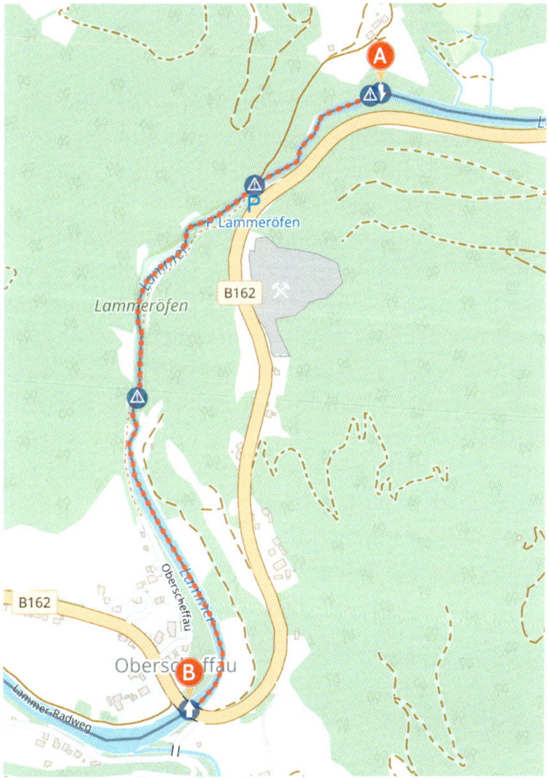

kurzer Erholungspause ist mit dem Katarakt schon die technisch schwerste Stelle der Lammeröfen erreicht. Da die Schlucht hier etwas breiter ist, kann bequem vom rechten Ufer aus auf Wasserniveau besichtigt (und im Notfall auch umtragen) werden. Wenig später beginnt schon die lange Abschlussgerade mit mehreren diffizilen Stellen. Nicht nur das „S“ verlangt eine saubere Linie, auch eine (je nach Wasserstand) rückläufige Stufe und vor allem die Klammausfahrt erfordern Können und Konzentration. Die Klammausfahrt nach dem Steg wird vor allem bei mehr Wasser zum Kriterium und begrenzt auch den maximal möglichen Wasserstand. Mit einem großen Felskessel enden die Öfen schlagartig, und bis zum Ausstieg an der folgenden Brücke plätschert die Lammer nur noch sanft dahin.

AUBACH

Der Aubach ist eine der kleinen Perlen der Paddelregion Salzkammergut, auch wenn er streng genommen überhaupt nicht im Salzkammergut, sondern im Tennengau liegt. Der gar nicht so kleine Wildbach entspringt im Süden der Osterhorngruppe und mündet unterhalb von Voglau in die Lammer. Zuvor stürzt er nach gemütlicher Kiesbettstrecke quasi aus dem Nichts über einen mehrstufigen sehenswerten Wasserfall (wirklich unbefahrbar) in eine kurze Schlucht. Die oberhalb des Aubachfalls gelegene Kajakstrecke ist weder allzu lang noch allzu schwer, aber dafür einfach schön. Obwohl der Einstieg nur zu Fuß auf einer Forststraße erreichbar ist, gehört der Aubach mit seinen abwechslungsreichen kleinen Katarakten und Stufen zu meinen WW 3-4-Favoriten.

ÜBERSICHT

Länge: rund 2 km

Schwierigkeit: WW 3-4 (5-)

Einstieg: Brücke der Forststraße an der Doppelstufe (47.6139, 13.3075)

Ausstieg: Straßenbrücke oberhalb des Aubachfalls (47.5992, 13.2963)

Charakter: Katarakte, kleine Stufen und etwas Grundgestein im meist recht offenen Flussbett

Gefahren: Unterspülungen, Steckgefahr

Gefälle: 22 m/km

Pegel: Am Ausstieg, Werte unbekannt, MW etwa 10-12 m³/s

Beste Zeit: April und Mai und nach Regenfällen

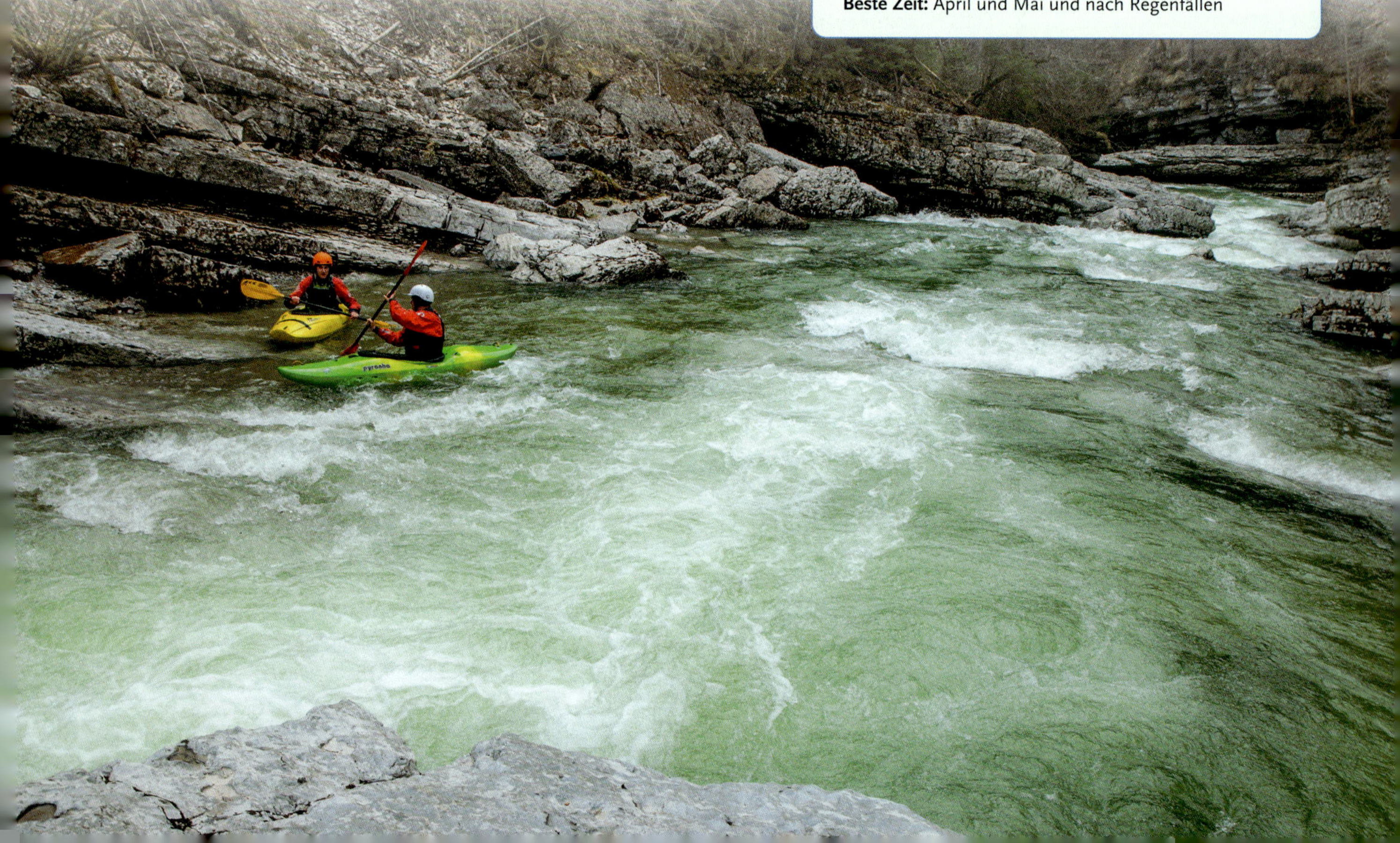

Die schrägen Felsplatten im Mittelteil bilden leider auch Unterspülungen. Pegel: knapp 10 m³/s

Doch der Aubach kann auch anders. Bei 30 Grad Ende April und satt Schnee auf den Bergen war der Plan, am späten Nachmittag einzusteigen, vielleicht doch etwas optimistisch. Geschätzte 30-40 m3/s verwandelten den Fluss in Ehrfurcht gebietendes Wuchtwasser mit fetten Walzen und Rückläufen. Heil durchkommen hieß die Devise. Die Kernstelle mit grusliger Unterspülung umtrugen wir zwar weiträumig, der Rest der Strecke aber blieb als unerwartetes Abenteuer in bester Erinnerung, geniale Surfwellen inklusive.

An Land

Das Auto parkt man am Forsthaus Pichl (47.6000, 13.2981), erreichbar ab Voglau im Lammertal (Richtung Weitenau). Von hier folgt man mit geschultertem Boot oder Bootswagerl etwa 2 Kilometer lang der Forststraße ins Aubachtal. Dabei bleibt man immer am Hauptweg auf der in Fließrichtung linken Flussseite. Der Einstieg ist an der ersten Brücke erreicht (Stufe oberhalb und unterhalb der Brücke). Auf dem Weg zum Einstieg sind die meisten Stellen gut einsehbar. Vom Ausstieg an der Straßenbrücke oberhalb des Aubachfalls (keinesfalls weiterpaddeln) trägt man die Boote auf der Straße wieder kurz hinauf zum Forsthaus. Bitte überall ordentlich und dezent verhalten, Paddler werden hier teilweise etwas argwöhnisch beäugt.

Auf dem Wasser

Die beiden Stufen vor und nach der Brücke machen von Anfang an Lust auf mehr. Ist der Wasserstand zu hoch, das Können zu niedrig, oder das Bauchgefühl sagt nein, ist das kein Grund zur Beunruhigung. Unterhalb einsteigen ist kein Problem, und mit Ausnahme der Kernstelle ist der Rest der Strecke mindestens einen halben Grad leichter. Auf der Folgestrecke wechseln sich abwechslungsreiche Wildwasserpassagen mit etwas Grundgestein und ruhige Passagen ab. Das grüne Wasser des Aubachs und das helle

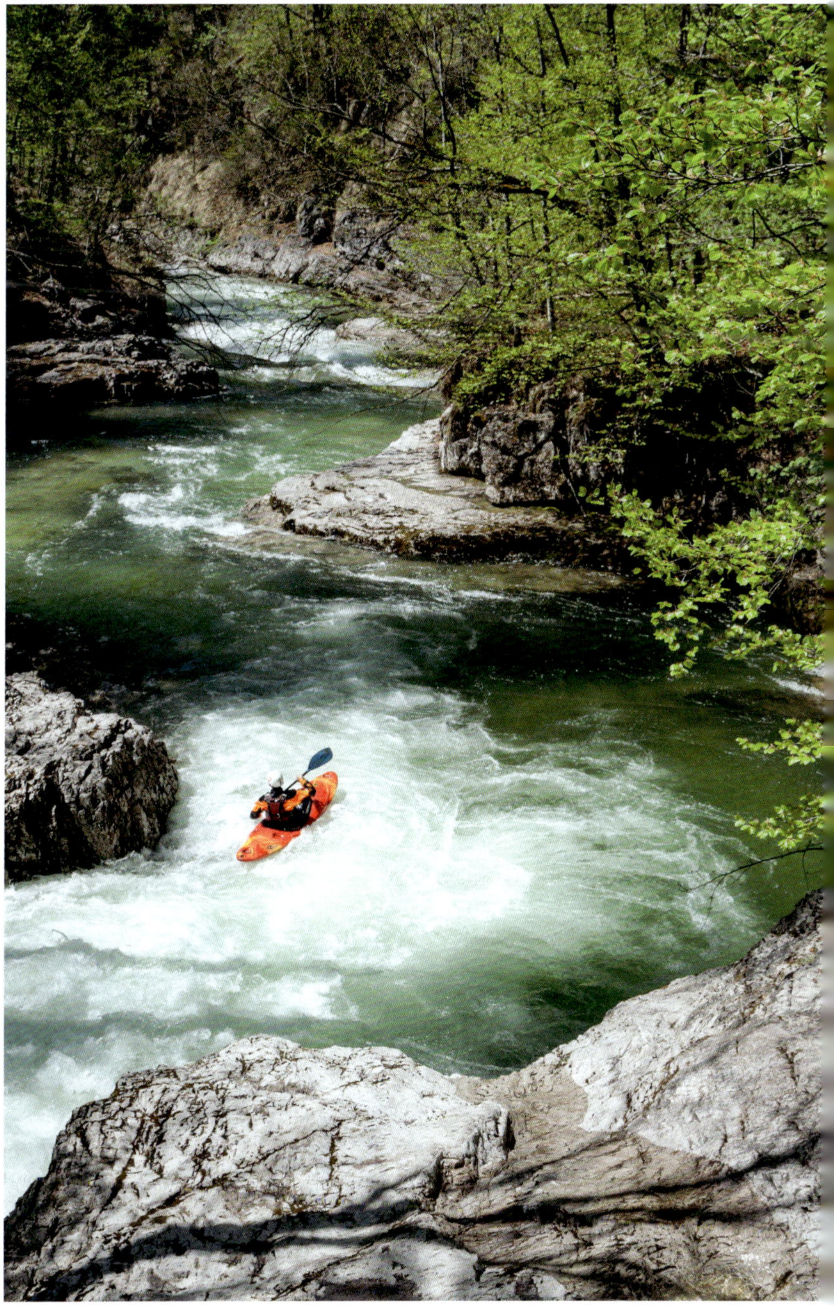

Schöne Aussichten am Einstieg. Pegel: rund 10 m³/s

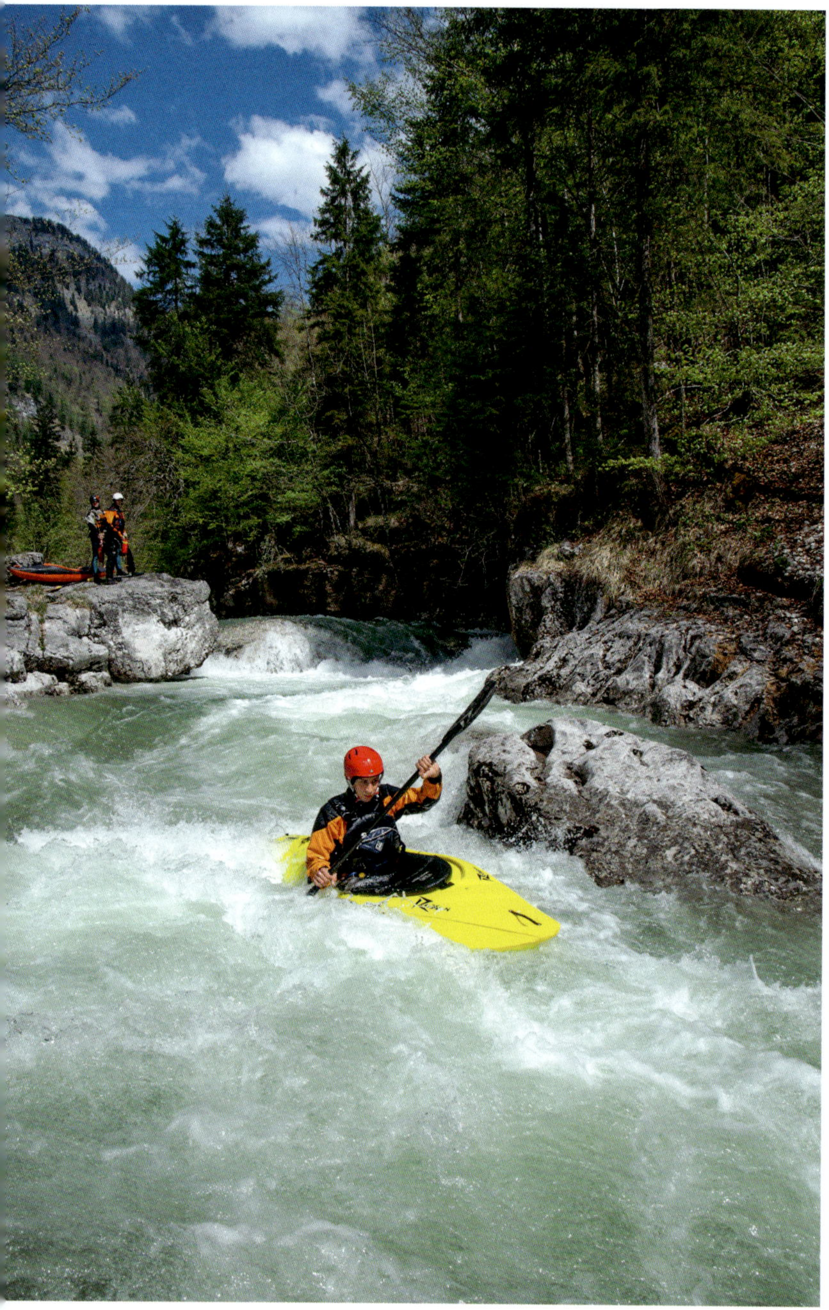

Eine der schönsten Stellen im Mittelteil. Pegel: knapp 10 m³/s

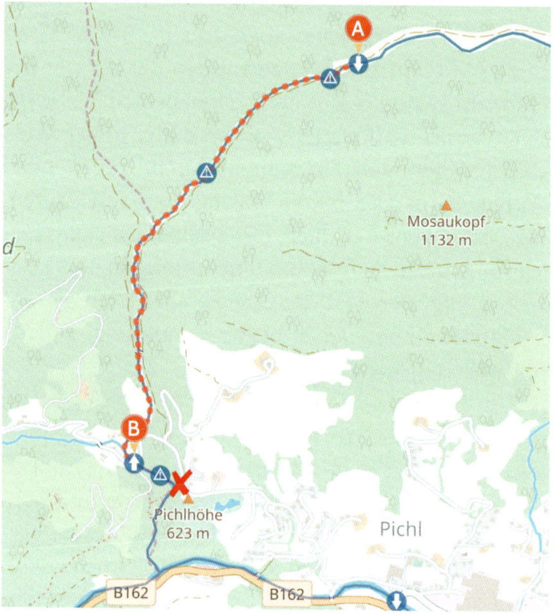

Gestein sind perfekte Zutaten für eine wunderschöne Flusslandschaft. Viel zu schnell ist die Kernstelle erreicht. Der erste Abfall mit Unterspülung links ist leider oft sehr unsauber (kurz umtragen), doch die folgende Felsgasse macht dafür umso mehr Spaß. Besondere Vorsicht verlangt die stark unterspülte Felswand in der folgenden Kurve, die bei viel Wasser zur ernsthaften Gefahr wird.

Kurz darauf mündet von rechts der Marchgraben und kündigt das Nachlassen der Schwierigkeiten an. Zuvor aber sollte man eine je nach Wasserstand wirklich lohnende Surfwelle nicht auslassen. Ein paar schöne wuchtige kleine Katarakte und Schwälle hat der Aubach noch zu bieten, dann lassen die Schwierigkeiten nach und auf leichtem Wildwasser geht es zum Ausstieg an der Straßenbrücke vor dem unbefahrbaren Aubachfall. Bis zur Fallkante hat man hier noch knapp 200 Meter Sicherheitsabstand, doch die sind gerade bei mehr Wasser durchaus angenehm. Erst recht, wenn man den Fall vom rechten Ufer besichtigt hat (sehr empfehlenswert).

KOPPENTRAUN

Schon seit Generationen von Paddlern ist die Koppentraun im Herzen des Salzkammerguts ein echter Klassiker, der bis heute nichts von seinem Reiz verloren hat. Der Hauptfluss der Region wurde in der Ära der 4-Meter-Boote genauso geschätzt wie in wilden Spielbootzeiten und ist auch heute im Creeker oder Riverrunner ein echter Spaßgarant. Aus früheren Zeiten ist bis heute der Leitspruch „Wir traun uns auf die Koppentraun, denn die Koppentraun, die ist uns zuzutraun" überliefert, dem aber längst nicht jeder folgen sollte. Bei hohen Wasserständen wird der Fluss nämlich zum echten Wuchthammer, und selbst bei weniger Wasser ist der mittlere Streckenteil mit den Katarakten des „Geschauten" und „Ungeschauten"

ÜBERSICHT

Länge: 8 km

Schwierigkeit: WW 3-4+ (5-)

Einstiege: Am Bahnhof von Bad Aussee (47.5994, 13.7752)

Ausstieg: Koppenrast (Brücke am Schluchtende) (47.5645, 13.7214)

Charakter: Wuchtige Schwallstrecken und Katarakte in einer Waldschlucht, bei geringer Wasserführung verblockt.

Gefahren: Wehr am Schluchtbeginn, Baumhindernisse, Schwimmen bei mittleren und hohen Wasserständen, aktuell Siphon im ersten Katarakt und Eisenträger in den Stufen am Einstieg.

Gefälle: 14 m/km

Pegel: Am Ausstieg (Koppenrast), online oft defekt, NW=100 cm, MW=125 cm, HW=145 cm

Beste Zeit: Frühling bis Sommer, bei Hochwasser nur für Könner.

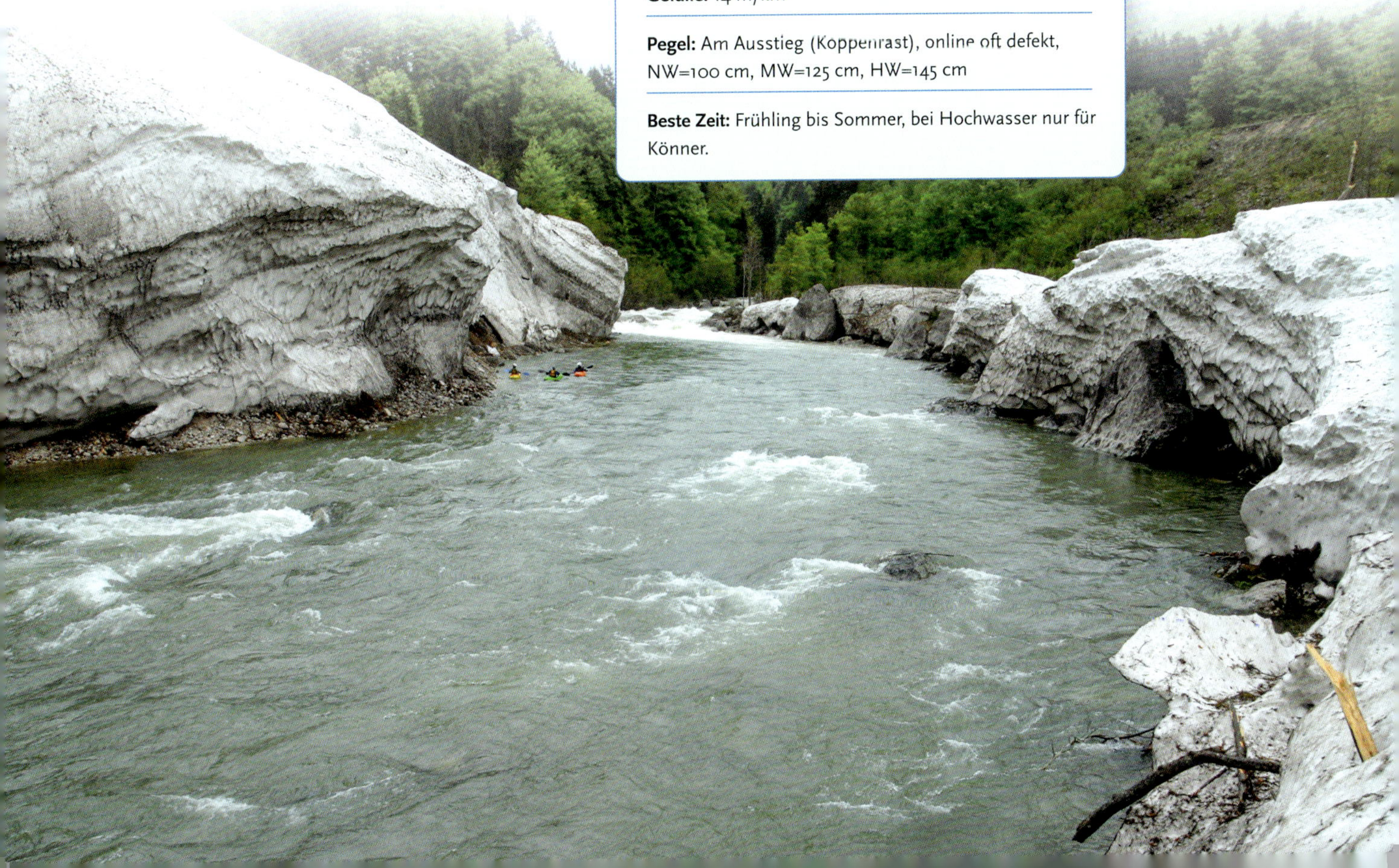

Gewaltige Lawinenreste am Eissee. Pegel: 155 cm

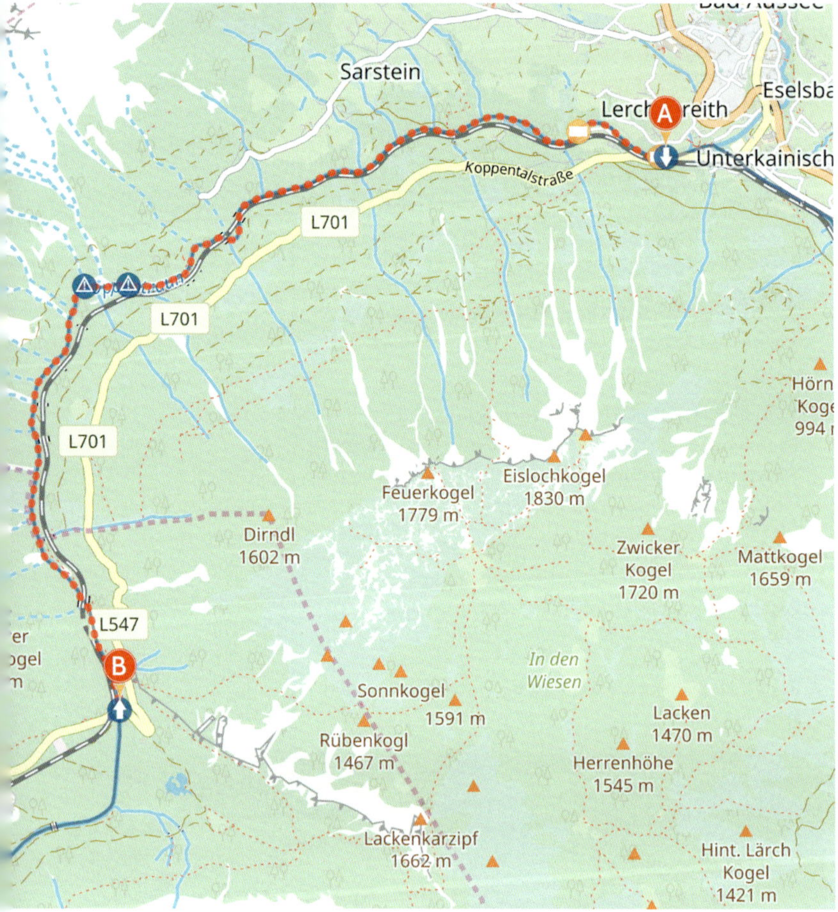

sehr sportlich. Auch, wenn es am Einstieg und Ausstieg ganz gemütlich aussieht und weite Teile der Strecke nicht allzu schwer sind, sollten nur Paddler ins Boot steigen, die zumindest auf WW 3-4 sicher unterwegs sind. Die dürfen sich aber auf einen Fluss voller Besonderheiten freuen: So wird die Koppentraun gleich aus drei Quellflüssen gebildet und ist trotz niedriger Höhenlage manchmal noch im Juni von Lawinen gesäumt. Die leichtere Kernstelle sollte man dem Namen nach besichtigen und die schwerere nicht, und sogar das Wuchtwasser ist von ganz anderem Charakter als sonst in den Nordalpen. Kein eiskaltes Gletscherwasser im Geröllbett, sondern angenehm temperiertes grünes Seewasser zwischen Moos bewachsenen Blöcken und gespickt mit überdurchschnittlich vielen dicken Walzen. Dass wir hier noch paddeln können, verdanken wir einer beispielhaften Kooperation von Paddlern, Fischern, Touristikern und Naturschützern, die mit großem Einsatz und kreativen Protestaktionen eine Wasserableitung in der Koppenschlucht verhinderten.

An Land

Ein- und Ausstieg sind leicht zu finden, unbedingt aber die Parkverbote beachten. Die Koppenpassstraße dazwischen macht mit dem Auto sogar mir als Automuffel durchaus Spaß, umweltfreundlicher ist es aber natürlich, mit dem Fahrrad oder zu Fuß umzusetzen. Durch die Schlucht führt ein schöner Wander- und Radweg. Eine gute Alternative ist auch die Bahn. Die Haltestelle Obertraun-Koppenbrüllerhöhle liegt quasi direkt am Ausstieg, der Bahnhof Bad Aussee direkt am Einstieg. Von April bis November verkehren die Züge alle zwei Stunden, das war in der Vergangenheit aber nicht immer so. Eine Alternative kann dann ggf. auch der Bahnhof Obertraun-Dachsteinhöhlen darstellen (Fußweg ab der Brücke in Obertraun).

Auf dem Wasser

Die Sohlschwellen am Einstieg sind für Spieler natürlich verlockend, neben manchmal kräftigen Rückläufen lauern hier aber auch teils gemeingefährliche Eisenträger (nur bis Pegel 120 cm sichtbar). Also bitte erst denken und dann paddeln. Nach ein paar hundert Metern ohne Schwierigkeiten versperrt ein tödliches (!) Wehr mit bei viel Wasser gewaltigem Rücklauf den Fluss. Die Bootsgasse links ist normalerweise gut befahrbar, bei Hochwasser reicht der Rücklauf aber bis ans Ende der Gasse (vorab besichtigen und links halten). Bis zur ersten Eisen-

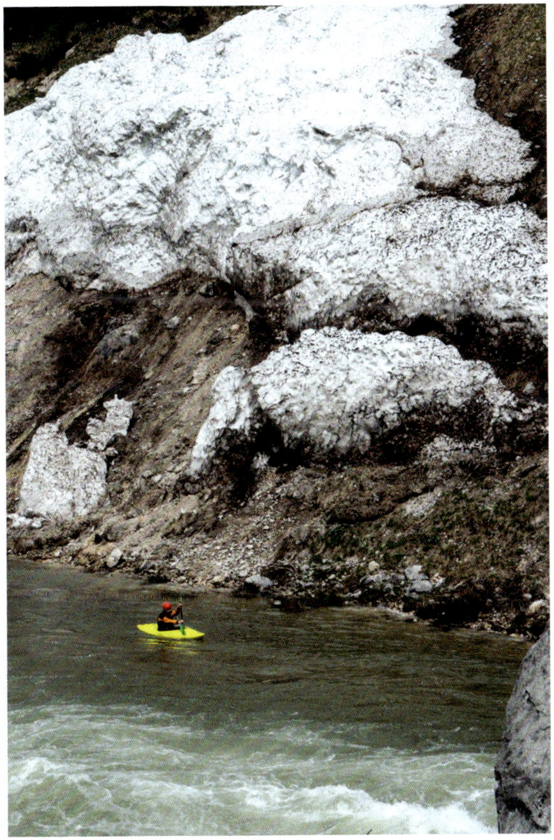

Gewaltige Lawinenreste am Eissee
Pegel: 165 cm

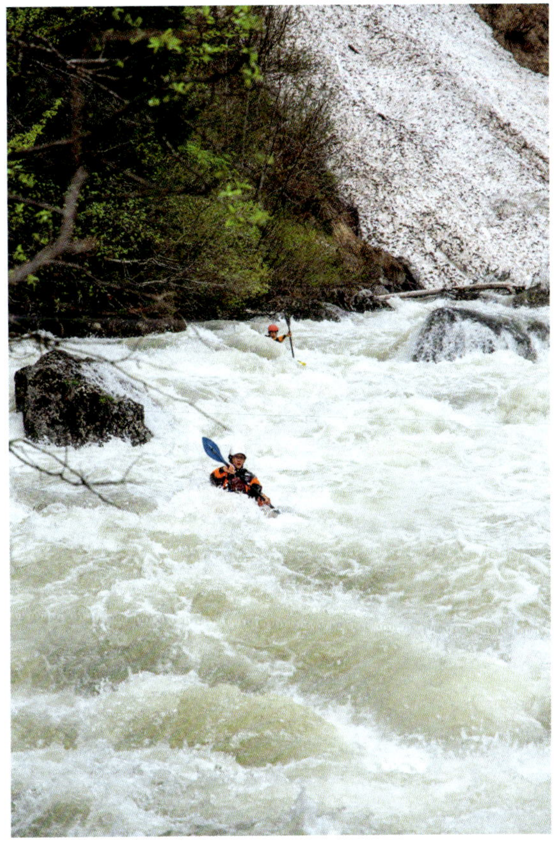

Einfahrt in den zweiten Katarakt bei satt Wasser.
Pegel: 165 cm

bahnbrücke bleiben die Schwierigkeiten zunächst noch moderat (meist WW 2-3). Nicht nur im Spielboot kann man hier bereits jede Menge Spaß haben, gerade bei etwas mehr Wasser. Fast die ganze Koppentraun ist ein einziger wuchtiger Spielplatz mit herrlichen Wellen, Walzen und Eddylines. Hier kann man auch mit größeren Booten bei schönen Wasserständen spielen bis zum Umfallen.

Nach der Eisenbahnbrücke wird der Fluss schwieriger und der Hals länger. Erster Höhepunkt ist das „Geschaute", ein verblockter und wuchtiger, aber recht kurzer Katarakt. Ob man anschaut oder nicht, muss jeder selbst entscheiden, die Bezeichnung wird mir aber ewig ein Rätsel bleiben. Wieso man das leichtere „Geschaute" anschauen sollte und das schwierigere „Ungeschaute" nicht, wissen – abgesehen von den Namensgebern – wohl nur die Götter (und vielleicht die Einheimischen). Um weitere Verwirrung (die auch mich schon erfasst hatte) zu vermeiden, bezeichne ich die beiden Stellen ganz banal als ersten und zweiten Katarakt. Seit 2018 lauert im ersten Katarakt auf der linken Seite jedenfalls ein unscheinbarer, aber sehr gefährlicher Siphon,

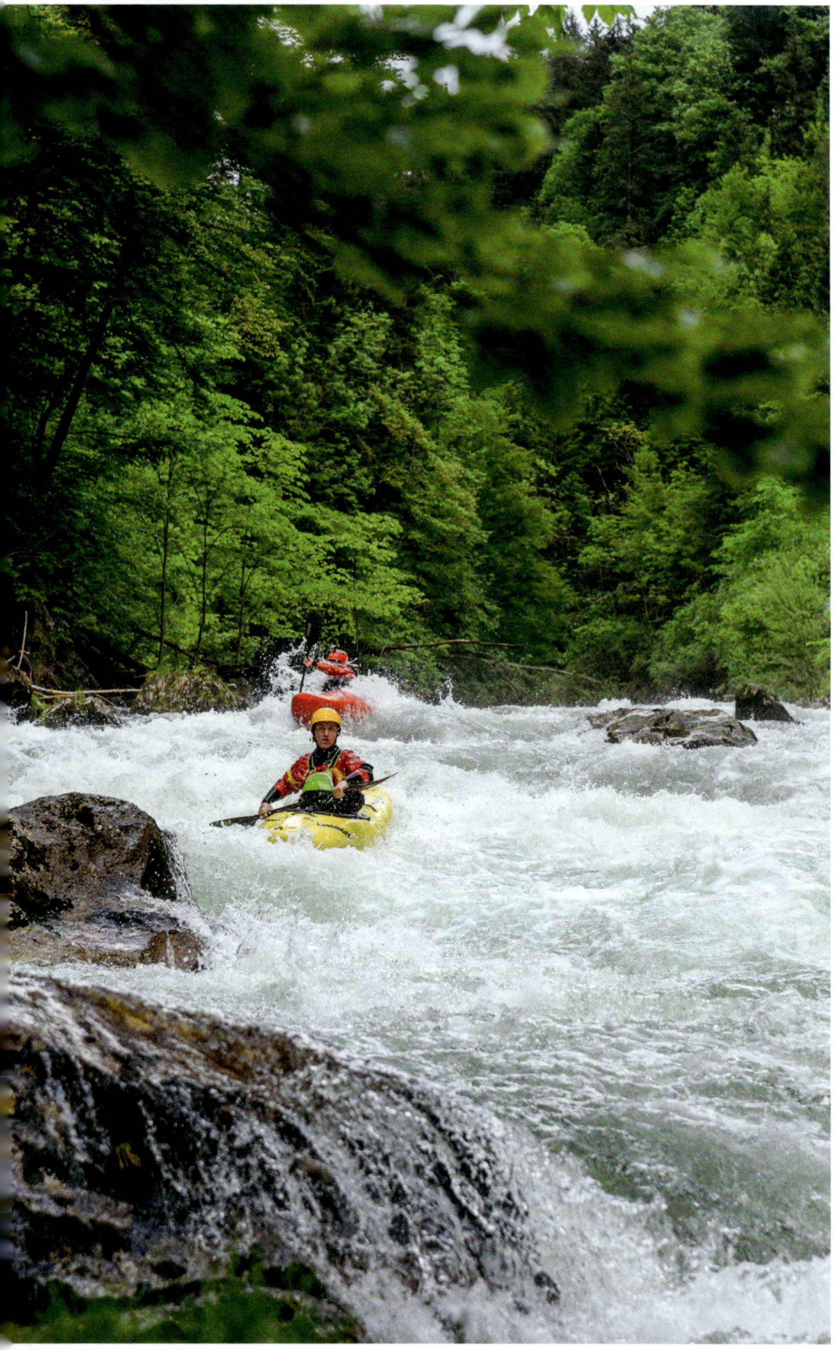

also rechts halten und nicht das einladende Kehrwasser links ansteuern.

Der zweite Katarakt folgt nach dem sogenannten Eissee, jenem Bereich, in dem die Ufer manchmal bis in den Sommer hinein von riesigen Schneewänden bzw. Lawinenresten begrenzt werden. Der zweite Katarakt ist erheblich schwerer und länger und kann ab Mittelwasser den unteren fünften Grad erreichen. Die Einfahrt ist unübersichtlich und auf falscher Route bei wenig Wasser steckgefährlich, während im zweiten Teil der Stelle meist dicke Walzen lauern. Auch der gefährlich unterspülte Fels gegen Ende links sollte nicht außer Acht gelassen werden. Besichtigen und ggf. umtragen war zuletzt nur noch von links problemlos möglich. Eine Besichtigung vom rechten Ufer war bei meiner letzten Befahrung nicht mehr gefahrlos machbar, durch Veränderungen im Flussbett zog es hier mit Schwung in die Steine, sodass wir ohne Besichtigung „ab durch die Mitte“ mussten.

Bedenken sollte man, dass die Lawinen auch Baumhindernisse mitbringen können, die sich unterhalb manchmal etwas häufen. Nach dem zweiten Katarakt geht es etwa zwei Kilometer lang anspruchsvoll und wuchtig ohne Ruhepausen zur Sache, bevor die Schwierigkeiten allmählich nachlassen. Wenn alles gut läuft, ist diese Strecke das reinste Vergnügen, geht etwas schief, wird es aber rasch ernst. Bereits bei Mittelwasser lauern große Walzen, die bei viel Wasser in manchen Jahren zu echten Monstern werden können. Gegen Ende bleibt aber immer Zeit zum Adrenalinabbau und zum Genießen. Wer mag, kann auf leichtem Wildwasser (WW 1) bis zum Hallstätter See oder auch nur bis zur Brücke in Obertraun paddeln (und von dort mit dem Zug zurück zum Einstieg fahren).

Zwei Kilometer Wildwasser vom Feinsten nach dem zweiten Katarakt. Pegel: 125 cm

RETTENBACH

Der Rettenbach entspringt am Rand des stark verkarsteten Toten Gebirges und mündet bei Bad Ischl in die Traun. Dabei tobt er fast ununterbrochen durch Klammen und Waldschluchten, die für Könner zweifelsohne zu den Höhepunkten im Salzkammergut gehören. Im Gegensatz zu vielen anderen Flüssen der Gegend ist der Rettenbach außerdem angenehm wassersicher, selbst etwas später im Jahr stehen die Chancen nicht schlecht. Wenn die Bäume im Frühjahr noch kahl sind und die Sonne bereits das einsame Tal verlassen hat, erscheint die Kulisse zumindest empfindsameren Gemütern durchaus im wörtlichen Sinne als düstere Eingangspforte des Toten Gebirges. Am Wasser sollte man derartige Vorstellungen schnell zur Seite schieben, denn der Rettenbach fordert neben solider Technik bei guten Wasserständen auch ein gefestigtes Nervenkostüm. Fiese Baumhindernisse, erstaunlich kräftige Rückläufe und ein (für die meisten) obligatorischer Ausstieg vor der Schlussklamm treiben den

ÜBERSICHT

Länge: Bis zu 5 km

Schwierigkeit: oberer Teil WW 4+ (5), unterer Teil WW 4 (4+), Schlussklamm WW 5

Einstieg: Unterhalb der Rettenbachalm (47.6941, 13.7006) oder Brücke ins Tal des Grabenbachs (47.6936, 13.6881)

Ausstieg: Vor der Schlussklamm (siehe Text, keine genauen Koordinaten, bitte selbst erkunden) oder für Profis beim passenden Pegel an der Rettenbachmühle (47.7055, 13.6483).

Charakter: Felsgassen, Stufen und Katarakte in Klammen und Waldschluchten, teils Grundgestein, ab Mittelwassser wuchtig.

Gefahren: Baumversperrungen, Klemmgefahr, Unterspülungen, Felsnase und letzte Stufen in der Schussklamm unterhalb des üblichen Ausstiegs, Rückläufe, zu große Gruppen (max. 4 Personen).

Gefälle: 26 m/km (gesamt), oberes Kernstück 30 m/km

Pegel: Brücke der Forststraße ins Grabenbachtal (nicht online): NW und Mindestpegel für untere Strecke 160 cm, gut bei 170 cm (Gesamtstrecke), hoch ab 180 cm

Beste Zeit: Ab April (Vorsicht bei Hochwasser) oft bis in den Frühsommer hinein und nach Regenfällen.

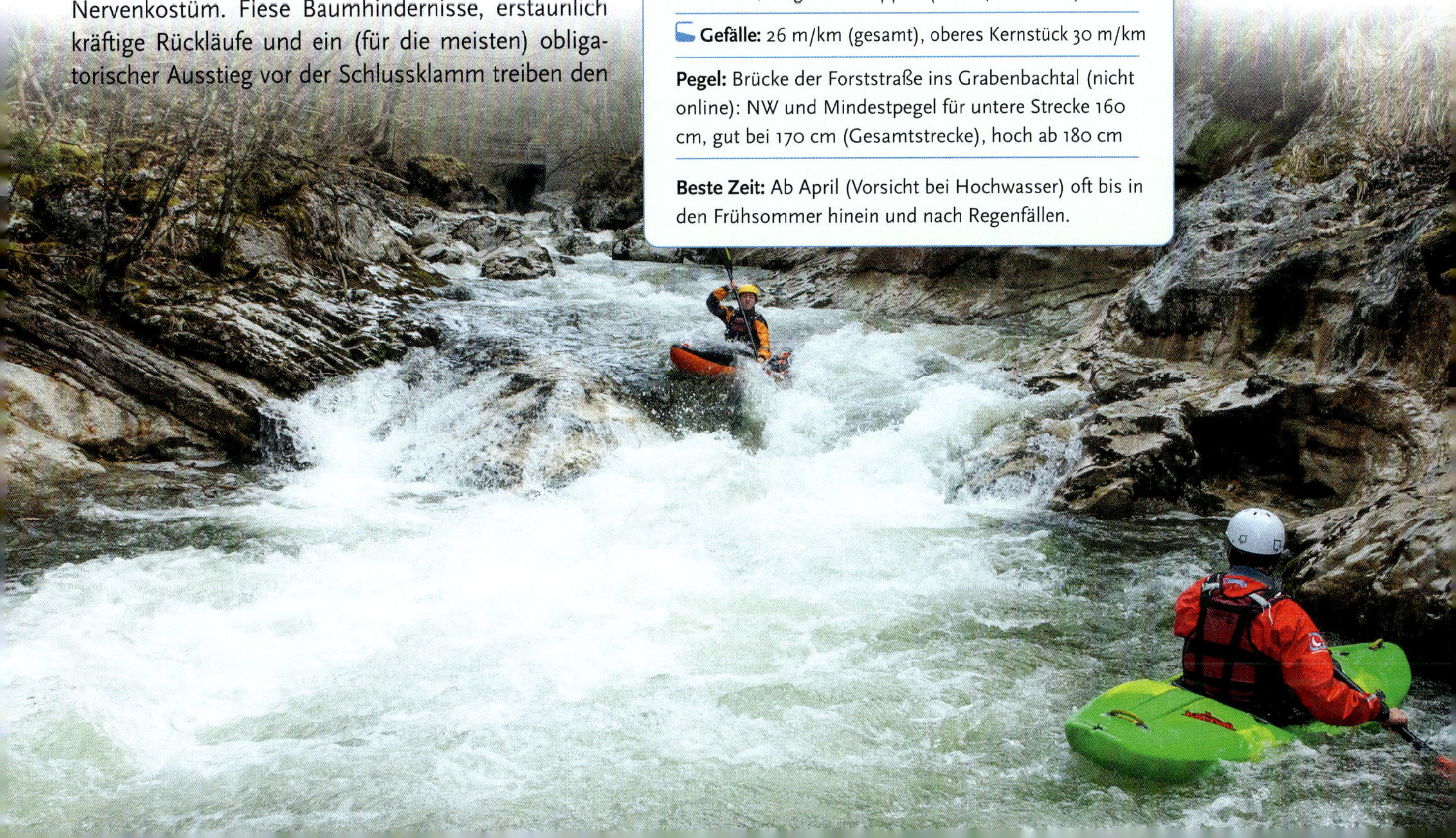

Kleine Rutschen im schmalen Bachbett vor der Mündung des Grabenbachs. Pegel: 160 cm

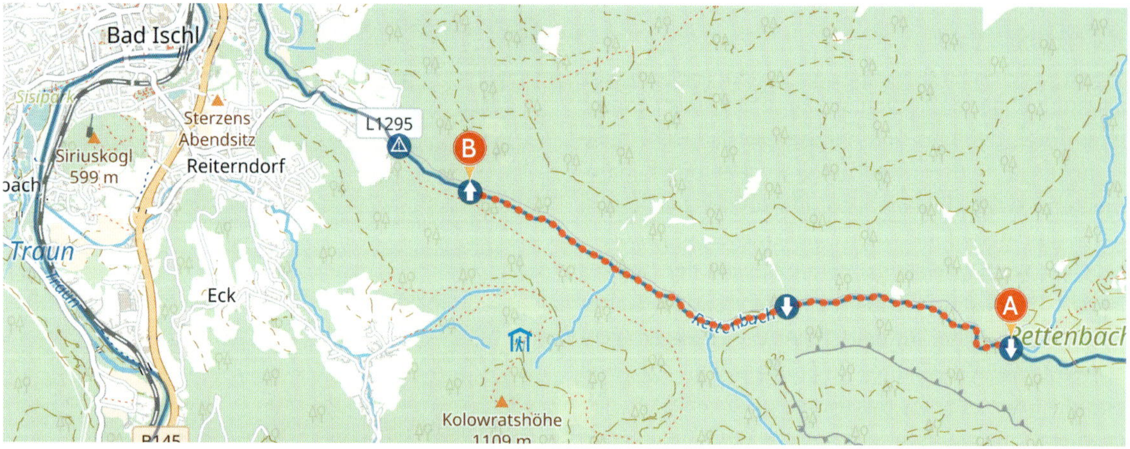

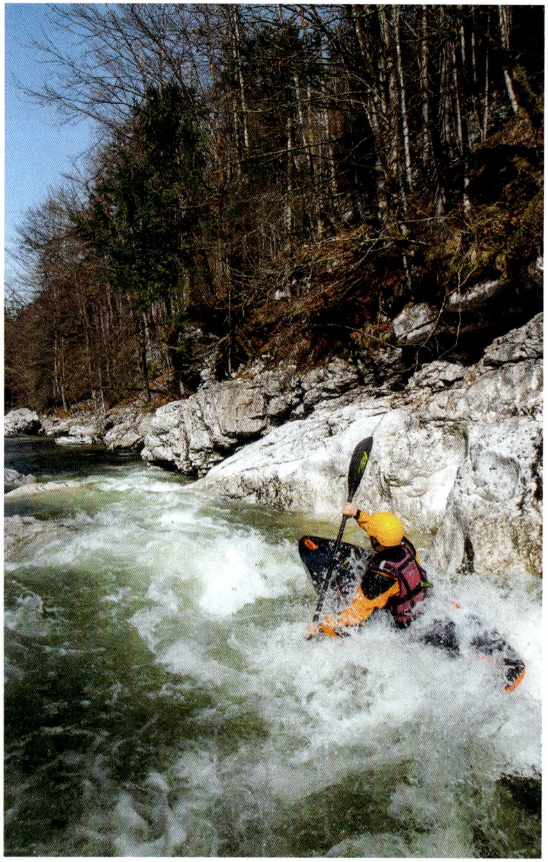

Offeneres Grundgesteinswildwasser im unteren Teil. Pegel: 160 cm

Adrenalinspiegel in die Höhe. Aber das heißt ja nicht, dass es keinen Spaß machen würde, im Gegenteil!

An Land

In Bad Ischl folgt man der Beschilderung ins Rettenbachtal/zur Rettenbachwildnis. Die Schlussklamm mit der sehr gefährlichen Felsnase „Ohrwascherl" sollte unbedingt besichtigt werden. Ein Wanderweg führt von der ins Tal führenden Forststraße zu einem Steg über die Klamm. Von hier ist die Problemstelle einzusehen, die Stufen unterhalb des Stegs werden vor allem bei guter Wasserführung ebenfalls kritisch.

Ein guter Ausstieg vor der Klamm befindet sich ziemlich genau 800 Meter oberhalb des Ortsausgangsschilds von Bad Ischl. Schwache Pfadspuren führen zum Wasser hinunter, ein gutes Kehrwasser bietet sich als Ausstieg an. Die geeignete Stelle sollte man sich unbedingt gut einprägen oder ggf. markieren, sonst geht es bald ab in die Schlussklamm. Zum Einstieg folgt man der Forststraße hinauf Richtung Rettenbachalm, bis der Rettenbach flach wird und neben der Straße verläuft. Alternativ kann man auch an der Brücke der Forststraße ins Tal des Grabenbachs einsteigen (erster Abzweig nach rechts), man vermeidet dann den schwersten ersten Teil.

Auf dem Wasser

Die von der Forststraße gar nicht so schwer aussehenden Katarakte entpuppen sich auf dem Wasser als gehörig steil und bei höheren Wasserständen auch wuchtig. Rettende Kehrwasser vor Baumhindernissen sind dann gelegentlich Mangelware. Auf den langen Hals kann man im rassigen Wildwassertreppenhaus des Rettenbachs nicht immer vertrauen, besser besichtigt man einmal zu viel als zu wenig. Wo der Bach auf Grundgestein trifft, steigen die Schwierigkeiten nochmals an. Richtig knifflig ist das bekannte Kanonenrohr, aber auch andere Engstellen und fette Löcher (u.a. nach einer flachen Rutsche) sind nicht von schlechten Eltern. Bei viel Wasser wird der obere Teil bald zum echten Fünfer, während sich die Schwierigkeiten im unteren Teil (ohne Schlussklamm) außer bei Hochwasser meist um WW 4/4+ bewegen.
Unterhalb der Pegelbrücke (Alternativeinstieg) ändert sich der Charakter. Felswände treten oft bis ans Ufer und erschweren das Besichtigen. Daher sollte man sich vorsichtig an jede Kante heranpirschen und immer noch ein Sicherheitskehrwasser einkalkulieren. Zum Glück können die meisten Stellen gut vom Boot aus eingesehen werden, Baumhindernisse können hier aber sehr ungemütlich werden. Von links bringt der Grabenbach bald einen kräftigen Wasserzuschuss und lässt die Folgestrecke zu einem wuchtigen Rausch werden. Das Bachbett ist nun etwas breiter und das Gefälle geringer, im Grundgesteinsbett bilden sich aber mehrere Rückläufe von durchaus ansehnlicher Größe. Zwei wirklich große Unterspülungen erfordern ausreichend Sicherheitsabstand, und auch mit gefährlichen Baumhindernissen muss weiterhin gerechnet werden. Wenn die Schwierigkeiten wieder etwas zunehmen und sich das Flussbett erneut verengt, gilt es bald, den Ausstieg nicht zu verpassen. Wer in die Schlussklamm einfährt, muss sich seiner Sache hundertprozentig sicher sein. Allen anderen bleibt nur der kurze, aber steile Aufstieg vor der Klamm zur Straße.

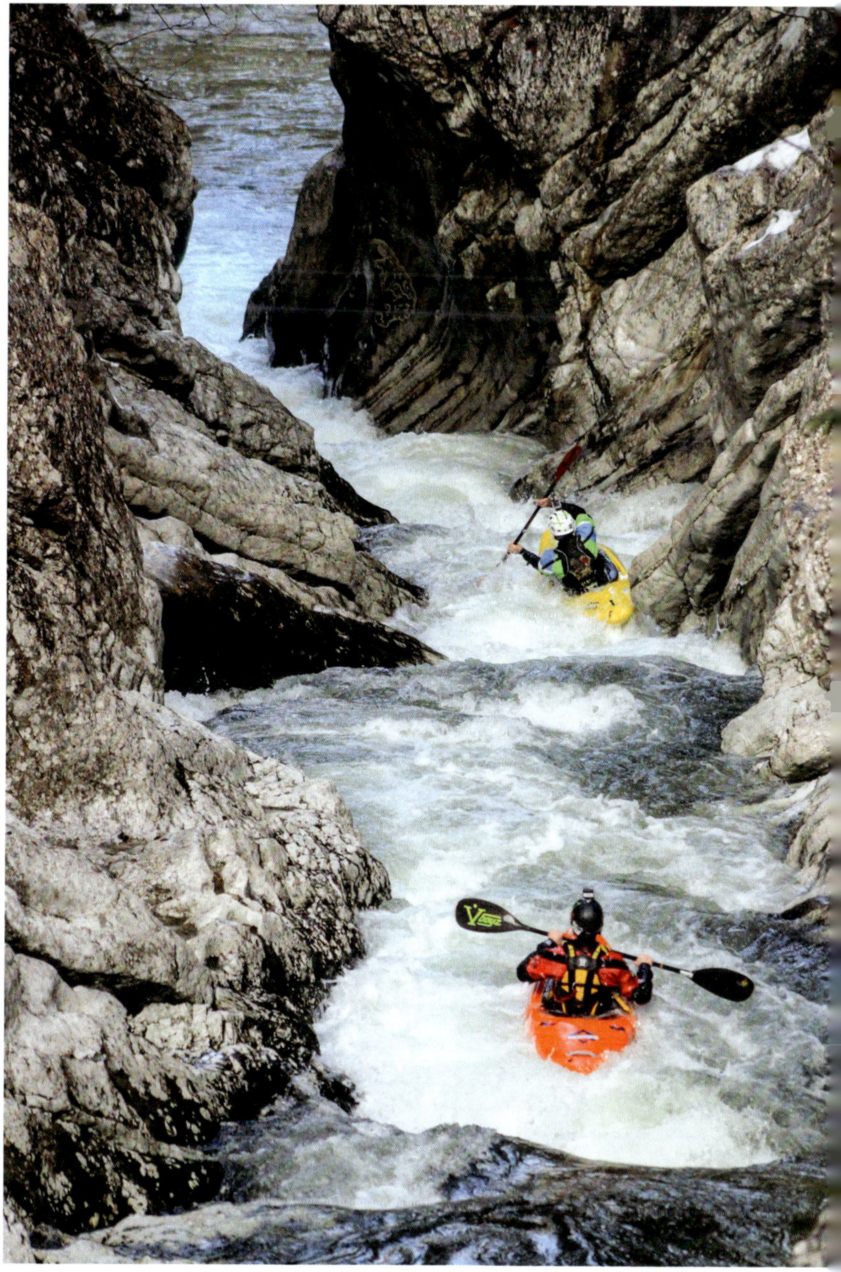

Auch die letzten Meter durch die Schlussklamm sind tückisch.
Bild: Archiv Robert Machacek

MITTERWEISSENBACH

Das Salzkammergut ist die Gegend der Weißenbäche. Da gibt es den Weißenbach, den äußeren Weißenbach, den Frauenweißenbach und den Mitterweißenbach. Für Genusspaddler uneingeschränkt empfehlenswert ist nur der letztere, alle anderen sind eher etwas für Flusssammler bzw. nur für Stürzer geeignet. Der Mitterweißenbach entsteht an der Mündung von Höllbach und Dürrer Politz und mündet nur fünf Kilometer später bereits in die Traun. Auf dieser kurzen Strecke hat der Mitterweißenbach für fast alle Paddler einiges zu bieten. Cracks finden ihre Herausforderung am Höllbachfall am Zusammenfluss mit der Dürren Pölitz. Auch die folgende rassige Klamm mit drei Stufen

ÜBERSICHT

Klamm

Länge: 0,5-1 km

Schwierigkeit: WW 4+/5- (5)

Einstieg: Brücke Höllbach (Klamm) (47.7672, 13.6364)

Ausstieg: Am Klammende hochtragen oder Weiterfahrt

Charakter: Drei kaum abzusichernde Stufen mit gefährlichen Rückläufen bereits bei Mittelwasser.

Gefahren: Rückläufe

Gefälle: 15 m/km (Gesamtstrecke), Klamm kurzzeitig steiler

Pegel: Brücke der Hauptstraße, Klamm nur bis 175 cm (vorab besichtigen)

Beste Zeit: Bei moderaten Wasserständen (nicht nach Regenfällen oder zur Hauptschmelze).

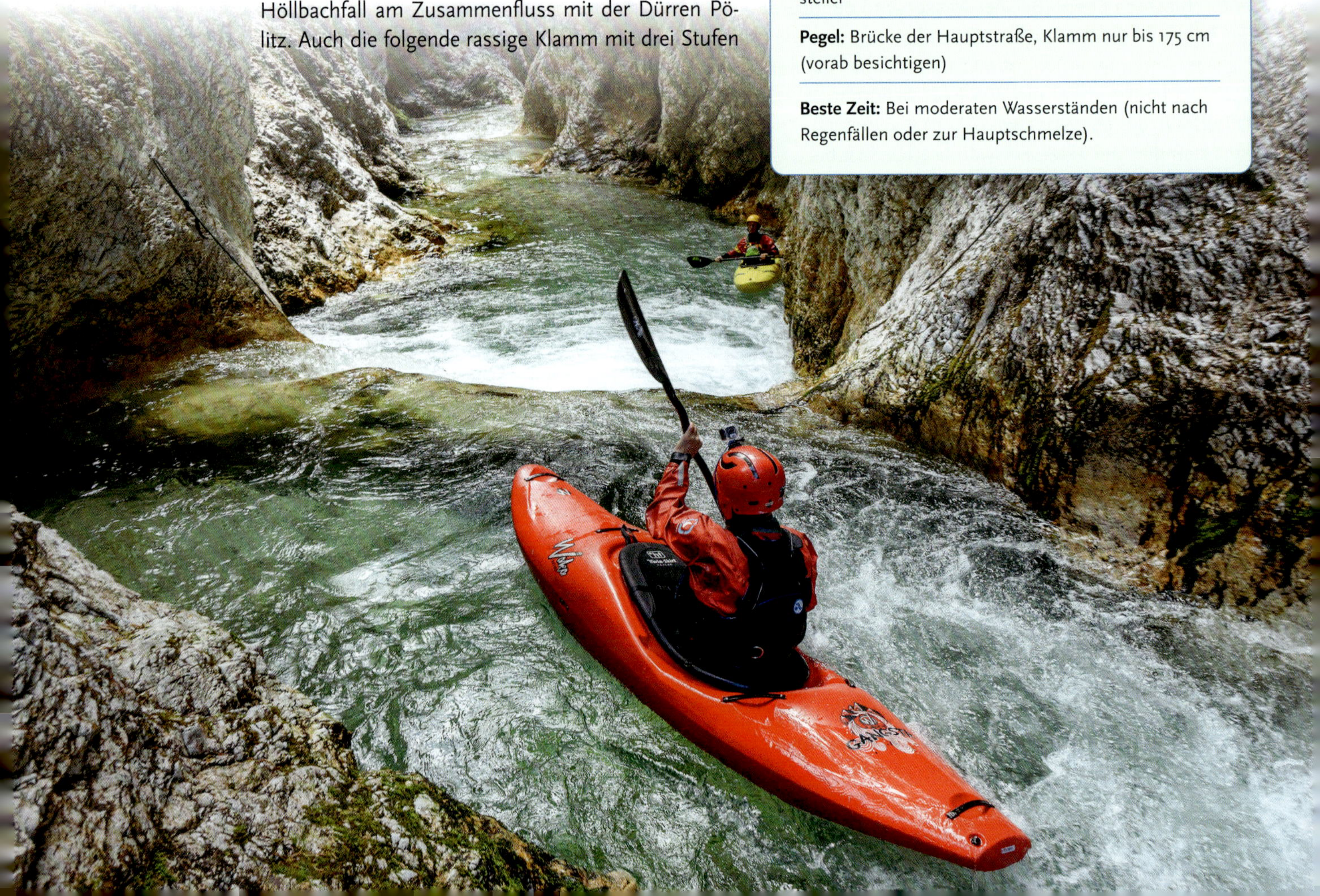

Bei Niedrigwasser durch die Mitterweißenbachklamm.

ÜBERSICHT

Standardstrecke
Länge: 4 km

Schwierigkeit: WW 2-3+

Einstieg: Wehr am Ende des Kiesbetts (Standardstrecke) (47.7647, 13.6440)

Ausstieg: Vor einem unbefahrbaren Wehr oberhalb der Mündung (47.7474, 13.6623)

Charakter: Technisches Wildwasser mit Engstellen und kleinen Katarakten in hübschen Klammen.

Gefahren: Wehr, Baumhindernisse

Gefälle: 15 m/km (Standardstrecke)

Pegel: Brücke der Hauptstraße, Minimum etwa 160 cm, MW 190 cm

Beste Zeit: Frühling und nach Regenfällen

hat es in sich und wird bereits bei Mittelwasser gefährlich rückläufig. Für die Standardstrecke unterhalb davon gibt es dagegen kaum ein Wasserstandslimit. Abwechslungsreiches mittelschweres Wildwasser in pittoresken kleinen Schluchten und Klammen lässt hier die Herzen von Genießern höherschlagen. Einziger kleiner Wehrmutstropfen: Wirklich gute Wasserstände sind gefühlt eher selten und nur nach Regenfällen anzutreffen; selbst bei kräftiger Schneeschmelze und satt Wasser überall in der Umgebung reichte es bei mir hier immer nur für Niedrigwasser.

An Land

Der Ausstieg befindet sich oberhalb eines unbefahrbaren Wehrs an einer Parkbucht an der Straße von Mitterweißenbach zum Attersee wenige hundert Meter oberhalb der Mündung. Über einen steilen Hang gelangt man hier zum Fluss. Zum Einstieg folgt man der Straße über die Brücke (Pegel) Richtung Attersee,

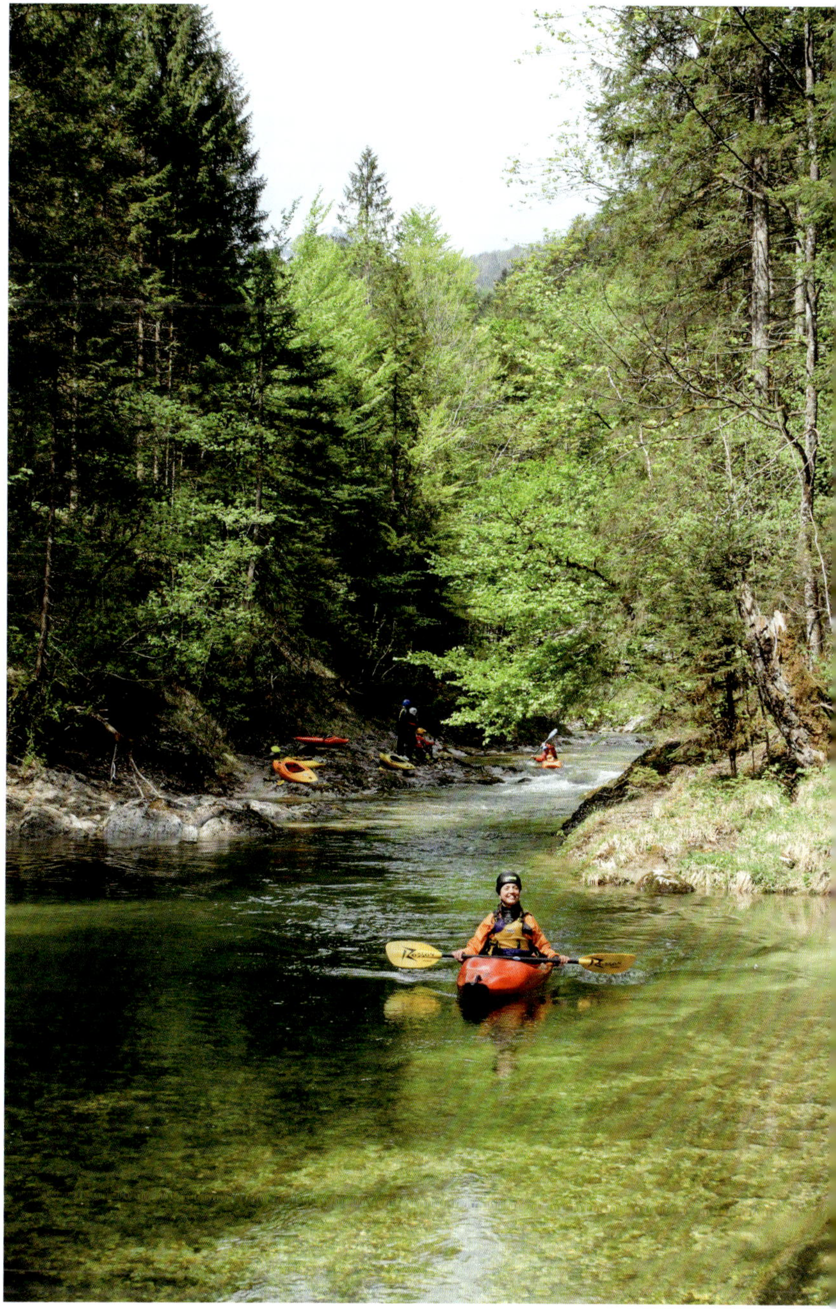

Tiefgrüne Gumpen bei Niedrigwasser.

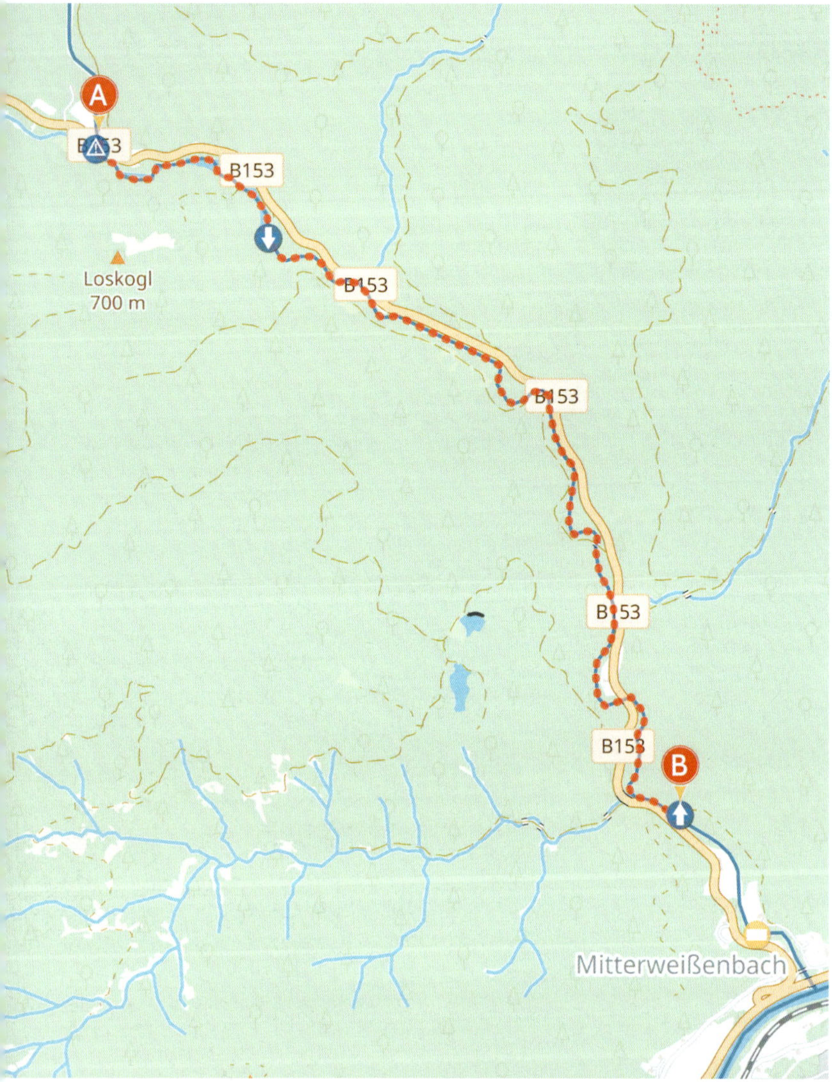

bis links ein breites, flaches Kiesbett sichtbar wird. Wer die obere schwere Klamm nicht fahren möchte, steigt hier unterhalb des Wehrs am Ende des Kiesbetts ein. Der Einstieg für die Klamm befindet sich wenig oberhalb an der Brücke über den Höllbach. Bitte Vorsicht beim Wenden und Parkplatzsuchen: Die Straße ist eine beliebte Motorrad(renn)strecke.

Auf dem Wasser

Neben dem Höllbachfall führt ein steiler Pfad in die Klamm hinunter. Abgebrühte Stürzer bewältigen diese Höhenmeter am Höllbach, der über eine schwierige Doppelstufe in die Dürre Pölitz stürzt, um gleich darauf noch einen weiteren kleineren Abfall hinunter zu rauschen. Die Stufen in der folgenden Klamm sind zwar leichter, aber keinesfalls zu unterschätzen. Vor einer Befahrung sollte man sie vom Klammrand besichtigen und sichergehen, dass es keine Baumversperrungen gibt. Die Rückläufe werden bereits bei Mittelwasser gefährlich. Sicheres Boofen ist Pflicht, da Rettungsaktionen in der Klamm kaum möglich sind. Nach dem dritten und höchsten Abfall öffnet sich die enge Klamm und der Mitterweißenbach fließt bis zu einem hohen Wehr durch ein breites flaches Kiesbett.

Das Wehr am Ende der Kiesbettstrecke ist nicht befahrbar, kann aber leicht umtragen werden und die meisten Paddler steigen ohnehin erst hier ein. Im felsigen Flussbett bleiben die Schwierigkeiten nach dem Wehr anfangs gering. Später folgen quirlige Felsgassen, kleine Katarakte und anspruchsvolle, stufenförmige Engstellen. Bei höheren Wasserständen werden die idyllischen Klammen zunehmend wuchtiger und auch das Spielpotential nimmt zu. Bei wenig Wasser sind die tiefgrünen Gumpen am Rande bemerkt auch ein beliebtes Tauchrevier (bitte Rücksicht nehmen, niemandem über den Kopf fahren und selbst nicht erschrecken).

Für Abwechslung sorgt ein kleiner Seitenbach von links. Er stürzt über eine Stufe in den Mitterweißenbach, die normalerweise schön zu befahren ist und auch weniger Geübten ein erstes kleines Wasserfallerlebnis ermöglicht (Unterwasser vorher prüfen!). Enge Klammabschnitte mit schwierigeren Passagen und einigen Prallwänden machen den letzten Abschnitt des Mitterweißenbachs zum Höhepunkt der Fahrt. Da ein unbefahrbares, nicht umtragbares Wehr folgt, gilt es den richtigen Ausstieg nicht zu verpassen (beim Auto umsetzen besichtigen).

GIMBACH

Klein, aber oho, so einfach kann der Gimbach auf den Punkt gebracht werden. Ein Großer ist er wirklich nicht, höchstens 5 Kilometer sind es von seinem Ursprung an der Gimbachwand im Höllengebirge bis zur Mündung in den äußeren Weißenbach. An nicht allzu vielen Tagen im Jahr plätschert genügend Wasser zum Paddeln unter der Brücke der Straße vom Attersee nach Mitterweißenbach hindurch. Der Gimbach präsentiert sich hier als idyllisches, aber recht unscheinbares Waldbächlein. Wenig oberhalb aber geben die Gimbachkaskaden eine Vorstellung davon, was der Gimbach alles zu bieten hat. Mehrere teilweise sogar erstaunlich große Stufen und Rutschen, mal in einer offenen Waldlandschaft, mal in einer engen Klamm, machen den Gimbach zu einer echten Perle. Allerdings ist der kleine Waldbach natürlich ökologisch empfindlicher als ein regulierter Gletscherfluss.

ÜBERSICHT

Länge: 1,5-2 km

Schwierigkeit: WW 4/4+ (die „halbe Zwangspassage" bei mehr Wasser 5-)

Einstieg: Erste Brücke des Forstwegs (47.7942, 13.5963) oder Brücke am Talende (47.7973, 13.6064)

Ausstieg: Parkplatz Gimbachkaskaden (47.7855, 13.5866)

Charakter: Mehrere, teils auch hohe Rutschen und Stufen unterbrochen von ruhigeren Zwischenstrecken.

Gefahren: Steck- und Klemmgefahr, Unterspülungen, Rückläufe bei mehr Wasser, Baumhindernisse.

Gefälle: 42 m/km

Pegel: Am Ausstieg (überspültes Betonrohr bedeutet hohen Wasserstand – nur für Kenner und Könner) bzw. an den Gimbachkaskaden abschätzen.

Beste Zeit: Bei kräftiger Schneeschmelze (April, Mai) oder nach stärkeren Regenfällen.

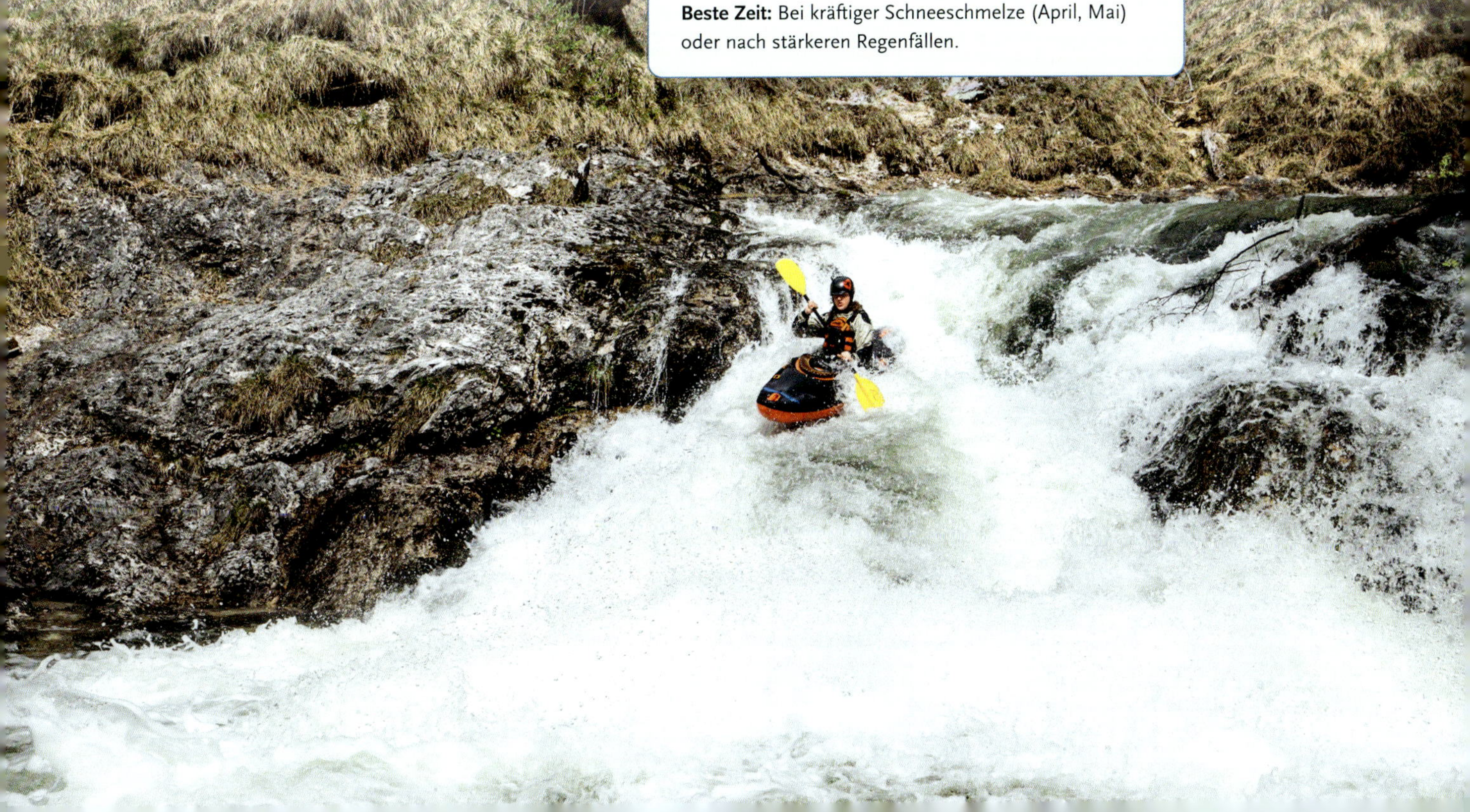

Schöne Rutsche im Mittelteil. Oberes MW

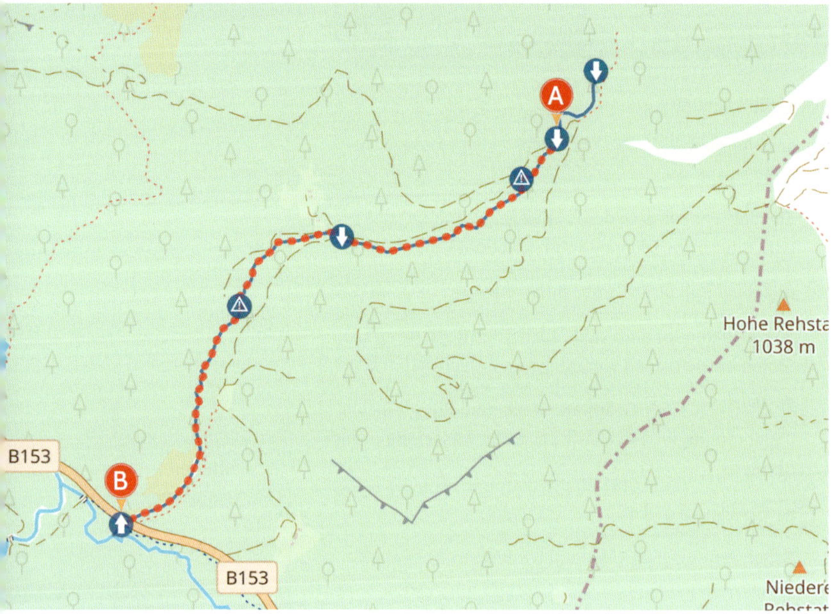

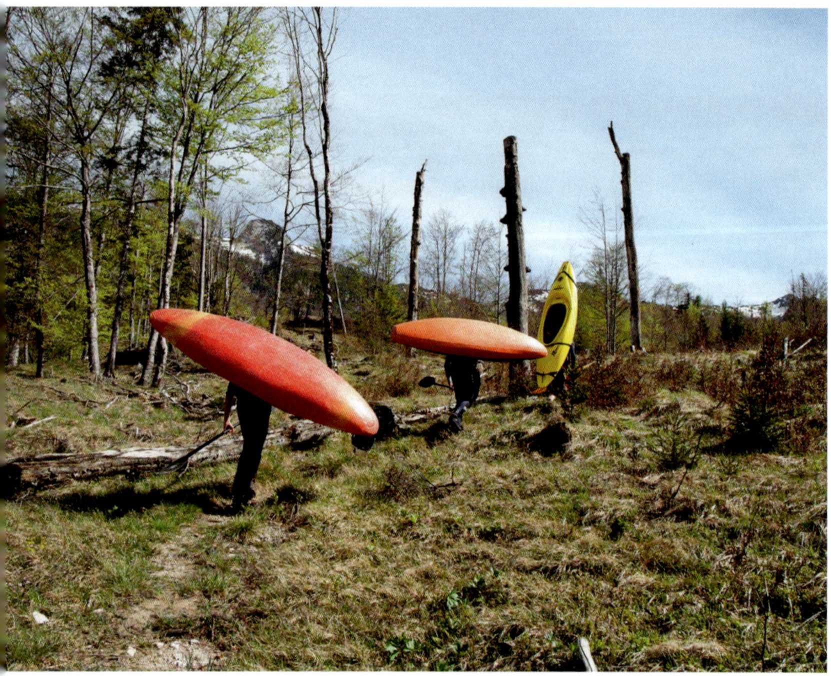

Fußmarsch zum Einstieg.

Nach seiner Entdeckung gab es daher große Diskussionen, ob man so einen Geheimtipp weiter verraten dürfe. Diese Zeiten sind längst vorbei. Heute ist der Gimbach in der Szene ein alter Bekannter, und nicht nur die „sozialen" Netzwerke sind voller Bilder und Videos von ihm. Trotzdem an dieser Stelle eine Bitte an alle Gimbachpaddler: Verhaltet euch umweltschonend und korrekt, fahrt nur in kleinen Gruppen und bei ausreichend Wasser und zertrampelt nicht die Vegetation. Damit wir hier hoffentlich noch viele Jahre paddeln können. Nebenbei: Den Einstieg erreicht man nur zu Fuß, das vielleicht noch zur Abschreckung.

An Land

Vom Wanderparkplatz an der Brücke unterhalb der Gimbachkaskaden folgt man mit geschultertem Boot dem Wanderweg zu den Kaskaden und weiter am Hang hinauf. Man mündet an einen Forstweg, auf dem man nach links ins Tal hinein wandert. Der untere Einstieg befindet sich an der Brücke des Forstwegs über den Gimbach, wer will, kann aber bei genügend Wasser auch weiter oben einsteigen. Ich persönlich finde diese obere Strecke aber etwas weniger lohnend als den unteren Teil.

Auf dem Wasser

Die obere Strecke führt teilweise durch eine Klamm und ist mit mehreren kniffligen Rutschen und Stufen garniert. Die Einfahrtsrutsche ist super, gewarnt sei aber vor einem besonders fiesen Rücklauf in einer engen Klammpassage, der gut abgesichert werden sollte, und vor der Stelle nach der Klammausfahrt, in der man je nach Pegel fast unweigerlich in der Felswand einschlägt (im Zweifelsfall besser umtragen)

Unterhalb der Brücke des Forstwegs (unterer Einstieg) bis zur „halben Zwangspassage" sind zwei Stellen erwähnenswert: Eine Rutsche mit Unterspülung unter einer kleinen Brücke und eine hohe Rutsche, bei der man gerne rechts bleibt, das Wasser aber nach links zieht. Daneben gibt's noch ein paar

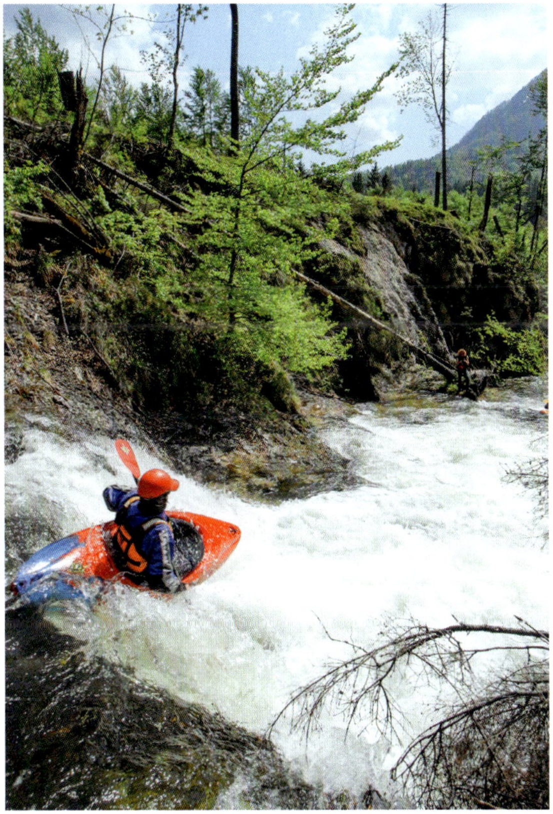

Finale furioso: Die wunderschönen Gimbachkaskaden. MW

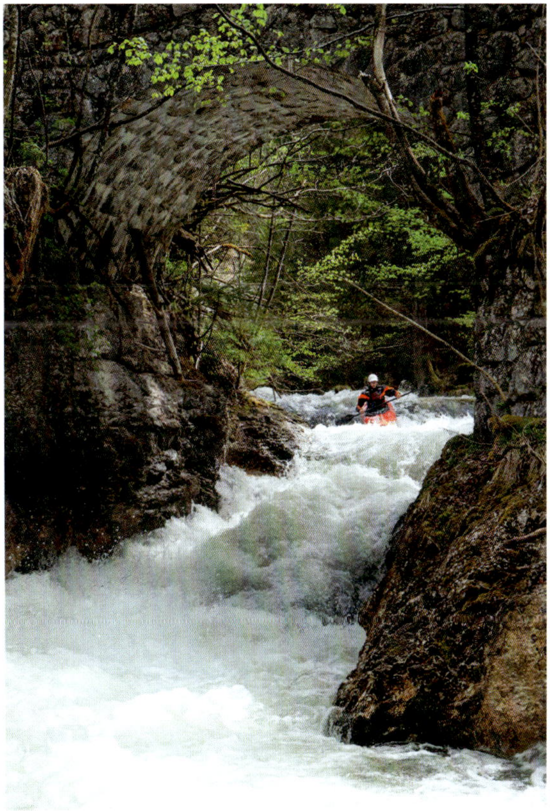

Die Rutsche unter der kleinen Brücke ist rechts unterspült. Oberes MW

kleinere Stufen und Rutschen, zwischen denen der Gimbach recht gemütlich dahinplätschert.

Die Zwangspassage, die eigentlich keine ist (daher auch die eigentümliche Bezeichnung „halbe Zwangspassage"), lauert an der Einfahrt in die nächste kleine Klamm. Die nicht ganz einfache Anfahrt ums Eck ist noch problemlos zu umheben, der Rest aber nicht. Dieser Teil besteht aus drei Abfällen in einer klammartigen Schlucht. Problematisch ist besonders die ausgeprägte Unterspülung auf der rechten Seite im Pool nach der ersten Stufe, von links ragt hier außerdem ein Felsriegel ins Unterwasser. Auch der Rücklauf der zweiten Stufe verdient Beachtung, während Nummer drei normalerweise das reinste Vergnügen ist. Sollten Baumhindernisse die Durchfahrt versperren oder ist der Wasserstand doch höher als angenommen, kann man notfalls links mühsam herum klettern und die Boote wieder zum Bach abseilen. Das sollte aber wirklich nur eine Notfalloption sein und nicht der eigentliche Plan. Anspruchsvoll und wunderschön geht es weiter zu den Gimbachkaskaden, die trotz flacher Unterwasser erstaunlich schön zu fahren sind und einen perfekten Abschluss der Tour bilden. Zuvor aber darf man eine unscheinbare unterspülte Doppelstufe keinesfalls unterschätzen, deren Rücklauf bei mehr Wasser rasch zur Falle werden kann.

EXTRATOUREN

SALZACH - Salzachöfen und Welle Kuchl

Obwohl die Salzach mit 225 Kilometern Länge der größte und wasserreichste Innzufluss ist, gibt es hier für Wildwasseranhänger erstaunlich wenig zu holen. Abgesehen von der Raftingstrecke (siehe Region Lofer) ist der Fluss entweder eher sportlicher Wanderfluss denn echtes Wildwasser oder aber aufgestaut beziehungsweise abgleitet. Eine große Ausnahme gibt es aber dann doch: Zwischen den beiden schroffen Bergmassiven von Hagen- und Tennengebirge fräste der Fluss die dramatischen „Öfen" ins Gestein. Der möglicherweise aus dem Keltischen stammende Begriff der Öfen bezeichnet Klammen, die so eng sind, dass sich gewaltige Felsblöcke zwischen den Wänden verkeilt haben oder sich die Schluchtwände selbst berühren. Brodelndes Wuchtwasser zwischen

ÜBERSICHT

Salzachöfen

Länge: 2 km

Schwierigkeit: WW 4+ bei NW, WW 5 bei MW

Einstieg: Eisenbahnbrücke oberhalb des Schluchteingangs (Pass Lueg) (47.5673, 13.1815)

Ausstieg: Unterhalb der Brücke (Zufahrt Kalkwerk) am Ende der Öfen rechtsufrig (47.5806, 13.1854)

Charakter: Wuchtige Schwälle und starke Presswasser in einer Felsklamm mit einer herausragenden Kernstelle (Hufeisen).

Gefahren: Unterspülungen, Siphone, Wirbel, Unterströmungen, Schwimmen bedeutet Lebensgefahr, starke Pegelschwankungen.

Gefälle: 8 m/km

Pegel: Salzach Golling, *www.rivermap.ch* NW=60 cm, MW=100 cm, Erstfahrt nicht über 90 cm! Achtung: starke Schwankungen, einen guten Eindruck der Schwierigkeiten und verschiedener Pegelstände bietet ein Video von Robert Machacek *https://vimeo.com/145316933*

Beste Zeit: Herbst und Winter bei Niedrigwasser.

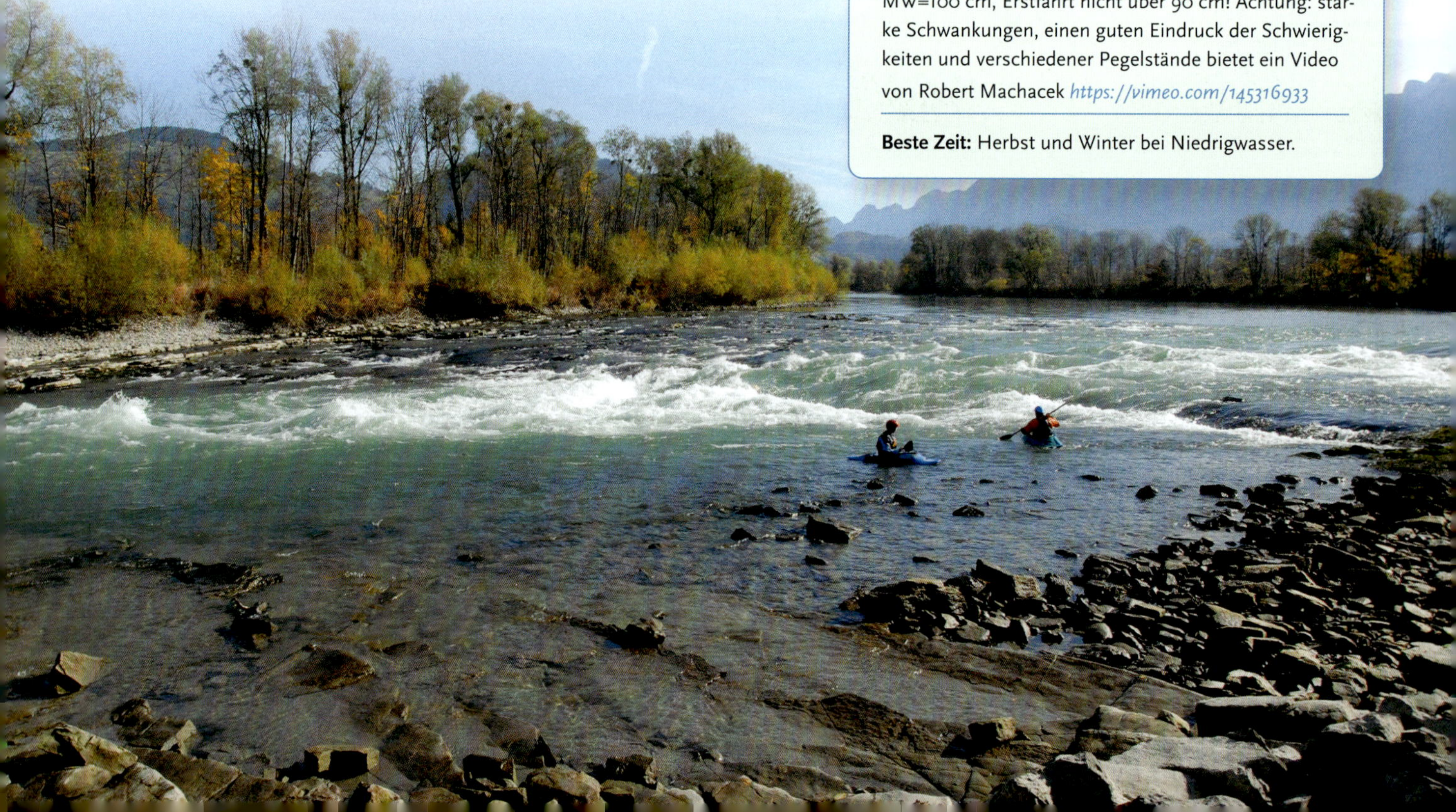

Perfekter Herbsttag in Kuchl. NW

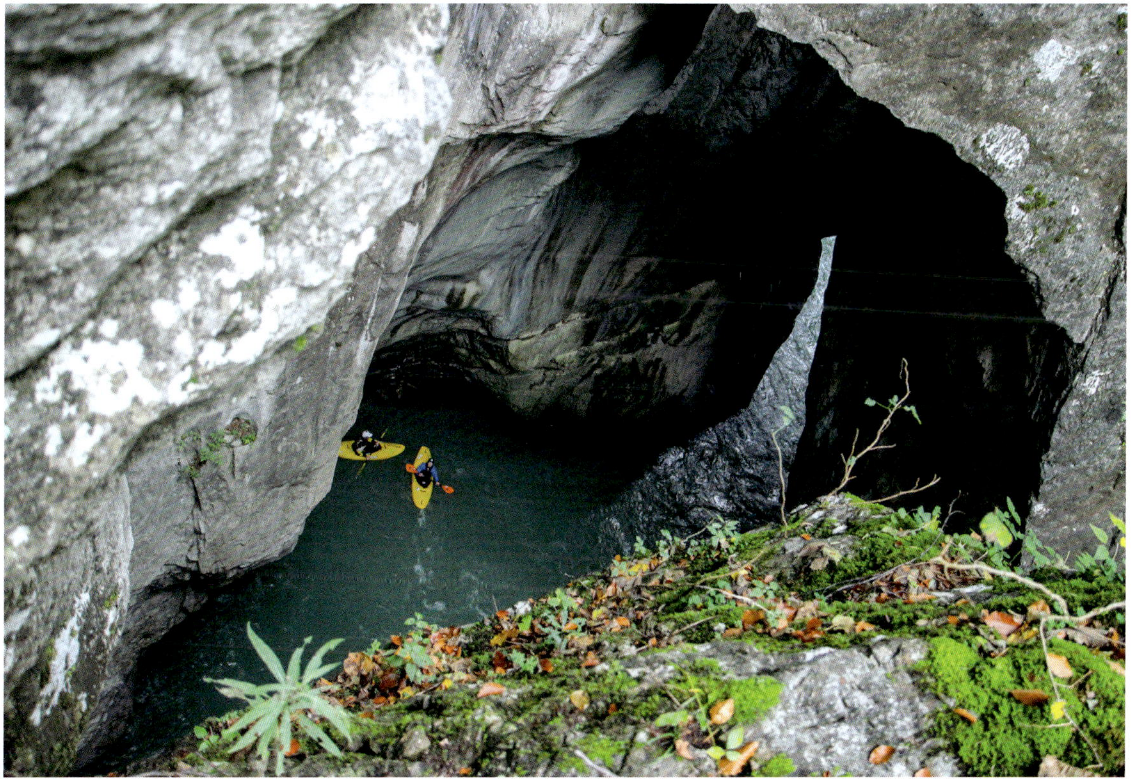

Der Dom ist der landschaftliche Höhepunkt der Salzachöfen. Bild: Archiv Robert Machacek

ausgewaschenen Felswänden und viele saugende Unterspülungen begründen den legendären Ruf der Salzachöfen unter Paddlern. Unvorstellbar erscheint heute die Leistung von Adolf Anderle, der 1931 als Erster die Öfen im Kajak bezwang. Die Geschichte der berühmten Klamm ist voller außergewöhnlicher Ereignisse, vom Mord (unter Paddlern) bis hin zur ersten Nachtbefahrung durch eine Gruppe AKCler um Holger Machatschek 1978. Doch all das wäre ein Thema für sich.

Heute ist es unter Paddlern deutlich ruhiger um die Öfen geworden. Dass mag daran liegen, dass die kurze Strecke nur wenig herausragendes Wildwasser bieten kann, gleichzeitig aber verdammt gefährlich ist. Als sehr guter Paddler muss man die Öfen vielleicht irgendwann einmal gepaddelt sein (schon allein der Kulisse halber), zur endlosen Wiederholung wie die benachbarten Lammeröfen reizt die Klamm aber nur die Wenigsten. Hauptproblem und Knackpunkt ist der durch den Kraftwerksbetrieb extrem stark und schnell schwankende Pegel. Was eben noch ein perfekter moderater Pegel war, kann sehr schnell zu viel des Guten werden. Bleibt nur, vor dem Einsteigen die Pegelentwicklung (auch der Vortage) genau zu beobachten.

Vor dem Paddeln sollte man unbedingt die Kernstelle „Hufeisen“ am Ende der Schlucht besichtigen. Die Durchfahrt sieht definitiv nur von der Brücke aus übersichtlich aus. Den Siphonen und weit unterspülten Schuchtwänden muss man unbedingt fernbleiben, und auch die Presswasser sind bereits bei Mittelwasser eine echte Gefahr. Nach dem Einstieg im Bereich der Eisenbahnbrücke oberhalb der Öfen führen zu-

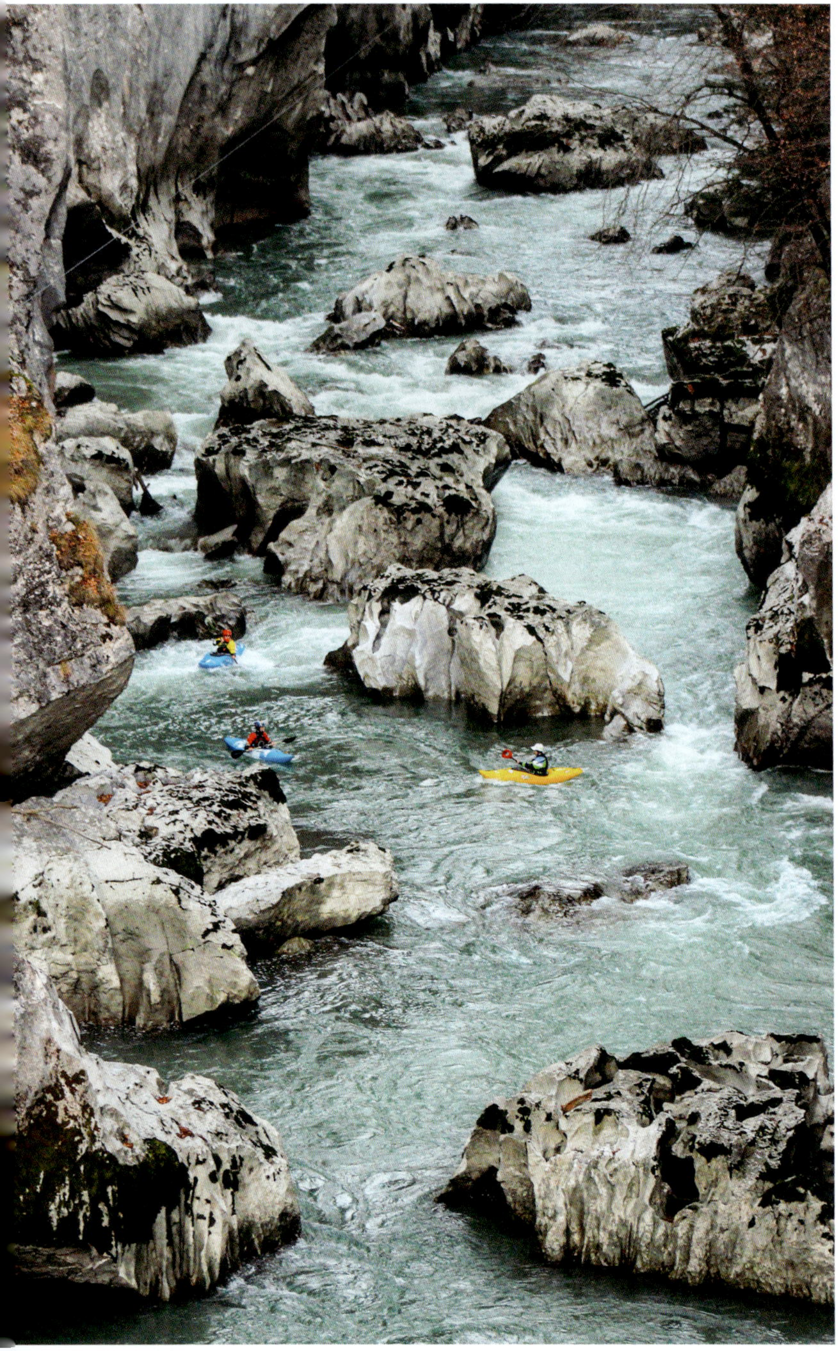

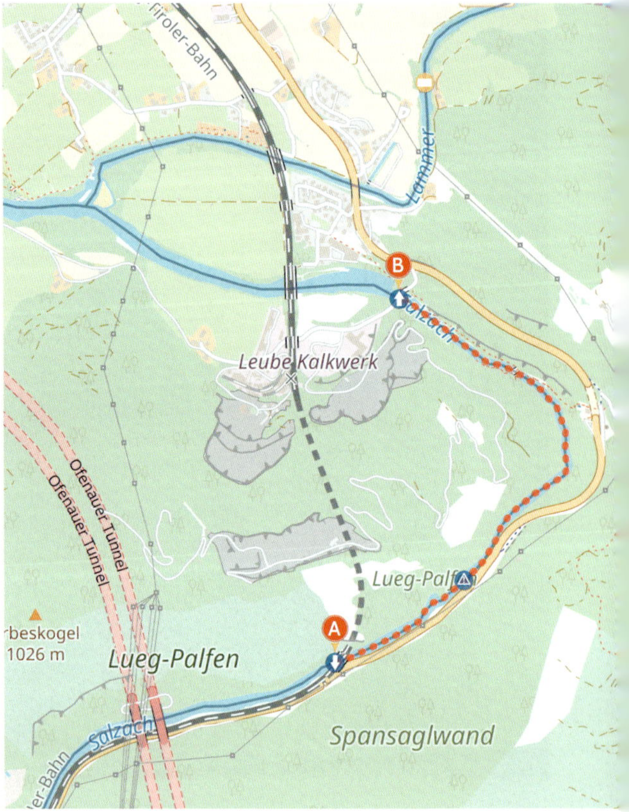

nächst zwei schöne wuchtige Schwälle in die Klamm hinein. Nach einer kleineren stufigen Blockstelle (bei Niedrigwasser) ist bereits der Dom erreicht, an dem gewaltige Felsblöcke über dem Fluss den Himmel verdunkeln, sicher der landschaftliche Höhepunkt der Strecke (bei Niedrigwasser keine wildwassertechnischen Schwierigkeiten). Dann beginnt schon bald die Anfahrt auf das Hufeisen, eindeutig die Kernstelle der Strecke. Jetzt zahlt es sich aus, sich die Route gut eingeprägt zu haben. Zum Schluss sei noch einmal vor den Gefahren der Klamm gewarnt: Auch wenn bei Niedrigwasser nur das Hufeisen technisch

Blick von der Brücke am Ausstieg auf das Hufeisen.
Bild: Archiv Robert Machacek

ÜBERSICHT

Kuchler Schwall (Playspot)
Länge: 200 m

Schwierigkeit: WW 2

Einstieg/Ausstieg: Kleine Nebenstraße am Schwall, Zufahrt vorbei am Bahnhof (durch die Unterführung) und über die Brücke, dann flussaufwärts, bitte nicht in den Wiesen parken! (47.6221, 13.1390).

Charakter: Mit etwas Glück beim Pegel eine oder mehrere tolle Wellen, z.T. mit Walzenanteil.

Gefahren: Breiter Fluss, also ein Auge auf mögliche Schwimmer haben.

Pegel: Salzach Golling, www.rivermap.ch, aktuelle Werte sind nicht bekannt, meist aber bei niedrigen Pegelständen.

Beste Zeit: Herbst und Winter bei Niedrigwasser.

anspruchsvoll ist, sind die Felswände tief unterspült, und am Hufeisen lauern auch an den Blöcken Unterspülungen und Siphone. Starke Unterströmungen, Verschneidungen und riesige Pilze lassen Schwimmern kaum Chancen. Hinzu kommt, dass es kaum Stellen zum Anlanden gibt und ein Fahrtabbruch nicht möglich ist, angesichts der starken Pegelschwankungen eine heikle Kombination.

Neben den finsteren Öfen hat die Salzach aber noch einen zweiten Anziehungspunkt für Paddler zu bieten, den Kuchler Schwall. Bei niedrigen Wasserständen bilden sich hier eine oder mehrere geniale Wellen zum Surfen und Freestylen. Veränderungen der Stelle und die stark schwankenden Wasserstände haben dem früheren Hotspot zwar viel von seiner Beliebtheit genommen, doch mit etwas Glück kann man hier noch immer Spaß haben. Und vielleicht kehrt ja eines Tages der Glanz früherer Zeiten zurück, ich jedenfalls erinnere mich noch immer mit glänzenden Augen an perfekte Herbsttage in Kuchl. Nicht empfehlen kann ich dagegen aus eigener Erfahrung die Idee, nach einer Tour durch die Öfen noch bis Kuchl zu paddeln. Zum einen ist auch ein schnelles Oldschool-Spielboot in den Öfen eine verdammt dämliche Idee (wie wir spätestens bei einer zum Glück erfolgreichen Rodeoeinlage im Hufeisen feststellen mussten...), und zum anderen sind es bis Kuchl sieben Kilometer zähes Flachwasser (bei niedrigen Pegelständen), auf denen wir uns im Dezember auch noch den Hintern abgefroren haben...

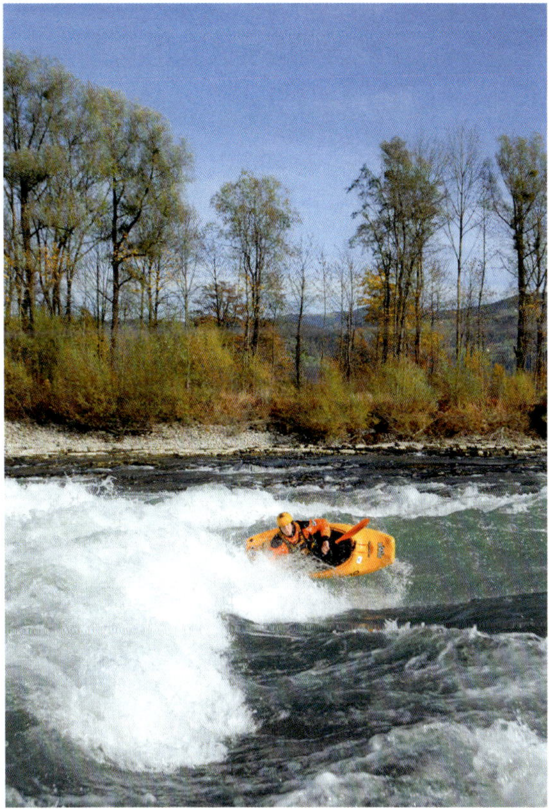

Nur Fliegen ist schöner.
NW

WEITERE PADDELMÖGLICHKEITEN

In und rund ums Salzkammergut gibt es neben den beschriebenen Strecken noch unzählige weitere Paddelmöglichkeiten. Der Schwerpunkt liegt dabei ganz klar auf kleinen und meist steilen Wildbächen mit vielen Stufen zum Teil in engen Klammen. Ich will hier weder Geheimtipps der Locals ausplaudern, noch Halbwissen über Bäche verbreiten, die ich selbst nicht kenne, daher verweise ich in diesem Fall für nähere Infos auf Quellen im Netz, insbesondere *www.4-paddlers.com.*

Auch Paddler, die lieber auf WW 2-3 unterwegs sind, haben (zumindest in der Theorie) verschiedene weitere Paddelmöglichkeiten zur Auswahl. In der Praxis sind manche dieser Strecken aufgrund von Wehren aber nicht unkritisch oder aber die Pegelstände passen nicht. Eine Besichtigung wert ist auf jeden Fall die **obere Lammer** unterhalb von Annaberg mit einer schönen Schlucht (WW 2-3+, ein Wehr umtragen). Von den Quellflüssen der Koppentraun kann ich eigentlich nur die **Grundlseetraun** auf den ersten Kilometern eingeschränkt empfehlen (WW 2-3-, mehrere Wehre, Gerüchte um Befahrungsverbot). Einige Wehre und Stufen sollten vor der Fahrt besichtigt und die Fahrt noch vor Bad Aussee beendet werden (z.T. sehr gefährliche Rückläufe). Die anderen beiden Quellflüsse kann ich wegen gefährlicher Wehre und wenig attraktivem Wildwasser nicht empfehlen (mehrere Unfälle in der Vergangenheit).

Wer auch mal Spaß an einer gemütlichen Paddeltour (WW 1) hat, ist mit der **Traun** unterhalb des Wilden Lauffens bis zur Mündung in den Traunsee eindeutig besser beraten. Während oberhalb gefährliche Wehre die Traun bremsen, hat man hier auf 25 Kilometern Länge, abgesehen von einigen meist befahrbaren Stufen, freie Fahrt.

Ein echter Klassiker im Salzkammergut ist der **Zinkenbach** am Wolfgangsee mit seinem 10-Meter hohen Wasserfall, dessen Pool leider oft nicht tief genug ist (dann unterhalb abseilen). Die Schwierigkeiten liegen nach dem Fall in einer tollen Schlucht meist bei WW 3+ (4,5-). Zum Einstieg gelangt man standesgemäß nur zu Fuß mit dem Bootswagen. Eine echte Perle direkt neben der Straße ist der **Gosaubach**, der kontinuierliches WW 4-5 bietet, sofern man das sehr seltene Glück hat, diese abgeleitete Strecke mit ausreichend Wasser anzutreffen. Dann sollte man sich diese Gelegenheit nicht entgehen lassen. Doch Vorsicht: Der Wasserablass am Wehr kann extrem schnell und stark schwanken, die Schwierigkeiten nehmen im unteren Teil deutlich zu, und direkt nach dem Ausstieg folgt ein unbefahrbares Wehr zwischen senkrechten Mauern (Ausstieg vorab besichtigen!).

Von ganz anderem Charakter ist die Schlucht der **Taugl** oberhalb der Römerbrücke bei Bad Vigaun (bei Hallein). In einer ausweglosen Klamm warten mehrere Zwangspassagen (WW 3-5-) auf erfahrene Paddler. Nur bei Niedrigwasser einsteigen und vorher möglichst Infos zur aktuellen Situation einholen. Der hohe Fall am Ausstieg wird bei fast allen Pegelständen gerne als Park & Huck-Einlage gepaddelt, ist aber ebenfalls keinesfalls zu unterschätzen.

Und dann wären da noch die eingangs angesprochenen kleinen und kleinsten Wildbäche für Stürzer. Eine Erwähnung wert sind auf jeden Fall der **Frauenweißenbach** und der **Offenseebach.** Doch

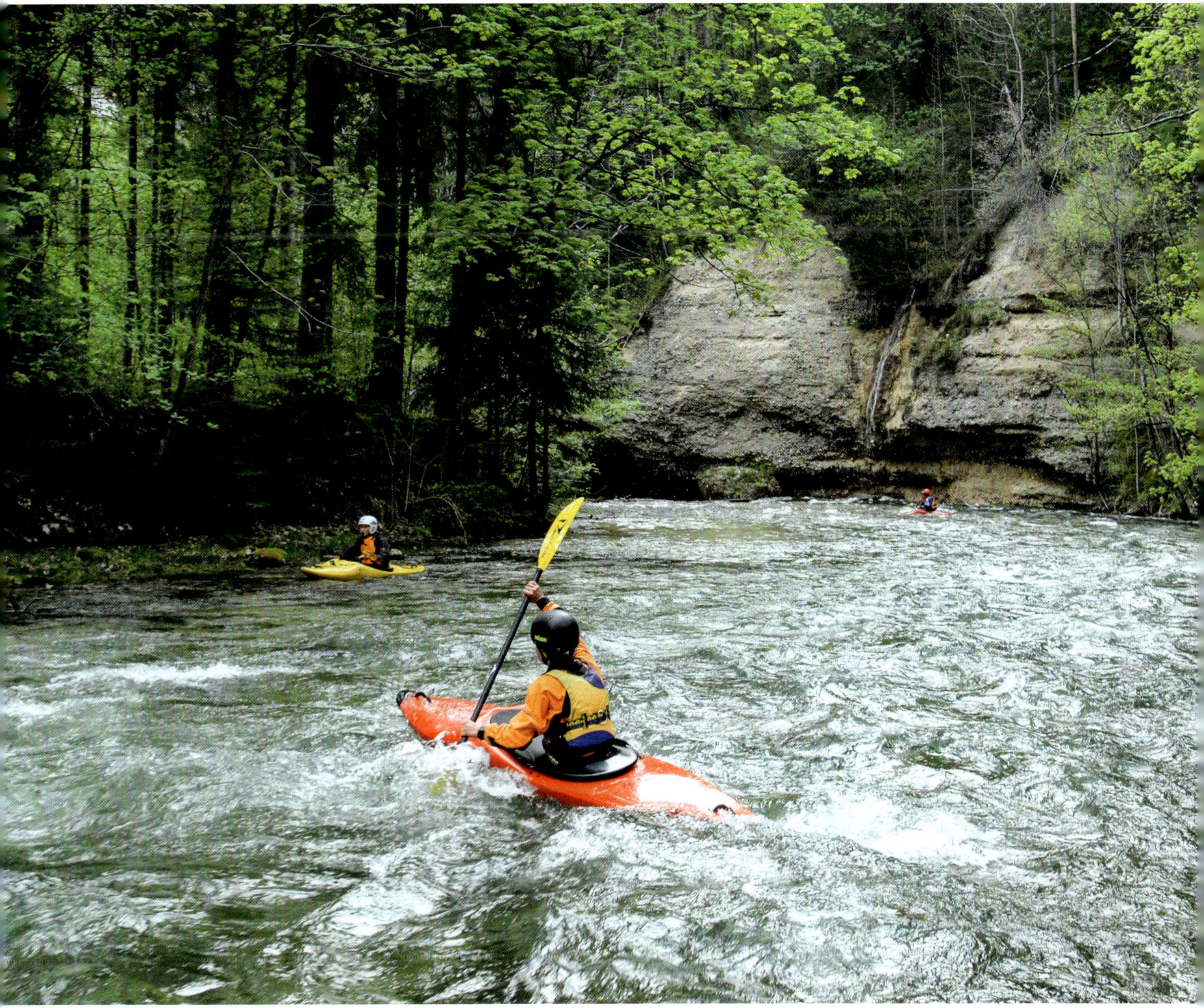

Nur auf kurzer Strecke darf die Grundlseetraun frei fließen.

auch Nebenbäche des Aubachs und des Mitterweißenbachs können nach Regenfällen zum Stürzen einladen. Die Schwierigkeiten liegen jeweils im vierten und fünften Grad, mit gefährlichen und unbefahrbaren Stellen (auch ohne Kehrwasser davor) ist überall zu rechnen.

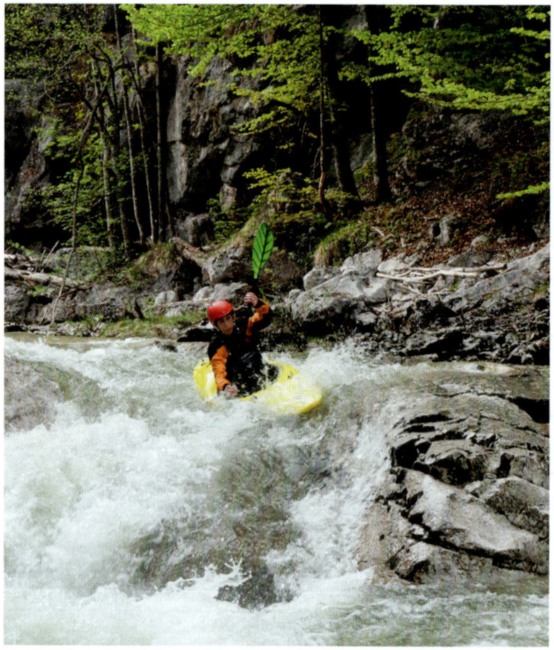

Natürlich gibt es auch Bäche, von denen ich eher abraten möchte. In diese Kategorie gehört der Rußbach, der mich vom Charakter auf längeren Strecken überhaupt nicht überzeugen konnte (unsaubere Geröllschleuder trotz ordentlichem Pegel). Die Ischl (oder Ischler Ache) wäre zwar grundsätzlich eine lohnende Tour für Genusspaddler, zahlreiche teils gefährliche Wehre und Stufen (Eisenträger!) stehen dem aber im Wege.

Reicht das Wasser, ist der Gosaubach eine echte Perle. NW

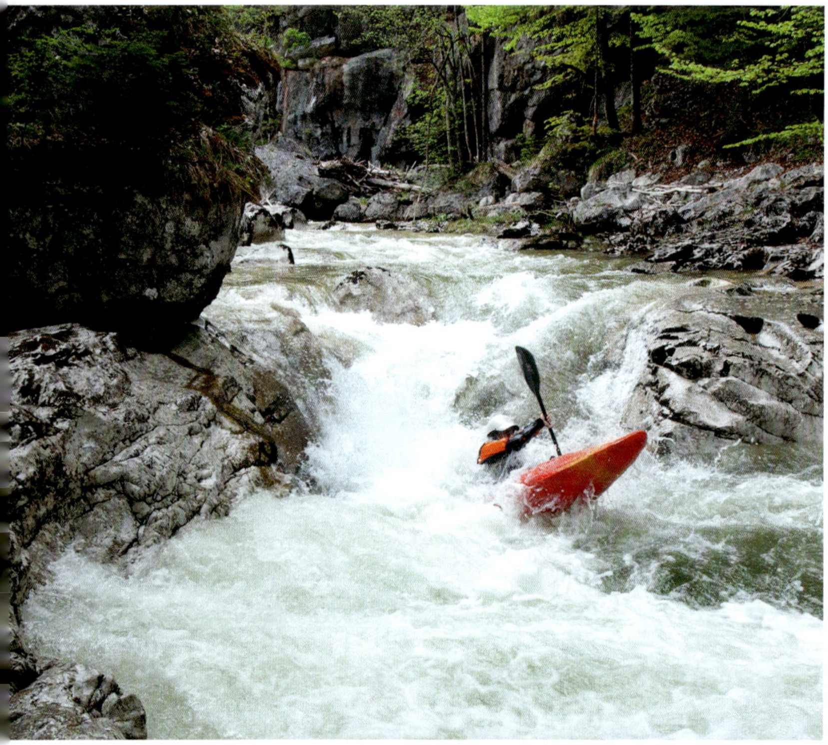

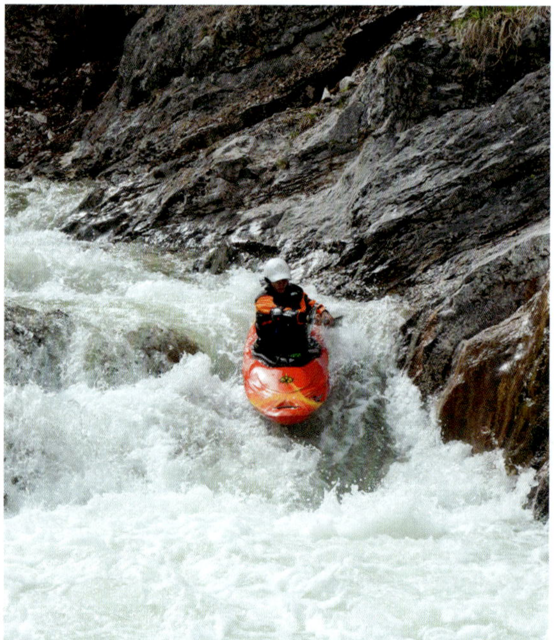

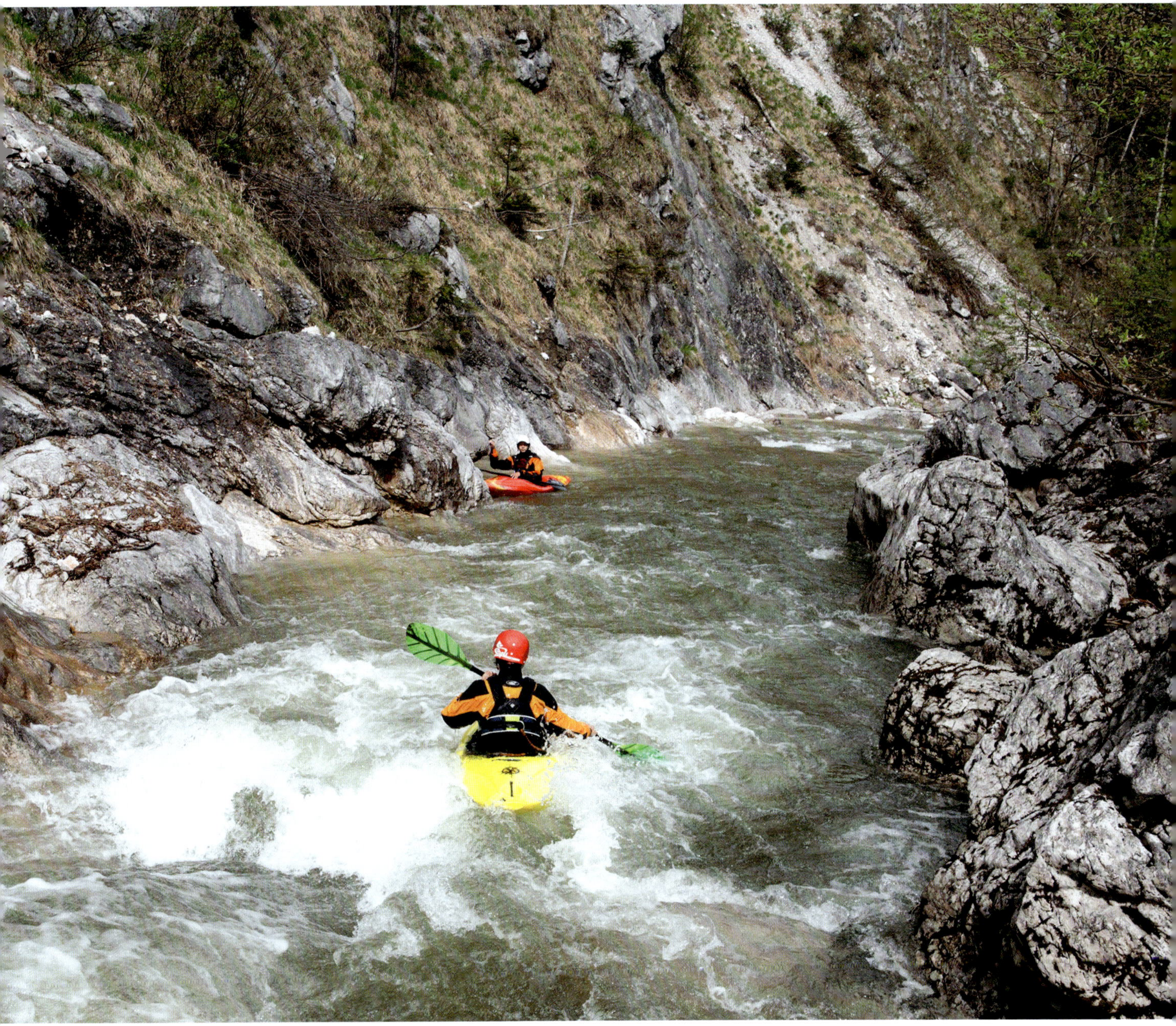

Leider ist der Gosaubach ein seltenes Vergnügen. NW

Exkurs: Ein Blick über den Dachstein – Wildwasser im Ennstal

Das Dachsteinmassiv südlich des Hallstätter Sees versperrt zwar den freien Blick und Weg Richtung Süden, doch wer genügend Zeit mitbringt, sollte trotzdem unbedingt einen Abstecher auf die andere Seite riskieren. Gerade mal eine Stunde Autofahrt ist es von Bad Aussee am Einstieg der Koppentraun bis nach Schladming, dem Zentrum des oberen Ennstals. Dort kann man sein Lager am Camping Zirngast aufschlagen (*www.zirngast.at*), um einige Tage lang die Wildwasserperlen der Region zu entdecken.

Die Nebenflüsse der oberen Enns gehören größtenteils noch immer zu den Geheimtipps im Alpenraum und bilden ein zwar weniger bekanntes, aber dafür sehr abwechslungsreiches Paddelrevier. Aus Platzgründen muss ich auf eine detaillierte Darstellung der Region leider verzichten und mich auf einen knappen Überblick beschränken. Nicht alle Strecken bin ich bereits selbst gepaddelt, doch ein paar Abschnitte kann ich aus voller Überzeugung empfehlen. Mehr Infos, leider nicht immer ganz aktuell, finden alle Interessierten auf *www.4-paddlers.com*.

Nummer 1 der Region ist auf jeden Fall der **Untertalbach**, oft als bester Wasserfall- bzw. Rutschenbach der Ostalpen gerühmt (wobei letztere Bezeichnung zutreffender ist). Die kurze Paddelstrecke mit Schwierigkeiten um WW 5 ist märchenhaft schön, aber sehr sportlich und unbedingt Ernst zunehmen. Höhepunkte sind ein etwa sechs Meter hoher Fall mit anschließender Rutsche, die Mühlenrutsche und der lange Silberkatarakt. Weniger schön ist eine etwas verletzungsanfällige Zwangspassage im oberen Teil. Bitte nur vom orographisch linken Ufer aus den Bach besichtigen und Privatgrund unbedingt respektieren. Vorsicht bei hohen Wasserständen, zur Zeit der Schneeschmelze hat der Untertalbach öfter mal viel bis zu viel Wasser. Weniger bekannt ist der Oberlauf des Untertalbachs, der stark schwankende Schwierigkeiten von Zahmwasser bis WW 4 in einer grandiosen Landschaft bietet. Bitte hier unbedingt ökologisch überkorrekt verhalten!

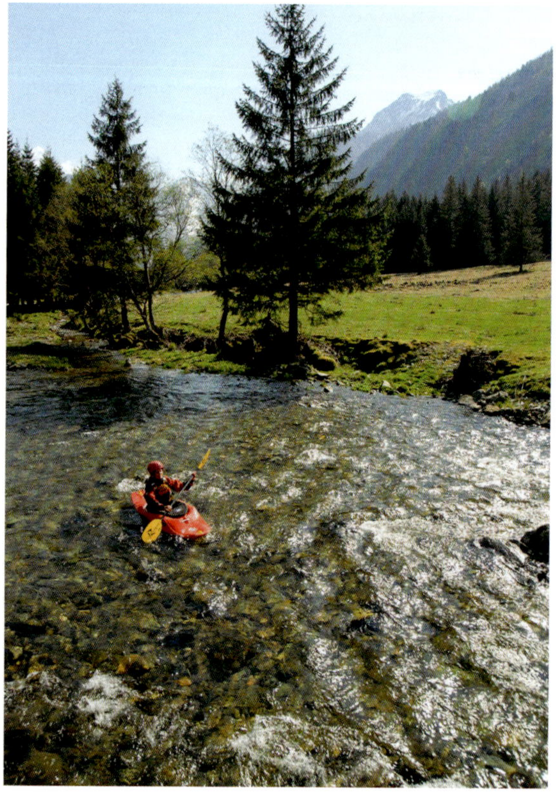

Idyllische Flusslandschaft im Tal der kleinen Sölk.

Als Pendant zum Untertalbach bietet der **Obertalbach** ebenfalls eine sportliche Schluchtstrecke, allerdings deutlich schwerer zugänglich, mit unbefahrbaren Stellen und oft stark verholzt und sehr mühsam (WW 5). Noch etwas schwerer wird es nach dem Zusammenfluss in der **Talbachschlucht**, die aber bequem von einem Wanderweg aus besichtigt werden kann und auch sollte (am Ende unbefahrbar!). Nichts zur Zeit der Schneeschmelze, sondern eher bei niedrigen Wasserständen.

Wer es lieber etwas leichter mag, wird in den Sölktälern fündig. Die **Kleinsölk** wurde zwar vor einiger Zeit durch Muren schwer in Mitleidenschaft gezogen, ist mittlerweile aber zumindest wieder einen Versuch wert. Die Schwierigkeiten oberhalb des Stauseees mit Wasserableitung schwanken zwischen WW 1 und WW 4. Nebenan auf der **Großsölk** ist man meist im dritten Grad unterwegs, nur die kurze Klamm bei Mößna ist deutlich schwieriger (bis WW 5, Einstieg unterhalb möglich). Leider ist das Flussbett mit zahlreichen Blockstufen

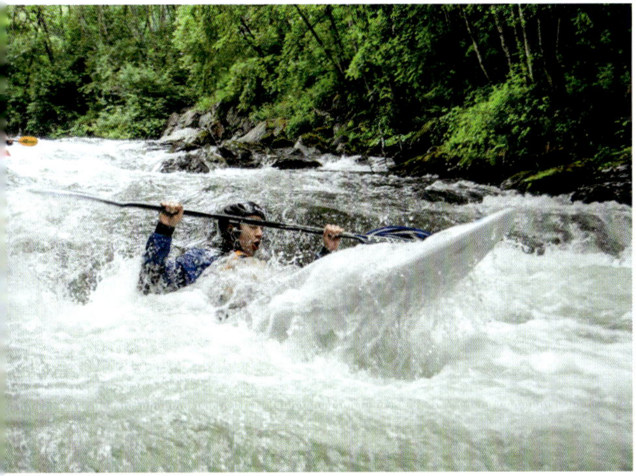

Kontinuierliches Wildwaser auf der Großsölk.

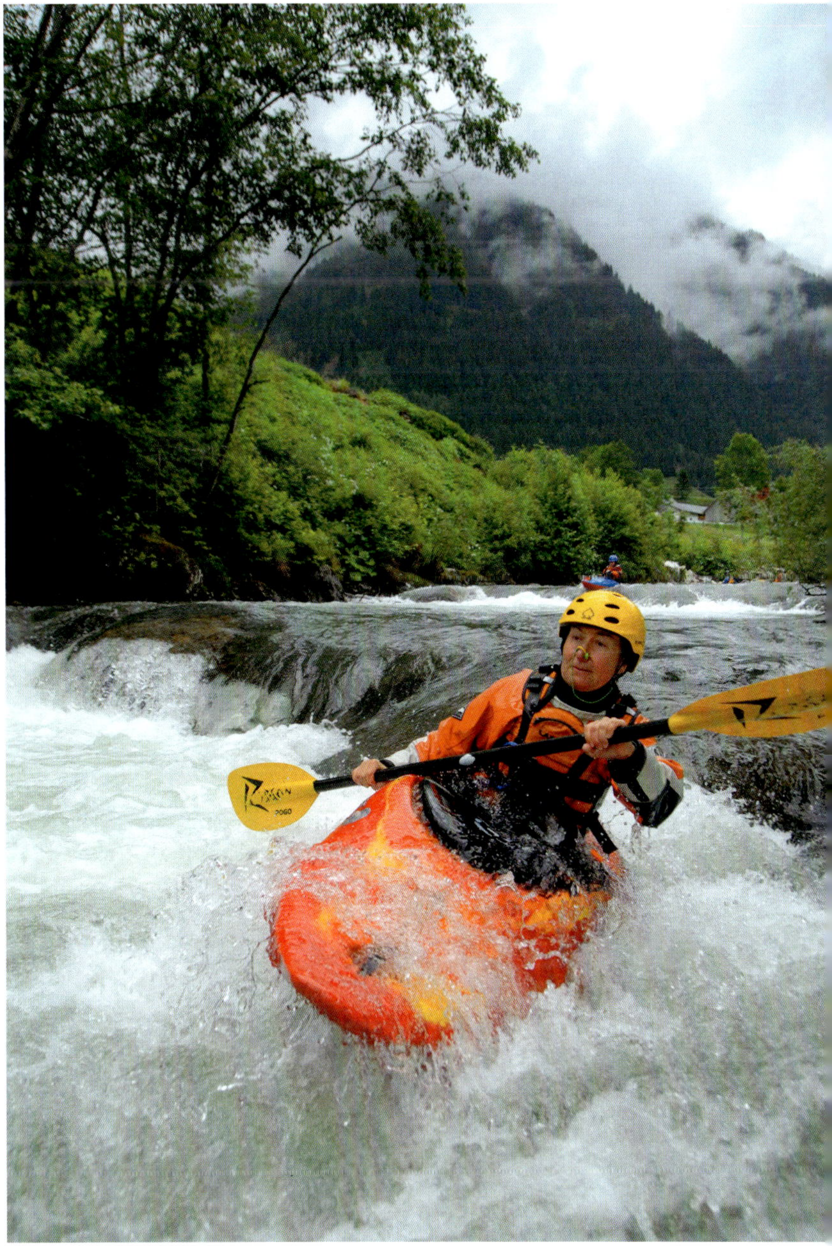

Unschwierige Gefällestufen auf der Großsölk, die aber viel Spaß machen.

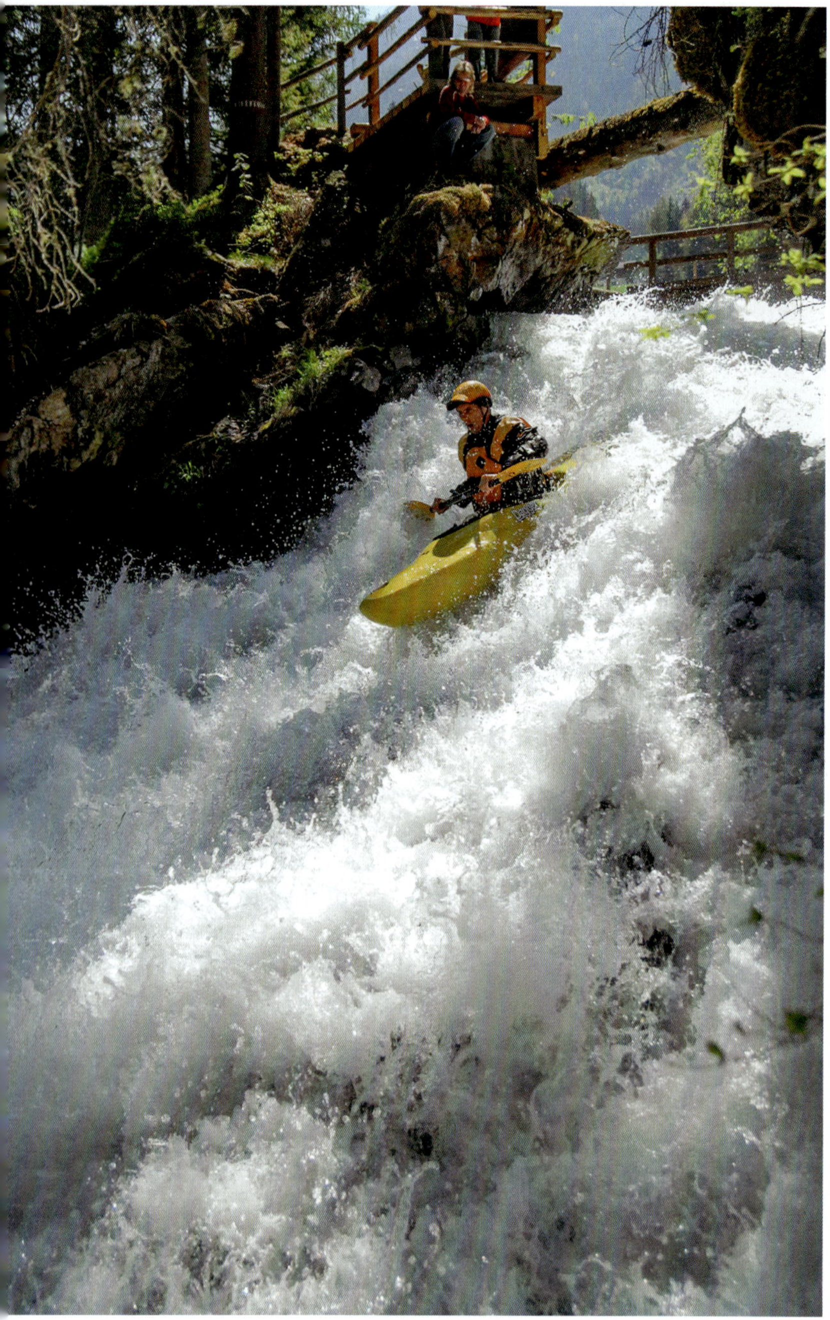

verbaut (Achtung auf Eisenträger und Rücklaufe) und eine Befahrung macht nur bei guten Wasserständen richtig Spaß. Am schönsten sind die letzten Schwälle vor dem Stausee (Achtung: Wehr). Die **Sölkschluchten** unterhalb der beiden Stauseen sind abgeleitet, haben selten den passenden Wasserstand und sind eine kleine Expedition mit Zwangspassagen im fünften Grad und unbefahrbaren Stellen. Nur mit alpiner Ausrüstung für Experten, die sich zuvor gründlich informiert haben.

Noch unbekannter sind außerhalb der Region **Donnersbach** und **Gulling**. Beide Bäche fehlen auch in meinem Fahrtenbuch, sollen aber auf Teilstrecken sehr lohnendes Wildwasser vorwiegend zwischen dem dritten und fünften Grad bieten. Ob auch hier eventuell schon neue Wasserableitungen dem Paddelvergnügen im Wege stehen, kann ich leider nicht sicher ausschließen.

Wer leichteres Wildwasser sucht, der wird auf der oberen Enns zwischen Mandling und Schladming fündig (WW 2-3). Nur wegen dieser Strecke anzureisen, lohnt sich aus meiner Sicht zwar nicht, doch wenn Genusspaddler multisportlich unterwegs sind (also auch wandern, biken, klettern etc.) und zwischendurch mal ins Boot steigen wollen, ist diese Strecke die beste Wahl. Am interessantesten sind die ersten Kilometer. In Schladming lauert noch eine wuchtige Gefällbremse (ggf. gefährlicher Rücklauf), bevor die Tour direkt am Zeltplatz beendet werden kann.

Die spektakuläre Mühlenrutsche am Untertalbach.

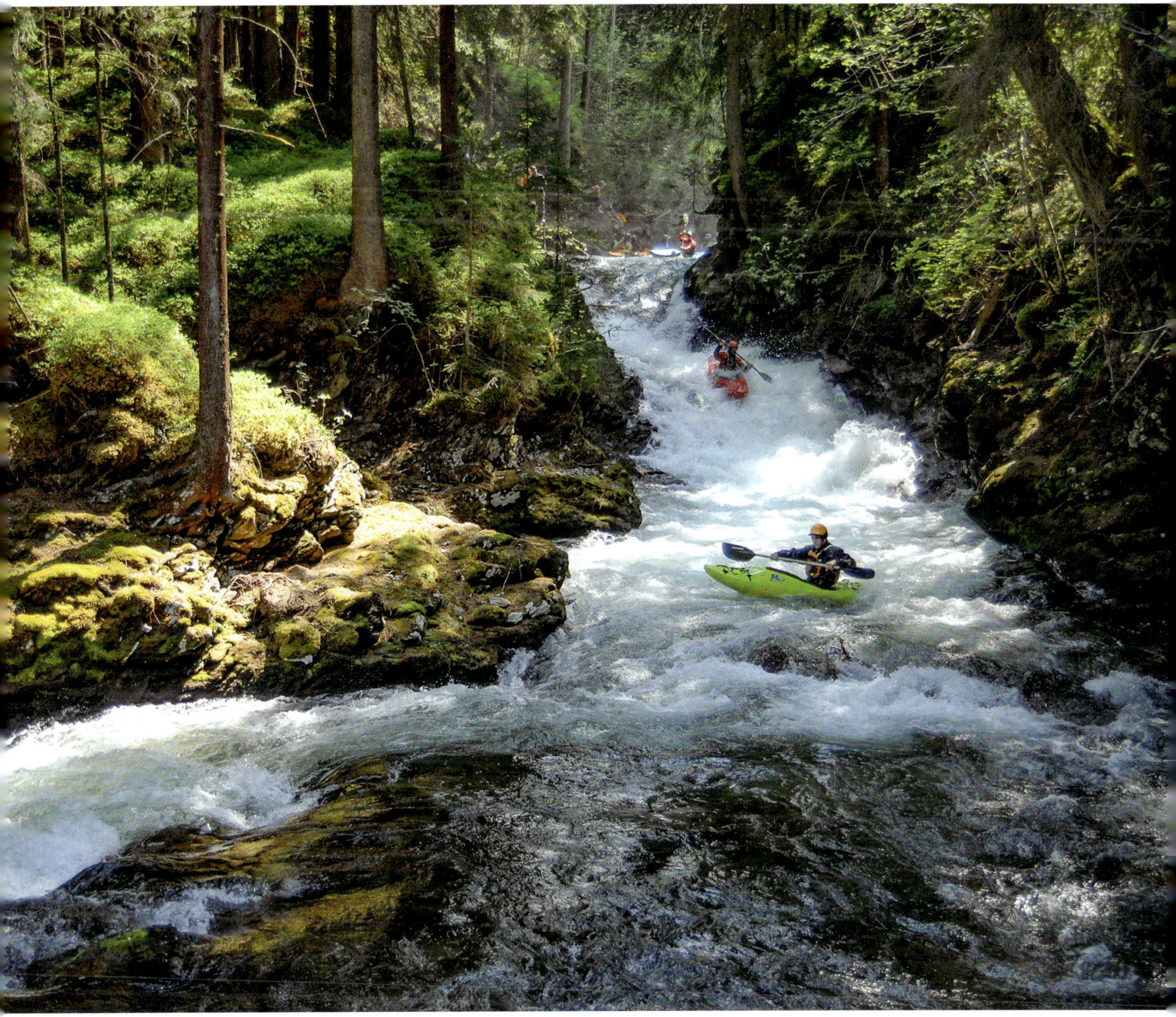

Für Könner ist der Untertalbach ein kleines Paradies.

Ein wenig Fachchinesisch

Die folgenden Begriffserklärungen sollen vor allem für all jene eine Hilfe sein, die noch nicht so tief in die Materie des Wildwasserpaddelns eingetaucht sind. Doch auch, wer angesichts mancher Begriffe oder Formulierungen des Autors rätselt, findet hier vielleicht (nicht immer bierernste) Antworten – ohne jeden Anspruch auf Vollständigkeit.

Abfall: Gibt es in der Welt viel zu viel, auf Flüssen aber leider manchmal nur selten. Gemeint sind nicht menschliche Abfälle (Müll), sondern Gefällstufen von 50 cm Höhe bis hin zu 10 Metern (je nach Können und Selbstverständnis des Urhebers).

Boofen: Die Kunst (bzw. Technik), das Kajak aus dem Wasser zu lösen, um tiefes Eintauchen nach Stufen zu vermeiden und kontrolliert über Rückläufe, Walzen und steinige Unterwasser hinweg zu segeln und flach bzw. im richtigen Winkel zu landen.

Freeriden: Im Wintersport in aller Munde, beim Paddeln etwas in Vergessenheit geraten. Meine persönliche Interpretation: Spielerisch alle Möglichkeiten nutzen, die eine Strecke bietet: Sportliche Kehrwasser, Unterschneiden, Surfen, Wavewheelen, ein paar Freestyle-Tricks in Walzen oder Wellen, Boofen, Rocksplaten und andere Moves an Felsen. Hier geht es nicht um Höchstschwierigkeiten oder das Bezwingen einer Strecke. Macht besonders viel Spaß im Riverrunner oder Oldschool-Spielboot von WW 2-3 bis WW 3-4 (wenn man es kann und der Flusscharakter stimmt).

Freestylen: Längerer Aufenthalt an einer einzelnen Spielstelle (Welle oder Walze) um Freestyle-Moves zu fahren, auch Park & Play genannt. In diesem Buch die absolute Ausnahme. Mittlerweile professioneller Leistungssport, moderne Freestyle-Kajaks machen auf „normalen" Flüssen nur noch sehr begrenzt Sinn (und Spaß).

Oldschool: Hier bezogen auf die wilde Zeit um die Jahrtausendwende (und die Jugend des Autors), als es angesagt war, in wilden Spielbooten Wildwasser zu paddeln und dabei jede Surfwelle, jeden Felsen und jedes Kehrwasser mitzunehmen: Klassische Oldschool-Moves sind der Meilensurf, der Rocksplat, der Hecksquirt, die Piroutte, der Eddyline-Cartwheel und die klassische Kerze.

Orographisch: Fachbegriff aus der Hydrogeographie. Meint einfach „in Fließrichtung" (rechts bzw. links). Alle Angaben in diesem Buch sind entsprechend der Fließrichtung zu lesen (sofern nicht explizit anders erwähnt).

Rocksplat: Unterschneiden vor einem Felsen und senkrecht am Fels entlang gleiten bzw. rumpeln. Bei Misserfolg: Mit der Spitze gegen den Felsen rumsen oder kopfüber davorhängen. Erfordert gutes Einschätzungsvermögen. Bei Unterspülungen sehr gefährlich, bei scharfkantigen Felsen Bootskiller.

Pilz: Weder Champignon noch Magic Mushrooms. Wasserpilz, der durch heraufgedrücktes Wasser bei Verschneidungen und insbesondere in Klammen und Schluchten entsteht.

Schanzen: Felsen als Absprungrampe für Boofs verwenden. Ideale Boofübung für höhere Weihen.

Siphon: Besondere Gefahr und mögliche Todesfalle im Wildwasser. Das Wasser fließt unter Felsen (Blöcke aber auch Felswände) hindurch. Die Durchlässe sind meist zu eng für Paddler und/oder Boot und oft mit Holz versperrt. Von oben oft schwer erkennbar, besonders häufig im weichen Kalkgestein.

Stylen: Gegenteil von Runterrumpeln. Nicht im Ping-Pong-Stil von Stein zu Stein scheppern, sondern Boofs, Felsen, Kehrwasser, Wellen und Walzen gekonnt in eine möglichst elegante Linie einbauen (siehe auch Freerider).

Unterschneiden: Etwas zweideutig auch als Squirten bekannt. Beliebte Oldschool-Technik, die aus jedem (tiefen) Kehrwasser bzw. jeder Verschneidung einen Spielplatz macht, auf dem man das Boot senkrecht aufs Heck stellen kann.

Verschneidung: Bereich zwischen Kehrwasser und Strömung.

Danke

Ganz herzlich bedanken möchte ich mich bei allen, die dieses Buch möglich gemacht haben, angefangen von Dieter Reinmuth vom Kanu-Verlag bis hin zu Hans Vodermeier, der das Buch gestaltet und alle Inhalte in eine ansprechende Form gebracht hat. Ganz besonders aber auch bei Benedict Cramer, Albert Emmerich und Otto Kaufhold, ohne deren Einsatz es in diesem Buch keine Karten geben würde.

Ohne die Unterstützung von Freunden wäre dieses Buch nie fertig geworden. Christian Paffenholz, Christoph Scheuermann und Robert Machacek haben mich neben zahlreichen Bildern und Infos auch mit zwei Revierübersichten bzw. einem konstruktiven Austausch über das Wesen des perfekten Flussführers unterstützt. Mein Dank gilt neben den Fotografen, die Bildmaterial zur Verfügung gestellt haben, auch allen Kollegen, die mich mit konstruktiven Anregungen versorgt haben, ganz besonders Daniel Bauer und Joschka Nowak.

Danke sage ich aber auch allen, mit denen ich gemeinsam beim Bootfahren unterwegs war. Die Tage mit euch bleiben unvergesslich. Danke für eure Begeisterung und eure Bereitschaft, unterwegs regelmäßig noch das eine (oder andere...) Foto zu machen oder mich gelegentlich auch mal auf leichteren Strecken zu begleiten. Seit unseren wilden Jugendjahren war ich mit mindestens vier Paddlergenerationen in den Nordalpen unterwegs; unmöglich, da alle Namen zu nennen. Stellvertretend daher „Merci vielmals" den treuen Seelen Simon Huber, Johannes Scholz, Julian Mihé, Frederik Völkl, Janosch Plathner, Jonas Weber, Simon Teubler, Clemens Pfeiffer-Galvez, Anna und Lena Reusch, Jenny Braun, Stefan Hohnerlein sowie allen anderen jungen Wilden (ihr seid die Coolsten!) und alten Hasen der Kanuabteilung des ESV München.

Für Unterstützung, Motivation und Inspiration bedanke ich mich bei Hans Mayer und Robert Sommer, zwei ganz Großen der Paddelwelt.

Und zuletzt das Wichtigste: Ein fettes Dankeschön meinen Eltern Ursula und Friedemann! Danke, dass ihr von Anfang an meine Leidenschaft fürs Bootfahren geteilt habt und für mich nicht allein meine Eltern, sondern immer auch gute Paddelfreunde wart. Danke für eure Unterstützung, eure Begeisterung, euer Verständnis und euren Rückhalt! Danke für all die gemeinsamen Erlebnisse beim draußen Unterwegssein!

Der Autor

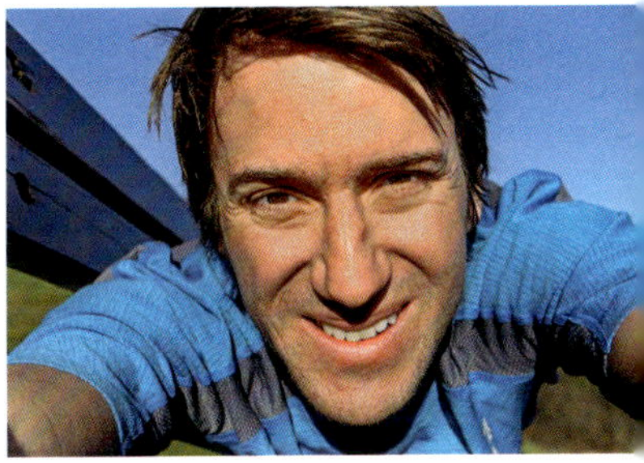

Matthias Breuel, geboren 1982 in München, paddelt seit seinem 12. Lebensjahr auf den Wildflüssen (nicht nur) der Nordalpen. Hauptberuflich berät der studierte Geograph als Verkehrsplaner Kommunen, Institutionen und Unternehmen zu Fragen nachhaltiger (öffentlicher) Mobilität. Nebenbei aber gilt seine ungebrochene Begeisterung dem Bootfahren auf Wild-, Salz- und Süßwasser. Fotografieren und Schreiben gehören für ihn genauso zum Paddeln wie die Jugendarbeit und Tätigkeit als Übungsleiter in einem Münchner Kanu-Verein. All das versucht er bestmöglich mit seinen weiteren Lieblingsbeschäftigungen Berg- und Wintersport sowie Reisen unter einen Hut zu bringen.

Flussregister

Albula 53
Waldschlucht 53
Schynschlucht 55
Allgäu 105
Ammer 208
Aubach 336
Aufbau 10
Außerfern 105

Berchtesgadener Ache 316
Berninabach 95
Brandenberger Ache 256-268
Kaiserklamm 256
Pinegger und Wiesklamm 259
Tiefenbachklamm 262
Unterlauf 266
Bregenzer Ach 68
Breitach 110
Obere 110
Untere 114

Dürrach 245

Engadin 75
Ennstal 360

Fermersbach 225
Fieberbrunner Ache 320
Frutz 72

Gimbach 349
Glenner (Glogn) 39
Gschnitzbach 188

Hinterrhein 50
Hornbach 136

Ill 73
Iller 114
Inn 80-94, 97-102, 152-154, 158-160, 191-192
Ardezer Schlucht 89
Brail-Schlucht 80
Finstermünzer Schlucht 101
Giarsun-Schlucht 85
Imster Schlucht 158
Landecker Schlucht 152
Martina Strecke 99
S-Chanf-Schlucht 97
Scuolser Strecke 92
Tösens bis Ried 191
Zernezer Strecke 83

Isar 242-243
Obere Isar 215
Sylvenstein – Bad Tölz 218
Wallgau – Vorderriß 242

Lammer 331-335
Rußbach bis vor Öfen 331
Lammeröfen 334
Landquart 58
Lange Grundache 277
Lech 122-131
Lechschluchten 122
Steeg-Weißenbach 126
Leitzach 238
Lofer 289
Loferbach (Strubbach) 308
Loisach 212-214, 241
Ehrwald Strecke 241
Griesenschlucht 212
Lutzbach 71

Karwendel 203
Kelchsauer Ache 269
Koppentraun 339
Königsseer Ache 317
Krottenbach 245

Madaubach 132
Mangfall 234
Medelsbach/Medelser Rhein 46
Melach 198
Mitterweißenbach 346

Ostrach 140
Ostschweiz 64

Ötz/Ötztaler Ache 167-177
Köfelser Strecke 171
Mittlere Ötz 171
Obere Ötz – Söldenschlucht 167
Untere Ötz 174

Piktogramme 11
Pitzbach 193

Regionen 08
Region 1: 25
Region 2: 75
Region 3: 105
Region 4: 147
Region 5: 203
Region 6: 251
Region 7: 289
Region 8: 327

Rettenbach 343
Rissbach 221
Rotach 70
Ruetz 178

Saalach 297-307
Ab Au 304
Loferschlucht 300
Weißbach bis Lofer 297
Salzach 322-323, 352-355
Eschenau bis Schwarzach 322
Kuchl 355
Salzachöfen 352
Salzkammergut 327
Sanna 155
Schwierigkeiten 14
Sill 178-187
Mittlere 185
Untere 178
Sitter 65
Somvixer Rhein 43
Streimbach (Bschlabsbach) 142
Strubbach (Loferbach) 308
Surselva 25

Thierseer Ache 282
Thur 66
Tiroler Ache 293
Tiroler Oberland 147
Tiroler Unterland 251
Tourenplanung 17

Umwelt 19
Urnäsch 67

Valepp 272
Venter Ache 161-166, 196-197
Heiligkreuzschlucht 161
Obere Venter Ache 197
Untere Venter Ache 164
Vils (Tannheimer Tal) 118
Vorarlberg 68
Vorderrhein 30-38
Flimser Schlucht 30
Oberer Vorderrhein 36

Walchen 229
Oberer Walchen 229
Untere Walchenklamm 231
Wasserkraft 21
Weissach (Kaisergebirge) 279
Weissach (Vorarlberg) 70
Weißbach 312
Wetterstein 203
Wildschönauer Ache 274
Wipptal 147

Zemm 286
Ziller(tal) 287

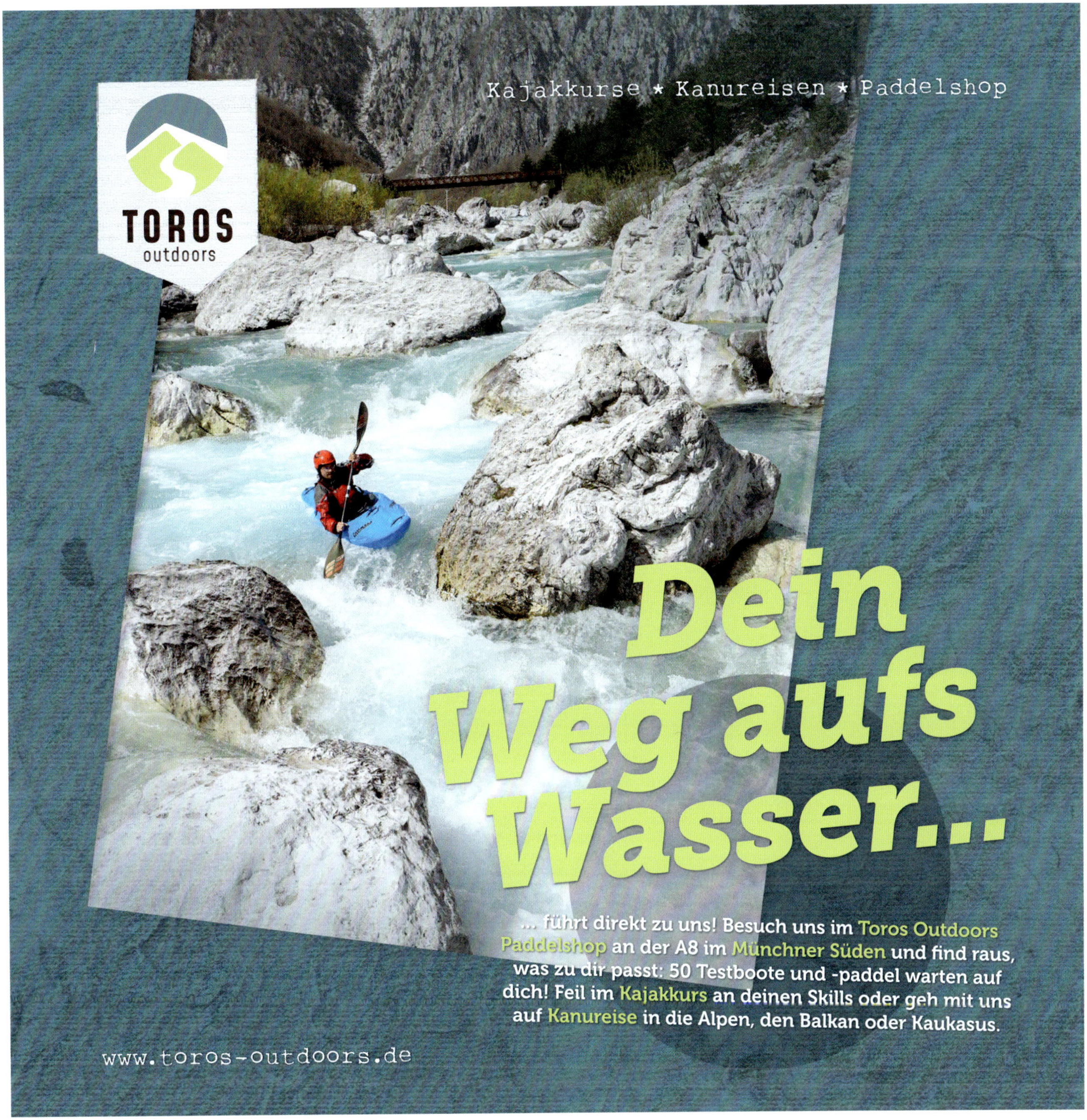
Kajakkurse ★ Kanureisen ★ Paddelshop
TOROS
outdoors
Dein Weg aufs Wasser...
... führt direkt zu uns! Besuch uns im Toros Outdoors Paddelshop an der A8 im Münchner Süden und find raus, was zu dir passt: 50 Testboote und -paddel warten auf dich! Feil im Kajakkurs an deinen Skills oder geh mit uns auf Kanureise in die Alpen, den Balkan oder Kaukasus.
www.toros-outdoors.de